Ulrich Wilckens · Der Brief an die Römer

EKK
Evangelisch-Katholischer Kommentar
Zum Neuen Testament

Herausgegeben von
Josef Blank, Rudolf Schnackenburg,
Eduard Schweizer und Ulrich Wilckens

in Verbindung mit
Otto Böcher, François Bovon, Norbert Brox, Gerhard Dautzenberg,
Joachim Gnilka, Erich Gräßer, Ferdinand Hahn, Martin Hengel,
Paul Hoffmann, Traugott Holtz, Günter Klein, Gerhard Lohfink,
Ulrich Luck, Ulrich Luz, Rudolf Pesch, Wolfgang Schrage,
Peter Stuhlmacher, Wolfgang Trilling und Anton Vögtle

Band VI/2
Ulrich Wilckens
Der Brief an die Römer
2. Teilband

Benziger Verlag
Neukirchener Verlag

Ulrich Wilckens

Der Brief an die Römer

2. Teilband
Röm 6–11

Benziger Verlag
Neukirchener Verlag

© 1980
Benziger Verlag, Zürich, Einsiedeln, Köln und Neukirchener Verlag des Erziehungsvereins GmbH, Neukirchen-Vluyn
Alle Rechte, auch die des auszugsweisen Nachdrucks, der fotografischen und akustomechanischen Wiedergabe und der Übersetzung, vorbehalten
Umschlaggestaltung: Atelier Blumenstein + Plancherel, Zürich
Gesamtherstellung: Breklumer Druckerei Manfred Siegel
Printed in Germany
ISBN 3-545-23104-6 (Benziger Verlag)
ISBN 3-7887-0615-5 (Neukirchener Verlag)

CIP-Kurztitelaufnahme der Deutschen Bibliothek

EKK: evang.-kath. Kommentar zum Neuen Testament
hrsg. von Josef Blank . . . in Verbindung mit
Otto Böcher . . . – Zürich, Einsiedeln, Köln:
Benziger; Neukirchen-Vluyn: Neukirchener Verlag.
   Teilw. ist kein Hrsg. angegeben.
NE: Blank, Josef [Hrsg.]; Evangelisch-Katholischer
Kommentar zum Neuen Testament
Bd. VI Wilckens, Ulrich: Der Brief an die
Römer

Wilckens, Ulrich:
Der Brief an die Römer / Ulrich Wilckens. –
Zürich, Einsiedeln, Köln: Benziger; Neukirchen-
Vluyn: Neukirchener Verlag.
Teilbd. 2. Röm 6–11. – 1980.
   (EKK; Bd. VI)
   ISBN 3-545-23104-6 (Benziger)
   ISBN 3-7887-0615-5 (Neukirchener Verl.)

Vorwort

Daß ich diesen zweiten Band jetzt vorlegen kann, hat mir die Universität Hamburg ermöglicht, die mir einen einjährigen Forschungsurlaub gewährt hat. Dafür danke ich ihrem Präsidenten, Herrn Dr. Peter Fischer-Appelt, sowie den beiden Kollegen, die mich während dieser Zeit vertreten haben, Herrn Dr. Wiard Popkes und Herrn Dr. Erhardt Güttgemanns, auf das herzlichste. Ich danke ferner den Herren Kollegen Otto-Hermann Pesch und Johannes Wallmann für fachkundigen Rat, Herrn Prof. Dr. Josef Blank für die kritische Durchsicht des Manuskripts sowie Frau Karen Paulsen, Frau Ingeborg Görig und Fräulein Annelie Stach für alle freundliche Mithilfe bei der Herstellung des Manuskripts. Schließlich danke ich Herrn Kollegen Cranfield, Durham, für die Freundlichkeit, mir Einblick in die Druckfahnen des zweiten Bandes seines Römerbrief-Kommentars zu gewähren, und dem Verlag T&T. Clark LTD für die Erlaubnis dazu.

Hamburg, Ostern 1979   Ulrich Wilckens

Inhalt

Literaturverzeichnis (Ergänzung) 1

II.	6,1–8,39	Die Wirklichkeit der Rechtfertigung im christlichen Leben	3
1.	6,1–23	Wirkliche Gerechtigkeit	5
a)	6,1–14	Die Wirklichkeit der Taufe im christlichen Leben ..	6
b)	6,15–23	Christliches Leben im Dienst der Gerechtigkeit	33
2.	7,1–8,17	Vom Sein im Fleisch zum Sein im Geist	62
a)	7,1–6	Der Herrschaftswechsel	62
b)	7,7–25	Die Vergangenheit: Ich unter dem Gesetz der Sünde und des Todes	72
α)	7,7–12	Die Herrschaft des Gesetzes über mich	75
β)	7,13–25	Die Wirklichkeit der Herrschaft des Gesetzes in mir	83
c)	8,1–17	Die Gegenwart: Wir im Geist des Lebens	117
3.	8,18–30	Leiden in Hoffnung	145
4.	8,31–39	Das Siegeslied der Christen	169
III.	9,1–11,36	Die paradoxe Wirklichkeit der Erwählung	181
1.	9,1–5	Fürbitte für Israel angesichts des Widerspruchs zu seiner Erwählung	185
2.	9,6–29	Der Bestand der Gerechtigkeit Gottes, unabhängig von Menschen	190
a)	9,6–13	Erwählung als Auswahl	191
b)	9,14–29	Die Freiheit der Gerechtigkeit Gottes in Zorn und Erbarmen	197
3.	9,30–10,21	Israels Widerspruch gegen Gottes Gerechtigkeit ...	209
a)	9,30–33	Israel hat die Glaubensgerechtigkeit verfehlt	210
b)	10,1–21	Israel verschließt sich der Gerechtigkeit Gottes, die allen Glaubenden offensteht	217
4.	11,1–32	Das Wunder der Gottesgerechtigkeit: die endzeitliche Rettung Israels	234
a)	11,1–10	Die Erwählung nur eines Restes	234
b)	11,11–24	Warnung vor heidenchristlichem Heilshochmut ...	240
c)	11,25–32	Die paradoxe Wirklichkeit der Gerechtigkeit Gottes	250
5.	11,33–36	Lobpreis der Gerechtigkeit Gottes	268

Exkurs
Der traditions- und religionsgeschichtliche Hintergrund von Römer 6 . 42
1. Die übrigen Aussagen über die Taufe bei Paulus
und in den nachpaulinischen Schriften 42
2. ›Mit Christus‹ 44
3. Taufe auf den Namen Jesu 48
4. Taufe und Tod Christi 50
5. Christliche Taufe und Johannes-Taufe 51
6. Glaube und Taufe 52
7. Der religionsgeschichtliche Hintergrund der Taufe 54

Literaturverzeichnis (Ergänzung)

1. Kommentare

Cranfield, C. E. B., The Epistle to the Romans II, 1979 (ICC)

2. Übrige Literatur

Balz, H. R., Heilsvertrauen und Welterfahrung. Strukturen der paulinischen Eschatologie nach Römer 8,18–39, 1971 (BEvTh 59)
Duchrow, U., Christenheit und Weltverantwortung. Traditionsgeschichtliche und systematische Struktur der Zweireichelehre, Stuttgart 1971 (FBESG 25)
Campbell, W. S., The Purpuse of Paul in the Letter to the Romans, with special reference to chapters 9–11, Edinburgh University Ph. D. thesis 1972; ders., The Place of Romans 9–11 within the structure and thought of the Letter, TU (Oxford Congress 1973), Berlin 1980
Corley, B., The Significance of Romans 9–11: a study in Pauline Theology, Sothwestern Baptist Seminary, Th. D. thesis 1975
Davies, W. D., Paul and the People of Israel, NTS 24 (1977) 4–39
Ellison, H. L., The Mystery of Israel, Exeter 1968
Güttgemanns, E., Heilsgeschichte bei Paulus oder Dynamik des Evangeliums? Zur strukturellen Relevanz von Römer 9–11 für die Theologie des Römerbriefs, in: Studia Linguistica Neotestamentica, 1971 (BeTh 60) 34–58
Hahn, F., Taufe und Rechtfertigung. Ein Beitrag zur paulinischen Theologie in ihrer Vor- und Nachgeschichte, in: Rechtfertigung (FS E. Käsemann), Tübingen – Göttingen 1976, 95–124
Hübner, H., Gesetz bei Paulus. Ein Beitrag zum Werden der paulinischen Theologie, 1978 (FRLANT 119), 124–129
Lorenzo de Lorenzi (Hrsg.), The Law of the Spirit in Rom 7 and 8, Rome 1976 (Monographic Series of Benedictina, Biblical-Ecumenical Section, Vol. 1)
– Battesimo e Giustizia in Rom 6 e 8, Roma 1974 (ebd. Bd. 2)
– Die Israelfrage nach Röm 9–11, Rom 1977 (ebd. Bd. 3)
Maier, F. W., Israel in der Heilsgeschichte nach Römer 9–11, 1929 (BZfr 12)
Osten-Sacken, P. von der, Römer 8 als Beispiel paulinischer Soteriologie, 1975 (FRLANT 112)
Paulsen, H., Überlieferung und Auslegung in Römer 8, 1974 (WMANT 43)
Peterson, E., Die Kirche aus Juden und Heiden, Salzburg 1933, abgedruckt in: Theologische Traktate, München 1951

Plag, Chr., Israels Wege zum Heil. Eine Untersuchung zu Römer 9–11, 1969 (AzTh I.40)
Schlier, H., Grundzüge einer paulinischen Theologie, Freiburg 1978
Weber, H. E., Das Problem der Heilsgeschichte nach Römer 9–11, Leipzig 1911

II. 6,1–8,39 Die Wirklichkeit der Rechtfertigung im christlichen Leben

Alle Menschen, Juden wie Heiden, haben gesündigt und sind darum »unter der Sünde« (3,9), das heißt: sie sind dem Geschickzusammenhang von Sünde und Tod anheimgegeben, der von Adam her die Gesamtheit der Menschen in eine gemeinsame Geschichte zwingt, die unumkehrbar auf den Tod zielt und in der endzeitlich-ewigen Vernichtung ihr Ende finden wird. Sie hat im Mosegesetz ihr göttliches Maß, sofern die Tora alle Sünder verflucht, das heißt, ihnen den Zorn Gottes zuspricht, der das eigentliche Ziel dieser Geschichte ist. Das ist die Voraussetzung, unter der Paulus das Evangelium von der Gerechtigkeit Gottes zunächst entfaltet hat (1,18–3,20). Nur angesichts dieser universalen Unheilsgeschichte kann das im Evangelium verkündigte Heilsgeschehen verstanden werden, durch das diese ganze Geschichte zwischen Sünde und Tod für die Glaubenden zur Vergangenheit gemacht worden ist (3,21–5,21). Das ist durch die Sühnewirkung des Todes Christi geschehen, der für alle Sünder gestorben ist, so daß die Unheilswirkung der Sünde aller an ihm statt an uns zum Austrag gekommen ist. Da im Sühnetod Christi Gottes Gerechtigkeit ihr neues, letztes Heilswerk vollbracht hat, darf und muß sich der Glaube an Gott auf den gekreuzigten Christus richten. Im Glauben an Christus sollen alle, Juden wie Heiden, als Sünder, die sie waren, gerecht werden. Sie werden »ohne Gesetz« gerecht, weil Gottes Gerechtigkeit in Christus selbst die Unheilswirkung seines Zornes aufgehoben hat. Darum darf nun auch kein Jude mehr durch »Werke des Gesetzes«, seine Sünde sozusagen kompensierend, gerecht werden wollen. Schon Abrahams Gerechtigkeit war Glaubensgerechtigkeit, so daß Abraham darin zum Vater aller Glaubenden geworden ist, der Beschnittenen wie der Unbeschnittenen; Gott, an den er glaubte als an den, der den Gottlosen gerecht macht (4,5), hat in Kreuz und Auferstehung Christi wahrgemacht, worauf Abraham hoffte: Er hat die Sünde aller Adamiten in Christus aufgehoben, so daß Christus, der *eine*, an die Stelle des einen Adam getreten ist und Gottes Gnade die Herrschaft der Sünde über alle Menschen aufgehoben und abgelöst hat.
So stringent jedoch dieser Gedankengang des Paulus ist, so ungeheuerlich ist er. So deutlich er nämlich im Sühnetod Christi seine Mitte hat, so problematisch wird er dort, wo man nach der Wirklichkeit dieses Heilsgeschehens fragt. Schon die radikale These der Sünde aller, Juden wie Heiden, hatte der jüdische Gesprächspartner des Paulus als ungeheuerliche Blasphemie bestritten (3,1–8): Wie kann die Wirklichkeit der Gerechtigkeit Gottes bewahrt werden, die heilschaffende Kraft seiner Erwählungstreue, wenn es schlechthin keinen seiner Erwählten gibt, an dem als Gerechten sie sich verwirklichen kann? Wenn alle Sünder sind, fällt ja doch damit der Unterschied zwischen Gerechtigkeit und Ungerechtigkeit und mit ihm der zwischen Gottes Gerechtigkeit und Gottes Zorn: Beide werden unwirklich, leer, abstrakt, und es ist dann nicht einzusehen, wie Paulus die Konsequenz daraus begründet bestreiten kann, nämlich die blasphemische Gleichgültigkeit der Devise: »Laßt uns das Böse

tun, damit das Gute dabei herauskomme« (3,8). Die gleichen Fragen brechen nun aber noch ungleich gewichtiger auf angesichts der christologisch begründeten Rechtfertigung der Sünder. Die beiden folgenden Briefteile dienen der Auseinandersetzung mit dieser Infragestellung des Evangeliums, und zwar in umgekehrter Reihenfolge: In Kapitel 6–8 antwortet Paulus auf den sittlichen, in Kapitel 9–11 sodann auf den heilsgeschichtlichen Einwand.

Kaum hat Paulus seine Rechtfertigungslehre mit der These von der Übermacht der Gnade über die Sünde aller (5,20f) auf die Spitze getrieben, meldet sich jene blasphemische Devise von 3,8 nochmals zu Wort. Der Partner legt sie nun gleichsam dem gerechtfertigten Sünder in den Mund: »Laßt uns bei der Sünde bleiben, damit die Gnade sich mehre!« (6,1). Er verdächtigt so die These der Rechtfertigung des Sünders der totalen Unwirklichkeit; denn wie kann es eine Gerechtigkeit geben, die nicht in Werken des Gesetzes begründet ist? Es kann sich nur um eine blasphemische Usurpation von Gerechtigkeit auf seiten dessen, der in seiner »Werk«-Wirklichkeit ein Sünder ist, handeln: iniustus in re, iustus in fide audaci. Damit steht die Frage nach der *Wirklichkeit der Gerechtigkeit* des gerechtfertigten Sünders zur Diskussion. Und so sehr es der jüdische Partner ist, der sie stellt, so zentrale Bedeutung hat sie für den Christen selbst. Darum diskutiert Paulus, anders als in 3,1–8, nicht mit jenen, sondern mit den Adressaten selbst. Alles hängt daran, daß die Rechtfertigung des Sünders nicht zur Auflösung der Sittlichkeit, sondern vielmehr zu einem nun erst real möglichen, radikalen sittlichen Engagement führt, daß die geschenkte Gerechtigkeit des aus Glauben Gerechtfertigten *wirkliche Gerechtigkeit* ist. Denn alles hängt daran, daß die zur Gnade gewordene Gerechtigkeit *Gottes* wirklich *Gerechtigkeit* ist, das heißt aber: Gerechtigkeit *Gottes*, die in der Gerechtigkeit der ihr zugehörigen *Menschen* ihre Tat-Entsprechung findet, so daß sie wirklich Heil schafft in einer durch Gerechtigkeit bestimmten Gemeinde.

Paulus antwortet zunächst in einem ersten Abschnitt (Kapitel 6), indem er das Sein der Christen als Dienst für die Gerechtigkeit aus der Wirklichkeit der Taufe ableitet. Er wendet sich dann der entscheidenden Frage zu, wie und warum die Herausnahme der Christen aus dem Herrschaftsbereich des Gesetzes nicht in Wirklichkeit zur Gesetzlosigkeit, d.h. zugleich zu einem »fleischlichen« Wandel führt. Paulus antwortet (7,1–8,17), indem er das Sein der Christen als Wandel im Geist darlegt und es somit aus der entscheidenden Gabe der Taufe ableitet. Doch die Frage nach der Funktion des Gesetzes erzwingt eine nochmalige Reflexion auf die Situation des Sünders ante Christum, weil nur auf dem Hintergrund der Verkehrung der eigentlichen Aufgabe des Gesetzes, dem Menschen das Leben zuzusprechen, zu der entgegengesetzten Funktion, dem Sünder den Tod zusprechen zu müssen, gezeigt und verstanden werden kann, daß – aufgrund des Sühnetodes Christi (8,3) – nunmehr der Geist jene positive Aufgabe des Gesetzes erfüllt: als »Gesetz des Geistes des Lebens in Christus Jesus« (8,2). Ist so die Frage nach der Wirklichkeit christlicher Gerechtigkeit im Blick auf die Gabe des Geistes beantwortet, so drängt sich nun die Frage nach der Wirklichkeit des Heiles als der Folge christlicher Gerechtigkeit auf. Paulus beantwortet sie im Blick auf die eschatologische Hoffnung des Christen mitten im Leiden (8,18–30). Nun ist der Weg frei, um die Heilsgewißheit des Christen in einem Siegeslied auf die Liebe Gottes in Christus zu Wort kommen zu lassen (8,31–39).

1. 6,1–23 Wirkliche Gerechtigkeit

Literatur: Barth, K., Die kirchliche Lehre von der Taufe, 1947 (ThSt B 14); *ders.,* KD IV. 4, 1967; *Barth, M.,* Die Taufe als Sakrament? Ein exegetischer Beitrag zum Gespräch über die kirchliche Taufe, Zürich 1951; *Beasley-Murray, G. R.,* Die christliche Taufe. Eine Untersuchung über ihr Verständnis in Geschichte und Gegenwart, Kassel 1968; *Bieder, W.,* Die Verheißung der Taufe im NT, Zürich 1966; *Bornkamm, G.,* Taufe und neues Leben bei Paulus, in: Das Ende des Gesetzes 34–50; *Braumann, G.,* Vorpaulinische christliche Taufverkündigung bei Paulus, 1962 (BWANT 82); *Braun, H.,* Das »Stirb und Werde« in der Antike und im NT, in: Gesammelte Studien 136–158; *Brunner, P.,* Die evangelisch-lutherische Lehre von der Taufe, in: Pro Ecclesia. Gesammelte Aufsätze zur dogmatischen Theologie, Berlin 1962, 138–164; *ders.,* Taufe und Glaube – Kindertaufe und Kinderglaube, ebd. 165–182; *Casel, O.,* Die Liturgie als Mysterienfeier, Freiburg 1923 (EcOra 9); *ders.,* Das christliche Kultmysterium, Freiburg ³1948; *ders.,* Mysteriengegenwart, ALW 1 (1950) 1–64; *Cullmann, O.,* Die Tauflehre des NT, ²1958 (AThANT 12); *Delling, G.,* Die Zueignung des Heils in der Taufe. Eine Untersuchung zum neutestamentlichen »Taufen auf den Namen«, Berlin 1961; *ders.,* Die Taufe im NT, Berlin 1963; *ders.,* Die Heilsbedeutung der Taufe im NT, KuD 16 (1970) 259–281; *Dinkler, E.,* Die Taufaussagen des NT, neu untersucht im Hinblick auf Karl Barths Tauflehre, in: Zu Karl Barths Lehre von der Taufe (Hrsg. F. Viering), Gütersloh 1971, 60–153; *Dupont, J.,* Syn Christo. L'union avec le Christ suivant St. Paul, I: Avec le Christ dans la vie future, Bruges 1951; *Ferel, M.,* Gepredigte Taufe. Eine homiletische Untersuchung zur Taufpredigt bei Luther, 1969 (HUTh 10); *Frankemölle, H.,* Das Taufverständnis des Paulus. Taufe, Tod und Auferstehung nach Röm 6, 1970 (SBS 47); *Gäumann, N.,* Taufe und Ethik. Studien zu Röm 6, 1967 (BEvTh 47); *Gewieß, J.,* Das Abbild des Todes Christi (Röm 6,5), HJ 77 (1958) 339–346; *Hahn, T. W.,* Das Mitsterben und Mitauferstehen mit Christus bei Paulus, Gütersloh 1937; *Halter, H.,* Taufe und Ethos. Paulinische Kriterien für das Proprium christlicher Moral, 1977 (FThSt 106); *Heitmüller, W.,* Im Namen Jesu. Eine sprach- und religionsgeschichtliche Untersuchung zum NT, speziell zur altchristlichen Taufe, 1903 (FRLANT 1,2); *ders.,* Taufe und Abendmahl im Urchristentum, 1911 (RV I. 22/23); *Jetter, W.,* Die Taufe beim jungen Luther, 1954 (BHTh 18); *Kearns, C.,* The Interpretation of Romans 6,7, SPCIC 1 (1961) 301–307; *Kertelge, K.,* Rechtfertigung 228–249; *Kreck, W.,* Die Lehre von der Taufe bei Calvin, EvTh 8 (1948/49) 237–254; *Kretschmar, G.,* Die Geschichte des Taufgottesdienstes in der Alten Kirche, in: Leit. 5 (1970) 1–348; *Kürzinger, J.,* Zur Taufaussage in Röm 6, in: Universitas I (FS Stohr), Mainz 1960, 93–98; *Kuhn, K. G.,* Röm 6,7, ZNW 30 (1931) 305–310; *Kuss, O.,* Zur paulinischen und nachpaulinischen Tauflehre im NT, in: Auslegung und Verkündigung I 121–150; *ders.,* Zu Röm 6,5a, ebd. 151–161; *ders.,* Zur Frage einer vorpaulinischen Todestaufe, ebd. 162–186; *Larsson, E.,* Christus als Vorbild. Eine Untersuchung zu den paulinischen Tauf- und Eikon-Texten, 1962 (ASNU 23); *Leipoldt, J.,* Die urchristliche

Taufe im Lichte der Religionsgeschichte, Leipzig 1928; *Lohmeyer, E.*, Syn Christo, in: FS A. Deißmann, Tübingen 1927, 218–257; *Lohse, E.*, Taufe und Rechtfertigung bei Paulus, in: Die Einheit des NT 228–244; *Lorenzo de Lorenzi* (Hrsg.), Battesimo e Giustizia; *Lyonnet, S.*, ›Qui enim mortuus est, justificatus est a peccato‹ (Rom 6,7), VD 42 (1964) 17–21; *Müsing, K.*, Augustins Lehre von der Taufe, Diss. Hamburg 1969; *Mussner, F.*, Zusammengewachsen durch die Ähnlichkeit mit seinem Tode, TThZ 63 (1954) 257–265; *ders.*, Zur paulinischen Tauflehre in Röm 6,1–6; Versuch einer Auslegung, in: Praesentia Salutis, 1967 (KBANT), 189–196; *Neunheuser, B.*, Taufe und Firmung, in: Handbuch der Dogmengeschichte (Hrsg. Schmaus-Geiselmann-Grillmeier) IV,2, Freiburg 1956; *Otto, G.*, Die mit syn verbundenen Formulierungen im paulinischen Schrifttum, Diss. theol. Berlin 1952; *Reitzenstein, R.*, Die Vorgeschichte der christlichen Taufe, Darmstadt ²1967; *Scroggs, R.*, Romans 6,7, NTS 10 (1963) 104–108; *Schelkle, K. H.*, Taufe und Tod. Zur Auslegung von Röm 6,1–11, in: Vom christlichen Mysterium (FS O. Casel), Freiburg 1951, 9–21; *Schlier, H.*, Die Taufe nach dem 6. Kapitel des Römerbriefes, in: Zeit der Kirche 47–56; *ders.*, Zur kirchlichen Lehre von der Taufe, ebd. 107–129; *Schlink, E.*, Die Lehre von der Taufe, in: Leit. 5 (1970) 641–808; *Schnackenburg, R.*, Das Heilsgeschehen bei der Taufe nach dem Apostel Paulus. Eine Studie zur paulinischen Theologie, 1950 (MThS.H 1); *ders.*, Todes- und Lebensgemeinschaft mit Christus. Neue Studien zu Röm 6,1–11, MThZ 6 (1955) 32–53 (abgedruckt in: Schriften zum NT, München 1971, 361–391); *Schwarzmann, H.*, Zur Tauflehre des Hl. Paulus in Röm 6, Heidelberg 1950; *Schweizer, E.*, Die Mystik des Sterbens und Auferstehens mit Christus bei Paulus, in: Beiträge zur Theologie des NT 183–203; *Sieber, P.*, Mit Christus leben. Eine Studie zur paulinischen Auferstehungshoffnung, 1971 (AThANT 61); *Stommel, E.*, ›Begraben mit Christus‹ (Röm 6,14) und der Taufritus, RQ 49 (1954) 1–20; *ders.*, »Das Abbild seines Todes« und der Taufritus, RQ 50 (1955) 1–21; *Tannehill, R. C.*, Dying and Rising with Christ. A Study in Pauline Theology, 1967 (BZNW 32); *Thüsing, W.*, Per Christum in Deum. Studien zum Verhältnis von Christozentrik und Theozentrik in den paulinischen Hauptbriefen, ²1965 (NTA NS 1); *Wagner, G.*, Das religionsgeschichtliche Problem von Röm 6,1–11, 1962 (AThANT 39); *Warnach, V.*, Taufe und Christusgeschehen nach Röm 6, ALW 3 (1954) 284–366; *ders.*, Die Tauflehre des Römerbriefes in der neueren theologischen Diskussion, ALW 5 (1958) 274–332.

a) 6,1–14 *Die Wirklichkeit der Taufe im christlichen Leben*

1 **Was sollen wir also sagen: ›Laßt uns bei der Sünde bleiben, damit die Gnade sich um so mehr ausbreite‹? 2 Niemals! Wo wir doch der Sünde gestorben sind, wie sollten wir noch in ihr leben? 3 Oder wißt ihr nicht, daß wir, die wir auf Christus Jesus getauft worden sind, in seinen Tod hinein getauft worden sind? 4 Begraben also sind wir mit ihm durch die Taufe in seinen Tod hinein, damit, wie Christus von den Toten auferweckt worden ist durch die Herrlichkeit des Vaters, so auch wir in (der) neuen Lebenswirklichkeit wandeln. 5 Wenn wir nämlich verbunden sind mit der Gleichgestalt seines Todes, so werden wir (es) auch mit (der seiner) Auferstehung sein. 6 Das (sollen wir) wissen, daß unser alter Mensch (mit Christus) mitgekreuzigt worden ist, damit der**

der Sünde (gehörende) Leib vernichtet werde, so daß wir der Sünde nicht mehr dienen. 7 Denn: ›Wer gestorben ist, ist von der Sünde rechtens los und ledig‹. 8 Wenn wir aber mit Christus gestorben sind, so werden wir auch – das glauben wir – mit ihm leben. 9 Wir wissen (ja), daß Christus, ›auferweckt von den Toten‹, nicht mehr stirbt, der Tod hat keine Herrschaft mehr über ihn. 10 Denn mit dem Tod, den er gestorben ist, ist er (der Bindung gegenüber) der Sünde gestorben, ein für alle Mal. Mit dem Leben aber, das er lebt, lebt er für Gott. 11 So auch ihr: Betrachtet euch als tot für die Sünde, aber als lebend für Gott in Christus Jesus! 12 So herrsche denn die Sünde nicht in eurem sterblichen Leib, daß ihr seinen Begierden gehorcht; 13 und stellt eure Glieder nicht als Ungerechtigkeitswaffen der Sünde zur Verfügung, sondern stellt euch Gott zur Verfügung gleichsam als aus den Toten lebend und eure Glieder als Gerechtigkeitswaffen für Gott. 14 Denn die Sünde wird nicht Herr über euch werden; seid ihr doch nicht unter dem Gesetz, sondern unter der Gnade.

1. Die schroffe Abweisung des Einwands V 1 in der Gegenthese V 2 wird in VV 3f grundsätzlich im Blick auf die Taufe begründet und dies wiederum in zwei parallel gebauten Gedanken (VV 5–7.8–10) entfaltet. Diese beginnen jeweils mit einem Bedingungssatz (mit futurischem Nachsatz VV 5.8) und werden unter Berufung auf ein »Wissen« der Adressaten begründet (V 6 τοῦτο γινώσκοντες, V 9 εἰδότες), das wiederum mit einem weiteren Satz expliziert wird (γάρ VV 7.10)[1]. V 11 folgt daraus eine Aufforderung an die Adressaten, aus der somit begründeten Gegenthese V 2 die praktische Konsequenz zu ziehen. Diese Aufforderung wird in VV 12–14 ihrerseits expliziert. So ist der Abschnitt in einen lehrhaften (VV 3–10) und einen paränetischen Teil (VV 11–14) gegliedert. Der erste Teil ist formal durch den Appell an das christliche »Wissen« (VV 3.6) und inhaltlich durch indikativische Aussagen, der zweite formal durch folgernde Partikel (οὕτως V 11, οὖν V 12) und inhaltlich durch kohortative Imperative bestimmt[2], die wiederum in V 14 durch eine Zusage bekräftigt werden. Diese wird in V 14b durch Rekurs auf eben die These in 5,20f begründet, gegen die sich der Einwand V 1 richtet.

So zeigt sich ein klarer Gedankengang[3], aus dem ersichtlich wird, daß VV 12–14 zu VV 1–11 hinzugehören[4]. Die häufig vertretene Gliederung, nach der VV 12–14 zum folgenden Abschnitt VV 15–23 überleiten[5] oder diesen einleiten[6], pflegt so begründet zu werden, daß in VV 12–14 die Paränese einsetze.

Analyse

---

[1] Vgl. Bornkamm, Taufe 38; Frankemölle, Taufverständnis 24f.
[2] Beachte auch die Parallelität von οὕτως καὶ ἡμεῖς V 4b und οὕτως καὶ ὑμεῖς in V 11.
[3] Das Urteil Jülichers 264: »Nirgends im Römerbrief so viele Worte über die gleiche Sache, ein so unklarer Fortschritt der Gedanken wie in Kapitel 6«, beruht auf dem massiven Vorurteil, Paulus gebe hier »lauter Anzeichen einer gewissen Verlegenheit« zu erkennen.
[4] So richtig z.B. Michel 148–150; Warnach 320; zuletzt Cranfield 196f und Schlier 202 Anm. 21.
[5] So z.B. Lagrange 142; Tachau, ›Einst‹ und ›Jetzt‹ 161.
[6] So Kuss und zuletzt Käsemann 153f.166.

So richtig das ist, so wird doch bei dieser Disposition verkannt, daß erstens der »Wandel« bereits in V 4b und zweitens das »Dienst«-Motiv von VV 15ff in V 6 thematisch wird. Drittens aber zeigt sich die Zäsur zwischen 6,1–14 und 6,15–23 durch die Wiederholung des Einwands von V 1 in V 15. Auch formal sind VV 12–14 nicht ein Neueinsatz, sondern eine Folgerung aus V 11; und dieser hat nicht Abschlußfunktion, sondern ist seinerseits die entscheidende Folgerung aus dem Voranstehenden.

2. Von dem diatribischen Diskussionsstil von 3,1–8 unterscheidet sich dieser Abschnitt, abgesehen von seiner Einführung in V 1, dadurch, daß Paulus durchweg die Adressaten anspricht. Im ersten Teil dominiert die 1. Person Plural, im zweiten, eingeleitet durch das betonte ὑμεῖς V 11, die 2. Person Plural. Der Einwand, obwohl zweifellos von demselben jüdischen Partner stammend wie in 3,1ff, wird nicht in der direkten Auseinandersetzung mit diesem pariert, sondern in sehr dichter Zuwendung zu den Adressaten als Christen widerlegt. Dem entspricht, daß Paulus in VV 3–10 z.T. auf Traditionsgut rekurriert[7], dessen Kenntnis er bei den Adressaten voraussetzt. Dazu gehört einerseits die »Taufe auf Christus« (V 3), andererseits die Bedeutung der Taufe als Sündenvergebung und also als Tod des »alten Menschen« (V 6). Beidemal trägt Paulus eine Folgerung aus diesem in Rom bekannten und akzeptierten Basis-Wissen vor: In VV 4f deutet er die »Taufe auf Christus« als Hineinnahme in das Geschick Christi (οὖν V 4), von dem in der Evangelium-Tradition von 1Kor 15,3f die Rede ist; und in VV 6–10 die Sündenvergebung als Befreiung von der Herrschaft der Sünde, indem er auch hier auf einen bekannten Satz rekurriert (V 7), der im Kontext von Tod und Auferstehung eine überragende neue Bedeutung gewinnt.

Erklärung 1 »Was sollen wir also sagen?« leitet wie in 3,5; 4,1 (vgl. 7,7; 9,14.30) den Einwand ein, der im folgenden Fragesatz zu Wort kommt. Er hat dieselbe Zielrichtung wie der in 3,5[8] und stammt zweifellos von demselben jüdischen Partner. Hat dieser dort die radikale These des Paulus von der ausnahmslosen Sünde aller mit dem Argument ad absurdum führen wollen, sie liefe geradezu auf die Aufforderung zum Sündigen als Weg zur Erlangung der Heilsgüter hinaus (3,8), so sieht er sich jetzt durch das in 5,20f Gesagte in dieser Einschätzung der blasphemischen Lehre dieses Apostaten vollauf bestätigt. Wenn es nämlich der Zielsatz seiner Heilslehre in Konsequenz seiner Verkündigung der Rechtfertigung der Gottlosen ist, daß der universalen Ausbreitung der Sünde eine universale Ausbreitung der Gnade entspreche, was kann dies anderes heißen, als daß also daraus die blasphemische Devise resultiert, die Sünder sollten nur ja bei der Sünde bleiben, *damit* die Gnade sich eben darin »ausbreite«![9] Wie der Gegner in 3,5 nicht selbst meint, was er einwendet, sondern die Blasphemie des

---

[7] Dazu vergleiche den Exkurs unten S. 50f.
[8] Dazu vgl. oben S. 4; EKK VI/1, 165–167.
[9] Zu πλεονάζειν vgl. EKK VI/1, 329. Treffend Calvin z.St. »Er . . . stellt die Frage, ob man denn nicht der Gnade den größten Raum eröffne, wenn man ruhig in der Sünde hängen bleibt.«

Paulus entlarven will, so ist es auch in 6,1 nicht etwa eine positive These von heidenchristlichen Libertinisten in Rom, gegen die Paulus nun Front machte[10], sondern der Einwand des jüdischen Partners, der die fatale Konsequenz der *paulinischen* These von 5,20f zu entlarven meint, so daß es auch hier – gerade hier, wo es nun nicht mehr um die Konsequenz der Sünden-, sondern vielmehr der *Heils*lehre geht – nicht auf eine bloße Abweisung allein, sondern auf die *Begründung* des Nein ankommt. Jüdisch gedacht, ist es zwingend, daß, wer die Heilsbedeutung des Gesetzes leugne, in Gesetzlosigkeit lande, weil mit jener die Unterscheidung von Gerechtigkeit und Ungerechtigkeit sowohl auf seiten Gottes als auch darum auf seiten des Menschen hingefallen sei; und wo der Gnade derselbe Wirkungsraum zugesprochen werde wie der Sünde, diene also die Sünde als Gesetzlosigkeit faktisch der Gnade – welche Blasphemie! Rechtfertigung des Sünders läßt sich jüdisch, wenn überhaupt, nur als Umkehr zur Tora denken, wie die Theologie der Qumrangemeinde zeigt. Indem Paulus durch die schroffe Ausschaltung der Tora bei der Rechtfertigung jede Möglichkeit ausgeschlossen habe, den gerechtfertigten Sünder als *Gerechten* zu qualifizieren und als solchen auszuweisen, sei und bleibe der von ihm postulierte impius iustificatus *in Wirklichkeit* Sünder, und der Gnade, die Paulus verkündige, fehle, weil er das Gesetz als ihr Maß bestreite, notwendigerweise jede Kraft, Gerechtigkeit zu fordern und Gerechten Heil zu schaffen.

Paulus nimmt diesen jüdischen Einwand hier nicht weniger ernst als in 3,5ff. Doch während ihm dort noch der Raum zur Argumentation fehlte, eben weil dem Sünder der Mund verschlossen ist (vgl. 3,19), so öffnet sich ihm dieser Raum zur eigentlichen Auseinandersetzung allererst jetzt auf der in 3,21–5,21 gewonnenen Basis der Verkündigung des Heilshandelns *Gottes*. Hier aber kommt nun in der Tat alles darauf an zu zeigen, daß die Konsequenz, die aus jüdischer Sicht unausweichlich scheint, zutiefst falsch ist, daß die Gnade tatsächlich Heilskraft ist, daß die Gerechten, zu denen sie die Sünder macht, *wirklich Gerechte* sind, daß also christliche Gerechtigkeit nicht nur die einzige Gerechtigkeit ist, die es – nach der irreversiblen Prämisse von 1,18–3,20 – in der Welt gibt und geben kann, sondern daß sie auch wirkliche, wirksame, zu for-

---

[10] So wird zuweilen – nach Lütgert, Römerbrief – der Einwand in 6,1 erklärt, z.B. Althaus 52; zuletzt Cranfield 297, Anm. 1. Pallis 83 denkt gar an eine gnostische These; dagegen mit Recht Lietzmann 65 und nach ihm Kühl 201; zuletzt Schlier 191. Dabei pflegt vor allem auf 1Kor 10,1ff als Parallele hingewiesen zu werden, aber zu Unrecht: Dort wendet Paulus sich an Christen, die die in der Taufe empfangene Heilszugehörigkeit in allzu naiver Sicherheit als Herausgenommensein aus der Welt (vgl. 1Kor 4,8) und also als prinzipielles Gefeitsein gegen Sünde und Tod nahmen, so daß Paulus sie im Blick auf die Väter in der Wüste warnend mit der Realität der Versuchungen konfrontiert. Die Korinther vertraten also einen problemlos-radikalen ἁγιασμός und keineswegs etwa die These, Christen könnten als solche bedenkenlos *sündigen*. Eine solche These ist nicht nur im gesamten urchristlichen Schrifttum unbelegt, sondern auch schlechthin unvorstellbar. Es ist der frühere Pharisäer *Paulus*, der sie als *jüdisch* gedachten Einwand gegen seine Verkündigung der universal wirkenden Gnade – als Vertiefung des konkreten Vorwurfs in 3,8 – dem Partner in den Mund legt. Vgl. Thomas von Aquin, Röm 469: »Dixerat autem supra, quod ubi abundavit delictum, superabundavit et gratia; quod quidem aliquis posset male intelligere, quasi abundantia delicti esset causa superabundantiae gratiarum«.

dernde und zu verwirklichende Gerechtigkeit ist, also eine solche, die zum *Leben* führt. Die ganze Erörterung dieses Mittelteils des Römerbriefes dient diesem Ziel. Schon darin zeigt sich das Gewicht, das Paulus dem jüdischen Einwand beimißt. Es ist keineswegs bloß apologetisches, sondern zentral christlich-theologisches Interesse, die Unwahrheit dieses Einwands zu erweisen. Deswegen verläßt Paulus hier die Argumentationsfigur einer Auseinandersetzung ad extra, gibt dem jüdischen Einwand als Frage an das Christ-Sein seinen Ort innerhalb der Kirche und führt seine Antwort im Gegenüber zwischen Apostel und Gemeinde aus.

Daran zeigt sich jedoch zugleich, daß der jüdisch argumentierende Partner auch faktisch nicht in der Synagoge gegenüber der römischen Gemeinde zu suchen ist, so daß Paulus den Adressaten mit seinem Brief nur sozusagen eine apologetische Schützenhilfe gäbe, sondern daß er die jüdischen Einwände – jedenfalls primär – *innerhalb* der römischen Gemeinde selbst im Blick hat. Es sind mit anderen Worten *judaistische* Einwände, mit denen er sich im Römerbrief auseinandersetzt. Da sich aber, wie wir sahen[11], judaistische Gruppen innerhalb der römischen Gemeinde selbst nicht ausfindig machen lassen, ist anzunehmen, daß es der Einfluß seiner judaistischen Gegner im Osten ist, den Paulus in Rom, sei es bereits am Werke weiß und in seinem Brief bekämpft, sei es nur fürchtet und mit seinem Brief im voraus auszuschalten sucht.

Der gegnerische Einwand trifft nun aber auch sachlich die paulinische These in 5,20f nicht. Er spitzt 5,20b so zu, daß aus der Ortsbestimmung (οὗ) eine Finalbestimmung wird (ἵνα)[12]. Paulus hatte darauf abgehoben, daß die Gnade *eben dort* ihre Macht zur Wirkung gebracht hat, *wo* die Sünde ihre Herrschaft über alle erstreckt hatte, so daß das ›Mehr‹ der Macht der Gnade gegenüber dem Vollmaß der Macht der Sünde darin besteht, daß sie die Sünde aufgehoben und in ihrer universalen Herrschaft abgelöst hat. Der Einwand in 6,1 zieht daraus die Konsequenz, daß es *das heilsgeschichtlich* legitime Ziel des Sündigens sei, die Gnade zu ihrem »Mehr« zu provozieren. Nun darf man zwar nicht übersehen, daß Paulus selbst am Schluß des Briefkorpus den heilsgeschichtlichen Horizont seiner Rechtfertigungslehre so zusammenfaßt, daß in der Tat ein Finalverhältnis zwischen der Untreue aller und dem Erbarmen über alle besteht (11,28–32). Doch ist es die letzte Absicht *Gottes* zur Rettung der Sünder, von der Paulus dort spricht, nicht das Ziel, das die Sünde *der Menschen* zur »Mehrung« der göttlichen Gnade erreichen soll.

2 Die Gnade ist actio, nicht reactio Gottes. Ihr Werk hat den Zusammenhang zwischen uns Sündern und der Sünde aufgehoben. Durch sie sind wir[13] der Sünde gegenüber gestorben und können darum unmöglich in ihr leben. Der Dativ τῇ ἁμαρτίᾳ drückt das Besitzverhältnis zwischen »der Sünde« als unserem Herrn und uns aus[14], ἐν αὐτῇ den Bereich dieses Besitzverhältnisses. Das

---

[11] Vgl. EKK VI/1,34.46.
[12] Vgl. Schlier 190f.
[13] οἵτινες = »alle, die wir« bzw. »sofern wir« (quippe qui), Pr-Bauer 1163.

[14] Vgl. Bl-Debr-Rehkopf § 188,3; also nicht einfach ein dativus incommodi, gegen Frankemölle, Taufverständnis 34.

heißt: Das Herrschaftsverhältnis zwischen uns und der Sünde ist definitiv zu Ende, denn ein solches besteht ja nur, solange die Beherrschten leben; sind sie gestorben, erlischt es (vgl. 7,1). Sind wir also der Sünde gegenüber *gestorben* (vgl. V 7), so ist es von da an unmöglich, daß wir noch in dem Herrschaftsverhältnis ihr gegenüber *leben*[15].

Diese Behauptung wird nun im folgenden begründet, und zwar so, daß ihre bildhaften Elemente als Realität sichtbar werden. Paulus erinnert die Adressaten an das, was sie über die Taufe wissen. »Oder wißt ihr nicht, daß« ist – wie 7,1 – konkret gemeint, verweist also auf bekannte Tradition[16]. Diese besagt nach V 3, daß die Taufe »auf Christus Jesus«[17] eine Taufe »in seinen Tod hinein« sei. Mehrfach taucht im Neuen Testament die Übereignungsformel »auf den Namen des Herrn Jesus« (εἰς τὸ ὄνομα τοῦ κυρίου Ἰησοῦ oder ähnlich) auf[18], die auch Paulus kennt (vgl. 1Kor 1,13.15); »auf Christus« (εἰς Χριστόν) ist wahrscheinlich eine verkürzende Variante[19]. Ist so die »Taufe auf (den Namen) Christus« als traditionell erwiesen, so gibt es für die parallele Formulierung εἰς τὸν θάνατον αὐτοῦ keinen weiteren Beleg im Urchristentum[20]. Auf sie kann auch die Übereignungsbedeutung der Formel εἰς τὸ ὄνομα Χριστοῦ nicht übertragen werden, weil darin immer eine *Person* bezeichnet wird, während in V 3b von dem *Geschehen* des Todes Christi die Rede ist[21]. εἰς τὸν θάνατον αὐτοῦ kann darum nur verstanden werden, wenn in ἐβαπτίσθημεν die konkrete Bedeutung »eintauchen« mitgehört wird[22]. Dann aber liegt in V 3b eine bestimmte Deutung der üblichen Taufformel V 3a vor[23]: Die Übereignung

3

---

[15] ζήσομεν erklärt Kuss 196 richtig als logisches Futurum: »Das Futurum rechnet vom Augenblick des Sterbens ab.«

[16] So richtig zum Beispiel Bornkamm, Taufe 37 Anm. 5. Dagegen vermutet Wagner, Problem 291f einen »Ton der Belehrung und Zurechtweisung«. Einen solchen *kann* ἢ οὐκ οἴδατε zwar haben (z.B. 1Kor 5,6); doch wird auch dort eine als bekannt vorausgesetzte Sentenz zitiert und über den Skopos eines solchen Verweises auf ein ›Wissen‹ der Adressaten entscheidet in jedem Fall der Kontext. In Röm 6 aber fehlt jedes vor ›Mißbrauch‹ der Taufe warnende Moment.

[17] Ἰησοῦν fehlt in B 104ᶜ.326pc; Tertᵖᵗ.

[18] Vgl. Apg 8,16; 19,3.5; Did 9,5; Herm v III 7,3 sowie die entsprechende trinitarische Erweiterung in Mt 28,19; Did 7,1. Statt εἰς findet sich in Apg 2,38 ἐπί und in Apg 10,48 ἐν.

[19] Vgl. noch Gal 3,27 sowie besonders 1Kor 10,2 die Taufe εἰς τὸν Μωυσήν. Zum Übereignungssinn der Formel εἰς τὸ ὄνομα vgl. Schnackenburg, Heilsgeschehen 15–18, zur entsprechenden Beurteilung von εἰς Χριστόν ebd. 18–23.

[20] Mk 10,38 und Lk 12,50 sind keine Belege für eine vorpaulinische Deutung der Taufe als »Todestaufe«; vgl. dazu zuletzt Pesch, R., Das Markus-Evangelium II, 1977 (HThK II,1), 157f.

[21] Schnackenburg, Heilsgeschehen 22 harmonisiert zu rasch: »Taufe auf Christus und seinen Tod, d.h. auf Christus, zu dem notwendig auch der Tod gehört . . . Wer dem neuen Herrn Christus übereignet wird, wird auch mit dem gekreuzigten Christus zusammengeschlossen.« Ähnlich Michel 153 und zuletzt Schlier 192. Man muß aber beachten, daß V 3b nicht lautet: εἰς τὸν ἐσταυρωμένον (analog 1Kor 2,2; Gal 3,1), sondern: εἰς τὸν θάνατον αὐτοῦ. Vgl. gegen Schnackenburg auch Warnach, Taufe und Christusgeschehen 296 Anm. 25.

[22] So richtig Lietzmann 65; Kuss 298; Warnach, Taufe und Christusgeschehen 299. Dagegen zuletzt Schlier 192 mit dem abstrusen Argument, »gerade einer fremden Gemeinde gegenüber« könne kaum über die Übereignungsbedeutung von εἰς hinaus an den realen Vorgang des Eintauchens gedacht sein, – den aber doch alle urchristlichen Gemeinden praktizierten!

[23] Gegen Käsemann 156, der umgekehrt in V 3a »die paulinisch formulierte Prämisse für die traditionelle Aussage in V 3b« sieht.

des Täuflings an Christus bedeutet, daß er im Akt des Untertauchens hineingegeben wird in das Geschehen des Todes Christi.

4 Entsprechend wird V3b in V4 konkret entfaltet: Ist die Taufe auf Christus (V3a) ein Hineingetauchtwerden in Christi Tod, »so sind wir also mit ihm zusammen begraben worden«. Das ist nur verständlich, wenn die elementare Evangelium-Überlieferung von 1Kor 15,3f vorausgesetzt wird, in der der Schluß des alten Passions- und Auferstehungsberichts mit seinen Geschehens-Daten zusammengefaßt ist: Christus gestorben, begraben, auferweckt. An diesem Geschick Christi haben wir teilgewonnen »durch die Taufe (als Hineingetauchtwerden) in den Tod«. Ob εἰς τον θάνατον syntaktisch zu διὰ τοῦ βαπτίσματος gehört, was von der Satzstellung her wahrscheinlich ist, oder ob man es mit συνετάφημεν verbindet[24], in beiden Fällen hat εἰς τον θάνατον lokale Bedeutung[25].

Der Tradition von 1Kor 15 entsprechend, folgt auf das Thema der Grablegung in V4b das der Auferweckung Christi. Der traditionelle Charakter zeigt sich an dem Passiv ἠγέρθη[26], an der singulären Näherbestimmung der Auferstehung durch die Kraft der Herrlichkeit Gottes[27], sowie an der ebenfalls singulären Nennung Gottes als »des Vaters« (vgl. 8,15; Gal 4,6)[28]. Wie in V4a, so liegt auch in V4b der Ton auf der Teilhabe der Getauften am Geschick Christi, die hier nicht (wie Kol 2,12) durch σύν-, sondern durch ὥσπερ – οὕτως ausgedrückt ist. Wie besonders 5,18–21 zeigt, denkt Paulus das »Wie-So« im Sinne wirksamer Entsprechung, so daß der Vergleich begründende Kraft hat. ὥσπερ – οὕτως expliziert also die Wirkung der Taufe (V4a); durch sie ist jene Entsprechung zwischen Christi Geschick und unserem Geschick in Kraft getreten. Diese wirkt sich im christlichen Leben, im »Wandel«[29] aus, der sich – statt »in der Sünde« (V2) – nunmehr »in Christus Jesus« (V11), und sofern dieser auferstanden ist, »in der neuen Lebenswirklichkeit« vollziehen soll. Mit ἵνα ist wie in 5,20f die göttliche Absicht gemeint[30], und zwar so, daß nun zugleich der falsche, blasphemische Gebrauch von ἵνα im Einwand von V1 korrigiert wird: Statt den Wandel zu korrumpieren, entreißt die Gnade vielmehr durch die Taufe das Leben des gerechtfertigten Sünders dem Herrschaftsbereich der Sünde und stellt ihn hinein in den Lebensraum der mit der Auferstehung Christi angebrochenen neuen Schöpfung[31]. Insofern ist in dem Finalsatz V4b auch

---

[24] So Bornkamm, Taufe 38 Anm. 6; Kuss, Zur paulinischen und nachpaulinischen Tauflehre 124, Anm. 5; Warnach, Taufe und Christusgeschehen 298f.
[25] So richtig zuletzt Käsemann 155 und 156.
[26] Vgl. außer 1Kor 15,5.12–20; 2Kor 5,15; Röm 4,25; 6,9; 7,4; Mt 16,21 par; 17,23; 20,19.
[27] διὰ τῆς δόξης τοῦ πατρός fehlt in einigen altlateinischen Zeugen (lr^lat Tert Spec). – Zur Sache vgl. 2Kor 13,4 ἐκ δυνάμεως θεοῦ; Eph 1,19f.
[28] So zuletzt Schlier 194.

[29] περιπατεῖν ist im Urchristentum term techn und entspricht dem jüdischen הלך. Ist dieses jedoch am Gesetz orientiert, so der christliche Wandel am ›Weg‹ des Geschickes Christi, so daß die christologische σύν-Aussage im Kontext der Taufe an die Stelle der Tora als Weg der Gerechtigkeit tritt.
[30] So richtig Cranfield 304.
[31] ἐν καινότητι ζωῆς ist nicht einfach = ἐν ζωῇ καινῇ (was so nirgendwo im NT vorkommt!). καινότης meint die Wirklichkeit der durch die Auferweckung angebrochenen καινὴ κτίσις (2Kor 5,17; Gal 6,15); vgl. 7,6 neben

ein imperatives Moment enthalten: In dem uns eröffneten Raum der endzeitlich-neuen Lebenswirklichkeit sollen wir nun unseren Wandel führen (vgl. VV11–14) – nämlich in Gerechtigkeit, wie Paulus in VV16ff betonen wird. In V 5 wiederholt Paulus V 4b.c im Modell der Aussage von V 4a und faßt so VV 3f zusammen, indem er aus der Teilhabe an Christi Tod die zukünftige Teilhabe an Christi Auferstehung folgert (εἰ – ἀλλὰ καί); denn das Leben in der Neuschöpfung ist ja nach V 4 Leben »aus den Toten«.

Nun bereitet die Formulierung von V 5 beträchtliche exegetische Schwierigkeiten[32]. *Zunächst*: Das Hapaxlegomenon σύμφυτος, Derivat von συμφύω, hat sich schon im klassischen Griechisch von der ursprünglichen Bedeutung »zusammengewachsen mit« gelöst und bezeichnet allgemein »verbunden mit«[33]. Faßt man nun V 5a streng als Wiederholung von V 4a auf, so entspricht σύμφυτοι γεγόναμεν V 5 συνετάφημεν in V 4a und τῷ ὁμοιώματι τοῦ θανάτου αὐτοῦ V 5 διὰ τοῦ βαπτίσματος εἰς τὸν θάνατον in V 4a. Der Dativ τῷ ὁμοιώματι wäre dann als dativus instrumentalis (bzw. causae) aufzufassen, und zu σύμφυτοι γεγόναμεν wäre αὐτῷ zu ergänzen[34]. Ein starkes Argument für dieses Verständnis ist der Vergleich mit V 8. Dagegen spricht jedoch, daß αὐτῷ in V 5a fehlt. Da jedoch σύμφυτοι ein Dativobjekt fordert, muß τῷ ὁμοιώματι usw. als dieses aufgefaßt werden. Deswegen beziehen die meisten neueren Exegeten τῷ ὁμοιώματι usw. mit Recht als dativus sociativus auf σύμφυτοι γεγόναμεν[35].

Die *zweite* Schwierigkeit liegt in dem Wort ὁμοίωμα[36]. Wo es sonst bei Paulus vorkommt (1,23; 5,14; 8,3; Phil 2,7), ist es nicht in der abgeschwächten Bedeutung »Ähnlichkeit«[37] gebraucht, sondern, dem üblichen profangriechischen und LXX-Gebrauch entsprechend, in sensu stricto als »konkrete Gleichgestalt«[38], jedoch nicht einfach als »Abbild, Figur« (wie durchweg in LXX)[39], sondern so, daß in der Gleichheit des mit ὁμοίωμα Bezeichneten in jeweils bestimmter Hinsicht auch zugleich ein Moment von Ungleichheit mitzuhören

---

παλαιότης. ζωῆς ist genitivus epexegticus; Bornkamm, Taufe 38 Anm. 9.

[32] Vgl. die bei Halter, Taufe 539f (Anm. 67) angegebene Literatur.

[33] Vgl. die Belege bei Liddell-Scott 1689 sowie Grundmann in ThWNT VII 786.790f; Kuss, Zu Röm 6,5a, 154–156.

[34] So besonders Schnackenburg, Heilsgeschehen 40f (geändert in: Todes- und Lebensgemeinschaft 35). Bl-Debr-Rehkopf § 182,1 und 194,3 erwägen die Möglichkeit, daß τοῦ θανάτου αὐτοῦ nach dem Vorbild von 8,29 von σύμφυτοι γεγόναμεν abhängig und τῷ ὁμοιώματι ein Instrumentalis sein könne. Dann wäre in V 5b der Genitiv τῆς ἀναστάσεως ebenso zu beziehen. Doch stört so der eingeschobene Instrumentalis; und ὁμώωμα führt auch sonst bei Paulus einen Genitiv nach sich.

[35] Der Einwand Kühls 204: »Wir, die Personen, können nicht mit einem Abstractum zusammenwachsen«, läßt sich im Blick auf den Sprachgebrauch von σύμφυτος widerlegen; vgl. Anm. 33.

[36] Dazu vgl. besonders Kuss 300–303; Warnach, Taufe 303–311; Schnackenburg, Heilsgeschehen 44–48.

[37] So z.B. Herm m 4,1, wo τὰ ὁμοιώματα = τὰ ὅμοια ist. Ign Tr 9,2 beschreibt entsprechend das Verhältnis der künftigen Auferstehung der Glaubenden zur Auferstehung Christi als »Ähnlichkeit, Entsprechung« (κατὰ τὸ ὁμοίωμα = ὁμοίως), was Pr-Bauer 123f falsch neben Röm 6,5 stellt.

[38] Vgl. die Belege bei Liddell-Scott 1225; Pr-Bauer 1123f; Schneider in ThWNT V 191.

[39] So Röm 1,23 vgl. EKK VI/1 107f. In dieser Bedeutung vgl. Offb 9,7.

ist⁴⁰. Das gilt vor allem für 5,14⁴¹, aber auch für 8,3⁴² und gleichfalls für die Stelle im vorpaulinischen Hymnus Phil 2,7, wonach der erniedrigte Christus als μορφὴν δούλου λαβών zwar den Menschen völlig gleich geworden ist (σχήματι εὑρεθεὶς ὡς ἄνθρωπος); sofern er dies aber *geworden* ist als ursprünglich ἐν μορφῇ θεοῦ ὑπάρχων (ebd. V 6) und die Metamorphose zur μορφὴ δούλου *selbst vollzogen* hat (ἑαυτὸν ἐκένωσεν V 7, ἐταπείνωσεν ἑαυτόν V 8), ist er ἐν ὁμοιώματι ἀνθρώπων γενόμενος; d. h. er war zwar ein Mensch wie alle Menschen bis hin zum Erleiden menschlichen Todes (V 8), jedoch eben dies als der ursprünglich mit Gott eine und darin als ein von allen Menschen *unterschiedener* Mensch⁴³. Versteht man in entsprechendem Sinn Röm 6,5a, so bezeichnet τῷ ὁμοιώματι τοῦ θανάτου αὐτοῦ den Tod Christi selbst⁴⁴, mit dem die Getauften so »verbunden worden sind«, daß in *seinem* Tod *ihr* »alter Mensch« *mit*gekreuzigt worden ist (V 6). Sie sterben mit Christus, aber es ist *Christi* Tod, in den hinein sie getauft worden sind (V 3.4). Darin liegt in aller konkreten Gleichheit des Sterbens ein Moment von Unterschiedenheit, das sich darin auswirkt, daß die Getauften selbst *nicht* sterben, sondern leben, daß sie »tot sind für die Sünde, aber leben für Gott« (V 11). Das heißt: Es ist der Tod Christi als *Sühnetod,* an dem die Getauften teilhaben. Die fortdauernde Wirkung unserer Verbindung mit Christi Geschick ist in dem Perfekt γεγόναμεν ausgedrückt (vgl. 2Kor 4,10).

Versteht man V 5a in diesem Sinn, dann ist die Taufe zwar die Wirkursache der realen Verbindung der Christen mit Christi Geschick, so daß von V 4 her der Sache nach zu ergänzen ist: διὰ τοῦ βαπτίσματος. Aber ὁμοίωμα bezeichnet nicht die Taufe selbst⁴⁵, der Dativ τῷ ὁμοιώματι ist kein V 4a entsprechender dativus instrumentalis. Damit entfallen alle Versuche, zwischen dem Taufgeschehen als solchem und dem Geschehen der Kreuzigung Christi eine »Ähnlichkeit«⁴⁶ ausgesprochen zu hören, sei es, daß die Taufe als sakramentale Wiederholung bzw. Vergegenwärtigung des Todes Christi⁴⁷, sei es, daß sie nur als sakramentales Zeichen verstanden wird, durch das den Täuflingen die Wirklichkeit der Heilsbedeutung des Todes Christi persönlich zugesprochen werde⁴⁸.

---

⁴⁰ Dies gilt aber zum Beispiel auch für den Sprachgebrauch bei Plato, wo Phaedr 250 B ὁμοίωμα und εἰκών nahezu synonym sind, jedoch so, daß εἰκών den Gegenstand selbst, ὁμοίωμα diesen in seinem Verhältnis zu dem ›Urbild‹, dem er »ähnlich« ist, bezeichnet; Schneider in ThWNT V 191.
⁴¹ Dazu vgl. EKK VI/1 318 Anm. 1053.
⁴² S.u.S. 124f.
⁴³ So richtig Gnilka, J., Der Philipperbrief, 1968 (HThK X/3) 120f gegen Käsemann, E., Kritische Analyse von Phil 2,5–11, in: Exegetische Versuche und Besinnungen 1, 51–95, hier 74–76, der dezidiert »nicht vom ›Gleichbild‹, sondern ›Korrelat‹, von ›Analogie‹ sprechen will« (75).
⁴⁴ So mit Recht vor allem Bornkamm, Taufe 42; danach z.B. Beasley-Murray, Die christliche Taufe 180.

⁴⁵ So z.B. Warnach, Taufe 307–311; dagegen u.a. Bornkamm, Taufe 41. Nur in *diesem* Sinn »behielte« V 5 bei dem Verständnis als dativus sociativus »etwas Gekünsteltes« (Schnackenburg, Heilsgeschehen 41).
⁴⁶ Das betont mit Recht Warnach, Taufe 333f mit Anm. 157 und 158 gegen Schnackenburg, Heilsgeschehen 142.150–159.
⁴⁷ In diesem Sinn (als »Kultsymbol«, so Warnach, Tauflehre 306) hat vor allem die »mysterientheologische« Schule O. Casels die Stelle gedeutet; auf evangelischer Seite vor allem Brunner, P., Aus der Kraft des Werkes Christi, München 1950.
⁴⁸ In diesem Sinn wird Röm 6,5 vor allem von Barth, M., Taufe 281–283, und Barth, K., KD IV/4, 128f (nur zu Röm 6,3f – auf das Auslegungsproblem von V 5 geht Barth überhaupt nicht ein!) interpretiert.

Die Taufe bezeugt nicht, sondern bewirkt die Teilhabe an Christi Tod. Aber eben deswegen ist nicht zwischen diesem selbst in der Vergangenheit und dem sakramentalen Sterben des Täuflings in der Gegenwart zu unterscheiden; nicht der Tod Christi wird vergegenwärtigt, sondern umgekehrt der Täufling in den Tod Christi hineingegeben[49].

Die *dritte* Schwierigkeit ergibt sich im Blick auf den Nachsatz V 5b. Sprachlich legt es sich zunächst nahe, τῆς ἀναστάσεως als Genitiv der Zugehörigkeit mit ἐσόμεθα zu verbinden und zu übersetzen: »so werden wir auch der Auferstehung zugehören«[50]. Damit wäre zwar Christi Auferstehung gemeint, aber als Anbruch der allgemeinen eschatologischen Totenauferstehung; vgl. 1Kor 15,20 sowie besonders Röm 1,4. Dagegen spricht jedoch, daß dann die Entsprechung zwischen Bedingungssatz und Hauptsatz aufgelöst wird, die durch die Einführung des Nachsatzes mit ἀλλὰ καί stark betont ist. Diese Entsprechung kommt nur dann heraus, wenn in V 5b aus V 5a σύμφυτοι τῷ ὁμοιώματι zu ergänzen ist[51] und die Verkürzung den rhetorischen Effekt hat, die Parallelität zwischen unserer Teilhabe an Tod und Auferstehung Christi sprachlich ganz unmittelbar wahrzunehmen. Nur so bleibt auch die Entsprechung mit V 8 gewahrt. Daß nämlich mit τῆς ἀναστάσεως Christi Auferstehung gemeint ist, zeigt ἀλλὰ καί deutlich an; nach V 5a ist αὐτοῦ zu ergänzen. Da jedoch für Paulus die Auferstehung Christi das erste Ereignis der eschatologischen Totenauferstehung ist (1Kor 15,20), darf in τῆς ἀναστάσεως dieser generelle Zusammenhang mitgehört werden (ähnlich wie in 1,4); V 5b nimmt insofern ἐν καινότητι ζωῆς von V 4b auf.

Schließlich ist zu fragen, wie ἐσόμεθα zu verstehen ist. Nach V 4 (vgl. V 11) liegt es nahe, es als logisches Futurum aufzufassen: Vom Blickpunkt der Tauferfahrung als unserer Verbindung mit Christi Tod gesehen, liegt unsere Teilhabe an seiner Auferstehung, wie sie sich im Wandel auswirkt, in der Zukunft[52]. Da jedoch bereits im Perfekt γεγόναμεν die christliche Gegenwart einbezogen ist, liegt die Erklärung als eschatologisches Futurum näher; und da eben dies in der parallelen Aussage in V 8 zweifelsfrei gemeint ist, gewinnt diese Erklärung eine starke Stütze[53]. Gleichwohl darf man V 5b und V 4b nicht in Spannung zueinander sehen. Auch im folgenden steht die eschatologische Aussage in V 8 neben der präsentischen in V 11. Für Paulus gehören beide Aspekte zusammen: Da die Auferweckung Christi endzeitliches Geschehen ist, hat der, der durch die Taufe mit ihm als dem Gekreuzigten verbunden worden

---

[49] So mit Recht Warnach 334–338; zuletzt Schlier 196: »nicht der im Taufritus abgebildete, wohl aber der im Taufvollzug präsente Tod« (Christi).
[50] So zuletzt Schlier 196 sowie (als nicht auszuschließende Möglichkeit) Käsemann 159.
[51] So urteilt heute mit Recht die Mehrheit der Ausleger, vgl. zuletzt Käsemann 159; Cranfield 308. Dinkler, Taufaussagen 73 übersetzt treffend: ». . . dann werden wir es auch mit dem (scil. ὁμοίωμα) seiner Auferstehung sein.« Vgl. so auch Thomas von Aquin, Röm 477, dessen Auslegung unter dem Begriff »confirmare Christo« (ebd. 474ff) jedoch schwankt zwischen Bildhaftigkeit und sakramentaler Realität.
[52] So z.B. Schnackenburg, Heilsgeschehen 33; und zuletzt Cranfield 308.
[53] Mit Recht fassen darum die meisten neueren Ausleger V 5b als eschatologisches Futur auf.

ist, bereits im gegenwärtigen christlichen Leben an der Wirklichkeit seiner Auferstehung teil[54], obwohl ihm diese selbst im Unterschied zu Christus als seine Zukunft bevorsteht. Das eschatologische Futurum von V 5b begründet so die Aufforderung zum gegenwärtigen Wandel »in der neuen Lebenswirklichkeit« in V 4b. Die endzeitliche Zukunft der Auferstehung ist hier noch nicht als solche das Thema – dies wird sie erst in 8,18ff werden. Es geht Paulus hier darum, den Einwand V 1 von der Wirklichkeit der Auferstehung Christi her zu widerlegen und herauszustellen, daß gerade und allein aus dem Herrschaftsantritt der Gnade nach 5,20f die Verpflichtung des gerechtfertigten Sünders zum Tun der Gerechtigkeit folgt, *weil* es die Auferstehung aus den Toten ist, die sowohl die Kraft der Gnade als darum auch die Kraft christlichen Lebens ist.

6–11 Im folgenden (VV 6–11) expliziert Paulus den in VV 3–5 vorgetragenen Gedanken, indem er – wie in V 3 – an ein »Wissen« der Adressaten[55] anknüpft. In VV 6f wird V 4, in VV 8–10 V 5 ausgeführt; V 11 zieht die Konsequenz.

6 Während in V 4 unsere Teilhabe an Christi Tod und die Auswirkung der Auferstehung Christi in unserem Wandel lediglich durch ἵνα verbunden sind, stellt Paulus jetzt in V 6 heraus, inwiefern in unserem Mitgekreuzigtsein die Voraussetzung dafür geschaffen worden ist, daß wir »in der neuen Lebenswirklichkeit wandeln« können: Wir sind darin von der Herrschaft der Sünde befreit worden. Es ist »unser alter Mensch«, der mit Christus mitgekreuzigt wurde. Mit ἄνθρωπος klingt zweifellos 5,12ff an, jedoch so, daß, was dort allgemein vom Verhaftetsein aller Menschen in der umfassenden Wirkung der Sünde des »einen Menschen« gesagt ist, hier auf den einzelnen konkret angewandt wird. Denn Paulus spricht von »*unserem* alten Menschen«, womit zwar von allen Christen die Rede ist, jedoch so, daß jeder für sich in der Taufe das gleiche »Mitgekreuzigtwerden« erfahren hat[56]. »Alt« und »neu« kennzeichnen die eschatologische Wende, die, im Geschick Christi ereignet, durch die Taufe in das Geschick des einzelnen hineinwirkt, indem sein vorheriges Leben zur Vergangenheit geworden ist (vgl. 1Kor 6,11: ταῦτά τινες ἦτε), von der sein christliches Leben jetzt als »neue Schöpfung« (2Kor 5,17; Gal 6,15) radikal geschieden ist; vgl. 7,6. In Kol 3,9f (vgl. Eph 4,22–24) wird der gleiche Gedanke imperativisch gewendet[57]. Aus diesen Stellen wie aus 1Kor 6,9f geht auch hervor, daß es das sündige Tun ist, das »unseren alten Menschen« konstituierte (vgl. auch Gal 5,24). Insofern wird »unser alter Mensch« durch »der Leib der Sünde« präzisiert. Paulus unterscheidet nicht hellenistisch zwischen Leib und Seele dergestalt, daß das Sterben den Körper beträfe, wodurch die Seele (bzw. in der

---

[54] So mit Recht zuletzt Halter, Taufe 56. Paulus wird dies in 8,2–11.(17) durch die Gabe des Geistes ausführen.
[55] Zum lockeren Anschluß mit dem Partizip τοῦτο γινώσκοντες anstelle eines Verbum finitum vgl. die zahlreichen neutestamentlichen Beispiele bei Bl-Debr-Rehkopf § 468,1,2 sowie die Papyrus-Belege bei Moulton, J. H., Einleitung in die Sprache des NT, Heidelberg 1911, 352f. Die Hinzufügung von καί in B verdeutlicht die Selbständigkeit von VV 6ff.
[56] So richtig zuletzt Käsemann 160; Schweizer, E., Der Brief an die Kolosser, 1976 (EKK) 148 Anm. 517. Paulus kann das gleiche in Gal 2,19b in der 1. Person sing. ausdrücken; vgl. auch Röm 7,7.
[57] Vgl. dazu Schweizer ebd. 145–149.

Gnosis: der Geist) von ihrer entfremdeten Behausung frei werde. »Der Leib der Sünde« sind vielmehr wir selbst, wir als »alter Mensch«, sofern wir in unserem Tun verwirklichten, was wir selbst sind. Doch ist in der Formulierung eine andere Unterscheidung enthalten: *»wir selbst«* sind, indem *wir* als »alter Mensch« mit Christus mitgekreuzigt und als »Leib der Sünde« zunichtegeworden sind, von der Herrschaft der Sünde über unseren Leib freigeworden, so daß wir der Sünde nicht mehr als Sklaven dienen. Wo *wir* »der Leib der Sünde« *waren*, wird jetzt zwischen *uns* und »der Sünde« als dem Besitzer unseres Leibes unterschieden; und wo wir als »alter Mensch« selbst vollauf gestorben sind und unser »Leib der Sünde« wirklich vernichtet ist, sind *wir* gleichwohl von der Sünde freigeworden. Wie ist diese Paradoxie zu erklären? In V 6 wird nur deren Inhalt markiert: unsere Befreiung von uns selbst als »alter Mensch« und als »Sündenleib«. Durch ἵνα wird das Ziel des Mitgekreuzigtseins benannt: unsere Vernichtung als »Sündenleib«; durch die Genitiv-Bestimmung τοῦ μηκέτι δουλεύειν ἡμᾶς die Konsequenz dieser Vernichtung: unsere Befreiung vom Sklavendienst.

Der Sinn dieser Paradoxie wird in V 7 angedeutet. Der Satz klingt sentenzhaft 7 und wird mit γάρ offenbar als bekannt eingeführt.

Dahinter steht eine rabbinisch bezeugte Lehre: »Wenn ein Mensch gestorben ist, ist er frei von den Gebotserfüllungen«, heißt es Schab 151ᵇ Bar als Interpretation von Ps 88,6 im Kontext einer Erörterung über die Einhaltung des Sabbatgebots im Todesfall[58]. Das Targum zur selben Psalmstelle wendet denselben Satz sogar auf den Tod von Gottlosen an[59]. Was gemeint ist, zeigt SNum 112 zu 15,31: »Alle, die sterben, erlangen durch ihren Tod Sühne«[60]. Die Voraussetzung ist der in der atl. Sühneanschauung enthaltene Grundsatz vom Tun-Ergehen-Zusammenhang[61]: Wer Sünde tut, muß sterben (vgl. V 21b.23a). Sühne als Befreiung des Lebenden von der Unheilsfolge seiner Sünde geschieht durch den stellvertretenden Tod des Ersatztieres. Wo ein Sünder *selbst* stirbt, wirkt sich die Sühne in seinem eigenen Geschick aus. In jedem Fall kommt die Unheilswirkung der Sünde im Tod zur Vollendung: ὁ παθὼν σαρκὶ πέπαυται ἁμαρτίας (1Petr 4,1).

In diesem Kontext gewinnt V 7 konkreten Sinn: »Wer gestorben ist, ist rechtskräftig frei von der Sünde«[62]. Das heißt an sich nicht, daß der Gestorbene aufgrund solcher Freiheit lebe, sondern, daß *erst* im Tod des Sünders die Rechtsfolge seiner Sünde erfüllt, erst *der Tote* von ihr frei ist. Paulus bezieht diesen bekannten Lehrsatz nun aber auf das Mitsterben der Getauften mit Christus[63].

---

[58] Vgl. dieselbe Sentenz Nidda 61ᵇ (Bill III 232) und Pesiqt 200ᵇ (ebd. 234).
[59] »Wie die Gottlosen, die starben und (in Buße) nicht umkehrten, frei würden von den Gebotserfüllungen«; Bill III 234.
[60] כל המתים במיתה מתכפרים. Vgl. dazu Kuhn, Römer 6,7.
[61] Dazu vgl. das in EKK VI/1 127–131 Ausgeführte.

[62] Zur Formulierung vgl. Sir 26,29 οὐ δικαιωθήσεται κάπηλος ἀπὸ ἁμαρτίας; Test S 6,1; Apg 13,33f; Herm v III 9,1.
[63] Unmöglich ist die Beziehung von V 7 wegen der 3. Person singular auf Christus, wie sie nach Kearns, Interpretation (dort das auslegungsgeschichtliche Material) neuerdings wieder vertreten wird, vgl. z.B. Scroggs, Romans 6,7; Thyen, Studien zur Sündenvergebung

In der Tat: Darin, daß der Leib der Sünde vernichtet wird, geschieht seine Freistellung vom Anspruch der Sünde auf sein Geschick. Aber insofern es *Christi* Tod ist, den wir *mit*gestorben sind, gewinnt nun jener an sich fatale Satz für uns die positive Bedeutung der Rechtfertigung, wie Paulus sie verkündigt (vgl. 1Kor 6,11), so daß wir, in deren Tod sich die Sünde ausgewirkt und ihr Rechtsanspruch gegen uns voll erfüllt ist, nicht vernichtet worden sind, sondern leben (vgl. V 11). Verständlich wird die Argumentation in V 7 nur, wenn Paulus hier die Sühnebedeutung des Todes Christi voraussetzt[64]. Weil Christus für uns Gottlose (5,8), »für unsere Sünden« (1Kor 15,3) gestorben ist, ist der, der durch die Taufe mit ihm mitgestorben ist, von der Todeswirkung seiner Sünde freigeworden; denn diese hat sich statt an ihm selbst an Christus ausgewirkt (2Kor 5,21; Gal 3,13; Röm 8,3f). Die Macht der Sünde über den Sünder besteht ja eben darin, daß, indem er sündigt, der Tun-Ergehen-Zusammenhang der Sünde definitiv sein Geschick bestimmt. Nur so wird »die Sünde« zum Herrn über den Sünder und dieser zu ihrem Sklaven. Versteht man die Rede des Paulus von »*der* Sünde« nicht von daher, so liegt die Gefahr mythologischer Fehldeutung nahe und ist schwerlich zu meiden.

Freilich ist zuzugeben, daß die Sühnekraft des Todes Christi hier nicht explizit
8 wird, sondern durch den allgemeinen Topos von V 7 nur angedeutet ist. V 8 wiederholt V 5 und lenkt den Blick sogleich wieder darauf, daß, wer am Sterben Christi teilgewonnen hat, auch an seiner Auferweckung teilhaben wird. Dies
9 ist ein zentraler Inhalt christlichen Glaubens[65], weil dieser weiß, daß Christus selbst, als von den Toten auferstanden, das Sterben hinter sich hat und der Tod
10 keinerlei Macht mehr über ihn ausüben kann[66]. Das Letztere wird in V 10 durch den Gedanken begründet (γάρ), daß der Gekreuzigte in seinem Tod der Sünde gegeben hat, was ihr zusteht, während das Leben des Auferstandenen Gott gehört. ὅ ist wie in Gal 2,20 Objektsakkusativ, so daß gemeint ist: τὸν

204f; Frankemölle, Taufverständnis 77f. Denn in V 6 und V 8 ist von »uns« die Rede, nicht erst in V 11; vor allem aber kann Paulus von Christus niemals sagen, daß er »frei geworden ist von der Sünde« (vgl. dagegen ausdrücklich 2Kor 5,21); τῇ ἁμαρτίᾳ ἀπέθανεν in V 10 ist anders aufzufassen, s.u.

[64] Gegen Käsemann 160 und vorher besonders Schnackenburg, Heilsgeschehen 35, dessen Argument, daß δικαιοῦσθαι nie כפר hiphil wiedergebe, zwar für LXX zutrifft, aber im Blick auf die eindeutigen Belege aus Qumran (vgl. vor allem 1QS 11,12–15; 1QH 4,37; Damask 2,5; 4,6f) keine Kraft hat. Im übrigen steht der Sühnegedanke der Sache nach auch hinter Apg 13,38f; Herm v III 9,1 sowie auch hinter 1Petr 4,1, wo eine Variante zu Röm 6,7 vorliegt (so Michel 155 Anm. 2; zu Unrecht bestritten von Thyen, Studien zur Sündenvergebung 205 Anm. 3; zuletzt Brox, N., Der erste Petrusbrief, 1978 [EKK XXI] 192).

[65] Schlier 199 weist mit Recht darauf hin, daß πιστεύομεν ὅτι nur formal den Nachsatz des Bedingungssatzes V 8a bildet, der Sache nach jedoch als Parenthese zu verstehen ist (vgl. die Übersetzung). Gemeint ist – trotz εἰδότες – kaum das Bekenntnis (so Michel 156), zumal entsprechende Bekenntnisformeln nicht zu belegen sind (8,11 und 2Kor 4,14 sind – trotz εἰδότες in 2Kor 4,14 – paulinische Sätze, 2Tim 2,11–13 zwar ein zitiertes Traditionsstück, dessen Alter aber nicht bestimmbar ist). πιστεύειν entspricht vielmehr 4,17.

[66] Vgl. die rabbinisch bezeugte Vorstellung von der Macht des Todesengels bei Bill III 232f. – Zu οὐκέτι ἀποθνῄσκει vgl. Luther, Röm 374: »Non ait: ›vivet‹, sed ›non moritur‹, quia negativa in Scripturis vehementius significat et affirmatum dat intelligi eternum.«

θάνατον, ὃν ἀπέθανεν und τὴν ζωὴν, ἣν ζῇ⁶⁷. Die Dative τῇ ἁμαρτίᾳ und τῷ θεῷ zeigen wie in V2 den jeweiligen Besitzer an⁶⁸. Die erste Aussage V10a ist wiederum nur im Sinne des Sühnegedankens zu verstehen. Dem Tun-Ergehen-Zusammenhang entspricht es, daß auf die Sünde der Tod folgt, so daß »die Sünde« als Herrin (vgl. V6.14) den Tod des Sünders zu fordern das Recht hat (vgl. V22.23); insofern »herrscht« mit der Sünde zusammen der Tod über ihn (V9). Christus aber ist nicht als Sünder gestorben, sondern hat stellvertretend für uns in *seinem* Tod »der« Sünde gegeben, was von seiten der Sünder ihr zusteht, und zwar »ein für allemal«, d.h. die Rechnung ist sozusagen umfassend beglichen, die Sünde hat seitdem keinerlei Ansprüche mehr⁶⁹.

Von seinem Leben kann darum nur als von einem Leben aus dem Tod aufgrund der Auferweckungstat Gottes an dem Gekreuzigten gesprochen werden, durch die er zum »Sohn Gottes in Macht« (1,4) wurde. Das Leben des Auferstandenen gehört Gott und steht Gott zur Verfügung, wie das im Tod verwirkte Leben des Gekreuzigten der Sünde gehört und das einzige ist, was von uns, für die er starb, der Sünde als ihr Besitztum bleibt.

V11 zieht daraus die Folgerung (οὕτως) für die Adressaten, die nun direkt angesprochen werden (ὑμεῖς). Sie sollen aus dem »Wissen« von VV 6–10 in ihrer christlichen Praxis das grundsätzliche Urteil realisieren⁷⁰ (Imperativ Präsens), daß auch (καί) sie, Christus entsprechend (V10), »für die Sünde« tot sind, weil er stellvertretend für sie in *seinem Tod* der Sünde gegeben hat, was sie von *ihnen* zu fordern hatte; dagegen »lebend für Gott«, weil und wie *Christus* für Gott lebt. Denn der Ort ihrer Existenz ist nicht mehr der Herrschaftsbereich der Sünde (V2), sondern der Christi: »In Christus Jesus«⁷¹ beschreibt bei Paulus formelhaft den Lebensraum der Christen, der ihnen durch Gottes Handeln in Kreuz und Auferstehung Christi eröffnet ist (3,24 vgl. 1Kor 1,30), als Lebensraum der neuen Schöpfung (2Kor 5,17), in dem sie, aus der endzeitlichen Verurteilung errettet (8,1), geheiligt (1Kor 1,2; 6,11) und vom Gesetz befreit sind (8,2; Gal 2,19), weil Gottes Liebe die Macht ist, die in diesem Raum herrscht (8,39; 1Kor 16,24), in dem alle Christen, wiewohl als Menschen verschieden, eines sind (Gal 3,28) als ein Leib (12,5), in dem alle Charismen als Wirkung des einen Geistes ihr Reichtum sind (1Kor 1,5).

Dieser Raum »in Christus Jesus« soll darum auch alles Handeln der Christen 12

11

---

⁶⁷ Vgl. Bl-Debr-Rehkopf § 154. Anders z.B. Warnach, Taufe 318, der als Akkusativ der Beziehung auffaßt: »sofern er starb«.
⁶⁸ Bl-Debr-Rehkopf § 188,3. Warnach, Taufe 319 faßt den Dativ soziativ auf, wogegen jedoch die Parallelität mit τῇ ἁμαρτίᾳ spricht.
⁶⁹ Vgl. Luther, Röm 378: »istud ›semel‹ non determinat numerum penitentie, sed commendat eternitatem gratie . . . non exprimit vel negat numerum vicissitudinis, sed numerum alietatis vel potius commendat eternitatem iustitie . . .« Vgl. gegenwärtig besonders Thüsing, Per Christum 67–93; Halter, Taufe 62–64.
⁷⁰ Zu λογίζεσθαι vgl. 3,28 sowie 8,18; ferner Phil 3,13; 4,8; Hebr 11,19; (negativ Röm 2,3).
⁷¹ Die Masse der späteren Zeugen (ℵ C Koine pl vg^cl bo sy^p Ambst) fügt nach V11 wie in V23 hinzu τῷ κυρίῳ ἡμῶν und gibt so V11 einen gewissen Abschlußcharakter.

bestimmen. Paulus expliziert das nun (οὖν) sogleich entgegen dem Einwand V 1 in einer grundsätzlichen Paränese⁷².

Als Getaufte sollen sich die Adressaten nun, entsprechend ihrer richtigen Selbsteinschätzung als »tot für die Sünde, lebend für Gott« (V 11), in der Praxis ihres Lebens auch verhalten und die Entscheidung, die durch Gottes Handeln über sie gefallen ist, in eigener Entscheidung nachvollziehen. Ist ihr alter Mensch mit Christus mitgekreuzigt und so ihr Leib, sofern er der Sünde als Herrscherin gehörte, vernichtet worden (V 6), so sollen sie nun auch faktisch die Sünde nicht in ihrem sterblichen Leib herrschen lassen. Daß er sterblich ist, ist die Folge der Herrschaft der Sünde, die den Leib zeichnet, auch nachdem die Sünde aus ihm hat weichen müssen; erst in der endzeitlichen Auferstehung wird die Sterblichkeit in Unsterblichkeit verwandelt (1Kor 15,53f) und der Leib aus der »Sklaverei der Vergänglichkeit« (Röm 8,21) erlöst werden (8,23). Sterblichkeit bedeutet Schwachheit (vgl. 1Kor 15,43); darum ist das θνητὸν σῶμα der Christen als solches für die Sünde nicht unzugänglich. In ihm⁷³ regen sich die Begierden, die gleichsam die noch verbliebenen Agenten der Sünde sind (vgl. 7,7f), und versuchen, sich die Christen wiederum hörig zu machen⁷⁴. Die Adressaten sollen dem widerstehen; denn wer den Begierden des Leibes gehorcht, gehorcht der Sünde und verfällt dem Tod (vgl. 7,5). In der Taufe haben sie diese zusammen mit dem Fleisch gekreuzigt (Gal 5,24), darum sind sie nun imstande und verpflichtet, den Begierden den Gehorsam zu versagen und so der Sünde die Wiedereroberung ihres Leibes zu verwehren. Christsein vollzieht sich in ständigem Kampf gegen die Sünde, der erst jetzt aussichtsreich geführt werden kann, seit die Getauften der Sünde gegenüber gestorben sind (V 2).

13 Sie sollen ihre Glieder nicht als Waffen der Ungerechtigkeit der Sünde, sondern sich selbst Gott zur Verfügung stellen. Der Aorist παραστήσατε in V 13b aktualisiert, was das Präsens παριστάνετε in V 13a generell sagt. In der ganzen Zeit christlichen Lebens im sterblichen Leib soll es grundsätzlich keinerlei Dienstleistung für die Sünde in Taten der Ungerechtigkeit geben, sondern in jedem Augenblick geht es darum, Gott in Taten der Gerechtigkeit zu dienen. Dem entspricht, daß in V 13b zuerst von uns selbst (ἑαυτούς) und danach von unseren Gliedern die Rede ist. Wir selbst gehören nach V 11 Gott, nicht mehr der Sünde. Darum geht es nicht an, unsere Glieder für die Sünde arbeiten zu lassen, sie sollen der Sache Gottes, der Gerechtigkeit dienen⁷⁵. Daraus geht zu-

---

[72] Dazu vgl. Kertelge, Rechtfertigung 263–275; Merk, Handeln 28–33; Bouttier, M., La vie de chrétien en tant que service de la justice pour la sainteté. Romains 6,15–23, in: Lorenzo de Lorenzi, Battesimo 127–154.

[73] Die LA des ägyptischen Textes und vg sy^p co ταῖς ἐπιθυμίαις αὐτοῦ ist als lectio difficilior ursprünglich. Der westliche Text (DFG b lr Tert Ambst), dessen LA αὐτῇ sich hier auch in P 46 findet, glättet; und die Koine kombiniert beide LA: αὐτῇ ἐν ταῖς ἐπιθυμίαις αὐτοῦ.

[74] Schlier 202: »In den ἐπιθυμίαι meldet sich sozusagen die Vergangenheit des Getauften wieder zu Wort.« εἰς τὸ ὑπακούειν bezeichnet sowohl die Folge der Herrschaft der Sünde als auch die Absicht, die die Sünde mittels der Begierden gegen die Christen verfolgt.

[75] Vgl. 13,12; 2Kor 6,7; 10,4; 1Thess 5,8; Eph 6,11.14–17.

gleich hervor, daß Paulus einerseits den Leib nicht griechisch denkt, als Körper, von dem sich die Seele als das Personzentrum unterscheidet, sondern Personalität und Leibhaftigkeit zusammendenkt: Wir sind Leib, und in den Gliedern als den Aktionszentren des Leibes sind wir selbst es, die handeln. Andererseits denkt Paulus den Leib nicht als nach außen abgeschlossene Behausung der ›autonomen‹ Persönlichkeit, sondern als Herrschaftsbereich, sei es Gottes, sei es der Sünde. Zu unserer Leiblichkeit gehört konstitutionell, daß wir uns nicht selbst gehören (vgl. 14,7; 1Kor 16,19), sondern einer von uns unterschiedenen, uns beherrschenden Macht dienen. Zwar spiegelt die Sünde dem Menschen vor, er müsse sich, um zu überleben, von seiner Zugehörigkeit zu Gott lösen und selbst für sich sorgen; in den Begierden wird er von diesem Drang, sich selbst zu verwirklichen, beherrscht – und eben darin gewinnt faktisch die Sünde die Herrschaft über ihn, die ihn an seiner Selbstsucht zugrundegehen läßt und ihm am Ende den Tod einbringt. Die Taufe erschließt die Chance der Schöpfung neu, Leib zu sein in Offenheit zu Gott, das Sein zum Tode einzutauschen in das Sein zum Leben; und wie der Sünder seinen Leib der Sünde öffnete und seine Offenheit so als Gehorsam gegen die Sünde realisierte, so kann die in der Taufe geschenkte Offenheit zu Gott nur im Gehorsam gegen Gott leibhaftig-konkret realisiert werden. Allein darin aber findet der Mensch in Wirklichkeit zu sich selbst: *Er lebt, indem er für Gott lebt* (V 11); und es ist in seine eigene Entscheidung gestellt, im Tun der Gerechtigkeit der Sünde den Zutritt zu verwehren. Er selbst, der einst ihr Sklave war, vermag jetzt seiner ehemaligen Herrin zu trotzen. Der Mahnung in VV 12f liegt keineswegs die ängstliche Sorge zugrunde, die Christen könnten alsbald der Herrschaft der Sünde wieder anheimfallen. Sie hat nicht eigentlich warnenden Charakter. Vielmehr mutet Paulus den Adressaten vollauf zu, ihren Standort zwischen den beiden entgegengesetzten Herrschaften Gottes und der Sünde in eigener Verantwortung zu beziehen: Das Christsein ist nicht wie das Sündersein ein Zwang eines aliter non posse. Daß für den Christen der Abfall zur Sünde sehr wohl möglich ist, gibt seiner Entscheidung für Gott den Charakter der Freiheit – einer Freiheit, die er umgekehrt unter der Herrschaft der Sünde nie hatte. Es ist die Befreiung von dieser, die den Christen frei macht, sich nunmehr selbstverantwortlich gegen die Sünde und für die Gerechtigkeit zu entscheiden. Insofern spricht Paulus die Adressaten als »gleichsam aus den Toten Lebende« an[76].

[76] Seit Kühl 210 wird ὡσεί zumeist in kausaler, nicht in Vergleichsbedeutung aufgefaßt; vgl. z.B. Kuss 384; Käsemann 168; Cranfield 318; Schlier 203f. Der lexikographische Befund spricht dagegen. Wohl kann ὡσεί mit ὡς wechseln, wie die v.l. zeigt, aber durchweg dort, wo ὡς Vergleichspartikel ist (Bl-Debr-Rehkopf § 453,3 vgl. Pr-Bauer 1777; Liddell-Scott 2040). Das ist auch an der einzigen vergleichbaren Stelle bei Paulus so (1Kor 15,8 ὡσπερεί). Darum wird die Übersetzung »gleichsam« nicht zu umgehen sein (vgl. Bl-Debr-Rehkopf § 424,4 Anm. 5). Zahn 312 dürfte das Richtige getroffen haben: Die Distanz zwischen dem, was die Adressaten faktisch als ἐν τῷ θνητῷ σώματι *sind*, und dem, als welche sie sich »*betrachten*« (V 11) und in keiner Weise der Sünde gegenüber *erweisen* sollen (V 12f), wird in ὡσεί sichtbar gemacht. Ein virtuelles Verständnis (»als ob«) liegt nach VV 3–11 natürlich völlig fern (gegen Larssen, Christus als Vorbild 73); ebenso aber auch die Erklärung von Schmidt 113, Paulus wolle mit ὡσεί »zum Ausdruck bringen, daß sie durch

Das gilt unter dem Aspekt der Befreiung von der Sünde, unter deren Herrschaft der Sünder definitiv dem Tode zugehörte, so daß von daher der von ihr Befreite dem vom Tod Auferweckten gleicht. Das Geschehen der Taufe ist ein eschatologisch-schöpferischer Akt Gottes wie das Geschehen der Auferweckung Christi, aufgrund deren die Taufe ihre Kraft hat. Der von der Sünde Befreite lebt jedoch noch in der irdischen Wirklichkeit des »sterblichen Leibes«. Daß er ein »aus den Toten Lebender« ist, ist wirklich nur im Blick auf die Sünde, noch nicht im Blick auf seinen Leib. Der ist sterblich und wird erst am Ende auferweckt werden (vgl. V 8 und 8,11; 1Kor 6,11; 15,51–54; 2Kor 4,14).

14 Paulus bekräftigt die Aufforderung VV 12f sogleich durch die Zusage: »Die Sünde *wird* nicht Herr werden über euch!« Der Kampf gegen sie ist durchaus aussichtsreich; denn es geht ja nicht darum, daß die Christen sich selbst durch ihren Wandel von der Herrschaft der Sünde befreien, sondern darum, daß sie der im Sühnetod Christi ein für allemal erfolgten Beendigung der Herrschaft der Sünde über sie im täglichen Wandel entsprechen sollen. Aufgrund von Tod und Auferstehung Christi nämlich (γάρ) befinden sich die Christen nicht mehr unter der Herrschaft des Gesetzes, sondern unter der der Gnade. Das 5,20f Gesagte ist wahr entgegen seiner Verfälschung im Einwand von V 1. Das Gesetz spricht dem Sünder den Tod zu und vollstreckt so den Willen der Sünde. Die Gnade aber hat den Todesspruch des Gesetzes aufgehoben (vgl. 8,1)[77]. Wie mit der Herrschaft der Sünde, so ist es darum auch mit der des Gesetzes als Kriterium der Heilsteilhabe vorbei. An seine Stelle ist die heilschaffende Gerechtigkeit Gottes in ihrer Kraft als Gnade getreten. Nur wer aus der Gnade lebt, ist gerecht und vermag sich und seine Glieder als Waffen der Gerechtigkeit Gott zur Verfügung zu stellen. Darum lautet die Konsequenz aus 5,20f eben nicht: Laßt uns bei der Sünde bleiben, sondern: Laßt *nicht* die Sünde herrschen, stellt eure Glieder ihr nicht als Waffen der Ungerechtigkeit zur Verfügung!

Zusammenfassung

1. Paulus hat seine Auslegung des Evangeliums als Rettung der Gottlosen in 5,12–21 zusammengefaßt und auf die Spitze getrieben. Mit um so größerer Wucht trifft darauf nun der Vorwurf von 3,8: Wenn alle Menschen Sünder sind und Christus der einzige Gerechte, Gott Gehorsame; wenn es jedoch nicht das Gesetz Gottes ist, dem dieser Eine gehorsam war, sondern die Gnade, die durch ihn die Herrschaft der Sünde über alle Sünder gebrochen hat, so daß er nicht Repräsentant menschlicher Gerechtigkeit vor Gott, sondern Repräsentant der Gnade Gottes gegenüber den Menschen ist: was bleibt dann den Menschen anderes zu tun, als selbst fortwährend zu sündigen, um so die Gnade extra nos fortwährend *ihr* Werk tun zu lassen? Fällt dann doch die Gerechtigkeit und der Kampf gegen die Sünde so sehr allein der Gnade zu, daß für Menschen keinerlei Möglichkeit und Chance bleibt, *selbst* gerecht zu sein und Gerechtig-

---

ihre jetzige Hingabe an Gott nur vorläufig darstellen, was sie an endgültiger und totaler Lebenserneuerung zu erwarten haben«. Vgl. so auch Barrett 128. Paulus korrigiert mit ώσεί auch nicht ein hellenistisches Taufkerygma im Sinne von Eph 5,14 (gegen Siber, Mit Christus 238f).

[77] Vgl. Cranfield 320. Falsch Schlier 205: »da nicht mehr, als die Triebkraft der Sünde, das Gesetz herrscht«.

keit zu *tun* ; dann bleibt die Welt massa perditionis, und Gerechtigkeit allein bei Gott; und für die Menschen in ihrer Lebenswirklichkeit fällt der Unterschied zwischen Gerechtigkeit und Ungerechtigkeit in sich zusammen.

Man kann das Gewicht dieser Infragestellung nicht ernst genug nehmen. Es ist im Grunde der Verdacht faktischer Wirkungslosigkeit der Gnade und faktischer Unwirklichkeit christlicher Gerechtigkeit. Natürlich handelt es sich um ein fatales Mißverständnis: Paulus liegt alles daran, daß die Gnade die Wirklichkeit menschlicher Sünde aufhebt und die Rettung der Gottlosen diese wirklich gerecht macht. Aber wie läßt sich dies konkret *begründen,* so daß einerseits die Wirklichkeit christlicher Gerechtigkeit nicht bloße Behauptung ist, andererseits aber in der Wirklichkeit christlichen Lebens das sola gratia der Rettung des Sünders nicht seine Kraft verliert? Wie ernst Paulus diese jüdische Anfrage nimmt, zeigt sich darin, daß er sie nicht apologetisch ad extra, sondern in dichter seelsorgerlicher Zuwendung zu seinen christlichen Adressaten beantwortet.

Und daß sie an ein zentrales theologisches Problem christlicher Praxis rührt, zeigt ein Blick in die Geschichte der Kirche. Das Problem wurde in den beiden folgenden Jahrhunderten – noch ohne Rezeption der paulinischen Rechtfertigungslehre – in der Seelsorge virulent, als es galt, mit dem Faktum christlicher ›Tod‹-Sünden und Glaubensverleugnung fertig zu werden. Es gewann theologisches Profil – nunmehr mit Hilfe der paulinischen Texte – in den Auseinandersetzungen zwischen Augustinismus und Pelagianismus und verschärfte sich im Streit zwischen Reformation und Gegenreformation. Aber auch innerhalb der getrennten Konfessionen blieb es wirksam, auf katholischer Seite in den Fragen, die der Jansenismus aufwarf, auf protestantischer Seite in der ständigen Auseinandersetzung mit dem Pietismus innerhalb und außerhalb der reformatorischen Konfessionskirchen. Zwar hat es nirgendwo in christlicher Theologie Positionen gegeben, die die elementare Verpflichtung zu konkretem christlichen Handeln um des alleinigen Handelns der Gnade willen etwa in Frage stellten. Aber wie Gottes Werk und menschliches Werk, wie Rettung des Sünders und Gerechtigkeit der Gerechtfertigten, wie christlicher Glaube und christliches Handeln konkret aufeinander zu beziehen sind, ist immer wieder – und *muß* immer wieder – zum brennenden Problem werden, sofern man sich an Paulus orientiert. Die scharf-kritische Frage des Juden an das paulinische Evangelium erweist sich so als permanenter Stachel im Fleisch christlicher Praxis und Theologie.

Paulus begründet sein entschiedenes Nein in einer neuen Auslegung der *Taufe.* Denn die Erfahrung der Taufe war in der Missionssituation des Urchristentums das zentrale ›Datum‹ des Anfangs, das *alles* christliche Leben und Denken bestimmte. Jeder Christ hatte in der Taufe iustificatio impii erfahren (1Kor 6,11): als Vergebung und ›Abwaschung‹ der Sünden und Erneuerung durch den Heiligen Geist. Die Bekehrung als Abkehr von den Göttern im Glauben an den einen, wahren Gott (1Thess 1,9f) hatte ihre Entsprechung in der Abkehr von den Taten der Ungerechtigkeit zum Tun der Gerechtigkeit (1Thess 4,1ff). Indem

Paulus das Taufgeschehen als solches auslegt, reflektiert er den Grund dieser Bekehrung und also den Grund dafür, daß gerechtfertigte Sünder in praxi nicht Sünder, sondern wirklich Gerechte sind. In der Taufe sind wir mit Christus verbunden worden, so daß die Sühnewirkung seines Todes zu unserer leibhaftigen Teilhabe an seinem Geschick, abgekürzt gesagt: daß das »für uns« zum »mit Christus« wird. Denn wenn es unsere Sünden sind, deren Geschicksfolge Christus in seinem Tod stellvertretend für uns an sich zum Austrag kommen ließ, so sind wir also als die Sünder, die wir waren, mit ihm mitgekreuzigt worden; in seinem Grab ist unser von der Sünde bestimmter und der Sünde gehöriger Leib – und also wir selbst als »alter Mensch« – mit Christi Leib zusammen mit-zunichtegeworden. Die Taufe realisiert, was im Tod Christi für uns geschen ist, leibhaftig an uns selbst, so daß *wir* nunmehr »*in Christus*« sind. Weil aber Christus durch Gottes Macht vom Tod auferweckt worden ist, sind auch wir vom Tod als dem in *Christi* Tod vollzogenen Ende unserer Sünden auferstanden, sofern wir selbst leibhaftig von der Wirklichkeit unserer Sünden geschieden und als »neue Schöpfung« wirklich Gerechte geworden sind, weil wir »in Christus«, dem Auferstandenen, leben. Unser Leben gehört jetzt nicht mehr der Sünde, so wahr der Leib des Auferstandenen der Macht der Sünde, der nur der Tote gehörte, entzogen ist; er gehört Gott, so wahr der Auferstandene aus Gottes Macht lebt und wir durch unsere Taufe mit ihm leben. Darum aber sollen und können wir die in der Taufe leibhaftig gewonnene Zugehörigkeit durch Christus zu Gott in leibhaftigem Gehorsam gegen Gott bewahren und im Kampf gegen die Sünde, die nun nur von außerhalb unser uns wieder zu gewinnen sucht, obsiegen. Christen also sind nicht Sünder, sondern Gerechte, *weil sie getauft sind* – das ist die Antwort, die Paulus auf die Infragestellung der Wirklichkeit christlicher Gerechtigkeit gibt.

2. Von daher ist zunächst die exorzistische Kraft zu verstehen, die der Taufe seit der Alten Kirche zugeschrieben worden ist, und von der die Taufliturgien – bis hinein auch in die lutherischen Taufordnungen – entscheidend bestimmt sind: Der Getaufte wird der Macht des Bösen existenziell entzogen und der Macht des Geistes unterstellt. Im Zusammenhang damit ist die Taufe von Anfang an zugleich als Vollendung und Siegel der Bekehrung verstanden worden: als Ende des Lebens in der Sünde und als Beginn eines neuen Lebens in Gerechtigkeit. Römer 6 spielte dabei vor dem 4. Jh. noch keine besondere Rolle[78]. Man kann sagen: Es ist das von Paulus vorausgesetzte gemein-urchristliche Taufverständnis, das zunächst in der Alten Kirche rezipiert worden ist. Die paulinische Interpretation der Taufe als Verbindung mit Kreuz und Auferstehung Christi gewinnt erst Bedeutung, nachdem aus der Missionskirche im Gegenüber zur Weltgesellschaft die Reichskirche als Lehrerin der in sie integrierten

---

[78] Dort, wo Röm 6 ausgelegt wird, da ist – wie z.B. bei Origenes, Rufin 1035f – im allgemeinen die Bekehrung der beherrschende Aspekt, ohne daß die Taufe als solche besondere Beachtung findet; vgl. Schelkle, Paulus 197. Vgl. noch charakteristisch Hom in 1Sam 1,19; GCS 8,25 bei Schelkle ebd. 200; jedoch anders Hom in Ex 5,2 bei Neunheuser, Taufe und Firmung 32.

Weltgesellschaft geworden war[79]. Von dieser Zeit an ist Röm 6 allererst »zum locus classicus der Tauftheologie« geworden[80].

Im Osten wie im Westen setzt sich die Grundauffassung durch, daß die Taufe ihre heiligende Kraft allein durch Gott hat, unabhängig vom Menschen. Sie befreit den Getauften dadurch von der Sünde und gibt ihm den Heiligen Geist, daß sie ihm teilgibt an Tod und Auferstehung Christi. Sie ist darum heilsnotwendig für jeden Christen. Darin stimmt die Tauflehre der lutherischen Kirche mit der der römisch-katholischen[81] und beide mit der paulinischen überein.

Von der Tauflehre der *reformierten Kirche*[82] kann das nicht in völlig gleichem Maße gelten. Denn diese versteht die Taufe weder als im strengen Sinn heilsnotwendig[83] noch vor allem als Gnadenmittel im effektiv-kausativen Sinn[84]; vielmehr als sichtbares Zeichen, in dem Christus die Seinen die Gewißheit erkennen läßt, daß sie in die Gemeinschaft seiner Kirche aufgenommen und »in Christus eingeleibt« sind[85]. Die Taufe gilt hier also als spezielle Form des *Wortes* Christi, von der Predigt nur unterschieden durch die konkrete Verbildlichung seiner Heilsverheißung[86]. Doch ist die Taufe nicht nur ein »äußerliches Schaubild«, »sondern führt uns an die Sache selbst heran und bringt das, was sie bildlich darstellt, zugleich *wirkungskräftig* zur Erfüllung«[87]. So dient z.B. in Röm 6,3f das Sterben und Auferstehen Christi nicht einfach den Glaubenden als Vorbild zu gleichem Sterben und Auferstehen gegenüber der Sünde, sondern Paulus »weist darauf hin, daß uns Christus durch die Taufe seines Todes teilhaftig gemacht hat«[88].

In diesem Sinn ist die kognitive Bedeutung der Taufe nach reformierter Auffassung in Anlehnung an Augustin so zu verstehen, daß das signum die res wirklich in sich enthält. Darum wird nachdrücklich betont, daß in der Taufe eigentlich nicht Menschen handeln, sondern allein Gott bzw. Christus. Eben deswegen bestreitet die reformierte Lehre aber eine besondere Wirkung der Taufe selbst neben dem Christusgeschehen[89] als eines kausativen Gnadenmittels[90] und unterscheidet so scharf zwischen Wassertaufe und Geistgabe[91]. Insofern ist die reformierte Tauflehre sowohl von der Sonderlehre Zwinglis unterschie-

---

[79] Vgl. dazu Kretschmar, Die Geschichte des Taufgottesdienstes in der Alten Kirche, 145–179.
[80] Kretschmar ebd. 178, vgl. 264f. Weitere Belege bei Schelkle, Paulus 197–217; ders., Taufe und Tod. Zur Entwicklungsgeschichte vgl. vor allem Neunheuser, B., Taufe und Firmung; auch Müsing, H. W., Augustins Lehre von der Taufe, Jetter, W., Die Taufe beim jungen Luther.
[81] Vgl. CA IX mit Conc Trid Sess VI cap 3.4.7 (Denzinger 795f; 799); Sess VII, canones de sacramento baptismati 5 (Denzinger 861).
[82] Vgl. dazu Calvin, Institutio Christianae religionis IV 15; Heidelberger Katechismus, Fragen 69–74; Genfer Katechismus von 1545, in: BSRK 148f. Zur reformierten Tauflehre vgl. Kreck, W., Die Lehre von der Taufe bei Calvin.
[83] Calvin, Institutio IV 14,14; 15,20.
[84] Ebd. IV 15,2.
[85] Ebd. IV 15,1f; vgl. ferner vor allem Heidelberger Katechismus Frage 74.
[86] Ebd. IV 14,5.
[87] Ebd. IV 15,11.
[88] Ebd. IV 15,5; vgl. Röm-Kommentar zu 6,4. Ebenso Luther, De Captivitate Babylonica ecclesiae praeludium (1520), WA 6,534 Z. 26.
[89] Ebd. IV 15,2.
[90] Ebd. IV 14,12.
[91] Ebd. IV 14,16 vgl. 15,8.

den, nach der die Taufe lediglich ein Bekenntnisakt ist[92], als auch von der neuerlichen K. Barths[93], der entgegen der katholischen, lutherischen wie reformierten Tradition lehrt, die Taufe müsse ganz und gar als von Gott gebotenes *Menschenwerk* verstanden und von Gottes Heilshandeln in Jesus Christus unterschieden werden.

Dieser Dissensus nötigt in der Exegese von Röm 6 zur Frage nach dem *Verhältnis zwischen Taufgeschehen und Christusgeschehen:* Ist in den σύν-Aussagen gemeint, daß wir im Geschehen der Kreuzigung Christi damals und dort mit Christus gestorben sind, so daß die Taufe selbst die Funktion des Zeugnisses dieses Heilsgeschehens in Christus hat? Oder ist gemeint, daß uns diese Teilhabe an Christi Geschick durch die Taufe sakramental widerfährt? Zweifellos ist das Letztere der Sinn des Textes, wie übrigens auch Calvin in seiner Exegese zu 6,3.4 sagt[94].

Man kann jedoch fragen, ob damit das Erste ausgeschlossen sein muß. Beachtet man nämlich, daß Tod und Auferstehung Christi von Röm 5,12-21 her eschatologisch-universale Bedeutung und Wirkung haben, so ist es diese damals und dort geschaffene, das Damals unendlich übergreifende bzw. vom Damals her alle Zeiten in sich begreifende Wende, in die die einzelnen durch die Taufe je für sich einbezogen werden[95]. Sofern so die Taufe als conditio sine qua non der Teilhabe des einzelnen Glaubenden und ihre kognitive Bedeutung in *diesem* Sinn verstanden wird, läßt sich inmitten des Dissensus zwischen römisch-lutherischer und reformierter Tauflehre immerhin ein zugrundeliegender Konsensus erkennen, der im gegenwärtigen Taufgespräch, vor allem im gemeinsamen Bemühen um die Auslegung von Römer 6, zum Ansatz einer Verständigung auch in dem verbleibenden Dissensus werden kann, die dann als verschieden gesetzte Schwerpunkte zu akzeptieren sind und jedenfalls kirchentrennende Bedeutung verlieren[96].

3. In diesem Zusammenhang ist es wichtig, auf die *Entsprechung zwischen Taufe und Eucharistie* zu achten. Wie die Taufe an Tod und Auferstehung Christi teilgibt, so auch das Abendmahl. Die σύν-Aussagen in Röm 6 sind deutlich parallel mit der κοινωνία-Aussage in 1Kor 10,16f; und das Motiv der Einheit der Kirche in gemeinsamer Teilhabe am Leib Christi erscheint im selben Brief 12,12f im Blick auf die Taufe. Vor allem ist es in beiden Sakramenten die Heilswirkung des Sühnetodes Christi, an der die Glaubenden teilhaben: In

---

[92] Vgl. dazu die bei Barth, K., KD IV/4, 141f angegebenen Belege.

[93] Ebd., besonders 113-17; im traditionell-reformierten Sinn noch in: Die kirchliche Lehre von der Taufe 18-20.

[94] Es ist schlicht falsch, das Taufgeschehen auf das Mitbegrabenwerden mit Christus zu beschränken, und die Heilsteilhabe dem Glauben an den gekreuzigten und auferstandenen Christus zuzusprechen; so Barth, M., Taufe 228-235 und nach ihm Barth, K., KD IV/4,128f. Röm 6,8 spricht von einem Mitge-storbensein der Glaubenden mit Christus, das ihnen nach V3 durch die Taufe widerfahren ist; und auch V5 muß nach VV3f auf das Geschehen in der Taufe bezogen werden.

[95] So Tannehill, Dying and Rising 7-43; Schnackenburg, R., Die Adam-Christus-Typologie (Röm 5,12-21) als Voraussetzung für das Taufverständnis in Röm 6,1-14, in: Battesimo e Giustizia 37-81.

[96] Aus diesem Grundkonsensus hat sich jedoch K. Barth ausdrücklich ausgeschlossen.

der Taufe wird von daher die Rettung und Heiligung begründet (1Kor 6,11; 1Petr 1,2; vgl. Röm 6,6f). Im Abendmahl empfangen die Mahlgenossen im Essen des Brotes und im Trinken des Bechers Anteil an Leib und Blut des für uns in den Tod gegebenen Christus (1Kor 11,24f). Von daher kann das in der Taufe haftende Motiv der Sündenvergebung in Mt 26,28 auch in der Abendmahlsüberlieferung auftauchen; und umgekehrt kann die Geistmitteilung in der Taufe in 1Kor 10,4 und 12,13 als ein Trinken des »geistlichen Trankes« bezeichnet werden, wenn nicht an beiden Stellen mit dem Letzteren das Abendmahl neben der Taufe gemeint ist (vgl. Did 10,3). Nun läßt sich das vielfältige Ineinandergreifen der Motive vielleicht formgeschichtlich durch die Vermutung erklären, daß bereits im Urchristentum die Taufhandlung in einer Taufeucharistie ihre Fortsetzung gefunden hat, wie dies seit dem 2. Jh. als allgemeiner Brauch sicher bezeugt ist[97]. Jedenfalls aber liegt der entscheidende sachliche Grund darin, daß es in beiden Sakramenten um die aktuelle Einbeziehung und Teilhabe am Sühnetod Christi geht; in der einmaligen Taufe erstmals und grundlegend, in der immer wiederholten Eucharistie (ὁσάκις 1Kor 11,26) so, daß die in der Taufe am Anfang erfahrene leibhaftige Verbindung mit Christus als Grund christlichen Lebens in jeder Eucharistiefeier neu erfahren wird. In der erst in späterer Zeit geläufigen gemeinsamen Bezeichnung beider Handlungen als »Mysterien« bzw. »Sakramente« ist ihre sachliche Entsprechung im Urchristentum sprachlich-theologisch begriffen worden.

4. Es bleibt noch, das Verhältnis zwischen *Glaube und Taufe* zu klären; und dabei bekommen wir es nochmals mit einem Problem zu tun, das wirkungsgeschichtlich zu erheblichen Auseinandersetzungen geführt hat. In der Missionssituation des Urchristentums ist es selbstverständlich, daß nur Glaubende getauft werden; und daß Paulus Glaube und Taufe sachlich zusammendenkt, zeigt besonders klar Gal 3,26f. Man darf sich bei der Exegese von Römer 6 nicht dadurch beirren lassen, daß sich das Wort πιστεύειν nur in V 8 findet; dispositionell ist unbestreitbar, daß die Aussagen über die Taufe in Römer 6 genau an der Stelle stehen, an der zuvor im Kontext der Rechtfertigung vom Glauben die Rede war. Taufe und Rechtfertigung sind sachlich parallel[98].

In der Alten Kirche ist von daher einerseits die Taufunterweisung institutionalisiert worden[99]; und die im 4. Jh. verbreitete Unsitte eines lebenslangen Katechumenats und des Taufaufschubs bis zur Todesstunde[100] zeigt immerhin, wie ›existenziell‹ die Taufe als radikale Lebenswende begriffen wurde und welche Probleme dies in der Entstehungszeit der Reichskirche im Blick auf die Integration von Taufe und Berufswelt zunächst aufwarf. Andererseits trat seit dem 2.

---

[97] Vgl. dazu Kretschmar, Geschichte des Taufgottesdienstes 109–114.
[98] Vgl. dazu besonders Lohse, E., Taufe und Rechtfertigung 228–244; auch Dinkler, E., Römer 6,1–14 und das Verhältnis von Taufe und Rechtfertigung bei Paulus, in: Battesimo e Giustizia 83–126; Hahn, Taufe und Rechtfertigung.
[99] Zur Entstehung des Katechumenats vgl. Kretschmar, Die Geschichte des Taufgottesdienstes 63–86; zu seiner Differenzierung im 4. und 5. Jh. ebd. 152–163.
[100] Vgl. dazu ebd. 145–148.

Jahrhundert die Bedeutung des Glaubens im Zusammenhang der Auseinandersetzung mit den Häresien und Schismen thematisch hervor: Denn wo der rechte Glaube umstritten war, wurde auch zum strittigen Problem, ob im Irrglauben Getaufte bei ihrem Übertritt zur rechtgläubigen Kirche (wieder)-zutaufen seien, und ob die Wirkung der Taufe abhängig sei von der Rechtgläubigkeit (sowie auch von der sittlichen Integrität) der Taufenden. Hier gewann einerseits das Taufcredo eine zentrale hermeneutisch-kritische Funktion. Andererseits aber führte die dogmatische Klärung und Entscheidung dieses Problems zu der Erkenntnis, daß die Taufe ein von Menschen – und darum auch vom menschlichen Glauben – unabhängiges göttliches Handeln ist; und diese Erkenntnis ist dann in der scholastischen Definition der Wirkung der Taufe »ex opere operato« präzisiert worden.

Diese Definition aber wurde dann wiederum seit der Reformationszeit zwischen den Konfessionen strittig. Luther hat in seiner Frühzeit ein neues Verständnis der Taufe als zeichenhaft-verleiblichtes Wort Gottes gewonnen, so daß der Glaube zum entscheidenden hermeneutischen Kriterium der Wirkung der Taufe wird. Von daher kritisierte er die scholastische Lehre vom opus operatum[101]. Noch in seinem Katechismus ist dieser Gedanke bestimmend[102]. Seit der Auseinandersetzung mit den Wiedertäufern jedoch verselbständigte sich das Verständnis der Taufe als leibhaftiges Wort-Handeln Gottes am Menschen, so daß sie unabhängig vom Glauben wirkt[103] und das Taufwasser durch das Wort selbst zu einem »göttlich himmlisch, heilig und selig Wasser« wird[104], durch das Gott dem Getauften Leben und Seligkeit schenkt. Die logi-

---

[101] Frühestes Zeugnis: Randglosse zu Ps 49,23: »Non enim sufficit nobis, quod placeat ex opere operato et non ex opere operantis. Quia non ideo nobis datum est, quod tantum ex se placere debeat, immo omnino ex nobis« (WA 3,280, 33f). Vgl. die Polemik des reifen Luther gegen die scholastische Lehre von der den Sakramenten von Gott mitgeteilten »vis spiritualis« (ASm, BSLK 450), womit sich bis in die Gegenwart hinein die Kritik eines ›magischen‹ Charakters der katholisch interpretierten Taufe verbindet. Das beruht jedoch auf einem Mißverständnis: »das opus operatum bedingt nicht einen Automatismus der Gnadenmitteilung, sondern der Unangreifbarkeit und objektiven Gültigkeit des Christus-Zeichens« (Pesch, Theologie der Rechtfertigung, a.a.O. [EKK VI/1 S. 253 Anm. 796] 815); vgl. dazu besonders auch Fagerberg, H., Die Theologie der lutherischen Bekenntnisschriften von 1529 bis 1537, Göttingen 1965, 174–178.

[102] Vgl. einerseits KlKat IV 1 (BSLK 515): »Die Taufe ist nicht allein schlecht Wasser, sondern sie ist das Wasser, in Gottes Gebot gefasset und mit Gottes Wort verbunden«; ebd. 3 (BSLK 516): »Wasser tut's freilich nicht, son- dern das Wort Gottes, so mit und bei dem Wasser ist, und der Glaube, so solchem Wort Gottes im Wasser trauet.« Andererseits vor allem Hebräer-Vorlesung von 1518: »Inde fit, ut nullus consequatur graciam, quia absolvitur aut baptizatur aut communicatur aut inungitur, sed quia credit sic absolvendo, baptizando, communicando, inungendo se consequi graciam. Verum enim est illud vulgatissimum et probatissimum dictum: ›Non sacramentum, sed fides sacramenti iustificat‹.« (WA 57, 169,23); auch Sermon vom Sakrament der Buße 1519 (WA 2,715,30–33), sowie besonders De captivitate babylonica (WA 6,532,36–533,2). Vgl. dazu Jetter, W., Die Taufe beim jungen Luther, und im einzelnen kritisch dazu Bizer, E., Die Entdeckung des Sakraments durch Luther, EvTh 17 (1957) 64–90.

[103] Vgl. GrKat IV 53 (BSLK 701,41f): »Mein Glaube machet nicht die Taufe, sondern empfähet die Taufe (Neque enim fides mea facit baptismum, sed baptismum percipit et apprehendit)«.

[104] Ebd. 17 (BSLK 694): »Eam ob rem non tantum naturalis aqua, sed etiam divina, coele-

sche Unstimmigkeit, daß einerseits die Taufe allererst Glauben schafft, andererseits nur dort zum Heil wirksam wird, wo der Mensch dem Wort glaubt[105], wird sinnvoll, wenn man zum ersten bedenkt, daß Glaube überhaupt und grundsätzlich Antwort auf Gottes Gnadenhandeln ist, und zum zweiten die Frontstellung gegen die Täufer beachtet, für die die Taufe durch den Glauben konstituiert ist[106].

Nun bedeutet diese grundsätzliche Bestimmung der Taufe als verbum visibile zwar eine gegenüber der scholastischen Tauflehre neue Akzentuierung, aber keinen Dissensus[107]; und für die sachliche Verbindung von Glaube und Taufe gilt dies erst recht. Ein wirklicher Dissensus besteht allein darin, daß für Luther und die lutherische Dogmatik die Taufe ein lebenslanges Geschehen ist, das in ständiger Buße zu vollziehen ist, während nach katholischer Lehre die Taufe am Anfang ihren Ort und in der Beichte ein eigenes Nachfolge-Sakrament hat. Über den Anfang als Existenzwandel, den die Taufe wirkt, kommt der Christ nach lutherischer Lehre nie hinaus; in sich selbst bleibt auch der Getaufte ständig ein Sünder, der der Rettung durch das Vergebungs-Wort Gottes als der ›Sache‹ der Taufe immer neu bedarf[108]. Das ist der entscheidende Grund für die Ablehnung der Buße als eines gegenüber der Taufe selbständigen Sakraments.

In diesem Dissensus wirkt sich deutlich der entsprechende Dissensus in der Rechtfertigungslehre aus; denn es ist im Grunde die lutherische These vom simul iustus et peccator, die von katholischer Seite den Verdacht begründet, daß die Übereinstimmung in der Bestimmung vom Wesen und Charakter der Taufe im Blick auf die Realität ihrer Wirkung zerbreche. Nach lutherischer Lehre

stis, sancta et salutifera aqua habenda et dicenda est, si quo alio laudis titulo nobilitari potest, non nisi verbi gratia, quod coeleste ac sanctum verbum est neque a quoquam satis ampliter, digne et cumulate laudari potest, siquidem omnem Dei virtutem et potentiam in se habet comprehensam.«

[105] Vgl. z.B. ebd. 57f (BSLK 702f): »puerum ecclesiae ministro baptizandum apportamus hac spe atque animo, quod certo credat, et precamur, ut Deus eum fide donet. Verum propterea non baptizamus, sed potius quod Deus ita faciendum nobis praeceperit . . . Quocirca illi vesani baptizmonastiges nimium sibi sumunt, qui ita concludentes inferunt: Ubi fides non est, ibi nec baptismus rectus esse potest. Quasi ita velim concludere: Si fidem non habuero, sequitur Christum nihil esse.«

[106] Vgl. ebd. IV 28–30 (BSLK 696f) sowie 52f (BSLK 701): »Darnach sagen wir weiter, daß uns nicht die größte Macht daran liegt, ob, der da getauft wird, gläube oder nicht gläube; denn darümb wird die Taufe nicht unrecht . . .« Vgl. dazu Brunner, Die evangelische Lehre von der Taufe 158–160.

[107] Die Charakterisierung der Taufe als verbum visibile geht bekanntlich auf Augustinus zurück; und auch bei Thomas, bei dem eine ausgeführte Lehre von der ›sakramentalen‹ Kraft der Verkündigung fehlt, findet sich immerhin ein wichtiger Ansatz in Summa theologica III 66, 10c (secundo), von dem aus in der gegenwärtigen katholischen Theologie eine solche, der reformatorischen entsprechende Lehre entwickelt wird; vgl. dazu die Literatur bei Pesch, Theologie der Rechtfertigung, a.a.O. (Anm. 101) 816, Anm. 6.

[108] Vgl. besonders KlKat IV 4 (BSLK 516): Die Taufe bedeutet, »daß der alte Adam in uns durch tägliche Reu und Buße soll ersäuft werden und sterben mit allen Sünden und bösen Lüsten, und wiederumb täglich erauskommen und auferstehen ein neuer Mensch, der in Gerechtigkeit und Reinigkeit für Gott ewiglich lebe«; vorher besonders: Ein Sermon von dem heiligen hochwürdigen Sakrament der Taufe 1519 (WA 2, 727–737). In Luthers Taufpredigten tritt dieser Gedanke durchweg stark hervor; vgl. Ferel, M., Gepredigte Taufe.

nämlich wird in der Taufe nur die Erbschuld aufgehoben, nicht die Wirklichkeit der Erbsünde, die Begierde[109], so daß der Getaufte iustus ist nicht in re, sondern in spe, seine Gerechtigkeit also nie seine eigene, sondern immer eine ›fremde‹ ist, deren Wirklichkeit nur im Glauben je und je ergriffen werden kann und soll. Dagegen lehrt das Tridentinum eine wirkliche Aufhebung der Erbsünde, während die bleibende Begierde nur »Zunder« (fomes) ist, der in den Aktualsünden entzündet wird[110]. Vergleicht man beide Positionen mit Römer 6, so ist einerseits unbestreitbar, daß die katholische Tauflehre insofern recht hat, als Paulus zwischen Schuld und Tatwirklichkeit der Sünde nicht unterscheidet und nach Röm 6,6 »der *Leib* der Sünde« vernichtet wird; alles kommt ihm darauf an, daß der Gerechtfertigte wirklich gerecht, von der Sünde geschieden ist und darum nicht zur Sünde zurückfallen darf. Der lutherischen Lehre stellt sich von daher die Frage, wie sie es überzeugend vermeiden kann, daß ihre These vom simul iustus et peccator strukturell in den Sog des Einwands von 6,1 gerät, den sie darum theologisch ernster nehmen sollte, als sie es gewöhnlich tut[111]. Andererseits unterscheiden sich beide Positionen darin von Paulus, daß Taufe und Rechtfertigung unter dem hermeneutischen Horizont jahrhundertealter Erfahrungen christlichen Lebens in einer christianisierten, aber nicht christlich gewordenen Welt neu durchdacht werden mußten, einem Horizont, der in der missionarischen Situation des Urchristentums so noch nicht vor Augen stand. Paulus sprach vom christlichen Leben unter dem hermeneutischen Horizont dieses Anfangs; und insofern die lutherische Lehre diesen Aspekt des Paulustextes unter dem veränderten Horizont übernimmt, kommt ihr wiederum die größere sachliche Nähe zu; und es täte der katholischen Lehre gut, sich von dem Problemdruck, der dadurch für die protestantische Theologie entsteht, selbst betreffen zu lassen.

In der reformierten Tauflehre kommt dem Glauben konstitutive Bedeutung zu. Denn wenn die Taufe parallel zur Predigt den Charakter des Hinweises auf das in Christus verwirklichte Heil hat, so dienen beide dazu, den Glauben an Christus zu bekräftigen, durch den allein Christen mit Christus verbunden sind[112]. Doch ist die Taufe nach reformierter Theologie nicht Ausdruck des Glaubens, wie sie es nach Zwingli ist, an den sich darin die Täuferbewegung des 16. Jhts. anschloß. Bis in die Gegenwart gilt so in den baptistischen Gemeinden die Taufe als persönlicher Bekenntnisakt, so daß jeder sakramentale Charakter bestritten wird. Deswegen wird die Kindertaufe abgelehnt und bei kirchlich

---

[109] Vgl. besonders ApolCA II 35–51 (BSLK 153–157): ». . . baptismus tollat reatum peccati originalis, etiamsi materiale, ut isti vocant, peccati maneat, videlicet concupiscentia« (35).
[110] Conc Trid Sess V 5 (Denzinger 792).
[111] Bei Luther selbst ist dieses Mißverständnis dadurch ausgeschlossen, daß er das Mitsterben und Mitauferstehen mit Christus als eschatologisch-reales Geschehen begreift, das in der Taufe anfängt und im Eschaton vollendet sein wird, von daher also das ganze christliche Leben real bestimmt und der *Realgrund* dessen ist, daß Christen in täglicher Buße im Blick auf die καινότης ζωῆς wachsen und reifen können. Vgl. dazu besonders Brunner, Die evangelisch-lutherische Lehre von der Taufe 151–154.
[112] Vgl. z.B. Calvin, Institutio XIV 11; XV 15.

Getauften die Taufe neu (bzw. nun erst gültig) vollzogen. Die Taufe gilt hier als Bekenntnis vollzogener Umkehr und persönlich angenommenen und erlebten Glaubens, und als ihre nicht veränderbare Form die Immersion[113]. Daneben tritt jedoch auch die reformierte Bedeutung der Taufe als Zeichen des Christus-Heiles und der Besiegelung persönlicher Zugehörigkeit zu Christus. Zuweilen kann so der Taufe sogar auch kausative Wirkung zugeschrieben werden[114]; doch ist dies im Weltbaptismus (noch?) nicht repräsentativ[115].

Das baptistische Verständnis des Glaubens als persönlich verantworteter Entscheidung entspricht zwar als solches dem paulinischen; und daß im Urchristentum die Empfänger der Taufe πιστεύσαντες waren, kann nicht bestritten werden. Eine sachliche Veränderung erfährt die paulinische Taufauffassung aber dadurch, daß die Baptisten auf der Taufe schon Getaufter bestehen, weil die Taufe ohne existentiell erlebte Bekehrung unwirksam sei. Mit dieser Entscheidung nämlich wird die fides qua creditur zum Kriterium der Wirkung der Taufe und das göttliche Handeln faktisch an sie gebunden. Ungeachtet der Schwierigkeiten, die bei der kirchlichen Säuglingstaufe hinsichtlich des essentiellen Zusammenhangs von Glauben und Taufe entstehen[116], muß doch beachtet und theologisch rezipiert werden, daß nach paulinischem Verständnis der Glaube nicht durch die Entscheidung des Glaubenden, durch die Erlebniskraft und subjektive Wahrhaftigkeit seiner Bekehrung, konstituiert ist, sondern durch das göttliche Handeln in Christus, das der Glaubende annimmt. In diesem Sinne entspricht der Glaube der Taufe als leibhaftigem göttlichem Handeln.

Römer 6 ist als locus classicus der Tauflehre den Baptisten wie den Orthodoxen, Katholiken, Lutheranern und Reformierten gemeinsam. Die Auslegung dieses Kapitels führt uns alle in einen notwendigen ökumenischen Dialog, der niemandem als aussichtslos gelten darf, der dem Römerbrief auch an dieser Stelle die wirkungsgeschichtliche Kraft zutraut, Spaltungen zu überwinden, die in der Geschichte des Christentums in der Auslegung der Taufe, des Sakraments der Einheit der Kirche (Eph 4), entstanden sind.

5. So sehr wir durch die Lehrtradition unserer Kirchen gebunden sind, so notwendig ist es, die Aussagen des Paulus über die Taufe in unserer eigenen Gegenwart *für uns zu verstehen*. Die Schwierigkeiten sind groß: Denn wir

---

[113] Vgl. Hughey, J. D., Die Baptisten, Kassel 1959, 34, der betont, daß »die Änderung der Form den Verlust der Bedeutung einschließt«.

[114] So heißt es in der im europäischen Baptismus offiziell anerkannten neuen »Rechenschaft vom Glauben« im Kapitel »Glaube und Taufe« mit Bezug auf Röm 6: »In der im Glauben empfangenen Taufe erhält der Täufling Anteil am Sterben und Auferstehen Christi und wird ihm als seinem Herrn übereignet.« Beasley-Murray, Die christliche Taufe 345 kann sogar ohne Einschränkung von einem Sakrament sprechen; vgl. ebd. 356.

[115] Vgl. Engelsen, N. E., Die Bedeutung der Taufe, in: Die Kirchen der Welt II, Die Baptisten, hrsg. J. D. Hughey, Stuttgart 1964, 45–57, hier 49.

[116] Die katholische Kirche sieht diesen Zusammenhang durch den Glauben der Kirche gegeben, die protestantische setzt einen unbewußten Glauben im Täufling voraus, der diesem durch die Taufe mitgegeben wird. Auf die theologischen Probleme der Säuglingstaufe kann hier jedoch nicht eingegangen werden; vgl. dazu Brunner, P., Taufe und Glaube.

Heutigen haben zunächst den Sinn für Symbole überhaupt weithin verloren; an die Stelle der überlieferten ernsten Symbole können darum so leicht unernste Ersatzsymbole treten. Religion aber hat sich immer durch Symbole vermittelt, in denen sich die bestimmenden Erfahrungen, die in der Tiefe des Unbewußten gewonnen werden, Ausdruck und Zugangsmöglichkeiten schaffen. Wer Religion ernstnimmt, wird notwendig auch ihre Symbole ernstnehmen. Die Taufe ist eines der fundamentalsten Symbole des Christentums. Die Immersion (als deren Andeutung sowohl die Infusio als auch die Aspersio auf jeden Fall zu verstehen sind[117]) bildet das Geschehen unserer Verbindung mit dem getauften und auferstandenen Christus ab, das als solches den Horizont unseres Sehens, Fühlens und Begreifens übersteigt, gleichwohl aber, vermittelt durch das Sakrament, uns leibhaftig-real betrifft. Mag im Urchristentum anfangs im Wasser nur die uralte Symbolbedeutung der Reinigung gesehen worden sein, so verbindet sich mit dieser im Kontext des Gedankens von Römer 6 die ebenso uralte Symbolbedeutung des bedrohlich-vernichtenden Elements: die Sintflut, aus der heraus Noah gerettet wurde (vgl. 1Petr 3,20f); das Wasser des Schilfmeeres, durch das Israel heil hindurchgeführt wurde (vgl. 1Kor 10,1f). Die Reinigung von den Sünden wird so als Rettung mitten aus dem Verderben, als Auferstehung von den Toten erfahren. Das uralte, verbreitete Motiv elementarer, tiefer Bedrohung des Lebens wird hier also auf die Sünde konzentriert. Es ist die Wirklichkeit gemeinschaftlichen Handelns, in der der Mensch sich selbst verliert, in der er sich Unheil und Tod als Folge seines Handelns preisgegeben erfährt. Sollte die moderne Deutung zutreffen, daß sich in dem häufigen Traumbild von Wasser und Flut die bedrohlichen Tiefen des kollektiven Unbewußten symbolisieren, so zeigt sich darin, wie elementar auch wir Modernen faktisch teilhaben an einer Urerfahrung der Menschheit. Indem die Taufe uns diese aber im Bilde Adams vermittelt, gibt sie uns an der spezifisch biblischen Prägung dieser Urerfahrung teil: daß es die Wirklichkeit unseres *Tuns* ist, in der wir als in der abgründigen Tiefe unseres *Seins* versinken. Wir Heutigen sind allzu geneigt, unser Tun als Instrument unserer Rettung und Selbstverwirklichung zu sehen und uns darin zu verbergen, daß es gerade unser Tun ist, durch das wir uns verlieren und uns in der Entfremdung festmachen, so daß es gerade diese Wirklichkeit unseres Tuns ist, aus der wir befreit werden müssen. Dies ernstgenommen, kann uns das uralte Symbol der Wasserflut, in der wir versinken, an die elementare Hilflosigkeit des in sich selbst ungeborgenen Menschen erinnern, in der dieser schlechthin angewiesen ist auf Hilfe und Rettung; und die Erfahrung der Taufe als der Wirklichkeit dieser Rettung wird dann zum Grund eines das ganze Leben bestimmenden Urvertrauens in die göttliche Rettungskraft, die *mitten in* aller hilflosen Angst diese überwindet[118].

---

[117] Vgl. dazu Luther, De Captivitate Babylonica, WA 6,534 Z. 18–24.
[118] Vgl. Luther, GrKat IV 43 (BSLK 699): »Also muß man die Taufe ansehen und uns nutze machen, daß wir uns des stärken und trosten, wenn uns unser Sund oder Gewissen beschweret, und sagen: ›Ich bin dennoch getauft; bin ich aber getauft, so ist mir zugesagt, ich

Indem die Taufe aber unserer Rettung aus der Flut, in der wir versinken, in Tod und Auferstehung Christi ihren Ort gibt, zeigt sie uns, worin die Kraft dieser Rettung besteht: Der Retter ist der für uns Gekreuzigte, der selbst an der Wirklichkeit unseres Verderbens teilnimmt und sie auf sich nimmt, und der für uns Auferstandene, der selbst aus diesem unserem Verderben errettet wird – und zwar durch eben die Kraft der Liebe Gottes, die Christus, ihren Repräsentanten, den Tod für uns erleiden ließ. Daß der Gekreuzigte der Sohn Gottes ist, daß Gott sich selbst mit ihm – und darin mit uns, den Verlorenen – identifiziert, das ist der eigentliche Grund der überlegenen Kraft seiner – und darin unserer – Rettung aus aller tiefen und letzten Verlorenheit[119]. Die Taufe ist so der Ort, an dem wir leibhaftig-konkret erfahren, daß es Heil nur als Errettung aus vollendetem Unheil, nur als Auferstehung aus dem Tod gibt und solches Heil nur durch die Rettungskraft der sich hingebenden Liebe Gottes wirklich werden kann und verwirklicht worden ist. Die Taufe ist so nichts anderes als die Erfahrung der Gnade im Sinne von Römer 5,20f, die Verleiblichung der Rechtfertigung des Gottlosen.

b) 6,15–23   Christliches Leben im Dienst der Gerechtigkeit

15 Wie (verhält es sich) also? Sollen wir sündigen, weil wir nicht unter dem Gesetz, sondern unter der Gnade sind? Niemals! 16 Wißt ihr nicht: Wem ihr euch als Sklaven zum Gehorsam zur Verfügung stellt, dessen Sklaven seid ihr und müßt ihm gehorchen, entweder der Sünde zum Tod, oder des Gehorsams zur Gerechtigkeit. 17 Gott aber sei Dank (dafür), daß ihr Sklaven der Sünde wart, aber von Herzen gehorsam geworden seid der Lehrgestalt, der ihr übergeben worden seid, 18 befreit aber von der Sünde, zu Sklaven gemacht worden seid für die Gerechtigkeit. 19 Auf Menschenweise sage ich (das) wegen der Schwachheit eures Fleisches. Wie ihr nämlich eure Glieder als Sklaven der Unreinheit und Ungesetzlichkeit zur Verfügung gestellt habt zum (Tun der) Ungesetzlichkeit, so stellt jetzt eure Glieder als Sklaven der Gerechtigkeit zur Verfügung zur Heiligung. 20 Als ihr nämlich Sklaven der Sünde wart, wart ihr frei gegenüber der Gerechtigkeit. 21 Welche Frucht hattet ihr also damals? Dinge, derer ihr euch jetzt schämt! Denn ihr Endziel (war) Tod. 22 Jetzt aber, befreit von der Sünde und zu Sklaven gemacht für Gott, habt ihr eure Frucht zur Heiligung, das Endziel aber (ist) ewiges Leben. 23 Denn der Sold der Sünde (ist) Tod, die Gnadengabe Gottes aber ewiges Leben in Christus Jesus, unserem Herrn.

---

solle selig sein und das ewige Leben haben, beide an Seel und Leib‹.«
[119] Vgl. Brunner, Die evangelisch-lutherische Lehre von der Taufe 148: »Die wesentliche Gottheit des Gottmenschen ist die letzte Wurzel für die Kraft der Taufe.«

Analyse	In V 15 kommt der Einwand von V 1, jetzt an V 14 anschließend, nochmals zu Wort. Paulus begründet seine Abweisung in VV 16–18 im Blick auf die Alternative zwischen dem Gehorsam gegenüber der Sünde und gegenüber der Gerechtigkeit und führt in VV 19–23 den gleichen Gedanken näher aus.
Erklärung 15	Kaum, daß Paulus in V 14 den auf 5,20f bezogenen Einwand von V 1 endgültig widerlegt hat, läßt er den gleichen Einwand, wiederum mit »Was nun (ergänze: sollen wir sagen?)« eingeführt, nochmals zu Wort kommen, und zwar nunmehr angeschlossen an die These V 14b. Doch ist nicht mehr vom »Bleiben bei der Sünde«, sondern vom »Sündigen« die Rede[120], womit die absichtliche Mißdeutung noch vergröbert wird. Auch dies ist nicht als libertinistische Konsequenz, sondern als Einwand des jüdischen Partners gemeint, der dabei bleibt, daß aus der Antithese zwischen Tora und Gnade nur eine Aufforderung zu praktischer Gesetzlosigkeit folgen könne.
16	Das μὴ γένοιτο (»niemals!«) expliziert Paulus in VV 16–18, indem er gerade aufgrund der Antithese von Gesetz und Gnade zwischen Sünde und Gerechtigkeit ein unaufhebbares Entweder – Oder herausstellt und so den Gedanken der Mahnung von VV 12f in seiner alternativen Struktur sichtbar macht. Er tut das mit einem Gleichnis. Wer sich in ein Sklavenverhältnis zu einem Herrn begibt[121], um ihm zu gehorchen (εἰς ὑπακοήν), ist zu dessen Gehorsam verpflichtet[122] und kann darum nicht einem anderen Herrn gehorchen. So gibt es nur ein striktes Entweder – Oder zwischen dem Sklavendienst unter der Sünde und dem unter dem (Glaubens-)Gehorsam, dem jeweils ein verschiedenes Ziel entspricht: Der unter der Sünde führt zum Tod (vgl. V 23), der unter dem wahren Gehorsam, nämlich dem Glaubensgehorsam von 1,5, zur Gerechtigkeit. Eigentlich erwartet man: ἢ δικαιοσύνης εἰς ζωήν[123]; doch zielt die gewählte Formulierung offenbar auf den Einwand von V 15: Gehorsam gibt es durchaus – und zwar *nur* – im Sein unter der Gnade; und *dieser* Gehorsam ist es, der allein zur Gerechtigkeit führt[124].

[120] Einige Minuskeln und viele spätere Handschriften sowie a t vg^cl lesen ἁμαρτήσομεν (vgl. V 1 ἐπιμενοῦμεν); Fg lat Ambst ἡμαρτήσαμεν, offenbar aufgrund eines Lesefehlers: ›peccavimus‹ statt ›peccabimus‹ (Lagrange 155).

[121] παριστάνετε greift παριστάνετε von V 13 auf. Das Gleichnis ist vom Christwerden aus konstruiert. Auf wirkliche Sklavenverhältnisse trifft ein freiwilliges παριστάνειν ἑαυτοὺς δούλους nur zu, wenn man mit Meyer, E., Ursprung und Anfänge der Christenheit III, ²Darmstadt 1962, 472 Anm. 1 annehmen will, Paulus denke hier an freiwillige Sklaverei.

[122] Die rhetorisch ungeschickte Doppelung von εἰς ὑπακοήν und ᾧ ὑπακούετε erklärt sich so, daß das erste das Sklavenverhältnis als Gehorsam herausstellt und das zweite die Alternative ἤτοι – ἤ einleitet; vgl. dazu Bl-Debr-Rehkopf § 446,2, Anm. 3. Wahrscheinlich schwebt Paulus bereits hier der Sklavendienst des Christen vor, so daß mit der ὑπακοή die ὑπακοή von V 16fin und mit ᾧ ὑπακούετε der τύπος διδαχῆς von V 17 gemeint ist. – Die Streichung von εἰς θάνατον in D 1739 it vg^codd sy^p sa soll glätten, indem die Alternative lautet: »entweder der Sünde oder dem Gehorsam«.

[123] Vgl. Weiß, Beiträge 181.

[124] So Lietzmann 70. Der Gehorsam Christi nach 5,19b (so Schlier 207) ist zweifellos nicht gemeint. – Ambrosiaster (205) zu 6,16: »nunc ne aliud profitentes aliud faciamus, . . . praemonet et denunciat eius nos servos esse, cuius voluntatem explemus operibus, et non parum obesse deum confiteri esse dominum et actibus diabolo fabulari.«

Eine Alternative gibt es aber für die Adressaten – Gott sei Dank[125] – deswegen 17f
nicht, weil sie aus der Sklaverei unter der Sünde heraus, in der sie sich vor der
Taufe befanden, in ein Verhältnis herzlichen Gehorsams eingetreten sind,
nämlich »gegenüber dem Lehr-τύπος, dem sie übergeben worden sind«, und
so, von der Herrschaft der Sünde befreit, in das neue Sklavenverhältnis unter
der Gerechtigkeit gebracht worden sind.

Der Satz V 17f gibt in seiner Struktur als ganzer wie in einigen Details Probleme auf.
Zunächst ist deutlich, daß V 18 mit V 17 zusammen einen Satz bildet, in dem zu »daß ihr
Sklaven der Sünde wart« zwei parallele Gegensätze formuliert sind. Im ersten (V 17b)
steht wie in V 16 der Sünde der Gehorsam gegenüber, im zweiten die Befreiung von der
Sünde und das Dienstverhältnis unter der Gerechtigkeit als dem neuen Herrn. Formal
stoßen sich diese beiden Sätze, zumal sie beide durch »aber« (δέ) eingeleitet sind[126].
Ferner setzt V 18 V 17a fort, während in V 17b dem früheren Sein als Sklaven der Sünde
die christliche Gehorsamsentscheidung gegenübergestellt wird. Klammert man V 17b
ein, so ergibt sich ein völlig klarer Gedankengang: »Ihr wart Sklaven der Sünde, befreit
aber von der Sünde, seid ihr zu Sklaven der Gerechtigkeit gemacht worden.« Bultmann[127] hält dies für den originalen Text und V 17b für eine früh in den Text geratene
Randglosse aus kirchlicher Tradition, die sich als solche nicht nur durch die Störung des
»klaren antithetisch(en) Satz(es)«, sondern auch durch »zwei unpaulinische Wendungen« verrate, nämlich »von Herzen« und »Lehrgestalt«. Nun ist aber das Letztere im
ganzen urchristlichen Schrifttum singulär, und das Erste muß keineswegs aus der Sprache der nachpaulinischen Zeit (vgl. 2Tim 2,22 sowie 1Tim 1,5; 1Petr 1,22; Hebr 10,22;
13,9), sondern kann auch von 10,9f (vgl. 2,29!) her erklärt werden, zumal wenn mit
»Lehrgestalt« das Tauf-Credo gemeint ist (s. u.). Es bleibt als Argument im Grunde nur
die in der Tat nicht zu leugnende formale Überladenheit durch das unstimmige Nebeneinander von V 17b und V 18, die aber auch durch Paulus selbst verursacht sein kann,
zumal das Gehorsamsmotiv in V 17b durch V 16 vorbereitet und V 16b ohne V 17b nicht
voll verständlich ist. Darum ist Bultmanns Vorschlag von den meisten Exegeten wohl
mit Recht abgelehnt worden[128].

τύπος διδαχῆς (»Lehrgestalt«) meint zweifellos nicht eine Spezialform urchristlicher Lehre, nämlich die paulinische[129]. τύπος gebraucht Paulus sonst
überwiegend in der Bedeutung »Vorbild«[130], 1Kor 10,6 wie Röm 5,14 als
»Vorausbild«, welche Bedeutung später im Kontext alttestamentlicher Her-

---

[125] Zu χάρις τῷ θεῷ vgl. 7,25; 1Kor 15,57; 2Kor 2,14; 8,16; 9,15.
[126] Vgl. Weiß, Beiträge 229.
[127] Bultmann, Glossen im Römerbrief, in: Exegetica 283, dem sich zögernd Bornkamm, Taufe 48, Anm. 28, Michel 160 und Leenhard 99, Anm. 1 sowie entschieden Fuchs 44, Gäumann, Taufe 96 und Tachau, Einst und Jetzt 117 anschließen.
[128] Vgl. z.B. Kuss 388; Käsemann 171; Cranfield 323f; Schlier 209f; Aland, K., Interpretation, Redaktion und Komposition in der Sicht der neutestamentlichen Textkritik, in: Studien zur Überlieferung des NT und seines Textes, 1967 (ANTT 2), 35–57, hier 55.
[129] So Weiß, Beiträge 229; Kühl 218f; dagegen schlagend Lietzmann 70. Das gleiche Verständnis vertritt Bultmann, a.a.O. (Anm. 127), jedoch für den Glossator. Thomas von Aquin, Röm 503, interpretiert »in eam formann doctrinae, id est in doctrina catholicae fidei« aufgrund von 2Tim 1,13.
[130] 1Thess 1,7; 2Thess 3,9; Phil 3,17; vgl. 1Tim 4,12; Tit 2,7; 1Petr 5,3.

meneutik topisch wird¹³¹. Weder die eine noch die andere Bedeutung trifft auf V 17 zu. Darin zeigt sich, daß Paulus hier offensichtlich eine traditionell geprägte Formulierung benutzt. Geht man von der klassischen Bedeutung »(Abbild), Gestalt« aus, so könnte das Wort entweder die bestimmte Gestalt einer Lehre¹³² oder deren Inhalt¹³³ meinen. Was das Erste betrifft, so ließe sich 2,20 vergleichen, so daß an die christliche Lehre im Unterschied zur jüdischen Gesetzeslehre zu denken wäre¹³⁴. Legt man die zweite Bedeutung zugrunde, so wäre der Ausdruck eine paulinische Umschreibung des Inhalts christlicher Lehre, sei es der Missionsverkündigung¹³⁵, sei es paränetischer Tradition¹³⁶. Neuerdings wird der Ausdruck vielfach als Umschreibung des Taufsymbols gedeutet¹³⁷, so daß 10,9f eine wichtige Parallele ist, von woher sich auch »von Herzen« gut erklärt. Schwierigkeiten bereitet bei dieser an sich einleuchtenden Erklärung jedoch die Formulierung εἰς ὃν παρεδόθητε τύπον διδαχῆς. Die Attraktion ist sicher so aufzulösen: τῷ τύπῳ διδαχῆς, εἰς ὃν παρεδόθητε. Aber kann man (von Gott) in das Credo hinein »übergeben« werden? Der Traditionsterminus παραδιδόναι wird sonst immer so gebraucht, daß umgekehrt dem Bekehrten das Credo »übergeben« wird (1Kor 15,1f)¹³⁸, während παραδιδόναι εἰς sonst durchweg die Preisgabe an ein Unheilsgeschick bezeichnet¹³⁹. Belege für eine jüdische Redeweise, nach der ein Schüler in die Lehre eines Rabbi übergeben werde¹⁴⁰, gibt es nicht¹⁴¹. Deswegen kann auch an eine Personifikation des Τύπος διδαχῆς nicht gedacht werden¹⁴², obwohl Paulus vom Gehorsam gegenüber dem Evangelium sehr wohl sprechen kann¹⁴³. Zu erwägen ist jedoch, ob Paulus mit dem Ausdruck an Christus als Inhalt der Lehre (vgl. Gal 3,1) denkt, in den hinein die Christen nach V 3 getauft und also »übergeben« worden sind, indem sie das Taufcredo nach 10,9f annahmen.

---

¹³¹ Vgl. besonders Barn 7,3.7.10f; 8,1; 12,2.5f; 13,5.
¹³² Vgl. Jambl Vit Pyth 23,105: τύπος τῆς διδασκαλίας.
¹³³ 3Makk 3,30 τῆς ἐπιστολῆς τύπος; ep Ar 34; Apg 23,25; Jambl Vit Pyth 5,259; PFlor. 278 II,20 (IIIu) bei Pr-Bauer 1642.
¹³⁴ So Lietzmann 70.
¹³⁵ So z.B. Kuss 389.
¹³⁶ Seeberg, A., Der Katechismus der Urchristenheit, ²1965 (1903) (TB) 4f; Lagrange 156; Huby; Murray; Bean, Interpretation 209f.
¹³⁷ So zuerst Norden, E., Agnostos Theos. Untersuchungen zur Formgeschichte religiöser Rede, Darmstadt ⁴1956, 270–272; danach z.B. Sanday-Headlam; Kürzinger, J., τύπος διδαχῆς und der Sinn von Röm 6,17f, Bib 39 (1958) 156–176, hier 169–176; zuletzt Käsemann 171; Schlier 209; Halter, Taufe 80.
¹³⁸ Darum lösen einige Exegeten so auf: ὑπηκούσατε εἰς τον τύπον διδαχῆς ὃν παρεδόθητε (im Sinne von ὃς παρεδόθη ὑμῖν Tit 1,3; 2Petr 2,21; Jud 3; Pol 7,2; vgl. πιστευθῆναι 1Thess 2,4; Gal 2,7; 1Kor 9,17); so z.B.

Zahn 320 mit Anm. 33; Seeberg, Katechismus, a.a.O. (Anm. 136) 3f; Büchsel, ThWNT II 173. Dagegen spricht jedoch, daß ὑπακούειν nicht mit εἰς konstruiert wird; Schlier 208, Anm. 2.
¹³⁹ Vgl. 1,24.26.28; 2Kor 4,11 sowie z.B. Mk 14,41 parr; Lk 24,20; Mt 10,17.19; 24,9. 11 par; Mk 13,12 parr; Apg 8,3 und öfter; Jes 53,12.
¹⁴⁰ Fridrichsen, A., Exegetisches zum NT, CB.NT 7 (1942) 4–8 verweist auf eine Inschrift der Nabatäerzeit aus Ostjordanien (LIG IV 9899): παρεδόθην εἰς μάθησιν τέχνης, womit aber die Übergabe in eine Handwerkslehre gemeint ist; vgl. Pr-Bauer 1220.
¹⁴¹ Gegen Käsemann 171. Bill III 233 notiert zu V 17 keine einzige Stelle aus rabbinischer Tradition.
¹⁴² Gegen Ranft, J., Der Ursprung des katholischen Traditionsprinzips, Würzburg 1931, 150.156.259, dem Kuss zustimmt.
¹⁴³ Vgl. 10,16; 2Thess 1,81; Phil 2,12 (?); Apg 6,7; auch Röm 1,5; 15,13; 16,19.

Für ein solches Verständnis könnte Barn 12,10 angeführt werden, wo es im Kontext alttestamentlicher Exegese mit formelhaft-traditionellem Wortlaut heißt: »Jesus . . ., Sohn Gottes, dem Typos nach (τύπῳ) aber im Fleisch erschienen«. Hier ist τύπῳ wohl nicht auf Josua aus Ex 17, sondern auf den Inkarnierten zu beziehen, der als das irdische ›Abbild‹ des himmlischen Gottessohnes »im Fleisch erschienen« ist. Dahinter steht die verbreitete Anschauung, daß Irdisches Abbild vom Himmlischen sei[144]. Von ihr ist auch IgnMg 6,2 bestimmt, wonach die Christen einswerden sollen um den Bischof als τύπος Gottes und um die Vorsitzenden εἰς τύπον καὶ διδαχὴν ἀφθαρσίας. Die »Unvergänglichkeit« ist das himmlische Urbild, dessen irdisches Abbild in der Lehre, die die Amtsträger verwalten, anwesend ist. Entsprechend heißt es Barn 6,11 von den Christen im Blick auf die Taufe, Gott habe »uns in Sündenvergebung neugemacht (ἀνακαινίσας) und ἐποίησεν ἡμᾶς ἄλλον τύπον, so daß wir die Seele von Kindern haben, da er uns ja neubildete« (nach Gen 1,26: V12). τύπος ist hier fast synonym mit μορφή gebraucht[145], doch ist durch den Kontext deutlich, daß der ἄλλος τύπος, in den die Getauften verwandelt worden sind, die Bedeutung »irdisches Abbild des himmlischen Urbilds« hat, weil nämlich zuvor (V9) das gelobte Land von Ex 33,1.3 allegorisch als der inkarnierte Jesus gedeutet worden ist, worauf in einer zweiten Deutung derselben Stelle die Getauften das gelobte Land darstellen.

Nun kann man zwar diese späteren Vorstellungen nicht einfach als Hintergrund von Röm 6,17 supponieren. Wenn mit dem Typos hier Christus gemeint ist, dann nicht der Inkarnierte als irdisches Abbild des präexistenten Gottessohnes, seines himmlischen Vorbildes, sondern als der Auferstandene selbst, der als solcher der »Typos«, der entscheidende Inhalt der Tauf›lehre‹ ist, so daß τύπος hier Urbild-Funktion hat, in das hinein die Christen verwandelt werden (vgl. 2Kor 3,18), sofern sie in ihn hinein getauft worden sind, so daß das Tauf-Credo, die christliche »Lehre«, seine urbildliche Wirklichkeit in der Person des Auferstandenen selbst hat.

Das Bild des Herrschaftswechsels von Sklaven wird nun in einem zweiten Abschnitt (VV 19–23) näher ausgeführt. V 19a bildet den Übergang[146]. Paulus redet mit diesem Bild »Menschliches«, d.h. er will den römischen Brüdern den für Menschen an sich unbegreiflichen Ortswechsel von der Herrschaft der Sünde zur Herrschaft der Gnade mit dem für sie faßlichen Bild aus ihrer Erfahrungswelt begreiflich machen – »wegen der Schwachheit ihres Fleisches«, d.h. weil sie »in ihrem sterblichen Leib« auch nur eine endliche Verstehensfähigkeit haben[147]. Menschengeist weiß nur Menschliches (1Kor 2,11a) und vermag darum das Unendliche Gottes, seine »Tiefen« (1Kor 2,10), nicht zu erfassen (1Kor 2,14): finitum infiniti incapax. Darin besteht die Schwäche des Menschen, der auch (und gerade) als Christ »im Fleisch« lebt (2Kor 10,3; Gal 2,20;

---

[144] Vgl. Hebr 8,5 sowie vor allem Ign Tr 3,1; Mg 6,1 (nach der LA von S und A), wonach der Bischof τύπος des himmlischen Vaters ist. Auch in der Ekklesiologie der nachapostolischen Zeit dominiert die gleiche Vorstellung, wonach die irdische Gemeinde das Abbild der himmlischen Kirche ist.

[145] Vgl. Philo Som I 129 καλέσας αὐτὸν μεταχαραχθέντα καινὸν τύπον Ἰσραήλ, ὁρῶντα; auch OSal 17,4.

[146] So richtig Kuss 391; Schlier 210. V 19b nimmt mit παρεστήσατε das Bild von V 16 im Horizont von V 13 wieder auf.

[147] Zu ἀνθρώπινα vgl. 1Kor 2,13 ἐν . . . ἀνθρωπίνης σοφίας λόγοις, sowie κατὰ ἄνθρωπον in Gal 3,15, welcher Ausdruck in Röm 3,5; 1Kor 3,3f; 9,7 eine negativ-kritische Bedeutung erhält, die er in Gal 3,15 und Röm 6,19 nicht hat.

Phil 1,22.24) und stark nur sein kann, wenn er schwach ist (2Kor 12,10). Was er darum »nach Menschenweise« denkt und sagt, ist an sich dem Göttlichen nicht nur inadäquat, sondern zuwider (vgl. 3,5; 1Kor 9,8 sowie besonders 1Kor 3,1–3). Gleichwohl wird das Evangelium in menschlicher Rede hörbar und verstehbar, nicht aufgrund der Sprachkompetenz des Verkündigers (1Kor 2,1–5; 2Kor 10,10; Gal 4,13f), sondern durch die Überzeugungskraft des Geistes, der die menschliche Verstehens- und Sprachschwäche entsprechend konkret aufhebt (1Kor 2,4f), wie die Gnade die Schwachheit der Sünde aufgehoben hat (8,3f). Wie Christen auch »im sterblichen Leib« dessen Begierden und damit der Sünde widerstehen können (6,12f), so können sie auch im »menschlichen« Bild die Wahrheit des göttlichen Evangeliums und seine Forderung verstehen. So ist es nicht Akkomodation an die noch bestehende Verstehensschwachheit der Adressaten (so 1Kor 3,1–3), wenn Paulus ihnen hier die Unwahrheit des Einwandes von V 15 im Bilde des Sklaven, der den Herrn gewechselt hat, zu verdeutlichen sucht, sondern *im* »Menschlichen« wird die ›Sache‹ durchaus begreifbar, auch wenn das Bild als solches »wegen der Schwäche ihres Fleisches« gewählt wird: Finitum capax infiniti[148]. Dies wird daran sichtbar, daß einerseits die ›Sache‹ das Bild bestimmt und darum strapaziert: Sünde und Gerechtigkeit (V 18) sind eben nicht zwei Herren auf der gleichen Ebene, wie es das Bild voraussetzt; sondern sie stehen sich im Verhältnis der Überlegenheit des einen Herrn gegenüber dem anderen einander gegenüber[149]. Nur der Dienst der Gerechtigkeit ist darum in Wahrheit Gehorsam (V 16b), obwohl das Bild ein Gehorsamsverhältnis auf beiden Seiten voraussetzt (V 16a). Der Dienst der Sünde war vielmehr nach V 19b wirkliche, totale Sklaverei, weil die Sünde als solche *Un*reinheit und *Wider*gesetzlichkeit war; die ἀ-Privativa zeigen die Entfremdung unter der Sünde an, die die Sünder unter Einsatz ihrer Glieder (vgl. V 13) sich selbst zuzogen, indem sie der Sünde als dem Widersacher Gottes und Verkehrer seiner Wahrheit (1,18.25) zu Dienst waren und so in Widerspruch zum Gesetz Gottes handelten und lebten[150]. Dagegen soll jetzt

---

[148] ἀσθένεια τῆς σαρκός kann im Kontext nur Erkenntnisschwäche meinen (so richtig z.B. Lietzmann 71), nicht ›moralische‹ Schwäche, die ja gerade durch das Bild vom Herrschaftswechsel ausgeschlossen ist (gegen Kühl 220), oder beides zugleich (gegen Gutjahr 211, Jülicher 267). ὑμῶν bezieht sich auf den Ausdruck als ganzen: »wegen eurer Fleischesschwäche« (so richtig Zahn 323 Anm. 41; Michel 161 Anm. 2). Aufgrund modernen Mißverständnisses meint Käsemann 172f, ἀσθένεια sei »gerade nicht die Ohnmacht der Schwachen, denen mit dem Hinweis auf die Forderung des radikalen Gehorsams tatsächlich nicht geholfen würde, sondern der Trotz der Starken, welche alle Fesseln los sein möchten und deshalb gegen die Ausführungen des Apostels protestieren.« Davon steht aber nichts im Text. Diese Auslegung ist nur möglich aufgrund der verfehlten Ansicht, Röm 6 richte sich gegen libertinistische Tendenzen von Enthusiasten.

[149] Der jüdische Hintergrund dieses Dualismus wird z.B. in Test D 6,10 (vgl. EKK VI/1 217) besonders deutlich. Zu Qumran vgl. Bekker, Das Heil Gottes 87–91.

[150] Vgl. 8,7. Die Streichung von εἰς ἀνομίαν in B pc sy^p Tert dient dem Zweck stilistischer Glättung und streicht so gerade das, worauf es Paulus dem jüdischen Einwand gegenüber ankommt: daß Sünde, auch christlich geurteilt, Widergesetzlichkeit ist, Christsein dagegen wirkliches Gerechtsein, in dem jegliche Widergesetzlichkeit ausgeschlossen ist und ausgeschlossen bleiben soll.

der Einsatz ihrer Glieder bewirken, daß sich die durch die Taufe Geheiligten[151] in ihrem Tun als heilig erweisen (1Thess 4,3.7) und so der Lebensraum der Gemeinde zum Wirkbereich endzeitlicher Heiligkeit wird (vgl. 1Thess 5,23; Eph 5,26).

Trotz dieser Unvergleichlichkeit zwischen der Herrschaft der Sünde und der Gottes handelt es sich aber, was *den Menschen* betrifft, auf beiden Seiten um ein wirkliches Sklavenverhältnis: Der Mensch ist in Wirklichkeit nie autonom, sondern abhängig – sei es von der Sünde, die ihm Freiheit von Gott vorspiegelt (vgl. V 20), sei es aber auch von Gott, der ihn von der Sünde frei gemacht hat: VV 20f explizieren »zur Ungesetzlichkeit« auf der Basis von V 18a, VV 22f sodann »zur Heiligung« auf der Basis von V 18b. Im Hintergrund steht das an der Taufe orientierte paränetische Schema »einst – jetzt« (vgl. 7,5f und besonders 1Kor 6,9–11). Diese Freiheit gibt es nur im *Dienst* Gottes, unter Gottes Herrschaft. 20–23

In V 20 wird nun jedoch zugleich sichtbar, wie *andererseits* auch die Sprache des Bildes die Sache verzerrt. Denn daß die Sünder als Sklaven der Sünde der Gerechtigkeit gegenüber »frei« waren, gilt nur, wenn man Freiheit von formalrechtlichem Aspekt lediglich als Nichtverpflichtetsein, d.h. vom Aspekt des Sklaven aus als Nicht-Dienst gegenüber dem anderen Herrn (vgl. V 16a) begreift. Die Unwahrheit solchen Freiheitsverständnisses zeigt sich – ganz jüdisch gedacht – an dem, was diese »Freiheit« des Sklaven-Daseins dem Menschen einbringt, nämlich den Tod als die Tatfolge der Sünde (vgl. Dtn 30,15–20; Ps 1,6; Did 1,1 und so Röm 8,6). Aber wie »frei« in V 20, so ist auch »Frucht« in V 21 widersinnig gebraucht; denn von Frucht kann eigentlich nur als Tatfolge der Gerechtigkeit die Rede sein (vgl. V 22 und Gal 5,22; Phil 1,11; Eph 5,9). Der Widersinn zeigt sich darin, daß sich die Taten in der Zeit unter der Sünde *jetzt* – vom christlichen Aspekt aus – als das Negative, das sie waren, herausstellen (vgl. Gal 5,19), als »faule« Frucht (vgl. Mt 12,33 par), als ein Tun, dessen man sich schämt (vgl. Phil 3,19)[152], eben weil man selbst es war, der sich – welcher Widerspruch zur irrigen Intention des Sünders! – den Tod statt des Lebens eingehandelt hat. V 22 wiederholt unter der Überschrift »jetzt« (vgl. 3,21) V 18 und stellt den entsprechenden Gegensatz zu V 21 heraus: Die Frucht, die das Sklaven-Dasein gegenüber Gott (vgl. V 13) im Geschick der aus der Sklaverei unter der Sünde Befreiten bringt, ist »Heiligung« (vgl. V 19b), nämlich die konkrete Wirkung Gottes auf das christliche Leben, die Teilhabe an seiner Heiligkeit, durch die alles Tun der Gerechtigkeit heilig wird. Heiligung bedeutet also nicht eine Leistung, die der Christ nach seiner Rechtfertigung in der Taufe nunmehr selbst zu erbringen hätte, um dadurch allererst sittlich zu realisieren, was er durch die Taufe geworden ist. Heiligung ist *Gottes* Wirkung im christlichen Handeln; und das »ewige Leben« ist das Endresultat (τέλος), 20

21

22

---

[151] 1,7 vgl. 1Kor 1,2; 6,11; 1Petr 1,2 sowie 1Kor 1,30.
[152] Vgl. zur Sache besonders Eph 5,8–14, zum Motiv des »Schämens« den entsprechenden Gegensatz in 1,16; dazu Gäumann, Taufe 101.

das unsere Heiligung als Gottes Tat uns, den Tätern, erbringt, wie es Gottes Herrlichkeit ist, durch die Jesus von den Toten auferstanden ist (V 4).

23 Das tritt in der Formulierung der Schlußthese V 23 hervor: Ist der Tod der Sold[153], den die Sünde ihren Soldaten (vgl. 1Kor 9,7; Lk 3,14) auszahlt, so ist das ewige Leben nicht entsprechend der Sold, den Gott seinem Streiter für die von ihm geleisteten Dienste zahlt, sondern seine Gnadengabe[154].

Zusammen- Hat Paulus den Einwand V 1 gegen die Rechtfertigung sola gratia in VV 2–14
fassung   grundsätzlich von der realen Wirkung der Taufe her bestritten, so bestreitet er seine Wiederholung V 15 in VV 16–23 paränetisch im Blick auf die christliche Praxis. Gerade das Unter-der-Gnade-Sein selbst widerlegt den Verdacht der Unwirklichkeit christlicher Gerechtigkeit; denn die Gnade erweist ihre den Wandel und damit das Geschick der Christen bestimmende Kraft darin, daß diese unter ihrer Herrschaft leben für die Gerechtigkeit und so christliches Leben in seiner konkreten Praxis frei ist von der Herrschaft der Ungerechtigkeit. Paulus scheut sich nicht nur nicht, die bestrittene Wirklichkeit der Gerechtigkeit in der christlichen Praxis zu erweisen, sondern seine ganze Argumentation von 6,2 an zielt eben darauf. Wie die Sünde ihre Wirklichkeit im konkreten Tun hat, so auch die Gerechtigkeit; darin stimmt der christliche Theologe mit seinem jüdischen Gegner – entgegen dessen Verdacht – überein. Aber was dieser für Blasphemie hält, ist für Paulus ein befreiendes Wort, das das bedrängende Problem der Sünde *aller* wirklich löst: Allein in Christus Jesus, nur unter der Herrschaft der Gnade, nicht aber unter der des Gesetzes, *gibt es* Freiheit von der Sünde, *wirkliche* Gerechtigkeit. Gründet jedoch diese Freiheit in Gott, so fällt der Praxis-Erweis in die tägliche Verantwortung der Christen; nur im *Tun* der Gerechtigkeit *ist* diese wirklich. Da wirkliches Tun der Gerechtigkeit aber nur durch die Kraft der Gnade möglich ist, ist auch die Geschick-Folge der Gerechtigkeit, ihre »Frucht«, das Leben, nur als »Gnadengabe«, als Charisma, zu erfahren bzw. als »Endziel« christlichen Lebens zu erwarten. Dies gilt es richtig zu verstehen: So konkret Christen verantwortlich sind und zur Verantwortung gerufen werden dafür, daß ihre geschenkte Gerechtigkeit in ihrem Wandel wirklich wird und bleibt, so sehr gilt eben darin zugleich, daß die Verwirklichung der Gerechtigkeit, das Leben, ebenso Geschenk Gottes ist und immer sein wird wie die Gerechtigkeit selbst (vgl. Phil 2,12f). Die Verantwortung der Christen besteht also präzis darin, in der Bahn, in die hinein sie durch die Widerfahrnis der Gnade gestellt worden sind, nun auch zu laufen und sozusagen ihren Kurs zu halten (Phil 3,15).

[153] Vgl. dazu Heidland in ThWNT V 592; gegen Pr-Bauer 1194, der die Stelle wie 2Kor 11,8 in allgemeiner Bedeutung »Entgelt« verstehen möchte.

[154] χάρισμα ist nicht im Sinn des »donativum« als außerregulärer Sold, der etwa bei Regierungsantritt eines neuen Herrschers an seine Soldaten gezahlt zu werden pflegte (vgl. Pauly-Wissowa V, 1905, 1542–1544), aufzufassen (gegen Zahn 326 mit Anm. 50, dem sich z.B. Michel 163 mit Anm. 2 anschließt), sondern im paulinisch geläufigen Sinn als konkrete Wirkung der Gnade und also als δωρεάν gegebenes Geschenk; so richtig zuletzt Käsemann 176; Cranfield 330; Schlier 213.

Das gleiche drückt Paulus in Gal 5,25 so aus: »Wenn wir leben durch den Geist, laßt uns auch im Geist Kurs halten«. Das führt nun aber zu der Frage, wieso in Röm 6 nirgendwo vom *Geist* die Rede ist. Ist doch sowohl sonst bei Paulus wie überhaupt in der urchristlichen Tradition das Pneuma einerseits die entscheidende Gabe der Taufe (1Kor 12,13; 1Kor 6,11; 2Kor 1,22; 5,5; 11,4; Gal 3,2; Röm 5,5; 2Thess 2,13; vgl. Eph 1,13f; Apg 1,5.8; 2,33.38; 8,15ff; 9,17; 10,44.47; 19,2.6; 1Petr 1,2; Tit 3,5; Hebr 6,4; Joh 3,5), andererseits die Kraft christlichen Wandels. Paulus wird dies sogleich in der These 7,6 deutlich markieren und in 8,2ff gewichtig ausführen. Wie in 6,21f von der »Frucht zur Heiligung« im Gegensatz zu der »Frucht« unter der Sklavenherrschaft der Sünde die Rede ist, so spricht Paulus in Gal 5,22 von der »Frucht des Geistes« im Gegensatz zu den »Werken des Fleisches« (Gal 5,19). Und wie er in Röm 6,19ff auffordert, die Glieder zum Dienst der Gerechtigkeit zur Verfügung zu stellen und nicht in den Sklavendienst der Sünde zurückzufallen, so wird er in 8,12f das gleiche im Blick auf den Geist sagen (vgl. Gal 5,16). 6,12ff läuft in dieser Zielrichtung 8,5ff völlig parallel.

Die Frage läßt sich klar beantworten, wenn man sieht, daß Röm 6,1–8,17 einen zusammenhängenden Gedankengang bildet, in dem Röm 6 der erste Schritt ist. Hier geht es um den Gegensatz Sünde – Gerechtigkeit, der im folgenden durch den Gegensatz Fleisch – Geist als den darin wirkenden Gegenkräften näher bestimmt wird. Erst in der Entfaltung dieser Antithese Sarx – Pneuma kann Paulus auf den Kern des Einwandes 6,1 eingehen, der in 6,15 als Gegensatz zwischen *Gesetz* und Gnade präzisiert wird. Hat Paulus die Wirklichkeit christlicher Gerechtigkeit zunächst grundlegend von der Taufe als Verbindung der Christen mit Christus her erwiesen, so wird er im folgenden die in ihr wirksame Kraft, das Pneuma, *nicht,* wie es der Gegner erwartet, mit dem *Gesetz* konfrontieren (obwohl er in 1Kor 15,56 das Gesetz als »die Kraft der Sünde« bezeichnet hat!), sondern vielmehr mit dem *Fleisch*; das Gesetz dagegen verbindet er – trotz seiner Mitwirkung mit der Sünde zum Tode – als *Gottes* Gesetz zum Leben (7,10.12) mit dem *Geist* (8,2). Nur weil Paulus seinen Gedankengang so angelegt hat, ist vom Geist in Röm 6 noch nicht die Rede. Der Sache nach ist das Pneuma sehr wohl die Kraft der »neuen Lebenswirklichkeit«, in der wir nach 6,4 wandeln sollen, und man versteht den Zusammenhang von Kerygma und Paränese in Röm 6 nur, wenn man das Pneuma als das entscheidende Medium ständig hinzudenkt. Der Geist ist einerseits das Medium unserer Verbindung mit Christus; denn er ist die lebenschaffende Kraft, in der Gott Jesus, den für uns Gekreuzigten, von den Toten auferweckt (8,11) und durch die er so zugleich uns der Herrschaft von Sünde und Tod entrissen hat. Und derselbe Geist ist andererseits die zur Gerechtigkeit ermächtigende Kraft, durch die sich die Auferweckung Christi in unserem Wandel auswirkt.

Berücksichtigt man diesen Sachzusammenhang zwischen Röm 6 und Röm 8, so wird deutlich, daß sich beide Aussagenreihen gegenseitig bedingen: Die Taufe als unsere Verbindung mit Christus ist die Voraussetzung unseres Wandels in Gerechtigkeit, und der in der Taufe gegebene Geist die Kraft, durch die wir in unserem Wandel die Freiheit von der Sünde gegen ihre im Fleisch präsent bleibende Kraft konkret wahrnehmen können. Insofern ist der Einwand von 6,1.15 in seiner eigentlichen Spitze erst durch Röm 8 aus dem Feld geschlagen. Die in der Paränese ausmündende Auswertung der Taufe setzt ihrerseits die Aussagen über die Gegenwart des Geistes voraus: Nur weil die Auferweckungskraft des Geistes in uns wirksam ist, vermögen wir zu tun, wozu der Apostel uns in 6,12–14.15–23 aufruft. Und nur die Gabe des Geistes ermöglicht die Erfüllung des Gesetzes und verhindert, daß der gerechtfertigte Mensch dem Gesetz gegenüber allein bleibt und an der Aufgabe, es aus sich heraus zu erfüllen, scheitern müßte. Die eigenartige Unbesorgtheit, in der Paulus in Röm 6 dem Christen zumutet, im Tun der Gerechtigkeit »heilig« zu werden, ohne auf die Gefahren eines Rückfalles besorgt einzugehen (vgl. Hebr 6,4ff), läßt sich letztlich nur von Röm 8 her erklären: Paulus setzt dabei auf die konkrete Gegenwart des Geistes.

In diesem Sinn ist nun noch einmal an den Zusammenhang zwischen Röm 1–5 und Röm 6–8 zu erinnern. Indem es Paulus hier darum geht, gegenüber dem Einwand von 6,1.15 die Wirklichkeit christlicher Gerechtigkeit herauszustellen und die römischen Christen als Getaufte zum konkreten Tun der Gerechtigkeit in Pflicht zu nehmen, geht es um die Präzisierung des ethischen Skopos seiner Rechtfertigungslehre. Diese zielt als solche nicht auf den Aufruf zum Glauben statt zum Tun, sondern auf den Aufruf zum *Tun* der Gerechtigkeit, die der aus Glauben Gerechtfertigte als Geschenk der Gnade Gottes empfangen hat.

Exkurs: Der traditions- und religionsgeschichtliche Hintergrund von Römer 6

1. *Die übrigen Aussagen über die Taufe bei Paulus und in den nachpaulinischen Schriften*

Römer 6,1–11 hat die nächste Parallele in Gal 3,26–28. Auch hier wird die Taufe εἰς Χριστόν als ein Geschehen realer Verbindung mit Christus verstanden. Anstelle der συν-Aussagen (vgl. 2,19) steht hier das Bild des Anziehens Christi als eines Gewandes (3,27 vgl. Röm 13,14), das alle Getauften kleidet, so daß jegliche Unterschiede κατὰ σάρκα zwischen ihnen ihre Existenz-bestimmende Kraft verloren haben und sie »alle einer (!) werden in Christus Jesus« (3,28). Der Skopos der Taufaussage zielt hier also auf die *Einheit der Kirche* und entspricht so dem Leib-Gedanken in 1Kor 12,12f. Dort ist die lokale Bedeutung der Taufe εἰς Χριστόν besonders deutlich: εἰς ἕν σῶμα ἐβαπτίσθημεν; und wie nach Gal 3,28 alle Getauften εἷς geworden sind, so formuliert Paulus in 1Kor 12,12 prägnant: οὕτως ὁ Χριστός, sofern der Leib, den die Getauften als μέλη ἐκ μέρους bilden (12,14–27), das σῶμα Χριστοῦ ist (12,27).

Nach Gal 3,26 ist die Einheit aller Getauften als Söhne Gottes durch den Glauben hergestellt; *Glaube und Taufe* gehören also wie im Römerbrief zusammen. Die Charakterisierung der Einheit aller Christen als »Söhne Gottes« entspricht ferner Röm 8,14f (vgl. Gal 4,6f). Dort wird die Sohnschaft als Realität eschatologischen Rechts durch den *Geist* bezeugt, was wiederum einen weiteren wichtigen Aspekt des paulinischen Taufverständnisses sichtbar werden läßt: Die Getauften empfangen ἐξ ἀκοῆς πίστεως den Geist (Gal 3,2f); sie werden »mit einem Geist getränkt« (1Kor 12,13 vgl. 10,3f). Die Verbindung mit Christus (Röm 6) ist also zugleich eine solche mit dem Geist (Röm 8,1–11); beide Abschnitte des Römerbriefes gehören sachlich aufs engste zusammen[155]. Die Verbindung mit dem Geist ist die Folge der Verbindung mit dem Auferstandenen; denn der Geist ist τὸ πνεῦμα τοῦ ἐγείραντος τὸν Ἰησοῦν ἐκ νεκρῶν (Röm 8,11) und insofern πνεῦμα Χριστοῦ (8,10). Der Geist überbrückt also gleichsam den Unterschied zwischen dem Auferstandenen selbst und den Christen, der in Röm 6,5.8 benannt wird (vgl. so auch 8,11; 2Kor 4,14). Das Pneuma bringt die endzeitliche Wirklichkeit der καινότης ζωῆς (6,5) im *Wandel* der Christen zur Wirkung (8,5ff; 12f; Gal 5,16.24f), so daß sich die durch Christi Tod geschaffene Gerechtigkeit (6,6f; 8,2–4) im Leben κατὰ πνεῦμα realisieren kann (6,12f.15ff; 8,4–9.12f).

Der Gedanke von Röm 6 wirkt deutlich nach in *Kol 2,6–15,* wo in V 12 Röm 6,4 sowie mit der ἐνέργεια τοῦ θεοῦ usw. die πνεῦμα-Aussage von Röm 8,11 anklingt. Vor allem aber ist der Skopos der gleiche: Die Verbindung mit Christus bewirkt das Ende des Seins in der Sünde und die Teilhabe an der Auferstehung Christi (Kol 2,13; 3,1–4) im Wandel[156]. Doch fehlt im Kolosserbrief die Unterscheidung zwischen der Auferstehung Christi und der zukünftigen Auferstehung der Christen (vgl. Röm 6,5.8 mit Kol 2,13; 3,1). Sie wird jedoch in 3,3f angedeutet; darum ist es unrichtig, wenn vielfach zwischen dem Römerbrief und dem Kolosserbrief in dieser Hinsicht eine gravierende Differenz behauptet wird[157]. Ganz ähnlich wird in *Eph 2,1–10* das Christwerden als Erfahrung der Auferweckung von den Toten »mit« Christus beschrieben (V 5f). Es fällt jedoch auf, daß hier zwar der Tod, aus dem die Christen »mitlebendig gemacht« worden sind, wie in Röm 6 und Kol 2 als »Totsein in ihren Übertretungen und Sünden« (2,1.5) gedeutet, aber dabei explizit nicht von einem Mitgestorbensein mit Christus die Rede ist. Die Verbindung mit Christus wird vielmehr rein als die mit dem Auferstandenen, ja sogar als Teilhabe an seiner Erhöhung gedacht (2,6) und entsprechend das Christwerden rein als Errettung aus dem Totsein in den Sünden der vorchristlichen Zeit durch die Kraft der Liebe und Gnade Gottes. Christen werden so zu »guten Werken« befähigt, die sie nach Gottes ewiger Vorherbestimmung nun zu verwirklichen haben, wo sie von ihm in der Taufe (vgl. 5,26) neugeschaffen worden sind (2,9f). Die Heilskraft des Sühnetodes Christi (vgl. 5,2.25f) tritt gegenüber der seiner Auferweckung und Erhöhung deutlich zurück. Die Differenz zwischen Christus und den Christen wird nur als seine liebevolle Herrschaft über die Kirche als des Hauptes seines Leibes (1,22f; 5,22ff) zur Geltung gebracht, nicht aber als zeitlicher Unterschied zwischen Eschaton und irdischer Gegenwart; der Gedanke von Kol 3,3f fehlt. Doch ist auch nach dem Epheserbrief die Wende der Bekehrung in der christlichen Gegenwart darin präsent, daß es für Christen gilt, »den alten Menschen, der vernichtet wird (Präsens!) durch die Begierden des Trugs«,

---

[155] S.o.S. 41f.
[156] Wenn Kol nicht von Paulus selbst, sondern aus deuteropaulinischer Hand stammt, so ist in Kol 2,12f eine Benutzung des Römerbriefes sehr wahrscheinlich; vgl. Lohse, E., Der Brief an die Kolosser und an Philemon, [15]1977 (KEK IX,2), 156 Anm. 1; Schweizer, E., Der Brief an die Kolosser, 1976 (EKK), 111.
[157] Vgl. z.B. Gäumann, Taufe und Ethik 64f.

Auch Dinkler, Taufaussagen 101 sieht in Kol 2 eine »andere Grundanschauung« als in Röm 6, zielt aber vor allem darauf, daß das Tot-Sein für die Sünde in Kol 2 nicht wie in Röm 6 die gegenwärtige christliche Existenz betreffe, sondern nur die Sünden der vorchristlichen Zeit (ebd. 100). Aber darf man das sagen angesichts der doch völligen sachlichen Parallelität zwischen Kol 3,5ff und Röm 6,12f.15ff?

abzulegen und »den neuen Menschen, den durch Gott geschaffenen in Gerechtigkeit und Heiligkeit der Wahrheit, anzuziehen«, so daß Christsein in diesem Sinne ein ständiges Neuwerden ist (4,22–24) in ständiger ›imitatio Dei‹ als ›imitatio Christi‹ (5,1f). Gleiches gilt schließlich auch für *Tit 3,3–7*. Im Schema von »einst – jetzt« wird der vorchristlichen Existenz in Unglaube, Begierden und Lastern die christliche Existenz gegenübergestellt, die in der Taufe als »Bad der Wiedergeburt« und »Erneuerung im Heiligen Geist« begonnen hat und in der Erbschaft ewigen Lebens ihren eschatologischen Rechtsgrund besitzt. 2,11–14 zeigt auch hier die Gegenwartsbedeutung dieser Wende, wobei das Motiv einer erziehenden Wirksamkeit der Gnade neu hinzutritt. Der Gedanke der Teilhabe an Christi Tod und Auferstehung fehlt[158].

2. ›Mit Christus‹

Kehren wir zu Paulus zurück, so ist nun zu fragen, ob die συν-Aussagen ursprünglich im Kontext der Taufdeutung haften. Es gibt nämlich eine Reihe von weiteren Stellen, in deren Kontext von der Taufe explizit nicht die Rede ist.
Dies ist einerseits der Fall in 1Thess 4,17. Hier beantwortet Paulus Fragen aus der Gemeinde im Blick auf das Schicksal der verstorbenen Christen (V 13). Diese sind dort offenbar nach ersten Todesfällen entstanden und haben ernste Irritationen (λυπῆσθε) ausgelöst. Um sie zu »trösten« (V 18), zeigt Paulus der Gemeinde auf, wie aus dem Glauben an Tod und Auferstehung Christi, den sie aus dem Missionskerygma kennt (1,10) und der ihr in seiner zentralen und fundamentalen Bedeutung vertraut ist, die Gewißheit dessen folge, daß Gott bei der Parusie Christi auch »die Toten in Christus« auferwecken und zusammen mit den Lebenden »mit ihm zusammenführen« werde (V 14), so daß dann *alle* Christen »für immer σὺν κυρίῳ sein werden« (V 17). Das σύν meint hier die unmittelbare Nähe bei Christus in der Endzeit. Der Vorstellungshintergrund ist die apokalyptische Erwartung der endzeitlichen Sammlung der auserwählten Gerechten um den Menschensohn (z.B. Hen 62,14)[159] bzw. um den Messias (z.B. PsSal 17,26; sch^{e}mone esre, 10. und 14. Bitte), deren christliche Rezeption besonders durch Mk 13,26f und Offb 14,1 (μετ' αὐτῶν) bezeugt ist. Darin haben einige Exegeten den Ursprung der paulinischen σύν-Aussagen erkennen wollen[160].
In der Tat lassen sich Stellen wie Röm 8,29; 1Kor 1,9 und Phil 3,21, aber wohl auch Phil 1,23 von 1Thess 4 aus erklären. Es ist jedoch umstritten, ob das auch von den Aussagen über die Teilhabe an Tod und Auferstehung Christi gilt. Denn so wichtig in Röm 6 die Teilhabe an der Auferstehung Christi als Begründung der künftigen Teilhabe an der Heils-Wirklichkeit endzeitlichen Lebens ist, so deutlich ist, daß hier die entscheidende Aussage der Befreiung von der Herrschaft der Sünde in der Sühnewirkung des Todes Christi gründet. Nun zeigt sich aber in dem auf 1Thess 4,13–18 unmittelbar folgenden Abschnitt 5,1–11, daß Paulus schon hier dem Sühnetod Christi die für die zukünftige Heilserlangung grundlegende Bedeutung zuschreibt: τοῦ ἀποθανόντος περὶ ἡμῶν

---

[158] Vgl. jedoch das hymnische Stück in 2Tim 2,11–13, das zwar keinen Bezug zur Taufe erkennen läßt, aber die Motive von Röm 6 und Kol 2 deutlich voraussetzt.
[159] Zum Ansatz dieser Vorstellung in der Wirkungsgeschichte von Dtn 33,2 LXX (vgl. Sach 14,5.9; aethHen 1,9) vgl. Dupont, J., Syn Christo 34–36.97f; Lohmeyer, Syn Christo 218–257.
[160] Vgl. besonders Lohmeyer, Syn Christo; Schweizer, Mystik, besonders 102–140; Dupont, Syn Christo.

(vgl. Röm 8,3!), ἵνα εἴτε γρηγορῶμεν εἴτε καθεύδωμεν ἅμα σὺν αὐτῷ ζήσωμεν. Darin vertieft Paulus die Aussage von 4,14–17, wie die Wiederholung des Trostmotivs von 4,18 in 5,11 zeigt. Hat das Kerygma den Auferstandenen als solchen als den Retter vor dem künftigen Zorngericht verkündigt (1,10), so wird nun die Freiheit der Christen von der ὀργή (5,9) der Wirkung des Sühnetodes Christi zugeschrieben. Die Paränese in 5,4–8 angesichts des drohenden Gerichts (5,1–3) hat eine genaue Parallele in Röm 13,11–14; und diese entspricht wiederum Röm 6,12f, so daß der Kontext der Taufe von daher deutlich wird. Hat das zentrale Thema des Missionskerygmas, die Auferweckung Jesu von den Toten, für Paulus die Kraft, die Ängste der jungen Gemeinde zu überwinden, der Tod einiger Brüder könne ihre Heilsteilhabe bei der Parusie vereiteln, so befähigt ihn nun das Thema der Taufe, die Rettung der Sünder vor dem endzeitlichen Zorngericht durch den Sühnetod Christi als Befreiung zu einem sittlichen Leben unter dem Horizont der neuen Wirklichkeit des endzeitlichen Heils, zu ihrer Ermutigung, bereits ihr gesamtes irdisches Leben als im Morgenlicht der eschatologischen Vollendung zu führen. Das σὺν Χριστῷ wird so aus der reinen Zukunft in die Gegenwart hinein ausgeweitet. Hat es dort seinen Kontext im Erwartungszusammenhang christlich rezipierter apokalyptischer Tradition, so gewinnt es erst im Kontext der Taufe seinen spezifisch christlichen Charakter.

Nirgendwo mehr hat in den späteren Briefen des Paulus die Rede von einem zukünftigen »Sein bei Christus« einen so ausschließlich eschatologischen Horizont wie in 1Thess 4. Die κοινωνία mit Jesus Christus, in die hinein die Christen nach 1Kor 1,9 berufen sind, umfaßt zweifellos die Gegenwart der Gemeinde mit ihrem Reichtum an Charismen (1,5.7) mit, so stark in VV 7f auch der eschatologische Aspekt betont wird; denn die beiden christologischen Prädikate υἱὸς θεοῦ und κύριος ἡμῶν haben ihren Ort im Kontext der Taufthematik. Die Erwartung der Parusie Christi als σωτήρ (vgl. 1Thess 1,10) und unserer künftigen Auferstehung als leiblicher Metamorphose (vgl. syrBar 49,3) durch die Kraft Gottes in Phil 3,20f ist zwar deutlich eine Interpretation der apokalyptischen Aussage von 1Thess 4. Aber sie steht ebenso deutlich im Kontext der Begründung der Rechtfertigung (Phil 3,4–9) in der Teilhabe an Tod und Auferstehung Christi V 10; das zeigt das mit V 21 gemeinsame Stichwort συμμορφίζεσθαι. Die Aussage in V 10 aber steht Röm 6,3–5 so nahe, daß der Kontext der Taufthematik nicht gut bestritten werden kann. Von Röm 6,3–5.8 her ist die sachliche Zusammengehörigkeit von Phil 3,10 und 3,21 einsichtig. In 2Kor 4,14 liegt ebenfalls eine Parallele zu 1Thess 4 vor, wie besonders παραστῆσαι sowie die Korrespondenz zwischen σὴν Ἰησοῦ und σὺν ὑμῖν zeigt. Doch spricht Paulus unmittelbar vorher in VV 10f von seinem dauernden »Übergebenwerden in den Tod um Jesu willen«, was nur als Übertragung des Gedankens von Röm 6 auf die apostolische Existenz verstanden werden kann. Ähnliches gilt für 2Kor 7,3 εἰς τὸ συναποθνᾳεῖν καὶ συζῆν, wo das συν zwar die Verbundenheit zwischen Apostel und Gemeinde meint, die jedoch zweifellos als in der gemeinsamen Teilhabe an Tod und Auferstehung Jesu begründet gedacht ist. Schließlich ist auch in Röm 8,32 σὺν αὐτῷ τὰ πάντα ἡμῖν χαρίσεται nicht exklusiv eschatologisch aufzufassen; was gemeint ist, wird in VV 35ff expliziert; und in V 32a wird die Begründung im Sühnetod Christi gegeben, so daß σὺν αὐτῷ sich auf den Gekreuzigten bezieht. Lediglich die im Corpus paulinum einmalige Stelle Phil 1,23 läßt sich kaum anders denn als eine Individualisierung der Aussage von 1Thess 4 verstehen[161]. Wie dort, verlautet auch hier über

---

[161] Auf das Verhältnis zu 2Kor 5,1–8 sowie auf die sehr umfangreiche und kontroverse Literatur kann hier nicht eingegangen werden; vgl. dazu Gnilka, Philipperbrief 76–93. Er

ein gegenwärtiges Mit-Christus-Sein nichts; dies ist durch die schroffe Entgegensetzung von »Leben im Fleisch« und »Sein mit Christus« im engeren Kontext sogar ausgeschlossen[162].

Läßt sich so in nahezu allen Aussagen über ein zukünftiges Sein »mit Christus« eine sachliche Verbindung mit der für das Christsein grundlegenden Teilhabe an Christi Tod und Auferstehung erkennen[163], so gilt das gleiche nun auch andererseits für die Aussage über ein gegenwärtiges Mit-Leiden mit Christus. In 2Kor 4,7–14 deutet Paulus seine apostolischen Leiden (VV 7–9 vgl. 6,3–10; 1Kor 4,9–13) als ständiges »Umhertragen« der νέκρωσις τοῦ Ἰησοῦ ἐν τῷ σώματι (V 10) und als immerwährendes Übergebenwerden in den Tod um Jesu willen (V 11a), »damit auch das Leben Jesu offenbar werde in unserem sterblichen Fleisch« (V 11b). So ergibt sich die Regel apostolischen Dienstes: »Der Tod wirkt in uns, das Leben aber in euch« (V 12); das heißt: Die Apostel haben in vielfältigen Leiden konkret-leibhaftige Auswirkungen des Leidens Christi auf sich zu nehmen, damit die Adressaten ihrer Verkündigung im Glauben an Christus das Leben des Auferstandenen erfahren. Der gleiche Gedanke kehrt in 2Kor 13,3f wieder: in Christus sind die Apostel schwach, aber sie werden mit Christus leben aus der Macht Gottes, durch die er Christus erweckt hat (V 3), was hier nicht als eschatologische Hoffnung gemeint ist, sondern im Blick auf die lebenschaffende Wirkung der Verkündigung (εἰς ὑμᾶς V 4 vgl. 4,7; 12,9). Die künftige Auferstehung werden die Apostel selbst mit den Glaubenden zusammen erfahren (4,14). Daß dieser Gedanke apostolischen Leidens abgeleitet ist von dem Gedanken, den Paulus in Röm 6,3–5 ausführt, haben wir bereits im Blick auf 4,11 festgestellt; die Teilhabe an Christi Tod durch die Taufe ist in die apostolischen Leiden und die Teilhabe an Christi Auferstehung im christlichen Wandel in die Wirkung der apostolischen Verkündigung hinein gleichsam verlängert worden. Kol 1,24–29 führt diesen Gedanken weiter aus.

Was Paulus in 2Kor 4 vom Apostel sagt, sagt er in Röm 8,17 von den Christen allgemein. Als Kinder Gottes sind sie »Erben« des künftigen Heils; Gott ist es, der ihnen als ihr Vater (V 16) dieses Erbe gibt (κληρονόμοι θεοῦ) und zwar als »Miterben Christi«, des Sohnes Gottes (V 3). Und sie gehören diesem Erbe Christi, des Gekreuzigten und

macht zwar im Anschluß an Hoffmann, P., Die Toten in Christus, ²1969 (NTA NS 2), besonders 310–315, gegen Dupont, Syn Christo 171–188 mit Recht geltend, daß in Phil 1,23 keineswegs der eschatologische Kontext von 1Thess 4 zugunsten einer hellenistischen Unsterblichkeitsvorstellung aufgegeben sei. Fraglich ist jedoch, ob umgekehrt auch der Individual-Aspekt von Phil 1,23 bereits in 1Thess 4 inkludiert und nur nicht ausgesprochen ist (so Gnilka, ebd. 84; dagegen Hunzinger, C. H., Die Hoffnung angesichts des Todes im Wandel der paulinischen Aussagen, in: Leben angesichts des Todes (FS H. Thielicke), Tübingen 1968, 69–88, hier 73–76).

[162] Das gewinnt Gewicht, wenn Phil 3 einem früheren Brief zugehört als Phil 1. Doch zeigt auch dann der Zusammenhang zwischen 2,5–11 und 2,12–18, daß Paulus trotz 1,23 das Sein der Christen »im Fleisch« durchaus, weil durch das Geschick Christi bestimmt, als φαίνεσθαι ὡς φωστῆρες ἐν κόσμῳ (V 15) versteht.

[163] So gegen Lohmeyer, a.a.O. (Anm. 159) vor allem Schnackenburg, Heilsgabe 167–175 (vgl. noch deutlicher Baptism 175f); Kuss 323; Kramer, Christos 145. Wenn Hoffmann, Die Toten in Christus, a.a.O. (Anm. 161) 305f Anm. 87 betont, daß die »Grundaussage der geschichtlichen Verbundenheit aller mit dem gekreuzigten Jesus . . . der tragende Grund auch der sakramentalen Aussagen« sei, so ist dem zuzustimmen. Doch ist seine von daher begründete Reserve gegen den »sakramentalen Ansatz« der Interpretation aller σύν-Aussagen insofern unbegründet, als dem Christusgeschehen selbst der Charakter des ὑπὲρ ἡμῶν eignet, in dem das in der Taufe eröffnete σὺν Χριστῷ gründet. Diese Kritik gilt verstärkt gegenüber der Untersuchung von Tannehill, Dying, der sämtliche σύν-Aussagen rein ›geschichtlich‹, von der Taufe abgehoben, interpretiert.

Auferstandenen, zu, sofern sie »mit ihm leiden, um auch mit ihm verherrlicht zu werden«. Durch den unmittelbaren Anschluß an V 16, wo vom Empfang des Geistes die Rede ist, ist auch hier die Taufe als Basis der Aussage in V 17 deutlich; doch wird die Tauferfahrung wiederum in die gesamte christliche Existenz hinein verlängert, sofern die Teilhabe am Kreuz im irdischen Leiden leibhaftig erfahren wird und eben darin der Geist als Zeuge der Gotteskindschaft gegenwärtig ist, deren Wirklichkeit als δόξα erst in der Zukunft der Endzeit, in der »Erlösung des Leibes« (V 23) erfahren werden kann und soll.

Nun kann man auch bei dieser Gruppe von σύν-Aussagen erkennen, wie sie als solche in einem christlich rezipierten apokalyptischen Vorstellungszusammenhang wurzeln. Im Proömium des 1. Petrusbriefs ist ein hymnischer Text verarbeitet (1Petr 1,3–9), der die Wiedergeburtserfahrung in der Taufe als Gewinn der Hoffnung auf das eschatologische Heil besingt. Diese Hoffnung gründet sich wie die Wiedergeburt selbst auf die Auferstehung Christi von den Toten (V 3). Das künftige Heil (V 5) ist das Erbe der Christen, das im Himmel für sie bereitliegt (V 4), um am Ende für sie offenbar zu werden (V 5). Darum jubeln sie dieser Zukunft entgegen, während sie gegenwärtig vielfältige Leiden erfahren müssen (V 6), die hier als Bewährung des auf die Zukunft gerichteten Glaubens (vgl. 1,21) verstanden und so ertragbar werden. Dahinter steht die breite Tradition apokalyptischer Paränese, die den leidenden Gerechten den Empfang des künftigen Heils zusagt, das ihnen als eschatologische Folge ihres Wandels in Gerechtigkeit – und das heißt: des Durchhaltens ihrer Gerechtigkeit durch alle gegenwärtigen Bedrängnisse – zusteht[164]. In einem Zusatz (VV 10–12) wird das Leiden der Christen vom Leiden Christi und ihre künftige Heilserlangung von der Verherrlichung Christi her, die auf sein Leiden gefolgt ist (τὰς μετὰ ταῦτα δόξας), gedeutet (vgl. Lk 24,26). Und dieser Gedanke wird dann in 5,1 nochmals speziell auf den Verfasser als Presbyter angewendet. Zwar fehlt der strenge Gedanke der paulinischen σύν-Aussage; darum – und überhaupt wegen der holzschnittartigen Einfachheit der Sprache in VV 3ff – haben wir hier zweifellos nicht einen Nachklang paulinischer Theologie, sondern eine traditionsgeschichtlich dieser vorausliegende Urgestalt von Tauftheologie vor uns, aus der Paulus offenbar seine Konzeption der σύν-Aussage entwickelt hat[165]. In 1Thess 2,13–16 setzt er das Leiden seiner Gemeinde wie seine eigenen Verfolgungen als Apostel noch einfach parallel mit der Passion Jesu. Erst aufgrund seiner Interpretation der Taufe als Teilhabe an Christi Tod und Auferstehung ist er in der Lage, auch die Fülle der gegenwärtigen Leiden – anders als in der zugrundeliegenden apokalyptischen Tradition – von spezifisch christlicher Voraussetzung her als Einübung der in der Taufe erfahrenen Teilhabe am Leiden Christi verständlich zu machen. Aber daß alle Aspekte seiner σύν-Aussagen, die sakramentalen, die eschatologischen wie die vom christlichen bzw. apostolischen Leiden, traditionsgeschichtlich in frühen Traditionen im Umkreis der Taufe wurzeln, vermag der Eingang des 1. Petrusbriefes schlaglichtartig deutlich zu machen.

---

[164] Vgl. dazu Rössler, Gesetz und Geschichte 88–95.
[165] Vgl. so auch Berger, Exegese des NT, 1977 (UTB 658), 229 und zuletzt Brox, N., Der erste Petrusbrief, 1978 (EKK XXI), 51.

3. Taufe auf den Namen Jesu

Wir haben damit bereits einen ersten Schritt im Blick auf die traditionsgeschichtlichen Voraussetzungen von Röm 6 getan. In einem weiteren Schritt gilt es nun, nach dem Hintergrund der paulinischen Formulierung der Taufe εἰς Χριστόν (Röm 6,3; Gal 3,27) zu fragen. Nach allgemeiner Ansicht drückt sich darin eine paulinische Interpretation der geläufigen Formel εἰς τὸ ὄνομα Ἰησοῦ Χριστοῦ τοῦ κυρίου ἡμῶν aus, die beim Taufakt Verwendung gefunden hat. Denn einerseits ist aus 1Kor 1,13–15 sicher zu erschließen, daß Paulus die Formulierung εἰς τὸ ὄνομα Ἰησοῦ (Χριστοῦ) im Kontext der Taufe gekannt hat. Andererseits deutet auch 1Kor 6,11 auf eine Bedeutung »des Namens des Herrn Christus« zusammen mit der Geistmitteilung hin. Vor allem aber ist die Taufe ἐν bzw. ἐπὶ τῷ ὀνόματι Ἰησοῦ (Χριστοῦ) in der Apostelgeschichte sicher bezeugt (2,38; 8,16; 10,43.48; 19,3.5). Vielleicht ist Jak 2,7 und Herm s VIII 6,4 (vgl. auch 1Petr 4,16?) so zu deuten, daß beim Taufakt der Name Christi über den Neophyten ausgerufen wurde, so daß sich von daher die umgekehrte Bezeichnung der Christen als derjenigen, »die den Namen des Herrn Jesus anrufen«, erklärt (1Kor 1,2; Röm 10,12–14; Apg 22,16 vgl. 2,21; 9,14.21; 2Tim 2,22), die in Röm 10,9f dem Bekenntnis des Täuflings zum κύριος Ἰησοῦς entspricht.

Nun ist neuerdings diese communis opinio, daß man beim Taufakt eine Formel »Ich taufe dich auf den Namen Jesu Christi (des Herrn)« gebraucht hat, energisch bestritten worden[166]. Dies wird vor allem damit begründet, daß die trinitarische Formel in Mt 28,19 und Did 7,1 in der gesamten Kirche durchweg als einzige Tauformel bezeugt ist, und dafür, daß dies eine sekundäre trinitarische Erweiterung der älteren eingliedrigen Tauformel sei, keinerlei Gründe erkennbar sowie für eine derartige Entwicklung auch kaum ausreichend Zeit zu veranschlagen sei. Die Formel εἰς τὸ ὄνομα Ἰησοῦ (Χριστοῦ) sei nichts anderes als eine Bezeichnung der Taufe, deren Bedeutung als »Christustaufe«, d.h. als Verbindung des Täuflings mit Christus und seine Eingliederung in die Kirche Christi, allgemein anerkannt sei, so daß man diese urchristliche Bezeichnung noch längere Zeit gebrauchen konnte (Did 9,5; Just Dial 39f)[167]. Zur Stützung dieser These läßt sich immerhin darauf hinweisen, daß sich eine entsprechende, inhaltlich zusammenfassende Bezeichnung der Missions-Verkündigung »im Namen Jesu« im lukanischen Schrifttum ebenso häufig findet wie die Taufe ἐν bzw. ἐπὶ τῷ ὀνόματι (vgl. Lk 24,47; Apg 4,10–12; 17f; 5,28.40; 9,27f; ferner 8,12; 15,26; 9,15); daß ferner das Auftreten von Propheten (Mk 9,41 vgl. 13,6parr) sowie auch Exorzismen (Mk 9,38fpar; Mt 7,22; Lk 10,17; Mk 16,17; Apg 16,18; 19,13) und Heilungen (Apg 3,16; 4,7; 19,13.17) »im Namen Jesu« bezeugt sind. Nun ist freilich bei den letzteren ein Ausruf des mächtigen Namens auf jeden Fall gegeben; und ob man sich im Gegensatz dazu die Taufhandlungen in der ältesten Zeit als wortlos-stumme Akte vorzustellen hat[168], ist sehr fraglich. Daß die Waschungen und Taufen in der jüdischen Umgebung wortlos geschehen seien[169] (was keineswegs erweisbar ist), ist dafür kein Argument; denn dabei handelte es sich um Selbsttaufen, während die Neophyten im Urchristentum getauft *wurden*, wie auch bereits Johannes selbst getauft hat (ὁ βαπτιστής!). Und daß in den meisten Berichten der Apostelgeschichte nur vom Taufakt als solchem ohne Erwähnung einer

---

[166] von Campenhausen, H., Taufe auf den Namen Jesu?, VigChr 25 (1971) 1–16.
[167] Ebd. 10–13.
[168] So ebd. 5–7; dagegen mit Recht Dinkler, Taufaussagen 117.
[169] So ebd. 6f.

Taufformel berichtet wird, ist ganz natürlich, weil darin ja nur der Missions›erfolg‹, nicht die Details der Taufhandlung interessierten[170]. Die Annahme, daß ursprünglich bei den Baptismen jegliche Taufformeln gefehlt hätten, kann also nicht überzeugend begründet werden. Das Gegenteil ist jedenfalls ungleich wahrscheinlicher.
Röm 10,9f (vgl. Apg 8,37) zeigt, daß bei der Taufe üblicherweise sowohl der entscheidende Inhalt der Missionsverkündigung, die Auferweckung Jesu von den Toten, als auch die Akklamation κύριος ’Ιησοῦς vom Täufling ausgesprochen wurde (vgl. Phil 2,11). Die ›Glaubens‹formel (πιστεύω ὅτι) und die ›Bekenntnis‹formel (ὁμολογῶ) entsprechen sich in ihrem christologischen Bezug. Die (wohl verschieden gebrauchten) Taufformeln βαπτίζω σε εἰς τὸ ὄνομα ’Ιησοῦ (Χριστοῦ) bzw. τοῦ κυρίου ’Ιησοῦ nehmen beide Momente auf. Welchen Sinn hat εἰς τὸ ὄνομα? Aus hellenistisch-paganem Sprachgebrauch des Verwaltungsrechts[171] und besonders des Giro- und Geschäftsverkehrs[172] läßt sich der Ausdruck deswegen schwerlich entstanden denken[173], weil die Formel dort nur in dieser speziellen Bedeutung bezeugt ist und nirgendwo auf das religiöse Verhältnis zu Göttern übertragen vorkommt. Überdies gibt es im Zusammenhang der urchristlichen Taufhandlung kein Moment, das Anlaß für eine solche originäre Übertragung gewesen sein könnte[174]. Aber auch aus dem rabbinischen Ausdruck לשם (לשום) kann die Taufformel schwerlich abgeleitet werden[175]. Denn dort handelt es sich um einen präpositionalen Ausdruck, in dem die ursprüngliche ›Namens‹-Bedeutung zur Bezeichnung des ›Bezuges‹ einer Handlung verblaßt ist, sei es final ihre Intention, sei es kausal ihren Grund ausdrückend; und je nach dem Kontext kann das Verschiedenste gemeint sein[176]. Daß solches לשום an zwei Stellen im Kontext der Proselytentaufe auftaucht[177] besagt an sich gar nichts. Denn zwar ließe sich so die paulinische Formulierung der Taufe εἰς Χριστόν rein sprachlich als griechische Präzisierung des ungriechischen Ausdrucks εἰς τὸ ὄνομα Χριστοῦ erklären; doch meint Paulus eben nirgendwo, daß die Taufhandlung Bezug zu Christus habe, sondern daß der Getaufte mit Christus verbunden wird[178]. Überdies zeigt besonders Phil 2,9–11 (vgl. Jak 2,7; Herms VIII 6,4; IX 16,3; Just Apol 61,4), daß mit τὸ ὄνομα das κύριος-Prädikat im Blick steht; dieses ist das ὄνομα ὑπὲρ πᾶν ὄνομα, womit m.E. nur der Gottesname gemeint sein kann, den der Erhöhte trägt. Von daher sind die einzigen sachlich relevanten Parallelen die vielen Stellen im AT, wo von der konkreten Heilsbedeutung des im Leben Israels gegenwärti-

---

[170] Darum ist auch Apg 8,35–39 kein Zeugnis einer ›stummen‹ Taufe. Der Zusatz in V 37 bringt nichts Neues aus späterer liturgischer Tradition hinzu, sondern ergänzt den Bericht durch Beschreibung des Taufvorgangs; und da dieser Röm 10,9f strukturell entspricht, dürfte es sich um ein traditionsgeschichtlich durchaus frühes Zeugnis handeln; gegen v. Campenhausen ebd. 5f, mit Dinkler, Taufaussagen 115f.
[171] Beispiele werden bei Bietenhard, ThWNT V 244f und bei Delling, Zueignung 30f genannt.
[172] Vgl. dazu Heitmüller, Im Namen Jesu 102–109; Deißmann, Licht vom Osten 97f; Bietenhard, ThWNT V 245 sowie besonders Delling 31–34.
[173] So z.B. Schnackenburg, Heilsgeschehen 16f.
[174] So mit Recht Delling, Zueignung 35f.
[175] Gegen Jeremias, J., Die Kindertaufe in den ersten vier Jahrhunderten, Göttingen 1958, 35 Anm. 7; Bietenhard, ThWNT V 274.
[176] Vgl. die Belege bei Bill I 1054f und deren sorgfältige Besprechung von Delling, Zueignung 36–42; dort 37f zur Übersetzung εἰς ὄνομα τοῦ δεῖνα z.B. in Test J 13,4.
[177] Tosefta Aboda Zara 3,12f und Baraita in Jeb 47b bei Bill I 1055.
[178] Das gilt anscheinend auch für 1Kor 10,2, wo Mose die Heilsordnung der Tora repräsentiert (vgl. z.B. 2Kor 3,15; Röm 5,14). Der Ausdruck ist deutlich von der christlichen Taufformel unter typologischem Aspekt (V 4) auf die Situation der alttestamentlichen Väter übertragen.

gen »Namens« Jahwes die Rede ist[179]. Zwar findet sich εἰς ὄνομα in LXX nur selten[180], während לשם sonst überwiegend mit ἐν bzw. ἐπὶ τῷ ὀνόματι wiedergegeben wird, was dem Sprachgebrauch der Apostelgeschichte entspricht. Aber wenn der »Name« Christi, auf den getauft wird, aufgrund des κύριος-Prädikats mit dem Gottesnamen in enger Beziehung steht, so bedeutet die Taufe eine Einbeziehung des Täuflings in den Wirkbereich des Namens des Gottes Israels, dessen Träger der Auferstandene und Erhöhte ist. Und dem entspricht das Taufbekenntnis zu Christus als dem Herrn. Auch 1Kor 6,11 läßt sich so am besten verstehen: Mit ἀπελούσασθε (Medium mit passivem Sinn), ἡγιάσθητε und ἐδικαιώθητε ist ein göttliches Handeln an den Neophyten gemeint, das ihnen einerseits »im Namen des Herrn Jesus Christus« und andererseits »im Geist unseres Gottes« widerfährt. Im übrigen ist von hier aus der Weg zu der trinitarischen Taufformel Mt 28,19 nicht sehr weit; das Zusammenwirken von Gott, Christus und Geist ist hier in dem »Namen« zusammengefaßt, auf den die Neophyten getauft werden. Der Vatername Gottes erklärt sich von Gal 4,6 und Röm 8,15 her, wo Paulus zweifellos Tauf-Tradition wiedergibt; das Verhältnis von Vater und Sohn vor allem von Mk 1,10f parr her, wo ebenfalls Tauftradition verarbeitet sein dürfte.

4. Taufe und Tod Christi

Nach Röm 6,3 setzt Paulus voraus, daß der ihm unbekannten Gemeinde in Rom der Gedanke nicht unbekannt ist, daß die Taufe εἰς Χριστόν eine Taufe εἰς τὸν θάνατον αὐτοῦ ist. Nirgendwo aber vor und neben Paulus ist dieser Gedanke bezeugt, jedenfalls nicht in seiner Ausprägung durch die σύν-Aussage; und ob im Kolosser- und Epheserbrief eine derartige vorpaulinisch-traditionelle Taufdeutung verarbeitet ist, ist wegen der Nähe zu Röm 6 fraglich, sehr viel eher ist mit spezifisch paulinischer Tradition zu rechnen. Doch läßt sich zeigen, daß die Taufe im Urchristentum allgemein als Wirkung von Tod und Auferstehung Christi verstanden worden ist, und zwar zur Begründung der *Sündenvergebung,* die in der Taufe erlangt wird; vgl. Apg 2,38 sowie 5,31 (»in seinem Namen«); 10,43; 13,38; 26,18; Kol 1,14; 3,14; ferner 1Kor 6,11; Eph 5,26f; Apg 22,16; 1Petr 3,21; 2Petr 1,9; Hebr 10,22; Herm m IV 3,1; Barn 11,11; 16,8f; Just Apol 61,10. Dabei wird der Tod Christi zur Begründung der Befreiung von den Sünden angeführt[181] und die Auferstehung Christi zur Begründung der gewonnenen Freiheit und der Gerechtigkeit der Christen[182]. Das letztere wird konkret in der Gabe des Geistes[183], durch die sich die Getauften als »neue Schöpfung« erfahren[184]. Die Taufe bedeutet so einen Existenzwandel, der dem zwischen Tod und Auferstehung entspricht. Das vorherige Leben ist als Wandel in Begierden und Lastern zu Ende; von ihm ist als abgetaner Vergangenheit die Rede (ποτέ). Das christliche Leben, das aus der Taufe entspringt, bestimmt demgegenüber die Gegenwart (νῦν)[185]. Dem entspricht Röm 6,17–23.

---

[179] Vgl. die Belege aus LXX bei Delling, Heilszueignung 15–27.
[180] Vom Gottesnamen nur Jes 55,13 ἔσται κύριος εἰς ὄνομα καὶ εἰς σημεῖον αἰώνιον, sowie 1Chron 22,5 εἰς ὄνομα καὶ εἰς δόξαν; vgl. 3Makk 2,9.
[181] Vgl. besonders 1Kor 6,11; 1Petr 1,2; Eph 5,26f; Hebr 6,4–6; 10,22.26–31; Barn 11,8.
[182] Vgl. Apg 2,38; 5,31; 10,43; 1Petr 3,21; Kol 1,14; 3,14f. – Ohne direkten christologischen Bezug Apg 13,38; 22,16; 26,18; 2Petr 1,9; Herm m IV 3,1; Barn 11,11; 16,8–10; Just Apol 161,16.
[183] Vgl. z.B. 1Kor 6,11; Gal 5,24f; 1Petr 1,2; Apg 2,38; 10,44–48; Tit 3,4–7; Barn 11,11; 16,8–10.
[184] Vgl. 2Kor 5,17; Gal 6,15; Eph (2,15); 4,24; Barn 16,8.
[185] Vgl. dazu repräsentativ nochmals 1Kor 6,9–11; Röm 7,4–6; ferner besonders Kol

Von daher darf als Traditionsgrundlage von Röm 6,1–14 eben dieser Zusammenhang der Motive gemein-urchristlicher Taufdeutung vermutet werden: die Begründung des in der Taufe erfahrenen Existenzwandels im Tod und in der Auferstehung Christi. Paulus interpretiert diese Begründung durch den Gedanken der Teilhabe der Getauften am Geschick Christi. Die σύν-Aussagen als solche sind also wahrscheinlich ursprünglich paulinisch[186].

5. Christliche Taufe und Johannes-Taufe

Nun läßt sich das Motiv der Sündenvergebung im Zusammenhang der Taufe noch weiter zurückverfolgen. Es haftet nämlich in der Täufertradition, vgl. Mk 1,4 par; Lk 1,77 (Apg 13,24; 19,4); und es spricht alles dafür, daß es auf Johannes selbst zurückgeht[187]. Seine Taufe war ein eschatologisches Sakrament, durch das dem Umkehrwilligen Rettung aus dem nahe bevorstehenden Zorngericht widerfuhr (vgl. Mt 3,12f par), indem er jetzt Sündenvergebung erlangte. Diese Bedeutung der Johannes-Taufe ist bei ihrer christlichen Rezeption übernommen, jedoch im Sinne der Heilszugehörigkeit der Getauften positiv vertieft worden, eben indem diese durch Tod und Auferstehung Jesu begründet wurde. Darin war die Taufe »auf den Namen Jesu« von Anfang an unterschieden von der Johannestaufe, was zu ständigen Rivalitäten gegenüber den Teilen der Anhängerschaft des Täufers führte, die nicht in der christlichen Gemeinde aufgegangen sind, sondern sich als eine eigene konkurrierende Sekte konstituierten und nun auch ihrerseits aufgrund einer ›messianischen‹ Wertung des Täufers (Lk 1,76–79; 3,15; Joh 1,6–8) eine eschatologische Heilsbedeutung ihrer Taufe beanspruchten. Der Geistempfang wurde so zum entscheidenden Kennzeichen der christlichen Taufe (vgl. Apg 1,5; 11,16; 19,1–6): Der Geist, der in der Taufe empfangen wird (Gal 3,2–5; 2Kor 11,4; 1Petr 1,2; Hebr 6,4), ist selbst endzeitliche Wirklichkeit, die vor dem Anbruch des Endes den Christen als »Angeld« gegeben ist (2Kor 1,22; 5,5; Eph 1,14); sie erhalten in ihm ein »Siegel«, das ihre Zugehörigkeit zum Endheil leibhaftig markiert (2Kor 1,22; Eph 1,13; 4,30 vgl. Röm 4,11)[188], eine »Salbung« als eine Art eschatologischer Priesterweihe (2Kor 1,21 vgl. 1Joh 2,20.27 sowie 1Petr 2,9)[189]. Im Unterschied zur je aktuellen Geistbegabung einzelner, wie sie das AT und frühe Judentum kennt, widerfährt die Gabe des Geistes bei der Taufe allen Christen als dauernd wirksame Kraft und kennzeichnet das Leben der Kirche als ganzer. Nichts spricht dafür, den Geistempfang als Taufe eigener Art von der Wasser-Taufe selbst zu unterscheiden und dieser sachlich

---

2,13; 3,5ff; Eph 2,1ff; 5,7; 1Petr 1,14; Tit 3,3–7; dazu speziell Tachau, ›Einst‹ und ›Jetzt‹, besonders 116–134.

[186] In *diesem* Sinn ist dem Urteil von Kuss 297 – vgl. ders., Zur Frage einer vorpaulinischen Todestaufe, MThZ 4 (1953) 1–17 – gegen ein verbreitetes Urteil, hinter Röm 6,3–5 einschließlich der σύν-Aussagen stehe eine vorpaulinische Tauftradition, Recht zu geben.

[187] Gegen Dibelius, M., Die urchristliche Überlieferung von Johannes dem Täufer, Göttingen 1911 (FRLANT 15), 58f zu Recht z.B. Thyen, Studien zur Sündenvergebung 138–140.

[188] Eine direkte Bezeichnung der Taufe als »Siegel« findet sich erst vom 2. Jahrhundert an, vgl. Herm s IX 16,4; VIII 6,3; 2Cl 7,6; 8,6 und öfter. Doch ist die Beziehung auf die Taufe an den gesamten ntl. Stellen eindeutig; vgl. dazu zuletzt Dinkler, Taufaussagen 93–97; ders., Die Taufterminologie in 2Kor 1,25f, in: Neotestamentica et Patristica (FS O. Cullmann), 1962 (NT.S VI), 173–191 (dort Literatur).

[189] Vgl. dazu Dinkler, Taufaussagen 95.

vorzuordnen[190]. Zwar berichtet die Apostelgeschichte zuweilen so, daß der Eindruck einer zeitlichen Unterschiedenheit zwischen Taufhandlung und Geistempfang entsteht. Die Samaritaner werden von Philippus getauft (8,12); der Geist wird ihnen erst hernach durch Handauflegung der Apostel mitgeteilt (8,15f). Doch das dient Lukas dazu, einerseits die Autorität der Apostel in Sachen Geistübermittlung gegenüber der des Missionars herauszustellen, und andererseits die folgende ›Simonie‹-Geschichte (8,18ff) vorzubereiten. Die Unterscheidung ist also ein literarisches Mittel. Wie Lukas zum Verhältnis zwischen Taufe und Geistempfang denkt, zeigt exemplarisch Apg 2,38.41. Die Jünger in Ephesus, die nur die Johannestaufe empfangen haben, werden von Paulus getauft und erhalten nun den Geist (Apg 19,1–7). Doch damit will Lukas nur die sachliche Differenz zwischen Johannestaufe und christlicher Taufe, nicht eine Differenz zwischen Taufe und Geistgabe herausstellen. Kornelius und sein Haus werden getauft, nachdem sie aufgrund der Predigt des Paulus den Geist empfangen haben (Apg 10,44–48); darin soll die göttliche Fügung dieser ersten Heidenmission deutlich werden (vgl. 11,15–17), nicht aber ein Vorrang der Geistgabe vor der Wassertaufe. Im Quellenmaterial der Apostelgeschichte mag der Unterschied zwischen dem Geistempfang bei der Taufe und charismatischer Geistmitteilung zu Unausgeglichenheiten in verschiedenen Missionsberichten geführt haben; aber auch daraus darf man nicht auf verschiedene Auffassungen und Bräuche in der Spendung der Taufe schließen[191]. Daß in Röm 6 nicht vom Geist und in Röm 8 nicht von der Taufe die Rede ist, ist ebenfalls kein Indiz für einen Unterschied zwischen Taufe und Geistempfang. Dagegen spricht eindeutig Röm 7,5f als Parallele zu Röm 6,15–23. Im übrigen ist die Zusammengehörigkeit durch die Aufeinanderfolge von Gal 3,26–28 und Gal 4,6f sowie durch 1Kor 12,13 gewichtig belegt.

6. Glaube und Taufe

Wie in Römer 6, so gehören durchweg im Urchristentum auch *Verkündigung, Glaube und Taufe* zusammen. Das zeigen exemplarisch Texte wie Röm 10,8–15; Gal 3,26–28; Eph 4,5 sowie Apg 2; 8,12.35–38; 10,44–48; 16,14f.30–34; Mk 16,16. In der exegetischen wie vor allem in der dogmatischen Diskussion über dieses Thema werden zumeist Probleme gesehen, wo im Urchristentum nirgendwo Probleme bestanden haben. Es gibt weder einen Text im Neuen Testament, der Rückschlüsse auf Traditionen zuläßt, nach denen eine Bekehrung zum Christentum allein aufgrund von Kerygma und Glauben möglich wäre ohne Taufe, noch umgekehrt ein Zeugnis, nach dem der Glaube des Täuflings im Zusammenhang der Wirkung der Taufe unerheblich wäre. Daß in sehr vielen Texten von Verkündigung und Glaube die Rede ist, ohne daß die Taufe erwähnt wird, liegt einfach daran, daß in der Missionssituation des Urchristentums das Interesse zentral auf den Vorgang der Bekehrung als solcher und vor allem auf die Inhalte von Ke-

---

[190] Gegen K. Barth, der in seiner Tauflehre in diesem Sinn unterscheidet; KD IV/4. Vgl. in dieser Richtung auch Dunn, J. D. G., Baptism in the Holy Spirit, London 1970, 226ff. Gegen solche Unterscheidung schon Lampe, G. W. H., The seal of the Spirit, Oxford 1951, 97f sowie zuletzt Dinkler, Taufaussagen 138–140.149–152. Es handelt sich um eine falsche Übertragung der urchristlichen Unterscheidung der bloßen Wassertaufe des Johannes von der christlichen Taufe (vgl. Mk 1,8parr; Apg 1,5; 11,16; Joh 1,26.31.33; 3,5) auf das Verhältnis zwischen Taufakt und Geistbegabung im Zusammenhang der christlichen Taufe.

[191] Vgl. dazu zuletzt Dinkler, Taufaussagen 112–116.

rygma und katechetischer Überlieferung gerichtet war. Wo z.B. in der Gemeinde in Korinth Rivalitäten zwischen einzelnen Gruppen um die Autorität ihrer jeweiligen Missionare entstanden waren, trat unter diesem Aspekt der innergemeindlichen Streitigkeiten die Bedeutung der Taufhandlung so sehr in den Vordergrund, daß die Bindung an das Gruppenhaupt von der Taufhandlung her begründet wurde (1Kor 1,10ff). Dem stellt sich Paulus entgegen. Er führt nicht nur diese Bindung der Täuflinge an ihren Täufer durch die ironische Gegenfrage ad absurdum: »Ist denn etwa Paulus für euch gekreuzigt, oder seid ihr auf den Namen des Paulus getauft worden?« (1,13); sondern er stellt auch die Gegenthese auf: »Christus hat mich nicht zum Taufen, sondern zur Verkündigung des Evangeliums gesandt« (1,17); und er weist dies zugleich an der geringen Zahl derer aus, die er persönlich überhaupt getauft habe (1,14–16). Damit wertet er aber nicht die Taufhandlung gegenüber der Verkündigung ab; denn die provokativen Fragen in V 13 zielen ja im Gegenteil darauf ab, daß die Antwort nur lauten kann: *Christus* ist für uns gekreuzigt (vgl. 1Kor 15,3), auf *seinen* Namen – also im Sinne von Röm 6 – sind wir getauft. Es ist die isoliert-zentrale Bedeutung der Taufe in den Gruppendiskussionen der Korinther, die Paulus mit dem Hinweis auf seinen apostolischen Verkündigungsauftrag zurechtrücken will, und vor allem der Aspekt κατὰ ἄνθρωπον, dem sein Angriff gilt. Der Apostolat enthält eine heilsgeschichtlich-gesamtkirchliche Aufgabe: das Evangelium. Die Taufe der einzelnen überläßt er in der Missionspraxis in der Regel anderen (vgl. so auch Joh 4,2). Nichtsdestoweniger stellt er im selben Brief im Blick auf dieselben Gruppenrivalitäten die Einheit-stiftende Bedeutung der Taufe heraus (1Kor 12,13 im Kontext von 12,12–21). Und wiederum im selben Brief kann er dort, wo er aus dem grundlegenden Evangelium von Tod und Auferstehung Christi (1Kor 15,1–11) die in Korinth um sich greifende Meinung widerlegen will, es gebe keine Auferstehung der Toten (15,12ff), sogar den Brauch, sich für Tote taufen zu lassen (15,29), zum Argument machen, ohne ihn etwa als ›magischen‹ Mißbrauch zu tadeln: Die Wirkung der Taufe ›ex opere operato‹, wie sie hier – für modernes Verständnis besonders kraß – bezeugt ist, schließt für Paulus eben nicht den fundamentalen Zusammenhang zwischen Taufe und Verkündigung aus; 15,29 und 1,13–17 widersprechen sich für ihn überhaupt nicht.

Das gleiche gilt für das Verhältnis von Glaube und Taufe: So stark Paulus in Röm 6 die Wirkung der Taufe als allein diejenige Gottes in Tod und Auferstehung Christi herausstellt, und dementsprechend im Blick auf die Erfahrung der Taufe auf seiten der Menschen die Passiva dominieren, so selbstverständlich und unproblematisch spricht er in diesem Kontext von unserem Glauben (V 8) als von einem Vertrauen, das dem Wissen um die Taufe (V 3.6) entspricht und zu aktiver Selbsteinschätzung führt (V 11). Ebenso kann in Kol 2 von der Wirkung der Taufe (V 12a) zugleich διὰ τῆς πίστεως (V 12b) gesprochen wie umgekehrt in Gal 3 die Gotteskindschaft διὰ τῆς πίστεως ἐν Χριστῷ Ἰησοῦ (V 26) mit der passiven Erfahrung der Taufe εἰς Χριστόν (V 27f) begründet werden. Glaube und Taufe gehören nach Mk 16,16 ebenso zusammen wie nach Mt 28,19f Taufe und Annahme der Lehre Jesu. Das gilt als so evident, daß sich ausgeführte Begründungen für diesen Sachzusammenhang nirgendwo finden. Wir Heutigen können uns diesen vor allem durch die Beobachtung klarmachen, daß im urchristlichen Glaubensverständnis selbst das aktive Moment der ›Entscheidung‹ aufs engste mit dem passiven Moment des Gabe-Charakters der πίστις verbunden ist, weil der Glaube als assensus sowie als fiducia in der Wahrheit des Evangeliums gründet. Die πίστις ist so als solche ein heilsgeschichtliches ›Datum‹ (Gal 3,25 vgl. 4,4f). Von daher ist es einerseits richtig, wenn vielfach darauf hingewiesen wird, wie selten im NT, aufs ganze gesehen dort, wo von der Heilswirkung von Tod und Auferstehung und von Bekehrung und Glaube die Rede ist, explizit die Taufe erwähnt wird. Andererseits ist es falsch, daraus eine Warnung zu folgern, überall dort Taufbezüge herauszuhören, wo von der Taufe eben doch gar nicht gesprochen sei[192]. Die Taufe war im gesamten Urchristentum unangefochten das Initiationssakrament, worin alle verschiedenen Momente des Bekehrungsvorgangs einmündeten. Ganz selbstverständlich war sie überall dort zentral im Blick, wo von den Themen und Erfolgen des ›Anfangs‹ gesprochen wurde; und in der Missionssituation des Urchristentums war der ›Anfang‹ *das* ständige Thema. Darum ist die Taufe, formgeschichtlich gesehen, zum Integral aller untereinander verschiedenen Traditionen im Umkreis der Bekehrung geworden. Zwar haben diese jeweils in actu ihre besondere Bedeutung gehabt: das Missions-Kerygma (vgl. 1Thess 1,9f), die Bekehrung und das Gläubigwerden (πιστεῦσαι 1Kor 3,5; 15,2.11; Röm 10,14; Apg 2,44; 4,4.32; 17,11f usw.), die katechetische Evangelium-Tradition (1Kor 15,3–5 vgl. Röm 3,25 usw.) und die sittlichen Überlieferungen (1Thess 4,2–8). Wir wissen zwar nichts Genaues darüber, wie, wann und in welcher Reihenfolge ein Bekehrter vom ersten Ergriffensein durch die Predigt (vgl. Apg 2,37; 16,30; auch 1Kor 14,24f) bis hin zur Taufe in das Christsein eingeführt worden ist; wahrscheinlich gab es dafür keinerlei festes und vor allem kein einheitliches Schema[193], wie es sich dann vom 2. Jh. an herausgebildet hat[194]. Sicher aber ist, daß all diese Einzeltraditionen in der kirchlichen Überlieferung im Blick auf die Taufe zusammengesehen werden. Und es hat einige Wahrscheinlichkeit für sich, daß sie in der Taufliturgie des Urchristentums bereits sehr früh in Gestalt von kurzen Zusammenfassungen einen gemeinsamen Ort gefunden haben. Sicher ist dies jedenfalls für die Credo-Formeln[195], für die εὐαγγέλιον-Tradition (1Kor 15,1f) sowie für kurze Summarien sittlicher Weisungen (1Thess 4,2ff).

Dem entspricht es, daß Paulus seine Aussagen über unser Mitgestorben- und -auferstandensein mit Christus als Interpretation der Tauformel im Kontext der sittlichen Taufparänese entwickelt hat. Es spricht alles dafür, daß dieser Gedanke bereits vor Röm 6 entwickelt worden ist, so daß Paulus nicht seine Lehre von unserer Teilhabe an Tod und Auferstehung Christi sekundär zur Interpretation der Taufe angewandt, sondern umgekehrt seine im Kontext der Taufdeutung entstandenen Gedanken an manchen Stellen auch ohne expliziten Bezug auf die Taufe zur Geltung gebracht hat. Es ist z.B. deutlich, daß er in Gal 2,15–21 den in 3,26–28 ausgeführten Gedanken sachlich voraussetzt, wie auch Röm 6 und Röm 8 sachlich zusammengehören.

7. Der religionsgeschichtliche Hintergrund der Taufe

Es ist schließlich nach dem religionsgeschichtlichen Hintergrund der urchristlichen Taufe zu fragen. Eindeutig und allgemein anerkannt ist, daß sie entstanden ist in Übernahme der Johannestaufe[196]. Diese ist wahrscheinlich so vorzustellen, daß nach Ostern

---

[192] Vgl. z.B. die Gesamtrichtung der Interpretation von Tannehill, Dying und Thyen 152–217; ferner besonders Marxsen, W., Erwägungen zur neutestamentlichen Begründung der Taufe, in: Apophoreta (FS E. Haenchen), Berlin 1964, 169–177.
[193] Die immer noch anregende Rekonstruktion von Seeberg, A., Der Katechismus der Urchristenheit, München ²1965 gibt zweifellos ein allzu starres Bild.
[194] Vgl. dazu Kretschmar, G., Die Geschichte des Taufgottesdienstes, 63–86.
[195] Vgl. z.B. Röm 4,24; 10,9f; zum Ganzen die bei Conzelmann, Grundriß der Theologie des NT, München 1967, 81 verzeichnete Literatur.
[196] S.o.S. 51f.

7: Religionsgeschichtlicher Hintergrund

ein nicht unerheblicher Teil der Anhängerschaft des Täufers im palästinischen Judenchristentum Aufnahme gefunden hat. Schon vor Ostern hatte es ja rege Beziehungen zwischen der Jesus-Bewegung und dem Kreis um Johannes gegeben (vgl. z.B. Mt 11,2; Lk 11,1; Mk 2,18); denn Jesus selbst ist von Johannes getauft worden[197], und einige seiner engsten Schüler stammten aus dem Kreis um Johannes (vgl. Joh 1,35–39). Jesus hat sich mehrfach sehr positiv über die heilsgeschichtliche Bedeutung des Täufers geäußert (Mt 11,7–19 par; Lk 7,29f par; Mk 11,30.32 parr; 9,9–13); und die Umwelt sah beide Gruppen im Zusammenhang (Mk 6,14–16 par; 8,28 parr; vgl. Lk 13,31 mit Mk 1,14 parr; 6,17–29). Nun hat Jesus die Taufwirksamkeit des Johannes nicht fortgesetzt[198], was wahrscheinlich damit zusammenhängt, daß die Johannestaufe eine sakramentale Besiegelung der Umkehr als Rettung vor dem nahe bevorstehenden Endgericht war, während Jesus »Umkehr« positiv als Heilsteilhabe an der bereits angebrochenen Gottesherrschaft verkündigte[199] (vgl. besonders Mk 2,19 par; Mt 11,2–6; auch Lk 11,1 als Einleitung zu 11,2–4). Die christliche Übernahme der Umkehr-Taufe des Johannes »auf den Namen Jesu« geschah erst aufgrund der Ostererfahrung. Dabei veränderte sich das Verständnis der Umkehr im Sinne der Heilsverkündigung Jesu. Mag die Charakterisierung »auf den Namen Jesu« auch dazu gedient haben, die christliche Taufe von der Johannestaufe der Täufergruppen, die sich der Kirche nicht angeschlossen hatten, zu unterscheiden[200], so geht der Sinn der christlichen Taufformel doch weit über dieses Abgrenzungsmotiv hinaus: Die Taufe eignet den Täufling dem endzeitlichen Heil zu, indem es ihn Jesus zueignet, dem Gekreuzigten, dem Christus und Gottessohn, dem erhöhten Kyrios. Die christliche Begründung der Heilsteilhabe gibt der christlichen Taufe von Anfang an einen von der Johannestaufe wesenhaft verschiedenen Charakter: Insofern der Getaufte mit Christus verbunden ist, hat er bereits in seiner irdischen Gegenwart teil an der Wirklichkeit der kommenden Heilswelt. Dem entspricht die Gabe des Geistes, die der Johannestaufe fehlt.

Die Johannestaufe ihrerseits ist zweifellos als ein besonderes Phänomen im Zusammenhang der vielgestaltigen Tauchbäder am Rande des zeitgenössischen Judentums aufzufassen[201]. Wieweit sie als Umbildung der essenischen Tauchbäder erklärt werden kann, ist umstritten[202]. Die christliche Taufe hat nur vermittelt durch die Johannestaufe Be-

---

[197] Gelegentlich wird die Historizität der Taufe Jesu in Frage gestellt: vgl. Haenchen, E., Der Weg Jesu, Berlin ²1968, 58–63; Vögtle, A., Die sogenannte Taufperikope Mk 1,9–11, EKK.V 4 (1972) 105–139. Das gilt wohl im Blick auf den Taufbericht (so zuletzt auch Pesch, R., Das Markus-Evangelium, 1. Teil, 1976 (HThK II), 94), nicht jedoch für das Ereignis, dessen Historizität alle Wahrscheinlichkeit für sich hat; so auch Pesch, ebd. 89; zuletzt Gnilka, J., Das Evangelium nach Markus, 1. Teilband, 1978 (EKK II/1), 51.

[198] Dafür lassen sich weder Joh 3,22.26; 4,1f noch Apg 19,1–7 in Anspruch nehmen; gegen Aland, K., Zur Vorgeschichte der christlichen Taufe, in: NT und Geschichte (FS O. Cullmann zum 70. Geburtstag), Zürich 1972, 1–14, besonders 5–12.

[199] Dazu vgl. besonders Becker, J., Johannes der Täufer und Jesus von Nazareth, 1973 (BSt 63).

[200] So Thyen, Studien zur Sündenvergebung 147f.

[201] Dazu vgl. nach Reitzenstein, R., Die Vorgeschichte der christlichen Taufe, Darmstadt ²1967, 152–292 vor allem Thomas, J., Le mouvement baptiste en Palestine et Syrie, 1935 (DGMFT II 28) sowie die Zusammenfassung bei Rudolph, K., Die Mandäer I, 1966 (FRLANT 74), 222–252.

[202] Vgl. dazu einerseits Betz, O., Die Proselytentaufe der Qumransekte und die Taufe im Neuen Testament, RdQ 1 (1958/59) 213–234, andererseits vor allem Gnilka, J., Die essenischen Tauchbäder und die Johannestaufe, RdQ 3 (1961/62) 185–207.

ziehungen zu jener Taufbewegung in der palästinisch-syrischen Umwelt. Irgendwelche direkten Einflüsse von dort sind nicht feststellbar[203].

Umstritten ist jedoch, ob bei der Gestaltung der Taufe im Zusammenhang der hellenistisch-christlichen Heidenmission eine Entsprechung zur jüdischen Proselytentaufe (תבילה) mitgewirkt haben könnte[204]. Das wäre sehr wohl vorstellbar, da die urchristliche Bekehrung zweifellos im Kontext der Motive jüdischer Heidenbekehrung zu sehen ist. Doch läßt sich die Proselytentaufe sicher erst von der Zeit um 80 n.Chr. an nachweisen[205]; ob sie bereits in vorchristlicher Zeit entstanden ist[206], ist nicht zweifelsfrei erweisbar. Denn in den wenigen direkten Zeugnissen von Heidenbekehrungen, vor allem in JosAs, fehlt sie; sie kann also in urchristlicher Zeit noch nicht als allgemein gebräuchlicher Akt vorausgesetzt werden. Dennoch ist die Möglichkeit, daß sie in der urchristlichen Heidenmission auf das Verständnis der Taufe eingewirkt hat, nicht auszuschließen[207]. Zumindest ihre Bedeutung als »Reinigung«[208] ist von der in dieser Zeit aufkommenden jüdischen Vorstellung der Unreinheit der Heiden und ihrer Reinigung in der תבלה beeinflußt[209]. Von einer Entstehung der Taufe aus der Proselytentaufe kann jedoch schon deswegen keine Rede sein, weil sie im palästinischen Judenchristentum auch an Juden vollzogen worden ist. Im übrigen läßt sich auch die Johannestaufe zweifellos nicht als Modifikation der Proselytentaufe erklären.

Eine viel erörterte Frage ist ferner die, ob bei der Ausgestaltung der Taufe im hellenistischen Christentum ein Einfluß der hellenistischen Mysterienreligionen vorauszusetzen ist. Von den Exegeten der sog. ›Religionsgeschichtlichen Schule‹ ist dies vielfach behauptet worden, sei es so, daß man in Paulus den Schöpfer einer solchen hellenistischen Umdeutung sah[210], sei es, daß man diese im hellenistisch-christlichen Gemeindechristentum entstanden sein ließ[211]. Nun zeigt jedoch eine genaue Sichtung der vor-

---

[203] Die Hypothese von Reitzenstein, R., Vorgeschichte, a.a.O. (Anm. 201) 152–292, daß die christliche wie die mandäische Taufe gnostische Taufriten voraussetzen, wird neuerdings von Segelburg, E., Masbuta, Studies in the Ritual of Mandaean Baptism, Diss. Uppsala 1958 und Rudolph, K., Die Mandäer I, 1960 a.a.O. (Anm. 201) 231–33; II (1961) 340–402 (FRLANT 75) umsichtig wiederaufgenommen und so modifiziert, daß mit einem breiten Weiterwirken der palästinisch-syrischen Taufbewegung zu rechnen ist, in welchem Zusammenhang sich sowohl die frühmandäischen wie auch jedenfalls die judenchristlich-gnostischen Taufen entwickelt haben. Von der urchristlichen Taufe ist hier mit Recht kaum die Rede (vgl. jedoch die allzu pauschale Einbeziehung in Mandäer I 231f); lediglich die Tauftraditionen der späten syrischen Kulte können aus diesem religionsgeschichtlichen Kontext erklärt werden.

[204] Vgl. dazu das Material bei Bill I 102–112 sowie zusammenfassend Jeremias, J., Die Kindertaufe in den ersten vier Jahrhunderten, Göttingen 1958, 28–50; Kuhn, K. G., Artikel Proselyten, in: PRE Suppl Bd. IX (1963) 1274f; Rudolph, Mandäer II, a.a.O. 370–375.

[205] Vgl. die Belege bei Kuhn, K. G., Art. προσήλυτος ThWNT VI 738f.

[206] Vgl. dazu besonders Jeremias, J., Kindertaufe, a.a.O. (Anm. 204) 29–44, der TestL 14,6 (ebd. 31–33) sowie die Parallele zwischen 1Kor 10,1f und entsprechenden Auslegungen von Num 15,14 in diesem Sinne auswertet (ebd. 38 vgl. ders., Der Ursprung der Johannestaufe, ZNW 28, 1929, 316–318).

[207] Gegen Dinkler, Taufaussagen 62f, der dieses verbreitete Urteil übernimmt. Immerhin ist die Deutung der Taufe als Beschneidung in Kol 2,11 kaum anders als aus bewußter Analogie zu dem festen Zusammenhang von Proselytentaufe und Beschneidung im Judentum zu erklären (vgl. Jeremias, Kindertaufe 47), woraus freilich nicht zwingend auf den Brauch der Kindertaufe geschlossen werden kann (vgl. Schweizer, Der Brief an die Kolosser [EKK] 111 und Anm. 342 gegen Jeremias ebd.).

[208] Eph 5,26; Tit 2,14; Hebr 10,2; 2Petr 1,9; vgl. 1Kor 6,11; Gal 2,15–21; Apg 10,15; 11,9; Hebr 1,3; 9,14; 1Joh 1,7.9.

[209] So Jeremias, Kindertaufe 29–34.

[210] Vgl. z.B. Heitmüller, Taufe und Abendmahl im Urchristentum, Tübingen 1911 (RV), 21–26, der darin eine »nicht geringe Hellenisierung« sieht.

[211] So zumeist; vgl. den Literaturbericht von

handenen Quellenzeugnisse, daß in den Mysterienreligionen nirgendwo ›Taufen‹ als solche ›sakramentale‹ Bedeutung zugeschrieben worden ist[212]. Die Waschungen, die verschiedentlich in den Mysterienreligionen bezeugt sind, dienen durchweg der vorbereitenden Reinigung der Mysten und sind vom eigentlichen Einweihungsakt unterschieden[213]. Man kann darum nicht in diesen Reinigungszeremonien das Vorbild der hellenistisch-christlichen Taufhandlung erkennen wollen. Es können vielmehr von vornherein nur einzelne Momente urchristlicher Taufdeutung sein, deren Herkunft aus dem Vorstellungszusammenhang der Einweihung (τελετή) der Mysterienreligionen erwogen werden darf[214]. So ist es vor allem der Gedanke des Sterbens und Auferstehens der Christen mit Christus, von dem weithin vermutet wird, daß er in Analogie zu den Mysterienreligionen entstanden sei. Denn dort gewinnen die Mysten im Akt der Einweihung teil an dem Todes- und Wiederbelebungsgeschick der betreffenden Gottheiten. Diese Erklärung erscheint vielen Exegeten beider Konfessionen[215] um so einleuchtender, als nur so verständlich werden zu können scheint, daß sich mit der Taufe »auf den Namen Jesu« jene Deutung der Geschickteilhabe verbinden konnte, die nicht aus dem Taufakt als solchem abgeleitet worden sein kann[216].
Es ist jedoch in der religionsgeschichtlichen Forschung der Gegenwart umstritten, ob den verschiedenen Mysterienreligionen der hellenistischen Zeit der Gedanke des Mit-Sterbens und Mit-Auferstehens mit der Gottheit in der Breite gemeinsam war, wie dies – vor allem aufgrund der polemischen Darstellungen aus der Alten Kirche – weithin angenommen wird[217]. Nicht selten fehlen deutliche Belege jedenfalls für die Vorstellung einer Auferstehung der Gottheit. Die Kulte sind zumeist – wie z.B. in den Adonisfe-

---

Wagner, Das religionsgeschichtliche Problem 13–52.

[212] Der Satz Tertullians, Bapt 5: »nam et sacris quibusdam per lavacrum initiantur, Isidis alicuius aut Mithrae« ist zweifellos ein christliches Mißverständnis der Bedeutung der Waschungen im Zusammenhang der Einweihung.

[213] Das hat zuletzt Wagner, Das religionsgeschichtliche Problem, pass., für sämtliche Mysterienreligionen in sorgfältiger Analyse der vorhandenen Quellen erwiesen. Am Beispiel des Berichts des Apuleius über die Einweihung seines Romanhelden Lucius in die Isis-Mysterien, Met XI 23, läßt sich das gut verdeutlichen. Der Priester führt ihn »zum nächstgelegenen Bad«, vollzieht »eine gewöhnliche Waschung« und besprengt ihn zur vollkommenen Reinigung, indem er den Gott um seine Huld (bzw. um seine Erlaubnis zur Einweihung) bittet (23,2). Reitzenstein, R., Zum Asclepios des Pseudo-Apuleius, ARW 7 (1904) 406f hat daraus geschlossen, dies sei eine Taufe, die als »Bad der Reinigung und der Weihe« eine Wiedergeburt bewirke, indem das Bad den Tod des Mysten und die Besprengung seine Wiederbelebung bewirke; vgl. ders., Die hellenistischen Mysterienreligionen nach ihren Grundgedanken und Wirkungen, Darmstadt ⁴1927, 221.233f. Er gelangt zu dieser Interpretation, indem er Met XI 21,6 »ad instar voluntariae mortis et precariae salutis« fälschlich auf diese Reinigungszeremonie, statt auf das Einweihungsgeschehen ebd. 23,8f bezieht (vgl. Dibelius, M., Die Isisweihe des Apuleius und verwandte Initiations-Riten, in: Botschaft und Geschichte II, Tübingen 1956, 30–79, hier 32 Anm. 4). Dieses aber ist von jenem durch eine zehntägige Fastenzeit getrennt.

[214] So repräsentiv z.B. Bultmann, ThWNT 142–144.

[215] Auf protestantischer Seite ist diese in der Religionsgeschichtlichen Schule ausgebildete Hypothese von Lietzmann 67f sowie in der Schule Bultmanns, auf katholischer Seite vor allem in der Laacher-Schule, aber weitgehend auch von Kuss 331f.341–376 übernommen worden.

[216] Die Deutung des Hineinsteigens in das Taufwasser als eine Art ›Ersäufung‹ der Sünden und des Aufsteigens als Auferstehung in Gehorsam und Hoffnung auf Jesus in Barn 11,11 ist sekundär.

[217] Dies ist als Ergebnis der Behandlung der Mysterienreligionen bei Nilsson, M. P., Geschichte der griechischen Religion II, München ²1961 (HAW V/2), 622–701 sowie auch der sorgsamen Darstellung von Wagner, Religionsgeschichtliches Problem, zweifellos festzuhalten.

sten[218] – jährlich wiederholte Nachfeiern des im Mythos erzählten Sterbens der Gottheit, oder es handelt sich – wie z.B. bei Osiris[219] – um eine Restitution des getöteten Gottes im Totenreich, durch dessen ›Rettung‹ seinen Mysten in ihrem irdischen Leben ἐκ πόνων σωτηρία zukommt[220]. Die Aporie unserer Kenntnis der Mysterienreligionen besteht eben nach wie vor in der höchst dürftigen Quellenlage. In den Mysterien herrschte strenge Arkandisziplin; und überdies stammen die meisten konkreten Hinweise von christlichen Autoren, von denen weder präzise Kenntnis noch vor allem auch Objektivität der Darstellung erwartet werden können[221]. Es ist nicht völlig von der Hand zu weisen, daß das Bild der Religionsgeschichtlichen Schule – vor allem strukturell – ungleich mehr diesem Bild der kirchlichen Schriftsteller entspricht als der historischen Wirklichkeit der Kulte[222], die unserer direkten Kenntnisnahme entzogen sind. Andererseits steht es außer Frage, daß die Mysterienreligionen bereits in urchristlicher Zeit sehr weit verbreitet waren; und im Kontext der allgemeinen synkretistischen Tendenzen ist wohl auch mit einer um sich greifenden Verwischung der ursprünglichen differentiae specificae zwischen den einzelnen Kulten zu rechnen. Es gab in der Tat so etwas wie ›Mysteriendenken‹, das weit hinaus über den exklusiven Kreis der Eingeweihten die religiöse Sprache geprägt hat; und so ist es nahezu sicher, daß im Urchristentum die Mysterienreligionen bekannt waren und es sehr nahelag, daß zumindest in seine Sprache Motive aus diesem Traditionsbereich übergingen. Wieweit darüber hinaus jedoch die paulinischen συν-Aussagen der Sache nach durch Übertragung von Mysterientraditionen entstanden sein können, muß aufgrund des derzeitigen Forschungsstandes zumindest als offene Frage gelten.

Es gibt nun jedoch eine Beobachtung, durch die ein solcher Zusammenhang eher auszuschließen ist. Im Kolosserbrief wird eine ›Philosophie‹ (2,8) bekämpft, aus deren Umkreis in 2,18 deutlich ein paar Schlagworte zitiert werden. Es ist nun möglich, daß ἐμβατεύων ein Terminus der Mysteriensprache ist und den Eintritt des Mysten in das Adyton bezeichnet, in dem sich seine Einweihung abspielt[223]. Sollte das der Fall sein, so ließe sich die hier bekämpfte ›Philosophie‹ als eine Mysteriengemeinschaft vorstellen, zu der die Christen in Kolossä Zugang gefunden haben. Der Verfasser warnt sie: diese φιλοσοφία sei κατὰ τὰ στοιχεῖα τοῦ κόσμου καὶ οὐ κατὰ Χριστόν (2,8). Dies wiederum läßt sich aus dem Kontext des einzigen direkten Erlebnisberichts über eine Einweihung, den wir aus heidnischen Quellen besitzen, erklären: der Erzählung des Apulejus über die Einweihung seines Romanhelden Lucius in das Isis-Mysterium (Met XI 23,8)[224]: »Ich bin an die Grenze des Todes gekommen; und als ich die Schwelle der Proserpina betreten hatte, fuhr ich durch alle Elemente (per omnia vectus elementa) und kehrte zurück; um Mitternacht sah ich die Sonne in blendend weißem Lichte scheinen; den Göttern der Unterwelt und den Göttern der oberen Welt nahte ich von Angesicht zu Angesicht und betete sie aus nächster Nähe an.« Das heißt: Indem der Myste vom Priester »in das Innere des Heiligtums geführt« wird (23,5), erlebt er dort seinen Eintritt in

---

[218] Dazu vgl. Wagner, ebd. 180–218.
[219] Dazu vgl. ebd. 102–107.
[220] So der vielzitierte Priesterspruch bei Firm Mat, Err Prof Rel 22,1. Die Zugehörigkeit zur Osiris-Tradition hat Nilsson, Geschichte, a.a.O. (Anm. 217) 613 erwiesen.
[221] Vgl. dazu z.B. Nilsson, ebd. 682–685.
[222] So Nilsson, ebd. 685.
[223] Vgl. die Nachweise bei Dibelius, M., Die Isis-Weihe bei Apuleius und verwandte Riten, in: Botschaft und Geschichte II 56–62. Zur Kritik vgl. jedoch die Literatur bei Schweizer, E., Der Brief an die Kolosser (EKK) 123 Anm. 407.
[224] Vgl. die Analyse bei Dibelius, ebd. 32–55; ferner vor allem Wittmann, W., Das Isisbuch des Apuleius, 1938 (FKRG XII), 100ff.

das Totenreich, durchzieht unter dem Schutz der Göttin alle Elemente, die hier als Machtwesen vorgestellt sind[225], kehrt aus dem Totenreich zurück, sieht auf einmal das Sonnenlicht aufstrahlen und gelangt anbetend in die Nähe der Götter aller Religionen, deren Herrscherin Isis ist[226]. Ob dies bedeutet, daß er »der Allherrscherin Isis ähnlich«, also »vergottet« wird[227], mag offen bleiben. Deutlich ist jedenfalls, daß die Einweihung als ganze den Mysten real in den Schutz der Göttin einbezieht, indem sie der feierliche Vollzug seines »freiwilligen Todes und gnädig gewährter Errettung« ist[228]. Etwas ähnliches könnte der Inhalt des Mysteriums in Kolossä gewesen sein, nur daß dort die Einweihung als rettende Einbeziehung in den Herrschaftsbereich der »Elemente« selbst, ohne Unterstellung unter die Schutzmacht einer diesen überlegenen Gottheit, erfahren wurde[229]. Ihnen stellt nun Paulus Christus als »das Haupt über jegliche Macht und Herrschaft« (Kol 2,10) entgegen und erinnert die hellenistischen Christen nachdrücklich daran, daß sie in ihrer Taufe doch »mit Christus gestorben sind weg von den Elementen der Welt« (2,20f; vgl. 2,11f). Wenn so die Taufe als Mitgestorben- und Mitauferstandensein mit Christus (2,12 vgl. 3,2-4) das entscheidende Gegenargument des Apostels gegen den Anschluß der getauften hellenistischen Christen an jene Mysterien-Gemeinde ist, so kann er deren Einweihungsritus unmöglich als Analogie zur Taufe im Blick haben. Die Parallele in Gal 4,8-10 zeigt deutlich, daß er jeglichen ›Elementen‹-Dienst der Zeit vor der Bekehrung zuordnet; in der Bekehrung zu Christus haben Christen mit der Verehrung der στοιχεῖα ebenso gebrochen wie mit der Verehrung von allen »sogenannten Göttern« (1Kor 8,5) und Dämonen.

In diesem Kontext des gemein-christlichen Missionskerygmas (vgl. 1Thess 1,9) dürfte das gesamte Urchristentum auch die Mysterien-Gottheiten seiner Umwelt gesehen haben; und selbst wenn in den Mysterien hier und dort so etwas wie die Vergottung der Mysten vollzogen und gelehrt worden sein sollte, so konnte unmöglich im Urchristentum die Taufe als konkurrierende Analogie dazu gedeutet, geschweige denn gebildet worden sein[230]. Anzeichen dafür in den urchristlichen Texten gibt es nirgendwo. Möglich ist lediglich, daß sich hier und da Christen nach ihrer Taufe relativ bedenkenlos zusätzlich auch in solche Mysterien einweihen ließen, die - wie das in Kolossä - keine superiore Mysterien-Gottheit als für sie deutliche Konkurrenz zu Christus kannten[231].

Wenn von daher zumindest sehr zweifelhaft ist, ob der Gedanke von Röm 6 und Kol 2 aus dem Mysterien-Motiv einer Teilhabe am Todes- und Auferstehungsgeschick einer heidnischen Gottheit entstanden sein kann, wie läßt sich dann seine Entstehung erklären? Wir haben dafür in erheblich stärkerem Ausmaß, als dies gewöhnlich geschieht, unseren Blick auf innerchristliche Zusammenhänge zu richten. Wir haben oben gesehen, daß bei der Deutung der Taufe auf den Namen Jesu von Anfang an die persönliche Zueignung und Verbindung mit Christus entscheidend gewesen ist, durch die vermit-

---

[225] So Dibelius, ebd. 50 unter Hinweis auf XI 25 ›gaudent numina, serviunt elementa‹.
[226] Vgl. ebd. XI 25, sowie besonders XI 5 »regina manium« und XI 2 »regina caeli«.
[227] So Dibelius, ebd. 49.53f.
[228] »instar voluntariae mortis et precariae salutis«, ebd. XI 21,6. Vgl. Dibelius, ebd. 54: »Die sonst gefährliche Begegnung mit den Mächten des Todes und des Schicksals wird durch freiwilliges Betreten ihrer Machtsphäre vorweggenommen und abgelöst.«
[229] So Dibelius, ebd. 64f. Dies gilt auch bei Herleitung der Elementenlehre aus empedokleisch-pythagoräischer Tradition, wie sie jüngst Schweizer, Der Brief an die Kolosser, a.a.O. (Anm. 223) 100-104 überzeugend nachgewiesen hat.
[230] Gegen Dibelius, ebd. 71f.
[231] So Dibelius, ebd. 67-70.

telt, die Getauften als »Christen« (Apg 11,26) der künftigen oberen Heilswelt zugehören. Diese christologische Begründung der Heilswirkung der Taufe hatte den Sühnetod und die Auferstehung Christi zu ihrem Fundament. Die paulinischen σύν-Aussagen lassen sich durchaus als Interpretation dieser urchristlichen Ansätze verstehen, ohne daß darin der Sache nach neue Momente hinzugetreten sind.

Die Erklärung der σύν-Aussagen aus innerchristlichen traditionsgeschichtlichen Voraussetzungen gewinnt nun aber durch folgende Beobachtungen an Profil[232]. Die Apostelgeschichte zeigt, daß sich im frühen hellenistischen Urchristentum vor und neben Paulus die Christen als Jünger Jesu verstanden (Apg 11,26; ferner 13,52; 14,20.22.28; 16,1; 18,23.27; 19,30; 20,1.30; 21,4.16). Darin ist das Selbstverständnis des palästinischen Judenchristentums übernommen worden. Die Urgemeinde ihrerseits wußte sich als nachösterliche Fortsetzung des vorösterlichen Jüngerkreises. Im Unterschied zum Täufer hatte Jesus eine bestimmte Zahl von Anhängern in ein besonderes Jüngerverhältnis zu sich berufen, in die Nachfolge. Hier finden sich nun die Motive des Lebens-Bruchs, die die urchristliche Tauftradition entscheidend bestimmen, in eigenartiger Verschärfung: Der Jünger wird aus seiner Lebenssituation radikal herausgerufen; er muß »alles verlassen«, um Jesus auf seinem Wege der Verkündigung des Gottesreiches nachzufolgen (vgl. Mk 1,16–20; Mt 8,19–22 par). Die Nachfolge beherrscht seitdem die gesamte Existenz des Jüngers. Besonders scharf kommt das in Lk 14,27 par zum Ausdruck: Parallel zum Motiv der Lossagung von zu Hause (Lk 14,26 par) heißt es hier: »Wer nicht trägt (Mt: nimmt) sein Kreuz und kommt mir nach, kann nicht mein Jünger sein« (Mt: »ist meiner nicht wert«); vgl. Mk 8,34 parr. Mag mit dem σταυρός ursprünglich vielleicht das Taw aus Ez 9,4 gemeint gewesen sein, mit dem die Jünger versiegelt worden sind[233], so muß doch das Logion in nachösterlicher Überlieferung im Sinne der Nachfolge Jesu in seinem Kreuzestod verstanden worden sein; das zeigt der Zusatz in Lk 9,23 (καθ' ἡμέραν), der 2Kor 4,10f (πάντοτε, ἀεί) sehr nahe kommt. In der Spruch-Überlieferung ist das Logion mit dem von der Selbstverleugnung der Jünger verkoppelt worden (vgl. Mt 10,38f par; Mk 8,35 parr). Dieses hat mit der Paradoxie vom »Verlieren« und »Finden« bzw. »Retten« der eigenen ψυχή den gleichen Skopos. Die Berufungsmotive erhalten im Blick auf die Heilsteilhabe des Jüngers Jesu grundsätzlichen Charakter: Nur um den Preis, daß die Jünger alles verlassen, gewinnen sie das Heil (vgl. Mk 10,29f); nur um den Preis ihres persönlichen Lebens gewinnen sie es. Für den Jünger gilt Gleiches wie für den Lehrer (Mt 10,24); wie dieser, so werden auch sie geschmäht, verfolgt, sind auf Erden heimatlos wie der Menschensohn (Mt 8,20 par). Dasselbe gilt für Mk 10,39 par, wo überdies das gewaltsame Geschick, das hier den Zebedaiden in der Nachfolge des Todes Jesu angesagt wird, durch das gleichsinnige Motiv der Todestaufe (vgl. Lk 12,50) ergänzt wird[234]. Hierher gehören schließlich die Motive des Sterbens der Jünger mit Jesus im Passionsbericht: Mk 14,31 par (συναποθανεῖν) vgl. Lk 22,33 (μετά σου); Joh 11,16, die mit der Bestimmung des Jüngers, »mit Jesus zu sein« (Mk 3,14; 4,18 par; Joh 15,27) und dem Motiv der Nachfolge als Mit-Sein (Lk 8,1; 22,14.56; Mk 14,67 par sowie betont Mt 12,30 par) zusammenstimmen und sich im Pas-

---

[232] Zum folgenden vgl. Schweizer, E., ›Mystik‹ 190–194 sowie Larsson, Christus als Vorbild 74–80.
[233] Vgl. dazu Dinkler, Jesu Worte vom Kreuztragen, in: Signum Crucis 77–98.
[234] Vgl. dazu Cullmann, Tauflehre 14f, der jedoch die unglückliche Formulierung einer »von Jesus verwirklichten Generaltaufe« wählt. Vgl. dagegen Schnackenburg, Heilsgeschehen 208f. Zur Exegese des Logions vgl. besonders Kuss, O., Zur Frage einer vorpaulinischen Todestaufe, in: Auslegung und Verkündigung I 162–186.

sionskontext Mt 26,38.40; Mk 14,18.20 parr fortsetzen. All diese Texte zeigen, daß die Nachfolge Jesu eine Schicksalsgemeinschaft der Jünger mit ihm bedeutet, die zwar in der Passionssituation faktisch nicht durchgehalten wurde, aber durch die Neukonstituierung der Jüngerschaft nach Ostern einen tiefen Sinn für die christliche Existenz und einen Horizont durch den Tod hindurch in das Eschaton hinein bekommen hat. Hat Jesus seinen Jüngern zugesagt, daß sie bei Anbruch der neuen Heilswelt seine Mahlgenossen sein werden (Mk 14,25 – Mt 26,29 ergänzt μεθ' ὑμῶν –; Lk 22,30), so haben die Jünger ebendies im Zusammenhang der Erscheinungen des Auferstandenen vorgreifend erfahren (Lk 24,30).

Wie die Erfahrung des Auferstandenen die der eschatologischen Bestätigung der Wahrheit seiner Verkündigung und also der unvergleichlichen, göttlichen Autorität seiner Person enthielt, so auch die Erfahrung der eschatologischen Heilsgeltung der Jüngerschaft zu ihm (Lk 12,8f; Mt 10,32), in die nun nicht nur seine Boten, sondern die ganze Gemeinde einbezogen worden war[235]. So gründet das Selbstverständnis der nachösterlichen Gemeinde als Jüngergemeinde Jesu in der zentralen Ostererfahrung, durch die vermittelt sie sich in derselben Lebens- und Schicksalsgemeinschaft mit Jesus wußte, wie sie das Verhalten der vorösterlichen Jüngergruppe zu ihm ausgezeichnet hatte. Die Taufe der neu hinzugewonnenen Jünger »auf den Namen Jesu« gewinnt auch von daher ihre Bedeutung persönlicher Verbindung mit Jesus, die das ganze christliche Leben als Nachfolge Jesu markiert; eine Nachfolge, die auch das Sterben mit ihm einschließt, zumal sie durch die Sühnekraft seines Todes begründet worden ist. In der Verlesung des Passions- und Osterberichts im Gottesdienst wußte sich die nachösterliche Gemeinde an der Stelle der vorösterlichen Jünger in das Geschehen einbezogen. Wie sie sich in der Eucharistiefeier in dem ὑπὲρ πολλῶν (Mk 14,24 par) einbezogen und in dem ὑπὲρ ὑμῶν (Lk 22,20 vgl. 1Kor 11,24) selbst angesprochen erfuhr, so erfuhren auch die Getauften die Sündenvergebung als Wirkung des Sühnetodes Jesu (Mk 10,45 parr; Mt 26,28[236]): Taufe und Eucharistie begründeten das Christsein als Jüngernachfolge.

Von daher legt sich die Vermutung nahe, daß die Motive des Mit-Seins der Jünger mit Jesus in der Nachfolge der Hintergrund der paulinischen σύν-Aussagen sind[237]. Zwar finden sich in ihrem Kontext nirgendwo ausdrücklich Hinweise auf die Jesus-Tradition. Auch fehlen sowohl der Jüngername als auch das Nachfolgethema bei Paulus. Doch zeigt die Gleichsetzung von μαθηταί und χριστιανοί in Apg 11,26 den Ansatz dazu, daß im vorpaulinischen Diasporachristentum die Jüngerschaft als durch die (in der Taufe gewonnene) Zugehörigkeit zu Christus vermittelt aufgefaßt worden ist. Das paulinische Χριστοῦ εἶναι und sein Verständnis des Christentums als κοινωνία mit Christus (1Kor 1,9) kann von daher sehr wohl auf dieser Linie des Jüngerverständnisses erklärt werden. Und die σὺν-Χριστοῦ-Aussagen sind wiederum deutliche Explikationen dieses Χριστοῦ εἶναι. Ferner finden sich bei Paulus auch Ansätze einer Vorstellung von imitatio Christi (vgl. 1Thess 1,6; 1Kor 11,1; auch 1Thess 4,14f; Phil 2,5 und dazu Gal 4,19; 1Petr 2,21–25). Gal 6,24 entspricht den Logien vom Kreuztragen und von der

---

[235] Vgl. dazu Wilckens, U., Auferstehung, 1970 (ThTh 4), 145–169.
[236] Der Zusatz des Taufmotivs εἰς ἄφεσιν ἁμαρτιῶν in Mt 26,28 ist vielleicht das älteste Zeugnis einer Verbindung von Taufe und Eucharistie, die vom 2. Jh. an sicher bezeugt ist; s.o. S. 26f.
[237] Dies ist die unabhängig voneinander entstandene These von Schweizer und Larsson, s.o. Anm. 232. Larsson 11–323 sucht überdies seine These durch eine Untersuchung der christlichen εἰκών-Texte zu untermauern, in denen er eine Umbildung des Nachfolgegedankens zum Gedanken der imitatio Christi findet. Ebenso auch Goppelt, ThWNT II 429.

Selbstverleugnung Mt 10,38f parr wie auch 2Kor 4,10f; Lk 9,23. Die apostolischen Leiden sind eindeutig als Teilhabe und Repräsentation von Leiden und Sterben Christi verstanden (vgl. auch 1Petr 5,1). Von daher liegt der Gedanke nicht fern, daß Gleiches auch von dem Leiden der Christen allgemein gilt (vgl. 2Kor 4,10–18 nach 4,7–15; ferner besonders Röm 8,17; 1Petr 4,13). An all diesen Stellen ist die Nähe zu den synoptischen Logien über die Leidensnachfolge mit Händen zu greifen; vgl. paradigmatisch Mk 8,34ff nach Mk 8,31–33. Daß hier überall ein traditionsgeschichtlicher Zusammenhang besteht, obwohl nirgendwo zitiert wird, ist überaus wahrscheinlich.

2. 7,1–8,17 Vom Sein im Fleisch zum Sein im Geist

a) 7,1–6 Der Herrschaftswechsel

Literatur: van Dülmen, A., Theologie des Gesetzes 100–106; *Gale, H. M.,* The Use of Analogy in the Letters of Paul, London 1964, 192–201; *Giese, E.,* Römer 7 neu gesehen im Zusammenhang des gesamten Briefes, Diss. Marburg 1959, 19–25; *Jewett, R.,* Paul's Anthropological Terms, Leiden 1971; *Kümmel, W. G.,* Römer 7 und die Bekehrung des Paulus, in: Römer 7 und das Bild des Menschen im NT, München 1974 (TB 53), 7f 36–42; *Lindijer, C. H.,* Het Begrip Sarx bij Paulus, Assen 1952 (Theol. Bibliotheek 22); *Lohmeyer, E.,* Probleme ntl. Theologie 75–156; *Sand, A.,* Der Begriff ›Fleisch‹ in den paulinischen Hauptbriefen, Regensburg 1967 (BU 2); *Schnackenburg, R.,* Römer 7 im Zusammenhang des Röm., in: Jesus und Paulus (FS W. G. Kümmel), hrsg. E. E. Ellis u. E. Gräßer, Göttingen 1975, 283–300, hier 288–291; *Schweizer, E.,* Die hellenistische Komponente im ntl. sarx-Begriff, in: Neotestamentica 29–48.

1 Oder wißt ihr nicht, Brüder, – ich spreche doch zu Gesetzeskundigen –, daß das Gesetz Macht hat über den Menschen (nur) während der Zeit, in der er am Leben ist? 2 Denn die verheiratete Frau ist an den Mann (nur) zu dessen Lebenszeit durch Gesetz gebunden. Wenn aber der Mann gestorben ist, ist sie von dem Gesetz des Mannes los und ledig. 3 Folglich wird sie zu Lebzeiten des Mannes eine Ehebrecherin geheißen, wenn sie einem anderen Mann gehört hat. Wenn aber der Mann gestorben ist, ist sie frei von dem Gesetz, so daß sie keine Ehebrecherin ist, wenn sie einem anderen Mann gehört. 4 Daraus folgt (für euch), meine Brüder: Auch ihr seid dem Gesetz gegenüber zu Tode gekommen durch den Leib Christi, so daß ihr einem anderen zugehörig geworden seid: dem von den Toten Auferweckten, damit wir Gott Frucht bringen. 5 Als wir nämlich im Fleisch waren, wirkten sich die Leidenschaften der Sünden, die durch das Gesetz hervorgerufen waren, in unseren Gliedern darin aus, daß wir dem Tod Frucht brachten. 6 Jetzt aber sind wir losgekommen von dem Gesetz, indem wir (ihm) gestorben sind, in dessen Gefängnis wir festgehalten waren, so daß wir (Gott) dienen im neuen (Macht)bereich des Geistes – und nicht (mehr) im alten des Buchstabens.

Was Paulus in Kapitel 6 über die Freiheit von der Sünde gesagt hat, präzisiert er Analyse
nun als Freiheit vom Gesetz und führt so den dort unerläutert gelassenen Satz
6,14b aus. Die Parallelität der Argumentation in 6,15–23 und 7,1–6 ist unverkennbar[238]. Beidemal geht es um einen Herrschaftswechsel, den die Christen
in der Taufe erfahren haben, und der sich darin auswirkt, daß sie nunmehr Gott
»Frucht bringen« (vgl. 7,4 mit 6,21f), während sie zuvor in den Begierden
(6,12) der Sünde bzw. in den »Leidenschaften der Sünden« (7,5) dem Gesetz zu
Diensten waren. Zugleich aber wird nun dieser Herrschaftswechsel durch ein
neues Gegensatzpaar bestimmt: »im (Macht)bereich des Fleisches« – »im
neuen (Macht)bereich des Geistes« (7,5f); und auch in dieser Antithese ist vom
Gesetz die Rede: νυνὶ δὲ κατηργήθημεν ἀπὸ τοῦ νόμου (V 6). Sofern der Gedanke auf diesen – gegenüber Kapitel 6 neuen – Gegensatz zuläuft, wird hier
eine These gesetzt, die im folgenden (7,7–8,17) ausgeführt wird: 7,7–25 explizieren 7,5 und 8,1–17 sodann 7,6. Die Beziehung auf das Folgende ist
ebenso unverkennbar wie die auf das Voranstehende. 7,1–6 hat also zusammenfassende Funktion in dem Sinn, daß die Wirkung der Taufe als Befreiung
der Christen von der Sünde nun als ihre Befreiung vom Gesetz und darum
als Ortswechsel vom »Sein im Fleisch« zum »Sein im Geist« interpretiert
wird[239].

Die *Gliederung* ist klar. Aus einem Grundsatz des Gesetzes (V 1), den Paulus
im Blick auf das Eherecht expliziert (V 2f), folgert er den christlichen Grundsatz
der Befreiung vom Gesetz (V 4), den er in VV 5f ausführt. Die beiden Teile
VV 1–3 und VV 4–6 sind also streng parallel gebaut. Der These V 1 entspricht
die These V 4, was durch die doppelte Anrede »Brüder« (V 1 und V 4) hervorgehoben wird; und VV 2f und VV 5f haben jeweils explikative Funktion (γάρ V 2
und V 5).

»Oder wißt ihr nicht?« entspricht 6,3; Paulus setzt zu einem weiteren Argu- Erklärung
ment an, mit dem die Bestreitung des Einwandes in 6,1f begründet werden soll. 1
Die nach 1,13 im Briefkorpus erstmalige Anrede »Brüder« markiert die besondere Aktualität des Übergangs zur Gesetzesthematik, in der sich schon im Voranstehenden die christlich-jüdische Kontraposition als ihrem eigentlichen Stachel verdichtet hatte (vgl. 2,12ff; 3,21ff; 4,13ff; 5,13.20)[240]. Richtete sich
doch der Einwand in 6,1f auf die in 5,20f betont an den Schluß gestellte These,
daß die Gnade die Herrschaft über die Sünde angetreten habe, die ihrerseits
ihre Herrschaft über alle Menschen durch das Hinzutreten des Gesetzes erlangt
habe. Für den jüdischen Partner wird dadurch das Urteil bekräftigt, hier werde
eine Außerkraftsetzung des Gesetzes propagiert (3,31) und zugleich zur Gesetzlosigkeit, also zur Sünde aufgerufen (3,8; 6,1). Demgegenüber zielt Paulus

---

[238] Vgl. die Synopse bei Luz, Aufbau 170 sowie die Auswertung ebd. 166f.176.
[239] Vgl. Luz, ebd. 177; ferner die Literatur bei Käsemann 181 sowie besonders Schnackenburg, Römer 7, 288–291.

[240] Käsemann 177 vermutet mit Recht, »daß der Apostel sich bewußt war, hier der römischen Gemeinde oder wichtiger Gruppen in ihr gegenüber sehr gefährlichen Boden betreten zu haben«.

jetzt darauf, das Ende der Herrschaft des Gesetzes (6,14b) aus dem Gesetz selbst herzuleiten (ὥστε V 4). Er behaftet dazu die Adressaten bei ihrer Kenntnis der Tora. Dieser selbst zufolge übt sie ihre Herrschaft über den Menschen
2 nur zu dessen Lebzeiten aus (vgl. 6,7)[241]. Er begründet das im Blick auf das Eherecht. Die verheiratete Frau ist durch das Gesetz ὕπανδρος[242], d.h. an ihren Mann gebunden, solange dieser lebt. Ist er gestorben, so erlischt die Rechtskraft dieser Bindung; die Frau ist von da an von dem Gesetz, das sie an ihren Mann gebunden hat[243], frei. κατήργηται gilt nicht vom Gesetz als solchem (vgl. dagegen 3,31), sondern vom Verhältnis der Frau zum Gesetz. Die
3 praktische Folge (ἄρα οὖν) aus dieser Gesetzesbestimmung ist, daß die Frau nur zu Lebzeiten des Mannes als Ehebrecherin gilt[244], wenn sie mit einem anderen Mann verkehrt und so diesem statt ihrem Ehemann »zugehört«[245]. Von daher[246] ist sie nach dem Tode ihres Ehemannes frei von dem Gesetz, das sie an diesen bindet[247], so daß von nun an der Makel einer Ehebrecherin nicht mehr an ihr haftet, wenn sie sich einem anderen Mann hingibt.
4 Die Folgerung daraus (ὥστε)[248] ist so gewichtig, daß Paulus die Adressaten nochmals direkt anredet[249].
Auch sie sind »dem Gesetz gegenüber zu Tode gekommen«[250] (vgl. Gal 4,1f). Der passive Aorist zeigt das Taufgeschehen an, von dem in 6,3ff die Rede war. Durch die Wirkung des Sühnetodes Christi, konkret: durch die Hingabe seines Leibes in den Tod und durch die Teilhabe an diesem Geschehen seines Sterbens für sie sind sie der Sünde gegenüber gestorben (6,10f) – und also auch dem Gesetz gegenüber, das sie als Sünder mit der Folge ihrer Sünde, dem Tod, definitiv zusammengesprochen hatte. »Durch den Leib Christi« ist zweifellos in die-

---

[241] Das entspricht rabbinischer Lehrtradition, vgl. Quid 1,1 bei Bill III 234 sowie R. Johanan in Schab 30a: »Sobald der Mensch gestorben ist, ist er von der Tora und den Geboten frei«; ebenso Nidda 61b; Pes rabb 51b; jer. Kilaim 9,3 bei Schoeps, Paulus 178f.
[242] Der hellenistische Terminus findet sich auch in LXX, vgl. Num 5,20.29; Spr 6,24.29; Sir 9,9; 41,23; Test L 14,6; vereinzelt in rabbinischer Überlieferung vgl. Bill III 234.
[243] In diesem Sinn ist νόμος τοῦ ἀνδρός gemeint, – kaum die Rechte und Pflichten des Mannes (analog νόμος τοῦ λεπροῦ Lev 14,2 und νόμος τοῦ εὐξαμένου Num 6,13), wie z.B. Sanday-Headlam 173 meinen. Abwegig ist auch die Auslegung von Barrett 136, wonach der Mann der Frau gegenüber die Tora repräsentiere. Vgl. das Richtige bei Cranfield 333f.
[244] χρηματίζεσθαι bedeutet im hellenistischen Griechisch die Benennung von seiten der Umwelt, vgl. im NT noch Apg 11,26. Da auch göttliche Weisungen bezeichnet werden können (vgl. Mt 2,22; Lk 2,26; Apg 10,22; Hebr 8,5; [12,25]), könnte in Röm 7,3 vom Kontext her die Nuance mitschwingen, daß die Benennung als »Ehebrecherin« von seiten der Umwelt durch das Gesetz legitimiert ist. Zum gnomischen Futur (wie in 5,7) vgl. Bl-Debr-Rehkopf § 349,1.
[245] Zum biblischen Ausdruck γίνεσθαι ἀνδρί (היתה ל) vgl. Dtn 24,2; Rut 1,12f; Hos 3,3.
[246] Zum Genitiv des Infinitivs mit konsekutivem Sinn (wie 6,6) vgl. Bl-Debr-Rehkopf § 400,8.
[247] ἐλεύθερος ἀπό (klassisch bei Plat Leg 832 D) wie δεδικαίωται. Mit ἀπὸ τοῦ νόμου ist der νόμος τοῦ ἀνδρός V 2 gemeint, wie einige Zeugen (33.629 pc m vg^ww) richtig sekundär ergänzen.
[248] Cranfield 335 betont mit Recht, daß mit ὥστε nicht ein Vergleich, sondern eine Folgerung eingeleitet wird.
[249] ἀδελφοί μου bereitet schon den Übergang zum »Wir« von V 4fin an vor.
[250] Vgl. die rabbinischen Parallelen bei Bill III 234.

sem Sinne zu verstehen: als eine Präzisierung von »durch den Tod Christi« (5,9) und von »durch die Taufe in seinen Tod« (6,4), die sich aus der paulinischen Deutung von Taufe und Abendmahl erklärt[251]. Vom Leib Christi spricht Paulus nämlich durchweg nur in diesem sakramentalen Kontext. εἰς ἓν σῶμα (1Kor 12,13), nämlich in Christi Leib (1Kor 12,27), sind wir getauft; und es ist dieser »mein Leib für euch« (1Kor 11,24), »der Leib Christi«, an dem wir alle im Herrenmahl teilhaben (1Kor 10,16). Darum ist es zwar richtig, daß Paulus konkret den Leib des Gekreuzigten meint[252], diesen jedoch als den in Taufe und Eucharistie gegenwärtigen, so daß wir darin an der Sühnewirkung seines Todes leibhaftig-konkret teilhaben. Von daher ist es wiederum richtig, auch einen ekklesiologischen Bezug zu hören[253], jedoch nur im Blick auf diese gemeinsame sakramentale Teilhabe aller Christen am Leib des Gekreuzigten. Der Gedanke, daß sie durch die Verbindung mit Christus ein Leib als Gemeinde werden und sind, kommt in Röm 7,4 nicht zum Tragen.

Das läßt sich auch nicht aus dem folgenden Infinitivsatz ableiten, in dem Paulus – analog V 3 – aus dem Tod der Christen gegenüber dem Gesetz folgert, daß sie nun rechtskräftig »einem anderen gehören, dem vom Tode Auferweckten«. Denn zwar ist der auferstandene Christus die Mitte seiner Kirche als seines Leibes (1Kor 12,12f); in der Taufe sind alle εἷς geworden in ihm (Gal 3,28). Hier jedoch liegt der Ton darauf, daß der von den Toten Auferweckte der Gekreuzigte ist: Durch die Hingabe seines Leibes in den Tod sind die Christen vom Gesetz freigeworden. Seine Auferstehung vom Tod ist ein Geschehen jenseits der Kompetenz des Gesetzes, als eschatologische Machttat Gottes, durch die die Wirkung des Sühnetods Christi, die Befreiung der Sünder von Sünde und Gesetz, in der endzeitlichen Wirklichkeit neuen Lebens Raum bekommen hat. Als mit dem Gekreuzigten mitgestorben, gehören die Christen nicht mehr dem Gesetz, das sie als Sünder dem Tod zusprach; und mit dem Auferweckten mit auferweckt, gehören sie stattdessen ganz dem Auferweckten und leben wie er (6,10) für Gott (6,11), unter der Herrschaft der Gerechtigkeit statt der der Sünde (6,16ff), so daß sie Gott Frucht bringen. In dem ἵνα-Satz ist beides ausgedrückt, sowohl das göttliche Ziel von Tod und Auferstehung Christi, unsere Rettung zum Weg der Gerechtigkeit, dessen τέλος das Leben statt des Todes ist (6,20ff), als auch die Verpflichtung der Erretteten zum Tun der Gerechtigkeit, zum καρποφορεῖν (vgl. 6,4). Paulus wechselt hier von der zweiten in die erste Person und zeigt damit an, daß, was er den Adressaten im Blick auf ihre Bekehrung sagt, zugleich ihm selbst und also generell allen Christen gilt.

---

[251] Vgl. dazu meinen Aufsatz: Eucharistie und Einheit der Kirche, KuD 25 (1979) 67–85, hier 73 77.
[252] So die Mehrzahl der Exegeten, z.B. dezidiert Michel 167; Kuss 437; zuletzt Cranfield 336. Auch einige Väter wie besonders Origines bei Rufin 1073f; Ambrosiaster 106; Pelagius 35.
[253] So besonders etwa Schweitzer, Mystik 186; Lagrange 162; Robinson, J. A. T., The Body, London 1952, 47. Diese Auslegung überwiegt bei den Vätern, vgl. zuerst Tertullian, De monogamia 13 (»durch den Leib Christi, der die Kirche ist«) sowie Theodor von Mopsuestia (Staab 124), der darum σῶμα Χριστοῦ von V 4fin her exklusiv als den Auferstehungsleib versteht.

V 4 ist also eine Anwendung der Grundregel von V 1: Weil Christen, mit Christus mitgestorben, gegenüber dem Gesetz zu Tode gekommen sind, hat das Gesetz die Herrschaft über sie verloren. Zugleich übernimmt Paulus aus dem Anwendungsfall VV 2f das γενέσθαι ἑτέρῳ: Wie nach dem Gesetz die Ehefrau seit dem Eintreten des Todes ihres Mannes frei geworden ist, einem anderen zu gehören, so auch die Christen seit ihrem θανατωθῆναι in der Taufe. Nur in dieser parallelen Anwendung der Regel von V 1 entspricht V 4 VV 2f. Ansonsten sind beide Anwendungsfälle inkommensurabel. Wer die Argumente in VV 1–4 streng als Vergleich auffaßt, muß sich daran stoßen, daß es auf der einen Seite um den Tod des Ehemannes, auf der anderen dagegen um den Tod der Christen selbst geht; und er wird diese Unstimmigkeit einer Schwäche des Apostels im Umgang mit seinen Vergleichsbildern zurechnen[254]. Aber V 4 ist nicht eine Anwendung von VV 2f, sondern eine mit VV 2f parallele Anwendung des Grundsatzes V 1, der zweifellos deswegen so allgemein formuliert ist: τοῦ ἀνθρώπου, ἐφ' ὅσον χρόνον ζῇ, daß er auf beide voneinander verschiedenen Fälle paßt[255]. Erst recht aber darf man nicht allegorisch auslegen[256].

Hat man das Gefälle der Argumentation vor Augen, so erhellt, daß mit νόμος durchweg das Mosegesetz gemeint ist. Die verbreitete Auffassung, daß in VV 1–3 das römische Recht[257] oder allgemein das Zivilrecht der damaligen Zeit im Blick stehe[258], scheitert daran, daß V 4 eine Folgerung aus VV 1–3 ist, in V 4 aber eindeutig vom νόμος im Sinne von 6,14 die Rede ist[259]. Paulus leitet – unter formaler Anwendung der Methode rabbinischer Gesetzesauslegung – die christliche Freiheit vom Gesetz aus der Tora selbst ab, wie er zuvor in Kapitel 4 die Glaubensgerechtigkeit aus der Genesis begründet hat. Die Parenthese in V 1 ist nicht eine captatio im Blick auf die Rechtskunde der Adressaten, sondern behaftet diese bei ihrer Kenntnis der Tora, die als »Schrift« der normative Text der Kirche bleibt; und das Ehe- und Sexualrecht der Tora, verstärkt durch das Gebot des Kyrios (1Kor 7,10), ist in der Urkirche vollauf rezipiert worden[260].

---

[254] So z.B. Lietzmann 71f und besonders Dodd 120; Gale, Use of Analogy 192ff.

[255] So richtig z.B. Kümmel, Röm 7,36–41; zuletzt Käsemann 177f; Cranfield 334.

[256] Die altkirchlichen Ausleger sahen in verschiedener Weise in VV 2f eine Allegorie, kamen dabei aber zumeist in nicht unerhebliche Schwierigkeiten. Am stringentesten exegisiert Augustinus: Die Frau sei die Seele, ihr Ehemann die Sünde, das Gesetz das Gesetz der Sünde; die Seele sterbe der Sünde und werde so vom Gesetz der Sünde frei, um Christus zu gehören (Propos. 36, ähnlich De div. quaest. LXXXIII 66,1f; Contra Faust. Manich. 15,8 bei Schelkle, Paulus 226). Ähnlich in der Gegenwart z.B. noch Leenhardt 112f: Der Christ sei seit dem Tode seines »Leibes der Sünde« (6,6) gleichsam Witwe und somit frei geworden, Christus zu heiraten.

[257] So besonders Jülicher 269, der Paulus »mit fast humoristisch klingender Berufung auf die juristische Bildung der durch das ›römische‹ Recht weltberühmten Römer« formulieren läßt.

[258] So z.B. Kühl 224; Sanday-Headlam 172 und zuletzt Käsemann 277: »νόμος ist hier die gesetzlich geregelte Ordnung«.

[259] Käsemann 177 läßt Paulus in »pädagogischer« Absicht vom »gesellschaftlichen Bereich« auf den des christlichen Glaubens schließen, so daß er hier um dieser »Analogie willen . . . schillernd vom νόμος gesprochen« habe. Die Stringenz der Argumentation in VV 1–4 (οὕτως) geht so verloren.

[260] Die Beendigung der Bindung der Frau an ihren Mann durch dessen Tod findet sich ebenso in der urchristlichen Gemeindeordnung (1Kor 7,39) wie in der rabbinischen Lehrüberlieferung, vgl. oben Anm. 241.

Im übrigen dürfte die Tora den römischen Heidenchristen bereits vor ihrer Bekehrung, im Status als »Gottesfürchtige«, aus dem Lehrbetrieb der Synagogen vertraut gewesen sein[261]. Von daher entfällt der Hauptgrund für die Ablehnung dieser von der Mehrheit der Ausleger vertretenen[262] Exegese: Man könne Heidenchristen eine so detaillierte Torakenntnis schwerlich zutrauen. Den zweiten Grund, das artikellose νόμον in V 1a, entkräftet Paulus selbst, indem er im Nachsatz V 1b den Artikel setzt.

Das Geschehen in der Taufe (ἐθανατώθητε) wird in VV 5f als biographische Wende von eschatologischer Bedeutung entfaltet: Durch sie ist für alle Christen die Herrschaft des Gesetzes zur Vergangenheit geworden. Paulus beschreibt diese überraschend als »Sein im Fleisch« und führt so einen Begriff ein, der im folgenden große Bedeutung gewinnen wird. Während er sonst auch von den Christen sagen kann, daß sie »im Fleisch« (ἐν σαρκί) (2Kor 10,3; Gal 2,19f; Phil 1,22.24; Phlm 16), jedoch nicht »nach dem Fleisch« (κατὰ σάρκα) leben (8,4f.12; 2Kor 10,2f vgl. 1,17; 11,18), erscheint hier das »Sein im Fleisch« als abgetane Vergangenheit, ist also in einem speziellen Sinn aufgefaßt, der im Nachsatz erläutert wird: Die Leidenschaften der Sünden wirkten sich in unseren Gliedern so aus, daß wir dem Tod Frucht brachten. Damit wiederholt V 5 im Blick auf die Vergangenheit, was 6,12 imm Blick auf die Gegenwart als irreversibel vergangen eingeschärft hat. Die παθήματα τῶν ἁμαρτιῶν sind die ἐπιθυμίαι von 6,12[263]. Sie wirken in den Gliedern, die entsprechend die Aktionsträger des Leibes sind[264]. So entspricht ἐν τῇ σαρκί in 7,5 ἐν τῷ θνητῷ ὑμῶν σώματι in 6,12.

Dahinter steht hellenistische Anthropologie und Ethik, nach der seit Platon die Begierden, bzw. Leidenschaften[265] als Regungen des Körpers aufgefaßt werden, von denen sich der Philosophierende zu enthalten habe, um von seiner Bindung an den Körper frei zu werden[266]. Es handelt sich hier jedoch nicht um einen direkten ›Einfluß‹ hellenisti-

---

[261] So Schmithals, Römerbrief 87f.
[262] Vgl. noch van Dülmen, Theologie des Gesetzes 100–102; Cranfield 333; zuletzt Schlier 215.
[263] Obwohl Paulus παθήματα zumeist im Sinne von »Leiden« gebraucht (8,18; 2Kor 1,5–7; Phil 3,10), sind hier nicht Leidenswiderfahrnisse gemeint, denen die Sünder von seiten der Sünde ausgesetzt sind (so Schlatter 228f); denn ἁμαρτίαι sind immer menschliche Taten im Unterschied zu »der Sünde« als den Sünder beherrschender Macht (6,12f sowie dann 7,8). παθήματα ist also aktivisch aufzufassen als böse Leidenschaften (vgl. so Gal 5,24 sowie παθή in Röm 1,26; 1Thess 4,5), in denen die Sünden ihre konkrete Motivation und Kraft »zur Wirkung bringen«. An den genannten Vergleichsstellen wird auch die Nähe von παθήματα und ἐπιθυμίαι deutlich.
[264] Vgl. ebenso negativ 6,13.19; 7,23; Kol 3,5, positiv 1Kor 6,15; 12,12ff.
[265] πάθη bzw. παθήματα ist ein hellenistisches Wort, das bei Aristot Eth Nic II 4 (1105 B 19ff) neutral die Affekte der Seele bezeichnet. Diese wurden dann jedoch in der Stoa pauschal negativ bewertet (ἀπάθεια als ethisches Ideal), womit sich zum Teil der platonische Topos vom Absterben der Begierden und Lüste verbunden hat; vgl. z.B. Plut Moralia 745 EF sowie ἐπιθυμίαι τῆς σαρκός ebd. 101 B, 1096 C; 4Makk 7,18 κρατεῖν τῶν τῆς σαρκὸς παθῶν, vor allem aber Philo, z.B. RerDivHer 268 τὰ σώματος... πάθη, σαρκὸς ἐκπεφυκότα, ἢ προσερρίζωται; Abr 164 σαρκὶ καὶ τοῖς σαρκὸς πάθεσιν ἐδούλωσαν. Weitere Belege bei Schweizer, Hellenistische Komponente 40–44.
[266] Vgl. besonders Plat Phaed 82 B: ἀπέχωνται τῶν κατὰ τὸ σῶμα ἐπιθυμιῶν ἁπασῶν. Dieser Ansatz ist in hellenistischer Zeit gegen

scher Philosophie auf Paulus, sondern vielmehr um einen verbreiteten Motivzusammenhang dualistischer Heilslehre und Anthropologie später jüdischer Weisheitstradition, der im Diasporajudentum mit hellenistischer Philosophie verquickt werden konnte, jedoch durchweg sein eigenes soteriologisches Profil bewahrt hat[267]. Das alttestamentliche Verständnis von ›Fleisch‹ als der Ohnmacht und Hinfälligkeit alles Lebens, das der Hilfe und Rettung von seiten der Kraft Jahwes elementar bedarf, hat sich hier so gewandelt, daß ›Fleisch‹ zur todträchtig-heillosen Wirklichkeit irdischer Existenz geworden ist[268], aus der der Fromme in die jenseitige göttliche Wirklichkeit des Lebens hinein erlöst werden muß[269]. Solche Erlösung wird nicht nur im Blick auf eine endzeitliche Entrückung und Verwandlung erwartet[270], sondern auch als gegenwärtige Wesensverwandlung ›mystisch‹ erlebt, indem der Geist bzw. die Weisheit Gottes als Gegenkraft gegen die antigöttliche Kraft des Fleisches im Innern des Frommen einkehrt[271]. Fleisch und Geist werden so als einander entgegenwirkende Machtsphären erfahren[272], so daß darin der theologische Gegensatz zwischen Gerechtigkeit und Ungerechtigkeit in dualistischen Substanzkategorien gedacht wird[273], als zwei Wirklichkeitsbereiche, denen entsprechend zwei gegensätzliche Menschenklassen zugehören[274]. ›Fleisch‹ ist eine überindividuelle Machtsphäre, an der der einzelne in dem Maße teilhat, in dem er sich nicht der Gegenkraft des Geistes öffnet und mit ihrer Hilfe sein Verhaftetsein im Fleisch überwindet[275].

Im Kontext dieser hellenistisch-jüdischen Weisheitslehre seiner Zeit hat Paulus die christliche Bekehrung als Verwandlung vom Sein im Fleisch in das Sein im Geist gedacht[276]. Von daher erklärt sich, daß er zwar das Fleisch als die mit dem Körper, dem »sterblichen Leib« (6,12), »diesem Todesleib« (7,24) gegebene, substanzhafte Wirklichkeit des Bösen dachte, an die der Mensch als Erdenwesen unlöslich gebunden ist (1Kor 15,47–49); das Wesen dieses Seins im Fleisch dachte er aber nicht als Verhängnis, sondern als Sünde, als »Feindschaft gegen Gott« (8,8). Die σάρξ ist zwar auch für ihn eine den Menschen beherrschende, ihn versklavende Macht (vgl. Gal 5,16), die jedoch den Sünder darin beherrscht, daß *er* κατὰ σάρκα lebt und im konkreten Tun des Bösen »fleischlich *ist*« (7,14). Nicht die Materialität der Körperlichkeit ist das Böse, sondern die leibhaftige, unentrinnbare Realität des bösen Handelns; und nicht weil die Begierden und Leidenschaften den Menschen auf seine Körperlichkeit

---

die antiplatonisch-positive Wertung der κατὰ σάρκα ἡδονή bei Epikur vielfach verteidigt worden. Vgl. dazu Schweizer, ThWNT VII 103f sowie ausführlich ders., Hellenistische Komponente.
[267] Vgl. dazu Brandenburger, Fleisch und Geist, dessen Philo-Analyse in dieser Hinsicht neue Zusammenhänge sichtbar macht. Ich verweise auf den einschlägigen Exkurs bei Blank, Der Brief an die Galater (EKK).
[268] Vgl. z.B. Hen 15,4; Weish 7,1f.
[269] Vgl. z.B. Hen 108,7–11; 4Esr 7,88; 14,14; Philo Leg All III 42; Abr 9; Od Sal 33.
[270] Vgl. z.B. 4Esr 14,9ff; slavHen 22.
[271] Vgl. z.B. Philo Deus Imm 123; Rer Div Her 263–266.267–276; Gig 29–31; 53f.
[272] Vgl. z.B. Philo Deus Imm 180.
[273] Vgl. z.B. die Umbildung der Zwei-Wege-Lehre bei Philo, Deus Imm 142–144.
[274] Vgl. die Zwei-Geister-Lehre in 1QS 3f sowie die parallele Lehre Philos von den zwei Menschenarten Leg All I 31ff; Op Mund 134ff.
[275] Hier arbeitet Philo oft mit dem platonischen Gedanken der »Entfremdung« vom Körper als ethischem Ziel des Weisen, z.B. Conf Ling 77f; Rer Div Her 267–274; Gig 14.
[276] Vgl. Philos Deutung von Gen 6,11 im Sinne einer Bekehrung Deus Imm 138f und dazu Brandenburger, Fleisch und Geist 181f.

fixieren, sondern weil sie Gottes Willen widerstreiten und *darum* – als Folge der Sünde (6,21) – »dem Tod Frucht bringen«, sind sie böse. Entsprechend geht es bei dem Ende des »Seins im Fleisch« nicht um die Lösung der Seele von der Fessel des Körpers, sondern um die Befreiung des *ganzen* Menschen von der Sünde zum leibhaftigen (12,1f) Gottesdienst: »damit wir Gott Frucht bringen«.

Neu gegenüber 6,12f ist in 7,5 aber vor allem die Rolle des Gesetzes. Die Leidenschaften, in denen die Sünde (6,12) als in sündigen Taten (τῶν ἁμαρτιῶν) konkret wird, sind »durch das Gesetz« hervorgerufen. Der Ausdruck ist schärfer als in 5,20, entspricht aber 1Kor 15,56: »Die Kraft (δύναμις) der Sünde ist das Gesetz«. Das Gesetz »aktiviert« die sündigen Leidenschaften[277]. Wie das gemeint ist, wird in 7,7–11 ausgeführt (vgl. besonders V11: διὰ τῆς ἐντολῆς) und kann erst dort bedacht werden. Jedenfalls aber wird so das Herrschen (κυριεύειν) des Gesetzes (V1 vgl. 6,14) näher bestimmt: Die Tora ist am Zustandekommen des Sündigens und darum auch an seiner Folge, dem καρποφορεῖν τῷ θανάτῳ selbst beteiligt. Die Frage von V7 liegt hier wirklich nahe: Ist so das Gesetz selbst Sünde? Denn es fällt ja auf, daß, wie in Kapitel 6 von der Sünde als dem vergangenen Herrn über uns die Rede war, genauso in 7,1–6 vom Gesetz gesprochen wird; und an der einzigen Stelle, an der eine Verbindung zwischen beiden sichtbar wird, in V5, scheint dem Gesetz die eigentlich führende Rolle zuzukommen.

In diesem Sinn nun tritt die christliche Jetzt-Zeit (vgl. 3,12) der Zeit unter dem 6 Gesetz gegenüber: »Wir sind vom Gesetz[278] losgemacht worden.« Die Entsprechung zu V2 (κατήργηται ἀπὸ τοῦ νόμου τοῦ ἀνδρός) wird wie in V4 im Aorist Passiv formuliert. Wieder ist das Taufgeschehen von 6,3ff als Sterben gegenüber dem Gesetz gemeint, in dem wir wie in einem Gefängnis (vgl. Gal 3,13) festgehalten waren[279]. Die Folge unserer Befreiung vom Gesetz ist, daß wir (Gott[280]) dienen »im neuen Machtbereich des Geistes und nicht im alten des Buchstabens«. Die Antithese »im Geist, nicht im Buchstaben« aus 2,29 ist auch hier formelhaft vorgeprägt. Das zeigt sich nicht nur am Fehlen der Artikel, sondern vor allem daran, daß die Wahl des Wortes γράμμα statt νόμος aus dem Kontext nicht zu erklären ist. Es liegt eine Reminiszenz aus 2Kor 3,6 vor, wo die Tora als γράμμα (im Unterschied zu γραφή) die Funktion des »Tötenden« hat gegenüber der des Geistes als »lebensschaffenden«. Dies ist auch hier gemeint. Paulus fügt nach 6,5f das Gegensatzpaar ἐν καινότητι – οὐ παλαιότητι hinzu, durch das das eschatologische »jetzt aber« stark unterstrichen und der Geist als lebensschaffende Auferweckungsmacht (6,5 vgl. 8,6.10f) dem

---

[277] Käsemann 179.
[278] Die westliche v.l. νόμου τοῦ θανάτου ist sekundärer Zusatz von V3 her und präzisiert zugleich die todbringende Funktion des Gesetzes von V 5.
[279] Die Attraktion ἐν ᾧ ist aufzulösen: ἀποθανόντες τῷ νόμῳ, ἐν ᾧ κατειχόμεθα. Gemeint ist auch hier eindeutig der νόμος, nicht – als neutrischer Ausdruck (Zahn 335) – das Sein im Fleisch (so Kühl 227). – κατέχειν ἐν φυλακῇ findet sich bei DiodS 1265,9; DiogL 6,7 (vgl. Pr-Bauer 836).
[280] Zu δουλεύειν ist nach V 4 τῷ θεῷ hinzuzudenken, vgl. 6,16ff.

tötenden Buchstaben gegenüber gestellt wird. Die Macht des Geistes, in deren eschatologischen – und darum absolut »neuen« – Wirkungsbereich wir durch die Taufe gestellt sind, hat ihre Kraft in der Auferweckung des für uns gekreuzigten Christus erwiesen und ist so zugleich die Kraft, durch die wir, mit dem Auferstandenen verbunden und ihm zugehörig (V 4), in unserem Wandel Gott Frucht bringen. Durch sie ist die Macht des Gesetzes, in deren Wirkungsbereich wir gefangengehalten waren, so daß wir dem Tod Frucht gebracht hatten (V 5), zu ihrem Ende gekommen, »alt« geworden. Es ist die Kraft, mit der das Gesetz den Sünder als Sünder feststellt und ihn ›buchstäblich‹-definitiv dem Tod als Folge der Sünde zuspricht. Abgetan, veraltet ist also nicht das Gesetz selbst, sondern diese Fluch-Funktion (Gal 3,13) als γράμμα ἀποκτενοῦν, in der es zu unserem Herrn geworden war[281].

Zusammenfassung Die Auseinandersetzung mit dem Einspruch des jüdischen Partners in 6,1 spitzt sich in unserem Abschnitt zu. Dieser hatte den Vorwurf, die Verkündigung der Rechtfertigung sola gratia laufe auf eine Provokation zum Sündigen hinaus, damit begründet, daß Paulus die Rechtfertigung des Sünders ohne Gesetz predige, denn so ergebe sich der Widersinn, daß christliche ›Gerechtigkeit‹ faktisch Gesetzlosigkeit sei. Entsprechend präzisiert Paulus seine These von Kapitel 6, daß der Christ durch Teilhabe an Christi Sühnetod und Auferstehung in der Taufe von der Sünde befreit und darum zur Gerechtigkeit und zur Verweigerung gegenüber der Sünde verpflichtet sei, in 7,1–6 durch die These, daß der Christ eben darin auch von der Herrschaft des Gesetzes befreit ist. Denn das Gesetz spricht den Sünder mit der Sünde und deren Folge, dem Tod, zusammen. Da aber Christus in seinem Sühnetod den Tod aller Sünder als Folge ihrer Sünde stellvertretend für sie auf sich genommen, und Gott sie in der Taufe mit dem Gekreuzigten und Auferstandenen leibhaftig verbunden hat, sind sie der Macht des Gesetzes als des »tötenden Buchstabens« entzogen. Eben dieses Ende der Herrschaft des Gesetzes über die Christen entspricht aber dem Grundsatz des Gesetzes selbst, nachdem seine Verfügungsgewalt über den Menschen im Tod endet. Insofern ist mit der Befreiung der Christen vom Gesetz nicht das Gesetz selbst außer Kraft gesetzt, sondern durchaus »aufgerichtet« (3,31). Das ist nicht Gesetzes-hermeneutische Spitzfindigkeit, sondern wird darin real, daß die Getauften dem »Fleisch« als der zuvor unentrinnbaren Machtsphäre der Sünde entronnen und in die Machtsphäre des Geistes hineingenommen sind, und also die konkrete Wirklichkeit der Sünde in den sündigen Leidenschaften und Begierden zur Vergangenheit geworden und die Gegenwart dem Gottesdienst, d.h. dem Tun der Gerechtigkeit in der Praxis christlichen Lebens gehört. Das Gesetz in seiner Funktion gegenüber dem Sünder hat seinen Machtbereich »im Fleisch« als dem Wirkungsbereich der Sünde; und weil alle Menschen gesündigt haben, ist der Bereich des »Fleisches« universal

---

[281] Gegen Käsemann 130. Falsch interpretiert aber auch Cranfield 339f, nach dem nicht das Gesetz, sondern nur dessen »legalistischer Mißbrauch« abrogiert sein soll.

und jeder einzelne Sünder in ihn eingebunden. Indem aber durch den Sühnetod und die Auferstehung Christi alle Menschen von der Sünde und ihrem Wirkungsbereich »im Fleisch« befreit und in den endzeitlichen Heilsbereich der schöpferischen Kraft des Geistes Gottes gestellt sind, sind sie damit auch der Herrschaft des Gesetzes entzogen; durch das Christusgeschehen ist diese auf den Bereich des Fleisches begrenzt und darin zur Vergangenheit gemacht worden[282].

An der richtigen Auslegung dieser paulinischen These hängt theologisch sehr viel. Versteht man nämlich das Gesetz in VV 1–3 – statt als die Tora – allgemein als Rechtsordnung; interpretiert man ferner das VV 4–6 Gesagte im Sinne einer abrogatio legis – statt als abrogatio servitudinis sub lege –, und macht man unter solchen Voraussetzungen mit der Beziehung von VV 4–6 auf VV 1–3 ernst, so folgt dann daraus, daß durch das Christusgeschehen mit der Tora zusammen die gesamte Rechtsordnung der Welt aufgehoben und durch die neue Ordnung des Geistes ersetzt worden sei. So argumentierte die ›reformatorische Linke‹ und strukturell ähnlich auch heute die ›Theologie der Revolution‹.

Nun hat Paulus zwar den Bereich »im Fleisch« als »weltweite Dimension« und so auch das Gesetz als »weltweit wirkende Macht« gedacht[283]. Aber weder hat für ihn das Gesetz eine politische Dimension noch überhaupt seinen Sinn als Welt-*Ordnung*. Vielmehr hat es von Gott her seine Funktion, in eschatologischer Klarheit und Geltung Sünde als Widerspruch gegen Gott festzustellen und Sünder dem Tod zuzusprechen. *Von daher* wird es, weil die Sünde universal ist, zur weltweiten Todesmacht, das heißt, es ist der in der Welt des »Fleisches« anwesende Repräsentant des Endgerichts, der durch sein Urteil über die Sünde ihre Folge, den Tod, unausweichlich-definitiv als das bevorstehende Geschick aller Sünder »im Fleisch« in Geltung setzt. So hat es zwar Herrscher-, aber nicht Ordnungs-, sondern Verdammungsfunktion; und *als solches* hat es seine Macht über die Sünder durch den Sühnetod Christi *verloren*[284]. Entsprechend ist der »neue Machtbereich des Geistes« zwar der eschatologisch-definitive Anbruch einer neuen Weltherrschaft, aber nicht einer neuen Weltordnung, sondern das In-Kraft-Treten der endzeitlichen Wirklichkeit der die Macht der Sünde entmachtenden Auferweckungskraft Gottes, die – dem Spruch des Gesetzes entgegen – Sündern das Leben öffnet und sie als iustificati zum Tun der Gerechtigkeit befähigt. Mit anderen Worten, das Thema von 7,1–6 – und damit des ganzen Abschnittes 7,1–8,17 – ist sehr wohl: Rechtfertigung als Befreiung, aber nicht als Befreiung von alten Ordnungen, sondern als Befreiung aus der durch das Gesetz uns definitiv zugesprochenen Entfremdung, in der wir uns selbst definitiv verloren hatten; Befreiung daher nicht als

---

[282] In *diesem* Sinn gilt: »Die Zugehörigkeit zu Christus setzt nicht das Ende der Gesetzesbindung voraus, sondern schafft es« (Käsemann 177), und: »Für Paulus ist die Antithese von Buchstabe und Geist mit dem (sic!) von Fleisch und Geist identisch« (ebd. 181).

[283] Käsemann 178.177.

[284] Käsemann 181: »Der Bruch mit dem Gesetz muß dort verkündigt werden, wo die Rechtfertigung der Gottlosen die Prämisse bleibt«.

menschliche Tat, als Kampf gegen alte und für neue Weltordnungen, sondern als schöpferische Tat Gottes für seine verlorene Menschheit.

Bedenkt man, daß diese Befreiung Wirklichkeit wird in dem weltlich so unscheinbaren, machtpolitisch so völlig bedeutungslosen Akt der kirchlichen Taufe, so tritt ihr Unterschied zu jeder gegenwärtig proklamierten und erkämpften Befreiung kraß hervor: Die Taufe macht sichtbar, daß die wahre Befreiung des Menschen aus seiner Entfremdung niemals das Ergebnis menschlichen Tuns ist, sondern das Wunder des göttlichen Heilshandelns in Christus. Fragt man nach der Wirklichkeit dieses Wunders in der Weltwirklichkeit, »im Fleisch«, so kann die Antwort nur lauten: Sie besteht allein im Geist, der immer der Geist *Gottes* bleibt, wo Menschen, als iustificati impii von ihm ergriffen, in ihm leben und handeln.

Aber auch das Gesetz, von dessen Herrschaft wir als Getaufte befreit sind, ist nie menschliches Gesetz gewesen. Gerade als »tötender Buchstabe« war es *Gottes* Gesetz, Gottes Repräsentant in der Wirklichkeit menschlicher Sünde, der sichtbar machte und wirksam werden ließ, daß der Mensch durch keine noch so definitive Absage an Gott die Herrschaft über sich im Sinne einer Autonomie gewinnt, vielmehr gerade dort, wo er sein Geschick in seine eigenen Hände genommen hat, Menschlichkeit, Leben und Freiheit verloren hat. Darum spricht Paulus vom Gesetz durchweg als von einer dem Menschen gegenübertretenden, ihn beherrschenden und versklavenden Macht. Aber wie kann es als solches *Gottes* Gesetz sein? Und wie kann es Gottes Gesetz *bleiben*, wo Gott selbst seine Herrschaft über uns eschatologisch definitiv *zu Ende* gebracht hat? Wie kann die Antithese zwischen Christus und Gesetz, eingebunden in den Dualismus zwischen Fleisch und Geist, anderes bedeuten als eine totale abrogatio legis? Wie aber wäre dann noch die Einheit Gottes zu wahren, der einerseits das Gesetz gegeben hat, und dessen eigenes Wort der Urteilsspruch des Gesetzes ist, andererseits aber diese Herrschaft des Gesetzes über die durch seinen Spruch definitiv gewordene Welt der Sünde als Welt des Todes beendet und durch diese neue Herrschaft seines Geistes ersetzt hat? Auf diese Fragen antwortet Paulus im folgenden Abschnitt.

b) 7,7–25 *Die Vergangenheit: Ich unter dem Gesetz der Sünde und des Todes*

Literatur: *Althaus, P.*, Paulus und Luther über den Menschen, 1938 (SLA 14); *Benoit, P.*, La Loi et la Croix d'après St. Paul, Rom. VIII,7–VIII,4, in: Exégèse et Théologie II, Paris 1961, 9–40 (deutsch: Exegese und Theologie, Düsseldorf 1965, 221–245); *Blank, J.*, Der gespaltene Mensch. Zur Exegese von Röm 7,7–25, BiLe 9 (1968) 10–20; *ders.*, Gesetz und Geist, in: The Law of the Spirit in Rom. 7 and 8, Rome 1976 (Monograph Series of ›Benedictina‹ 1, hrsg. L. de Lorenzi) 73–127; *Bornkamm, G.*, Sünde, Gesetz und Tod, in: Ende des Gesetzes 51–69; *Braun, H.*, Römer 7 und das Selbstverständnis des Qumran-Frommen, in: Gesammelte Studien 100–119; *ders.*, Qumran I,177f; *Brandenburger, E.*, Adam und Christus 205–219; *Bultmann, R.*, Das Problem der

Ethik bei Paulus, in: Exegetica 36–54; *ders.*, Römer 7 und die Anthropologie des Paulus, ebd. 198–209; *ders.*, Christus, des Gesetzes Ende, in: Glauben und Verstehen II 32–58; *Cambier, J. M.*, Le ›Moi‹ dans Rom. 7, in: The Law of the Spirit (s.o.) 13–72; *Duchrow, U.*, Christenheit und Weltverantwortung. Traditionsgeschichte und systematische Struktur der Zweireichelehre, 1970 (FBESG 25) 59–136; *van Dülmen, A.*, Theologie des Gesetzes 106–119; *Dunn, J. G. D.*, Rom 7,14–25 in the Theology of Paul, ThZ 31 (1975) 157–173; *Ellwein, E.*, Das Rätsel von Römer 7, KuD 1 (1955) 147–168; *Giese, E.*, Römer 7 neu gesehen im Zusammenhang des gesamten Briefes, Diss. theol. Marburg 1959; *Hahn, F.*, Gesetzesverständnis 43–47; *Hommel, H.*, Das 7. Kapitel des Römerbriefes im Licht antiker Überlieferung, ThViat 8 (1961/62) 90–116; *Hübner, H.*, Gesetz 63–71; *Kertelge, K.*, Exegetische Überlegungen zum Verständnis der paulinischen Anthropologie nach Römer 7, ZNW 62 (1971) 105–140; *Keuck, W.*, Dienst des Geistes und des Fleisches, TThQ 141 (1961) 157–180; *Kuhlmann, G.*, Theologia naturalis bei Philon und bei Paulus. Eine Studie zur Grundlegung paulinischer Anthropologie, 1930 (NTF 1/7), 92–109; *Kürzinger, J.*, Der Schlüssel zum Verständnis von Römer 7, BZ NS 7 (1963) 270–274; *Lohmeyer, E.*, Sünde, Fleisch und Tod, in: Probleme paulinischer Theologie 75–165; *Luz, U.*, Geschichtsverständnis 158–168; *Lyonnet, S.*, L'histoire du salut selon le chapître VII de l'épitre aux Romains, Bib 43 (1962) 117–151; *ders.*, ›Tu ne convoîteras pas‹ (Rom VII,7), in: Neotestamentica et Patristica (FS O. Cullmann, hrsg. W. C. van Unnik), Leiden 1962, 157–165; *Müller, F.*, Zwei Marginalien im Brief des Paulus an die Römer, ZNW 40 (1941) 249–254; *v. d. Osten-Sacken, P.*, Römer 8, 188–220; *Packer, J. I.*, The ›wratches Man‹ in Romans VII, StEv II (1964) 621–626; *Schnackenburg, R.*, Römer 7 im Zusammenhang des Römerbriefes, in: Jesus und Paulus (FS W. G. Kümmel), hrsg. E. E. Ellis und E. Gräßer, Göttingen 1975, 283–300; *Smith, E. W.*, The Form and Religious Background of Romans VII,24–25a, NT 13 (1971) 127–135.

7 Was sollen wir also sagen? Ist das Gesetz Sünde? Keineswegs! Sondern: Ich hätte mit der Sünde nicht Bekanntschaft gemacht außer durch das Gesetz. Die Begierde nämlich hätte ich nicht kennengelernt, wenn das Gesetz nicht gesagt hätte: »Du sollst nicht begehren!« 8 Indem aber die Sünde durch das Gebot ihre Gelegenheit wahrnahm, bewirkte sie in mir jegliches Begehren. Ohne Gesetz nämlich (ist die) Sünde tot. 9 Ich aber war einst am Leben ohne Gesetz. Als aber das Gebot kam, lebte die Sünde auf, 10 ich aber starb. Und es erwies sich mir: Das Gebot, das mir zum Leben (gereichen sollte), – eben es selbst (gereichte) mir zum Tod. 11 Denn indem die Sünde durch das Gebot ihre Gelegenheit wahrnahm, betrog sie mich und tötete mich durch es. 12 Also: Das Gesetz (als solches) ist heilig, und das Gebot ist heilig, gerecht und gut.
13 **Das Gute also gereichte mir zum Tod? Keineswegs! Sondern die Sünde! Damit sie als Sünde in Erscheinung trete, bewirkte sie mir durch das Gute (den) Tod, damit die Sünde im Übermaß sündig werde durch das Gebot. 14 Ich weiß nämlich: Das Gesetz ist geistlich; ich aber bin fleischlich, verkauft unter die (Herrschaft der) Sünde. 15 Was ich nämlich bewirke, weiß ich nicht. Denn nicht das, was ich will, tue**

ich; sondern das, was ich hasse, tue ich. 16 Wenn ich aber das tue, was ich nicht will, gestehe ich dem Gesetz zu, daß es gut (ist). 17 Dann aber bewirke eben nicht ich es, sondern die in mir einwohnende Sünde. 18 Ich weiß nämlich: Es wohnt in mir – das heißt: in meinem Fleisch – nicht Gutes. Denn das Wollen steht mir zur Verfügung, das Gute zu bewirken aber nicht. 19 Denn ich tue ja nicht, was ich will, (das) Gute, sondern was ich nicht will, das Böse, – eben das tue ich. 20 Wenn aber ich eben das, was ich nicht will, tue, dann bin nicht ich es, der es bewirkt, sondern die in mir einwohnende Sünde.
21 Ich finde also das Gesetz, daß mir, der ich das Gute tun will, (nur) das Böse zur Verfügung steht. 22 Ich stimme nämlich dem Gesetz Gottes mit Freuden zu, was den inneren Menschen betrifft, 23 sehe aber ein anderes Gesetz in meinen Gliedern, das im Streit liegt mit dem Gesetz meiner Vernunft und mich gefangen nimmt im Gesetz der Sünde, das in meinen Gliedern ist. 24 O ich armseliger Mensch! Wer wird mich retten aus diesem Todesleib? 25 Dank sei Gott durch Jesus Christus, unserem Herrn!
Also denn: Als ein und derselbe Ich diene ich mit (der) Vernunft (dem) Gesetz Gottes, mit dem Fleisch aber (dem) Gesetz der Sünde.

Analyse Häufig wird der *Gedankengang* in zwei verschiedene Abschnitte eingeteilt: in VV 7–13 werde in einer »Apologie des Gesetzes« der Einwand V 7a beantwortet; in VV 14–25 gehe Paulus dann dazu über, das Elend der gespaltenen Existenz des »Ich« zu schildern[285]. Dafür kann angeführt werden, daß sich die Aussagen im Präsens in VV 14ff von denen im Praeteritum in VV 7–13 abheben und der Einwand von V 7a erst in der Erwiderung auf seine Wiederholung in V 13a der Sache nach abgewiesen ist; so stellt sich VV 7–13 als in sich geschlossener Gedankengang heraus. Doch läßt sich V 13 auch als neuer Einsatz auffassen, dessen Thema (die Sünde bewirkte den Tod des »Ich«) in VV 14–23 durchgeführt und mit dem Klageruf V 24 abgeschlossen wird[286]. Dafür spricht, daß, wie V 7a in der Antithese V 12 beantwortet wird, so V 13a – ganz entsprechend zu V 12 – in V 16[287]. Demnach laufen VV 7–12 und VV 13–16 parallel. Mit νυνὶ δέ V 17 beginnt dann eine Explikation von VV 13–16 in zwei Schritten: In VV 17–20 demonstriert Paulus die Herrschaft der Sünde über »mich« (vgl. V 14) am Gegensatz zwischen Wollen und Tun (vgl. V 15); in VV 21–23 vertieft er diesen Gegensatz als Widerstreit zwischen dem »Gesetz der Sünde in meinen Gliedern« und dem »Gesetz Gottes nach meinem inwendigen Menschen«. Diese Gliederung ist formal erkennbar sowohl an den Einführungen (V 17 νυνὶ

---

[285] So z.B. B. Weiß 311f; Zahn 347; Jülicher 277; Nygren 203; Kuss 433.451f; Kümmel, Römer 7,9; Schlatter 241; Bultmann, Römer 7,205; Bornkamm, Sünde 61; zuletzt Käsemann 189; Schlier 228; Schnackenburg, Römer 7,295; Cranfield 340–342, der jedoch VV 24f als dritten Absatz von VV 13–23 abhebt.

[286] So z.B. Lagrange 171; Kühl 234f; zuletzt Schmidt 125f; Corsani, B., L'Epistola ai Romani, Torino 1974, 44f. Michel 169 teilt in drei Absätze: VV 7–12.13–17.18–25.

[287] Darauf hat mit Recht Schmithals, Römerbrief 18 Anm. 25 aufmerksam gemacht.

δέ, V 21 εὑρίσκω ἄρα) als auch daran, daß jeweils auf eine These (V 17; V 21) eine sie begründende Explikation folgt (γάρ V 18.21). So wird sichtbar, daß VV 13–23 zusammengehören.

Das Thema auch dieses zweiten Absatzes bleibt nach wie vor das Gesetz, was nicht selten übersehen oder bestritten wird[288]. Das zeigt sich nicht nur an der massiven Häufung des Wortes »Gesetz« in VV 21–23, sondern vor allem daran, daß sich das Stichwort ἀγαθόν (bzw. καλόν) von V 13 durch den ganzen Abschnitt hindurchzieht (V 16.18.19.21), und darin durchweg der Gegensatz zwischen Gesetz und Sünde bestimmend bleibt. Schließlich bekommt so auch die Klage V 24 eine gute Stellung im Kontext: In der Gefangenschaft im »Todesleib« realisiert sich die Tod-bringende Wirkung der Sünde (V 13). V 24 schließt so VV 13–23 ab.

Der Klageruf V 24 findet in der Dankesformel V 25a unvermittelt eine Antwort, die dann deutlich in 8,1–4 ausgeführt wird. Die Stellung von V 25b im Kontext ist daher sehr schwierig. Hinzu kommt die inhaltliche Schwierigkeit, daß der Satz den voranstehenden Ich-Bericht in einem Sinn zusammenfaßt, der dessen Skopos nicht entspricht. Dieses Problem kann erst im Zusammenhang der Exegese geklärt werden[289].

α) 7,7–12: Die Herrschaft des Gesetzes über mich

»Was sollen wir also sagen?« entspricht 6,1. Es ist derselbe jüdische Partner, dessen Einwand Paulus wie dort für einen Augenblick als eine Frage übernimmt, die unter Christen ernstzunehmen und zu klären ist. Es handelt sich auch der Sache nach um denselben Einwand wie in 6,1. Jetzt jedoch wird dessen eigentlicher Grund und Kern ausgesprochen. Wenn der Ort der Glaubenden der Herrschaftsbereich der Gnade und als solcher nicht mehr des Gesetzes ist und darum die Freiheit von der Sünde nur als Freiheit vom Gesetz wirklich ist (5,20f; 7,1–6), dann kann der jüdische Partner die von Paulus behauptete Freiheit von der Sünde deswegen nur als Freiheit zum Sündigen verstehen (6,1.15), weil für ihn Gottes Gnade wesenhaft mit der Tora verbunden und ihre Erlangung an die Erfüllung der Tora gebunden ist. Freiheit vom Gesetz, wie Paulus sie in 7,1–6 als Begründung der Freiheit von der Sünde (Kapitel 6) proklamiert, kann ein Jude nicht anders denn als Gotteslästerung auffassen. Er hört darin nichts anderes als die blasphemische These, daß mit der Sünde zugleich das Gesetz außer Kraft gesetzt und also das Gesetz nicht auf die Seite Gottes gegen die Sünde, sondern auf die Seite der Sünde gehöre – gegen Gott.

In der Tat hat Paulus bislang – ausgenommen die rasche Versicherung in 3,31 –

Erklärung 7

---

[288] Das ist grotesk der Fall bei Schmithals, Römerbrief 18–20, der mit 7,17 einen ganz neuen Abschnitt »dogmatischen« Charakters beginnen läßt, der bis 8,39 reiche und in dem es »überhaupt nicht mehr um die Rehabilitation des Gesetzes« (ebd. 18) gehe.
[289] S.u.S. 96f.

dem Gesetz durchweg eine negative Funktion zugeschrieben: Es führt zur Erkenntnis der Sünde (3,20) und läßt alle Welt, Juden wie Heiden, als Schuldige vor Gott verstummen (3,19). Gottes Gerechtigkeit ist ohne Gesetz offenbar (3,21); und ohne Gesetz wird der Sünder gerecht (3,28). Denn das Gesetz bewirkt nichts als Zorn (4,15), und zwar im Geschick aller Menschen, weil alle Sünder sind (3,9.23); es »vermehrt« den Wirkungsbereich der Sünde (5,20), indem es ihn universal zu ihrem Herrschaftsbereich und also zum Wirkungsbereich des Todes (5,12) macht. Ja, das Gesetz ist sogar nach 7,5 die Ursache des Sündigens. Wie kann das etwas anderes bedeuten, als daß das Gesetz Sünde sei?

Wie in 3,31 verwahrt sich Paulus gegen diese These: »keineswegs« (μὴ γένοιτο). Wie aber kann er diese Bestreitung des Einwandes begründen, wenn all jene voranstehenden Urteile über die durchweg negative Funktion des Gesetzes Bestand haben sollen? Seine erste Antwort (VV7–12) ist die: Gerade indem das Gesetz den Sünder verurteilt und ihm als Folge seines Sündigens den Tod zuspricht, gehört es auf Gottes Seite gegen die Sünde.

Mit ἀλλά V7b eingeführt, beginnt die Bestreitung der These von V7a[290]. Diese läuft auf die Gegenthese von V12 zu (ὥστε). Paulus begründet sein Nein, indem er gerade die zugespitzte Aussage von V5 entfaltet: Wie kam es ausgerechnet durch das Gesetz in der Zeit, »als wir im Fleisch waren«, zur konkreten Auswirkung von Leidenschaften unserer Sünden in uns? Die Praeterita, in denen Paulus im folgenden eine Geschichte zwischen »Ich«, Sünde und Gesetz erzählt, explizieren die Vergangenheitsaussage in V5. »Ich« tritt also an die Stelle von »Wir«.

Daraus ergibt sich bereits für das Verständnis des Ich-Stils in 7,7ff: *Erstens* ist es die Vergangenheit vor dem Wendepunkt νυνὶ δέ (V6), von der im folgenden die Rede ist. Das »Ich« ist also das des unerlösten Sünders. Eben diese Wende zur christlichen Gegenwart ist aber *zweitens* der Standort, von dem aus Paulus auf jene Vergangenheit zurückschaut. Das »Ich« ist also das des Christen, der sich selbst in jener unseligen Vergangenheit sieht. Mit der Formulierung in der 1. Person ist *drittens* zweifellos die generelle Erfahrung jedes Christen gemeint, nicht die spezielle biographische Erfahrung allein des Paulus. Paulus beschreibt hier nicht sein eigenes Erleben im Umgang mit dem Gesetz vor seiner Bekehrung[291]. Darin unterscheidet sich unser Abschnitt von Phil 3,4–14, wo Paulus zwar auch generelle Aussagen über das Christwerden in der 1. Person Singular macht, dieser Ich-Stil aber zu Beginn (VV4–6) deutlich biographischen Charakter hat. Dem entspricht auch der verschiedene inhaltliche Aspekt auf die vorchristliche Vergangenheit einerseits in Phil 3, andererseits in Röm 7[292]. Schließlich argumentiert Paulus – *viertens* – zwar durch den ganzen Abschnitt hindurch im Stil diatribischer Rhetorik. Doch der Ich-Stil als solcher kann nicht einfach als Stilmittel dieser

---

[290] ἀλλά hat adversative, nicht einschränkende Bedeutung; so mit Recht zuletzt Käsemann 184; Cranfield 347f gegen Kümmel, Römer 7,43.47 und zuletzt Schlier 221.
[291] Den Nachweis hat Kümmel, Römer 7 endgültig geführt.

[292] Den Unterschied zwischen beiden Texten hat bereits Augustinus wahrgenommen; vgl. Contra duas epistulas Pelagianorum I,IX 15 (CSEL 60,436). Er suchte ihn durch die These auszugleichen, Paulus habe seine vorchristliche Situation in Phil 3 »sine querela« darge-

hier gewählten Rhetorik erklärt werden (»ich« = »man«). Das ist schon im Blick auf die Ausdehnung auf den ganzen Abschnitt 7,7–25 ausgeschlossen[293]. Ferner zeigt der Zusammenhang mit 7,5, das Paulus die dortige »Wir«-Aussage hier auf die Erfahrung des je einzelnen Christen, sich selbst eingeschlossen, konzentriert[294]. Vergleichbar ist im ganzen Corpus Paulinum – außer Phil 3 – nur noch die Passage in Gal 2,18–21[295]. Dort geht es inhaltlich wie in Röm 6–8 um die christologische Begründung der Bekehrung im gesetzeskritischen Horizont der Rechtfertigung des Sünders; und stilistisch ist der gleiche Übergang von »Wir«-Aussagen (Gal 2,15–17) zu »Ich«-Aussagen zu beachten. Dieser Übergang erfolgt – wie in Röm 7,7 – an der Stelle, wo Paulus einen, die ganze Aussage im Kern bestreitenden, jüdisch gedachten Einwand (V 17) zu beantworten beginnt, der inhaltlich dem in Röm 7,7 entspricht; und auch die Antwort des Paulus entspricht der in Röm 7,7ff: διὰ νόμου νόμῳ ἀπέθανον, ἵνα θεῷ ζήσω (Gal 2,19 vgl. 2,21). Der Ich-Stil hängt an beiden Stellen offenbar damit zusammen, daß die jüdische Bestreitung der christlichen Rechtfertigungslehre unter Berufung auf das Gesetz Gottes christlicherseits nur dann verstehbar bestritten werden kann, wenn die aussichtslose Lage des Sünders gerade unter dem rechtmäßigen Verurteilungsspruch des Gesetzes Gottes in ihrer existenziellen Konkretheit hervortritt und eben darin sichtbar wird, daß Ich, der Sünder, durch denselben Gott, der mich im Gesetz anspricht, aus der Wirklichkeit seines Verurteilungsspruches gerettet worden bin und allein durch Gott selbst gerettet werden konnte. Nur so – im hermeneutischen Horizont der existenziellen Erfahrung eschatologischer Rettung aus eschatologischem Unheil, als Errettung aus der Kraft des Gesetzes als Wort Gottes durch die überlegene Kraft des Evangeliums als Wortes desselben Gottes – kann begriffen und verstanden werden, daß die abrogatio accusationis legis nicht eine abrogatio legis ist. Aber dies kann der Christ nur begreifen und verstehen als ἐγώ.

Fragt man – *fünftens* – nach einem möglichen traditionsgeschichtlichen Hintergrund des »Ich«-Stils, so sind mit überzeugenden Gründen die individuellen Klage- und Danklieder im Psalter genannt worden[296], nach deren Form dann vor allem bestimmte Stücke der essenischen Hodajot gestaltet sind[297]. Die Form ist vor allem dadurch bestimmt, daß der Beter seine Erfahrungen von Leid und Anfechtung im Ich-Stil als seine eigene Geschichte vor Gott erzählt und daraufhin in abruptem Übergang für das rettende Eingreifen Gottes dankt (vgl. z.B. den Aufbau von Ps 22). Von daher erklärt sich der entsprechend unvermittelte Übergang zum Dank in Röm 7,25a nach der Klage 7,24, in der alles Voranstehende als Klagebericht zusammengefaßt wird. Dieser formgeschichtliche Zu-

---

stellt. Ähnlich zuletzt Cranfield 344 Anm. 3: »it must reflect his pre-conversion view of himself«.
[293] Gegen Kümmel 121–132. Die ebd. 126–128.131f gesammelten Parallelen aus der Literatur der hellenistischen Umwelt zeigen lediglich einen kurzen, auf wenige Sätze beschränkten Gebrauch des »Ich«-Stils. Dazu sind aus dem Corpus Paulinum vergleichbar Röm 3,7; 1Kor 6,12.15; 10,29f; 13,1–3.11f; 14,11.14f (ebd. 121–123), nicht jedoch Gal 2,18 (ebd. 123), weil das »Ich« hier wie in VV 19–21 zu interpretieren ist. Die ebd. 128–131 angeführten rabbinischen Belege sind keine Stilparallelen, weil dort der Stil einer Lehrerzählung in der 1. Person sing. vorliegt, in der das »Ich« konkret das des Lehrers selbst meint, ob nun – kritisch geurteilt – »der erzählte Vorgang eine Fiktion ist oder nicht« (ebd. 129).
[294] Zu beachten ist, wie Paulus bereits vorher in 7,5 von der 2. Person in die erste Person überwechselt.
[295] Vgl. dazu Kertelge, Überlegungen 107.
[296] Vgl. dazu zuletzt den allgemeinen Hinweis bei Käsemann 183.
[297] Vgl. dazu Morawe, G., Aufbau und Abgrenzung der Loblieder von Qumran, Berlin 1960. Zum inhaltlichen Vergleich mit Röm 7 vgl. Braun, Römer 7.

sammenhang[298] zeigt, daß der Ich-Stil in unserem Abschnitt nicht lehrhaften, sondern sozusagen meditativen Charakter hat: 7,7ff ist klagender Bericht vor Gott als Rückblick des Erretteten auf seine dadurch zur Vergangenheit gemachte Geschichte mit den Unheilsmächten Sünde und Gesetz.

Die Geschichte beginnt mit meiner Erkenntnis der Sünde, die nur durch das Gesetz hat entstehen können. Der verneinte Irrealis[299] in V 7b.c hat die Funktion, das Hinzutreten des Gesetzes als die Bedingung der Möglichkeit hervorzuheben, mit der Sünde persönlich »Bekanntschaft zu machen«. Daß γινώσκειν in V 7b wie in 2Kor 5,21 diese Bedeutung hat, zeigt V 7c, wo das Kennenlernen der Sünde als Kennenlernen der Begierde näher bestimmt wird; das aber ist natürlich nicht als Information über die Existenz von so etwas wie Begierde gemeint, sondern so, daß ich es mit dem Begehren selbst zu tun bekam. V 7c expliziert deutlich V 5; im »Erkennen« der Begierde begannen »die Leidenschaften der Sünden« in mir »wirksam zu werden«. Das geschah »durch das Gesetz« (V 7b), nämlich konkret so, daß das Gesetz zu mir sagte: »Du sollst nicht begehren!« Wie in der Begierde die Sünde konkret wirksam ist, so im Gebot das Gesetz[300].

Daß Paulus das Dekaloggebot Ex 20,17; Dtn 5,21 zitiert, obwohl die speziellen Objekte des Begehrens fehlen, ist durch 13,9 gesichert; vgl. auch 1Kor 10,5ff; 1Thess 4,5 sowie 4Makk 2,6 μὴ ἐπιθυμεῖν εἴρηκεν ἡμᾶς ὁ νόμος. In der Vita Adae et Evae 19, bei Philo Decal 173 (vgl. 150)[301] sowie in Jak 1,15 wird in der Begierde die Ursache alles Sündigens gesehen, worin sich wohl ein Einfluß stoischer Ethik auswirkt. Paulus steht also in hellenistisch-jüdischer Tradition der Rezeption des Dekalogs.

Nun spricht jedoch der Kontext dagegen, daß mit dem Kommen des Gebots (V 9) die Sinai-Offenbarung gemeint ist[302]. Denn zwar entspricht die Funktion des νόμος der in 5,13; aber daß Israel vor der Gabe der Tora keinerlei Bekanntschaft mit der Sünde gemacht habe, vermag kein Bibelkundiger zu sagen. Manche meinen, Paulus habe an die erste Begegnung mit der Tora im Leben des jungen Juden gedacht, der vom 13. Lebens-

---

[298] Vgl. dazu Westermann, C., Struktur und Geschichte der Klage im AT, in: Forschung am AT I, München 1964 (TB 24), 266–305. Einen Überblick über den Forschungsstand gibt Bekker, J., Wege der Psalmenexegese 1975 (SBS 78) besonders 59–65. Zum altorientalischen Hintergrund vgl. Falkenstein – von Soden, Sumerische und akkadische Hymnen und Gebete, Zürich 1953, 44f.
[299] Vgl. Bl-Debr-Rehkopf § 360,1 mit Anm. 2. Zu οὐκ – εἰ μή vgl. 13,1.8; 1Kor 1,14; 2,2.11; 8,4; 10,13; 12,3; Gal 1,7.19; 6,14; Phil 4,15.
[300] Was der Nomos V 7c »sagte«, heißt von V 8 an ἐντολή. νόμος und ἐντολή sind also nicht einfach synonym (gegen Kuss 444; van Dülmen, Theologie des Gesetzes 130f), sondern die ἐντολή ist die konkrete Stimme der Tora; vgl. Bornkamm, Sünde 54; zuletzt Käsemann 184.
[301] Vgl. Spec Leg IV 84, wonach die Begierde die Quelle für alle Vergehen gegen die zweite Gebotstafel ist, als ἀρχέκακον πάθος (85 vgl. Decal 51; Apok Abr 24,10). Auch in rabbinischer Tradition gilt: »Wer das zehnte Gebot übertritt, sündigt gegen alle« (R. Jakim nach Bacher, W., Agada der palästinensischen Amoräer III, 1899, 708f); vgl. Neofiti 20,17; Targum Dtn 5,18; Schab 145b–146a bei Lyonnet, L'histoire de salut 145.
[302] Von da aus entstand die Auslegung des ἐγώ als Personifikation Israels, zuerst bei Chrysostomus, aufgenommen durch H. Grotius; vgl. Kümmel, Römer 7,85.

jahr an zum בר מצוה wurde. Doch das besagt nicht, daß der jüdische Knabe etwa zuvor »ohne Gesetz« gewesen sei (V 9)[303]. Darum scheidet auch diese Auslegung aus[304]. Wie aber ist dann die mit dem Verbot der Begierde beginnende Geschichte gemeint? Der folgende Text legt sehr nahe, daß die Paradiesgeschichte im Blick steht, das Ich also die Züge Adams trägt. Diese Auslegung wird zu Unrecht häufig mit dem Argument bestritten, die Rede vom Gesetz und das Zitat aus dem Dekalog paßten nicht zur Situation von Gen 2f[305]. Es gibt jedoch Zeugnisse für eine jüdische Auslegungstradition[306], nach der es die Tora bereits vor der Sinai-Offenbarung gegeben habe, nicht nur bei Abraham, »dem Gerechten« (Sir 44,19–21; 1Makk 2,52), sondern auch bei Adam. Im Targum Neofiti I wird Gen 2,15 so ausgelegt: »Und Gott der Herr nahm den Menschen und ließ ihn wohnen im Garten Eden, um das Gesetz zu bewahren und seine Gebote zu befolgen«[307]; und der Lebensbaum wird hier gedeutet als die Tora, nämlich als »Baum des Lebens für jeden, der es bewahrt und seine Gebote erfüllt« (3,23)[308]. Demnach ist es sehr wahrscheinlich, daß Paulus in Röm 7,7 das Dekaloggebot mit dem Verbot in Gen 2,16f und die Geschichte der »Erkenntnis« der Sünde mit der Geschichte vom Sündenfall in Gen 3 zusammengesehen hat[309].

Freilich, von Adam ist hier nicht so die Rede wie in 5,12ff. Während Adam dort alle Menschen als Sünder repräsentiert, erzählt Paulus hier Adams Geschichte als die »meinige«; in der Geschichte des »Ich« wird Adams Geschichte je existenziell konkret[310].

Von »der« Sünde ist von V 7b an (wie in Kapitel 6) die Rede als von einer   8–11
Macht, die dem Ich entgegentritt. Paulus vermeidet jedoch offenbar mit Bedacht jede mythologische Objektivation. So sehr »die Sünde« wie eine eigene Person auftritt und aus eigener Absicht und Macht handelt, so sehr ist zu beachten, daß Paulus hier nicht von der Schlange spricht, die in jüdischer wie christlicher Tradition (vgl. 2Kor 11,3) als dämonische Gestalt, als Funktionär Satans, gedeutet worden ist[311]. Und so sehr das Ich dem Handeln der Sünde passiv ausgeliefert ist, so wenig ist damit gemeint, daß es selbst mit der Sünde nichts zu tun hätte und schuldlos ein fatales Geschick erlitte. Man darf beim Lesen der VV 8–11 nicht vergessen, daß diese insgesamt V 7b.c ausführen; dort aber ist das Ich Subjekt: *Mein* Part in der VV 8–11 erzählten Geschichte ist es, die Sünde zu erkennen. Erkennend aber bin ich selbst beteiligt. Dies wiederum

---

[303] Dagegen sprechen Philo Leg Gaj 210 (vgl. 115) sowie Jos Ap II 178; vgl. Kümmel, ebd. 81–83.
[304] Sie wird in der Gegenwart noch erwogen von Michel 170f und Kuss 467, vertreten besonders von Davies, Paul 241f.
[305] Vgl. z.B. Kümmel, Römer 7,86f.
[306] Dazu vgl. Lyonnet, l'histoire du salut 135–142, ders., tu ne convoiteras pas.
[307] Vgl. Theophil Autol 2,24; Ambr, De paradiso 4.
[308] Vgl. 4Esr 8,52; Philo Quaest in Gen I 108; Leg All I 59; Hipp Comm in Dan I 18 (unter Bezug auf Röm 3,20!); EvPhil (hrsg. Labib 122 Zeile 5).
[309] So haben bereits einige Väter ausgelegt, vgl. Schelkle, Paulus 238f; in neuerer Zeit vor allem Lyonnet, l'histoire du salut; ders., Quaestiones 179–182; Les étapes 118ff; zuletzt Käsemann 186; Cranfield 343f; Schlier 224; Schnackenburg, Römer 7,293f.
[310] Vgl. Bornkamm, Sünde 59: »In dem ἐγώ von Röm 7,7ff bekommt Adam von Röm 5,12ff seinen Mund«; Käsemann 187· »Vor Christus wird ständig Adam wiederholt«. Vgl. auch sBar 54,19; 4Esr 7,118.
[311] Vgl. ausdrücklich z.B. slavHen 31,3–6; allgemein von der Beherrschung von Menschen durch Belial Test B 6,1; Test D 4,7; Test A 1,8; 6,5 sowie besonders Test N 8,4.

ist verursacht »durch das Gesetz«; und VV 8–11 haben das Ziel, eben dies auszuführen, indem zugleich offenbar wird, wie das Gesetz damit zugleich auch der Sünde allererst ihr Handeln gegen mich möglich gemacht hat. Das Gesetz bringt mich und die Sünde in jene unselige konkrete Verbindung, in der ich die Sünde als meine Herrin erkenne und die Sünde mich unter ihre Herrschaft bringt. Indem das Gesetz mir nämlich sagt: »Du sollst nicht begehren!«, läßt es mich erkennen, daß ich gesündigt habe (vgl. 3,20)[312]; denn (γάρ) es konfrontiert mich durch sein entbergendes Wort mit der Tatsache, daß ich faktisch eben das tue, was Gott mir verbietet: Ich begehre[313].

Was meint Paulus mit dem »Begehren«? In neuerer Zeit herrscht die Meinung vor, über den Tat-Willen hinaus, sich anzueignen, was einem nicht zusteht (9./10. Gebot), vor allem im eigenmächtigen Aufbegehren gegen Gott (Num 11,4.34 LXX vgl. 1Kor 10,6), also über das Streben nach Bösem (ἐπιθυμητὰς κακῶν 1Kor 10,6) hinaus gehe es Paulus hier um ein eigenmächtiges Streben nach Selbstverwirklichung vor Gott in Gestalt positiver Frömmigkeit, nach »eigener« Gerechtigkeit durch Erfüllung des Gesetzes (vgl. 10,2f; Phil 3,6.9), also um den Selbstruhm des Frommen vor Gott (vgl. 2,17.23; 1Kor 1,29; 3,21; 4,7; 2Kor 5,12; 10,13–17; 11,12.16.18; 12,1; Gal 6,13f; Phil 3,3). Von da aus wird V 7 so erklärt, daß das Gesetz mich *dadurch* zur Sünde provoziere, daß es mich zu seiner *Erfüllung* durch meine Werke rufe, ob ich es nun tatsächlich erfülle oder nicht[314]. Doch dieses Verständnis des Begehrens läßt sich aus keiner Textstelle bei Paulus belegen. In 1,24; 6,12; 13,14 (vgl. VV 12f!); 1Kor 10,6; Gal 5,16.24; 1Thess 4,5 ist durchweg der Tat-Wille zum Tun des Bösen gemeint; und das ist auch in Gal 5,17 der Fall, wie der Kontext zeigt (die ἐπιθυμία τῆς σαρκός 5,16 richtet sich auf die ἔργα τῆς σαρκός 5,19ff). Dem entspricht auch Röm 7,7. Daß hier lediglich von der Begierde und nicht von bösen Werken als Übertretung des Gesetzes die Rede ist[315], ist kein Gegenargument, eben weil nach paulinischem Verständnis die Begierde selbst Tat-Charakter hat und das Gebot sie als solche untersagt. Vor allem aber ist im ganzen Abschnitt nirgendwo gesagt, daß die Begierde vor allem darin Sünde sei, daß sie das Gesetz in eigenen Werken zu erfüllen trachte. Das Gegenteil ist der Fall: Die Sünde besteht konkret in jeglichem Begehren nach dem Bösen, das das Gebot zu tun verbietet (V 8). Nur darum kann Paulus sagen, daß dem Gesetz bei der Entstehung der Sünde keinerlei Schuld zukommt, obwohl es nur durch das Gesetz zur Erkenntnis der Sünde kommt. Nicht weil ich das Gesetz zu erfüllen suche (was ich doch im Sinne des Gesetzes *soll*), bin ich »unter die Sünde verkauft« (V 14), sondern deswegen, weil ich tue, was das Gebot verbietet[316]. Im übrigen gibt es keine Stelle, an der das Begehren mit dem Eifer nach »eigener Gerechtigkeit«

---

[312] So richtig zuletzt Cranfield 348 unter Hinweis auf 2,12; 3,20 sowie besonders 5,13f. Darin liegt der Unterschied zu dem hellenistischen (auf Eur Sthen fr 668, hrsg. A. Nauck 449, zurückgehenden) Topos, daß die Begegnung mit dem Verbot die Begierde wecke: »Nitimur in vetitum semper, cupimusque negata« (Ovid Am 3,4.17).

[313] ἐπιθυμεῖν ist hier wie durchweg dort, wo das Wort bei Paulus in sensu malo gebraucht wird, in Übereinstimmung mit dem Dekaloggebot als ein *Tun* gemeint. Eine Unterscheidung zwischen einem Begehren als bloßem »Wünschen im Herzen« und dem faktischen Ausführen dessen im Sinne rabbinischer Tradition (vgl. Bill III 235–237) ist Paulus unbekannt.

[314] Vgl. vor allem Bultmann, Römer 7, 205f; Bornkamm, Sünde 55.57; Schlier, ThWNT II 492f; Käsemann 184.188; Schlier 223.

[315] So besonders Bultmann, ebd. 205; Bornkamm, ebd. 55.

[316] So richtig gegen Bultmann: van Dülmen, Theologie des Gesetzes 175–179.

oder nach dem Selbstruhm in Verbindung gebracht wird. Man kann dies auch nicht aus Gen 3,5 herleiten; denn Paulus sieht in V 11 den »Betrug« (Gen 3,13) der Sünde darin, daß sie das klare Ziel des Gebots εἰς ζωήν, mich vor dem Tod als der Folge seiner Übertretung zu schützen, umlog in die Aussicht, durch seine Übertretung das Leben zu gewinnen, und mir so den Tod einbrachte. Das Motiv ἔσεσθε ὡς θεοί (sic!) spielt dagegen bei Paulus keine Rolle.

Mit V 8 beginnt die Beschreibung der Geschichte der Begegnung zwischen mir und der Sünde[317]. Diese ergriff die Gelegenheit[318], die in der Anrede des Ich durch das Gebot für sie gegeben war[319], und brachte so in mir »jegliche Begierde«, d.h. die Begierde als Wurzel alles Sündigens[320], zur Wirkung. Nicht also das Gesetz trieb die Begierde hervor, sondern die Sünde kam in der Begierde zur Wirkung. Doch konnte das die Sünde nicht von sich aus, sondern bedurfte dazu des Wortes des Gesetzes und nahm nun ihre Chance wahr, ihre Wirkung in mir zu entfalten.

Paulus begründet das in V 8b mit einer theologischen Sentenz[321]: »Ohne Gesetz ist die Sünde tot«, das kann nur heißen, ohne Kraft zu wirken (vgl. Jak 2,17.26); denn in V 9 ist mit ἀνέζησεν gemeint, daß sie nunmehr ihre Wirkung mir gegenüber zum Zuge gebracht hat, indem sie mich tötete. Dem Menschen den Tod einbringen kann nämlich die Sünde nur durch das Hinzutreten des Gesetzes, das im Namen Gottes den Sünder dem Tod als Folge seiner Sünde zuspricht, ihm »Zorn wirkt« (4,15), so daß seine Sünde »angerechnet« wird (5,13)[322] und er sie als solche erkennt (3,20; 7,7).

Der Regel V 8b entsprechend, gab es in der Geschichte des Ich eine Zeit »ohne Gesetz«, nämlich die Zeit vor V 8a. Damals »lebte« ich, eben weil das Gesetz noch nicht da war, das mir Verurteilung und Tod hätte zusprechen können. Darum war die Sünde im Sinne von V 8b tot.

Paulus denkt hier wohl an die Zeit im Paradies vor dem Gebot von Gen 2,16f[323]. Doch liegt auf ἔζων kein besonderer Ton, wie auch die unbestimmte Zeitbestimmung ποτέ zeigt. Ob er an ein »Leben im Vollsinne«, an das erfüllte Leben einer seligen Urzeit denkt[324], läßt der Text nicht erkennen; und durch

---

[317] δέ hat keine adversative Kraft, sondern weiterführende Funktion, vgl. Kuss 444.
[318] Der hellenistische Ausdruck ἀφορμὴν λαμβάνειν hat aktiven, nicht passiven Sinn, vgl. Pr-Bauer 253. ἀφορμή kann militärisch-technische Bedeutung (»Angriffspunkt«) haben, z.B. Thuc I 90; Polyb I 41,6, heißt hier aber lediglich »sich bietende Gelegenheit für eine Aktion«.
[319] Wie in V 11 ist διὰ τοῦ νόμου zu λαβοῦσα zu ziehen (so z.B. Kümmel, Römer 7,44), nicht zu κατειργάσατο (so zuletzt Schlier 184f). Erst dadurch, daß mir das Gebot von V 7c das Begehren untersagt, bekommt die Sünde ihre Gelegenheit, die sie auch sogleich ergreift: nämlich darin, daß sie das Begehren in mir ins Werk setzt.
[320] Möglich auch: »die Begierde in ihrer ganzen Vielfalt«, – nicht jedoch unter Einschluß auch der »Form religiöser Perversion« (gegen Käsemann 184).
[321] Das Fehlen des Verbums legt eine Auffassung von V 8b als allgemeine Sentenz nahe, so daß nicht mit dem westlichen Text ἦν zu ergänzen ist, sondern ἐστίν; vgl. z.B. Zahn 341 mit Anm. 80; Luz, Geschichtsverständnis 164 mit Anm. 109; zuletzt Schlier 224.
[322] Vgl. dazu Kümmel, Römer 7,48–51.
[323] So z.B. Lietzmann 74; zuletzt Schlier 224. Dagegen Kümmel, Römer 7,86f.
[324] So Kümmel, Römer 7,52; Lagrange 167; Benoit, La loi 16 Anm. 2; zuletzt Cranfield 351.

5,12–14 ist dies eigentlich ausgeschlossen. Zwar hat Paulus dort die Zeit »von Adam bis Mose« erst vom Sündenfall an im Blick, so daß die Möglichkeit besteht, daß er in 7,9a an die Zeit davor denkt. Doch dies läßt der Skopos seiner Argumentation in 5,12ff nicht zu. Dort knüpft die die Tat Adams aufhebende Tat Christi eben nicht an einen »Urstand« Adams vor dem Kommen der Sünde in die Welt an. Und das ist auch in 7,9 nicht der Fall; denn wenn die Regel von V 8b auf V 9 anzuwenden ist, dann war in der Zeit »einst« die Sünde, wie unwirksam auch immer, schon da, und rebus sic stantibus kann das »Leben« des Ich nicht davon unbetroffen, also auch nicht erfüllt und vollauf selig gewesen sein[325]. ἔζων kann freilich auch nicht lediglich heißen: »ich existierte«[326]; das ist wiederum durch ἀπέθανον in V 10 ausgeschlossen. Leben und Tod des Ich entsprechen dem Totsein und Zum-Leben-Kommen der Sünde, nur in umgekehrter Reihenfolge. So ergibt sich folgende Figur[327]:

ἁμαρτία νεκρά	ἁμαρτία ἀνέζησεν
χωρὶς νόμου	ἐλθόντος τοῦ νόμου
ἐγὼ ἔζων	ἐγὼ ἀπέθανον

Deswegen muß ἔζων prägnant verstanden werden: »Ich war am Leben«. Doch zeigt das Gefälle der Argumentationsfigur, daß sowohl vom Leben des Ich, als auch vom Totsein der Sünde nur zum Zweck der Kontrastierung die Rede ist[328], nämlich um den Umschlag herauszuarbeiten, der mit dem »Kommen« des Gesetzes bewirkt worden ist: Ich, der zuvor lebte, starb; die Sünde dagegen, die zuvor tot war, lebte auf. ἀνέζησεν bedeutet als oppositum zu νεκρὰ ἦν V 8 das Wirksam-Werden der Sünde; sie gewinnt ihre Kraft, mich zu töten, durch das Gesetz (1Kor 15,56), das mich dem Tod als der Folge der Sünde zuspricht. Mein »Sterben« bedeutet entsprechend als oppositum zu ἔζων den Verlust des »Lebens«, in dem ich mich zuvor »ohne das Gesetz« befand, nämlich den Verlust meiner Verfügung über mich selbst. Als »Gestorbener« bin ich der Sklave der Sünde geworden (vgl. V 14). Beides, das Herrwerden der Sünde über mich und meine Versklavung unter sie, geschah durch das Kommen des Gesetzes. Dies entspricht dem Kommen der Sünde und des Todes in die Welt in 5,12; es ist ein »geschichtliches« Ereignis (vgl. Gal 3,23.25) wie jenes (vgl. 5,20 παρεισῆλθεν). Jetzt betritt das Gesetz die Szene dieser Geschichte, meiner Geschichte, und bestimmt sie, indem es die Sünde mit ihrer Folge, dem Tod, zusammenspricht und sie allererst so zu ihrer tödlichen Kraft kommen läßt, mit der sie mich tötet.

10 Und so ist es dazu gekommen (»fand es sich«)[329], daß auch dem Gesetz selbst ein radikaler Umschwung widerfahren ist. Das Gebot V 7c sollte mir zum Leben dienen[330], diente mir jetzt jedoch faktisch zum Tod. Mit seiner Negation

---

[325] So mit Recht Kuss 448.
[326] So Chrysostomus 550.
[327] Vgl. Kümmel, Römer 7,51.
[328] So überzeugend Kuss 448.
[329] Hinter εὑρέθη steht hebr. נמצא, hier mit der Nuance, »das Erstaunliche des festgestellten Tatbestands« hervorzuheben, vgl. Kümmel, Römer 7,54 Anm. 2.
[330] Vgl. Lev 18,5 in Röm 10,3; Gal 3,12. Rabbinische Belege bei Bill III 129–131.237. Vgl. auch ApkMos 16; ApkSedrach 4,5f; 5,1f.

als Verbot des Begehrens sollte es mich vor der »Bekanntschaft« mit der Sünde (V 7b) und vor ihrer tödlichen Wirkung bewahren. Aber indem ich tat, was es verbot, verfiel ich der Herrschaft der Sünde und damit dem Tod als ihrer Folge, den das Gebot mir androhte (Gen 2,17: ᾗ δ' ἂν ἡμέρᾳ φάγητε ἀπ' αὐτοῦ, θανάτῳ ἀποθανεῖσθε). Und so erfüllte sich an mir das negative Wort des Gesetzes, statt daß es sein positives Ziel erreichte, mich zur Negation der Sünde und damit zum Gegenteil ihrer Wirkung, zum Leben, zu bringen[331]. Der Grund dafür (γάρ V 11) liegt vollauf bei der Sünde, nicht beim Gesetz. Sie war es, die 11 die Gelegenheit der Anrede des Gebots an mich ergriff (vgl. V 8) und mich eben dadurch um das Leben, in dem es mich zu bewahren rief, betrog und mich – durch das Gesetz! – tötete[332]. Die Doppelung διὰ τῆς ἐντολῆς und δι' αὐτῆς unterstreicht den Widersinn dessen, was die Sünde durch Usurpation des Gebots zu erreichen suchte (V 10).

In diesem Widersinn besteht der »Betrug« der Sünde, der als solcher allein ihr Werk ist und mit dem Willen des Gesetzes nichts zu tun hat[333]. Paulus gibt so Gen 3,13 eine unendlich vertiefende, ›existenziale‹ Deutung[334]. Zwar hätte sie nie ihr Ziel erreichen können ohne das Wort des Gebots; insofern erreichte sie es »durch« es. Aber für die Verkehrung dessen, was das Gebot erreichen sollte und wollte, ist allein die Sünde, nicht das Gesetz ›verantwortlich‹. Damit steht 12 – entgegen dem Einwand von V 7a – fest: Das Gesetz als solches (μέν)[335] ist heilig[336], es gehört zu Gott; und seine Stimme, das Gebot, ist heilig, gerecht und gut: »gerecht«[337], weil es mich zur Gerechtigkeit führen wollte, indem es mich durch sein Verbot vom Begehren fernhalten und so von der Sünde scheiden wollte; »gut«, weil es Gottes guter Wille (12,2) ist, den es mir gegenüber vertritt, und mich zum Gehorsam diesem Willen gegenüber, zum Tun des Guten bewegen will.

β) 7,13–25: Die Wirklichkeit der Herrschaft des Gesetzes in mir

Kaum daß Paulus dem Einwand von V 7a die Gegenthese von V 12 entgegenge- 13 stellt hat, wiederholt der Partner ihn, indem er ihn diesmal aus einem Wider-

---

[331] αὕτη unterstreicht die Paradoxie, Schlier 225.
[332] Es ist eine völlige Verkehrung des Skopos von V 10, wenn Schlier 225 schreibt: »Das Gesetz ermächtigt die Sünde, indem es und weil es zugleich den Menschen (›mich‹) täuscht«. Ebenso falsch Giese, Römer 7,28: »Aber wenn das Ich es (scil. das Gesetz) zu erfüllen sucht, so fuhrt es zum Tode«.
[333] Darum ist auch in V 11 wie in V 8 διὰ τῆς ἐντολῆς zu ἀφορμὴν λαβοῦσα zu ziehen; vgl. Anm. 319.
[334] Zu beachten ist, daß Paulus sowohl die Beziehung von Gen 3,13 auf Eva vernachlässigt und Adam (= »mich«) betrogen sein läßt, als auch »die Sünde« statt der Schlange als den Betrüger hervorhebt. – Kümmel, Römer 7,54 bestreitet zu Unrecht den Bezug auf Gen 3,13. Die Formel »Betrug der Sünde« in Hebr 13,13; Eph 4,22; 2Thess 2,10 dürfte ihrerseits der Auslegungstradition von Gen 3,13 entstammen.
[335] Ein nachfolgendes δέ fehlt; vgl. zu 1,8. Beim Diktat von 7,12 könnte aber der Einwand V 13a bereits im Blick gestanden haben, der der Sache nach die Funktion eines δέ erfüllt.
[336] Vgl. 1,2 ἐν γραφαῖς ἁγίαις. V 12a wird in V 14 durch ὁ νόμος πνευματικός ἐστιν präzisiert.
[337] Vgl. besonders 9,31; 10,5 sowie 8,2–4.

spruch in der Argumentation des Paulus in V 7b–12 resultieren (οὖν) läßt: Wenn die Sünde mich durch das Gebot getötet hat (V 11), so mag sie zwar die ›Schuldige‹ sein; indem sie aber ihr böses Werk nur vollbringen konnte, indem sie sich des Gesetzes bediente, das mir den Tod wirksam zuspricht, ist es eben doch eigentlich das Gesetz, das mir den Tod gebracht hat. Wie kann dann Paulus gleichwohl am Grund-Satz jüdischer Theologie festhalten, daß das Gesetz gut sei, wo es doch nur Böses, nämlich den Tod bewirken kann?

Wie in V 7b, so bestreitet Paulus auch hier mit leidenschaftlichem Nachdruck, daß sich die in VV 8–11 erzählte Geschichte in dem Satz zusammenfassen lasse, das gute Gesetz sei mir zum Tode – d. h. zur Ursache, daß ich »starb« (V 10) – geworden: Nein, auf das Gesetz fällt kein Makel, durch den seine »Güte« verdorben oder gar in Böses umgeschlagen wäre[338]. Zwar ist es richtig: Durch das gute Gesetz hat die Sünde mir den Tod eingebracht; denn ohne das κατάκριμα (Verurteilung) des Gesetzes (vgl. 8,1) hat die Sünde keine Kraft zu solcher Todeswirkung (vgl. 1Kor 15,56). Aber den Tod sprach es mir als die Folge der Sünde zu, und eben darin wirkte es selbst als ἀγαθόν (gut), sofern es mich durch das Verbot der Sünde vor ihrer Folge bewahren wollte. Da jedoch die Sünde das Nein des Gesetzes gegen sie benutzte, um mich als ihr zugehörig zu vereinnahmen, so daß nun sein Nein gegen *sie* als Todesurteil *mich* trifft, ist sie die vollauf Schuldige an meinem Tod. Und so erweist sich die Güte des Gesetzes gerade darin, daß durch sein Todesurteil über mich die Sünde »als Sünde erscheint«, entlarvt wird: nämlich als die, deren Folge der Tod ist, als die also, die dem, den sie beherrscht, den Tod »bewirkt«[339]. Und eben darin wird die Sünde selbst allererst »im Übermaß sündig«, sofern nun erst ihre Todesfolge sichtbar und wirksam wird – und zwar »durch das Gebot«, das diese mit seinem Urteilsspruch in Kraft setzt. Beides gilt: Ohne den Verdammungsspruch des Gesetzes hätte die Sünde mir nicht den Tod einbringen können. Aber die Sünde war es, die mir den Tod gewirkt hat, nicht das Gesetz.

Man kann V 13b syntaktisch entweder so auffassen, daß das Partizip κατεργαζομένη die Funktion des verbum finitum hat[340], oder so, daß man zu ἡ ἁμαρτία aus V 13a ergänzt: ἐμοὶ ἐγένετο θάνατος[341]. Ferner sind die beiden ἵνα-Sätze parallel. Auf dem zweiten liegt deutlich das Achtergewicht: Durch das Gesetz erscheint die Sünde nicht nur als Sünde, sondern sie wird selbst »im Übermaß sündig«[342].

---

[338] Diese Konsequenz hat dann Marcion gezogen, vgl. von Harnack, A., Marcion, Darmstadt ³1960, 30–35.106. Zu beachten ist freilich, daß er Röm 7,12f und sogar 7,14 stehen ließ (ebd. 108f). Erst die Gnostiker haben das Gesetz als durch und durch böses Prinzip gelehrt.
[339] Vgl. Fuchs, Existenziale Interpretation 292f; auch Bornkamm, Sünde 60f.
[340] Vgl. vg: »operatum est«. So zuletzt Cranfield 354. Vgl. die Stilparallele in 2Kor 5,12 und dazu Bl-Debr-Rehkopf § 468,1.
[341] So z. B. Kümmel, Römer 7,56; Kuss 450. Doch ergibt sich dann die Doppelung ἐμοὶ ἐγένετο θάνατος – μοι κατεργαζομένη θάνατον. Deswegen ist die andere Auffassung vorzuziehen.
[342] Zu καθ' ὑπερβολήν vgl. 1Kor 12,31; 2Kor 1,8; 4,17; Gal 1,13. Die Bedeutung ist: »über jede Begrenzung hinausgehend«; vgl. 5,20.

Für das richtige Verständnis des Folgenden ist wichtig zu sehen, daß V 13b die 14
Überschrift über VV 14–23 ist. Es geht auch im folgenden um das Verhältnis
von Sünde und Gesetz. Doch während in VV 8–11 geschildert wird, wie die
Sünde gleichsam von außen her an mir handelte und mich unter ihre Herrschaft brachte, tritt von V 14 an das »Ich« als von der Sünde besessen und also
als Ort des Widerstreits zwischen Sünde und Gesetz hervor. Insofern handeln
VV 14–23 vom Ergebnis der Geschichte von VV 8–11.

Von daher läßt sich der Tempuswechsel von den Praeterita zum Praesens erklären. In
VV 14ff beschreibt Paulus den Zustand, der durch das Geschehen der Machtergreifung
der Sünde nunmehr in mir besteht[343]. Der Tempuswechsel in V 14 kann also kein Grund
für eine Distanzierung des Folgenden vom Voranstehenden in dem Sinn sein, daß Paulus von der Erfahrung ante Christum zur gegenwärtigen christlichen Erfahrung übergehe. Daß dieses Verständnis des Textes aber von der Alten Kirche bis in die Gegenwart
hinein immer wieder vertreten wird[344], hat zugleich andere Gründe, auf die wir im einzelnen jeweils einzugehen haben werden.

In VV 14–16 gibt Paulus eine erste Begründung zu V 13b (γάρ V 14).

Die Textüberlieferung einschließlich der Übersetzungen liest in V 14a nahezu übereinstimmend[345] οἴδαμεν. Damit pflegt Paulus einen ›Lehrsatz‹ einzuleiten, dessen Kenntnis er bei den Lesern voraussetzt; vgl. 2,2; 3,19; 8,22.28; 1Kor 8,1.4; 2Kor 5,1; Gal
2,16. Doch ist diese Aussage in V 14a weder im Urchristentum noch im Judentum[346]
nachweisbar. Der Satz hat im Kontext als Kontrast zu V 14b eine wichtige Funktion und
kann so nur eine ad-hoc-Formulierung des Paulus sein. Dazu paßt aber die Einleitung
im Wir-Stil nicht; sie steht auch im Duktus des durchgehenden Ich-Stils völlig isoliert
und kann so nicht überzeugend erklärt werden[347]. Darum legt es sich sehr nahe, οἶδα
μέν zu lesen[348], womit V 14a V 18a entspricht. Da V 14b mit δέ in jedem Fall den entsprechenden Gegensatz einleitet, ist das kein Argument, das gegen den Vorschlag, οἶδα
zu lesen, spricht[349].

---

[343] So Bornkamm, Sünde 61 und nach ihm Käsemann 189; Kertelge, Exegetische Überlegungen 108.
[344] Für die Väter vgl. Schelkle, Paulus 242–248; Kümmel, Römer 7,90–95. Die Reformatoren haben diese Auslegung übernommen im Sinne der Luther'schen Lehre vom simul iustus et peccator. In der Gegenwart wird sie vertreten von Zahn 363–367; Nygren 208–213; Asmussen 162–167; Packer, Wratches Man 626; Franzmann z.St.; Bruce z.St.; Murrey I 256 259; Stalder, Das Werk des Geistes in der Heiligung bei Paulus, Stuttgart 1962, 291–307; Ziesler, Meaning 2–37; Cerfaux, Le Chrétien 405f; Dunn, Rom 7,14–25; Ellwein, Rätsel; Modalski, O., Gal 2,19–21; 5,16–18 und Röm 7,7–25, ThZ 21 (1965) 22–37; zuletzt Cranfield 344–347.

[345] Nur 33 pc lesen οἶδα μέν; vgl. Hier Contra Jov I 37: scio quia«.
[346] Bill II 238 kennt keinen einzigen Beleg. Stellen, an denen von der Inspiration der Heiligen Schriften die Rede ist, sind keine Parallelen, da es in V 14 um das geistliche *Wesen* des Gesetzes geht, gegen Cranfield 365.
[347] Kümmel, Römer 7,58 versteht mit Ambrosiaster 116 im Sinne von 7,1: »quoniam scientibus legem loquitur ideo ait: scimus etc.« Doch wäre dann οἴδατε zu erwarten.
[348] So nach Semler und Reiche ausführlich v. Hofmann, J. Chr., Die Heilige Schrift des NT III, 1868, 280–282; ferner besonders Zahn 347f; Barth 206 Anm.; erwogen von Michel 175 Anm. 3.
[349] Gegen Kümmel, Römer 7,58.

Ich weiß, daß das Gesetz der Wirklichkeit des Geistes zugehört. Ich selbst dagegen gehöre der des Fleisches zu[350]. Die Antithese Geist – Fleisch entspricht VV 5f. Doch das pneumatische Wesen des Gesetzes widerspricht der Antithese in V 6. Muß man daraus schließen, daß in V 14 das Gesetz des Geistes von 8,2 gemeint ist[351]?

Aber dort geht es um die Befreiung des vom Gesetz mit Sünde und Tod zusammengesprochenen Menschen durch das »Gesetz des Geistes des Lebens in Christus Jesus«, während hier von einem Gegensatz des »unter die Sünde verkauften«[352] Ich zu dem geistlichen Gesetz die Rede ist, der für das Ich nicht befreiend, sondern unerträglich bedrückend ist. Das geistliche Wesen des Gesetzes nämlich ist der Grund dafür, daß es »heilig, gerecht und gut« ist (V 12), worauf der Gedanke auch hier hinausläuft (V 16). Dagegen ist mein fleischliches Wesen der Grund dafür, daß ich dem geistlichen Gesetz zuwiderhandle. Es ist also die Situation von V 5, die Paulus hier zu beschreiben beginnt. Diese erscheint jedoch jetzt um so bedrohlicher, als inzwischen nach VV 7–13 klargestellt ist, daß das Gesetz zwar die »Leidenschaften meiner Sünden« hervorruft, als solches aber nicht der Kumpan der Sünde, sondern vielmehr das mich verurteilende Wort *Gottes* ist. Als geistliches steht es mir, dem »Fleischlichen« *entgegen*[353].

15 Das Gegenüber zwischen Gesetz und »Ich« wird nun so entfaltet (γάρ), daß ihm *im Ich selbst* ein Gegensatz zwischen Wollen und Tun entspricht (V 15b). Ich will das, was das Gesetz gebietet: das Gute, und hasse, was es verbietet: das Böse; eben darin akzeptiere ich sein Gutes (V 12), nämlich sein geistliches Wesen (V 14). Aber in meinem Tun gerate ich dazu in Widerspruch: ich tue nämlich faktisch nicht, was ich in Übereinstimmung mit dem Gesetz will, sondern was ich – wiederum in Übereinstimmung mit dem Gesetz – hasse, das tue ich, dem Gesetz entgegen. Also handle ich faktisch im Widerspruch zu dem Gesetz, das ich in meinem Willen doch anerkenne. Das ist es, was ich nicht zu begreifen vermag und auch nicht akzeptiere: Was ich »bewirke«, was in meinem Tun faktisch herauskommt, »erkenne« ich nicht (V 15a). κατεργάζεσθαι hat die gleiche Bedeutung wie in V 13. Wie die Sünde mir den Tod »einbringt«, so

---

[350] Vgl. 1Kor 3,1.3, wo σάρκινος mit σαρκικός synonym, als Gegenbegriff zu πνευματικός, gebraucht wird.
[351] So zuletzt Cranfield 355f.
[352] Damit erscheint die Situation ὑπὸ νόμον als die eines an die Herrin Sünde verkauften Sklaven; vgl. 7,6 ἐν ᾧ κατειχόμεθα sowie Gal 3,23. Der Gegensatz: 6,15; Gal 3,25 vgl. 1Kor 6,20.
[353] Im übrigen hat Cranfield 356–358 nicht zu beweisen vermocht, daß Paulus vom *Christen* sagen könnte: »verkauft *unter* das Gesetz«. Zwar ist es richtig, daß der Christ nach Paulus immer bedroht bleibt von der Sünde. Aber alle Paränese zum Kampf gegen die Sünde hat zur entscheidenden Voraussetzung, daß Christen aus der Sklavenherrschaft der Sünde ein für allemal befreit sind. 7,14 steht in eindeutigem Gegensatz sowohl zu Kapitel 6 als auch zu 8,1ff. – Der Gegensatz in 7,14 ist auch in der Auslegung von Schlier 229 verfehlt, nach dem ἐγὼ σάρκινός εἰμι heißen soll: Dem ἐγώ »widerfährt . . . durch das Gesetz nicht mehr τὸ πνεῦμα«. Der Geist in der Stimme des Gesetzes steht vielmehr gegen mich als einen fleischlichen Menschen. In dieser Situation ante Christum widerfährt mir *noch nicht* τὸ πνεῦμα, sondern nur das geistliche *Gesetz* als mein Gegner.

bringe ich mir ein, was ich nicht will – nämlich »Gesetzlosigkeit« (6,19), deren τέλος (»Endziel«) der Tod ist (6,22). Dieser Tun-Ergehen-Zusammenhang des Bösen, der Sünde, ist es, den ich unbegreiflicherweise, wider Willen (V 15b) und Wissen (V 14), »bewirke«. In οὐ γινώσκω ist beides enthalten: das Nicht-Erkennen und das Nicht-Akzeptieren. Zwar »weiß« ich, daß das Gesetz geistlich ist; aber ich entspreche diesem Wissen in meinem Tun nicht und also *überhaupt* nicht; denn Gottes Gesetz will *getan* werden. Nun stimme ich zwar 16 darin dem Gesetz durchaus zu (V 16), aber nur so, daß ich hasse, was ich bereits tue. In meinem Tun habe ich die Sünde-Tod-Folge schon realisiert, so daß ich mit meinem Willen nur noch der *Verurteilung* meines Tuns durch das Gesetz zustimmen kann und in diesem Sinn sagen muß: Mit dem, was dabei herauskommt, will ich nichts zu tun haben (οὐ γινώσκω), obwohl ich weiß (οἶδα), daß *ich* es bin, der im Gegensatz zum geistlichen Gesetz fleischlich bin und in meinem sündigen Handeln ihm zuwiderhandle.

Mit νυνὶ δέ in logischer Bedeutung[354] tritt zu dem Gedanken von VV 14–16 17 ein weiterer in VV 17–20: Hat Paulus zunächst den Gegensatz zwischen Wollen und Tun in mir aufgezeigt, so läßt er diesen jetzt als Gegensatz zwischen mir und der Sünde hervortreten. Die Sünde »bewohnt« mich vollständig wie ihr Haus, in dem sie schalten und walten kann, ohne daß ich etwas dagegen ausrichten könnte. Das ist der Grund, warum ich nicht »erkenne«, was ich bewirke (V 15): die Sünde in mir ist es, die es[355] von sich aus »bewirkt«.

Paulus erläutert (γάρ) diese neue These nochmals mit dem »Wissen« von 18 V 14b: Weil ich fleischlich bin, »wohnt« in mir nichts Gutes; denn »in mir« heißt ja eben: »in meinem Fleisch«[356]. Das klingt nur dann wie eine fatale Entschuldigung, wenn – entgegen dem klaren Wortsinn – zwischen dem Ich und seinem Fleisch unterschieden wird, so als handle es sich bei dem Fleisch um etwas dem Ich Fremdes, an das es in der angesprochenen Situation gleichsam durch ein böses Geschick gekettet worden wäre[357]. Aber es ist sehr zu beachten,

---

[354] Das gleiche gilt von οὐκέτι, vgl. z.B. Lietzmann 77; Kümmel, Römer 7,60. Falsch ist die temporal-heilsgeschichtliche Auffassung im Sinn von 7,6 und 3,21 bei Nygren 219f, für den V 17 »eine der Stellen« ist, »die mit besonderer Deutlichkeit zeigen, daß Paulus vom Christen spricht«. Vgl. auch Giese, Römer 7,33f. Dagegen vgl. die umsichtige Begründung der logischen Bedeutung von νυνὶ δέ bei Zahn 352f (der für 7,14ff im ganzen die gleiche Deutung auf den Christen vertritt wie Nygren): »Es wird, . . . ein bisher noch nicht berücksichtigter Umstand als eine zweite Prämisse neben die vorher (V 15–16) angesprochene erste gestellt, damit die zu beweisende These aus beiden als Schlußfolgerung sich ergebe«.

[355] αὐτό bezieht sich auf V 15 zurück.

[356] So mit Recht zuletzt Schlier 232 gegen die vielfache Auslegung in einschränkendem Sinn.

[357] So besonders Lietzmann 74–77, der die Antithese ἐγώ – σάρξ von V 23 her im Kontext hellenistischer dichotomischer Anthropologie interpretiert, wie sie im hellenistischen Judentum – besonders bei Philo – rezipiert worden ist. Doch hat einerseits Brandenburger, Fleisch und Geist, darauf aufmerksam gemacht, daß Philo darin Motive einer jüdischen dualistischen Weisheitslehre voraussetzt, die sich von der üblichen platonisierenden Anthropologie unterscheidet und vor allem von einer anderen Problemstellung bestimmt war. Andererseits ist, was Paulus betrifft, mit Nachdruck geltend zu machen, daß das Ich selbst Fleisch *ist* und eben als solches mit dem Fleisch als *seiner* σάρξ im Widerstreit liegt. So mit Recht Bultmann, Römer 7,202.

daß Paulus »in meinem Fleisch« im Sinne von V 14 so versteht, daß das Ich selbst Fleisch *ist*. Das Ich selbst ist es darum, in dem nichts Gutes wohnt. ἀγαθόν (Gutes) ist im Sinne von V 13 zu erklären. Gemeint ist das Gesetz bzw. das vom Gesetz Gebotene, das ich tun will, aber faktisch nicht tue, obwohl ich ihm zustimme[358]. Darum wiederholt Paulus in V 18b das V 15b Gesagte, nun jedoch so, daß er auf die mir faktisch zu Gebote stehende Möglichkeit zum Guten (πα-

19 ράκειταί μοι) abhebt: Diese besteht – nach V 18a – nur im Blick auf mein Wollen, aber nicht im Blick auf mein Tun. Denn ich tue faktisch nicht das, was ich will, nämlich das, was das gute Gesetz will, das ich in meinem Wollen bejahe (V 16), sondern im Gegenteil das, was ich *hasse*[359].

20 Dann aber ist die Lage des Ich aussichtslos[360]. Denn wenn ich eben das tue, was ich nicht will, dann bin nicht ich es, der mein Tun verwirklicht, sondern die in mir wohnende Sünde. Was immer ich in meinem Willen zu tun ablehne, das Böse, das tue ich faktisch, so daß das Subjekt, das die Tat ausführt, die Sünde ist. Ich als der, der den guten Willen des Gesetzes tun will, bin als Subjekt meines faktischen Tuns ausgeschaltet; die Sünde steuert all mein Handeln[361].

21 In VV 21–23 zieht Paulus das Fazit (ἄρα) aus VV 14–16 und VV 17–20: Was er in V 10 passivisch von einem Widerfahrnis des Ich gesagt hat (εὑρέθη μοι), formuliert er nun aktivisch: »Ich finde also das Gesetz für mich, der ich das Gute tun will, daß mir (nur) das Böse zur Verfügung steht.«

Der Satz ist bereits den Exegeten der Väterzeit als schwierig, wenn nicht unverständlich erschienen[362]. Was die Zuordnung der Satzteile betrifft, so ist *erstens* deutlich, daß τὸν νόμον als Akkusativobjekt zu εὑρίσκω gehört[363]. *Zweitens* ist wahrscheinlich, τῷ θέλοντι usw. als Dativus commodi aufzufassen und zum Hauptsatz, nicht aber als vorweggenommenes Objekt zu παράκειται zu ziehen[364]. *Drittens* ist τὸ καλόν nicht Ap-

---

[358] Bultmann, ebd. 207 interpretiert dagegen das ἀγαθόν als das»Leben«, auf das sich das Wollen eigenlich richte. So richtig es jedoch ist, daß das Gesetz als ὁ εἰς ζωήν (V 10) das Leben bewirken will und so auch das Wollen des Ich, das dem Gesetz zustimmt (V 16), auf das Leben als Ziel gerichtet ist, so falsch ist es, dies als »transsubjektive Tendenz der menschlichen Existenz« (ebd. 202) und in diesem Sinn als Bejahung der »Grundintention« des Gesetzes, »zum Leben zu führen« (ebd. 207), zu interpretieren. Das Gesetz bewirkt vielmehr das Leben dem, der es *tut*, und darum den Tod dem, der es *nicht tut*. Die ganze Argumentation des Paulus hat darin ihren Nerv: Das κατεργάζεσθαι ist an das Tun gebunden, und der schmerzliche Widerspruch besteht darin, daß ich nicht *tue*, was das Gesetz will und was ich, sofern ich dem Gesetz zustimmen muß, auch selbst nicht will.

[359] τοῦτο unterstreicht wieder wie in V 15 das Paradoxe des Vorgangs, vgl. Kühl 238.

[360] Es heißt, die Dinge auf den Kopf zu stellen, wenn Cranfield 360 in diesem Konflikt zwischen Ich und Sünde »a sign of hope« sieht.

[361] Blank, Der gespaltene Mensch 19 trifft den Skopos gut: »Die bloße Freiheit des guten Willens . . . ist ja, genau besehen, Unfreiheit. Ja, noch mehr, es besagt in einer interessanten (?) Umkehrung, daß ich als Sünder die Freiheit zum Bösen habe«. Zutreffend ist auch die Umkehrung der Selbstvorstellung Mephistos in Goethes Faust bei Schmidt 131: »Das Ich von Römer 7 ist einer, der stets das Gute will und stets das Böse schafft«. Doch geht es eben nicht um eine »Entlastung« des Ich, der sagen könnte: »Eine andere Macht hat sich dazwischengedrängt und mein Handeln verfälscht.«

[362] Vgl. Chrysostomus (MPG 60,510f): ἀσαφὲς τὸ εἰρημένον.

[363] τὸν νόμον gehört nicht als Objekt zu ποιεῖν, so daß τὸ καλόν Apposition wäre.

[364] So Kuss 455; v. Dülmen, Gesetzesverständnis 115 Anm. 136; zuletzt Schlier 228

position zu τὸν νόμον³⁶⁵, sondern Objekt zu ποιεῖν. *Viertens* ist der ὅτι-Satz nicht kausal aufzufassen³⁶⁶, sondern als Explikation von τὸν νόμον (= daß).

Schwierig ist aber vor allem das Verständnis von »Gesetz«. Da νόμος zuvor durchweg das Mosegesetz meint, liegt es nahe, das Wort auch in V 21 so zu deuten³⁶⁷. Doch das bereitet unüberwindliche inhaltliche Schwierigkeiten: Wie kann das Mosegesetz zum Inhalt haben, daß mir das Böse zu Gebote steht³⁶⁸? Überdies fällt auf, daß im folgenden Satz V 22 »Gesetz *Gottes*« steht, woraus folgt, daß »Gesetz« in V 21 etwas anderes meinen muß³⁶⁹. Man versteht darum in der Gegenwart zumeist allgemein νόμος in der Bedeutung: Gesetzmäßigkeit, Regel³⁷⁰. Aber diese Wortbedeutung ist nur in der frühgriechischen, nicht jedoch in der klassischen und hellenistischen Literatur zu belegen³⁷¹; auch sonst bei Paulus nicht³⁷². Wenn also zwar ein strenges Verständnis im Sinne des Mosegesetzes, ebenso aber auch die allgemeine Wortbedeutung »Regel« auszuschließen ist, dann bleibt nur die Möglichkeit, V 21 von V 23 aus zu erklären. Der νόμος, den ich finde, ist das »andere Gesetz«, »das Gesetz der Sünde in meinen Gliedern« (vgl. 8,2)³⁷³. »Finden« meint dann die in VV 14–20 beschriebene Erfahrung (vgl. βλέπω V 23). V 21 hat ja mit ἄρα zusammenfassende Funktion.

Paulus will also sagen: Ich finde in der zuvor beschriebenen widersprüchlichen Erfahrung einen Widerstreit zwischen dem Gesetz, dessen Forderung, »das Gute«, ich erfüllen will, und einem Widergesetz, durch das mir faktisch nur das Böse verfügbar ist. Paulus führt das in VV 22f aus. Ich stimme freudig dem Gesetz Gottes zu³⁷⁴ (vgl. V 16) – ich nämlich, »sofern es den inneren Menschen betrifft«. Ich sehe (vgl. εὑρίσκω V 21) jedoch ein anderes Gesetz in meinen Gliedern, d.h. in dem Aktionszentrum meines Leibes (vgl. 6,13.19). Dieser ἕτερος νόμος streitet gegen »das Gesetz meiner Vernunft« und nimmt mich gefangen im Gesetz der Sünde und des Todes³⁷⁵, das in meinen Gliedern ist. 22f

(Übersetzung). Das Richtige bei Bl-Debr-Rehkopf § 190,2 Anm. 3 (Belege für εὑρίσκω c.dat.).
³⁶⁵ So Zahn 158.
³⁶⁶ So die bei Zahn 356 Anm. 9 genannten Väter, z.B. Ambrosiaster 113 (»quoniam«); Rufin 1088 (»quia«). Dafür setzt sich energisch Zahn 356 ein; danach z.B. Barth 212.
³⁶⁷ So die Mehrzahl der Väter bei Schelkle, Paulus 256; Zahn 359; Barth 212f; ferner Vaughan 143; Denney 642.
³⁶⁸ Es geht nicht um den Urteilspruch des Gesetzes über den Sünder, wie Barth 212f allzu frei paraphrasiert.
³⁶⁹ Kümmel, Römer 7,61.
³⁷⁰ So zuletzt Käsemann 195; Schlier 233.
³⁷¹ Vgl. den Überblick über die Wortgeschichte bei Kleinknecht, ThWNT IV 1016–1029; Liddell-Scott 1180 gibt keinerlei Belege für eine solche Wortbedeutung. Vor allem widerspricht der explikative ὅτι-Satz dem üblichen Sprachgebrauch.
³⁷² In der zumeist angeführten Belegstelle Röm 3,27 ist der differenzierte Gebrauch an der Bedeutung »Mosegesetz« orientiert (s.o. EKK VI/1 245f); ebenso in 8,2 (s.u.S. 122f).
³⁷³ So besonders Cranfield 362. Lietzmann 77 hat nicht Unrecht, wenn er in diesem νόμος so etwas »wie einen bösen Doppelgänger des mosaischen Gesetzes« sieht.
³⁷⁴ Anders Cranfield 362f: »rejoice in«. Die angegebenen LXX-Belege haben aber durchweg ἐν.
³⁷⁵ Zu ἐν in lokalem Sinn vgl. 7,6. Deswegen ist ein instrumentales Verständnis weniger wahrscheinlich; gegen Kuss 456, dem sich v. Dülmen, Gesetzesverständnis 117 Anm. 144 anschließt.

Die Formulierung dieser Passage ist schwierig; denn es ist auf den ersten Blick nicht deutlich, wie die verschiedenen Ausdrücke mit »Gesetz« gemeint sind und wie sie sich zueinander verhalten. Klar ist zunächst, daß »das Gesetz Gottes« in V22 die Tora[376] bezeichnet (vgl. 8,7) und »das Gesetz der Sünde« in V23 die von der Sünde mißbrauchte Tora von VV 8.11, sofern sie das Gesetz zwingt, dem von ihr beherrschten Sünder den Tod zuzusprechen (vgl. 8,2 »Gesetz der Sünde und des Todes«). Deutlich ist auch, daß der »innere Mensch« in V22 mit »meiner Vernunft« von V23 identisch ist. Sofern ich dem Gesetz Gottes »nach dem inneren Menschen« zustimme, wird das Gesetz zum »Gesetz meiner Vernunft« im Gegensatz zum »Gesetz der Sünde«. »Innerer Mensch« und »Vernunft« bezeichnen bestimmte Aspekte des Ich in VV 14–20, dessen Wollen in ohnmächtigem Widerstreit gegen das Tun der Sünde liegt: als »innerer Mensch«, sofern der Gegensatz zum Fleisch bzw. zu den »Gliedern« als dessen Aktionsträger hervortritt; als »Vernunft«, sofern ich dem geistlichen Gesetz (V 14) zustimme. Das »andere Gesetz« dagegen, das in meinen Gliedern gegen das »Gesetz meiner Vernunft« zu Felde zieht (V23a), ist dem »Gesetz der Sünde« (V23b) zugeordnet durch die übereinstimmende Lokalisierung »in meinen Gliedern«. Beide jedoch direkt gleichzusetzen, scheint die Formulierung auszuschließen, nach der das »andere Gesetz« mich »im Gesetz der Sünde« gefangensetzt. Das erstere erscheint als Gefangennehmer, das zweite als Gefängnis; und die Glieder erscheinen einerseits als die Stellung, aus der heraus das »andere Gesetz« seinen Angriff gegen das »Gesetz meiner Vernunft« vorträgt, andererseits als Ort des Gefängnisses, in das das »andere Gesetz« nach seinem Sieg über das »Gesetz meiner Vernunft« das Ich selbst einsperrt, vgl. V 14. Doch sind das zweifellos nur Aspekte ein und desselben Geschehens, so daß das »andere Gesetz« nicht als eine andere, dritte νόμος-Größe aufzufassen ist[377]. Auch in VV 5f sind ja die aktive Funktion des Gesetzes und seine Funktion als Gefängnis unmittelbar miteinander kombiniert. Vor allem aber wird in VV 22f die These von V21 expliziert; und in V21 geht es um den Widerstreit zwischen meinem Willen, das Gute als die Forderung des Gesetzes zu tun, und meinem Tun des Bösen, der zugleich negativ entschieden ist, sofern das Tun des Bösen irreversibel meine faktische Lage bestimmt (παράκειται Perfekt). Das entspricht den beiden Aspekten in VV 22–23a und V23b.

Es ergibt sich also, daß νόμος in seinen verschiedenen Bedeutungsgehalten durchweg auf die Tora bezogen ist; und das ist für das Verständnis des ganzen Abschnittes sehr wichtig. Paulus versucht in VV 21–23 das Problem zu klären, das durch den Einwand in V7a und V 13a gestellt ist und auch für den christlichen Theologen selbst gestellt bleibt, der den Einwand als solchen bestreiten muß. Was das Verhältnis zwischen Gesetz und Sünde betrifft, so ist die Ant-

---

[376] Gewiß meint νόμος in V22 »den Gotteswillen in genereller Weise« (so Käsemann 195). Doch kommt Paulus entgegen dem Einwand in V 7.13 alles darauf an, daß es durchaus die Tora ist, der diese universale und allgemeine Geltung zukommt.

[377] So überzeugend Kümmel, Römer 7,62f; Kuss 456f. Die vierfach differenzierende Auslegung von Schlier 234 kommt auf das gleiche Ergebnis heraus.

wort in V 13b eindeutig. Doch Paulus zielt in VV 14ff darauf, zu durchdenken, was es für die Existenz des Sünders bedeutet, daß einerseits das Gesetz selbst »gut« ist und seine Forderung, das Gute zu tun, auch dort Geltung und Bestand behält, wo andererseits ich im Tun des Bösen der Sünde völlig verfallen bin. Alles kommt Paulus darauf an, daß, wo ich der Sünde verfallen bin, so daß sie mich vollauf ›besetzt‹ hat, das Gesetz nicht zu einer fremden Instanz außerhalb meiner wird. Dann wäre mein Sündenfall ein Verhängnis, das über mich gekommen wäre. Aber wie die Sünde die mich beherrschende Macht geworden ist, weil *ich* gesündigt habe, so ist das Gesetz als die Macht, die die Sünde allererst als Sünde erscheinen und wirksam werden läßt, auch die Wahrheit, die ich in *meinem* Sündigen verfehle. Sünde ist Widerspruch gegen das Gesetz; darum muß dort, wo die Wirklichkeit der Sünde meine Existenz vollauf bestimmt, nicht nur die Sünde »in« mir sein, sondern auch das Gesetz, an dem nach V 13 meine Sünde zur Sünde wird. Der Widerspruch »der« Sünde gegen das Gesetz muß als *mein* Widerspruch gegen das Gesetz begriffen werden, es muß sich darin also um einen Widerstreit in mir selbst handeln.

Widerspruch als Negation kann sich nur an einem positiv Vorgegebenen vollziehen. Das Gesetz ist nach V7c die Stimme, gegenüber der ich sündige; es enthält die Negation selbst in sich, indem es das Begehren ausschließt, das ich tue. Dieser konkrete Widerspruch gegen das Gesetz ist es nun, dessen Entstehung in der Existenz des Ich Paulus in VV 14ff durchdenkt: Das Gesetz, gegen das ich sündige und an dem ich zum Sünder werde, ist in mir präsent – nämlich darin, daß meine Vernunft ihm zustimmt und mein Wille es bejaht. Indem ich sündige, widerstreite ich also nicht nur dem ›äußeren‹ Gesetz, sondern auch seinem ›inneren‹ Repräsentanten in mir. Wie Sünde nicht wirklich werden kann ohne das Gesetz, so kann auch ich nicht sündigen, ohne dadurch in Widerspruch gegen mich selbst zu geraten: Es gibt kein Gott-loses Sündigen. Warum? Wie das Gesetz *Gottes* Gesetz ist, so bin ich Gottes Geschöpf; und wie die Sünde das Gesetz nicht negieren kann, ohne darin seine bleibende Wahrheit vorauszusetzen, so kann ich nicht sündigen, ohne darin meine Geschöpflichkeit als die Wahrheit meiner Existenz vorauszusetzen. Und wie die Sünde nur den Tod einbringen kann, in dem sie darin das Gesetz als εἰς ζωήν voraussetzt, so gibt es kein Sündigen des Menschen, das nicht zugleich seine Selbstzerstörung bewirkte. Ich als Geschöpf weiß, was gut ist und zum Leben führt. Ich weiß es in meiner Vernunft als dem in mir als Gottes Geschöpf vernehmbaren Gesetz, und ich will es in dem Streben meines »inneren Menschen« nach Realisierung meiner Geschöpflichkeit. Aber indem ich sündige, handle ich diesem meinem Wissen und Willen zuwider, indem ich das Böse tue, das zum Tode führt, statt das Gute, das zum Leben führt.

Nun *ist* der Mensch, was er *tut*. Das bezeugt das Gesetz Gottes, indem es sagt: Tue das Gute, so wirst du leben (vgl. 10,5). Indem der Mensch aber das Böse tut, das vom Gesetz negiert wird, verfällt er in seinem Geschick dem Bösen, das er tut, dem Tod. Seine Tat bestimmt sein Sein zum Tode; ich, der Handelnde, negiere in der Sünde mich selbst. Das meint Paulus in der Rede von »der«

Sünde als Macht, die mich besetzt und beherrscht. Wer gesündigt hat, *ist* ein Sünder; er wird durch sein Tun in seinem Sein bestimmt und kann sich davon nicht lösen. Auch wenn er es will, spricht ihn das Gesetz mit der Wirklichkeit seines Tuns definitiv zusammen: Es wird so zum »Gesetz der Sünde und des Todes« im Gegensatz zu seinem ursprünglichen und eigentlichen Ziel, dem Gerechten das Leben zuzusprechen. Es wird in mir zu einem »anderen« Gesetz, das dem Gesetz meiner Vernunft widerstreitet – und mich nur noch in die Wirklichkeit der Sünde hinein festspricht, so daß ich darin aussichtslos gefangen bin.

Von hier aus ist nun auch der Gegensatz zwischen Fleisch und Geist zu verstehen, mit dem der Gedankengang in V 14 einsetzt. Zwar taucht der Begriff πνευματικός von V 14a im folgenden nicht wieder auf; wohl aber unterstreicht Paulus in V 18 die Aussage von V 14b, und dem entspricht in V 23 die präzisierte Ortsbestimmung »in meinen Gliedern«. V 24 zeigt, daß die Glieder zusammengenommen den Leib des Ich bilden, der als Stätte der Wirksamkeit der Sünde in mir zum Todesleib wird. Die Mahnung in 6,12f enthält das Gegenbild zu V 23. Beide Stellen ergänzen sich keineswegs in dem Sinne, daß sowohl dort wie hier der Christ gemeint wäre, der sich der Sünde zu erwehren hätte[378]. Vielmehr befindet sich in Röm 6 der Getaufte mit seinem Leib und allen Gliedern »in Christus Jesus« und wird aufgerufen, der Sünde jeden erneuten Zugriff zu verwehren; hier dagegen hat umgekehrt die Sünde den Leib des Ich vollauf besetzt und erringt im Kampf mit ihm den totalen Sieg, seine Gefangensetzung[379].

Liegt das daran, daß der Sünder von seiner irdischen Leiblichkeit abhängig ist, so daß seine Vernunft gegen die Übermacht des Fleisches nichts ausrichten kann[380]? Daß der Abschnitt Motive hellenistischer dualistischer Anthropologie und Ethik enthält[381], ist nicht zu leugnen. Es ist jedoch sehr zu beachten, daß Paulus nicht in der irdischen Leiblichkeit des Ich den eigentlichen Grund für seine Misere sieht, sondern diese auf die Aktivität der Sünde zurückführt. Und so sehr er in V 23 die Leiblichkeit des Ich als den Ort ihrer Wirksamkeit

---

[378] So zuletzt Cranfield 362–366 sowie Dunn, Rom 7,14–25,262.
[379] Cranfield 365 verweist zur Erklärung des Wortes lediglich auf seine Erklärung von V 14 (ebd. 356f), in der er den Bezug auf den Christen so begründet, daß Christen während ihres irdischen Lebens im Fleisch bleiben, wenn auch nicht »in the same unqualified way that the natural man is carnal« (357). Damit wird er aber weder der harten Aussage von V 14 noch auch der von V 23 gerecht. Denn wenn auch Gal 5,17 zeigt, daß Paulus sehr wohl von einem aktuellen Kampg zwischen Fleisch und Geist weiß, in dem der Christ Stellung zu beziehen hat, so steht diese Mahnung doch dort wie in Röm 6 und Röm 8 unter der entscheidenden Voraussetzung der Zugehörigkeit zu Christus und damit zum Geist, während das Ich in der in 7,14–23 beschriebenen Situation der Sünde preisgegeben, von ihr gefangen ist, so daß sein Kampf gegen sie aussichtslos ist.
[380] So Lietzmann 76 und zuletzt v. Dülmen, Theologie des Gesetzes, die fälschlich V 14 so interpretiert: »Die Fleischlichkeit des Menschen . . . versklavt ihn unter die Sünde und wirkt in ihm die Gesetzesübertretung« (115 vgl. 117 sowie die Ausführung ebd. 138–158).
[381] Dazu vgl. Eltester, F. W., Eikon im NT, 1958 (BZNW 23), besonders 43–59; Jervell, Imago Dei 58–60 sowie vor allem Brandenburger, Fleisch und Geist 114–221, der ebd. 172f Philo Her 267–276 vergleicht, wo nahezu alle entscheidenden Stichworte aus Röm 7,14–23 auftauchen.

hervorhebt, so wichtig ist es, daß er von den *Gliedern*, d.h. von den Organen der *Aktionen* des Leibes spricht, nicht aber von der Leiblichkeit als solcher, zumal nicht vom »Fleisch« als deren Substanz. Wie in V 14 der Satz »Ich bin fleischlich« durch den Satz »Ich bin verkauft unter die Herrschaft der Sünde« begründet wird und nicht umgekehrt, so wird in V 23 das Gefängnis des Ich »im Gesetz der Sünde« deswegen in den Gliedern des Ich lokalisiert, weil mein Beherrschtsein durch die Sünde in meinen eigenen Taten wirklich ist, nicht aber in meiner irdisch-leiblichen Konstitution als solcher.

Von hier aus ist auf den Haupteinwand gegen die Interpretation des Abschnitts als Selbstbericht des Sünders ante fidem einzugehen. Der Einwand geht *erstens* aus von dem Ausdruck »innerer Mensch«, der in 2Kor 4,16; Eph 3,16 und 1Petr 3,4 (κρυπτός) auf den Christen bezogen ist und in 2Kor 4,16; Kol 3,10 und Eph 4,23f in dem Ausdruck »neuer (bzw. erneuerter) Mensch« im Gegensatz zum »alten Menschen« (vgl. Röm 6,6; Kol 3,9) eine Parallele hat. Der Kontext an diesen Stellen ist durchweg der der Taufe[382]. Nun ist *zweitens* aber in Eph 4,23 im selben Zusammenhang von der Erneuerung »durch den Geist eurer Vernunft« (τῷ πνεύματος τοῦ νοός) die Rede (vgl. Kol 3,10): Ist das eine Parallele zu Röm 7,23 νόμος τοῦ νοός μου (vgl. 7,14 νόμος πνευματικός)? Da sich *drittens* an den genannten Stellen die in der Taufe geschehene Erneuerung des »inneren Menschen« ethisch verwirklichen soll, ergibt sich die Frage, ob nicht in Röm 7,14ff der Wille zum Guten, ja die freudige Zustimmung zum Gesetz Gottes (V 22) nur vom Christen ausgesagt sein könne, so daß 12,2 (ἀνακαίνωσις τοῦ νοός) die entsprechende Parallele wäre[383]?

Was das *Erste* betrifft, so ist in 2Kor 4,16 der Ausdruck ὁ ἔσω ἡμῶν ἄνθρωπος oppositum zu ὁ ἔξω ἡμῶν ἄνθρωπος, meint also als solcher das Innere des Menschen (vgl. 1Petr 3,4 ὁ κρυπτὸς τῆς καρδίας ἄνθρωπος); lediglich der Kontext zeigt, daß vom Inneren *des Christen* die Rede ist. Der Ausdruck als solcher stammt aus platonischer Tradition und findet sich mitsamt dem zugehörigen Vorstellungszusammenhang einer dualistischen Anthropologie und Ethik in der Umwelt des Paulus vielfach[384]. Die gleiche Tradition liegt in CorpHerm I 15 ὁ οὐσιώδης ἄνθρωπος; I 18.21 ὁ ἔννους ἄνθρωπος; XIII 7 ὁ ἐνδιάθετος ἄνθρωπος und in der Lehre der Markosier Iren I 21,5 vom »interior homo«, der sich beim Tod vom Körper löst und in seinen himmlisch-göttlichen Wesensursprung zurückkehrt, sowie bei Zosimos zugrunde[385]. Überall ist dort mit dem »inneren Menschen« die Seele im Gegensatz zum Körper als dem »äußeren Menschen« gemeint; und da der νοῦς seinen Sitz in der Seele hat, gilt von jenem wie von dieser, daß er durch körperliches Leiden und Sterben ebenso wenig betroffen sei, wie er sich umgekehrt den Begierden des Körpers widersetze. Paulus nimmt diese Tradition in 2Kor 4,16 im Blick auf die Existenz des Christen auf, jedoch so, daß er den anthropologischen Dualismus in den eschatologischen Horizont integriert und ihn so verändert; in Röm 7,23

---

[382] Vgl. oben S. 46f sowie Schweizer, Der Brief an die Kolosser, 1976 (EKK), 146f.
[383] Vgl. zuletzt Dunn, Röm 7,14 25, 262 und Cranfield 363–365.
[384] Vgl. PlatResp 589A τοῦ ἀνθρώπου ὁ ἐντὸς ἄνθρωπος, was PlotEnn V 1,10 als τὸν εἴσω ἄνθρωπον aufnimmt. In diesem Sinn spricht Philo Plant 42 von ὁ ἐν ἡμῖν πρὸς ἀλήθειαν ἄνθρωπος bzw. Congr 97 vom ἄνθρωπος ἐν ἀνθρώπῳ (vgl. DetPotIns 22f), den Philo mit dem νοῦς gleichsetzt.
[385] Vgl. Brandenburger, Adam 81–83. Zum Traditionszusammenhang als ganzem Duchrow, Weltverantwortung 92–109; zur Interpretationsgeschichte Jewett, R., Paul's Anthropological Terms. A Study of their use in conflict dettings, Leiden 1971 (AGSU 10), 391–395.

dagegen im Blick auf die Existenz des Sünders, jedoch so, daß er den Skopos der Tradition umkehrt, indem der »innere Mensch« und seine Vernunft von der Sünde in den Gliedern überwältigt wird. Deswegen ist – *zweitens* – in Röm 7,21–23 von einer Erneuerung des νοῦς nicht wie in 12,2 die Rede; und will man die Stelle mit Röm 6 vergleichen, so ist die einzig sachentsprechende Parallele 6,6, wo vom »alten Menschen« als dem »Leib der Sünde« die Rede ist. Schließlich fällt – *drittens* – zwar der sehr starke Ausdruck συνήδομαι τῷ νόμῳ in V 22 auf: doch dieser Steigerung gegenüber σύμφημι τῷ νόμῳ in 16 entspricht auch eine Steigerung auf der Gegenseite vom Gegensatz zwischen Wollen und Tun zum Krieg zwischen dem Gesetz meiner Vernunft und dem Gesetz der Sünde und dessen Sieg über jenes in V 23. Man darf V 22 eben nicht isoliert interpretieren.

Muß so in allen drei Punkten die Auslegung auf die Existenz des Christen eindeutig abgewiesen werden, so bleibt doch das Interpretationsproblem: »Wie können dem unerlösten Menschen Prädikate und Fähigkeiten des erlösten beigemessen werden?«[386] In der Tat finden sich sonst bei Paulus nirgendwo so positive Aussagen über Willen und Vernunft des Menschen gegenüber dem Gesetz[387]. Die Antwort ergibt sich daraus, daß der Abschnitt 7,14ff ja unter dem hermeneutischen Horizont der Frage von V 13a steht und so von mir nur handelt unter dem Aspekt meines Widerstreits gegen das Gesetz. Die Überschrift steht 7,14; und so sehr Paulus im folgenden die Geltung und Wirksamkeit des Gesetzes in mir in meinem Willen, der ihm zustimmt, herausstellt, so sehr geht es in all diesen positiven Aussagen eben um das *Gesetz,* das geistlich ist, und dem ich, der ich fleischlich bin, zwar zustimme, aber im Tun widerstreite. Überspitzt kann man darum sagen: Was in Röm 7,14–23 positiv vom Ich ausgesagt wird, gilt zum Ruhm des Gesetzes, nicht zum Ruhm des Ich, von dem als solchem vielmehr die negativen Aussagen gelten. Überspitzt ist das jedoch deswegen, weil ja, was das Gesetz sagt, eigentlich mir zum Leben gereichen soll, so daß ich in allem Widerstreit und entsprechendem Elend der bleibe, als den Gottes Gesetz mich anspricht: Gottes Geschöpf. Widerspruch und Elend sind von daher die Entfremdung des Ich von seiner geschöpflichen ›Eigentlichkeit‹; und je hoffnungsloser die Lage des Ich Zug um Zug hervortritt, desto eindeutiger ist, daß das Ich in seiner Entfremdung ein salvandus ist. Seine ursprüngliche Geschöpflichkeit äußert sich in seinem letzten Wort – als Ruf nach seinem Erretter (V 24).

24 Wenn darum das Ich seinen Lagebericht in den verzweifelten Schrei ausmünden läßt »Ich armseliger Mensch! Wer wird mich retten aus diesem Todesleib?«[388], so ist dies nicht die Klage des hellenistischen Menschen über seine

---

[386] Käsemann 197.
[387] Vgl. Kümmel, Römer 7,134–138; ders., Bild des Menschen 185–192.
[388] τὸ σῶμα τοῦ θανάτου ist der vom Tod gezeichnete, dem Tod gehörige Leib, wie 6,6 σῶμα τῆς ἁμαρτίας (vgl. 8,3 σὰρξ ἁμαρτίας) der von der Sünde beherrschte Leib. τούτου ist auf den Ausdruck als ganzen bezogen und verweist auf VV 14–23 zurück. Auf θανάτου beziehen Kümmel, Römer 7,63f und die bei Kuss 459 Genannten.

Vergänglichkeit, die in seiner irdischen Leiblichkeit verursacht ist[389], sondern die Tod-Verfallenheit des Leibes, die die Folge meiner Sünde ist, die mir das Gesetz definitiv zuspricht[390].

Parallele Klagen finden sich vor allem in 4Esr, vgl. 7,65–69 sowie besonders 7,116–126: »Ach Adam, was hast du getan! Als du sündigtest, kam dein Fall nicht nur auf dich, sondern auf uns, deine Nachkommen! Denn was hilft es uns, wenn uns die Ewigkeit versprochen ist, wenn wir Werke des Todes getan haben? Daß uns eine unvergängliche Hoffnung verheißen ist, wenn wir so traurig der Eitelkeit verfallen sind? Daß uns Stätten voll Genesung und Frieden bereitet sind, wenn wir im Elend dahingegangen sind . . . Ach, wir haben im Leben, da wir Sünde taten, der Leiden nicht gedacht, die uns nach dem Tod bevorstehen!«

Die Frage »Wer wird retten?« ist aus dem immanenten Horizont von VV 7–23 25a nur mit »Niemand« zu beantworten; jeder positiven Antwort steht »das Gesetz der Sünde« mit seinem eschatologisch definitiven Todesurteil entgegen. Wenn Paulus gleichwohl unvermittelt mit der Dankesformel in V 25a[391] antwortet, so geschieht das unter völlig neuem Horizont: dem von V 6. Kein anderer als Gott selbst konnte den unter dem Gesetz unrettbar Verlorenen aus »diesem Todesleib« retten. Und Gott hat dies getan in Sühnetod und Auferstehung Christi. So ist auch der Dank gegen Gott allein vermittelt »durch Jesus Christus, unseren Herrn«[392].

Gleichwohl aber zeigt der Dank in V 25a die Voraussetzung, unter der der Ich-Bericht in VV 7–24 in seiner ganzen negativen Realistik steht. Das Bild des für mich aussichtslosen Streits zwischen meinem Wollen und meinem Tun und

---

[389] Vgl. dazu die eindrückliche Parallele in dem Hymnus Corp Herm XXII (Kore Kosmou) 34–37: Von den Göttern »allen getrennt, leiden wir Unglück (ἄθλια πάσχομεν) und mehr (denn Unglück), weil wir, entfernt von dem, was groß und prächtig ist, und von der heiligen Atmosphäre und dem reichen Firmament, ja noch mehr: vom seligen Leben in Gemeinschaft mit den Göttern (τῆς μακαρίας μετὰ θεῶν πολιτείας), so (unglückselig) eingekerkert worden sind hinein in die schändlichen und niederen Zelte. (35) Was ist uns Unglücklichen für ein so unwürdiges Geschick widerfahren? Was von diesen Bestrafungen ist unser wert? Wieviel Verfehlungen (ἁμαρτίαι) erwarten uns Elende? Was alles werden wir zu tun haben aufgrund von schlechten Hoffnungen, um dem wässrigen und rasch sich auflösenden Körper das Lebensnotwendige zu verschaffen? . . . (36) Wir werden stöhnen immerfort (στενάξομεν ἀεί). Denn unglücklich wie wir sind, sind wir verdammt (ἄθλιαι γὰρ κατεκρίθημεν) . . . (37) Uns, die wir für immer abgetrennt sind von dem, von wo wir hinabsteigen mußten zu was für (Orten), wird das ständige Trauern zunichtemachen (ἀεὶ δὲ ἀπολυθείσας ἡμᾶς ἀφ' ὧν εἰς οἷα κατέβημεν ἀπολεῖ τὸ λυπεῖσθαι)«. Smith, Form, sieht darin ein liturgisches Formular und vermutet, daß auch die Klage in Röm 7,24 »might well reflect something which was said by believers at a definite stage in the process of becoming christians« (133). Vgl. dazu Käsemann 198f.201.

[390] Dunn, Rom 7,14–25, 268 verkennt die durch das Urteil des Gesetzes definitive Aussichtslosigkeit, die in dieser Klage zum Ausdruck kommt. Sie ist etwas anderes als die »anguished frustration« des Christen über die lebenslange Bedrückung durch den irdischen Leib. Die Problemstellung in 7,24 ist eine andere als die in dem Seufzen nach der Erlösung des Leibes in 8,23.

[391] Die v.l. ἡ χάρις τοῦ θεοῦ in D lat bzw. ἡ χάρις κυρίου in FG, wonach V 25a die Antwort auf die τίς-Frage V 24 ist, ist zweifellos sekundäre stilistische Korrektur. Die verbreitete LA εὐχαριστῶ in ℵ* A Koine pm sy Or ist dagegen durch Verlesung von χάρις τῷ θεῷ entstanden, vgl. Lietzmann 77f.

[392] Dazu vgl. EKK VI/1 S. 77 Anm. 67.

zwischen dem Gesetz meiner Vernunft und dem anderen Gesetz der Sünde in meinen Gliedern entspricht ja nicht einfach der faktischen Selbsterfahrung des Sünders ante Christum, der ja vielmehr, dem Betrug der Sünde erliegend, seine Situation als alles andere denn aussichtslos einschätzt (vgl. z. B. 1,22; 2,17ff). Jene illusionsfreie Realistik, in der Paulus die Konsequenzen des Tun-Ergehen-Zusammenhangs der Sünde unter der Herrschaft des mich verurteilenden Gesetzes in mir Zug um Zug schildert, öffnet sich allererst dem, der in Christus daraus befreit ist. Dieses Bild des Ich ist so nur im Rückblick des Getauften auf seine Lage ante Christum möglich.

25b Der Dank in V 25a ist formelhaft, ohne inhaltliche Begründung. Diese folgt in 8,1–4 nach. Darum überrascht das dazwischenstehende Résumé von VV 14–23 in V 25b, das noch einmal hinter V 25a zurückgreift. Man kann schwerlich V 25a als vorgreifende Antwort auf die Klage V 24 erklären, die nach Art einer Doxologie wie in 1,25 parenthetisch am Schluß des Selbstberichts eingebracht sei[393]; dazu hat der Satz trotz seiner Formelhaftigkeit im Kontext ein zu großes Gewicht und verlangt eigentlich nach sofortiger Ausführung. Man kann ebenso wenig V 25b als Frage (ἆρα) auffassen, die sogleich durch 8,1 negativ beantwortet werde[394]. Denn erstens ist der Satz nicht als Frage, sondern als zusammenfassende Folgerung aus dem Voranstehenden eingeführt[395]; und zweitens ist 8,1 nicht als Antwort auf 7,25b formuliert, es wäre dann jedenfalls (wie in Gal 2,17) ein μὴ γένοιτο zu erwarten. Ferner kann V 25b auch nicht als »Kontrastbild« zu 8,1 eine Schlüsselfunktion im gesamten Kontext von 7,7–8,4 haben[396]; denn dann müßte in 8,1 statt ἄρα eine adversative Partikel stehen. Das beziehungslose Nebeneinander der beiden als Folgerung eingeleiteten Sätze 7,25b und 8,1 bildet vielmehr ein schweres exegetisches Problem. Man hat es dadurch zu lösen versucht, daß man V 25b nach V 23 und 8,1 nach 8,2 umstellte[397]. Aber einerseits besteht zwischen 7,23 und 7,24 kein Hiatus, der durch V 25b geheilt würde; andererseits schließt 8,3 an 8,2 so eng an, daß 8,1 dazwischen eher stören als passen würde. Vor allem aber läßt sich keinerlei Erklärung dafür geben, wie die Unordnung des Textes zustandegekommen sein kann, der von der gesamten handschriftlichen Überlieferung bezeugt ist[398]. Das gleiche läßt sich freilich genauso gegenüber der Ausscheidung von V 25b als sekundär in den Text geratener Randglosse[399] einwenden. Doch legt sich

---

[393] So Gaugler 232.
[394] So Keuck, Dienst des Geistes 279 nach Zahn 371, der ebd. 373f auch 8,1 als Frage auffaßt.
[395] Während ἄρα von Paulus sehr häufig gebraucht wird, findet sich ἆρα im ganzen Corpus Paulinum einzig in Gal 2,17; und es ist sehr zu erwägen, ob hier nicht ebenfalls ἄρα zu lesen ist (so Bultmann, R., Zur Auslegung von Gal 2,15–18, in: Exegetica 394–399, hier 395). Doch ist der Satz nicht als Behauptung, sondern als Frage aufzufassen (so richtig gegen Bultmann; Klein, G., Individualgeschichte und Weltgeschichte bei Paulus, in: Rekonstruktion 181–202, hier 186–189), so daß wohl doch ἆρα zu lesen ist, jedoch im Sinne des geläufigen ἄρα; Bl-Debr-Rehkopf § 440, 2 Anm. 3.
[396] Gegen Kürzinger, Schlüssel.
[397] So Müller, Marginalien. Ihm folgen Michel 180.188 und Eichholz, Paulus 257.
[398] So gegen Müller: Bultmann, Glossen 278.
[399] So Zuntz, G., The Text of the Epistles, Schweich Lectures 1946, London 1953, 16 und Bultmann, ebd. 278f nach dem Vorgang Älterer (vgl. dazu Schmithals, Römerbrief 206

gleichwohl dieses Urteil nahe. Denn V 25b faßt das Voranstehende in einem Sinn zusammen, der diesem widerspricht. Nach V 25b dient das Ich zwei Herren gleichzeitig und zwar so, daß es die beiden verschiedenen Teilbereiche seiner selbst, seine Vernunft und sein Fleisch, für diesen Dienst jeweils gegensätzlich mobilisiert: Mit dem νοῦς dient das Ich dem Gesetz Gottes (V 22), mit der σάρξ dem Gesetz der Sünde (V 23). Nun wird zwar durch αὐτὸς ἐγώ stark betont, daß der Dienende auf beiden Seiten ich selbst bin[400], so daß ausgeschlossen ist, daß ich etwa nur νοΐ auf seiten des Gesetzes Gottes und nicht auch selbst τῇ σαρκί auf seiten des Gesetzes der Sünde stünde[401]. Sieht man aber, daß es, was das »Dienen« betrifft, für Paulus sowohl ante als auch post Christum nur ein schroffes Entweder – Oder gibt (6,16), so könnte die Summe aus VV 14–23 nur so lauten: »Also will ich zwar mit der Vernunft dem Gesetz Gottes dienen, diene aber faktisch mit dem Fleisch dem Gesetz der Sünde.« Von einem doppelten *Dienst* ist aber bislang gerade nicht die Rede gewesen[402]. Deswegen kann der Satz V 25b nicht im Paulustext belassen und muß als diesen mißverstehende Randglosse eliminiert werden. Da jedoch sämtliche handschriftlichen Zeugen den Satz an derselben Stelle im Kontext lesen, muß dann allerdings vermutet werden, daß die gesamte Textüberlieferung nicht auf das paulinische Original, sondern auf eine Handschrift zurückgeht, in der die Glosse bereits in den Text eingeführt war.

Dieser Abschnitt ist – neben 5,12–21 – zweifellos der schwierigste Text des Römerbriefes. Er hat darum vom Beginn der Paulusexegese an (Origines) ein besonderes Interesse der Theologen auf sich gezogen. An ihren Bemühungen von der Alten Kiche bis in unsere Gegenwart, Paulus an dieser Stelle zu verstehen, lassen sich grundlegende Probleme der Wirkungsgeschichte biblischer Texte besonders deutlich studieren.

Zusammenfassung

Anm. 7). Ihm folgen u.a. Fuchs, Freiheit 82f; Luz, Geschichtsverständnis 160; Käsemann 202; Schlier 235; Hahn, Gesetzesverständnis 47 Anm. 58; erwogen von Bornkamm, Sünde 66; Kuss 460f; v. Dülmen, Theologie des Gesetzes 119 Anm. 148; Paulsen, Überlieferung 23–29. Dagegen z.B. Schmidt 133; Sand, Fleisch 192; Keuck, Dienst des Geistes 239ff; Cranfield 368–370 sowie Aland, K., Glosse, Interpolation, Redaktion und Komposition in der Sicht der ntl. Textkritik, in: Studien zur Überlieferung des NT und seines Textes, 1967 (ANTT 2), 35–57, hier 53–55.

[400] In diesem Sinn steht αὐτὸς ἐγώ durchweg bei Paulus, vgl. 9,3; 15,14; 2Kor 10,1; 12,13. So mit Recht Kümmel, Römer 7,66f und nach ihm z.B. Luz, Geschichtsverständnis 160; zuletzt Cranfield 369 Anm. 4. Der Ausdruck kann nicht bedeuten: »ich auf mich allein gestellt«, d.h. ich remoto Christo, so daß die entsprechende Antithese in 8,1 zu finden wäre: »ich in Christus«. Dann müßte ἐγὼ μόνος stehen, vgl. 16,4; 1Kor 9,6; gegen Pr-Bauer 244; Giese, Römer 7,42–44; Schmidt 133.

[401] Diesen Skopos trägt Käsemann 201 in den Text ein. αὐτὸς ἐγώ ist Subjekt auch beim δουλεύειν τῇ σαρκί.

[402] Das könnte Paulus auch im Blick auf den Christen nie sagen, der zwar »im Fleisch« lebt, aber nicht »nach dem Fleisch« leben darf (vgl. 8,5ff; 2Kor 10,3) und dessen Dienst allein Gott und der Gerechtigkeit, nicht aber der Sünde und auch nicht mehr dem Gesetz der Sünde gelten darf (vgl. 6,15; 7,4–6). Es ist die größte Schwäche der Ausleger, die 7,14–25 auf den Christen bezogen verstehen, daß sie dies beharrlich übersehen; vgl. zuletzt Cranfield 369f, der sogar in V 25b eine »honesty« des Christen ausgesprochen hört.

1. Fassen wir zunächst unsere Exegese kurz zusammen: Es geht Paulus hier darum, den ersten Teil seiner These in 7,5f, den Satz über das Zusammenwirken von Sünde und Gesetz im Handeln des Sünders so zu durchdenken, daß verstehbar wird:

a) Sünde als »Feindschaft gegen Gott« (8,7) tritt zwar erst in Kraft als Widerspruch gegen das Gesetz; und sie kann ihre Wirkung »zum Tod« nur dort entfalten, wo das Gesetz den Sünder dem Tod zuspricht. Aber obwohl das Gesetz die Sünde allererst zu ihrer Wirkung bringt, wird es nicht zu deren Instrument, sondern ist Gottes Wort, das die Sünde negiert und darum den Sünder verurteilt.

b) Durch die Sünde entsteht freilich im Gesetz selbst ein tiefer Widerspruch: Zwar ist es sein göttliches Ziel, den Menschen als Gottes Geschöpf auf den Weg zum Leben zu rufen, indem er dem Willen Gottes im Tun entspricht. Den Sünder aber, der den vom Gesetz ausgeschlossenen Weg der Sünde im Begehren wählt, muß das Gesetz dem Tod als der Folge dieses Abwegs zusprechen.

c) Zwar bleibt auch das den Sünder verurteilende, ihn tötende Gesetz vollauf in Übereinstimmung mit Gott. Aber als solches verliert es die Kraft, dem Leben zuzusprechen (8,3). Gegenüber dem Sünder kann es nur als »Gesetz der Sünde und des Todes« (8,2) zur Wirkung kommen. Dies ist der eigentliche Stachel der Frage des jüdischen Partners in VV 7.13, der im Gesetz Gottes letztes Wort und darum in der von Paulus gelehrten Unfähigkeit des Gesetzes, zum Leben zu führen, vollendete Blasphemie sieht.

d) Paulus bestreitet diesen Einwand, nimmt ihn darin aber so ernst, daß er seinen christlichen Adressaten zumutet, sich selbst persönlich – als »Ich« – in jene Situation zurückzudenken, da das Gesetz als das heilige, gerechte und gute Gebot *Gottes* sie definitiv unter die Herrschaft von *Sünde und Tod* festsprach. Auch der Christ nämlich muß dem Gesetz seine volle göttliche Autorität zusprechen, indem ich seinem Widerspruch gegen die Sünde und also seinem Todesurteil gegen mich vollauf Recht gebe. Nicht im Gesetz also liegt eigentlich der Widerspruch; indem es das Gute fordert und das Böse negiert ist es »heilig, gerecht und gut«. Der Widerspruch fällt vielmehr ganz in mich, der ich dem Gesetz zustimmen muß, das mein Tun des Bösen verurteilt. Dieser Widerspruch besteht darin, daß ich in der Faktizität meines Tuns »fleischlich« bin und dem »geistlichen« Gesetz entgegenhandle.

e) Paulus nimmt zur Charakteristik dieses Widerspruchs in mir Elemente hellenistischer Ethik auf, nach der der aus Körper und Seele bestehende Mensch zum Guten nur dadurch findet, daß er die körperlichen Leidenschaften, die ihn dazu motivieren, sich im Erwerb und Genuß wahrnehmbar-materieller Güter zu verwirklichen, negiert und sich auf die Strebungen der Seele in seinem Inneren konzentriert, die als Tugenden das wahrhaft Gute im nicht wahrnehmbar-immateriellen Sein suchen. In dem Maße nun, in dem diese Antinomie zwischen Körper und Seele, Sinnlichkeit und Vernunft, Leidenschaften und Tugenden in der Umwelt des Paulus in einen Dualismus umgschlagen, der »innere Mensch« als im Gefängnis des Körpers eingekerkertes himmlisches Wesen und entsprechend die Erkenntnis des himmlisch-transzendenten Guten als ekstatisches Widerfahrnis aufgefaßt worden ist, bestanden im jüdischen Bereich vielerlei Möglichkeiten, den Gegensatz zwischen Gerechtigkeit und Ungerechtigkeit und die Forderung des Gesetzes, den Willen Gottes als das Gute zu tun und die Sünde als das Böse zu bekämpfen, im Horizont eines solchen ontologischen Dualismus hellenistischer Ethik zu verstehen. Mit den Gegensatzpaaren gut – böse, innerer – äußerer Mensch, Geist – Fleisch, Gesetz der Vernunft – Gesetz der Sünde in den Gliedern rekurriert Paulus auf diese Tradition jüdisch rezipierter hellenistischer Ethik. Er verschärft ihren Dualismus aber darin, daß er die Vernunft ganz an den im Gesetz zur Sprache kommenden Willen Gottes bindet und das »Fleisch« auf die Faktizität der Sünde als Widerspruch zum Gesetz Gottes im leibhaftigen Tun bezieht. Damit eliminiert er den ontologischen Skopos des Gegensatzes zwischen materieller Körperlichkeit und immaterieller Geistigkeit und konzentriert den Gegensatz in der übernommenen Begrifflichkeit ganz auf den Widerstreit zwischen der Erkenntnis des Gesetzes Gottes und dem faktischen Sündigen. Eben so jedoch leistet die Übernahme der dualistischen Begrifflichkeit eine erhebliche Verschärfung jener existenziellen Aporie, in der Paulus den Sünder sieht, gerade wenn der Einwand des jüdischen Partners bestritten wird. Denn indem das Gesetz in seiner vollen göttlichen Autorität anerkannt ist, fällt der Gegensatz zwischen ihm und der Sünde nun vollauf in die Existenz des Sünders, analog dem Gegensatz zwischen Körper und Seele, innerem und äußerem Mensch, Vernunft und Leidenschaften, wie ihn die hellenistische Ethik lehrt.

f) Im Gegensatz aber zu jener hellenistischen Ethik und im Gegensatz zu der jüdischen Gesetzeslehre, die hinter dem Einwand von 7,7.13 steht, sieht Paulus die Situation des Sünders als chancenlose Aporie. Weder haben Wille und Vernunft des »inneren Menschen« eine Möglichkeit, sich gegenüber den Begierden durchzusetzen; vielmehr läuft der Gedanke in V 23 auf das Gegenteil hinaus: Der Kampf geht so aus, daß das »Gesetz der Sünde in meinen Gliedern« über das »Gesetz meiner Vernunft« siegt und mich – mich ganz – zu ihrem Gefangenen macht. Das liegt daran, daß nach jüdischer Auffassung der Mensch nicht durch Vernunft und Willen, nicht durch seine »Gesinnung« gerecht ist und Gottes Heil als »das Gute« erlangt, sondern allein durch sein leibhaftiges Tun. Im Gegensatz aber zur Tradition jüdischer Gesetzeslehre vertritt Paulus die radikale These, daß das Tun des Sünders so schwer wiegt, daß seine Unheilsfolge durch keine Gesetzeserfüllung aufgehoben werden kann. Und das hat eben darin seinen Grund, daß Paulus – im Gegensatz zum Einwand in VV 7.13 – den Urteilsspruch des Gesetzes über mein sündiges Tun so radikal ernst nimmt, daß dieser im Horizont der Kraft des Gesetzes definitiv, also schlechthin nicht kompensierbar ist. Paulus läßt sich darum hier auf die vielerlei in jüdischer Tradition bereitliegenden Möglichkeiten einer Rechtfertigung des Sünders im Bereich des Gesetzes gar nicht ein. Die Übernahme jener hellenistischen Kategorien inkludiert eine schroffe Absage: Das Gesetz erhebt seine Stimme in der Stimme von Willen und Vernunft des »inneren Menschen« als

Verurteilung meines sündigen Tuns, so daß mir nur die Anerkennung seines Todesurteils in der Erfahrung der Sünde als meines Subjekts bleibt.

g) Der Schlüssel zum Verständnis unseres Abschnitts ist also die Einsicht, daß sein Thema *das Gesetz* ist, genauer: das Verhältnis zwischen Gesetz und Sünde, Gesetzeserkenntnis und Gesetzesbruch, und sein Skopos: die »Schwäche« des Gesetzes (8,3), Sündern das Leben zu vermitteln und die entsprechende Unfähigkeit des Sünders, aus dem Gesetz gerecht zu werden. Das Thema als solches heißt nicht: »Ich«, und der Skopos nicht: »Der Mensch im Widerspruch«. Zwar kann vom Gesetz hermeneutisch nur aus je persönlicher Betroffenheit gesprochen werden, in der 1. Person Singular. Aber es geht *thematisch* nicht um die Struktur je meines Verhältnisses zu mir selbst, weder um eine Psychologie der Sünde noch überhaupt um eine Anthropologie des Sünderseins. Es geht vielmehr – sowohl dem jüdischen Einwand als auch seiner paulinischen Bestreitung –, indem es um das *Gesetz* als Gesetz Gottes geht, um *Gott* – und um die Verfehlung des Heilsverhältnisses zu ihm sub lege.

h) Darum mündet der Abschnitt in den elementaren Schrei nach Gott aus (V 24). Und in diesem Schrei ist die ganze Aporie enthalten, die unter dem Horizont der erkannten und persönlich anerkannten Sünde in Gott selbst fällt: Wenn nämlich das Gesetz als Gesetz *Gottes* nicht aus der Wirklichkeit der Sünde »in diesem Todesleib« zu retten vermag, so ist überhaupt kein Retter in Sicht –, die schreiende Frage nach dem Retter muß im Leeren verhallen – es sei denn, *Gott selbst* erschiene als mein Retter *außerhalb* seines Gesetzes. Für den jüdischen Partner ist dies ein blasphemischer Widersinn; denn wie kann ein Mensch *Gott gegen Gott* als Retter anrufen? Aber eben dies tut Paulus hier. Er beantwortet den Einwand des jüdischen Partners so, daß er ihn unter Voraussetzung radikaler Wahrheit und Geltung der Tora, um die es ihm wie jenem geht, – genau an eben diesen Ort des Schreiens nach Gott gegen Gott führt, an dem alles Schreien jüdischer Exhomologese unendlich radikalisiert ist: Wer an Gott festhält, obwohl Gott ihn auf ewig verstößt und zu endzeitlichem Unheil verurteilt, der kann nach Gottes Rettung nur »abseits des Gesetzes« (χωρὶς νόμου) schreien.

i) So zu schreien ist aber nur dem möglich, der das Wunder der in Christus *geschaffenen* Rettung Gottes erfahren hat; nur unter dieser Voraussetzung gewinnt der Widersinn solchen Hinausschreiens über die Grenze des Gesetzes Wahrheit. Ja, nur unter dieser Voraussetzung ist der ganze Gedankengang des Paulus in der unerbittlichen Härte seiner Antinomien und Aporien überhaupt denkbar. Der Dank V 25a, der völlig unvermittelt den Schrei V 24 beantwortet, ist darum die geheime hermeneutische Direktion des ganzen Abschnitts, wie eben darin der Satz 7,5 ausgelegt wird, der seinerseits den folgenden Satz 7,6 als Bedingung seiner Denkmöglichkeit voraussetzt. Der Dank 7,25a aber – und damit der Satz 7,6 – wird im folgenden Abschnitt 8,1ff ausgeführt; und hier erst wird deutlich, daß gerade dort, wo ich vom »Gesetz der Sünde und des Todes« *befreit* bin, das Gesetz als Gesetz Gottes *erfüllt* wird, so daß hier die Identität Gottes mit sich selbst in dem Wunder der Rettung durch Gott gegen Gott

sichtbar wird, die innerhalb des Gedankengangs in 7,7–24 tief verborgen ist.
2. Von hier aus werfen wir nun einen Blick auf die *Wirkungsgeschichte* dieses Abschnitts[403]. Vom Anfang seiner Auslegung an hat das »Ich« das theologische Nachdenken provoziert. Denn wenn darin auch die Person des Apostels spricht, so ist doch durchweg erkannt worden, daß Paulus darüber hinaus dem Ich eine generelle Bedeutung gibt. Die Stilform als solche war zwar aus der Unterrichtssprache (Diatribe) bekannt. Aber so ausführliche, ausschließlich im Ich-Stil formulierte Erörterungen wie die in Röm 7 waren doch etwas Neues. Wie immer man sie inhaltlich auffaßte, neu war der existenzielle Charakter des Nachdenkens und Redens über zentrale, allgemein relevante Inhalte: daß *Lehre* als persönliche *Erfahrung* formuliert wird. Der Grund dafür ist freilich zunächst nicht weiter bedacht worden, und es fällt auf, daß die Ich-Aussagen des Textes zwar als solche erklärt, aber in der Sprache der Auslegung selbst in den üblichen Lehrstil in der 3. Person zurückgeführt werden[404]. Das erste im Ich-Stil des Gebets verfaßte, weil coram Deo gedachte theologische Werk sind die »Konfessionen« Augustins, die erste Autobiographie der Literaturgeschichte, in der das Ich sich nicht in einer aus der übrigen Menschheit herausfallenden Rolle darstellt (des Herrschers oder des Schriftstellers), sondern als ein Mensch coram Deo, dessen individueller Werdegang generell-menschliche Bedeutung hat: als Zeugnis göttlicher Führung[405]. Dem zuvor hat jedoch Paulus in Röm 7 aus dem jüdischen Gebetsstil einen neuen theologischen Lehrstil entwickelt, der dann in der reformatorischen Theologie, bei Descartes und besonders verbreitet in gegenwärtiger theologischer Argumentation (seit R. Bultmann) weiter gewirkt hat.
Aber wie ist der generelle Sinn der »Ich«-Aussagen zu verstehen? Wenn Pelagius seinem Gegner Augustinus entgegenhält[406]: »Was du, Augustinus, vom Apostel sagen willst, verstehen alle Lehrer der Kirche so, daß er in der Person des Sünders und des noch unter dem Gesetz Stehenden gesprochen hat«, so ist

---

[403] Zur Geschichte der Exegese vgl. Kümmel, Römer 7, pass., sowie besonders Kuss 462–485; zur altkirchlichen Exegese auch Schelkle, Paulus 236–240.242–248, dort 242 Anm. 1 weitere Literatur.
[404] Ein sprechendes Beispiel dafür ist Origenes, der zunächst die Ich-Aussagen in VV 7–11 im Wir-Stil auslegt (Rufin 1079–1083), von 7,14 an jedoch unmerklich in den beschreibenden Lehrstil in der 3. Person übergeht (ebd. 1084–1091).
[405] Vgl. dazu Misch, G., Geschichte der Autobiographie I,1, Frankfurt/M. ³1949, 19f, dessen großangelegtes Werk zwar dem Nachweis dient, daß sich die Gattung der Autobiographie als solche nicht Augustinus und damit dem Christentum verdanke, sondern in den Selbstdarstellungen der Herrscher der altorientalischen und griechisch-römischen Antike wurzele und in den autobiographischen Werken einzelner Schriftsteller der vor- und außerchristlichen Welt bereits individuell-menschliche Züge gewonnen habe. Doch besteht ein wichtiger Unterschied zu Augustinus, sofern sich hier das Ich mit seiner eigenen Geschichte nicht aus seiner Umwelt heraushebt, sondern der Verfasser seine unverwechselbar eigene Geschichte dadurch als beispielhaft allgemein-menschliche Geschichte darstellt, daß er in ihr Gottes Führung preist und bezeugt. Aufgrund dieses coram-Deo-Charakters ist diese christliche Autobiographie etwas wirklich Neues: Erst so gewinnt Autobiographie wesenhaft menschlich-repräsentative Bedeutung.
[406] Bei Augustinus, De gratia Christi XXXIX 43.

das zwar überwiegend richtig, trifft aber der Sache nach nicht die Fragestellung und das Interesse der Ausleger vor Augustinus. Denn diese haben zwar richtig gesehen, daß das Thema des Abschnitts das Gesetz ist, haben jedoch das Gesetz im Sinne der damals allgemein gewordenen stoischen Naturrechtslehre (als »lex naturalis«) und den Konflikt mit dem Gesetz im Sinne des seit Platon gelehrten Widerstreits zwischen dem Streben des »inneren Menschen« und den Begierden des Körpers aufgefaßt: Durch Christus sei der »innere Mensch« von der Sünde als Verhaftung an die Leidenschaften des Körpers befreit. So bedeutet die Taufe zwar die entscheidende Wende in jenem Widerstreit zwischen Vernunft und Leidenschaften; von daher wird der auf den Klageruf V 24 zulaufende Gedanke des Paulus hier auf die Situation des Menschen vor der Taufe bezogen. Aber auch der durch die Taufe erleuchtete und erneuerte Mensch bleibt im Widerstreit zum Körper und seinen Begierden[407], so daß es den von Pelagius angeführten Lehrern der älteren Zeit keineswegs schwer fällt, die Textaussage von diesem Widerstreit, wie auf die vorchristliche Situation, so auch auf die des Christen zu beziehen[408]. Origines sah in Röm 7,14ff in besonderer Weise die Situation von Konvertiten geschildert, die noch an der Not der Sünder, die zum Tun des Guten zu schwach sind, teilhaben, aber bereits aufgrund des Glaubens den Willen zum Guten haben, der dessen Verwirklichung gleichsam schon voranläuft[409]. Um ihn auf seinem schweren Weg seelsorgerlich zu begleiten, mache sich Paulus ihm gleich[410]. An dieser Stelle wird repräsentativ Aspekt und Interesse aller griechischen Ausleger deutlich: Es ist *seelsorgerliche Pädagogik des Apostels*, die sie in Röm 7,14ff hören, orientiert zwar an dem Umbruch, den das Christwerden mit dem Empfang des Geistes Christi im moralischen Bewußtsein bringt, aber bewegt durch die konkret teilnehmende Sorge des Lehrers um den *Weg*, den der Mensch von hier nach dort zu gehen hat und auf dem sich die Probleme von alt und neu im gleichbleibenden Verhältnis zwischen Seele und Körper, Vernunft und Begierden überschneiden.

Auch Augustinus[411] hat bis zum Jahr 419 Röm 7,7–24 in diesem Sinn als Be-

---

[407] Vgl. z.B. Origenes, De principiis III 4,4 (GCS 5,270 bei Schelkle, Paulus 243).
[408] Im letzteren Sinn vgl. besonders Methodius, De resurrectione II 1,1–8,8 (GCS 18,296–308). Cyrill von Alexandrien 809–812 legt das Ich des Textes ab 7,13ff in einfachen Wir-Aussagen aus; ebenso im Westen z.B. Ambrosius (vgl. die bei Schelkle, Paulus 245 angeführten Stellen).
[409] Zu 7,17 heißt es (Rufin 1087): »Verumtamen non usquequaque hic, cuius persona proponitur, alienus est a bonis, sed proposito quidem et voluntate coepit bona requirere, nondum tamen potest bona rebus et operibus obtinere. Est enim talis quaedam infirmitas in his, qui initia conversionis accipiunt, ut cum velit quis statim facere omne quod bonum est, non statim voluntatem sequatur effectus«.

Und so hört Origenes auch in 7,24 den Konvertiten schreien und den Apostel ihm in 7,25a antworten (ebd. 1089).
[410] Rufin 1086 unter Heranziehung von 1Kor 9,22 (so auch in Comm. in Joh 10,28, GCS 4,176f) sowie ebd. 1089: »Quod autem moris sit in Scripturis divinis sanctos personas assumere peccatorum, et magistros suscipere in semetipsos infirmitates discipulorum.«
[411] Zu Augustins Auslegung von Röm 7 vgl. Dinkler, Die Anthropologie Augustins 267–274; Bardenhewer, O., Augustin über Röm 7,14ff, Miscellanea Agostiniana II, Rotterdam 1931, 849ff; Lekkerkerker, A. F. N., Römer 7 und Römer 9 bei Augustin, Diss. Utrecht, Amsterdam 1942; Rétif, A., A propos de l'interprétation de chapitre VII des Romains par S. Augustin, RSR 33 (1946) 368–371.

schreibung der verzweifelten Lage des Sünders ante gratiam ausgelegt. Dabei ging er ebenfalls von dem platonischen Gegensatz zwischen Körper und Seele, »innerem Menschen« (= Vernunft)[412] und Begierden aus, vertiefte diesen aber seit 387/8[413] durch den eschatologischen Gegensatz zwischen dem »alten« und »neuen« Menschen aus Kol 3,9 und 2Kor 4,12–18 und konzentrierte so alles Interesse auf die Heilskraft der Gnade, durch die allein der Mensch aus seiner Verfallenheit an die für die Seele tödlichen körperlichen Begierden befreit werde. Hier gewinnt der paulinische Gegensatz zwischen Gesetz und Gnade eine – gegenüber der griechischen Auslegungstradition neue – zentrale Bedeutung. Da alle Menschen von Adam her in der Sünde leben und im eigenen Begehren die ererbte Sünde Adams aktualisieren, entlarvt das Gesetz durch das Verbot des Begehrens den Menschen als Sünder und läßt ihn im Blick auf sein Begehren sein Sündersein *erkennen:* Die Sünde *aufzuheben* jedoch ist das Gesetz unfähig. Das vermag allein die Gnade[414]. Und so hat das Gesetz eine positive Funktion allein darin, daß es – entgegen dem Reiz der Sünde, der zeitlichen, körperlichen Dinge habhaft zu werden – den Sünder dazu reizt, sich zur Gnade zu bekehren. In diesem Sinn versteht Augustinus Röm 7,14–24[415]. Die Vernunft des Sünders vermag zwar durch das Gesetz das Gute zu erkennen, aber diese Erkenntnis als solche befreit ihn nicht zum Guten, sondern lediglich zur Mißbilligung des Bösen, das er tut[416]. Ebenso bleibt auch seinem freien Willen nichts anderes, als sich flehentlich an die Gnade des einzigen Helfers zu wenden[417]. Der ganze Rückblick auf diese unselige Lage unter dem Gesetz in Röm 7 zielt darum auf die christliche Gegenwart in Röm 8[418]. Es ist jedoch sehr darauf zu achten, daß Augustinus Röm 7 auf der Basis von Röm 5,12ff interpretiert, und zwar sehr viel grundsätzlicher und gewichtiger als dort, wo man zuvor im »Ich« von 7,7ff die Person Adams[419] bzw. den Menschen zwischen Adam und Mose[420] (nach 5,13f) gesehen hatte. Er versteht 7,7ff so, daß Paulus

---

[412] »Ratio et intellectus«, gen.c.Manich I 28; »mens aut ratio«, c.Acad I 5; vgl. dazu Duchrow, Christenheit 193–196.

[413] De nuptiis ecclesiae catholicae I 35–39 (MPL 32); vgl. dazu Duchrow, ebd. 197–207.

[414] Zu Röm 7,7–12: »Bona est enim lex; sed sine gratia ostendit tantummodo peccatum, non tollit« (Expositio, MPL 35, 2070). »Lex ergo peccati est mortis, id est, quae imposita est peccantibus atque morientibus, jubet tantum ne concupiscamus, et tamen concupiscimus. Lex autem spiritus vitae quae pertinet ad gloriam et liberat a lege peccati et mortis, facit, ut non concupiscamus impleamus iussa legis, non iam servi legis per timorem, sed amici per charitatem ... Hoc enim efficit fides, quod lex iubet« (De diversis quaestionibus, MPL 40,61).

[415] »Huc usque (scil. 7,15–23) sunt verba hominis sub lege constituti, nondum sub gratia; qui etiamsi nolit peccare, vincitur a peccato. Invaluit enim consuetudo carnalis et naturale vinculum mortalitatis, quae de Adam propagati sumus« (De diversis quaestionibus 64; vgl. Ad Simplicianum 103).

[416] Vgl. zu 7,16 »Loquitur enim adhuc ex persona hominis sub lege, nondum sub gratia, qui profecto trahitur ad male operandum concupiscentia dominante atque fallente dulcedine peccati prohibiti, quamvis ex parte notitiae legis hoc improbat« (Ad Simplicianum 106).

[417] Vgl. zu Röm 7,24: »Hoc enim restat in ista mortali vita libero arbitrio, non ut impleat homo iustitiam, cum voluerit, sed se supplice pietate convertat ad eum cuius dono possit implere« (ebd. 108).

[418] Vgl. dazu z.B. De diversis quaestionibus, MPL 40,61.

[419] Vgl. die Belege bei Schelkle, Paulus 238f.

[420] Vgl. die Belege ebd. 238. Diese Auslegung übernimmt auch Augustinus, Ad Simplicianum I 1 (MPL 40,103) zu Röm 7,9.

von der gesamten, in der Erbschuld Adams lebenden Menschheit spricht, die diese in eigenem Begehren ausnahmslos aktualisieren muß; »Ich« ist darum ausnahmslos *jedermann* vor und außerhalb des Wirkungsbereichs der Gnade[421]. Hier zeigt sich das leitende Interesse Augustins: Die gerade endgültig konstituierte Reichskirche ist der Wirkungsbereich der Gnade, zu der sich zu bekehren der Apostel all jene lockt, die noch außerhalb ihrer leben und deren guter Wille noch von der Sünde niedergehalten wird. Kein anderer Text sonst hat derart missionarisch werbende Kraft wie dieser Abschnitt, der jeden einzelnen persönlich mit dem Gesetz konfrontiert, das, indem es auch den besten als Sünder entlarvt, zugleich ein allgemeines Begehren der Gnade weckt, um von der Not des irdisch-körperlichen Begehrens freizukommen.

Im Zusammenhang der innerkirchlichen Auseinandersetzungen mit den Pelagianern jedoch hat Augustinus bekanntlich seine Exegese von Röm 7 revidiert[422] und bezieht den Text nun auf den Christen, während er die Auslegung auf den Menschen ante gratiam nun für »obskure« Ketzerei erklärt[423]. Nach seinem Verständnis haben die Pelagianer in Röm 7 ihre These bestätigt gesehen, daß die Wirkung der Gnade sich auf die Vergebung der Sünden beschränke, und nach der Taufe der Wandel in Gerechtigkeit und Liebe vollauf die selbstverantwortliche Sache des Christen sei. Der Widerstreit zwischen Wollen und Tun, Vernunft und Begierden dagegen sei ein typisches Kennzeichen sündiger Existenz[424]. Demgegenüber sieht jetzt Augustinus in diesem Widerstreit den Erfahrungshorizont, unter dem gerade der Christ die in der Taufe geschenkte Vergebung der Erbschuld als das alleinige Werk der Gnade existenziell erfährt[425]. Begierden nämlich wirken auch im Christen fort, solange er im Körper lebt. Von ihnen werden wir erst in der endzeitlichen Zukunft frei werden, wenn wir vom »Leib dieses Todes« befreit sein werden; der Schrei in 7,24 findet Antwort erst in 8,23[426]. Was sich jedoch durch die Taufe verändert hat,

---

[421] Vgl. Ad Simplicianum I (MPL 40,107) zu Röm 7,18: »Certe enim ipsum velle in potestate est, quoniam adiacet nobis; sed quod perficere bonum non est in potestate, sed meritum pertinet originalis peccati. Non enim haec est prima natura hominis, sed delicti poena, per quam facta est ipsa mortalitas, quasi secunda natura, unde nos gratia liberat Conditoris subditos sibi per fidem«. Sollte sich etwa einer für unschuldig halten (ebd. 103) oder sich hochmütig einzelne Gesetzeserfüllungen zur Gerechtigkeit zurechnen (De diversis quaestionibus, MPL 40,63), so überführt auch solche bloß scheinbaren Nichtsünder das Gesetz.

[422] Vgl. Contra duas epistulas Pelagianorum I 22 (CSEL 60,442f); Contra Julianum VI 23,70f (MPL 44,865f); Retractationes I 22,2 (CSEL 36,105).

[423] Vgl. besonders Contra duas epistulas Pelagianorum I 8 (CSEL 60,433); I 14 (ebd. 435); Contra Julianum VI 23,70 (MPL 44,865); Retractationes I 22,2 (CSEL 36,106): »unde quidem iam evertitur heresis Pelagiana . . .«

[424] Vgl. besonders Contra Julianum 23,72 (MPL 40,867); Retractationes I 22,2 (CSEL 36,106).

[425] Vgl. besonders Contra Julianum II 3,5 (MPL 49,675): »Lex quippe ista peccati, quae in membris est corporis mortis huius, et remissa est regeneratione spirituali, et manet in carne mortali: remissa scilicet, quia reatus eius solutus est Sacramento, quo nascuntur fideles; manet autem, quia operatur desideria, contra quae dimicant et fideles, quod funditus subruit haeresim vestram . . . Hoc bellum, quod in nobis ipsis adversum nos ipsos gerendum suscepimus, experiuntur in se, neque negare possunt, libidinis acerrimi expugnatores, non impudentissimi laudatores.«

[426] Vgl. z.B. Contra duas epistulas Pelagianorum XI 23 (CSEL 60,443) sowie besonders De nuptiis et concupiscentia XXXI 35 (CSEL

ist dies, daß der Christ in der durch den Geist ihm eingegossenen Liebe zu Gott allererst gleichsam eine wirksame Gegenkraft gegen die Begierde erhalten hat[427], durch die er überhaupt allererst in die Lage versetzt worden ist, den Kampf gegen sie anzutreten. Insofern steht Röm 8 in der Tat Röm 7 gegenüber, jedoch so, daß nun im Geist ein Lebensbereich im Christen neben seinem Fleisch benannt wird, der von der Begierde als dem Gesetz der Sünde nicht beherrscht werden kann[428]. Vom Geist bestimmt, wird sein Wille frei, der Begierde nicht mehr zustimmen zu müssen, so daß diese nur mehr über sein Fleisch, nicht aber über ihn selbst herrscht (7,18)[429]. So sieht Augustinus jetzt Röm 7 als Ausführung des Satzes in Gal 5,17[430].

Welches ist der Grund für diese so tiefgreifend veränderte und emphatisch vertretene neue Auslegung von Röm 7? Zweifellos sind es exegetische Einsichten gewesen, die Augustinus dazu veranlaßt haben: der Tempuswechsel ab 7,14; der Gegensatz zwischen Geist und Fleisch in V 14, der sich im Widerstreit zwischen Wollen und Tun im Christen selbst auswirkt, und in diesem Sinn V 18 »hoc est in carne mea« und besonders V 22 mit der Parallele 2Kor 4,16–18; schließlich V 24 mit der Antwort in 8,23. Aber ebenso zweifellos hätten ohne den akuten Streit mit den Pelagianern die neuen exegetischen Erkenntnisse nicht diese zentrale Bedeutung erlangt. Ja, man darf sogar fragen, ob es nicht im Grunde Augustins anti-pelagianische Position war, die ihn nötigte, seine frühere Auslegung, die nun die Pelagianer für ihre Lehre auswerteten, zu korrigieren. Wenn es sich aber so verhält, dann kann man den Auslegungswechsel in seiner Motivation nur verstehen, wenn man fragt, worum es in dem Streit gegen die Pelagianer eigentlich gegangen ist. Es ging darum, dem geschichtlichen Wandel theologisch Rechnung zu tragen, der der Kirche im Verlauf des vierten Jahrhunderts widerfahren war. In ihrer veränderten Lage als Reichskirche galt es nun zu verstehen, daß und wie eben nicht nur der Eintritt in die Kirche, sondern das ganze Leben zwischen Taufe und Tod sola gratia bestimmt ist. Der Gnade kommt darum in dem Maße eine umfassende erziehende Funktion zu, in dem das Christentum als Staatsreligion seine Identität nicht mehr primär in der Bekehrung als Schritt aus der Welt in die Kirche, als vielmehr in der Durchdringung des gesamten Lebens in der Welt von der Taufe an durch die verändernde, heilende Kraft der Gnade erkennt. Das bestimmende theologische Thema kann jetzt nicht mehr der Anfang im vollen Glanz der Vollendung sein, sondern der lange, mühsame, aber aussichtsreiche Weg vom Anfang bis

---

42,246f): ». . . quod in carne nostra, quamvis sub peccati lege teneatur, tamen in spe redemptionis est, quia ipsa vitiosa concupiscentia nulla omnino remanebit, caro autem nostra ab ea peste morboque sanata et tota immortalitate vestita in aeterna beatitudine permanebit.«
[427] ». . . cum etiam innumerabilis multitudo sanctorum, ne concupiscentias carnis perficeat, contra carnem Spiritu concupiscat« (Contra Julianum VI 23,70 (MPL 40,865). Entsprechend

sieht Augustinus in 7,24 »gemitum . . . sanctorum contra carnales concupiscentias dimicantium« (ebd. 866).
[428] Vgl. z.B. Contra duas epistulas Pelagianorum IX 15 (CSEL 60,436).
[429] Vgl. z.B. ebd. X 18f (ebd. 440f); Opus imperfectum contra Julianum V 59 (MPL 45,1493f).
[430] Vgl. z.B. De nuptiis et concupiscentia I,XXXI 35 (CSEL 42,246f).

zur endlichen Vollendung, das schrittweise Wachstum der Verwirklichung christlichen Lebens aus der Gnade, indem das Bestimmtsein von der Begierde nach dem Irdischen in dem Maß gemildert wird, in dem die Gaben der Gnade, Glaube und Liebe, das Leben mehr und mehr vom Himmlischen her bestimmen. Im Pelagianismus erkannte Augustinus die entgegengesetzte Gefahr: daß nämlich die Gnade in dem Maße ihre wirklichkeitsbestimmende Kraft verlieren muß, indem ihre Funktion auf die Taufe beschränkt bleibt, und die in der Taufe erfahrene Befreiung in dem Maße entwertet wird, in dem einerseits ihre Wirkung in der bloßen Reparatur des adamitischen Schadens bestehen soll und so andererseits faktisch der moralischen Kraft des Menschen selbst die Verwirklichung des Christseins zugeschrieben wird. Es ist die ganze, weltbestimmende Kraft der Sünde, der gegenüber die Gnade allererst dort ihre überlegene Kraft zur Wirkung bringt, wo die Sünde ihren theologischen Ort ante portas ecclesiae verliert und ihr Ort media in vita ecclesiae wahrgenommen wird, eben so aber allein die Gnade die Waffen zu dem immerwährenden Kampf gegen die Sünde inmitten der weltlichen Lebenswirklichkeit des Christen darreicht. In diesem Zusammenhang hat Augustinus im Text von Röm 7 die ganze *existenzielle* Not durch den Apostel gleichsam geadelt erkannt, die sich *generell* in der Kirche als Reichskirche überall erhob: die Not, daß nicht nur faktisch alles ›Heidentum‹ sozusagen in die Kirche übernommen worden war, sondern daß eben auch die Sünde der Welt im Leben des einzelnen Christen weiterwirkt und der Wirkung der Taufe widerstreitet. Diese existenzielle Not gewann nun generell-theologische Bedeutung. Augustinus hat ihr jedoch ihre aporetische Kraft genommen, indem er diesen Widerstreit im Leben des einzelnen Christen als christlich notwendig verstehen lehrte, sofern darin die Gnade die aktuelle Wirklichkeit der Sünde Adams bekämpft und mehr und mehr aufhebt – bis zu ihrem endgültigen Sieg im Eschaton. Diese Verklammerung der Auslegung von Röm 7 einerseits mit Röm 5,12ff, andererseits mit Röm 8,18ff hat für die westliche Kirche der folgenden Jahrhunderte den theologischen Horizont geöffnet, die christliche Lehre insgesamt als ethisch orientierte Gnadenlehre zu entwickeln, durch die die ›Weltverantwortung‹ des Christentums theologisch begründbar wurde und sowohl einer Auflösung des Christentums in Weltlichkeit als auch einem Auseinandertreten von Christentum und Weltlichkeit gewehrt werden konnte.

Damit stellt sich aber ein schwieriges hermeneutisches Problem: Einerseits ist nach unserer gegenwärtigen Überzeugung die von Augustinus abgelehnte frühere Auslegung von Röm 7 exegetisch richtig. Andererseits leistete seine neue, spätere Auslegung nichts weniger als dies, daß das neue fundamentale Problem, das sich der Kirche durch ihre Integration in die Gesellschaft stellte, im Spiegel dieses Textes so lösbar wurde, daß der entscheidende Gedanke des Paulus in der neuen Erfahrungssituation der Sache nach bewahrt und profiliert werden konnte: die Superiorität der Gnade über die Sünde. War jedoch der hermeneutische Ort der paulinischen Reflexion der Anfang des Christentums, so wurde nun zum hermeneutischen Ort ihrer Auslegung das konkrete Christsein in der Kirche. Zwar hatte natürlich auch bereits Paulus als Seelsorger seiner Gemeinden die Problematik der praktischen Verwirklichung des Christseins sehr wohl im Blick; doch er sah sie unter der leitenden Frage, wie das Christgewordensein des Anfangs durch alle Versuchungen hindurch bis zum Ende bewahrt wird, Augustinus dagegen unter der Frage, wie sich die empfangene Gnade des Anfangs im christlichen Leben gegen die Wirkung der noch verbliebenen Realität der Sünde durchsetzt, bis diese am Ende gänzlich zerstört und abgetan sein wird. Sofern sich nun aber Augustinus dagegen wehrte, daß die – exegetisch richtige – Auslegung der Pelagianer in der neu zu bedenkenden geschichtlichen Situation den paulinischen Grundgedanken des »sola gratia« verkümmern ließ, hat er die *Sache* der paulinischen Theologie für sich, indem er den *Text* gegen sich hat[431]. Und es ist sehr zu fragen, ob dieser Text in der Kirche jene zentrale Bedeutung je bekommen, bzw. behalten hätte, wäre er seit Augustins Neuinterpretation nicht auf die zentralen Probleme der Verwirklichung christlichen Lebens beziehbar geworden. Aber auch umgekehrt: ob es in der Kirche je zu dem Wagnis gekommen wäre, das Problem der im christlichen Leben verbleibenden Sünde *theologisch* (nämlich gratiologisch) ernstzunehmen, wenn dazu nicht der durch Augustinus in dieser Hinsicht neu aufgeschlossene Text Legitimationsbasis und Spiegel geworden wäre.

Nun ist Augustins anti-pelagianische Auslegung in den folgenden Jahrhunderten in der westlichen Theologie als exegetische Tradition übernommen worden[432]. Aber kirchlich-theologische *Wirkung* hat sie erst seit Luther bekommen. In seiner Römerbrief-Vorlesung von 1516 hat er sich bei der Auslegung von Röm 7,7ff eng an den späteren Augustinus angeschlossen und übernimmt von ihm nahezu alle exegetischen Einzelurteile. Gleichwohl unterscheidet sich seine Auslegung der Sache nach in einem wichtigen Punkt: Nach Augustinus sind Fleisch und Geist zwei Bereiche im Christen, die bis zu seinem leiblichen Tod *nebeneinander* vorhanden sind und so miteinander im Streit liegen. Nach Luther dagegen beanspruchen Fleisch und Geist den *ganzen* Menschen[433]; sie sind miteinander in der einen Person des Menschen so verbunden, wie in Christus die menschliche und göttliche Natur in der Gemeinschaft der Eigenschaften (communio idiomatum) verbunden sind[434].

---

[431] Zugespitzt könnte man fast sagen: »Durch eine paulinische Vertiefung wurde Augustin zu einer nicht-paulinischen Lösung von Röm VII geführt«, Dinkler, E., Die Anthropologie Augustins, 1934 (FKGG 4), 272.
[432] Ich erwähne hier lediglich Thomas von Aquin, der beide Auslegungen für möglich, die auf den Christen jedoch für »besser« hält (Röm 558) und von 7,14 an beide Erklärungen Vers für Vers jeweils nebeneinanderstellt. Eigenständiges theologisches Interesse findet der Abschnitt in der ganzen mittelalterlichen Theologie deswegen nicht, weil er lediglich als Beleg für die »dualistische« Struktur des Menschseins herangezogen wurde. Vgl. die Belege zur Verwendung von Röm 7 in der Summa theologiae bei Pesch, Theologie der Rechtfertigung, a.a.O. (EKK VI/1, 253 Anm. 796) 543 Anm. 12.
[433] Vgl. dazu grundlegend Schott, E., Fleisch und Geist nach Luthers Lehre, unter besonderer Berücksichtigung des Begriffes »totus homo«, Leipzig 1928; ferner die Literatur bei Pesch, Theologie der Rechtfertigung 82 Anm. 21.
[434] Zu 7,14 schreibt er (Röm 32): »Sed quia ex carne et spiritu idem unus homo constat totalis, ideo toti homini tribuit utraque contraria, quae

Dieser Vergleich zeigt deutlich den Skopos Luthers: Er sieht den Widerstreit zwischen Geist und Fleisch im Menschen als Auswirkung der im Glauben je aktuellen persönlichen Verbindung des Menschen mit Christus. Weil Christus in seiner Inkarnation als der ganz Geistliche uns Menschen ganz gleich, ganz Fleisch geworden ist, ist es möglich, daß wir, die wir in unserer ererbten Adam-Natur ganz Fleisch sind, als an Christus Glaubende zugleich ganz geistlich werden, uns von uns selbst distanzieren und uns selbst als Fleisch bekämpfen können[435]. Der anthropologische Dualismus für sich als solcher ist für Luthers Verständnis des Textes nicht mehr wesentlich; er wird gleichsam überlichtet durch den christologisch-soteriologischen Dualismus, an dem der Mensch allein im Glauben an Christus teilgewinnt. Von daher gewinnt der Gegensatz zwischen Fleisch und Geist bei Luther eine gegenüber aller augustinischen Tradition neue Radikalität. In Röm 7,25 zieht er die Summe des ganzen Abschnittes und versteht diese so: »Sieh: Ein und derselbe Mensch dient zugleich dem Gesetz Gottes und dem Gesetz der Sünde; *er ist zugleich gerecht und sündigt* . . . Sieh nun also . . ., daß die Heiligen zugleich, indem sie Gerechte sind, Sünder sind: Gerechte, weil sie an Christus glauben, dessen Gerechtigkeit sie bedeckt und ihnen zugerechnet wird; Sünder aber, weil sie das Gesetz nicht erfüllen, nicht ohne Begierde existieren, sondern wie Kranke unter der Pflege des Arztes: Sie sind in Wirklichkeit krank, aber anfangsweise und in Hoffnung gesund oder richtiger: gesundgemacht, d.h. im Begriff stehend gesund zu werden, für die am schädlichsten die vermessene Behauptung ist, gesund zu sein, weil es dadurch nur immer schlimmer mit ihnen wird.«[436] Hier verbindet Luther den augustinischen Gedanken der erst eschatologisch völligen Heilung von der Begierde (peccator in re – iustus in spe)[437] mit dem in den Vordergrund tretenden Gedanken, daß in der irdischen Lebenszeit des Christen allein der Glaube, der sich angesichts der vollen eigenen Sündigkeit Gottes Barmherzigkeit zuwendet, durch Gottes »Zurechnung« je und je gerecht *wird*

ex contrariis sui partibus veniunt. Sic enim fit communicatio idiomatum, quod idem homo est spiritualis et carnalis, iustus et peccator, bonus et malus. Sicut eadem persona Christi simul mortua et viva, simul passa et beata, simul operata et quieta etc. propter communionem idiomatum licet neutri naturarum alterius proprium conveniat, sed contrarissime dissentiat, ut notum est. Haec autem in carnali homine nequaquam habet locum, ubi omnino totus homo caro est, quia non permansit in eo spiritus Dei.«

[435] Der augustinische Gedanke des bellum im Christen (s.o. Anm. 425) wird von Luther mit Nachdruck aufgenommen; vgl. besonders Röm 24, auch 34 zu 7,18: »Quia non vult concupiscere et tamen concupiscit et non perficit hoc velle suum, et ita secum ipse pugnat, sed quia spiritus et caro coniunctissime sunt unum, licet diverse sentiant, ideo utriusque opus sibi toti tribuit, quasi simul sit totus caro et totus spiritus.«

[436] Röm 42,44: »Vide, ut unus et idem homo simul servit legi Dei et legi peccati, simul iustus est et peccator . . . Vide nunc . . ., quod simul sancti, dum sunt iusti, sunt peccatores; iusti quia credunt in Christum cuius iustitia eos tegit et eis imputatur, peccatores autem, quia non implent legem, non sunt sine concupiscentia, sed sicut egrotantes sub cura medici, qui sunt re vera egroti, sed inchoative in spe sani seu potius sanificati, i.e. sani fientes, quibus nocentissima est sanitatis praesumptio, quia peius recidivant«. Weitere Stellen in Luthers Schriften, in denen er Röm 7 auslegt, verzeichnet Pesch, Theologie der Rechtfertigung, a.a.O. (Anm. 432) 115 Anm. 27.

[437] Weitere Belege außer dem in Anm. 436 stellt Pesch, Theologie der Rechtfertigung 114 Anm. 24 zusammen.

(peccator in re – iustus in fide). Nichts am Menschen selbst ist gerecht – die Wirklichkeit der ihm geschenkten Gerechtigkeit ist allein bei Gott, sie besteht in dem Vergebungswort, das Christus dem so gerechtfertigten Sünder zuspricht und das dieser im Glauben annimmt.

Vergleicht man diese Auslegung von Röm 7 mit der Augustins, so fällt auf, daß Luther die grundlegende Erfahrung des ›Anfangs‹ in jedem Augenblick christlichen Lebens immer wiederholt sieht. Kein Christ nämlich kann je über diesen Anfang hinauskommen. Zwar kennt auch Luther den Gedanken eines allmählichen Wachstums im Christsein des einzelnen, der mit der Zeit das Fleisch immer mehr besiegt und einengt (»partim iusti, non toti«)[438]. Doch gilt das nicht in wesentlicher Hinsicht: Auch der fortgeschrittenste Christ bleibt bis zum Tod in sich selbst immer ganz Sünder und empfängt Gerechtigkeit allein im Glauben an Gottes aktuelles Wort der Sündenvergebung. Es ist von daher deutlich, daß der hermeneutische ›Sitz im Leben‹ der Luther'schen Konzeption ein anderer ist als der bei Augustinus: die Erfahrung der Beichte, wie sie so radikal Theologie-bestimmend nur in klösterlicher Tradition zu gewinnen war, aber nunmehr generalisiert das normal-bürgerliche Frömmigkeitsleben neu geprägt hat. Dieses ist nämlich nun einerseits unter den Total-Anspruch *individueller* Verwirklichung des Christseins gestellt, so daß die tägliche Beichte den Charakter klösterlicher Besonderheit verliert und zum zentralen Lebenselement persönlicher bürgerlicher Frömmigkeit erhoben wird; andererseits erfährt der einzelne in ebenso persönlicher Adressierung an sich selbst den bedingungslosen Vergebungszuspruch als eine bislang so nie erfahrene persönliche Entlastung *mitten in* der – als so unheilig bewußten – Wirklichkeit seines irdischen Alltagslebens. Diese kann nun im Spiegel von Röm 7, zwar mit dem Schmerz der Buße, aber ohne vernichtende Scham in seiner ganzen Realität angeschaut und im Glauben ertragen werden.

Luthers Auslegung von Röm 7 ist von nahezu allen Reformatoren[439] übernommen worden und gewann hernach in den reformatorischen Kirchen einen kontroverstheologisch festen Ort in der Abgrenzung der eigenen radikalen Sündenlehre von der der katholischen Gegner[440] sowie in der Bestreitung der Lehre vom freien Willen[441]. Aber auch in die Frömmigkeit dringen Motive aus

---

[438] So Röm 236f zu 7,25: »Ac sic partim iusti et non toti«. Dieser »Partialaspekt« des simul iustus et peccator steht von Anfang an nicht wirklich ausgeglichen neben dem »Totalaspekt« und tritt beim späten Luther stärker in den Vordergrund; vgl. dazu Joest, W., Gesetz und Freiheit, Göttingen ³1961, 55–82. Vgl. ferner besonders ASm III, De poenitentia 40 (BSLK 447,43f): »Haec poenitentia christianis est perpetua durans usque ad mortem, quia luctatur cum peccato residuo in carne per totam vitam, sicut Paulus Rom 7,14–25 ostendit . . .«

[439] Mit Ausnahme von Bucer und Musculus (so Kümmel, Römer 7,88). Der hermeneutische ›Sitz im Leben‹ in der Buße wird besonders deutlich in Melanchthons Auslegung von Röm 7,8–11 im Sinne von drei Stadien der *Gewissens*erfahrung, vgl. Röm 219–221. – In den Bekenntnisschriften tauchen Zitate aus Röm 7 mehrfach auf, vgl. besonders Apol CA II 38–41 (BSLK 154f); IV 87 (ebd. 179); IV 168 (ebd. 194).

[440] Vgl. Apol CA II 38–41 (BSLK 154f).

[441] Vgl. FC, SD II, De libero arbitrio, z.B. 17f (BSLK 878f); 34f (ebd. 886f); 63f (ebd. 897); 84f (ebd. 907).

Röm 7 ein⁴⁴². In der täglichen Beichte⁴⁴³ soll der fromme Christ sich selbst vollauf als Sünder vor Gott darstellen und seine Rechtfertigung als die immer neue Gabe allein der Gnade Gottes erbitten. So wird die Tauferfahrung des Anfangs zur täglich erneuerten, aktuellen Erfahrung des Frommen⁴⁴⁴. In diesem Sinn kommt in der Frömmigkeit Röm 6 im hermeneutischen Horizont von Röm 7 zum Tragen und dient wiederum Röm 7 als eine Art Beichtspiegel im Kontext von Röm 6.

An dieser Stelle entstehen nun aber seit dem 17. Jahrhundert eben im Bereich der Frömmigkeitspraxis erhebliche Schwierigkeiten. Wenn nämlich die Situation der Beichte vollauf repräsentativ für das christliche Leben ist, so daß in der Wirklichkeit christlichen Lebens nur Sünde und Gerechtigkeit nur im Modus des Vergebungszuspruchs zu finden ist, entsteht in der Praxis die Gefahr, daß einerseits die Faktizität der Sünde eine heimliche Legitimation gewinnt und der Kampf gegen sie mangels konkreter ›Erfolgs‹erfahrungen heimlich erlahmt, andererseits aber auch die Heilserfahrung allzu abstrakt bleibt und nicht zu einer das christliche Leben selbst positiv bestimmenden Erfahrungswirklichkeit wird. Um dieser Gefahr Herr zu werden, hat der *Pietismus* ein Frömmigkeitsmodell entwickelt, nach dem zwischen zwei verschiedenen status christlichen Lebens unterschieden wird: dem des Anfangs, dem alle Getauften zugehören, und dem darauffolgenden der »Wiedergeburt«. Der Getaufte nämlich wird, sofern er sein Christsein existenziell ernstnimmt, über dem Widerstreit zwischen seiner faktischen Sünde und seiner nur in immer neuem Zuspruch wirklichen Gerechtigkeit in eine höchst schmerzliche Unruhe geraten, aus der heraus er schließlich zu einer nunmehr wirklich existenziellen »Bekehrung« geführt wird, auf die Gott mit dem konkreten Wunder einer entsprechend existenziellen »Heiligung« antwortet: In dieser erst wird die Anfangserfahrung der Taufe persönlich erfahren und nun auch im Wandel bewährbare Wirklichkeit. Unter diesem Aspekt hat August Herrmann Francke Röm 7 zwar im traditionell-lutherischen Sinn als Erfahrung des Christen, aber als Erfahrung des noch nicht wiedergeborenen Christen ausgelegt. Diese finde ihr Ende mit dem Erlebnis je-

---

⁴⁴² Vgl. die 5. Strophe des Chorals: »Ich ruf zu dir, Herr Jesu Christ« von Johann Agricola (1494–1566): »Ich lieg im Streit und widerstreb. Hilf, o Herr Christ, dem Schwachen. An deiner Gnad allein ich kleb, du kannst mich stärker machen . . .« (EKG 244,5); auch etwa ein Jahrhundert später Johann Heinrich Schroeders Choral »Jesu, hilf siegen« (EKG 260).

⁴⁴³ Vgl. z.B. Luthers Abendsegen, KlKat, Appendix I5 (BSLK 521), der bis in die Gegenwarthinein tägich gebetet wird; ferner das Luther zugeschriebene Beichtgebet, in dem die Realität der Erbsünde als ständige Erfahrung christlichen Lebens besonders deutlichen Ausdruck findet: »Ich armer sündiger Mensch bekenne Gott, dem Allmächtigen, meinem Schöpfer und Erlöser, daß ich gesündigt habe in Gedanken, Worten und Werken, auch in Sünden empfangen und geboren bin, so daß all mein Natur und Wesen vor seiner Gerechtigkeit sträflich und verdammlich ist. Darum fliehe ich zu seiner grundlosen Barmherzigkeit, suche Gnade und spreche: Gott, sei mir Sünder gnädig!« Dieses Gebet findet sich noch in den gegenwärtig gebrauchten Agenden zu Beginn des sonntäglichen Gemeindegottesdienstes; vgl. Schulz, F., Die Gebete Luthers. Edition, Bibliographie und Wirkungsgeschichte, 1976 (QFRG XLIV) 379.

⁴⁴⁴ Vgl. Luthers KlKat (BSLK 516) s.o. Anm. 108.

ner Wiedergeburt, deren geistgewirkte Realität dann in Röm 8 bezeugt sei[445]. Diese Auslegung ist eine eigenartig in das christliche Leben hineingespiegelte Aufnahme der frühaugustinisch-altkirchlichen Exegese von Röm 7 und 8 als Nacheinander im Sinne von 7,5f. Und da sie dem Paulustext als solchem offensichtlich besser gerecht wird als die der dogmatischen Schultradition, hat sie sich seit dem beginnenden 18. Jahrhundert erstaunlich rasch und breit durchgesetzt[446]. In der pietistischen Frömmigkeit der Erweckungsbewegungen des 19. und 20. Jahrhunerts wirkt sie bis in die Gegenwart kräftig nach.
Während in der Zeit der *Aufklärung* die Theologen in der Paulusexegese weitgehend ausfallen (weil sie sich zur Begründung der von ihnen vertretenen natürlich-allgemeinen, vernünftigen Sittlichkeit weitgehend allein auf die Lehre Jesu berufen), ist es Kant gewesen, der in seiner philosophischen Deutung des Christentums als rein moralischer Religion an entscheidender Stelle auf die Probleme eingegangen ist, die er in Röm 5–8 behandelt fand. Er hat dabei zugleich eine allgemein-philosophische Interpretation der dogmatischen Tradition protestantischer Rechtfertigungslehre vorgelegt, die im 19. Jahrhundert weithin theologisch rezipiert worden ist. In seiner Schrift: »Die Religion innerhalb der Grenzen der bloßen Vernunft« von 1793 (^{2}1794)[447] geht er sogleich auf das entscheidende Problem ein, daß nämlich der Verwirklichung des Guten das »radikal Böse in der menschlichen Natur« entgegenwirke[448]. Sein Grund könne weder »in der Sinnlichkeit des Menschen, und den daraus ent-

---

[445] Francke hat diese Auslegung von Röm 7 zuerst 1688, ein Jahr nachseiner persönlichen Bekehrung, vorgelegt, im vollen Bewußtsein des Widerspruchs zur exegetischen Tradition des Luthertums, die z.B. gleichzeitig auch Spener vertreten hat, vgl. Ph. J. Spener, Des tätigen Christentums Notwendigkeit und Möglichkeit, Frankfurt 1697, I 327–338 (Lateinische Separatausgabe unter dem Titel: Divi Pauli Apostoli Epistulae ad Romanos et Corinthios, Frankfurt 1691); dazu vgl. Wallmann, J., Ph. J. Spener und die Anfänge des Pietismus, 1970 (BHTh 42), 208 Anm. 63. Das Luthertum reagierte auf Franckes Auslegung entsprechend heftig. Es traten jedoch auch von Anfang an Theologen auf seine Seite, z.B. J. W. Petersen (dazu vgl. Sellschopp, A., Neue Quellen zur Geschichte August Hermann Franckes, Halle 1913, 142ff). Francke selbst hat seine Auslegung später noch mehrfach wiederholt, vgl. Lectiones paraeneticae VI, Halle 1735, 34–90 (Predigt, gehalten 1704); Sonn-, Fest- und Aposteltagspredigten, Halle ^{5}1720, 1562, wo er den ordo salutis als eine »geistliche Seelen-Cur« in drei Stadien beschreibt: 1. in der Krankheit, 2. in der Kur selbst und 3. in der wiedererlangten Gesundheit. – Ich verdanke dieses (in einschlägiger exegetischer Literatur fehlende) Material den freundlichen Hinweisen der Herren Kollegen J. Wallmann und H. de Boor.

[446] Vgl. z.B. Bengel 364 sowie im 19. Jh. Tholuck, der jedoch die pietistische Auslegung mit der reformatorischen folgendermaßen zu verbinden sucht: Es sei »zu bemerken, daß die Sündenlust allmählich im Christentum erstirbt, zuerst in bezug auf die feineren Sünden ... Ferner, wenn aber auch die Sündenlust wirklich den Zwiespalt so in ihm erregt, wie es hier beschrieben ist, so braucht der Christ in diesem Kampfe sich nicht überwinden zu lassen. Er hat die objektive Verkündigung seiner Erlösung, wenn er nun durch eine gläubige Richtung des Gemüths darauf eingeht, so bewährt sich in seinem Glauben subjektiv die Kraft der χάρις. Freilich geschieht dieses nicht jedesmal, die σάρξ siegt oftmals über das πνεῦμα. Allein auf jeden Fall sind doch diese Zustände als abnorme im christlichen Leben zu betrachten, die eben nicht darin vorkommen, insofern es ein christliches, sondern insofern es noch nicht ein christliches ist. Sie sollen daher nur daseyn als ein verschwindendes« (Röm 251).

[447] Werke, hrsg. W. Weischedel, Darmstadt 1968, Band 7.

[448] So die Überschrift des ersten Stücks ebd. 665.

springenden natürlichen Neigungen«[449] bestehen – denn diese haben als solche »keine gerade Beziehung aufs Böse« und können darum nicht moralisch »zugerechnet« werden – noch vor allem »in einer Verderbnis der moralisch-gesetzgebenden Vernunft« – denn »der Mensch (selbst der ärgste) tut, in welchen Maximen es auch sei, auf das moralische Gesetz nicht gleichsam rebellischerweise (mit Aufkündigung des Gehorsams) Verzicht. Dieses dringt sich ihm vielmehr, kraft seiner moralischen Anlage, unwiderstehlich auf«. Das Böse ist vielmehr einerseits eine »Verkehrtheit des Herzens«[450], die dem Menschen *selbst* zugerechnet werden kann«, also »moralisch böse« ist, andererseits »radikal, weil es den Grund aller Maximen verdirbt«. Deutlich steht hier Röm 7 im Blick[451]; und der Problemstellung dieses Textes entspricht die Überschrift des »Zweiten Stückes«: »Von dem Kampf des guten Prinzips mit dem Bösen um die Herrschaft über den Menschen«[452]. Einen Übergang »durch allmähliche *Reform*«[453] kann es nicht geben. Daß vielmehr »jemand ... ein moralisch guter (Gott wohlgefälliger) Mensch ... werde«, das »muß durch eine *Revolution* in der Gesinnung im Menschen (einem Übergang zur Maxime der Heiligkeit derselben) bewirkt werden«. »Das ist: Wenn er den obersten Grund seiner Maximen, wodurch er ein böser Mensch war, durch eine einzige unwandelbare Entschließung umkehrt (und hiemit einen neuen Menschen anzieht): so ist er so fern, dem Prinzip und der Denkungsart nach, ein fürs Gute empfängliches Subjekt; aber nur in kontinuierlichem Wirken und Werden ein guter Mensch.« Röm 6 wird hier also, entsprechend pietistischer Theologie, im Sinne von Bekehrung und Wiedergeburt zur Geltung gebracht[454]. Von da aus aber kommt Röm 7 im Sinne lutherischer Auslegung in Blick: als ständiger Widerstreit zwischen der moralischen Vernunft als »ursprüngliche moralische Anlage in uns überhaupt«[455] und der »angeborenen Verderbtheit der Menschen für alles Gute«[456]. »Die Entfernung aber des Guten, was wir in uns bewirken sollen, von dem Bösen, wovon wir ausgehen, ist unendlich, und sofern, was die Tat, d.i. die Angemessenheit des Lebenswandels zur Heiligkeit des Gesetzes betrifft, in keiner Zeit erreichbar«[457]. Obwohl Kant im Blick darauf das

---

[449] Ebd. 683f. Dort finden sich auch die folgenden Zitate.
[450] Ebd. 686; die folgenden Zitate ebd.
[451] Das tritt auch terminologisch hervor durch die Rede von der »Einwohnung des bösen Prinzips«: Überschrift des ersten Stücks ebd. 665.
[452] Ebd. 709. Vgl. besonders noch ebd. 734: »Die Heilige Schrift (christlichen Anteils) trägt dieses intelligible moralische Verhältnis in der Form einer Geschichte vor, da zwei, wie Himmel und Hölle einander entgegengesetzte Prinzipien im Menschen, als Personen außer ihm, vorgestellt, nicht bloß ihre Macht gegeneinander versuchen, sondern auch (der eine Teil als Ankläger, der andere als Sachwalter des Menschen) ihre Ansprüche gleichsam vor einem höchsten Richter *durchs Recht* gelten machen wollen«. Hier dürfte auf den gegensätzlichen Gebrauch von νοῦς in Röm 7,23 (in Verbindung mit 2,15!) angespielt sein. Im übrigen führt Kant diesen Gedanken im folgenden durch Gen 2 und 3 aus.
[453] Ebd. 698; die folgenden Zitate ebd.
[454] Vgl. auch ebd. 728: »Die Sinnesänderung ist nämlich ein Ausgang vom Bösen, und ein Eintritt ins Gute, das Ablegen des alten, und das Anziehen des neuen Menschen, da das Subjekt der Sünde (mithin auch alle Neigungen, sofern sie dazu verleiten) abstirbt, um der Gerechtigkeit zu leben.«
[455] Ebd. 700.
[456] Ebd. 702.
[457] Ebd. 720, vgl. 729f Anm.

paulinische κατὰ χάριν zur Geltung bringt, sofern das Gute dem vorfindlichen Menschen nur »zugerechnet« werden kann[458], entsteht ein entscheidender Gegensatz zu Paulus eben darin, daß jene »Revolution in der Gesinnung« durch niemand anderen als durch jeden Menschen für sich selbst vollzogen werden kann und soll und darum sowohl die Stellvertretung Christi[459] als auch jedwede Gnadenmittel oder sonstige »Expiationen«[460] aus einer religionsphilosophischen Deutung des Christentums auszuscheiden haben, daß es also »schlechterdings kein Heil für die Menschen gebe, als in inniger Aufnehmung echter sittlicher Grundsätze in ihre Gesinnung«[461]. Mit dem Versuch religionsphilosophischer Verallgemeinerung biblisch-kirchlicher Theologie wird deren entscheidende Mitte eliminiert. Und wie oft bis in unsere Gegenwart solcher Versuch wiederholt worden ist[462], – an der Rezeption der Problemstellung von Röm 7 muß jeder scheitern, der deren christologische Voraussetzung verwirft.

In der *Auslegung des 19. Jahrhunderts* dominiert die Meinung, daß »σάρξ der materielle Leib ist«[463], πνεῦμα dagegen das »Prinzip des Denkens und Wissens, . . ., des immanenten Selbstbewußtseins, in welchem der Mensch den geistigen Schwerpunkt seines Wesens hat«[464]. So beschreibe Paulus in Röm 7,15–24 zunächst nichts anderes als die für den Menschen schlechthin konstitutive Spannung zwischen dem Materiellen und Immateriellen, an welchem beiden er teilhabe[465]. Diese Spannung komme aber vor allem in der Sittlichkeit zum Austrag, sofern die Vernunft das Gute, das sie will, verfehle, da »die σάρξ auch dem νοῦς gegenüber das über alles übergreifende, die ganze Richtung des Menschen bestimmende Prinzip ist«. Im Unterschied zu Kant aber schreibt Baur die Befreiung des νοῦς nicht der Entscheidungskraft des Menschen zu einer Revolution seiner Gesinnung zu, sondern vielmehr dem göttlichen πνεῦμα, das sich auch zu dem νοῦς schlechthin transzendent verhält«[466]. Von daher wird die traditionell-lutherische Deutung von Röm 7 verworfen und alles Gewicht darauf gelegt, daß der Mensch als Christ in dem göttlichen Geist ein »Lebensprinzip« erhalten habe, das ihn zu qualitativ sittlichem Verhalten, zur Erfüllung und Realisierung »des sittlichen Gehalts des Gesetzes«, befähigt[467]. Wie jedoch das Fleisch den Menschen an das Materielle binde, so sei dies als das »Partikuläre, Individuelle, Selbstische« durch das »geistige Prinzip« des göttli-

---

[458] Ebd. 730.
[459] Vgl. ebd. 726f. Der biblische Stellvertretungsgedanke wird ebd. 729f lediglich in dem Sinn aufgenommen, als der moralisch gesinnte *Mensch* am Bilde des Gekreuzigten, dessen »Reinigkeit . . . (er) in sich aufgenommen hat«, die Leidensfolgen erblickt, die er mit seinem Entschluß zur Moralität auf sich zu nehmen hat; vgl. auch 735–740.
[460] Vgl. ebd. 704f und 731f.
[461] Ebd. 739.
[462] Es muß freilich betont werden, daß Kants Lehre vom radikal Bösen zumeist nicht – jedenfalls nicht uneingeschränkt – mitübernommen zu werden pflegt.
[463] F. Ch. Baur, Vorlesungen über ntl. Theologie, hrsg. F. F. Baur, Neue Ausgabe mit einer Einleitung von O. Pfleiderer, I, Gotha 1892, 180.
[464] Ebd. 182.
[465] »Der νοῦς weiß sich also nicht mehr mit der σάρξ eines, sie ist seiner geistigen Natur zu materiell«, ebd. 183; dort auch das folgende Zitat.
[466] Ebd. 184. Die gleiche Auslegung, durch Parallelen aus der Umwelt des Urchristentums präzisiert vertritt Lietzmann 75–77.
[467] Ebd. 215–217.

chen Geistes aufgehoben; dieser verwirkliche eben das, wozu der an das Materielle gebundene menschliche Geist aus sich heraus nicht fähig gewesen sei. Insofern bestehe zwischen menschlichem und göttlichem Geist immerhin eine Wesensgleichheit. Der deutsche Idealismus bestimmt hier weitgehend die Auslegung; und in dieser spiegelt sich ein Bild ›vergeistigter‹ christlicher Frömmigkeit, wie es theologische Akademiker vor Augen hatten – im Gegensatz zu dem Bild eines trotz guten Willens von der Sinnlichkeit bestimmten Lebens, wie es mancher Akademiker mehr oder weniger bewußt im Blick auf die sozial unteren Volksschichten seiner Zeit vor Augen haben mochte.

Eine ganz andere Auslegung ist im Zusammenhang der dialektischen Theologie des 20. Jahrhunderts von *R. Bultmann* erarbeitet worden. Nach ihr geht es Paulus gar nicht um die »billige Einsicht: video meliora proboque, deteriora sequor«[468], nicht also darum, daß der moralische Wille gegen die Wirklichkeit der faktischen Sünde nicht ankommt, sondern um zwei »Möglichkeiten geschichtlichen Seins«: Eigentlich zielt das Wollen des Menschen als »die transsubjektive Tendenz der menschlichen Existenz überhaupt«[469] darauf, Leben zu haben; aber in all seinem Tun verfehlt er dieses Ziel, es »ist von vornherein gegen seine eigene und eigentliche Intention gerichtet. *Das* ist der Zwiespalt!«[470] Die Sünde besteht nun aber über die bloß faktische Gesetzesübertretung hinaus darin, daß der Mensch das Gebot Gottes »zum Leben« mißversteht als Provokation zur Gesetzeserfüllung als eigene Leistung, durch die er sich seine Eigentlichkeit selbst beschaffen will[471]. Eben durch diesen trügerischen Willen zur Selbstverwirklichung verfehlt er seine Eigentlichkeit, das wahre Leben, um das es ihm in seinem ϑέλειν doch gerade geht. Weder geht es also nach Bultmann in Röm 7 um den Gegensatz zwischen dem Materiellen und Immateriellen im Menschen, noch auch um den Gegensatz zwischen Sinnlichkeit und Moralität; es geht vielmehr um die Frage, ob der Mensch, seinen Willen zum Leben verfälschend, aus sich selbst, aus seiner Leistung lebt, oder ob er, seinem Willen zum Leben entsprechend, wahres Leben als Geschenk Gottes, als Widerfahrnis des göttlichen Geistes erlangt, indem er das Selbst-sein-Wollen preisgibt. Röm 7 beschreibt die erste Möglichkeit, die Verfallenheit des Menschen an sich selbst, Röm 8 sodann die zweite. Insofern schließt sich Bultmann der Auffassung von Röm 7 als status irregenitorum an, die von Kümmel zusammenfassend und durchschlagend begründet worden ist. Aber in seiner theologischen Interpretation verbindet er in eigenartiger Weise das pietistische Auslegungsmodell mit dem lutherischen. Dem ersten entspricht die Entscheidungsstruktur, die in dem hermeneutischen Schlüsselbegriff der »Möglichkeiten geschichtlichen Seins« zum Tragen kommt; dem zweiten der Gedanke, daß alle Menschen sich in der Selbstverfallenheit vorfinden, und die Befreiung daraus ihnen grundsätzlich nur im Akt des Glaubens je und je widerfährt. Von beiden überlieferten Modellen unterscheidet sich Bultmanns Auslegung jedoch

---

[468] Bultmann, Römer 7,201.
[469] Ebd. 202.
[470] Ebd. 207.
[471] 208f.

durch ihre prinzipielle Abstraktheit – nicht nur auf seiten der positiven, sondern auch auf seiten der negativen »Möglichkeit«: Indem Sünde eigentlich nicht im konkreten Tun und nicht einmal (kantisch) in der moralischen Gesinnung, sondern in der Existenzrichtung (als ›Existential‹) besteht, ist sie schlechthin unanschaulich; und indem Sünde gerade in der Frömmigkeit ihr eigentliches Wirkfeld hat, sei es im Streben nach Leistung vor Gott, sei es im Streben nach religiöser Erfahrung, ist sozusagen alles konkret-Menschliche von ihr so restlos vereinnahmt, daß für das Widerfahrnis der Gnade eigentlich nichts konkret-Menschliches übrigbleibt, in dem sich die Gnade real auswirken kann.

Fragt man, wie eine so abstrakte Position theologisch sinnvoll erscheinen kann (als welche sie doch faktisch erfahren worden ist, wie ihre große Verbreitung zeigt), so läßt sich wohl kaum eine andere Antwort finden als die, daß ihre Plausibilität einerseits in der verbreiteten Erfahrung der Brüchigkeit aller aus der bürgerlichen Frömmigkeit und der liberalen Theologie ererbten Traditionen begründet ist, einer Erfahrung, auf die mit dem Gedanken radikaler Gratuität von Gerechtigkeit wie Heil und darum radikaler Unanschaulichkeit auch der Sünde zu reagieren war; daß aber andererseits die Redlichkeit es zu gebieten scheint, als hermeneutischen Horizont dieses Widerfahrnisses radikaler Gnade den Denkansatz in der Subjektivität als solcher zu bewahren, der seit dem 19. Jahrhundert allgemein bestimmend geworden ist. Der Preis freilich, der dafür zu bezahlen war und ist, die völlige Abstraktheit der Sünde wie der Gnade, ist sowohl für die Frömmigkeit als auch für die Theologie sehr hoch[472]. Er zeigt sich darin, daß die höchste sprachliche Konkretion, die Paulus in der Ich-Gestalt des Gedankens in Röm 7 gedanklich errungen hat, in der Auslegung wie Rezeption dieses Textes verloren geht: Der Zwiespalt betrifft eigentlich nicht *mich*, sondern bloß die völlig abstrakten Möglichkeiten, in denen ich existiere.

Es ist darum nicht verwunderlich, daß die traditionelle lutherische Tradition kritisch reagierte. *P. Althaus* wendet ein, es gehe sehr wohl um den realen, konkret erfahrbaren Konflikt zwischen der Erkenntnis und dem Wollen des Guten und dem beidem widerstreitenden faktischen Handeln, und darum keineswegs um eine »transsubjektive Tendenz der menschlichen Existenz überhaupt«[473]. Damit ist nicht nur ein wichtiges Moment des Paulustextes getrof-

---

[472] Daß Bultmanns Exegese von Röm 7 durch Motive allgemeiner Zeiterfahrung der Jahre nach dem Ersten Weltkrieg mitbedingt und auch insofern für diese Generation repräsentativ ist, wird an der erstaunlichen Übereinstimmung mit dem ähnlich abstrakten Urteil eines im Denkansatz so verschiedenen Exegeten wie Ernst Lohmeyer erkennbar: »Daß Wollen und Vollbringen auseinanderklafft, ist also nicht eine Frage der menschlichen Tat, sondern der menschlichen Existenz, ist also keine ›Tat‹-Sache oder Erfahrung, sondern ein Prinzip, das alles Dasein in Raum und Zeit bestimmt. So ist auch der ›Gesetzesdienst‹ eine bleibende Bestimmtheit der menschlichen Existenz, in ihrer Geltung unabhängig davon, ob der einzelne ihm in seinen Taten genügt oder nicht« (Gesetzeswerke, in: Probleme paulinischer Theologie 31–74, hier 69).

[473] Althaus, Paulus und Luther 38–40 (Zitat 39). Mit exegetischem Recht betont Althaus, ebd. 40, daß »Röm 7 . . . in dieser Hinsicht auf gleicher Linie wie Kap. 2« steht. Indem Althaus dann aber eine Differenz zwischen Paulus

fen, sondern auch ein gravierender Erfahrungs- und Problemkomplex unserer Zeit, auf den Röm 7 nur dann eine Antwort gibt, wenn darin das Insistieren darauf nicht eliminiert wird, daß die Sünde im faktischen Tun ihre Wirklichkeit und im Gesetz ihren Richter hat. In dem Maß nämlich, in dem im Selbstbewußtsein des modernen Menschen Sünde nur noch ausschließlich im Gewissen ihren Ort hat, so daß dort, wo die erfahrene Relativierung des Gewissens sich in der Praxis auswirkt, für viele Menschen Sünde nur mehr mit Schuldbewußtsein identisch ist, das wiederum psychoanalytisch ›abgearbeitet‹ werden kann, ist auch Vergebung nur noch ein Gefühl im Imtimbereich religiöser Innerlichkeit, dessen Funktion von der Gewinnung von Ichstärke durch den Heilprozeß der Aufhebung von Schuldgefühlen kaum mehr deutlich unterscheidbar ist. Dort jedoch, wo dagegen in theologischer Interpretation Sünde als ein Credendum und also als etwas schlechthin Unsichtbares behauptet wird, erhält auch Vergebung entsprechend völlig abstrakten Charakter, so daß ihre Funktion leicht überhaupt entbehrlich scheint. Hier ergibt sich aus dem sehr konkreten Sündenverständnis der Bibel eine gewichtige Korrektur. Die in Röm 7 existentiell durchreflektierte Not des Sünders besteht nicht darin, daß ein Mensch von dem schädlichen Schein eines Schuldgefühls bestimmt wird, sondern darin, daß sein Wollen des Guten gegen die Realität des in seinem Tun Angerichteten nicht ankommt. Das Böse der Sünde ist kein Schein, den ich abzuarbeiten hätte, sondern die Wirklichkeit des Faktischen, die mich bestimmt, so daß ich sie beim besten Willen nicht ›aufarbeiten‹ kann. Das Ich von Röm 7 muß also seine tatsächliche Lage erkennen: Gerade in dem, worin ich mich selbst verwirklichen will, richte ich mich unrettbar zugrunde. Entsprechend konkret ist dann auch die Erkenntnis des Glaubenden, daß ich von dieser Not *befreit bin*, weil *Christus* mich aus ihr befreit *hat*.

Was bedeutet es, daß seit Augustinus dieser Text immer wieder, wenn auch aufgrund verschiedener Beweggründe, zum Spiegel der Situation christlicher Sünder geworden ist? Zweifellos zunächst eine Verschärfung seiner Motive: Wenn der von der Sünde befreite Christ im Widerspruch zur Forderung des Gesetzes Gottes, die er bejaht, Sünde tut, so daß daraus dort, wo er im Sinne der Liebe Gutes zu wirken hätte, Böses entsteht und sich geschichtlich-faktisch auswirkt, dann ist ja für ihn das Gesetz mit dem Willen *Christi* eines und entsprechend die Sünde ein Zuwiderhandeln gegen die Liebe Gottes, die ihn von der Sünde befreit hat und zum Tun der Liebe in Pflicht nimmt, so daß sein Schrei mit Röm 7,24 *dort* nach dem Erlöser ruft, wo er diesem selbst zuwider gehandelt hat. Auch solche Verschärfung der Aporie von Röm 7 aber vermag

und Luther feststellt und hinsichtlich der Aussagen über den »Menschen ohne Christus« Paulus Recht gibt (ebd. 48–59), hinsichtlich der Aussagen über den »Christenmenschen« dagegen Luther (ebd. 83–87), vereinfacht er nicht nur das Problem, sondern verfälscht es auch, sofern er auf ein psychologisch verfeinertes Sündenbewußtsein bei Luther abhebt. Vgl. dazu auch die umsichtige Kritik von Joest, W., Paulus und das Luther'sche Simul Iustus et Peccator, 286f Anm. 60 und 319 Anm. 156. Vgl. auch die Antwort Bultmanns an Althaus in: Christus des Gesetzes Ende 43–58.

die Wirklichkeit der Heilstat Gottes nicht aufzuheben. Denn diese hat ihre eschatologische Kraft im Sühnetod Christi als der Aufhebung der Sünde *aller*. Wie darum ante Christum die Gnade Gottes in menschlicher Sünde nicht ihre Grenze, sondern umgekehrt die Sünde insgesamt in der Gnade ihren Überwinder gefunden hat, so auch post Christum. So sehr ich, der Christ, im Spiegel des in Röm 7 beschriebenen Widerstreits meine gegenwärtige Not und die Not der ganzen christlichen Welt erkenne und durchleide, so sehr gilt zweifellos auch mir wie dem ἐγώ des Paulustexts: »Es gibt also *keine* Verurteilung für die, die in Christus Jesus sind« (8,1).

Dann aber gilt auch dies: So sehr die Errettung des Ich von Röm 7 aus der leibhaftigen Wirklichkeit der Sünde nach Röm 8,4 dem konkreten Ziel dient, daß »die Rechtsforderung des Gesetzes unter uns *erfüllt* wird«, so sehr zielt alle Vergebung christlicher Sünden darauf, daß ihre Kraft, die Liebe, in meinem *Tun* zur Wirkung kommt. So konkret es die Wirklichkeit meines Tuns ist, aus der ich durch die Vergebung befreit werde, so konkret werde ich dadurch zum Tun des Guten befähigt und verpflichtet. Röm 7 kann daher für den Christen nicht einfach zum Spiegel eines faktisch bleibenden ›simmul iustus et peccator‹ werden. Die Vergebung heißt mich vielmehr immer in dem von mir als gegenwärtig erfahrenen Widerstreit von Röm 7 die Not meiner Sünde sehen, die aufgrund der eschatologischen Heilswirkung des Todes Christi meine *Vergangenheit* ist – meine Gegenwart in *Christus*, dem Auferstandenen, zeigt sie mir dagegen im Spiegel von Röm 8 und fordert mich darum verpflichtend, das Gute zu *tun*, auch wenn ich im Blick auf mein bisheriges Versagen keine wirkliche Chance mehr sehe: Die Gnade Gottes ist darin konkret-*wirklich*, daß sie mir immer neu konkrete Chancen zum Guten gibt.

c) *8,1–17 Die Gegenwart: Wir im Geist des Lebens*

Literatur: Dibelius, M., Vier Worte des Römerbriefs, SEÅ 9 (1944) Bilaga (SyBU 3) 8–17, hier 8–14; *Loane, M. L.*, The Hope of Glory, London 1968, 11–74; *Lohse, E.*, ὁ νόμος τοῦ πνεύματος τῆς ζωῆς. Exegetische Anmerkungen zu Röm 8,2, in: Neues Testament und christliche Existenz, FS H. Braun, Tübingen 1973, 279–287; ders., Zur Analyse und Interpretation von Röm 8,1–17, in: Lorenzo de Lorenzi (Hrsg.), The Law and the Spirit 129–146; *von der Osten-Sacken, P.*, Römer 8, 128–159; *Overbeck, F.*, Über ἐν ὁμοιώματι σαρκὸς ἁμαρτίας Röm 8,3, ZWTh 12 (1869) 178–212; *Paulsen, H.*, Überlieferung 25–106; *Pfister, W.*, Das Leben im Geist nach Paulus, 1963 (SF NS 34); *Raisinen, H.*, Das »Gesetz des Glaubens« (Röm 3,27) und das »Gesetz des Geistes« (Röm 8,2), NTS 26 (1979) 101–117; *Stalder, K.*, Das Werk des Geistes in der Heiligung bei Paulus, Zürich 1962; *Taylor, M.*, Abba, Father and Baptism, SJTh 11 (1958) 62–71; *Tibbe, J.*, Geist und Leben. Eine Auslegung von Röm 8, 1965 (BSt 44).

1 Kein Verdammungsurteil also (gibt es) jetzt für die, die in Christus Jesus (sind). 2 Denn das Gesetz des Geistes des Lebens in Christus Jesus hat dich befreit von dem Gesetz der Sünde und des Todes. 3 Denn was dem Gesetz unmöglich ist, worin es schwach war durch das

Fleisch, – Gott, der seinen eigenen Sohn sandte in Gleichgestalt des Sündenfleisches und (als Sühne) für (die) Sünde, verdammte die Sünde im Fleisch, **4** damit die Rechtsforderung des Gesetzes erfüllt werde in uns als solchen, die nicht nach dem Fleisch wandeln, sondern nach dem Geist.

5 Denn die, die nach dem Fleisch sind, trachten nach dem, was des Fleisches ist, doch die nach dem Geist nach dem, was des Geistes ist. **6** Wonach nämlich das Fleisch trachtet, ist Tod, wonach aber der Geist trachtet, ist Leben und Friede. **7** Darum ist das Trachten des Fleisches Feindschaft gegen Gott; denn dem Gesetz Gottes gehorcht es nicht, es kann (das) ja auch nicht: **8** Die, die im Fleisch sind, können Gott nicht gefallen.

9 Ihr aber seid nicht im Fleisch, sondern im Geist, wenn denn Gottes Geist in euch wohnt. Wer aber Christi Geist nicht hat, der gehört ihm nicht an. **10** Wenn aber Christus in euch ist, ist der Leib zwar tot wegen der Sünde, der Geist aber Leben wegen der Gerechtigkeit. **11** Wenn aber der Geist dessen, der Jesus von den Toten auferweckt hat, in euch wohnt, wird der, der Christus von den Toten auferweckt hat, auch eure sterblichen Leiber lebendig machen durch seinen Geist, der in euch wohnt.

12 Also dann, Brüder, sind wir in der Pflicht, – nicht gegenüber dem Fleisch, um nach dem Fleisch zu leben! **13** Denn wenn ihr nach dem Fleisch lebt, werdet ihr sterben müssen. Wenn ihr aber durch den Geist die Machenschaften des Leibes tötet, werdet ihr leben. **14** Alle nämlich die durch den Geist geführt werden, sind Söhne Gottes. **15** Ihr habt ja doch nicht einen Geist der Sklaverei empfangen, der (euch) wieder in die Furcht (treibt), sondern einen Geist der Sohnschaft habt ihr empfangen, durch den wir rufen: ›Abba Vater!‹ **16** Der Geist selbst bezeugt unserem Geist, daß wir Kinder Gottes sind. **17** Wenn aber Kinder, so auch Erben, und zwar Erben Gottes als Miterben Christi, wenn wir denn (mit ihm) mitleiden, um auch (mit ihm) mitverherrlicht zu werden.

Analyse 1. Was das *Verhältnis zum Voranstehenden* betrifft, so ist zunächst eindeutig, daß in 8,1ff nunmehr der zweite Teil der These 7,5f entfaltet wird: 7,6. Während es in 7,7–24 in Auslegung von 7,5 um das Thema der Gefangenschaft des Sünders unter dem »Gesetz der Sünde« (7,23) ging, geht es jetzt um die Befreiung von diesem (8,2), durch die den Christen die Erfüllung des Gesetzes als »Dienst im neuen Machtbereich des Geistes« (7,6) ermöglicht worden ist (8,4). Die beiden Abschnitte entsprechen sich also antithetisch. Der Umschlag erfolgt in 7,25a. In 8,1ff wird dieser Dankruf inhaltlich ausgeführt. Das geschieht so, daß Paulus in 8,1 eine These setzt, in deren Explikation 8,2–4 die Aufhebung des elenden Zustands von 7,22f beschrieben wird, der den Schrei nach dem Erlöser in 7,24 auslöste, dem der Dankruf 7,25a entgegentritt.

Die Formulierung von 8,1 bereitet jedoch Schwierigkeiten durch die Einführung mit ἄρα (»also«). Denn daß es für die Christen kein Verdammungsurteil gibt, ist ja nicht eine Folgerung aus dem Dankruf 7,25a, der ja vielmehr durch 8,1ff allererst erläutert werden soll. Das für 8,1 zu erwartende γάρ (»nämlich«) steht aber erst in 8,2. Man kann die Schwierigkeit jedoch nicht auf literarkritischem Weg lösen, weder durch Umstellung von V1 hinter V2[474] noch durch Emendation des Satzes als Randglosse[475] oder auch nur des störenden ἄρα[476]. Gegen den ersten Lösungsvorschlag spricht der enge Zusammenhang zwischen V2 und V3[477], gegen den zweiten die unzweifelhaft paulinische Formulierung von V1 sowie der Gesetzesbezug im Wort κατάκριμα, durch den der Satz inhaltlich mit 8,2–4, aber auch mit 7,7–23 verbunden ist[478]. 8,1 ist also an seinem Platze zu belassen. ἄρα kann sich dann auf das Voranstehende nur so beziehen, daß mit κατάκριμα die in 7,7–23 geschilderte Situation des ἐγώ unter dem Gesetz, das sich ihm zum Tod auswirkt (7,10.13 vgl. 24), im Blick steht und die Negation οὐδὲν κατάκριμα an 7,6 anschließt[479]; dafür spricht vor allem auch das νῦν (»jetzt«). Überdies bezieht sich der Satz der Sache nach auf 5,18 zurück und zeigt so gleichsam blitzartig, wie die Adam-Christus-Perikope als Schlußabschnitt des Rechtfertigungsteils zugleich die Basis der folgenden Kapitel 6–8 ist, insbesondere der im Horizont des Gegensatzes Fleisch – Geist vorgetragenen Begründung der Freiheit vom Gesetz in Kapitel 7f.

2. Die *Disposition* ist durchsichtig. In VV 1–4 begründet Paulus – wie gesagt – den Dankruf 7,25a, indem er 7,6 christologisch ausführt. Dies ist die Basis für alles Folgende. Paulus zielt darauf, parallel zu Kapitel 6 zu erweisen, daß die Befreiung vom Gesetz zugleich zur Erfüllung des Gesetzes befähigt und verpflichtet. Während es im Kapitel 6 um den Wandel von der Sünde zur Gerechtigkeit geht, geht es nun hier um die Kraft, die die Christen zum Tun der Gerechtigkeit, d.h. zur Erfüllung des Gesetzes befähigt: die Kraft des Geistes, dem die Christen in ihrem Handeln entsprechen können und sollen. In VV 5–8 stellt Paulus die beiden Existenzrichtungen »nach dem Fleisch« und »nach dem Geist« (V 4b) gegenüber, um dann in VV 9–11 den Adressaten in persönlicher Anrede das Sein im Geist als »Einwohnung« Christi als des von den Toten Auferweckten in ihnen zuzusprechen. Daraus folgt in VV 12f – analog 6,12–14 – die Mahnung, dieses Sein als ethische Verpflichtung anzusehen und im Abtöten der »Praxis des Leibes« die Gabe des Geistes zu realisieren. Diese Mahnung wird in VV 14–17 begründet, indem die Funktion des Geistes hervortritt: Er

---

[474] So Müller, Marginalien 250–252 und nach ihm Michel 188.
[475] So Bultmann, Glossen 279; nach ihm zuletzt Käsemann 204.
[476] Dies erwägt Paulsen, Überlieferung 27. Doch dann müßte ἄρα im Text wie in 7,25b am Satzanfang stehen. Paulsen 28 Anm. 38 entscheidet sich denn auch mit Recht, ἄρα im Text zu belassen. Die Stellung zwischen οὐδέν und κατάκριμα im Unterschied zu 7,15b spricht übrigens ebenso für paulinische Ursprünglich-

keit von 8,1 wie für die sekundäre Herkunft von 7,25b.
[477] Das wendet Bultmann, ebd. mit Recht gegen Müller ein.
[478] So gegen Bultmann z.B. Bornkamm, Sünde 67 Anm. 33; Lohse, Analyse 132f; Paulsen, Überlieferung 26; Schlier 236f. – κατάκριμα findet sich im NT nur noch in Röm 5,16.18 und wird in 8,3 durch κατακρίνειν aufgenommen; vgl. Leenhardt 115.
[479] So zuletzt Cranfield 373.

bezeugt den Christen ihre Gotteskindschaft und das mit ihr gegebene
»Erb«recht als Teilhabe am »Erbe« Christi.

3. Diese *Abgrenzung des Abschnitts* ist kurz zu begründen. Es gibt zunächst
gute Gründe 8,1–4 zu 7,7–25a hinzunehmen[480], weil V 2 als Begründung
von 7,25a in genauer antithetischer Entsprechung zu 7,22f steht. Doch 8,5ff
schließen als Explikation von 8,4b eng an 8,1–4 an. Vor allem aber wird in 8,1ff
deutlich 7,6 ausgeführt, wozu 8,5ff hinzugehört. Entsprechend der Antithese
zwischen 7,5 und 7,6 stehen sich darum deutlich 7,7ff und 8,1ff gegenüber.
Wiederum könnte man 7,25a durchaus zu 8,1ff ziehen[481]. Zweifellos bahnt
dieser Dankruf den Übergang zum folgenden nach der Aporie der Klage von
7,24. Doch eben wegen dieser paradox-asyndetischen Parataxe von 7,24 und
7,25a sollte man 7,25a dispositionell bei 7,7ff belassen.

Die Mehrzahl der Exegeten nimmt 8,1–11 zusammen[482]. Dafür läßt sich formal der – 8,1 entsprechende – Neuansatz in V 12 mit ἄρα οὖν (»also denn«) anführen; ferner die Beobachtung, daß in VV 14–17 gegenüber dem Voranstehenden neue Motive zum Tragen kommen, die zu 8,18ff überleiten (besonders
in V 17b)[483]. Sieht man jedoch, wie Paulus in Kapitel 7f darauf abzielt, den
Einwand von 6,1 – nunmehr im Blick auf das entscheidende Gesetzesproblem –
zu widerlegen, und so in 8,4 die Gesetzeserfüllung als das Ziel der Befreiung
vom Gesetz herausstellt; und sieht man ferner, wie er in VV 9–11 zur direkten
Anrede der Adressaten übergeht, so erkennt man, daß nach der allgemeinen
Gegenüberstellung von Sein und Wandel »nach dem Fleisch« und »nach dem
Geist« in VV 5–8 diese persönliche Zusicherung des *Seins* im Geist die entsprechend persönliche Anrede auf die Verpflichtung der Adressaten zum *Handeln*
nach dem Geist in VV 12f nach sich zieht. Von daher ist der Vorschlag, 8,1–13
zusammenzunehmen[484], gut begründet. Doch fügen sich VV 14–17 als Begründung der Mahnung von VV 12f eng an diese an, so daß diese Verse aus diesem formalen Grund nicht als ein besonderer Abschnitt herausgehoben werden
können, wie immer hier in der Tat inhaltlich die folgenden Ausführungen
grundgelegt werden (vgl. V 17 einerseits mit VV 18–27, andererseits vor allem
mit VV 28–30). Darum sollten VV 14–17 mit VV 12f und VV 12–17 mit
VV 1–11 als *ein* Abschnitt zusammengenommen werden, der als solcher die
Grundlage für die eschatologischen Ausführungen in VV 18–30 ist[485].

4. In 8,1–17 rekurriert Paulus an verschiedenen Stellen auf *Traditionen*[486].

---

[480] So z.B. Keuck, Dienst des Geistes.
[481] So Michel 188 und zuletzt Paulsen, Überlieferung 29–31.
[482] So z.B. Michel, Kuss, Käsemann, Cranfield, Schlier. Balz, Heilsvertrauen 31–35 verstärkt die Zäsur zwischen V 11 und V 12, indem er mit V 12 einen neuen Abschnitt (8,12–39) beginnen läßt. Luz, Geschichtsverständnis 369–386 nimmt VV 18–39 zusammen.
[483] Vgl. dazu zuletzt Paulsen, Überlieferung 77–79.
[484] So z.B. Lipsius 149; Schnackenburg, Römer 7, a.a.O. (S. 73) 298 Anm. 29 und zuletzt v. Osten-Sacken, Römer 8,144, freilich ohne spezielle Begründung im Blick auf den vorstehenden Kontext.
[485] So überzeugend Paulsen, Überlieferung 180.
[486] Dazu vgl. die beiden gleichzeitig erschienenen Monographien von Paulsen, Überlieferung 39–56 und v. Osten-Sacken, Römer 8,144–156.128–139.

Doch ist die Konzeption des Abschnitts als solche nicht traditionsbedingt. Darum werden die traditionellen Aspekte in der Exegese behandelt.

Der Widerspruch in »mir«, wie ihn 7,14–23 geschildert haben, ist ein Elend, aus dem ich selbst mich nicht herausreißen, sondern nur nach dem Retter schreien kann. Daß dies die Situation eines durch Gottes endzeitliches Gerichtsurteil auf ewig »verdammten« Menschen ist, ist dem Voranstehenden nur insofern zu entnehmen, als damit ernstgemacht wird, daß alle Gesetzes-Aussagen stringent auf die Tora bezogen sind, und das eigentliche Thema der Widerstreit im Gesetz selbst ist, zwischen seiner ursprünglichen Funktion, als Gottes »gutes« Gesetz mir zum Leben zu helfen, und seiner Funktion, mein faktisches Sündigen als todbringende Sünde zu entlarven und mich in ihr festzusprechen. Das Wort κατάκριμα (»Verdammungsurteil«) stand vorher in 5,16.18, und der Leser soll den dortigen Gedanken an dieser Stelle einbringen[487]. Wie dort von der »Verdammung« als der durch das »Gnaden«- bzw. »Rechts«wirken Christi *aufgehobenen* Verdammung die Rede war, so tritt auch hier die »Verdammung« als Summe aller voranstehenden Aussagen über »mich« für »die, die in Christus Jesus sind« als ihre Vergangenheit hervor. Dies folgt (ἄρα) zwar keineswegs aus 7,7–24, wohl aber aus 7,25a, wenn man beachtet, daß dieser Dankesruf an 7,4–6 anschließt. Dort war die Errettung aus dem Gefängnis des Gesetzes in Tod und Auferstehung Christi begründet worden (7,4); darauf bezieht sich sowohl »durch Jesus Christus« 7,25a als auch in »Christus Jesus« 8,1. Beide Ausdrücke sind nicht sinngleich; ἐν ist also nicht instrumental, sondern lokal aufzufassen[488]. Die durch Christus von der Verdammnis des Gesetzes Befreiten haben ihren Ort nicht mehr »in diesem Todesleib« (7,24), sondern »in Christus Jesus«, sofern sie nämlich teilhaben an seinem Sühnetod und seiner Auferweckung (vgl. 8,17), wie sogleich in 8,3 ausgeführt wird[489]. Diese Ortsangabe gründet darum in einer Zeitansage; sie gilt seit Kreuz und Auferstehung Christi, und das heißt für die Christen: seit ihrer Taufe als der wunderbaren Wende vom »Einst« der Sündenverhaftung zum »Jetzt« der Freiheit von Sünde und Gesetz. Das »Jetzt« in 8,1 nimmt das »Jetzt aber« von 7,6 auf.

Erklärung 1

V 1 wirkt wegen des fehlenden Verbs wie eine These. Diese wird in V 2 sogleich im Blick auf das übergreifende Thema der Befreiung vom Gesetz begründet. Die Formulierung wirkt überladen durch die doppelten Genitivbestimmungen und schwierig wegen des Gesetzesbegriffs auf beiden Seiten. Sie ist aber durchaus präzis. Paulus zwingt in diesem einen Satz das 7,22f Gesagte mit dem im

2

---

[487] Von 8,1 her wird nochmals besonders deutlich, daß 5,12–21 der hermeneutische Horizont von 7,7–8,17 ist, wie Schnackenburg, Römer 7, a.a.O. (Anm. 484) mit Recht hervorhebt, ebd. zu 8,1 ebd. 299.
[488] So richtig zuletzt Käsemann 210–213 (Literatur).
[489] Der breit bezeugte, aber textgeschichtlich deutlich jüngere Zusatz μὴ κατὰ σάρκα περιπατοῦσιν (A D¹ Ψ 81.365.629 pc vg (sy^p) Spec) ἀλλὰ κατὰ πνεῦμα (ℵ² D² pl sy^h) hebt bereits auf den ethischen Skopos von 8,5ff ab. Vgl. Lietzmann 78: »typische Interpolation der Koine«. Viele Väter haben den Zusatz als einschränkende Bedingung interpretiert, vgl. Schelkle, Paulus 259f; dagegen Kuss 490.

folgenden Auszuführenden so zusammen, daß einerseits dieses als Aufhebung von jenem und zugleich andererseits die Befreiung vom Gesetz als Befreiung zur Erfüllung des Gesetzes (V 4) begriffen wird.

Deutlich ist zunächst, daß das »Gesetz der Sünde und des Todes« 7,13–23 zusammenfaßt, vgl. 7,13.23f. Hier ist »Gesetz« also stringent gebraucht: Paulus spricht von der Tora, die als »Gesetz der Sünde« gleichwohl nicht selbst Sünde ist (7,7), wohl aber Sünde als Sünde zur Erscheinung und Wirkung bringt (7,13), und als »Gesetz des Todes« nicht selbst todbringend ist (7,13), wohl aber durch sein »Verdammungsurteil« den Sünder dem Tod endzeitlich-definitiv zuspricht und ihn so im »Leib des Todes« (7,24) festhält. Wenn nun aber eben dasselbe Ich »in Christus Jesus« vom Gesetz in dieser doppelten Funktion befreit ist, wie kann dann die ihn freimachende und ihm Leben (statt Tod) schaffende Kraft des Geistes überhaupt noch als »Gesetz« bezeichnet werden? War doch in 7,6 von Geist und Buchstabe in ausschließendem Gegensatz die Rede! Wie zu 7,22f, so meinen viele Exegeten auch zu 8,2, von νόμος sei hier in übertragener Bedeutung als »Regel« bzw. »Ordnung« die Rede[490]. Doch abgesehen davon, daß ein solcher Sprachgebrauch in der klassischen wie hellenistischen Gräzität m.E. nicht zu belegen ist[491], widerrät der entsprechenden Auslegung von 8,2 zwingend die Tatsache, daß im unmittelbar folgenden Satz »Gesetz« eindeutig die Tora meint[492], aber darüber hinaus auch die Beobachtung, daß das Gesetzesproblem den ganzen Abschnitt in Kapitel 7f bestimmt. Nicht zu vergessen ist, daß dem Gesetz in 7,14 ausdrücklich pneumatisches Wesen zugeschrieben worden ist, das sich für die Menschen »zum Leben« aus-

---

[490] So z.B. Kuss 490; Käsemann 205; Schlier 238; Bultmann, Theologie 260 u.a. Cranfield, der in seinem Aufsatz: St. Paul and the Law, in: NT Issues, hrsg. R. Batey, Edinburgh 1970, 148–172, hier 166f νόμος als Bezeichnung der Tora erklärt hatte, deutet das Wort jetzt als »the authority and constraint exercised upon believers by the Holy Spirit« (376). Am weitesten geht Friedrich, G., Das Gesetz des Glaubens (Römer 3,27), ThZ 10 (1954) 401–419, hier 407: »Am Sinn des Verses würde sich nichts ändern, wenn Paulus νόμος weglassen und nur vom πνεῦμα τῆς ζωῆς sprechen würde.« Daß dieses Urteil den Skopos des Satzes entscheidend verfehlt, soll im folgenden herausgearbeitet werden.

[491] Zwar wird – besonders seit der stoischen Schulphilosophie – der Gesetzesbegriff auf die Weltordnung übertragen; vgl. die Belege bei Kleinknecht, ThWNT IV 1026 sowie die entsprechende Plato-Interpretation bei Proclus ebd. 1027f. Doch wird auch so νόμος nicht als Ordnung, sondern als die die Weltordnung herstellende und erhaltende Kraft verstanden und als solche mit Zeus identifiziert: ὁ νόμος ὁ κοινός, ὅσπερ ἐστιν ὁ ὀρθὸς λόγος, διὰ πάντων ἐρχόμενος, ὁ αὐτὸς ὢν τῷ Διί, καθηγεμόνι τούτῳ τῆς τῶν ὄντων διοικήσεως ὄντι (Zenon, fr. 162, I 43 v. Arnim = DiogL 7,88). Vor allem aber fehlen Belege für die Vorstellung verschiedener, gar einander entgegengesetzter »Ordnungen« bzw. »Normen«, die jeweils als νόμος c.gen. bezeichnet würden.

[492] Das wird auch durchweg zugestanden, ohne darin die Nötigung zu sehen, ebenso auch νόμος in 8,2 und 8,3 zu verstehen. Wie Paulsen, Überlieferung 65 gar in der Differenz des νόμος-Begriffs in 8,2 und 8,3 eine Bestätigung der »Annahme eines übergreifenden Gesetzesverständnisses in V 2« erkennen kann, ist mir unbegreiflich. Er beruft sich ebd. Anm. 217 zu Unrecht auf Schrage, W., Die konkreten Einzelgebote in der paulinischen Paränese, Gütersloh 1961, 98f, der ein übereinstimmendes Verständnis in 8,2f immerhin erwägt. Die richtige Interpretation von νόμος in 8,2 als »Gesetz« findet sich bei Schmidt 136 sowie besonders bei Lohse, νόμος, und danach bei Hahn, Gesetzesverständnis 38.41.47–49; v. Osten-Sacken, Römer 8,226–234; Hübner, Gesetz 124–127. Dagegen Raisinen, Gesetz.

wirken sollte, jedoch dem Sünder gegenüber »zum Tode« auswirken muß (7,10). Diese ursprüngliche Aufgabe des pneumatischen Gesetzes ist »jetzt«, »in Christus Jesus«, in der Befreiung der Sünder von seiner eigenen Todeswirkung als »Gesetz der Sünde und des Todes« zur Wirkung gekommen. Dabei ist zu beachten, daß für die Ortsbestimmung »in Christus Jesus« entscheidend ist: Es ist zwar Christus (Gal 5,1), der uns vom »Joch« des Gesetzes befreit hat, nicht das Gesetz, das Sünder nur zu verurteilen, nicht aber ihnen Leben zu schaffen die Kraft hatte (Gal 3,21). Aber »in Christus Jesus«, in dessen Sühnetod sich der Fluch des Gesetzes (Gal 3,13) voll ausgewirkt hat, kommt die pneumatische, lebenschaffende Kraft, die dem Gesetz ursprünglich innewohnte, zur vollen Wirkung – nun jedoch als Kraft Gottes als dessen, der sich mit dem Gekreuzigten identifiziert (V 3) und ihn vom Tode auferweckt hat (V 11). So kann Paulus kühn, aber präzis sagen: »Das Gesetz des lebenschaffenden Geistes hat in Christus Jesus dich freigemacht«, – nämlich das Gesetz als »Gesetz Gottes« (7,22), das zwar in der Existenz des Sünders dem »Gesetz der Sünde und des Todes« unterlag, »in Christus Jesus« aber dieses aufhebende, die Sünder befreiende Macht erlangt hat. So beschreibt der Satz 8,2 die in Christus geschehene Aufhebung jedweder Verdammung (V 1) als *Wende im Gesetz* selbst von seiner verurteilenden zu seiner diese Verurteilung aufhebenden Funktion. Die überlegene Kraft der Gnade über die universale Verurteilungskraft des Gesetzes (5,20f) ist als göttliche Kraft der Negation der Negation zugleich die Kraft, die im Gesetz selbst als dem Gesetz *Gottes* die dem Gesetz als göttlichem Verurteilungsspruch überlegene Wirkung zum Zuge bringt. In der Entgegensetzung von νόμος und νόμος in 8,2 spiegelt sich die Entgegensetzung von Gott und Gott in Kreuz und Auferweckung Christi[493].

ὁ νόμος τοῦ πνεύματος τῆς ζωῆς entspricht antithetisch νόμος τῆς ἁμαρτίας καὶ τοῦ θανάτου. Wie das Leben dem Tod entgegengesetzt ist, so der Geist der Sünde (vgl. V 10 und 1Kor 6,11; Apg 10,38). Die Genitive τῆς ζωῆς und τοῦ θανάτου bezeichnen jeweils die Wirkung des Gesetzes, die Genitive τοῦ πνεύματος und τῆς ἁμαρτίας die jeweils den νόμος bestimmenden Mächte. Das formal überschießende Glied »in Christus Jesus« ist entweder zu ὁ νόμος τοῦ πνεύματος τῆς ζωῆς[494] oder zu ἠλευθέρωσεν[495] zu ziehen. In jedem Fall handelt es sich um die hermeneutische Ortsbestimmung der ganzen Aussage und also um ihre entscheidende Mitte.

Ob mit A D Koine lat sa sy^h sowie einigen Vätern μέ (»mich«) zu lesen ist[496], oder mit ℵ BFG 1506*.1739 ab sy^p arm Tert Ambst σέ (»dich«)[497], ist wahrscheinlich zugunsten der zweiten Lesart zu entscheiden, weil με von 7,24f her verschrieben sein, dagegen kein Grund für die sekundäre Entstehung von σέ benannt werden kann. So oder so ist jeden-

---

[493] Vgl. dazu Jüngel, E., Gott als das Geheimnis der Welt, Tübingen 1977, besonders 270–306.
[494] So z.B. Kuss 490; Käsemann 203; Schlier 239. – Michel 189 zieht den Ausdruck speziell zu τῆς ζωῆς.
[495] So zuletzt Cranfield 374f.
[496] Vgl. bei Lietzmann 78, der ebd. 79 für diese LA plädiert.
[497] So Kümmel, Römer 7,68f; Michel 188; Kuss 490; Fuchs Freiheit 84; Käsemann 205; Cranfield 376f; Schlier 238f; Paulsen, Überlieferung 30. v. Osten-Sacken, Römer 8,146 läßt die Entscheidung offen. – Die Variante ἡμᾶς in ψ bo und bei einigen Vätern ist zweifellos sekundär.

falls das »Ich« von 7,7–24 gemeint; die direkte Anrede ist aber stärker als die Fortführung des Meditationsstils, sie setzt sich in V 9ff in der zweiten Person Plural fort.

3 In V 3f wird »in Christus Jesus« expliziert, indem begründet wird (γάρ), wie die Befreiung geschah: im Sühnetod Christi. Der Satzbau ist schwierig[498]. V 3a läßt sich zur Not als vorangestellte Satzapposition auffassen[499], besser jedoch als Anakoluth, das sich dadurch erklären läßt, daß Paulus den Satz etwa mit ὁ θεὸς δυνατὸς ἦν ποιεῖν (»das war Gott mächtig zu tun«) abschließen lassen wollte, dies dann jedoch sogleich inhaltlich ausgeführt hat[500]. »Was für das Gesetz unmöglich war«[501], ist nach V 2, die Wirklichkeit der Verdammnis in Sünde und Tod aufzuheben und denen, die es verurteilen mußte, Leben zu schaffen (vgl. Gal 3,21)[502]. Der Relativsatz[503] führt diese Unmöglichkeit auf die Schwäche des Gesetzes[504] zurück, was von 7,14 her zu verstehen ist. Seine Schwäche lag also nicht in ihm selbst, sondern daran, daß es die Tatrealität der sündigen Existenz nicht aufheben konnte[505], in der (7,5) alle Menschen, »verkauft unter die Sünde« (7,14), lebten. Gegen die negative Macht des »Fleisches« kam das Gesetz mit seiner Kraft nicht an. Der Neuansatz in V 3b mit ὁ θεός unterstreicht, daß der Unmöglichkeit und Unfähigkeit des Gesetzes die alleinige Kraft der Heilstat Gottes in Christus gegenübersteht. Diese besteht darin, daß »Gott seinen Sohn sandte«[506] und zwar erstens »in Gleichgestalt des Sündenfleisches« und zweitens »für die Sünde«.

Was das Erste betrifft, so legt es sich nahe, das Wort in der gleichen Bedeutung

---

[498] Schlier 240: V 3 ist »vor lauter Bestreben, möglichst alles und genau zu sagen, recht unverständlich geworden«.
[499] Kühl 253; Bl-Debr-Rehkopf 160,2: adverbieller Akkusativ (»was . . . betrifft«); zuletzt mit Nachdruck Schlier 240, der jedoch zu Unrecht in V 3c die Fortsetzung von V 3a sehen will; ebenso Cranfield 348.
[500] So z.B. Lietzmann 79.
[501] τὸ ἀδύνατον τοῦ νόμου läßt sich besser passivisch als aktivisch auffassen; denn bei letzterem Verständnis läge in ἠσθένει eine Doppelung desselben Aspekts vor, während bei ersterem Verständnis zuerst die objektive Unmöglichkeit und sodann die entsprechende subjektive Unfähigkeit hervorgehoben wird. Vgl. Cranfield 378(f) Anm. 3 (mit Hinweisen auf die Väterexegese).
[502] v. Osten-Sacken, Römer 8,147f will die inhaltliche Füllung von τὸ ἀδύνατον τοῦ νόμου im ἵνα-Satz in V 4 erkennen. Aber darin, daß wir die Rechtsforderung des Gesetzes nicht erfüllen, besteht doch nicht die Schwäche des Gesetzes.
[503] Ob man ἐν ᾧ mit Lietzmann 79; Sanday-Headlam 192; Käsemann 206 modal auffaßt (»worin« – so vg: »in quo«) oder mit Lagrange 193; Cranfield 379, v. Osten-Sacken, Römer 8,146 kausal (»aufgrund dessen, weil« – dagegen Käsemann 206), kommt aufs gleiche heraus.
[504] διά c.gen. ist hier im Sinne von διά c.acc. kausal zu fassen, vgl. Pr-Bauer 359.
[505] Vgl. Pelagius 61: »In quo infirmabatur per carnem. In illis (scil. den Sündern) infirmabatur, non in se«.
[506] Daß hier Tradition aufgenommen wird, zeigt nicht nur Gal 4,4, sondern vor allem der parallele Topos im Johannesevangelium, wo sich sowohl πέμπειν (Joh 5,23.24.37; 6,38f usw.) als auch ἀποστέλλειν findet (Joh 3,17.34; 5,36.38; 6,29 usw.); durchweg ist vom »Sohn« als dem Gesandten die Rede. In Joh 3,(16).17 und 1Joh 4,9 wird überdies wie in Gal 4,4 und Röm 8,3 in einem ἵνα-Satz das Heilsziel der Sendung ausgesprochen. Vgl. dazu Kramer, Christos 108–112 und dagegen Wengst, Christologische Formeln 53 mit Anm. 218f; ferner Schweizer, E., in ThWNT VIII 376f; ders., Zum religionsgeschichtlichen Hintergrund der »Sendungsformel« Gal 4,4f; Röm 8,3f; Joh 3,16ff; 1Joh 4,9 in: Beiträge 93–95; Paulsen, Überlieferung 40–43; v. Osten-Sacken, Römer 8,144f. – Käsemann 206 erklärt den stilistischen Bruch in V 3 durch Aufnahme traditionellen Formelwortlauts.

aufzufassen wie in 6,5; 5,14 und 1,23[507]. Gemeint ist die konkrete Gestalt[508], wie sie die Menschen als Sünder in der von der Sünde bestimmten σάρξ (7,5) haben (σαρκὸς ἁμαρτίας), nicht dagegen eine bloße Ähnlichkeit mit ihnen[509]. Das beweist die genaue Parallele in Phil 2,6f[510]. So urteilten schon einmütig die Väter, für die Röm 8,3 zum locus classicus der Inkarnationslehre geworden ist[511]. Sie gerieten jedoch in Schwierigkeiten dadurch, daß es hier nicht das Fleisch ist, in dessen Gleichgestalt Gott Christus gesandt hat (vgl. »nach dem Fleisch« 1,3 sowie 1Joh 4,2), sondern das »*Sünden*fleisch«. Widersprach das nicht der Lehre von der Sündlosigkeit des Inkarnierten (vgl. Hebr 4,15; 1Petr 2,22)? So differenzierten sie: Während Christus vollauf *Fleisch* geworden ist, war er als solcher dem *Sünden*fleisch der Menschen nur ähnlich[512]. Entsprechend wird heute zuweilen die Meinung vertreten, durch die Wahl des Wortes ὁμοίωμα habe Paulus das Mißverständnis ausschließen wollen, als Fleischgewordener sei Christus etwa zum Sünder geworden[513]. Doch der Gedanke der Sündlosigkeit Jesu liegt dem Text fern. σάρξ ἁμαρτίας (»Sündenfleisch«)[514] bezeichnet den *Wirklichkeitsbereich* der Sünde, in den hinein Gott seinen Sohn so gesandt hat, daß Christus *darin*[515] den Menschen als Sündern gleichgewor-

---

[507] Vgl. die Ausführungen zu 6,5 oben S. 14. Overbeck, Röm VIII,3 hat als erster diese Interpretation ausführlich und kritisch begründet.

[508] Darin stimmen heute alle Ausleger überein; vgl. zuletzt Vanni, Ugo S. J., Ὁμοίωμα in Paolo (Rm 1,23; 5,24; 8,3; Fil 2,7). Un' interpretazione esegetico-teologica alla luce del' uso dei LXX, Gr. 58 (1977) 321–345.431–470.

[509] Aus TertMarc 5,14; De carne Christi 16 geht hervor, daß Marcion Röm 8,3 und Phil 2,6f in doketischem Sinn gedeutet hat; vgl. Chrysostomus: ἰδού, φασίν, οὐκ ἐγένετο ἄνθρωπος, ἀλλ' ἐν ὁμοιώματι ἀνθρώπου γενόμενος; vgl. v. Harnack, Marcion, Darmstadt ³1960, 310.312. Vgl. so vor allem gnostische Texte wie Evangelium Veritatis 31,1–8; De resurrectione 44,13–46,20; ActThom 45 und dazu Paulsen, Überlieferung 60. In diesem Sinn will Dibelius, M., Die Geisterwelt im Glauben des Paulus, Göttingen 1909, 123 Anm. 1 Röm 8,3 verstehen. – Die wenigen Exegeten, die mit »Ähnlichkeit« übersetzen, nennt Kuss 493.

[510] Käsemann 206 erwägt, ob Paulus in Röm 8,3 von der in Phil 2,6ff zitierten Tradition abhängig sei, und das Wort ὁμοίωμα von dort übernommen habe.

[511] Vgl. bei Schelkle, Paulus 273–278; Cranfield 380 Anm. 1. Die mittelalterliche Exegese hat diese Tradition übernommen vgl. Petrus Lombardus, Röm 38A (PL 191,1433f); Abaelard, Röm 898B; Thomas von Aquin, Röm 608.

[512] Während z.B. Augustinus, Contra duas epistulas Pelagianorum II 6,16: »similitudo carnis peccati« so umdeutet, daß peccatum den sterblichen, jedoch sündelosen Leib Christi bedeute (vgl. Schelkle, Paulus 278), präzisiert Ambrosiaster (PL 17,117f): »Propterea ergo similitudinem dixit, quia de eadem substantia carnis, non eandem habuit nativitatem; quia peccato subiectum non fuit corpus Domini«. Vgl. Thomas von Aquin 608: »habuit similitudinem carnis peccati, id est, similem carni peccatrici in hoc, quod erat passibilis. Nam caro hominis, ante peccatum, passioni subiecta non erat.« Zur Geschichte dieser Auslegung seit Tertullian Marc 5,14 vgl. Overbeck, Über Röm VIII,3 180–190.

[513] Vgl. zuletzt Käsemann 207 zu Phil 2,7: »Das kann nur heißen, daß zwar Jesus irdisch sterben konnte und mußte, der Sünde aber nicht unterlag.« Ähnlich Schlier 241: ». . . daß Gott seinen Sohn in das Sündenfleisch sandte, das bei dem Sohn kein Sündenfleisch war.«

[514] Dem griechischen Ausdruck entspricht בשר עול in 1QS 11,9.12 (dazu vgl. ἁμαρτία τῆς σαρκός ApkMos 25); 1QM 4,3; 12,12 und dazu Brandenburger, Fleisch und Geist 100f; Braun, Qumran I 178.

[515] ἐν ist zwar von πέμψας her im Sinn von εἰς aufzufassen. Doch bleibt der ursprüngliche Sinn von ἐν erhalten: Der Ort des mit den Sündern solidarisch gewordenen Inkarnierten ist der Machtbereich des Sündenfleisches; vgl. Schlier 240.

den ist. In ὁμοίωμα steckt nur insofern ein Moment von »Identität bei Nichtidentität«, als es Gottes eigener (ἑαυτοῦ) Sohn ist, der in den Machtbereich der σάρξ ἁμαρτίας vollauf eingetreten ist[516]. Der betonte Einsatz mit ὁ θεός und das entsprechend emphatische ἑαυτοῦ stellen sprachlich stark heraus, daß es der zu Gott gehörige Sohn ist, der als Inkarnierter in den dem göttlichen Wesen entgegengesetzten Machtbereich der Sünde im Fleisch eingetreten ist, wie es *Gottes* Wille ist, den Christus eben hier, an der Seite der Sünder, erfüllen sollte. Der Gedanke ist derselbe wie der in Phil 2,6f: »Er, der in der Gestalt Gottes war . . ., hat sich selbst erniedrigt, indem er Sklavengestalt annahm«, – nur radikalisiert durch den Gedanken der Einheit Christi mit Gott gerade im status exinanitionis, vor allem aber durch die göttliche Zielbestimmung dieser Sendung des Sohnes, die Paulus in Röm 8,3 hinzufügt: καὶ περὶ ἁμαρτίας[517]. Das kann nur heißen, um die Herrschaft der Sünde im Bereich des Fleisches aufzuheben; denn nur so gewinnt der folgende Hauptsatz, der das Ergebnis der Sendung Christi beschreibt, Sinn: Gott verdammte so die Sünde im Fleisch, daß es dadurch für die, die in Christus Jesus sind, keinerlei Verdammnis mehr gibt. Das kann nicht heißen: Statt der Sünder ging es nun der Sünde als dem eigentlichen Schuldigen an den Kragen[518]. Denn in 7,17.20 dient die Aussage, daß nicht ich, sondern die in mir einwohnende Sünde das gesetzwidrige Tun vollbringe, ja eben nicht der Entlastung des Ich, sondern umgekehrt seiner unaufhebbaren Belastung. Auch wenn man auf diese mythologische Vorstellung verzichtet, aber gleichwohl im selben Sinn auslegt[519], wird der Kenosis-Charakter der Sendung in V3a in seiner unerhörten Paradoxie zu einer bloßen Feldzugsvorstellung entleert. Ihr Ergebnis, die Verurteilung der Sünde, wäre sozusagen nur die Realisierung dessen, was nach 7,13 das Gesetz gegenüber der Sünde getan hat.

Daß der Gedanke des Paulus auf etwas anderes zielt, zeigt eine Beobachtung zum sonstigen Gebrauch der Wendung περὶ ἁμαρτίας. Sie findet sich in Aussagen über die Heilsbedeutung des Todes Christi. »Christus ist einmal für die

---

[516] So Kuss 493; Schlier 241; Cranfield 381f sowie besonders Bornkamm, Taufe und neues Leben, in: Ende des Gesetzes 42: »Nicht die Gestalt, die er trägt, unterscheidet ihn von uns, aber die Träger, die diese Gestalt tragen, sind zu unterscheiden.« Overbeck, Über Röm VIII,3, auf den die richtige Deutung der Stelle zurückgeht, hat freilich diese wichtige Nuance im Gebrauch von ὁμοίωμα übersehen.

[517] καί zeigt, daß die Wendung parallel zu ἐν ὁμοιώματι σαρκὸς ἁμαρτίας zu πέμψας gehört. Ihr Fehlen in 1912 pc beruht auf einem Abschreibefehler (Homoioteleuton, vgl. Kuss 493f). Jülicher 281 sieht darin eine Glosse und eliminiert so die entscheidende Mitte des Satzes.

[518] So haben viele Väter ausgelegt, vgl. z.B. Chrysostomus 514 bei Kuss 494 sowie das Material bei Schelkle, Paulus 276–278.

[519] Vgl. repräsentativ für viele Paulsen, Überlieferung 59: »Es geht in der Sendung des Sohnes um eine Sendung auf das Gebiet der Sünde, um diese so in ihrem eigenen Bereich zu besiegen und auf diese Weise den Menschen von ihrer Macht zu befreien.« Diese Auslegung ist nicht weniger mythologisch und vor allem nicht weniger doketisch als die der Väter; nur handelt es sich hier um einen soteriologischen Doketismus: Christus besetzt gleichsam mit göttlicher Macht das Terrain der Sünde und befreit uns gleichsam als ihre gefangenen Vasallen. Die Sendung Christi in die Gleichgestalt des Sündenfleisches erscheint so wie ein Heeresbericht über die Einnahme einer Festung.

Sünden gestorben, als Gerechter für Ungerechte« (1Petr 3,18) »er ist Sühne für unsere Sünden« (1Joh 2,2 vgl. 4,10); vgl. Mt 26,28 »für viele«. Der Hebräerbrief überträgt auf den Kreuzestod Jesu den kultischen Sühnevollzug beim Versöhnungsfest (Lev 16,27), wo das Blut der Tiere περὶ ἁμαρτίας vom Hohenpriester in den Tempel gebracht und ihre Leiber außerhalb des Lagers verbrannt wurden (Hebr 13,11; vgl. 5,3; 10,18.26). In LXX wird im gleichen kultischen Kontext des Sühnerituals על־חטאת bzw. לחטאת stereotyp mit περὶ τῆς ἁμαρτίας wiedergegeben (vgl. Lev 4,3.14.28.35; 5,6.7.8.10.11.13 u.a.St.), womit der ursprünglich ›dingliche‹ Vorgang der Übertragung der unheilträchtigen Sündenwirklichkeit auf das Stellvertretungstier, das damit selbst »zur Sünde« wird, hellenistisch als Opfer »betreffs der Sünden« gedeutet wird[520]. Im Urchristentum ist dieser kultische Vorstellungszusammenhang mitsamt seiner durch LXX vermittelten Terminologie auf den Tod Christi als Sühne »betreffs« (περί) bzw. »für die Sünden« (ὑπὲρ τῶν ἁμαρτιῶν ἡμῶν 1Kor 15,3) übertragen worden. Von daher gewinnt der Zusatz καὶ περὶ ἁμαρτίας allererst konkreten Sinn: Paulus sieht Fleischwerdung und Sühnetod Christi ineins zusammen. Die Inkarnation zielt auf die im Tod Christi erwirkte Sühne: Gott sandte seinen eigenen Sohn in Gleichgestalt des Sündenfleisches, um eben dadurch, daß er die todträchtige Wirklichkeit der Sünde aller Menschen stellvertretend für sie an sich selbst zur Auswirkung kommen ließ, die Sünder von eben dieser Wirklichkeit der σὰρξ ἁμαρτίας zu befreien (vgl. 2Kor 5,21; Gal 3,13; 4,4f). Damit ließ er die Verurteilung, die die Tora als »Gesetz der Sünde und des Todes« den Sündern zusprach, statt an den Sündern an seinem eigenen Sohn vollstreckt werden, und zwar ebendort, wo die Sünde ihren Herrschaftsbereich hatte: im Fleisch[521]. So hat zwar die Sünde sozusagen das Ihrige bekommen, weil ihre Todeswirkung realisiert worden ist. Weil aber Christus als der Sohn *Gottes* anstelle aller Sünder gestorben ist, so daß diese von der Herrschaft der Sünde befreit worden sind (V 2), hat er der Sünde ihre Todeswirkung auf die vielen rechtmäßig entzogen und sie so in ihrem eigenen Herrschaftsbereich, dem Fleisch, jener »Verdammung« durch das Gesetz preisgegeben, zu der sie das Gesetz gegenüber den vielen genötigt hatte, die aber nun als dessen »Fluch« (Gal 3,13) allein den einen anstelle der vielen getroffen hat. So liegt dies zwar in der Tat daran, daß es der *Sohn Gottes* war, den *Gott selbst* in das Sündenfleisch gesandt hat, und der allein als solcher die Macht hatte, die Sünde in ihrem Herrschaftsbereich zu entmachten. Aber dieser Sieg über die Sünde konnte eben nur dadurch errungen werden, daß der Sohn Gottes das Geschick *der Sünder,* ihnen gleichgeworden, auf sich genommen und darin Gott selbst sich dem äußersten Gegensatz zu dem Leben, das ihm eigen ist, ausgesetzt hat: dem Tod[522]. Die Entmachtung der Sünde ist die Wirkung dieser Kenosis Gottes

---

[520] Vgl. den Exkurs in EKK VI/1 233ff.
[521] Mit ἐν τῇ σαρκί ist nicht speziell das Fleisch Christi gemeint (so Cranfield 382), sondern generell *das* Fleisch als Herrschaftsbereich der Sünde (so Schlier 240).
[522] Vgl. Kuss 495: »Gott sucht die Region des Unheils geradezu auf, er verbindet sich in gewissem Sinn mit ihr, indem er seinen eigenen Sohn bestimmte Bedingungen, die in dieser widergöttlichen Region gelten, auf sich nehmen läßt.«

im Kreuz Christi, – nicht einfach der Erscheinung seines Sohnes im Fleisch als solcher. Das ist der Sinn der paulinischen Interpretation der traditionellen Sendungsformel, die allein von der Heilswirkung der Inkarnation Christi sprach, durch die Motive der Tradition vom stellvertretenden Sühnetod Christi[523].

Insofern geht Paulus in Röm 8,3 über seine frühere Ausformung der gleichen Aussage in Gal 4,4f hinaus. Auch dort ist von der Sendung des Sohnes durch Gott die Rede; und der ὁμοίωμα-Gedanke von Röm 8,3 kommt dort in γενόμενον ἐκ γυναικός, γενόμενον ὑπὸ νόμον nicht weniger präzis zum Ausdruck. Vor allem ist auch dort die Vorstellung vom Sühnetod Christi insofern implizit wirksam, als die Wirkung dieser Sendung Christi der »Loskauf« der unter der Herrschaft des Gesetzes stehenden Sünder ist: ἵνα τοὺς ὑπὸ νόμον ἐξαγοράσῃ. Aber eben dies kommt in Röm 8,3 dadurch ungleich radikaler zum Ausdruck, daß erstens die Realität der Herrschaft des Gesetzes ἐν σαρκὶ ἁμαρτίας und zweitens die Sühnewirkung des Todes Christi mit περὶ τῆς ἁμαρτίας ausdrücklich genannt ist.

4 Das göttliche Ziel[524] dieser Sendung Christi ist die Erfüllung der Rechtsforderung des Gesetzes »unter« bzw. »durch« uns[525], die Christen. Damit taucht zum ersten Mal das persönliche »wir« von 7,5f auf, in dem Paulus sich mit den Adressaten zusammenfaßt, und das dann von V 9 an in die Anrede »ihr« übergeht.
Hatte Paulus schon in 3,31 thetisch hervorgehoben, daß die Rechtfertigung ohne Gesetzeswerke allein durch den Glauben nicht die Außerkraftsetzung der Tora, sondern vielmehr ihre »Aufrichtung« zur Folge habe, so liefert er hier die Begründung nach. »Die Rechtsforderung des Gesetzes« (τὸ δικαίωμα τοῦ νόμου) meint wie in 1,32 die Forderung des Gesetzes, mit der dieses das dem Gottesverhältnis entsprechende Tun als Realisierung der ›Gemeinschaftstreue‹ markiert. Daß der Singular die einzelnen Rechtsforderungen zusammenfaßt, zeigt 2,26 (vgl. 2,15 »das Werk des Gesetzes«, τὸ ἔργον τοῦ νόμου). Zwar ist die Rechtsforderung des Gesetzes im christlichen Leben inhaltlich auf die Liebe konzentriert (13,8–10 vgl. Gal 5,14; 6,2); und zweifellos sind darin die kultisch-rituellen Gebote der Tora faktisch ausgeschlossen. Doch spielen diese in der paulinischen Gesetzeslehre, abgesehen von der Beschneidung, nirgendwo

---

[523] Vom Sühnegedanken aus hat schon Origenes, Röm 1095 die Stelle interpretiert; vgl. auch Thomas von Aquin, Röm 609. Zuletzt Käsemann 206; Stuhlmacher, P., Zur neueren Exegese von Röm 3,24–26, in: Jesus und Paulus, FS W. G. Kümmel, Göttingen 1975, 315–333, hier 323 Anm. 40. Diese Auslegung wird heute vielfach bestritten, vgl. z.B. Lietzmann 79; Michel 190 mit Anm. 2; Cranfield 382; Paulsen, Überlieferung 58; Kertelge, Rechtfertigung 103.
[524] Zu dieser Bedeutung von ἵνα vgl. z.B. Kuss 296.
[525] ἐν ἡμῖν bezeichnet zwar »die Gemeinde und ihre Glieder« nicht als den »Raum seines (scil. Christi) Lebens und Wirkens, also seine Herrschaftssphäre« (Käsemann 208; dagegen Schlier 243 Anm. 17); denn der Gegensatz zu ἐν σαρκὶ ἁμαρτίας ist ἐν πνεύματι; ἐν ἡμῖν erhält darum durch die folgende Partizipialbestimmung mit κατὰ πνεῦμα sein Kriterium. Aber ἐν ἡμῖν kann durchaus räumlich verstanden werden: »in«, d.h. »unter uns«, den Christen (so zuletzt Cranfield 384f). Ebenso möglich ist aber auch ein instrumentales Verständnis: »Durch uns« sollen die Rechtsforderungen des Gesetzes erfüllt werden (so Schlier 243).

eine Rolle; und daß die auf den »Wandel« bezogenen Gebote der Tora in ihrer Vielfalt in der »Rechtsforderung des Gesetzes« eingeschlossen sind, zeigt die Vielfalt der Themen in der Paränese. Man darf die pointierte Rede vom Gesetz darum nicht abschwächen, indem man allgemein vom Willen Gottes spricht und diesen von der Tora abhebt[526]. Es ist geradezu der Prüfstein für das richtige Verständnis der paulinischen Rechtfertigungslehre, zu sehen, daß und wie der Anspruch der Tora an den Wandel für den Christen nicht *trotz*, sondern gerade *wegen* der iustificatio impii vollauf in Geltung gesetzt wird (vgl. 1Kor 7,19). In Röm 8,4 kommt heraus, daß die Rechtfertigung »ohne Gesetz« keinesfalls eine abrogatio legis bedeutet[527]. 7,12 hat 8,4 vorbereitet: Weil durch den Sühnetod Christi die Sünder von der durch das Verdammungsurteil des Gesetzes definitiven Verhaftung in der Sünde befreit worden sind, kann nun in ihrem Leben das Gesetz endlich in seiner ursprünglichen Bestimmung »zum Leben« (7,10) zur Wirkung kommen. Das gilt nun freilich unter der entscheidenden Voraussetzung, die in VV 1–3 gelegt worden ist: Die Rechtsforderung des Gesetzes kann von den Christen *aufgrund dessen* erfüllt werden, daß sie in der Taufe den *Geist* Gottes empfangen haben, jene totenauferweckende Kraft (V 11), die die Wirkung des Sühnetodes Christi, die Vernichtung der Macht der Sünde über uns, in der konkreten Lebenswirklichkeit des Christen realisiert. In diesem Sinn *sind* Christen Menschen, »die nicht nach dem Fleisch wandeln, sondern nach dem Geist«, und *sollen* es darum sein. Beides ist gemeint: von der Verkündigungsaussage in V 2 her das Sein, im Blick auf den Wandel die Verpflichtung (vgl. V 12)[528]. κατά bezeichnet bei Paulus die grundsätzliche Richtung des Handelns, bei der eine dualistisch-scharfe Alternative besteht: *Entweder* läßt sich der Mensch in allem Tun vom Fleisch bestimmen *oder* vom Geist; vgl. besonders 2Kor 10,3 sowie Gal 5,16f. Was Paulus im Kontext von 8,1–4 meint, läßt sich mit Gal 5,25 markieren: »Wenn wir leben im Geist (vgl. 8,2), laßt uns dem Geist auch folgen!« Doch dies wird hier durch »nicht nach dem Fleisch« präzisiert. So sehr gilt, daß die Gabe des Geistes zum Wandel nach dem Geist vollauf befähigt, so sehr gilt dennoch zugleich, daß sich dort, wo die Gabe des Geistes konkret gegenwärtig ist, auch die unheimliche Möglichkeit des Abfalls

---

[526] So z.B. Käsemann 297: »Verwirklichung des Gotteswillens, von demauch in 12,8ff (gemeint: 13,8ff) ie Rede ist.« Käsemann vermutet, Paulus habe in 8,2–4 ein judenchristliches Traditionsstück aufgenommen, das im Sinne von Mt 5,17ff von christlicher Gesetzeserfüllung gesprochen habe, die Paulus selbst jedoch nur als von dieser Beziehung zur Tora gelöst habe vertreten können. Denn: »Es wäre mehr als seltsam, hätte Paulus nach 7,5–6 von einem solchen Anspruch des Gesetzes an den Christen gesprochen.« Hier wird form- und traditionsgeschichtliche Analyse mißbraucht, um die Textaussage ihrer klaren Pointierung berauben zu können. Nicht einmal auf Texte wie Jer 31 (38) und Ez 36 darf die Erfüllung der Gesetzesforderung nach Röm 8,3 beschränkt werden, wie Cranfield 384 im Anschluß an Augustinus, De spiritu et littera 19–34 meint.

[527] In diesem (freilich *nur* in diesem) Sinn hat Dibelius, Vier Worte 8, recht: Röm 8,4 sei »einer der gewichtigsten Verse, die Paulus überhaupt geschrieben hat«.

[528] Vgl. z.B. Kuss 497f; Schlier 243f. Käsemann 208 formuliert einseitig: »Es geht nicht primär um das, was wir tun, sondern um das, was Gott getan und ermöglicht hat, als er Christus sterben ließ.« Andererseits trägt auch Cranfield 385 (aufgrund seiner Auslegung von Röm 7,14ff) mit »again and again« und »more and more« einen textfremden Aspekt ein.

von ihr auftut. Darum verbindet sich die Mahnung zum Wandel »nach dem Geist« mit der Warnung vor einem Wandel »nach dem Fleisch«. Denn es gehört zur Freiheit des Christen, daß es in *seine* Verantwortung gestellt ist, der Befreiung von der Sünde durch Gottes Heilstat in Christus durch sein eigenes Nein zur Sünde zu entsprechen. Der Geist wird nie zu meinem Besitz, sondern zu meinem Herrn; die Herrschaft des Geistes aber ist keine Zwangsherrschaft, sondern Verwirklichung und Zumutung von Freiheit (V 15 vgl. 2 Kor 3,17).
V 4 ist so der Zielsatz, der im folgenden in drei Schritten ausgeführt wird. Zunächst geht es in VV 5-8 grundsätzlich und allgemein um den Gegensatz zwischen dem Wandel »nach dem Fleisch« und dem Wandel »nach dem Geist«[529].

5 Es gibt kein *Sein* des Menschen, das nicht seine Wirklichkeit im *Handeln* hat, das also nicht den Charakter zielbestimmter Handlungsintention (φρονεῖν) hat[530]. Dabei gibt es nur die dualistische Alternative: Die Menschen, die in ihrem Sein dem Fleisch entsprechen, trachten nach dem, was Sache des Fleisches ist (vgl. Gal 5,19-21 unter der Überschrift: »Werke des Fleisches«); dagegen trachten die, die in ihrem Sein dem Geist entsprechen, nach dem, was Sache des
6 Geistes ist (vgl. Gal 5,22f unter der Überschrift: »Frucht des Geistes«). Das erste (τὰ τῆς σαρκός) ist Tod – nämlich als die Folge der Sünde (6,21.23), deren »Fleisch«-Wirklichkeit im Tod voll realisiert ist. Das zweite (τὰ τοῦ πνεύματος) ist Leben und Friede als die Folge der in der Rechtfertigung (5,1) geschenk-
7 ten Gerechtigkeit (6,22f). Das gleiche wird in VV 7f im Blick auf das dem »Trachten« entsprechende Tun ausgeführt. Das Trachten des Fleisches ist Feindschaft gegen Gott[531], die sich in praktischem Ungehorsam gegen Gottes Gesetz realisiert und realisieren *muß* (vgl. Ign Röm 8,2), nicht im Sinne quasi naturhafter Notwendigkeit, sondern weil der Sünder unaufhebbar der Wirklichkeit der Sünde verhaftet ist und darum durch keinerlei Gesetzeserfüllung
8 die verlorene Gerechtigkeit wiedergewinnen kann[532]: Wer »im Fleisch ist« (vgl. 7,5) – nämlich im Wirklichkeits- und Herrschaftsbereich der σὰρξ ἁμαρτίας (V 3) – »*kann* Gott nicht gefallen«[533], d.h. gerecht sein.
9 In einem zweiten Schritt wendet Paulus das in VV 5-8 allgemein Gesagte auf die Adressaten in direkter Anrede an: Sie *sind* – als Getaufte – nicht »im

---

[529] VV 5-8 fallen als Explikation (γάρ) von V 4b (τοῖς μὴ περιπατοῦσιν usw.) keineswegs aus dem Zusammenhang heraus, gegen Paulsen, Überlieferung 36.

[530] φρονεῖν/φρόνημα heißt im klassischen wie im hellenistischen Griechisch das praktische Aussein auf, das Trachten nach etwas (häufig mit Neutra im Akkusativ z.B. ἀνθρώπινα Aristot Eth Nic X 7 [177 b 32]; θνατά, ἀθάνατα Rhet II 21 [1394 b 25]; vgl. Mk 7,33) und kann nicht selten die Parteinahme für jemanden bedeuten; vgl. die Belege bei Cranfield 386 Anm. 1.

[531] Vgl. Philo, Deus Imm 143 bei Brandenburger, Fleisch und Geist 180.

[532] Kuss 500 schwächt den Bezug auf die Tora von V 4 ab und interpretiert νόμος τοῦ θεοῦ als »die neue Ordnung Gottes«. Nach Lohse, Analyse 138 tritt der Ungehorsam gegen das Gesetz »sowohl in schrankenloser Willkür als auch in der Form sublimer Religiosität und Gesetzeserfüllung in Erscheinung«. Im Text ist weder von dem einen noch von dem anderen die Rede; vielmehr umschreibt οὐχ ὑποτάσσεται die ἀνομία, nämlich als Widerstreit *gegen* die Tora als das Gesetz Gottes und insofern als Feindschaft gegen Gott.

[533] Vgl. 1 Thess 2,15; 4,1; τὸ εὐάρεστον Röm 12,1f; 14,18; 2 Kor 5,9; Eph 5,10; Kol 3,20; Hebr 12,28; 13,21.

Fleisch«, sondern »im Geist«, wenn es denn tatsächlich so ist[534], daß Gottes Geist in ihnen »wohnt«. Und die Gabe des Geistes ist das Kriterium für das Christsein. Der Geist *Gottes* nämlich ist als solcher auch der Geist *Christi*, wie sich aus V 3 im Blick auf den Sühnetod Christi und aus V 11 im Blick auf seine Auferstehung ergibt. Darum gehört, wer diesen Geist nicht hat, nicht zu Christus. Die Evidenz dieses Satzes ist zunächst darin begründet, daß allgemein im Urchristentum die Mitteilung des Geistes (V 15 ἐλάβετε) integrales Element der Taufe ist[535]; und der Ausleger des 20. Jahrhunderts sollte sich daran erinnern, daß dies damals ein sehr konkretes Widerfahrnis war, dessen bleibende Präsenz im Gemeindeleben in den verschiedenen Charismen als Wirkung des Geistes konkret erfahren wurde (1Kor 12,1 vgl. 4ff). Vielleicht aber erklärt sich die besondere Prägung des Satzes in seiner negativen Formulierung von daher, daß nach 1Kor 16,22; Did 10,6 im urchristlichen Gottesdienst ähnliche, als negative Bedingungssätze formulierte Exkommunikationsformeln ihren festen Ort hatten, durch die die Nichtzugehörigen aus der Gemeinde der Christus Zugehörigen ausgewiesen wurden[536]. V 9 wäre dann im ganzen so formuliert, daß die Adressaten bei dieser Form der Anrede an sie von der Form her Motive des Initiationsgottesdienstes assoziieren sollten und konnten, die sie an die eigene Erfahrung des Christwerdens erinnerten. Dazu würde stimmen, daß die Antithese Fleisch – Geist schon in bestimmten jüdischen Vergleichstexten[537], sicher aber im Urchristentum die Paränese strukturiert, die ihrerseits an der Bekehrungssituation orientiert ist (vgl. Gal 3,2f mit 5,17–25). Beides, die konkrete Gegenwart der Heilsgabe wie die Verpflichtung, ihr von nun an im christlichen Leben zu entsprechen, ist in der Tauferfahrung grundgelegt und bestimmt von daher die christliche Gegenwart als ›Einübung der Taufe‹.

Das »Einwohnen« des Geistes in den Christen korrespondiert in 7,17.20 dem »Einwohnen« der Sünde. Wie das letzte nicht zufällig im Vorstellungsfeld von dämonischer Besessenheit formuliert ist, so ist auch das »Wohnen« des Geistes«[538] im Innern des Christen sehr konkret gemeint: Das göttliche Pneuma tritt zum menschlichen Pneuma (V 16 vgl. 1Kor 2,11) bzw. νοῦς (1Kor 14,14f) hinzu und übernimmt dessen Funktion (vgl. auch unten VV 26f). Wie jedoch die Einwohnung der Sünde von dämonischer Besessenheit dadurch unterschieden ist, daß ›ich‹ der Verantwortliche bin, in dessen Geschick sich denn auch der Tod als die Folge meines Tuns auswirkt, so unterscheidet sich auch das In-Sein des Geistes im Christen von aller Art mantischer oder thaumaturgischer Inspiration, wie sie in der jüdischen und hellenistischen Umwelt verbreitet

---

[534] Zu εἴπερ in diesem Sinn vgl. Pr-Bauer 436; Bl-Debr-Rehkopf § 454,2.
[535] Vgl. 5,5; Gal 3,2f; 1Kor 6,11, 12,13; 2Kor 1,21f; 9,17f; 10,45.47; 19,2; Tit 3,5; 1Petr 1,2; Hebr 6,4; Joh 3,24; 5,7f; 4,2f (dazu 1Kor 12,3!); auch Mk 1,8.10.
[536] Vgl. dazu Bornkamm, G., Das Anathema in der urchristlichen Abendmahlsliturgie, in: Ende des Gesetzes 123–132. Michel 192 spricht von einer »Scheideformel«; Paulsen, Überlieferung 37,47 von einem »Satz heiligen Rechts«.
[537] Vgl. Brandenburger, Fleisch und Geist 181 zu Philo.
[538] Vgl. das Bild des Tempels 1Kor 3,16f; 2Kor 6,16–18. Zum jüdischen Hintergrund vgl. zuletzt Paulsen, Überlieferung 48–51 (Literatur).

war⁵³⁹: Der Geist in mir schaltet mein Selbst nicht aus, er macht mich durch seine Aktivität in mir keineswegs passiv, sondern *wir selbst* sind es, die »nicht nach dem Fleisch, sondern nach dem Geist *wandeln*« sollen (vgl. V 12). Die Entsprechung zwischen dem In-Sein des Geistes in uns und unserem In-Sein im Geist weist im Sinne des Paulus auf diesen Zusammenhang.

10 Dasselbe gilt ebenso vom In-Sein Christi in uns⁵⁴⁰; denn der Geist Gottes ist ja der Geist Christi. Wie real auch dies gemeint ist, zeigen Texte wie 1Kor 6,12–20 und 12,12–27. In V 10 geht es nun um die Wirkung der »Einwohnung« Christi im Verhältnis des Christen zu sich selbst. Der sehr prägnant formulierte Satz bietet der Exegese erhebliche Schwierigkeiten. Daß der »Leib tot ist wegen der Sünde«, ist zunächst zweifellos von dem Modell des Tun-Ergehen-Zusammenhangs⁵⁴¹ her zu verstehen: Der Tod ist die Folge der Sünde (6,21–23). Während jedoch der Sünder den Tod vor sich hat, ist er für den Christen bereits vollzogen. Das kann nur von 6,6–11 her sinnvoll sein. Daß nämlich »Christus in uns ist«, entspricht der Teilhabe der Getauften am Sühnetod und an der Auferstehung Christi, aufgrund deren »unser alter Mensch mit ihm mitgekreuzigt« und »der Leib der Sünde vernichtet ist«. Also ist in 8,10 »der Leib« im Sinne von »Leib der Sünde« (6,6) bzw. »Sündenfleisch« (8,3) aufzufassen⁵⁴²; und das Totsein des Leibes bedeutet: unsere Zugehörigkeit zum »Leib der Sünde« ist aufgehoben; die Sünde hat ihre Kraft, uns in unserer leibhaftigen Tatwirklichkeit zu bestimmen, verloren. »Wegen der Sünde« heißt dann: aufgrund dessen, daß »Gott die Sünde im Fleisch verdammt hat« (V 3); ihre tod-wirkende Kraft hat sich an Christus statt an uns ausgewirkt, so daß wir von »dem Gesetz der Sünde und des Todes befreit« (V 2) und so selbst »tot für die Sünde, lebend aber für Gott in Christus Jesus« sind (6,11). Dem entspricht die Fortführung des Satzes in 8,10: »Der Geist aber ist Leben wegen der Gerechtigkeit«. Auch hier liegt zunächst der allgemeine Grundsatz zugrunde, daß die Folge der Gerechtigkeit das Leben ist (vgl. 10,5). Im vorliegenden Kontext aber handelt es sich um die durch Sühnetod und Auferstehung Christi geschaffene, den iustificati impii geschenkte Gerechtigkeit, deren Folge das Leben ist. Die darin wirksame Kraft aber ist der Geist als »Geist des Lebens in Christus Jesus« (8,2). Von daher kann in V 10 mit dem »Geist« nur der Geist Christi in uns (V 9) gemeint sein. Wegen der Parallelität »Leib« – »Geist« und wegen der entsprechenden Formulierung in 6,11 (»tot« – »lebend«) hat τὸ πνεῦμα hier aber anthropologische *Funktion*⁵⁴³. Nur weil es der Geist *Christi*

---

⁵³⁹ Vgl. dazu und besonders zur Verbindung weisheitlich-dualistischer Motive mit solchen hellenistischer »Einwohnungs«-Vorstellungen bei Philo Brandenburger, Fleisch und Geist.
⁵⁴⁰ Zu Χριστὸς ἐν ἡμῖν ist nach V 9 zu ergänzen: οἰκεῖ; vgl. IgnEph 15,3; Paulsen, Überlieferung 51 mit Anm. 147.
⁵⁴¹ Dazu vgl. EKK VI/1 128f.
⁵⁴² Die Wahl von σῶμα statt σάρξ erklärt sich vielleicht von 7,24 her; so v. Osten-Sak-

ken, Römer 8,153.
⁵⁴³ Mit πνεῦμα ist zwar nicht einfach der Geist des Menschen im Unterschied zu seiner sterblichen Leiblichkeit gemeint, so daß der Sinn des Satzes wäre: »Wenn Christi Geist in euch ist, so seid ihr allerdings des Lebens (V 6) teilhaftig, aber freilich nur mit dem Geiste, während der Leib dem Tode preisgegeben ist« (de Wette 110; vgl. Zahn 389f und zuletzt Zeasler, Meaning 204). So wird die Antithese

ist, der in uns wohnt, ist der Tod des »der Sünde gehörenden Leibes« für uns Vergangenheit und das Leben Gegenwart. Aber sofern der Geist Christi *in uns* wohnt, sind *wir* es, denen das Leben offensteht. Von daher gewinnt »wegen der Gerechtigkeit« – wie in Röm 6 – zugleich mit der Rechtfertigungs- auch ethische Bedeutung: »propter iustitiam exercendam«[544]; vgl. V 12f.

Nach einer anderen Deutung hat νεκρόν die gleiche Bedeutung wie θνητά in V 11. Paulus meine mit τὸ σῶμα den Leib des Christen, der διὰ δικαιοσύνην = »propter peccatum commissum« der Sterblichkeit preisgegeben ist (und nach V 13 preisgegeben werden soll), nämlich vielfältigem Leiden in der Gegenwart (8,18ff) und schließlich dem leiblichen Tod. Mit τὸ πνεῦμα meine Paulus dagegen den in unser Inneres eingezogenen Geist Christi, der vom leiblichen Tod nicht betroffen, unvergänglich-lebendig ist und uns in der künftigen Auferstehung lebendig machen wird (V 11) – als endzeitliche Erlösung von unserem sterblichen Leib (V 23)[545]. So sehr aber auch V 11 als Fortsetzung von V 10 zu beachten ist, so sehr muß daran festgehalten werden, daß in V 10 von der gegenwärtigen Existenz des Christen die Rede ist, nicht nur weil wegen der Anrede ἐν ὑμῖν im Vordersatz auch im Nachsatz ἐστίν zu ergänzen ist[546], sondern vor allem, weil mit νεκρόν nicht die Sterblichkeit des Leibes der Christen, sondern das *Totsein* des Leibes als des σῶμα τῆς ἁμαρτίας im Sinn von Röm 6,6 gemeint ist, so daß in V 10b dieser negativen Wirkung der Taufe die entsprechend positive Wirkung der Geistgabe gegenübertritt. Schließlich ist in jener Interpretation zwar διὰ τὴν ἁμαρτίαν erklärbar, nicht aber διὰ δικαιοσύνην, womit auf jeden Fall die Gegenwart des Christen im Blick steht.

Mit δέ (»aber«) tritt ein weiterer Aspekt der Gabe des Geistes hinzu: Der Geist, 11 der in uns wohnt, ist als Geist Christi der Geist Gottes, der Jesus von den Toten auferweckt hat[547]. Darum folgt aus seiner gegenwärtigen, uns von der Sünde scheidenden Wirkung, durch die uns statt des Todes das Leben offensteht, auch seine zukünftige Wirkung endzeitlicher schöpferischer Realisierung dieses Lebens an unseren sterblichen Leibern. V 11b ist (wie 6,5) zweifellos in diesem eschatologischen, nicht in ethischem Sinn zu verstehen[548]. Zu beachten ist, daß – wie in 6,5 – ein οἴδαμεν oder ähnliches fehlt. Die Aussage hat also kei-

---

in CorpHerm I 15 verstanden: καὶ διὰ τοῦτο παρὰ πάντα τὰ ἐπὶ τῆς γῆς ζῷα διπλοῦς ἐστιν ὁ ἄνθρωπος, θνητὸς μὲν διὰ τὸ σῶμα, ἀθάνατος δὲ διὰ τὸν οὐσιώδη ἄνθρωπον. Wohl aber meint πνεῦμα das Selbst *des Christen*, das als solches eben durch die Einwohnung des Geistes *Christi* bestimmt ist; vgl. Lietzmann 80; Bultmann, Theologie NT 209 sowie besonders Jervell, Imago Dei 193f Anm. 80. Das gilt übrigens auch von allen anderen Stellen, an denen Paulus unter Aufnahme des anthropologischen LXX Terminus vom Geist des Christen spricht; vgl. besonders Röm 8,15 und 1Kor 2,11 (im Kontext von 11–13!).
[544] So Lietzmann 80; vgl. Käsemann 214.
[545] So repräsentativ Lietzmann 80. Einige Väter wie Tertullian, De resurr. carnis 46; Marc V 14 und Augustinus, Propos. 50 deuten τὸ σῶμα νεκρόν im Sinne des physischen Todes als leiblicher Folge der Sünde, τὸ πνεῦμα ζωή dagegen in übereinstimmung mit V 11 im Sinne der endzeitlichen Totenauferstehung; so auch viele andere, vgl. Schelkle, Paulus 270–273. Ebenso zuletzt Cranfield 389f; auch Güttgemanns, Der leidende Apostel 270–277.
[546] So – sachlich richtig – die sekundäre LA in F G lat Ambst Spec.
[547] Vgl. 6,4 διὰ τῆς δόξης τοῦ θεοῦ. Paulus zitiert in V 11a eine traditionelle Formel, in der das urchristliche Kerygma die jüdische Definition Gottes als מחיה המתים (schemone esre, 2. Benediktion) präzisiert hat, vgl. 4,17. Literatur bei Paulsen, Überlieferung 51 Anm. 149.
[548] Gegen Lietzmann 80 und andere (z.B. Stalder, Werk des Geistes 429) richtig Michel 193f; Kuss 505.

nerlei »prophetischen« Charakter⁵⁴⁹. Paulus folgert vielmehr in Gestalt eines Bedingungssatzes aus der Wirklichkeit der an Jesus geschehenen Auferweckung die zukünftige Wirklichkeit des entsprechenden endzeitlichen Handelns Gottes an uns als »denen, die in Christus Jesus sind« (V1). Er kann das aufgrund dessen, daß Gott in Tod und Auferweckung Christi *für uns* gehandelt und in der Taufe uns in unserer leiblichen Existenz mit Christus verbunden hat. καί meint nicht, daß nach unserem πνεῦμα dann auch unsere Leiber⁵⁵⁰ lebendig gemacht werden, sondern daß, Christi Auferweckung entsprechend, auch wir Christen auferweckt werden werden⁵⁵¹. Der Geist als πνεῦμα ζωοποιοῦν (vgl. Joh 6,63) verbindet uns in unserer irdischen Gegenwart mit dem Auferstandenen, so daß seine Kraft in uns allen Kräften der σὰρξ ἁμαρτίας überlegen ist.

12 Gleichwohl warnt Paulus in einem dritten Schritt der Entfaltung von V4c die Adressaten in VV 12f vor dem Rückfall zum Leben nach dem Fleisch. Die Warnung folgt (»also denn«)⁵⁵² aus dem, was er in VV 9–11 positiv über das Sein der Christen gesagt hat, wie sie dann auch sogleich in VV 14ff im Blick auf das Wirken des Geistes in ihnen begründet wird. Das Wort ὀφειλέτης findet sich nur bei Paulus in der Bedeutung »verpflichtet«⁵⁵³. Die Anrede »Brüder« (wie 7,1.4) unterstreicht die Dringlichkeit der Warnung, daß sie nicht dem Fleisch zum Dienst verpflichtet sind (vgl. die Entfaltung von 6,11 in 6,12–23), um
13 »nach dem Fleisch« zu leben. Denn wenn sie das tun, werden sie sterben müssen⁵⁵⁴. Das wird in der gleichen Form eines uneingeschränkten Bedingungssatzes formuliert wie in V 11 die zukünftige Folge der Geisttaufe. Ebenso aber gilt positiv: Wenn sie durch die Kraft des Geistes »die Machenschaften⁵⁵⁵ des Leibes zu Tode bringen«, werden sie leben. (Hier steht statt μέλλετε das einfache Futurum.) πράξεις τοῦ σώματος (»Taten des Leibes«)⁵⁵⁶ entspricht ἔργα τῆς σαρκός (»Werke des Fleisches«) in Gal 5,19; σῶμα ist also im Sinne von V 10

---

⁵⁴⁹ Gegen Kuss 505.
⁵⁵⁰ Der Plural τὰ θνητὰ σώματα unterscheidet sich vom Singular τὸ σῶμα in V 10. Auch von daher ergibt sich, daß νεκρόν eine andere Bedeutung hat als θνητά.
⁵⁵¹ Vgl. Cranfield 391. – Die LA διὰ τὸ ἐνοικοῦν αὐτοῦ πνεῦμα B DF G al lat sy^p Ir^lat Or ist zwar ungleich besser bezeugt als die LA im Genitiv, die ℵ AC* 81.104.1506.2495 al f m sy^h und viele Väter bezeugen. Es handelt sich aber wahrscheinlich um keine inhaltliche Differenz, weil im Spätgriechischen, also zur Zeit der Kopisten, »die Neigung zum Gebrauch des Akkusativs statt anderer Casus nach Präpositionen« gewachsen ist, so Lietzmann 80. Die Logik des Satzes fordert in jedem Fall den Genitiv, vgl. Cranfield 391f gegen Schweizer, ThWNT VI 419 Anm. 591.
⁵⁵² Zu ἄρα οὖν vgl. 7,25b. Es ist zuzugeben, daß von hier aus das Urteil gegen 7,25b bestreitbar ist. Doch ist ἄρα οὖν bei Paulus so gebräuchlich (vgl. 5,18; 7,3; 9,16–18; 14,12.19; Gal 6,10; 1Thess 5,6; 2Thess 2,15; Eph 2,19), daß diese Satzeinführung einem nachpaulinischen Glossator durchaus zuzutrauen ist.
⁵⁵³ Vgl. noch 1,14; 15,27; Gal 5,3. Sonst im NT wird das Wort in der ursprünglichen Bedeutung »Schuldner« gebraucht, vgl. Mt 6,12; 18,24; Lk 13,4.
⁵⁵⁴ Zu μέλλετε vgl. Pr-Bauer 991.
⁵⁵⁵ Diese (negative) Bedeutung kann πράξεις haben, vgl. Kol 3,9; (Lk 23,51) sowie die hellenistischen Belege bei Pr-Bauer 1384 (unter 4b). In Röm 12,4 dagegen hat das Wort die neutrale Bedeutung »Tätigkeit«, vgl. Apg 19,18. – In Röm 8,13 legt sich von πράσσειν 7,16.19 die pejorative Bedeutung nahe.
⁵⁵⁶ Die sekundäre LA des westlichen Textes: τῆς σαρκός gleicht an den Kontext an: DFG 630 pc latt Ir^lat und Tertullian De carne Christi 46, auch Orig Hom in Jer 8,1. 20,7 sowie Ephr gr I 25 und Ephr arm; vgl. Lietzmann 83.

gemeint: Der »Leib der Sünde« ist zwar durch den Sühnetod Christi vernichtet (6,6), und die Kraft dieser Vernichtung, der Geist, wohnt in den Christen; aber ihre Verpflichtung ist es, diese Kraft des Pneuma aktuell in Anspruch zu nehmen, um die Wirklichkeit der Sünde vernichtet, ihr σῶμα tot sein zu lassen, d.h. den Versuchungen, ihn in ihnen wieder lebendig werden zu lassen, zu widerstehen (vgl. 6,12)[557]. Dasselbe sagt Paulus in Gal 5,24 prägnanter: »Die zu Christus Jesus Gehörigen haben das Fleisch samt seinen Leidenschaften und Begierden *gekreuzigt*.«

Sieht man, daß Paulus sonst nie den Leib hellenistisch als den Kerker der Seele versteht, so kann auch V 13 nicht im Sinne des platonischen Sokrates gemeint sein, der es als Sache des Philosophen empfiehlt, den Leib zu töten und in diesem Sinne zu sterben (vgl. Phaed 65d–66a). Menschliches Leben *ist* vielmehr wesenhaft *als* leibliches, weshalb das eschatologische »Heil der Seelen« (1Petr 1,9) nur als leibliche Existenz gedacht werden kann (Röm 8,11 vgl. 1Kor 15,35–37; 2Kor 5,1–10). Mit dem »Leib«, dessen Handlungen der Christ töten soll, ist denn auch in Röm 8,13 nicht der irdisch-materielle Leib gemeint, von dem sich das Ich des Christen distanzieren soll[558], sondern ein leibhaftiges *Tun*, das er sozusagen im Keim ersticken, nicht aufkommen lassen soll. Das heißt: In V 13 wird der Christ eben dazu aufgerufen, was das »Ich« von 7,14ff verfehlt hat. Und dabei appelliert Paulus nicht an die natürlichen Willenskräfte des Menschen, die nach 7,14ff ein für allemal dem sündigen Tun erliegen; sondern er verweist die Adressaten an die Kraft des Geistes Christi in ihnen, durch die allein ihnen jetzt gelingen kann, was dem Wollen des Ego einst nie gelungen ist. Es handelt sich also um »die eschatologische Differenz zwischen Pneumatiker und irdischem Menschen«[559], die unter Inanspruchnahme der Kraft des Pneuma im christlichen Leben konkret vollzogen werden muß. Daß das *Leben* denen gehört, die die Praxis des Leibes *töten*, erklärt sich aus dem Skopos der Warnung vor Abfall (ebenso 6,12ff) und darf nicht in dieser negativen Zielrichtung verabsolutiert werden[560]. Denn natürlich geht aus der Kraft des Geistes auch – und vor allem – positive »Frucht« hervor, vgl. Gal 5,22f[561].

VV 14–17 erläutern, mit γάρ anschließend, πνεύματι von V 13a[562] und kehren nach dem Imperativ von VV 12f zum Indikativ in VV 9–11 zurück[563]. Alle, die

---

[557] Zu θανατοῦτε vgl. ἐθανατώθητε 7,4. Der Imperativ findet sich auch in Kol 3,5f: νεκρώσατε οὖν τὰ μέλη τὰ ἐπὶ τῆς γῆς. Vgl. Schweizer, ThWNT VII 131f; Bauer, Leiblichkeit 168f; Käsemann 216.

[558] Bultmanns Interpretation, Theologie NT 197f.201, unterscheidet sich zwar z.B. von der bei F. C. Baur, Vorlesungen über ntl. Theologie I, Gotha 1892, 199–201, daß der irdische Leib als »Sitz und Prinzip der Sünde« (ebd. 200) für den Christen vernichtet sei, so daß er im Geist mit der Sarx nichts mehr zu tun habe und sie abtöten solle. Doch bleibt die Interpretation Bultmanns insofern auf der gleichen Ebene, als »sich das dem Ich-Subjekt gegenüber distanzierte σῶμα dem Ich gegenüber so verselbständigt hat, daß von seinen πράξεις geredet werden kann«.

[559] Käsemann 215.

[560] Gegen v. Osten-Sacken, Römer 8,233, nach dem es in V 13 um den »Vollzug der eschatologischen Verurteilung des Menschen als des in der σὰρξ ἁμαρτίας Lebenden« geht, welche als »Erfüllung des Gesetzes durch den Geist . . . das Positive schlechthin« sei. Vgl. jedoch ebd. 242–244.

[561] Vgl. Paulsen, Überlieferung 81f, der auch auf 13,8ff hinweist.

[562] Schlier 252 meint im Blick auf V 17c, es gehe um eine Erläuterung von ζήσεσθε in V 13b. Doch ist das Thema der VV 14–16 zunächst eindeutig der Geist.

[563] So Cranfield 401.

(ὅσοι) von Gottes Geist geführt, bzw. getrieben werden, sind Söhne Gottes. Durch πνεύματι θεοῦ präzisiert Paulus πνεύματι in V 13 a; ἄγονται meint also die aktive Wirkung des Geistes beim Töten der Handlungen des Leibes, und da dies unsere Verpflichtung ist (V 12), schaltet das ἄγειν des Geistes die menschliche Aktivität jedenfalls nicht aus. Darum ist nicht das ekstatische Moment hervorgehoben, das freilich in aller urchristlichen Erfahrung des Pneuma charakteristisch ist, sondern die das Handeln des Christen bestimmende Kraft des Geistes. ἄγεσθαι ist deswegen besser mit »geführt werden« als mit »getrieben werden« wiederzugeben[564]. Dafür spricht auch die Parallele in Gal 5, wo πνεύματι περιπατεῖτε V 16 mit πνεύματι ἄγεσθε V 18 parallel steht, so daß man dort medial zu verstehen hat: »Wenn ihr euch vom Geist führen laßt«. Das ist ebenso in Röm 8,14 möglich. Der Satz entspräche dann in seiner Struktur genau V 13b. Wie das »Töten« dadurch möglich ist, daß man sich von Gottes Geist führen läßt (statt nach dem Fleisch zu leben V 12), so wird ζήσεσθε durch οὗτοι υἱοί εἰσιν θεοῦ[565] begründet. VV 15f erläutern das letztere, und V 17 führt zum eschatologischen Futurum zurück.

15 Wir sind Söhne Gottes, das heißt: Wir sind es geworden, indem wir in der Taufe das Pneuma als »Geist der Sohnschaft« empfangen haben[566]. υἱοθεσία bezeichnet das Sohnesrecht des Adoptierten und findet sich nur im hellenistischen Sprachbereich[567], während υἱοὶ θεοῦ alttestamentlich-jüdischen Hintergrund hat[568]. Während jedoch nach jüdischer Anschauung alle Israeliten als Erwählte »Söhne Gottes« sind (vgl. so auch 9,4!), sind es hier die Christen seit ihrer Taufe; das dürfte der Grund für die Wahl des hellenistischen Terminus υἱοθεσία sein: Gott hat sie zu seinen Söhnen *gemacht,* sie also als die Seinen ›adoptiert‹ (vgl. noch Gal 4,5; Eph 1,5). Wenn Paulus den »Geist der Sohnschaft« gegen den »Geist der Sklaverei« abgrenzt, so kann das rein rhetorisch bedingt sein wie 1Kor 2,12; 2Tim 1,7[569]. Doch zeigt Gal 4,7 im dortigen Kontext (vgl. V 3!), daß Paulus an die Situation unter dem Gesetz als die Sklaverei denkt, aus der die Christen befreit sind (Gal 5,1 vgl. Röm 8,2); und da 8,14–16 insgesamt mit Gal 3,29–4,7 inhaltlich parallel läuft, ist es höchst wahrscheinlich, daß Paulus auch in Röm 8,15 mit der δουλεία die Situation sub lege meint und mit πάλιν εἰς φόβον den Rückfall[570] in die Furcht des Sünders vor dem

---

[564] So zuletzt Cranfield 395 und Schlier 251, der ebd. Anm. 4 die pointierte Auslegung als ekstatisches Widerfahrnis von 1Kor 12,2 her bei Käsemann 216 bestreitet.

[565] B F G m vg^st Or Pel haben εἰσίν zwischen υἱοί und θεοῦ, das so ein Achtergewicht bekommt. A C D 81.630.1506.1739 pc a b Ambst Spec lesen: υἱοὶ θεοῦ εἰσιν, und die Koine mit vg^cl Cl Ir Cypr: εἰσὶν υἱοὶ θεοῦ normalisieren. Vgl. Cranfield 395.

[566] Zu λαμβάνειν τὸ πνεῦμα im Taufkontext vgl. oben Anm. 535.

[567] Adoption ist kein jüdisches, sondern ein griechisch-römisches Rechtsinstitut, vgl. die Literatur bei Kuss 601f.

[568] Vgl. Lentzen-Deis, F., Die Taufe Jesu nach den Synoptikern, 1970 (FTS 4) 184ff. Vgl. z.B. Weish 2,18; 9,4.7; 12,19f; 18,13; Hen 62,11; Jub 1,23f; Pseud Philo, Lib ant 22,7; 32,8.10; R Aquiba in Ab 3,14 sowie die weiteren rabbinischen Belege bei Bill. I 219f. Hengel, M., Der Sohn Gottes, Tübingen ²1977, 72f Anm. 89 sieht von daher einen möglichen Zusammenhang des Abba-Rufs mit Tg Ps 89,27: »Mein Vater bist du, mein Gott und die Kraft meiner Erlösung!«

[569] So Cranfield 396; Becker, J., Quid locutio πάλιν εἰς φόβον in Rom 8,16 proprie valeat, VD 45 (1967) 162–167, hier 163.

[570] Zu πάλιν vgl. Gal 4,9; 5,1.

unaufhebbaren Zorngericht Gottes, dem das Verdammungsurteil (V 1) des Gesetzes den Sünder zuspricht[571]. Die Basis der Antithese in V 15 ist also die in V 2 ausgesprochene Befreiung der Christen vom Gesetz (vgl. 7,4). Dabei fällt auf, daß in V 2 der Oberbegriff »Gesetz«, in V 15 entsprechend umgekehrt »Geist« ist. Für den Sünder ist das pneumatische Gesetz (7,14) schrecklich, für den Christen ist es das nicht mehr und soll es nie wieder sein. Der Geist der Sohnschaft wird im folgenden Relativsatz[572] in seiner gegenwärtigen Wirkung charakterisiert: »Durch ihn schreien wir: ›Abba, Vater‹!« κράζειν (ebenso Gal 4,6) ist in LXX terminus technicus des dringlichen Gebets[573], bezeichnet aber auch häufig ekstatische Äußerungen, sei es dämonisch Besessener (z.B. Mk 3,11; Apg 16,17), sei es prophetischer Eingebung (z.B. Mk 11,9; Joh 1,15; Röm 9,27). Demnach kann »Abba, Vater« entweder als Gebet gemeint sein; in diesem Fall vermuten eine Reihe von Exegeten[574], daß es sich um den Anfang des Vaterunsers handelt, das in der Fassung Lk 11,2 mit der einfachen Anrede »Vater« beginnt, die dem aramäischen אבא entspricht. Dann müßte das transskribierte ἀββά in Röm 8,15 als ein in der griechischen Tradition bewahrtes Rudiment der aramäischen Urfassung des Vaterunsers aufgefaßt werden. Dagegen ausgehend vom ekstatisch-inspirativen Charakter von κράζειν, sieht die Mehrzahl der Exegeten[575] in »Abba, Vater!« einen gottesdienstlichen Akklamationsruf, der sich ähnlich wie »Amen«, »Maranatha«, »Alleluja« in aramäischem Wortlaut erhalten hat. Zwischen beiden Erklärungen muß keine Alternative sein, da sich die Entstehung eines isolierten Abba-Rufs m.E. am einfachsten als Verselbständigung der Gebetsanrede des Vaterunsers erklären läßt. Da der Paulustext keinen Bezug auf Gebetsinhalte des Vaterunsers zeigt, liegt es näher, daß Paulus hier an einen pneumatisch-inspirierten akklamatorischen Gebetsruf denkt. So schließt sich auch V 16 gut an: In diesem Gebetsruf bezeugt der Geist selbst – nämlich der »Geist Gottes« in uns V 14f – unserem Geist, daß wir Kinder Gottes sind. πνεῦμα ἡμῶν kann hier nur wie in 1Kor

16

---

[571] Vgl. Michel 197 Anm. 4; Schmidt 141; Schlier 252. Daß sich so in V 15 der Gesetzesbezug des ganzen Abschnitts durchhält, wird in den neueren Kommentaren nicht deutlich genug herausgearbeitet. Man verallgemeinert vielfach wie z.B. Käsemann 217 (»Merkmal der unerlösten Schöpfung«); Kuss 601 (»Zeit vor Christus und ohne Christus«). Nach v. Osten-Sacken, Römer 8,262f tritt »für den Apostel der Gedanke an das Gesetz in V 14ff zurück« (vgl. jedoch ebd. 132). Schlier 252f interpretiert φόβος (im Sinne Heideggers) als elementare »Angst«, die von jeglicher »Furcht vor etwas« unterschieden sei.

[572] ἐν ᾧ ist nicht kausal (»weil«) bez. modal (»indem, wenn«), aufzufassen; vgl. Cranfield 398f. Mit dem Relativsatz beginnt auch nicht ein neuer Satz, wie z.B. Jeremias, J., Abba 66 Anm. 75 meint; dagegen Cranfield ebd.

[573] So Cranfield 399.

[574] Vgl. z.B. Lietzmann 83; Grundmann, W. in ThWNT VIII 903f; Cullmann, Christologie 215; Jeremias, J., Das Vaterunser im Lichte der neueren Forschung, in: Abba 152–171, hier 158.164. – Andere denken an die Bewahrung der Gebetsanrede Jesu (vgl. Mk 14,36), z.B. Delling, G., Der Gottesdienst im NT, Berlin 1952, 73; Jeremias, Abba 57.64–66; Cranfield 399f sowie die bei Paulsen, Überlieferung 93 Anm. 63 Genannten. Eine isolierte Tradierung der bloßen Gebetsanrede Jesu ist aber kaum vorstellbar. Das Vaterunser dagegen hatte schon in der ältesten bezeugten liturgischen Überlieferung seinen festen Ort in der Taufliturgie; vgl. Const Ap VII 45,1 (Funk I 450,20f).

[575] Vgl. z.B. Peterson, E., ΕΙΣ ΘΕΟΣ 1926 (FRLANT 41) 191–193; Kuss 602–604; Barrett 164; Michel 197f; Käsemann 218; Schlier 253.

2,10 das menschliche Empfangsorgan des göttlichen Zeugnisses meinen[576]; vgl. 1Thess 5,23. Aus dem Gegenüber geht hervor, daß συμμαρτυρεῖν hier wie das Simplex gebraucht ist[577] – im Unterschied zu 2,15 und 9,1. Der asyndetische Einsatz verleiht dem Satz nach V 15 ein besonderes Gewicht[578]. Unsere Sohnschaft, die uns durch den Geist vermittelt ist (πνεῦμα υἱοθεσίας), wird uns also durch den Geist je und je im Gottesdienst erfahrbar. Vielleicht erinnert Paulus von V 15 her (ἐλάβετε) speziell an den Taufgottesdienst.

17 Ist so in VV 15f V 14 begründet, so zieht Paulus nun in V 17 aus V 16 eine wichtige Folgerung. Die Kindschaft schließt das Erbrecht ein. Christen sind, weil Kinder Gottes, Erben Gottes, d. h. ihnen gehört das verheißene Erbe, das bei Gott in der Wirklichkeit der Endzeit für die Seinen aufbewahrt ist (vgl. 1Petr 1,4) und ihnen von Gott gegeben werden wird. Im Unterschied zu 4,13f; Gal 3,29 argumentiert Paulus hier nicht heilsgeschichtlich im Blick auf die Abrahamverheißung, sondern konzentriert sich ganz auf den theo-logischen Charakter des Erbes, der als solcher zugleich christologisch ist, wie Paulus betont hinzufügt (μέν – δέ). Erben Christi aber sind wir, sofern (εἴπερ) wir in der irdischen Gegenwart mit Christus leiden, um so auch in der endzeitlichen Zukunft mit ihm verherrlicht zu werden. Im Leiden haben Christen teil an Christi Leiden, und ebenso ist ihnen gewiß, daß sie, da Christus auferstanden ist, künftig auch an der Herrlichkeit des Auferstandenen teilhaben werden; vgl. 2Kor 4,10f; 7,3; 13,4; Phil 3,10. Damit leitet Paulus etwas abrupt zum folgenden Abschnitt über, in dem aber vom Leiden und seiner endzeitlichen Überwindung ohne Bezug auf die Teilhabe an Christi Geschick die Rede ist; erst V 29 nimmt den Gedanken von V 17e wieder auf.

Die Parallelität zwischen Röm 8 und Gal 4 ist auffällig eng. Die doppelte Aussage mit ἐξαπέστειλεν ὁ θεός in Gal 4,4f und 4,6f entspricht Röm 8,2f und 8,14–16; d. h. der ganze Aussagenzusammenhang in Gal 4 wird in Röm 8 reproduziert.
Vgl. an wörtlichen Übereinstimmungen:

Gal 4	Röm 8	
ὁ θεὸς τὸν ἑαυτοῦ υἱὸν πέμψας	3	ὁ θεὸς τὸν ἑαυτοῦ υἱὸν πέμψας
ἵνα	4	ἵνα
τὴν υἱοθεσίαν ἀπολάβωμεν	I5	ἐλάβετε πνεῦμα υἱοθεσίας
ἐστὲ υἱοί	I4	υἱοί εἰσιν θεοῦ
τὸ πνεῦμα εἰς τὰς καρδίας ἡμῶν[579]	I5a)	ἐλάβετε πνεῦμα
κρᾶζον· αββα ὁ πατήρ	I5b)	ἐν ᾧ κράζομεν· αββα ὁ πατήρ
οὐκέτι δοῦλος, ἀλλὰ υἱός	I5a)	οὐ πνεῦμα δουλείας . . ., ἀλλὰ πνεῦμα υἱοθεσίας
εἰ δὲ υἱός, καὶ κληρονόμος διὰ θεοῦ	I7	εἰ δὲ τέκνα, καὶ κληρονόμοι κληρονόμοι μὲν θεοῦ

---

[576] Nach Schweizer, ThWNT VI 434; Käsemann 218; Cranfield 403 meint Paulus dagegen mit πνεῦμα ἡμῶν den göttlichen Geist im einzelnen Christen: »Der gottesdienstlich sich äußernde Geist bezeugt, was der in uns wohnende anerkennen muß« (Käsemann ebd.). Dagegen mit Recht Schlier 254 Anm. 11. Richtig ist lediglich, daß sich solcher anthropologische Gebrauch von πνεῦμα bei Paulus nur im Blick auf Christen findet.

[577] So vg: »testimonium reddit«; vgl. Kuss 605f.

[578] Cranfield 402.

[579] Vgl. ferner die Übereinstimmung zwi-

Man ist versucht zu vermuten, daß ein Traditionsstück zugrunde liegt, das etwa folgendermaßen gelautet haben könnte[580]:

ἐξαπέστειλεν ὁ θεὸς τὸν υἱὸν αὐτοῦ,

γενόμενον ἐκ γυναικός,

ἵνα τὴν υἱοθεσίαν ἀπολάβωμεν.

ἐξαπέστειλεν ὁ θεὸς τὸ πνεῦμα τοῦ υἱοῦ αὐτοῦ

εἰς τὰς καρδίας ἡμῶν,

κρᾶζον· αββα ὁ πατήρ[581].

Doch das bleibt unbeweisbar. Paulus jedenfalls hält sich in Röm 8 wie in Röm 3f an seine kurz zuvor entstandenen Ausführungen des Galaterbriefes und erweitert und verändert sie im einzelnen. Als traditionell vorgegeben ist mit einiger Wahrscheinlichkeit nur der Abba-Ruf im Zusammenhang mit dem Geistempfang herauszuheben[582]. Vielleicht darf man vermuten, daß der Abba-Ruf der erste pneumatische Schrei des Neophyten nach dem Empfang des Pneuma war, der diesen vor der Gemeinde als Christen erweist und zugleich die Sohnschaft bestätigt. Tradition liegt schließlich auch in V 17 zugrunde, wie die sehr viel einfacher formulierten, noch unreflektierten Parallelen in 1Petr 4,13; 5,1 in Entsprechung zu 1Petr 1,11 zeigen. Dort zeigt sich nicht eine sekundäre Vereinfachung profilierter Paulus-Aussagen in nachpaulinischer Paulustradition; sondern in dem literarisch späteren Brief eines Autors, dem die Briefe des Paulus kaum vorgelegen haben dürften, zeigen sich Traditionen, wie sie bereits Paulus vorgegeben waren und von diesem durchdacht und profiliert worden sind[583].

1. »Zu dienen in der neuen Wirklichkeit des Geistes und nicht in der alten des Buchstabens«, darin besteht nach 7,6 eigentlich die Wirklichkeit unserer Gerechtigkeit, die wir durch die Taufe als Gabe und Aufgabe erhalten haben. Indem Paulus diese These in 8,1ff ausführt, konkretisiert er das in Kap. 6 Gesagte[584] und gibt damit zugleich die Antwort auf die entscheidende Spitze des jüdischen Einwands in 6,1.15: Da alle Menschen Sünder waren, und der Sünder sich in den heillosen Widerspruch zu dem geistlichen Gesetz verstrickt hatte (7,7ff), ist es allein die Kraft des Geistes Gottes, dem Gesetz seine göttliche Bestimmung »zum Leben« (7,10) konkret zurückzugeben, entgegen seiner ihm eigentlich nicht eignenden Funktion, den Sünder dem Tod zuzusprechen. Was das Gesetz selbst in dieser durch die Sünde festgelegten Funktion nicht vermochte: dem Gerechten das Leben zuzusprechen, das hat Gott selbst im Sühnetod Christi getan, aufgrund dessen wir nun als Gerechtfertigte die Rechtsforderung des Gesetzes erfüllen sollen. Wir können dies, sofern wir die Kraft des Geistes in Anspruch nehmen und in unserem Wandel dem ›Kurs‹ des Geistes statt dem des Fleisches folgen, – genau umgekehrt gegenüber unserer Situation vor der Taufe. Der ausschließende Gegensatz zwischen diesen beiden, menschliches Leben jeweils bestimmenden Kräften besteht »jetzt« genauso wie

Zusammenfassung

---

schen Gal 4,6, wo ὅτι deklarative Bedeutung hat, mit Röm 8,16.
[580] Vgl. v. Osten-Sacken, Römer 8,130f Anm. 6.
[581] Vgl. Test L 17,2 λαλήσει θεῷ ὡς πατρί; 1QH 9,35: »Denn du bist Vater für alle Söhne deiner Wahrheit.« Von daher könnte das Tra-

ditionsstück in judenchristlichem Bereich beheimatet sein.
[582] So zuletzt Paulsen, Überlieferung 87–96.
[583] Vgl. so auch Berger, K., Exegese des NT, Heidelberg 1977 (UTB 658), 55–57.
[584] Vgl. oben S. 41f.

»einst«. Der Vorwurf, »unter der Gnade« werde der Unterschied zwischen Sünde und Gerechtigkeit, Gesetzesbefolgung und Gesetzesbruch aufgehoben (6,1.15), ist also durchaus falsch. Das Christwerden bedeutet vielmehr einen Frontwechsel wie von der Sünde zur Gerechtigkeit, so vom Wandel nach dem Fleisch zum Wandel nach dem Geist. Es ist jedoch Gott selbst, der diesen Frontwechsel durch Christi Sühnetod ermöglicht und durch Christi Auferstehung verwirklicht hat. Der Geist als Gottes schöpferische, lebenschaffende Kraft (1Kor 15,45!), durch die er Jesus von den Toten auferweckt hat (vgl. Röm 6,4), wird in den Getauften zu der Kraft, die den Zusammenhang von Gerechtigkeit und Leben in ihrem Wandel neu schafft. Für die Christen bedeutet dies einerseits, daß sie Gerechtigkeit tun *können* nur durch den Geist, andererseits daß sie deswegen *verpflichtet* sind, dem Willen des Geistes zu folgen, der sich »jetzt« mit dem Willen des Gesetzes verbindet.

Dem Willen des Geistes zu folgen, ist deswegen leicht, weil er, indem er uns führt, uns zugleich das Wissen vermittelt, daß Gott uns zu seinen Söhnen gemacht hat, die mit Christus, dem Sohn, zusammen so definitiv zu Gott gehören, wie Christus zu Gott gehört als der, der durch seinen Sühnetod uns zu Gerechten gemacht und uns durch seine Auferstehung dem endzeitlich-vollkommenen Leben zugeeignet hat. Christen, die in ihrem Gottesdienst durch den Geist »Abba, Vater!« rufen, wissen, daß das Heil, das Gott seinen Erwählten als ihr endzeitlich-ewiges »Erbteil« zugesagt hat, ihnen gehört, sofern sie in der Verbindung mit Christus leben, in die sie durch die Taufe hineingestellt sind. Was immer sie jetzt zu leiden haben, leiden sie mit ihm, um dann auch am Ende mit ihm verherrlicht zu werden.

2. Es gibt wohl kein Wort im NT, dessen Verstehen heute allgemein so große Schwierigkeiten entgegenstehen, wie das Wort »Geist«. Das liegt zunächst daran, daß es in unserer deutschen Umgangssprache einen sehr uneinheitlich-vielfältigen Bedeutungsradius hat[585]. Es kann z.B. einerseits die Vernunftkraft des Menschen, andererseits in dämonologischem Sinn böse Geister bezeichnen. Von dem Geist oder Ungeist einer Gruppe kann die Rede sein oder vom Geist einer Epoche. Man unterscheidet zwischen Geist, Seele und Leib, zwischen Natur- und Geisteswissenschaften usw. und assoziiert bei allem »Geistigen« immer etwas Nicht-Materielles bzw. Nicht-Sinnenhaftes. Doch spricht man auch vom Geist des Weines und überhaupt von Spirituosen. Und mitten in alledem ist in der Kirche vom Geist Gottes und von »Spiritualität« die Rede – in welchem Sinn?

Wenn wir im Deutschen zwischen »geistlich« und »geistig« unterscheiden, so markieren wir in unserer Sprache einen sachlich grundlegend wichtigen Unterschied: Was geistlich ist, eignet Gott, kommt Menschen von Gott zu und bleibt auch dort, wo es in Menschen eingeht und ihr Denken und Handeln bestimmt, immer *Gottes* Kraft. Geistiges dagegen eignet dem Menschen selbst als animal

---

[585] Vgl. dazu besonders den Artikel »Geist« im Historischen Wörterbuch der Philosophie, hrsg. J. Ritter, Band III, Basel 1974, 154–206.

rationale, es gehört zu seiner menschlichen Konstitution und bleibt auch dort, wo es sich mit dem Geistlichen verbindet, immer menschlich. Röm 8 ist eine der wenigen Stellen im NT, wo das Pneuma Gottes und »unser« Pneuma ausdrücklich einander gegenübergestellt werden (V 15)[586]. Überdies kommt hier die ›Fremdheit‹ des göttlichen Geistes im Menschen dadurch besonders pointiert zum Ausdruck, daß Paulus vom »Einwohnen« des Pneuma in uns spricht und so seine Leser damals verbreitete Vorstellungen von dämonischer Besessenheit assoziieren läßt (vgl. besonders Mt 12,43–45 par). Diese sind zwar durch die umgekehrte Aussage von unserem Sein im Geist relativiert; doch tritt gerade durch die Doppelung des Aspekts (wir im Geist, der Geist in uns) das Gegenüber des Pneuma zum Menschen besonders scharf hervor. Die Geistbegabung erscheint so als eine ekstatische Erfahrung; und in der Christentumsgeschichte ist der Widerfahrnis-Charakter der Spiritualität auch immer – mehr oder weniger – wirksam geworden. Schon die Korintherbriefe zeigen, wie das Wirken des Geistes sowohl einen Reichtum charismatischer Begabungen in den urchristlichen Gemeinden hervorbringt, aber ebenso auch heftige Konflikte heraufführt. Der Geist schafft zwar Liebe, Freude, Friede, Langmut usw. (Gal 5,22), aber dies hat nichts mit bürgerlicher Ruhe und Selbstzufriedenheit zu tun, sondern schafft häufig genug auch erhebliche Unruhe und ein hohes Maß an Erregtheit, die nur allzu leicht in heftige Borniertheit umschlagen kann. In vielerlei Weise wirkt sich in der individuellen wie sozialen Praxis konkret aus, daß der Geist eine Kraft ist, die von Menschen Besitz ergreift und sie in extremer und oft auch extravaganter Weise erfahren läßt, daß Christen nicht aus sich selbst leben und sich nicht selbst gehören. Der Geist beseligt nicht nur, sondern bricht auch alle menschlichen Verfestigungen auf und wirkt als beunruhigendes Korrektiv; und wo die Kirche sich diesem seinem prophetisch-kritischen, innovatorischen Zugriff entzog, mußte sie dafür noch immer durch Auswanderung aufsässig gewordener spiritueller Bewegungen in neben- und antikirchliches Abseits bitter bezahlen. Die Geschichte der Sektenbildungen vom Mittelalter bis in unsere Gegenwart ist zumeist nicht nur eine Geschichte von Revolten, sondern auch von ungeistlicher Trägheit.
So wichtig es zunächst ist sich klarzumachen, daß das Pneuma, von dem Paulus hier in so ruhig-lehrhafter Sprache redet, ein höchst unruhiges, stets beunruhigendes, ekstatisches Phänomen ist: *Gottes* Geist als *Gegenüber* zum Menschen, so wichtig ist es nun jedoch auch zu durchdenken, daß der Geist Gottes sich so mit den Menschen *verbindet,* daß sie in ihm und aus ihm *leben*. Paulus hebt zwei Funktionen des Geistes hervor, in denen er sich in uns als »Leben wegen der Gerechtigkeit« erweist. Erstens: Er bestimmt unseren Wandel; und zweitens: Er läßt uns unseren endzeitlichen Heilsstand als Söhne Gottes wissen. In der Theologie ist das erste im Rahmen der Gnadenlehre[587] und das zweite in der Lehre von der Gotteserkenntnis ausgeführt worden. Aufs ganze

---

[586] Vgl. sonst nur noch 1Kor 2,11; 2Kor 5,4; vgl. auch Eph 4,23.

[587] Vgl. dazu EKK VI/1 300ff.

gesehen, pflegt das zweite an Bedeutung und Intensität des Interesses gegenüber dem ersten hervorzutreten. Der Heilige Geist wird sehr viel intensiver als Erkenntnis-Mittler denn als ethische Lebensnorm ausgelegt. Das liegt nicht daran, daß das Letztere etwa weniger wichtig wäre, sondern daran, daß das Erstere das problematischere Thema ist: Wie verhält sich die dem Menschen von Natur aus gegebene Erkenntniskraft[588] zu der ihm mit dem Geist gegebenen?

3. Von Haus aus hatten die Begriffe Geist (πνεῦμα) und Vernunft (νοῦς) nichts miteinander zu tun. Mit dem Wort Pneuma war kein Erkenntnisorgan gemeint, sondern die materielle Lebens-Substanz, der Lebenshauch, in dem man die Substanz der Seele sah[589]. In der hellenistischen Umwelt des Urchristentums sprach man vielfach vom Pneuma als einer besonderen mantischen Offenbarungskraft in der Seele des Sehers[590], die jedoch von der natürlichen Erkenntniskraft der Seele völlig zu unterscheiden ist[591]. Einzig in der stoischen Schultradition ist ein Zusammenhang von Geist und Erkenntniskraft hergestellt worden. Unter dem leitenden Interesse einer durchgehend ›materialistischen‹ Erklärung alles Seienden dachten die Stoiker das Pneuma als die Grundsubstanz, aus der die Welt insgesamt bestehe, nämlich als die materielle Grundkraft des Logos, der als solcher alles Bestehende durchwalte und zur Einheit zusammenfüge. Insofern die Seele des Menschen den Logos und seine universale Ordnung zu erkennen vermöge, gehe diese Denkkraft auf das Pneuma in seiner Seele zurück[592]. Daran konnten die griechischen Theologen der Alten Kirche anknüpfen, um die so befremdlichen Aussagen des NT von der Geistbegabung der Christen zu verstehen. Zwar haben sie nicht das Pneuma in der Seele des Menschen mit dem göttlichen Pneuma identifiziert. Die Seele muß, wiewohl substantia spiritualis[593], durch Taufe und Glaube allererst gereinigt werden, um das Licht der Wahrheit Gottes, der nach Joh 4,24 in seinem Wesen reiner Geist ist, erkennen zu können[594]. Aber dadurch wird der Seele ein geistliches Erkenntnis-Vermögen hinzugegeben zu derjenigen – ebenfalls geistlichen – Erkenntniskraft hinzu, die sie von Natur aus hat. Dies ist dann im Kontext der mittelalterlichen Gnadenlehre expliziert und im Sinne einer Entsprechung (Analogie) zwischen natürlicher und übernatürlicher Erkenntnis gedeutet worden.

Im Rückblick auf diese Konzeption wird gewiß anzuerkennen sein: Hier ist mit ungeheurer Anstrengung theologischen Begreifens ein imposanter Versuch gemacht worden herauszustellen, daß das, was uns der Geist Gottes nach Röm 8 zu erkennen gibt, kein unvermittelbares Spezialwissen ist, sondern ein Wissen der endzeitlichen Heils*wirklichkeit* als der Neuen Schöpfung, die Gott, der

---

[588] Vgl. dazu EKK VI/1 117ff.
[589] Dazu vgl. ThWNT VI 333–337.
[590] Vgl. ebd. 341–350.
[591] Nach Philo muß der νοῦς sozusagen außer Hauses gehen, während das πνεῦμα in seine Seele eingeht, Rer Div Her 264f.

[592] Vgl. ThWNT IV 352f sowie zur Interpretation Wilckens, Weisheit und Torheit 225–241.
[593] Vgl. z.B. Aug, De trinitate II 9.
[594] Ders., CivD 11,2; soliloquium I 6; De trinitate IV 18.

Schöpfer und Herr der Welt, in Christus heraufgeführt und zu der Zukunft gemacht hat, der seine Schöpfung entgegenharren darf (8,18ff). Wie in der endzeitlichen Heilswirklichkeit die Schöpfung erneuert wird, so muß auch die Erkenntnis, in der jene uns eröffnet wird, zu unserem Welterkennen so ins Verhältnis gesetzt werden können, daß pneumatisches Erkennen als *Erkennen denkbar* wird. Die schwierige Balance zwischen dem Grundsatz, daß Gleiches nur durch Gleiches erkannt werden kann, und der biblischen Voraussetzung, daß der Geist Gottes uns erkennen läßt, was für menschlichen Geist unfaßbar ist (1Kor 2,10–16), erwies sich jedoch als sehr zerbrechlich. In dem Maße, in dem sich seit dem späten Mittelalter die Naturwissenschaft zu verselbständigen begann, traten natürliche und übernatürliche Erkenntnis auseinander. Und seit Descartes als das »unerschütterliche Fundament« jeglichen Erkennens das denkende Ich fand[595], das sich von den Blendwerken eines »bösartigen Geistes« (spiritus malignus) nicht beirren läßt, begann die Gotteserkenntnis auf die Vernunfterkenntnis des Menschen begrenzt und Gottes geistliches Wesen als in diesem Sinn vernünftig begriffen zu werden. Vom Geist (spiritus) ist von jetzt an nur noch als von der Vernunft (mens) die Rede. Seit der Aufklärung, die in der Postierung der Göttin Vernunft anstelle Gottes in Paris ihr politisches Symbol bekam, geht bis in unsere Gegenwart hinein eine breite Tendenz dahin, Geist allein der menschlichen Vernunft zuzusprechen und diese mit dem Anspruch göttlicher Omnipotenz zu belasten, die sich als technische Omnipotenz in allen Bereichen menschlichen Lebens zu verwirklichen habe. An die Stelle des Charisma tritt die geistige Begabung, als deren Ideal das »Genie« gefeiert wird, dessen schöpferische Kraft in der eigenen natürlichen Fähigkeit wurzelt[596]; und indem man diesen speziellen ästhetischen Genie-Begriff im Deutschen Idealismus vom Künstler auf den Menschen allgemein übertrug, sah man im Menschen den Träger des Geistes schlechthin, der damit faktisch weithin an die Stelle Gottes trat.

Dieser Tendenz suchte Hegel entgegenzutreten, indem er die durch die Aufklärung, Kant, Fichte und den jungen Schelling entstandene geistige Situation mit der biblisch-theologischen Tradition zu vermitteln suchte[597]. Sein entscheidender neuer Gedanke ist der, daß Geist zwar in der Tat als Selbstbewußtsein (die »Substanz«, die »wesentlich Subjekt ist«[598]), dieses jedoch nicht nur als »die rein innerliche Subjektivität des Bewußtseins«, auch nicht nur als »die Absorption in die substanzhafte Objektivität einer Gottheit«[599], sondern als in

---

[595] Vgl. Meditationes 2,6; principium philosophiae I,8.

[596] In diesem Zusammenhang an der Wende vom 18. zum 19. Jh. wurzelt die Rede vom »Geist« als »regierendem Fundamentalbegriff«; vgl. Historisches Wörterbuch der Philosophie, Artikel Geist, Band III, Basel 1974, 184–188. Prototyp des Genies ist der Künstler, der aus seiner ihm speziell gegebenen natürlichen »Lebenskraft« geistvolle *Schöpfungen* vollbringt; vgl. Artikel Genie, ebd. 285ff.

[597] Dazu vgl. vor allem Küng, H., Menschwerdung Gottes, Ökumenische Forschungen II,1, Freiburg 1970; Theunissen, M., Hegels Lehre vom absoluten Geist als theologisch-politischer Traktat, Berlin 1970; Heintel, P., Bemerkungen zur Religionsphilosophie Hegels, in: Kaltenbrunner, G. K. (Hrsg.), Hegel und die Folgen, Freiburg 1970, 215–251.

[598] Vgl. z.B. Phänomenologie des Geistes II,24,29f (Lasson-Hoffmeister).

[599] So Küng, a.a.O. (Anm. 597) 278.

sich dialektisches Selbstbewußtsein begriffen wird, d. h. als »diese Bewegung des Selbsts, das sich seiner selbst entäußert und sich in seine Substanz versenkt, und ebenso als Subjekt aus ihr in sich gegangen ist, und sie zum Gegenstande und Inhalt macht, als es diesen Unterschied der Gegenständlichkeit und des Inhalts aufhebt«[600]. Hegel meint damit die Menschwerdung Gottes in Christus, die sich in seiner Gemeinde geschichtlich verwirkliche und im reinen Denken auf ihren Begriff gebracht werden könne: eben auf den Begriff des Geistes, der schöpferisch darin ist, daß er sich (im Kreuz Christi) seiner Negation aussetzt und diese (in Christi Auferstehung) aufhebt. In diesem Sinne habe der Geist seine Wahrheit grundsätzlich nur in dieser seiner Geschichte, die sich als Menschheits-, als Weltgeschichte vollziehe, und an der man im Glauben auf der religiösen Ebene der ›Vorstellung‹ und im Wissen auf der philosophischen Ebene des Denkens teilhabe. Außerhalb des Denkens gibt es nach Hegel keinerlei wahren Zugang zu Gott als »dem Absoluten«; aber im richtigen Denken wird der Horizont individueller Subjektivität gerade überschritten, der denkende Mensch ist nicht bei sich, sondern bei Gott, und nur darin ist menschliches Denken in der Wahrheit, daß es im Geist und der Geist in ihm ist.

Die Frage, ob Hegels Lehre vom absoluten Geist der Sache nach der des NT[601] entspricht, ist umstritten. Unbestreitbar ist, daß er selbst dies gemeint hat, und daß er mit der Einbindung seiner Geistlehre in die Christologie dem paulinischen Gedanken in Röm 8 wesentlich nähergekommen ist als alle übrigen Repräsentanten des deutschen Idealismus. Sehr nachdenklich muß jedoch stimmen, daß seine Philosophie faktisch nicht bewirkt hat, was sie bewirken wollte. Nahezu alle, die sich, sei es zustimmend, sei es kritisch, auf Hegel bezogen, haben – voran Feuerbach und Marx – jene biblische Wurzel seines Denkens eliminiert und durchweg Geist rein anthropologisch aufgefaßt. Im übrigen verwandelte sich Hegels universale geistesgeschichtliche Konzeption in die einer Geistesgeschichte als Kulturgeschichte des Gesamtlebens der Menschheit (Dilthey) bzw. verkümmerte zu einer zusammenfassenden Etikette der »Geisteswissenschaften« im Gegenüber zu den »Naturwissenschaften«. Die theologischen Schüler Hegels zerfielen in eine links- und eine rechtshegelianische Gruppe bzw. verfielen dem historischen Positivismus. Erst in der Gegenwart gibt es eine namhafte theologische Hegel-Rezeption, die jedoch bislang auf andere Themen abhebt[602] als den Zentralbegriff des Geistes. Woran liegt diese Wirkungslosigkeit einer so großartigen philosophischen Konzeption, die sich so wesentlich biblischer Tradition verdankt und diese in der Moderne neu zur Geltung zu bringen suchte? Vielleicht darf man zwei verschiedene Gründe erwägen: Einerseits war das Verständnis des Heiligen Geistes im Protestantis-

---

[600] Hegel, Phänomenologie des Geistes II,561 (Lasson-Hoffmeister).
[601] Hegel selbst bezieht sich vor allem auf das Johannesevangelium und zitiert aus Paulus nur 2Kor 3,17. Röm 8 habe ich bei der Lektüre nicht gefunden.

[602] Vgl. dazu außer Küng, a.a.O. (Anm. 597) vor allem Pannenberg, W., Gottesgedanke und menschliche Freiheit, Göttingen 1972, bes. 78–113 sowie ders., Person und Subjekt, NZSTh 18 (1976) 133–148, sowie Heintel, Bemerkungen, a.a.O. (Anm. 597) 245–251.

mus der Neuzeit so stark auf besondere Reservate individueller Frömmigkeit konzentriert, daß Hegels Bemühung um eine philosophische Verallgemeinerung auf keine im Frömmigkeitsleben selbst vorhandene Resonanz stieß. Andererseits ist der Geist bei Hegel selbst so stark auf das Wissen konzentriert, daß sein Wirken und das Leben, das er nach Paulus schafft, im Wissen aufgehoben werden. Die Momente des konkreten Gegenüber des Geistes zum Menschen, die bei Paulus in seinem eschatologischen Charakter als »Angeld« der künftigen Heilsvollendung (2Kor 1,22; 5,5 vgl. Röm 8,11) begründet sind, werden ebenso ausgeblendet wie die Tatsache, daß der Geist nicht dem Menschen von Natur aus eignet, sondern dem Christen bei der Taufe gegeben wird. Die Gemeinde, in der der Geist nach Hegel wirkt, ist, biblisch verstanden, weder eine elitäre Gruppe wissender Philosophen noch die Menschheit als ganze, sondern die von der Welt unterschiedene Kirche.

Dies sagen, heißt nun aber an eine Wunde der Kirche auf diesem Gebiet rühren. Sowohl in der Theologie wie auch erst recht im kirchlichen Leben ist der Geist ein Thema, das mehr Verlegenheiten aufdeckt als mit bewährten Erfahrungen zusammenstimmt. Die Wirklichkeit unseres Lebens ist im allgemeinen so sehr bestimmt von den praktischen Folgen jener Deifikation menschlicher Vernunft und so sehr eingebunden in die Gesetze der technischen Zivilisation, daß im paulinischen Sinne »nach dem Geist zu wandeln« einer umfassenden und durchgreifenden Revolution« der Lebensführung und der Lebensweise gleichkäme. Geistliche Erfahrung und geistliches Leben ist faktisch in einem Ausmaß an den Rand unserer alltäglichen Lebenswelt zurückgedrängt, auf Kultus und Privatfrömmigkeit, daß die biblischen Aussagen über das das *ganze* Leben und Zusammenleben bestimmende Wirken des Geistes (wir im Geist, der Geist in uns) damit kaum zur Deckung zu bringen, geschweige denn zur Anwendung zu bringen sind. Mit »spiritualistischen Bewegungen« ist uns insofern nicht geholfen, als diese nur religiöse Sondererfahrungen, nicht aber wirklich alternative Lebensformen bringen und einzelne zu einem Exodus veranlassen, statt in lebendigen christlichen Gemeinden zusammenzuführen, in denen sich die Kirche des Geistes in der gegenwärtigen Welt darstellen würde. Der alte Ruf hat hohe Aktualität: »Veni sancte Spiritus – komm, heiliger Geist!«

3. 8,18–30 *Leiden in Hoffnung*

Literatur: Bauer, J. B., Τοῖς ἀγαπῶσιν τὸν θεόν, Röm 8,28; 1Kor 2,9; 1Kor 8,3, ZNW 50 (1959) 106–112; *Benoit, P.*, Nous gémissons, attendant la délivrance de notre corps (Rom VII,23), in: Exégèse et théologie II, Paris 1961, 41–52; Balz, Heilsvertrauen und Welterfahrung, 1971 (BEvTh 59); *Black, M.*, The Interpretation of Rom 8,28, in: Neotestamentica et Patristica (FS O. Cullmann) 1962 (NT.S VI), 166–172; *Cambier, J.*, L'espérance et le salut dans Rom 8,24, in: Message et Mission. X^e anniversaire de la faculté de Théologie de l'Université de Louvanium de Kinshasa, Louvain-Paris 1968, 77–107; *Cranfield, C. E. B.*, Romans 8,28, SJTh 19 (1966) 204–215; *Dietzel, A.*, Beten im Geist. Eine religionsgeschichtliche Parallele aus den Hodajot zum paulinischen Beten im Geist, ThZ 13 (1957) 12–32; *Gaugler, E.*, Der Geist und das Gebet der schwachen Gemeinde, IKZ 51 (1961) 67–94; *Gerber, U.*, Röm 8,18ff als exegetisches Problem der Dogmatik, NT 8 (1966) 58–81; *Gieraths, H. K.*, Knechtschaft und Freiheit der Schöpfung. Eine historisch-exegetische Untersuchung zu Röm 8,19–22, Diss. theol. Bonn 1950; *Grayston, K.*, The Doctrine of Election in Rom 8,28–30, 1964 (StEv 2 = TU 87), 595–604; *Hommel, H.*, Das Harren der Kreatur, in: Schöpfer und Erhalter. Studien zum Problem Christentum und Antike, Stuttgart 1956, 7–23; *Käsemann, E.*, Der gottesdienstliche Schrei nach Erlösung, in: Paulinische Perspektiven 211–236; *Kürzinger, J.*, Σύμμορφος τῆς εἰκόνος τοῦ υἱοῦ αὐτοῦ (Röm 8,29), BZ NS 2 (1958) 294–299; *Lampe, G. W. H.*, The NT Doctrine of Ktisis, SJTh 17 (1964) 449–462; *Leaney, A. R. C.*, »Conformed to the Image of His Son« (Rom 8,29), NTS 10 (1963/64), 470–479; *Loane, M. L.*, The Hope of Glory, London 1968, 75–122; *Lyonnet, S.*, Redemptio cosmica secundum Rom. VIII, 19–23, VD 44 (1966) 225–242; Luz, Geschichtsverständnis 250–255.369–382; *Niederwimmer, K.*, Das Gebet des Geistes, Röm 8,26f, ThZ 20 (1964) 252–265; *von der Osten-Sacken, P.*, Römer 8,60–144; *Paulsen, H.*, Überlieferung, 107–132; *Schlier, H.*, Das, worauf alles wartet. Eine Auslegung von Röm 8,18–30; Interpretation der Welt (FS R. Guardini), Würzburg 1965, 599–601; *Schniewind, J.*, Das Seufzen des Geistes, Röm 8,26–27, in: Nachgelassene Reden und Aufsätze, Berlin 1952, 81–103; *Schwantes, H.*, Schöpfung der Endzeit, 1963, 43–52 (AzTh I12); *Vögtle, A.*, Das NT und die Zukunft des Kosmos, Düsseldorf 1970, 183–208; *Zahn, Th.*, Die seufzende Creatur, Röm 8,18–23 mit Rücksicht auf neuere Auffassungen, JDTh 10 (1865) 511–542.

18 Ich behaupte nämlich: Nicht ins Gewicht fallen die Leiden der gegenwärtigen Zeit gegenüber der bevorstehenden Herrlichkeit, die an uns offenbar werden soll. 19 Denn das sehnsüchtige Harren der Schöpfung wartet auf die Offenbarung der Söhne Gottes. 20 Denn der Nichtigkeit ist die Schöpfung unterworfen worden, nicht aus eigenem Willen, sondern um dessentwillen der sie unterworfen hat – auf Hoffnung hin. 21 Denn auch sie, die Schöpfung, wird befreit werden von der Sklaverei der Vergänglichkeit hinein in die Freiheit der Herrlichkeit der Kinder Gottes. 22 Denn wir wissen: Die ganze Schöpfung stöhnt und liegt insgesamt in den Wehen bis jetzt. 23 Doch nicht nur das, auch wir selbst, die den Geist als Anfangsgabe haben, auch wir selbst in unserem Inneren (oder: untereinander) stöhnen in Erwartung der Sohnschaft, der Erlösung unseres Leibes. 24 Auf Hoffnung hin nämlich sind wir errettet worden. Eine Hoffnung aber, die man sehen kann, ist keine Hoffnung; denn, was einer sehen kann, was sollte er darauf hoffen? 25 Wenn wir aber auf das, was wir nicht sehen, hoffen, so haben wir darauf mit Geduld zu warten. 26 Ebenso aber auch der Geist: Er nimmt sich unserer Schwachheit an. Denn was wir beten sollen, so wie (gebetet werden) muß, das wissen wir nicht. Aber er, der Geist, tritt für uns ein mit unaussprechlichem Stöhnen. 27 Der aber, der die Herzen erforscht, weiß, worauf der Geist bedacht ist, weil er so, wie es Gott entspricht, für Heilige eintritt.

28 Wir wissen aber: Denen, die Gott lieben, verhilft alles zum Guten – denen, die nach (seinem) Ratschluß berufen sind. **29** Denn, die er zuvor erwählt hat, die hat er auch vorherbestimmt, teilzuhaben an der Gleichgestalt des Bildes seines Sohnes, so daß er (der) Erstgeborene unter vielen Brüdern ist. **30** Die er aber vorherbestimmt hat, die hat er auch berufen; und die er berufen hat, die hat er auch gerecht gemacht; die er aber gerecht gemacht hat, die hat er auch verherrlicht.

1. Mit V 17c (»Wenn wir mitleiden, um auch mitverherrlicht zu werden«) Analyse leitet Paulus zwar deutlich zum folgenden Gedankengang über. Es fällt aber auf, daß in VV 18–25 vom Gegenüber gegenwärtigen Leidens und künftiger Herrlichkeit nur allgemein als solchem die Rede ist, ohne daß der in VV 15–17 entscheidende Gedanke der Teilhabe an *Christi* Leiden und Verherrlichung ausgewertet wird. Das ist erst in V 29 der Fall: ein starker Grund dafür, VV 28–30 nicht als einen selbständigen Abschnitt aufzufassen[603] oder zum folgenden zu ziehen (VV 28–39)[604], sondern mit dem Voranstehenden zusammenzunehmen[605]: V 17c und V 29 sind der hermeneutische Schlüssel zum Verständnis von VV 18–27. Die *Disposition* ist zunächst insoweit klar, daß Paulus in V 18 eine These formuliert, die er im folgenden ausführt. Eine erste Ausführung (γάρ V 19) gibt er in VV 19–21. In V 22 setzt er mit »Wir wissen nämlich« zu einer zweiten Ausführung an, die bis V 23 reicht[606] und inhaltlich VV 19–21 vertieft. VV 24f sind als weitere Erläuterung (γάρ) angeschlossen wie V 20 an V 19[607]. VV 26f sind eine neue, dritte Ausführung[608], die V 23 vertieft; das gemeinsame Stichwort ist στενάζομεν – στεναγμοῖς. Der neue Ansatz in V 28 mit »Wir wissen aber« entspricht dem in V 22. Doch zeigt δέ an, daß Paulus hier im Gegenüber zum Voranstehenden eine Schlußthese aufstellt (V 28a), die mit ihrer Begründung (VV 28b–30) inhaltlich über die These V 18 hinausgeht.

2. Die erwähnte Differenz zwischen V 17c und VV 18ff zeigt an, daß Paulus in

---

[603] So z.B. Michel 209.
[604] So Paulsen, Überlieferung 133–135, der im Anschluß an Schille, G., Die Liebe Gottes in Christus. Beobachtungen zu Röm 8,31–39, ZNW 59 (1968) 230–244, hier 230f vor allem auf das »Wortfeld ἀγάπη, das sich durch die VV 28–39 hindurch verfolgen läßt« (133), hinweist. Aber unsere Liebe zu Gott in V 28 ist mit der Liebe Christi bzw. Gottes zu uns in VV 35.37.39 nicht zusammenzunehmen.
[605] So nachdrücklich zuletzt v. Osten-Sakken, Römer 8,138f.
[606] Viele Exegeten sehen die Zäsur zwischen V 22 und V 23, z.B. Kuss 620; Käsemann 221; Schlier 258; Cranfield 410; Balz, Heilsvertrauen 33f. Doch hat οὐ μόνον, ἀλλὰ καί in V 23 wie in 5,3.11; 9,10; 2Kor 8,19 nicht die Funktion eines »betonten Neuansatz(es)« (Paulsen, Überlieferung 108), sondern vielmehr die der Weiterführung eines begonnenen Gedankens; vgl. Bl-Debr-Rehkopf § 479,1.
[607] Beachte den Gegensatz: V 20 τῇ γὰρ ματαιότητι ἡ κτίσις ὑπετάγη – V 24 τῇ γὰρ ἐλπίδι ἐσώθημεν.
[608] Daß somit in VV 19–27 in »drei konzentrischen Kreisen« die These V 18 expliziert wird, hat zuerst Zahn, Th., Creatur 515f erkannt; vgl. zuletzt besonders Käsemann 221. Demgegenüber gliedert Luz, Geschichtsverständnis 377 in zwei Absätze: VV 19–21 (Schöpfung) und VV 22–30 (Christen). Das trifft aber weder auf VV 22 zu, noch entspricht die Parallelisierung von Schöpfung und Christen dem Skopos des Abschnitts. Im übrigen bleiben die formalen Gliederungsmomente des Textes unberücksichtigt. Vgl. die Kritik von v. Osten-Sacken, Römer 8,79f Anm. 11.

VV 18ff weithin mit einem ihm *vorgegebenen Vorstellungszusammenhang* arbeitet, der nicht wie V 17c aus urchristlicher Tradition (vgl. 1Petr 1,11; 4,13; 5,1), sondern aus jüdisch apokalyptischer Überlieferung stammt[609]. Danach sind – *erstens* – Leiden für Gerechte geradezu notwendig, da zwischen der Herrschaft Gottes, der sie als Gerechte zugehören, und der Herrschaft der ungerechten Welt, in der sie als Irdische leben, ein unaufhebbarer Widerspruch besteht: Die Sünder bekämpfen Gott und bedrücken darum die Gerechten als die Seinen[610]. Die Leiden, die diese gegenwärtig von jenen erfahren, zeichnen sie geradezu als zu Gott gehörig aus[611]. Aber die Zeit dieses Leidens ist begrenzt. Das endzeitliche Gericht wird die große Wende bringen, wenn Gott die Ungerechten vernichten und sie so seinen Auserwählten vom Hals schaffen wird[612]. Dann werden diese das Heil empfangen, das ihnen als Gerechten zukommt[613]. Wenn die Zeit des Gerichts herannaht, wirkt sich seine nahe Wirklichkeit in Vorzeichen katastrophaler Art aus[614]. Diese können als die Geburts-»Wehen« beschrieben werden, die der Geburt der neuen Heilswelt vorausgehen[615]. Während einerseits die Frevler zu Recht von solchem hereinbrechenden Unheil betroffen werden, steigert sich andererseits der Leidensdruck gegen die Gerechten so unerträglich wie nie zuvor[616], um dann beim Anbruch der Endereignisse selbst für immer aufzuhören. Vom Ende her betrachtet, sind diese Leiden also etwas Vorübergehendes, Leichtes, gemessen nämlich an der Fülle ewigen, vollkommenen Heils, das auf die Gerechten wartet[617]. Sie müssen sie aber erst durchstehen: ihre Gerechtigkeit muß sich darin bewähren, bevor sie den ihr entsprechenden eschatologischen Lohn erhalten werden. Dazu werden die Gerechten nicht nur ermahnt[618], sondern auch im Vorausblick auf ihre bevorstehende Erlösung getröstet[619] und zu geduldigem Warten und Hoffnung[620], zu Freude und Jubel[621] aufgefordert.

---

[609] Vgl. dazu besonders Balz, Heilsvertrauen 40–69 pass; Paulsen, Überlieferung 111–122 pass. Zum Vorstellungszusammenhang vgl. den Überblick bei Rössler, Gesetz und Geschichte 88–100.

[610] Vgl. z.B. 4Esr 6,57f: »Nun aber, Herr: eben jene Völker, die für nichts geachtet sind, überwältigen und zertreten uns. Wir aber, Dein Volk, das Du Deinen Erstgeborenen, Deinen einzigen Sohn, Deinen Anhänger und Freund genannt hast, wir sind in ihre Hand gegeben!« Vgl. ebd. 7,79; 8,57f; aethHen 103,9–15.

[611] Sie sind nach 4Esr 8,27 »die, die Deine Bündnisse im Leiden bewahrt haben«.

[612] Vgl. z.B. aethHen 95,7; 62,11; 53,7: »Die Gerechten werden vor der Bedrückung der Sünder Ruhe haben.«

[613] Vgl. z.B. sBar 15,8: »Denn diese Welt ist für sie (gemeint sind die Gerechten, vgl. V 7) Mühe und Not bei vieler Anstrengung, und jene also, die zukünftige, eine Krone in großer Herrlichkeit«; vgl. ebd. 48,50.

[614] Vgl. 4Esr 5,1–13; 6,12; 9,1f; sBar 20,1; 25,2; 27,1–15; 48,30–41; 70,2–10; Sib 2,154–176; 3,796–806; 8,190–197; Offb 6,12–17.

[615] Vgl. Mk 13,8; Mt 24,8; Joh 16,21 und die Belege bei Balz, Heilsvertrauen 52f und Schlier 263f Anm. 13, besonders aethHen 62,4: »Dann wird Schmerz über sie kommen wie über ein Weib, das in Wehen liegt und dem das Gebären schwerfällt«; 1QH 3,7f: »Ich war in Bedrängnis wie ein Weib, das seinen Erstgeborenen gebiert; denn schnell kommen (ihre) Wehen, und schlimmer Schmerz kommt über ihren Muttermund, Beben hervorzurufen im Schoß der Schwangeren.«

[616] Vgl. Mk 13,14–20.

[617] Vgl. z.B. das Gleichnis in 4Esr 4,44–50.

[618] Vgl. z.B. aethHen 91,3f; 94,1–5.

[619] Vgl. z.B. aethHen 96,3: »Ihr Leidenden aber, fürchtet euch nicht, denn Heilung wird euch zuteilwerden.«

[620] Vgl. z.B. aethHen 96,1; 102,4f: »Fürchtet

Die Wende der Endzeit betrifft nun aber – *zweitens* – nicht nur die Menschen, sondern auch die Erde, auf der sie leben, und die Schöpfung überhaupt. Einerseits nämlich nimmt diese insgesamt teil an Gottes Gericht über die Ungerechten, wie schon in den Prophetenbüchern zu lesen ist[622]. In späterer Zeit wird in diesem Sinn Gen 3,17 ausgewertet[623]. Andererseits jedoch wird beim Anbruch des Endes zusammen mit der Verherrlichung der Gerechten auch die Schöpfung erneuert werden[624].

Vergleicht man diese jüdischen Aussagenkomplexe mit Röm 8,18ff, so ist einerseits evident, daß sie den Hintergrund der paulinischen Argumentation bilden. Sowohl die eschatologische Sinngebung gegenwärtigen Leidens in seiner Bezogenheit auf die bevorstehende Herrlichkeitsoffenbarung und das Stöhnen der ihr zugehörigen »Kinder Gottes« (vgl. Offb 6,10) als auch die Begründung der Unterwerfung der Schöpfung unter die »Nichtigkeit« durch Gott sind ohne Voraussetzung jener beiden jüdischen Vorstellungskreise nicht zu verstehen. Andererseits sind auch Differenzen nicht zu übersehen. Die »Kinder Gottes« werden bei Paulus nicht als gesetzestreue Gerechte charakterisiert; ihr Ausharren besteht nicht in treuer Torabewahrung[625], ihre Heilshoffnung gründet sich nicht auf Gesetzeswerke. Entsprechend tritt weder in der Erwähnung der Leiden hervor, daß diese von den Ungerechten herrühren, noch ist es die Gewalt der Frevler, von der die Befreiung erhofft und herbeigesehnt wird, sondern vielmehr die »Sklaverei der Vergänglichkeit« (V 21).

Zwar findet sich im Zusammenhang jüdischer Eschatologie auch vielfach die Erwartung endzeitlicher Aufhebung aller Vergänglichkeit[626]. Aber die Klage über die allem Irdischen anhaftende Vergänglichkeit und die Verheißung einer Rettung aus ihr ist bekanntlich in der hellenistischen Umwelt weit verbreitet[627]

---

euch nicht, ihr Seelen der Gerechten, und seid voll Hoffnung ihr, die ihr in Gerechtigkeit sterbt! Trauert nicht, wenn eure Seele in großer Trübsal, im Jammer, Seufzen und Kummer in die Unterwelt hinabfährt, und euer Leib zu eurer Lebenszeit nicht erlangte, was eurem Wert entsprach, sondern ihr nun an einem Tage (sterbt), an dem ihr den Sündern gleich wurdet...«; 104,1–4: »Hofft und gebt eure Hoffnung nicht auf! Denn ihr werdet große Freude wie die Engel des Himmels haben«; 108,12: »Ihr, die ihr Gutes getan habt, wartet auf diese Tage, bis denen, die Böses tun, ein Ende gemacht ist, und die Macht der Frevler ein Ende hat.«
[621] Z.B. aethHen 105,2.
[622] Vgl. z.B. Jes 13,9–13; 24,1–6.18–23; Jer 4,23–28; Ez 32,6–8; Joel 2,10; 4,15f; Am 8,9; Hab 3,6–17; aus apokalyptischer Literatur vgl. die oben Anm. 620 gesammelten Stellen.
[623] Vgl. die bei Bill. III 247–255 gesammelten rabbinischen Stellen.

[624] Vgl. z.B. aethHen 91,16 (und dazu Jes 65,17; 66,22) sowie auch ebd. 105,1: »Zeigt sie ihnen (scil. den Kindern der Erde), denn ihr seid ihre Führer, und die Belohnungen, (die) über die ganze Erde (durch sie kommen sollen).«
[625] Die Formel »die Gott lieben« in V 28a wird in jüdischer Tradition seit dem Dtn vielfach durch Gesetzesbewahrung konkretisiert, vgl. Dtn 5,10; 7,9; 11,1; 30,16; Dan 9,4 Test B 3,1; 1QH 16,13 sowie die parallelen Ausdrücke bei v. Osten-Sacken, Römer 8,66 Anm. 23. Paulus dagegen hebt in V 28a auf das Berufensein ab.
[626] Vgl. besonders 4Esr 7,31: »Nach sieben Tagen aber wird der Äon, der jetzt schläft, erwachen und die Vergänglichkeit selbst vergehen (morietur corruptum)«; ferner z.B. 4,11; 6,27f; 7,15f.88.97.113f; 8,53f; 14,13f.
[627] Vgl. z.B. Corp Herm I 28 (Nock-Festugière I 16 Zeile 25f): τί ἑαυτούς, ὦ ἄνδρες γηγενεῖς, εἰς θάνατον ἐκδεδώκατε, ἔχοντες ἐξουσίαν τῆς ἀθανασίας μεταλαβεῖν.

und hat im hellenistischen Judentum zumindest sprachlich stark eingewirkt[628]. Für das Stöhnen von Röm 8,22f gibt es frappierende hellenistische Parallelen[629]. Doch während für solches hellenistisches Denken das Leiden an der Vergänglichkeit in dem Gefangensein der Seele im Leib seine Ursache hat und überwindbar ist nur durch eine Loslösung vom Leib, ist für Paulus die Freiheit der Kinder Gottes durch leibhaftige Erlösung wirklich (V 23). So sehr also in Röm 8,18ff hellenistische Motive wirksam sind, so entscheidend ist doch jener Horizont apokalyptischer Eschatologie.

3. Neuerdings versucht darüber hinaus P. von der Osten-Sacken[630] zu erweisen, daß in Röm 8,18ff ein Paulus vorgegebener Text aus dem hellenistischen Urchristentum zugrundeliege, den Paulus durch einige Zusätze korrigiert habe[631]. Während die Vorlage entgegen enthusiastischen Tendenzen darauf abziele, »die Situation der künftigen Gottessöhne als mit der Schöpfung gemeinsames Warten auf das Heil zu bestimmen«[632], sei »das zentrale Anliegen der paulinischen Überarbeitung«, solches Warten als Hoffnung herauszustellen[633]. Er begründet diese Hypothese einerseits durch eine Fülle unpaulinischer Begrifflichkeit und Stilistik[634], andererseits durch Brüche in der Gedankenführung[635]. Doch diese ist auch in der rekonstruierten Vorlage ebensowenig glatt wie die des Paulustextes[636]; und dessen Erklärung wird durch die Annahme einer übernommenen, aber korrigierten Vorlage nur noch schwieriger[637]. – Vor allem aber ist die Herauslösung paulinischer Zusätze weder zwingend noch interpretatorisch überzeugend[638]. Die Beobachtungen sprachlicher und stilistischer Art jedoch können für sich allein eine Scheidung von Tradition und Redaktion nicht beweisen, zumal viele dieser Urteile auf der ebensowenig zwingenden Voraussetzung entsprechender Traditionalität der herangezogenen paulinischen Vergleichsstellen basieren. So scheint mir in diesem

---

[628] Vgl. z.B. Weish 3,5: καὶ γὰρ ἐν ὄψει ἀνθρώπων, ἐὰν κολασθῶσιν, ἡ ἐλπὶς αὐτῶν ἀθανασίας πλήρης.

[629] Vgl. Corp Herm XXIII 3 (Stobaeus 1,49.44 bei Nock-Festugière IV 1 Zeile 17): ἔνθεν ἐστέναξε τὰ κάτω, φόβον ἔχοντα, τὴν περικαλῆ καὶ εἰς ἀεὶ διαμονὴν τῶν ἐπικειμένων; XXIII 33 (ebd. 10. Zeile 15–23): ὅτε γὰρ ἔμελλον ἐγκατακλείεσθαι τοῖς σώμασιν, αἱ μέν γε αὐτῶν αὐτὸ μόνον ὠδύροντο καὶ ἐστέναζον καθ᾽ ὅνπερ τρόπον τῶν γεγονότων θηρίων ἃ ἐλεύθερα δουλεύειν πονηρῶς μελλήσει, τῆς συνήθους τε καὶ φίλης ἀποσπώμενα ἐρημίας usw., sowie besonders die Klage ebd. 34–37 (S. 11f); ferner den Naassener-Hymnus bei Hipp Ref V 10,2. Vgl. auch Hommel, Harren 19f, der auf Parallelen in Vergils IV Ekloge aufmerksam macht.

[630] Römer 8,78–104.

[631] Vgl. ebd. 96 die Rekonstruktion dieser vermuteten Vorlage aus dem Grundbestand von VV 19–23.26f. Paulinisch seien V 18 und V 24f, paulinische Zusätze in V 19 ἡ ἀποκαραδοκία, in V 20 ἐφ᾽ ἐλπίδι, διότι, in V 22 ἄχρι τοῦ νῦν, in V 23 οὐ μόνον δέ, ferner καὶ αὐτοὶ τὴν ἀπαρχὴν τοῦ πνεύματος ἔχοντες sowie υἱοθεσίαν und τοῦ σώματος; in V 26 τῇ ἀσθενείᾳ und in V 27 τί τὸ φρόνημα τοῦ πνεύματος.

[632] Ebd. 99.

[633] Ebd. 102–104.

[634] Ebd. 80–86.86–91.

[635] Ebd. 91–95. Vor allem: VV 26f seien durch V 18 nicht mehr gedeckt; VV 24f zerrissen den Zusammenhang zwischen V 23 und V 26f; in V 26 stimme στεναγμοῖς ἀλαλήτοις nicht zu VV 15f.

[636] VV 26f behalten auch in der »Vorlage« gegenüber dem Voranstehenden einen deutlichen Eigencharakter.

[637] Dies zeigt sich z.B. daran, wie v. Osten-Sacken, ebd. 271 das Verhältnis zwischen V 15f und V 26 erklärt.

[638] Z.B. wird mit ἐφ᾽ ἐλπίδι V 20 die entscheidende Begründung von V 21 und mit καὶ αὐτοὶ τὴν ἀπαρχὴν τοῦ πνεύματος ἔχοντες in V 23 die entscheidende Verklammerung mit VV 26f eliminiert. Auch ist die Herausnahme von τῇ ἀσθενείᾳ ἡμῶν in V 26 ebenso willkürlich wie die von τοῦ σώματος in V 23.

Versuch ein Beispiel methodisch zweifelhaften Gebrauchs literarkritischer Analyse gegeben zu sein. Was die Frage nach dem traditionsgeschichtlichen Hintergrund von Röm 8,18ff betrifft, so muß es m.E. bei dem Urteil bleiben, daß Paulus hier zwar auffällig extensiv mit Motiven aus jüdischer und urchristlicher Überlieferung, nicht jedoch mit festen Traditionsstücken arbeitet[639].

Die einzig mögliche Ausnahme ist VV 28–30. Denn einerseits ist hier in V 28b »denen, die nach seinem Ratschluß berufen sind« so auffallend zu der in sich geschlossenen Gnome V 28a hinzugesetzt, daß die Vermutung gerechtfertigt scheint, daß diese Paulus vorgegebener Wortlaut sein könnte, wofür auch die Einleitung mit οἴδαμεν spricht. Entsprechendes läßt sich andererseits auch für die christologische Ausführung von προώρισεν in V 29 geltend machen, durch die die ›Kette‹ in V 29a.30 formal wie inhaltlich durchbrochen wird. Diese könnte sich dadurch ebenfalls als vorgegebenes Traditionsstück erweisen, das Paulus in V 29b.c erweitert hat[640].

Paulus hatte in 5,1–5 dazu angesetzt, von den Konsequenzen der Rechtfertigung aus Glauben im christlichen Leben zu sprechen, nämlich von einem »Rühmen«, das sich nunmehr auf die Hoffnung gründet, die mitten in gegenwärtig erfahrenen Bedrängnissen dadurch in Geduld bewährt wird, daß sie sich auf Gottes Liebe richtet, die durch den in der Taufe empfangenen Geist in den Herzen der Glaubenden bereits gegenwärtig erfahrbar und wirksam ist. In Kap. 8 kehrt er zu diesem Thema zurück und kann es nun entfalten, nachdem der entscheidende Einwand von 6,1 aus dem Felde geschlagen ist. Nachdem er in 8,1–17 die Gabe des Geistes (5,5) erläutert hat, nimmt er in 8,18ff den Gedanken der Hoffnung inmitten von Bedrängnissen von 5,2–4 auf.

Er setzt in V 18 eine These voran, die er wie in 3,28 mit λογίζομαι einleitet: »Ich behaupte«[641]. Die »Leiden der gegenwärtigen Zeit« sind jene Bedrängnisse von 5,3, die nach apokalyptischer Anschauung dem Anbruch der endzeitlichen Heilszeit notwendig vorausgehen[642]. Anders als dort ist jedoch die »Jetztzeit« durch jene heilsgeschichtliche Wende im Christusgeschehen bestimmt (vgl. 3,26), von der in 3,21 und 7,6; 8,1 betont die Rede war; vgl. 2Kor 6,2[643]. Was die Apokalyptik von den Leiden der Gerechten zu sagen weiß, ist hier wie selbstverständlich auf die Christen bezogen: Sie haben kein Gewicht[644] gegenüber der Herrlichkeit, deren Offenbarung »uns« bevorsteht[645]; vgl. ähnlich

Erklärung 18

---

[639] Dies ist das überzeugende Ergebnis der Analysen von Balz, Heilsvertrauen und Paulsen, Überlieferung.
[640] So nach Grayston, Election 578 v. Osten-Sacken, Römer 8,68, der ebd. 69 freilich auch den Einschub in V 29b.c für ein anderes Traditionsstück hält.
[641] Vgl. so auch 2Kor 10,7 (ὅτι); 3,5; 10,2; 11,5, Phil 3,13 (jeweils mit Infinitiv). In Röm 6,11 (vgl. 1Kor 4,1; 2Kor 12,6) ist ein Urteil gemeint, das sich in der Praxis zu bewähren hat. In Phil 4,8 kommt das Wort der Bedeutung von φρονεῖν nahe.
[642] So o.S. 148f sowie EKK VI/1,291.
[643] Vgl. dann Röm 11,5.

[644] Zu ἄξιος πρός vgl. die rabbinische Wendung דבר כנגד bzw. דבר שקול כנגד; Bill. III 244.
[645] Zu μέλλουσαν ἀποκαλυφθῆναι vgl. Gal 3,23; 1Petr 5,1. In dem vorgezogenen μέλλουσαν soll wohl nicht so sehr die Nähe (so Käsemann 222 und besonders Vögtle, NT 192f), als vielmehr die schon feststehende Realität der zukünftigen Heilswirklichkeit betont werden. Vgl. Cranfield 409, der auf Chrysostomus, Röm 529 hinweist: ἐπειδὴ μέλλουσαν αὐτὴν εἶπε, δείκνυσιν αὐτὴν ἤδη οὖσαν... ὡς καὶ νῦν οὖσαν μέν, κρυπτόμενον δέ (vgl. Kol 3,3). Zu εἰς ἡμᾶς vgl. 1Petr 1,4f, wo ebenfalls betont ist, daß die himmlischen Heilsgaben für

2Kor 4,16–18. »Herrlichkeit« ist die unmittelbare ›Atmosphäre‹ Gottes selbst, sozusagen sein eigentliches Wesen, durch dessen Kraft (vgl. 6,4) und in dessen strahlendem Glanz (vgl. 2Kor 4,6) die Wirklichkeit der endzeitlichen Heilswelt besteht. Sie ist es letztlich und eigentlich, auf die die Christen hoffen dürfen (5,2), weil sie mit Christus verbunden sind (8,17c), der als Auferstandener bereits verherrlicht ist (vgl. 1Petr 1,11). Nur darum können Christen darauf hoffen, daß wie in Christi, so auch in ihrem Geschick auf das gegenwärtige Leiden die endzeitliche Verherrlichung folgen wird (vgl. 1Petr 4,13; 5,1). 8,17c ist also das hermeneutische Kriterium aller folgenden Aussagen, in denen dieser christologische Bezug nicht mehr ausgesprochen, aber ständig hinzuzudenken ist.

19 Paulus entfaltet (γάρ) diese These durch den Gedanken, daß die Schöpfung in gespannter Sehnsucht[646] auf dieses zukünftige Offenbarungsgeschehen warte, indem die Christen (»wir« V18), die nach dem Zeugnis des Geistes »Kinder Gottes« sind (V16), in der Wirklichkeit der Herrlichkeit Gottes als solche hervortreten werden. Zugrunde liegt die apokalyptische Vorstellung, daß bei Anbruch der Endereignisse der Messias bzw. der Menschensohn und mit ihm die auserwählten Gerechten erscheinen werden[647]. Entsprechend denkt Paulus die »Offenbarung der Kinder Gottes«. Kinder sind sie als Miterben Christi, des Sohnes Gottes (V17); und die endzeitliche Offenbarung dessen, was sie durch die Setzung der Taufe (υἱοθεσία V15) schon geworden sind, wird sie als Söhne Gottes mit dem Auferstandenen als dem Sohn zusammenbringen: »so daß er der Erstgeborene unter vielen Brüdern ist« (V29 vgl. 1Kor 15,20.23; Apg 26,23).

Paulus zielt aber darauf, daß *die Schöpfung* auf diese zukünftige Offenbarung, die den Christen widerfahren wird, in gespannter Erwartung ausgerichtet ist[648].

Was mit dem Wort κτίσις gemeint ist: die gesamte Schöpfung einschließlich aller Menschen; die gesamte Schöpfung, ausgenommen die Christen; die nichtmenschliche Schöpfung; die Menschheit oder die Engelwelt, ist seit der altkirchlichen Exegese bis heute umstritten[649]. Der Kontext (V18.19.23) zeigt, daß jedenfalls die Christen nicht

uns aufbewahrt sind, um im Eschaton an uns offenbart zu werden. εἰς vertritt nicht den einfachen Dativ, sondern drückt aus, daß »wir« die Adressaten des bevorstehenden Offenbarungsgeschehens sind; vgl. Cranfield 409f. – Zu ἀποκάλυψις vgl. EKK VI/1 86–88.

[646] Zu ἀποκαραδοκία vgl. Phil 1,20, wo es mit ἐλπίς parallel steht. Das Verb bezeichnet das gespannte, ängstliche Warten und kommt nur in hellenistischer Literatur vor (Polybius; Josephus; Aquila in ψ 38,8 und Spr 10,28), das Simplex καραδοκεῖν schon in der klassischen Gräzität; vgl. Bertram, G., Ἀποκαραδοκία, ZNW 49 (1958) 264–270. Zur rabbinischen Auslegung von Hab 2,3 (חכה, LXX übersetzt ὑπόμεινον αὐτόν) vgl. Bill. III 245.

[647] Vgl. z.B. aethHen 51,4f; 69,26–29;

71,14–17; 4Esr 6,25f; 7,26–28; sBar 19f.

[648] Die merkwürdige Formulierung: »Das Harren der Schöpfung ... erwartet« erklärt sich nicht von daher, daß Paulus die Formulierung einer Vorlage (ἡ κτίσις ... ἀποδέχεται) verändert habe (so v. Osten-Sacken, Römer 8,96), sondern aus der Absicht, im Blick auf die Schöpfung allein das Motiv des angespannten Wartens herauszustellen. Ihr ganzes Harren richtet sich auf die künftige Offenbarung der Kinder Gottes.

[649] Zur altkirchlichen Auslegung vgl. die Zusammenstellung bei Schelkle, Paulus 293–297 sowie die dort 293 Anm. 1 genannte Literatur. Zur Auslegungsgeschichte von Röm 8,19–22 insgesamt vgl. Gieraths, Knechtschaft 20–89.

mit inbegriffen sind. Ferner scheidet auch die Deutung auf die Engelwelt[650] aus; denn Engelmächte können zwar in 8,39 einzeln κτίσις genannt werden, aber es fehlen Belege für eine generelle Bezeichnung der oberen Engelwelt insgesamt als »die Schöpfung«. Im übrigen sind Engelmächte nicht der Vergänglichkeit unterworfen und werden am Ende von Gott vernichtet (1Kor 15,24). Für die Deutung auf die gesamte Schöpfung einschließlich der (nichtchristlichen) Menschheit[651] spricht die Formulierung πᾶσα ἡ κτίσις in V22[652]. Aber die Vorstellung, daß die außerchristliche Menschheit lediglich teilhätte an der Offenbarung der Christen, widerspricht der sonstigen Auffassung sowohl von der Missionierung aller Völker und ihrer vollen Heilsteilhabe am Ende (vgl. besonders 11,32!) als auch vom Gericht über die Ungläubigen. Und daß von Menschen die Rede sein müsse, weil von sehnsüchtigem Harren und Warten und gar von Endzeithoffnung zu sprechen weder im Blick auf Tiere und Pflanzen noch gar auf die unbelebte Schöpfung sinnvoll sei[653], hat schon Chrysostomus (Röm 581f) überzeugend unter Verweis auf den entsprechenden modus loquendi in den Psalmen und Prophetenbüchern widerlegt. Man kann höchstens sagen, daß im Begriff »Schöpfung« die Menschen insofern mit einbeschlossen sind, als sie wie die übrige ›Kreatur‹ von Gott geschaffen sind und so – einschließlich der Christen (V23) – an deren Warten und Seufzen mit teilhaben[654]. Das ist aber jedenfalls nur unausdrücklich der Fall. Denn V20 bezieht sich deutlich auf den Fluch in Gen 3,15f. Stünden die Menschen im Blick, so wäre hier nach 1,18ff nicht von ihrer »unfreiwilligen« Unterwerfung unter die Nichtigkeit (V20) und Vergänglichkeit (V21), sondern vielmehr von ihrer Schuld und von ihrer entsprechenden Preisgabe an die Folgen ihrer Empörung gegen Gott zu sprechen[655]. Man wird darum dem Text Röm 8,19–22 m.E. nur gerecht, wenn man κτίσις – jedenfalls primär – im Sinn der gesamten außermenschlichen Schöpfung versteht[656]. Dafür spricht auch der überwiegende Sprachgebrauch sowohl in 1,20.25, als auch im sonstigen NT[657] und in den apostolischen Vätern[658] sowie auch in LXX[659] und in der nachbiblischen jüdischen Literatur[660].

---

[650] So z.B. Cl Al, Quis Div Salv 29,4; Theodor von Mopsuestia bei Staab 137f; zuletzt Fuchs, Freiheit 108f.
[651] So zuletzt Käsemann 223; Schlier 259.
[652] Vögtle, NT 186f.193.199 sieht freilich in πᾶσα ἡ κτίσις in V22 eine über VV19–21 hinausgehende Formulierung, in der Paulus das dort von der außermenschlichen Schöpfung Gesagte nunmehr allererst auf die »gesamte Schöpfung« unter Einschluß der Menschen ausdehne. Aber V22 begründet V21 und erläutert offensichtlich VV19f. πᾶσα ἡ κτίσις betont also nur die Gesamtheit der vorerwähnten Schöpfung.
[653] Vgl. besonders nachdrücklich Schlier 270: »Kreaturen, die unermüdlich harren und mit nie erlöschender Spannung hoffen, sind Menschen, denen der Name ›Schöpfung‹ unmöglich versagt werden kann.« Ebenso Grundmann, W., Die Übermacht der Gnade, NT 2 (1957) 50–72, hier 60f.
[654] So z.B. Kuss 624.
[655] So Vögtle, NT 185 im Anschluß an Grass, H., Ostergeschehen und Ostergeschichte, Göttingen ²1962, 168.
[656] So die Mehrheit der Exegeten, vgl. ausführlich Gieraths, Knechtschaft 90–98; zuletzt Cranfield 413f; v. Osten-Sacken, Römer 8,82f.
[657] Vgl. besonders Hebr 9,11 sowie die Formel ἀπ' ἀρχῆς κτίσεως in Mk 10,6; 13,19; 2Petr 3,4; vgl. Offb 3,14. Anders jedoch Kol 1,15 (vgl. Röm 8,29); 1,23; Mk 16,15.
[658] Vgl. besonders Herm m 12,4 πᾶσαν τὴν κτίσιν αὐτοῦ ὑπέταξε τῷ ἀνθρώπῳ, sonst zumeist pauschal πᾶσα ἡ κτίσις z.B. 1Cl 19,3; 34,6; 59,3; Herm v 1,1; 3,4; s 5,6; anders Did 16,5; Herm m 7.
[659] Vgl. z.B. Weish 2,6; 16,24; 19,6 sowie die Formel »Gott, der König der ganzen Schöpfung« Jdt 9,12; 3Makk 2,2.7; 6,2.
[660] Vgl. z.B. epAr 136.139; aethHen 18,1; 36,4; 75,1; 82,7; 93,10; AssMos 10,1.

Warum die gesamte Schöpfung auf die endzeitliche Offenbarung der Christen als Kinder Gottes wartet, führt Paulus in V 20 negativ und in V 21 positiv aus.

20 Gott[661] hat sie einerseits der sinnleeren Nichtigkeit[662] unterworfen, und zwar nicht schuldhaft, sondern »unfreiwillig«, also »schicksalhaft«[663] »um dessentwillen, der sie unterworfen hat«.
Diese Formulierung ist dunkel. Wahrscheinlich spielt Paulus auf den Fluch in Gen 3,15f an[664]. Deswegen ist von zahlreichen Auslegern von der Alten Kirche bis in die Gegenwart vermutet worden, mit dem ὑποτάξας sei Adam gemeint[665]. Dafür spricht die obengenannte Auslegungstradition, vgl. besonders 4Esr 7,11f: »Als aber Adam meine Gebote übertrat, ward die Schöpfung gerichtet. Da sind die Wege in diesem Äon schmal und traurig und mühselig geworden«[666]. Schwierig für diese Deutung ist jedoch, daß Adams Sünde zwar der Grund des Fluches über die Schöpfung, nicht aber er selbst der »Unterwerfende« war, sondern Gott. Zweifellos ist Gott auch das logische Subjekt in dem Passiv ὑπετάγη. Deswegen beziehen andere den ὑποτάξας entsprechend auf Gott[667]. Dann aber bereitet *erstens* die Formulierung mit διά gewisse Schwierigkeiten, weil διά c.acc. in der Regel den Grund oder die Ursache angibt[668]. Man interpretiert etwa: »wegen der richterlichen Entscheidung, die Gott um der Sünde Adams willen traf«[669]. Oder man faßt διά c.acc. im Sinne von διά c.gen. auf und übersetzt: »durch den, der sie unterstellt hat«[670]. *Zweitens* aber ist dann die Doppelung ὑπετάγη – διὰ τὸν ὑποτάξαντα merkwürdig und nur durch die Absicht des Paulus zu erklären, die Urheberschaft Gottes stark zu betonen. Aber warum ist dann nicht θεόν hinzugesetzt? Beide Deutungen also sind nicht ohne Gegengründe, wobei freilich diejenigen gegen die erste schwerer wiegen als die gegen die zweite. Eine eindeutige Entscheidung jedoch scheint mir nicht möglich[671].
Wie immer man interpretiert, in jedem Fall ist in V 20 ausgesprochen, daß die gesamte Schöpfung von der »Nichtigkeit« mitbetroffen ist, der die Menschen von Adam an als Folge der Sünde von Gott anheimgegeben sind (1,23), so daß

---

[661] Logisches Subjekt von ὑπετάγη in V 20 ist Gott.
[662] Das Substantiv ματαιότης findet sich bei Paulus nur in Röm 8,20. Was sachlich gemeint ist, hat Paulus in 1,21 im Blick auf die Situation unter dem Zorn Gottes ausgeführt; vgl. so, auf den Götzendienst der Heiden bezogen, auch Eph 4,17; 1Petr 1,18; 2Petr 2,18. Die Wortbedeutung ist umfassender als die von φθορά in V 21, womit nur ein Aspekt der ματαιότης bezeichnet wird. Diese ist gemeint als »the frustration of not being able properly to fulfil the purpose of its existence, God having appointed that without man it should not be made perfect« (Cranfield 413f).
[663] Michel 203.
[664] Dagegen mit nicht überzeugenden Gründen Gieraths, Knechtschaft 113.117.
[665] Vgl. die Literatur bei Vögtle, NT 195 Anm. 283; zuletzt Schlier 261; Balz, Heilsvertrauen 41.
[666] Vgl. auch R. Schemuel bei Käsemann 222f.
[667] So z.B. Michel 203; Schmidt 147; Käsemann 225; Cranfield 414; Paulsen, Überlieferung 114. Ein wichtiges Indiz für diese Auslegung ist 1Kor 15,27, wo der ὑποτάξας, wie der Kontext VV 27f zeigt, eindeutig Gott ist.
[668] Vgl. Bl-Debr-Rehkopf § 222.
[669] So Gaugler 303; danach Michel 203; zuletzt Cranfield 414.
[670] So Pr-Bauer 360 mit Belegen; zuletzt Käsemann 225.
[671] Vgl. Bultmann, Theologie NT 230.

darin die Situation und das Geschick der Schöpfung abhängig sind von der Situation und dem Geschick der Menschen[672]. Dies gilt aber nun andererseits auch in positiver Hinsicht: Die Unterwerfung unter die Nichtigkeit geschah gleichwohl »auf Hoffnung hin«[673], nämlich eben im Blick auf die endzeitliche Offenbarung der Kinder Gottes (V 19); denn[674] wie diese wird Gott auch sie selbst freimachen[675] von der Sklaverei, die die über sie verhängte Vergänglichkeit bedeutet, und sie an der Freiheit teilhaben lassen, die er den Christen eröffnen wird (εἰς), indem er diese in die licht- und krafterfüllte Wirklichkeit seiner Herrlichkeit hineinführt[676]. Gemeint ist also nicht eine Herrlichkeit, die den Christen selbst eignet, sondern die Herrlichkeit Gottes, in die er den auferstandenen Christus als seinen Sohn aufgenommen hat (vgl. 6,4; 1Petr 1,11; 4,13; 5,1) und an der er den Christen als Miterben Christi (V 17) im künftigen Offenbarungsgeschehen (V 18) teilgeben wird[677]. Sehr zu beachten ist, daß Gott denen, denen er an seiner Herrlichkeit als an seinem eigenen Wesen teilgibt, Freiheit schafft. Gott ist Gott als der, der von Sklaverei freimacht. So hat Gott, indem er die Schöpfung der Nichtigkeit unterwarf, zugleich deren künftige Aufhebung mitgesetzt[678], so daß ihre sehnsüchtige Erwartung in der gleichen Hoffnung gründet wie die Erwartung der Christen (VV 24f)[679].

Mit »Wir wissen nämlich« eingeführt, folgt in VV 22f eine weitere Erläuterung. Die Schöpfung insgesamt stöhnt[680] unter dem Gewicht der in VV 20f beschriebenen Not und liegt in den Wehen, d.h. befindet sich in einer Situation gesteigerter Erfahrung von Nichtigkeit und Vergänglichkeit, mit der sich der bevorstehende eschatologische Umbruch nach apokalyptischer Vorstellung ankündigt[681]. »Bis jetzt«, betont an den Satzschluß gestellt, meint nicht das

---

[672] Vgl. Michel 203. Die Auslegung wird profilierter, wenn man 1,25 hinzuzieht: Die Schöpfung selbst verfällt dort der Nichtigkeit, wo die Menschen ihr kultische Verehrung entgegenbringen statt Gott.

[673] Zu ἐφ' ἐλπίδι = ἐπ' ἐλπίδι vgl. Bl-Debr-Rehkopf § 14,2. Die handschriftliche Überlieferung schwankt zwischen beiden Varianten.

[674] διότι (vgl. 1,19–21) ist zwar nur schwach bezeugt (א D* F G 945 pc), während alle übrigen Zeugen ὅτι lesen. Es ist aber als lectio difficilior gegenüber ὅτι wohl vorzuziehen, könnte freilich auch Dittographie aus ἐλπίδι sein, vgl. Cranfield 414f.

[675] In ἐλευθερωθήσεται V 21 ist wie in ὑπετάγη V 20 das logische Subjekt Gott.

[676] τὴν ἐλευθερίαν τῆς δόξης in V 21b ist wie τῆς δουλείας τῆς φθορᾶς in V 21a genetivus epexegeticus. Vgl. die entsprechende jüdische Erwartung z.B. in Jub 5,12: »Und er machte allen seinen Geschöpfen eine neue und gerechte Natur, daß sie nach ihrer ganzen Natur bis in Ewigkeit nicht mehr sündigten und gerecht wären, jeder in seiner Abstammung alle Tage.« Daß wegen der Formulierung δου-λεία τῆς φθορᾶς ein gnostischer Mythos als Hintergrund vorauszusetzen sei (so Bultmann, Theologie NT 177), ist weder beweisbar, noch angesichts des apokalyptisch-eschatologischen Skopos überzeugend.

[677] Vgl. Joh 17,10.22f und die Gegenaussage Röm 3,23. Trotz V 30 und 15,7 ist hier wie in 2Kor 4,17 die endzeitlich-künftige Verherrlichung gemeint, nicht die bereits im gegenwärtigen Christsein erfahrene δόξα (vgl. 2Kor 3,18; 4,4–6), an der die Schöpfung erst in der Endzeit teilhaben wird.

[678] Vgl. Michel 203.

[679] Im Unterschied zu VV 24f hat ἐφ' ἐλπίδι in V 20 wie in Kol 1,15 und 1Petr 1,3 »einen objektiven Klang« (Michel ebd.).

[680] Zu στενάζειν vgl. oben Anm. 629.

[681] Vgl. oben Anm. 614. Das συν in beiden Verben drückt die Gemeinsamkeit aller Geschöpfe als πᾶσα ἡ κτίσις aus, nicht deren Gemeinsamkeit mit den Christen oder mit Christus (V 17c). Vgl. Theodor von Mopsuestia, Röm 8,28: βούλεται δὲ εἰπεῖν ὅτι συμφώνως ἐπιδείκνυται τοῦτο πᾶσα ἡ κτίσις.

»Jetzt« von 3,21; 7,6; 8,1 als den »Augenblick der Entscheidung, wo Gottes Heilsabsichten erfüllt werden«[682], sondern »diese Zeit« von V18, nämlich die Zeit, in der die Unterwerfung unter die Nichtigkeit noch immer anhält (vgl. Phil 1,5)[683]. Zweifellos stammt dieses Wissen, das Paulus hier bei den Adressaten voraussetzt[684], aus urchristlich rezipierter apokalyptischer Tradition. Es gründet in der Spannung zwischen der Welt als Gottes Schöpfung und ihrem Geschick als Teilhabe an dem Fluch Gottes infolge der Sünde Adams und ist nur hörbar für den, der im Glauben an Gott von beidem weiß. Wer die Welt als ›Natur‹ sieht, die nicht zusammen mit den Menschen Gott als dem Schöpfer, sondern dem Menschen als sein großer Gegner bzw. als Material für seine ihr überlegene technische Fähigkeit gegenübersteht, kann in diesen Aussagen des Paulus nichts anderes als naive Anthropomorphismen erkennen. Verantwortung gegenüber der ›Natur‹, ja Ehrfurcht vor ihr entspringt dagegen dem Wissen des Glaubens, daß Gott in seiner Schöpfung als ihr Schöpfer selbst gegenwärtig ist und sie darum ebenso »stöhnt« und »Schmerz empfindet« über den Widerspruch zwischen ihrem Sosein und ihrem Ziel, das Gott ihr gesetzt hat, wie sie Erwartung, ja Hoffnung hegt, Gott werde diesen Widerspruch zu seiner Zeit aufheben.

Es ist in VV 19–22 also durchaus davon die Rede, daß die gesamte Schöpfung »am einstigen Fall und an der künftigen Erlösung des Menschen teilhat«. Vögtle[685] bestreitet das zu Unrecht, indem er meint, der ganze Passus diene Paulus lediglich zu dem mit apokalyptischem Vorstellungsmaterial geführten Erweis der Nähe der künftigen Herrlichkeit der Christen von V18. Es muß in der Tat gefragt werden, wie unter diesem Skopos die Aussagen über die Schöpfung zwischen V18 einerseits und V23ff anderseits von Paulus gemeint sind. Zweifellos geht es in VV 19ff um eine Begründung der in V18 ausgesprochenen Zuversicht, nicht um eine »Gegenbewegung« unter dem Interesse antienthusiastischer Polemik[686]; von einer solchen ist im Text nichts zu erkennen[687]. Aber VV 19–22 dürfen nicht einfach nur von der Bedeutung der »Wehen« als Indikator der Nähe der eschatologischen Wende interpretiert werden. Paulus zeigt hier einerseits die Parallelität zwischen der Situation der Schöpfung und der der Christen auf, die er besonders in V23 nach V22 stark herausarbeitet, anderseits die Abhängigkeit der Erlösung der Schöpfung von der der Christen. Das letzte ist die entscheidende Voraussetzung dafür, daß das erste zur Begründung für die These V18 dienen kann. Daß die gegenwärtigen Leiden der Christen, verglichen mit der künftigen Herrlichkeit, ihr Gewicht verlieren, das wird ihnen gewiß, wenn sie auf die Schöpfung um sie her schauen: Gott hat deren Geschick abhängig gemacht von dem der Menschen, so daß sie sowohl an der Folge der Schuld Adams als auch an der Erlösungshoffnung der Christen teilhat. So gewahren diese im gegenwärtigen Stöhnen und in den Wehen der Schöpfung eine Entsprechung zu ihrem eigenen Leiden und Stöhnen und erkennen daraus, daß die Erlö-

---

[682] So Barrett 166; dagegen Cranfield 417.
[683] Vgl. Michel 205: »Der alte Äon ist noch nicht zu Ende gegangen, der neue noch nicht angebrochen. Die ganze Notsituation ist in der Gegenwart bis zum äußersten gesteigert.«
[684] Vgl. Grayston, Election 575f.
[685] Vögtle, NT 197f im Anschluß an Schwantes, Schöpfung der Endzeit 51f.
[686] Gegen Käsemann 221; vgl. Schlier 233.
[687] So mit Recht Luz, Geschichtsverständnis 382 Anm. 11.

sung, auf die sie warten, nicht nur sie selbst, sondern die gesamte Schöpfung Gottes mitbetrifft, so daß von daher V 18 universale Bedeutung erhält.

Wie in 5,3 gebraucht Paulus das Stilmittel der Ellipse, um nicht nur die Parallelität zwischen dem Stöhnen der Schöpfung und dem der Christen, sondern auch ein Moment der Steigerung zu betonen. Diese tritt in der betonten Wiederholung von καὶ αὐτοί durch ἡμεῖς καὶ αὐτοί[688] auffallend pointiert hervor: Auch wir, die wir den Geist als »Erstlingsgabe«, nämlich als göttliche Kraft der endzeitlichen Heilswirklichkeit bereits jetzt in uns erfahren, *auch wir selbst* stöhnen in unserem Innern[689] in Erwartung der Sohnschaft[690], die der Geist uns nach V 16 bezeugt. Eine sachliche Differenz zu VV 14–16 liegt nicht vor. Zwar spricht Paulus von der Sohnschaft der Christen sonst durchweg als Gabe der Taufe[691], aber V 23 bezieht sich auf V 18 zurück und erläutert die Wirkung der »Offenbarung der Kinder Gottes« als »Erlösung unseres Leibes«[692] – parallel zu der Befreiung der Schöpfung von der »Sklaverei der Vergänglichkeit« (V 21). Da der Geist »Vorausgabe« vom Eschaton her ist, ist auch die Sohnschaft, die er bezeugt, eine endzeitliche Setzung Gottes, die allein im Wort gegenwärtig, deren leibhaftige Realisierung an uns jedoch in der Zukunft verborgen bei Gott ist, verwirklicht vorerst allein in dem auferstandenen Christus als dem Sohn. V 23 ist so die volle, eschatologische Antwort auf die Klage von 7,24, die als solche wiederum das »Stöhnen« von 8,23 zu Wort bringt[693]. Der springende Punkt in V 23 ist nun aber, daß auch die Christen wie die

---

[688] Die Textüberlieferung zeigt hier eine große Variation: (I) D F G latt lesen zu Anfang καὶ ἡμεῖς αὐτοί und in der Wiederholung lediglich αὐτοί. (II) lat sy sa lesen zu Anfang wie I, bei der Wiederholung jedoch καὶ ἡμεῖς αὐτοί. (III) 104 hat zu Anfang καὶ αὐτοὶ ἡμεῖς. (IV) P46 liest ἀλλὰ τὴν ἀπαρχὴν τοῦ πνεύματος ἔχοντες ἡμεῖς καὶ αὐτοί usw. (V) Der alexandrinische Text (ℵ A C 81.506.1739.1881 pc) hat zu Anfang καὶ αὐτοί und dann wie P46 ἡμεῖς καὶ αὐτοί. (VI) Die Koine variiert bei der Wiederholung: καὶ ἡμεῖς αὐτοί. (VII) B 104 pc lat Epiph wiederholen nur καὶ αὐτοί; (VIII) Ψ d* g Ambst nur ἡμεῖς αὐτοί. – III ist bloße Variation von I, ebenso VI von V. IV tilgt deutlich die in V vorgegebene Doppelung von καὶ αὐτοί. Da sich ferner ἡμεῖς einerseits in I, II und III am Anfang, in IV, V, VI und VIII bei der Wiederholung findet, gehört es mit großer Wahrscheinlichkeit an einer der beiden Stellen zum ursprünglichen Text; das Fehlen in VII dürfte also auf Auslassung zum Zwecke genauerer Entsprechung am Anfang und bei der Wiederholung zurückgehen. In VII ist καί wohl aus stilistischen Gründen gestrichen worden. II ist deutlich eine Kombination aus I und V. So bleibt die Alternative zwischen I und V. V ist als lectio difficilior vorzuziehen, I ist stilistische Glättung.

[689] ἐν ἑαυτοῖς ist wegen VV 26f wohl in diesem Sinn aufzufassen, der auch sprachlich am nächsten liegt; so zuletzt auch Cranfield 418f; Schlier 265 (unter Hinweis auf 2Kor 5,2.4). Möglich ist aber auch die Übersetzung »unter uns«, so daß die gottesdienstliche Gemeinde der Christen neben die Schöpfung gestellt wird; so Pallis 103 und zuletzt Käsemann 226f. Michel 205 (»Im Blick auf uns selbst«) und Schlatter 276 (»um unserer selbst willen«) strapazieren die Bedeutung von ἐν.

[690] υἱοθεσίαν fehlt in P46vid D F G 614 t Ambst. Es handelt sich zweifellos um bewußte Auslassung zum Ausgleich mit V 16 sowie zur stilistischen Glättung (ἀπεκδεχόμενοι hat so τὴν ἀπολύτρωσιν usw. als sein Akkusativobjekt bei sich); gegen Grundmann, W., Die Übermacht der Gnade, a.a.O. (Anm. 653); Benoit, gémisson. Dagegen vgl. Leenhardt 130 Anm. 1 sowie ausführlich Vögtle, NT 213f.

[691] Vgl. υἱοθεσία wie in 8,15 auch in Gal 4,5; Eph 1,5; υἱοί wie 8,14.(16) auch Gal 3,26; 4,6f. Hierher gehört auch Röm 9,26.

[692] Falsch Lietzmann 85: »Erlösung von unserem Leibe«.

[693] Auch ἀπολύτρωσις ist sonst überwiegend im Taufkontext als Wirkung des Sühnetods Christi eine die Gegenwart der Glaubenden bestimmende Wirklichkeit, vgl. 3,24;

Schöpfung (V 22) stöhnen, obwohl sie doch den Geist haben, der ihnen ihre künftige Erlösung verbürgt[694]. Der Geistbesitz distanziert also die Christen keineswegs von der Schöpfung, sondern führt sie vielmehr in die Solidarität mit ihr, eben weil ihre eigene Erlösung auch der Befreiung der gesamten Schöpfung von der Sklaverei der Vergänglichkeit dienen soll. So ergibt sich eine Paradoxie: Die, die das Zeugnis des Geistes besitzen, der sie ihrer baldigen Erlösung und Verherrlichung mit göttlicher Autorität und in endzeitlicher Klarheit gewiß macht, erfahren darin zugleich gegenwärtig den ganzen Leidensdruck der Vergänglichkeit, unter dem die gesamte Schöpfung steht, in unverminderter Härte und stöhnen selbst in diesem einstimmigen Chor der stöhnenden Schöpfung mit. Diese Paradoxie erklärt sich von daher, daß die Christen einerseits aufgrund der Sühnewirkung des Todes Christi befreit sind von der Unheilsherrschaft von Sünde, Gesetz und Tod, andererseits aber ihren Ort bis zum nahen Ende noch in der durch diese Unheilsmächte bestimmten Vergänglichkeit haben, darin unterschieden von Christus, dem Auferstandenen. Röm 8,19–23 ist die einzige Stelle, an der Paulus den Sinn dieser aus- und durchzuhaltenden Spannung andeutet: Das Heil ist den Christen stellvertretend für die gesamte Schöpfung zugesagt, es hat von Gott, dem Schöpfer, her ein universales Ziel. Die Solidarität der Gotteskinder mit der übrigen Schöpfung entspricht derjenigen der Gerechtigkeit Gottes, der auch dort, wo alle Menschen Sünder geworden sind, an seinen Bundeszusagen festhält und die Ungerechten rechtfertigt, um nicht nur sie für sich, sondern seine ganze Schöpfung durch ihre Verherrlichung in jene Vollendung zu führen, zu der er seine Schöpfung insgesamt bestimmt hat.

24f Die Christen *sind* gerettet[695] durch die Wirkung des Todes Christi und aufgrund ihrer Verbindung mit dem Auferstandenen, schon Verherrlichten. Aber die leibhaftige Verwirklichung ihrer Rettung steht noch aus; auf sie dürfen und müssen sie hoffen. Diese Hoffnung[696] korrespondiert der Hoffnung, die Gott

---

1Kor 1,30; Kol 1,14; Eph 1,7; Hebr 9,15. Vgl. jedoch Eph 1,14; 4,30, wo wie in Röm 8,23 der Geist das Angeld und Unterpfand für die künftige Erlangung der Erlösung ist.

[694] ἔχοντες ist in konzessivem Sinn aufzufassen, vgl. zuletzt Käsemann 226. So auch Vögtle, NT 201, der jedoch den Skopos darin sieht, daß das Motiv der »Wehen« von V 22 als Vorboten der nahe bevorstehenden Erlösung auch für das Verständnis von V 23 entscheidend sei, das »Stöhnen« also unter diesem naheschatologischen Aspekt einen positiven Sinn bekomme (ebd. 199–207).

[695] Der Aorist ἐσώθημεν bezieht sich auf das Christusgeschehen. Die Rettung wird durch die Verkündigung (vgl. 1,16; 1Kor 1,18.21) zugesprochen und in der Taufe erfahren (vgl. 10,10; Eph 2,51; 1Petr 3,21), und zwar als endzeitlich-wirkliche Rettung, von der als solcher darum im Futurum zu reden ist (vgl. 5,9f;

13,11). Die prägnante Formulierung in 8,24 ist darum der Sache nach kein Widerspruch, wohl aber ein Ausdruck jener Paradoxie des Christseins, von der oben die Rede war.

[696] τῇ ἐλπίδι ist schwerlich als instrumentaler Dativ aufzufassen (so Schlatter 227: »Das Hoffen vermittelt in derselben Weise den Empfang der Rettung wie das Glauben den der Rechtfertigung«; dagegen Käsemann 227), vielmehr modal: Wir sind gerettet, aber die eschatologische Wirklichkeit dessen ist etwas, was erhofft werden muß, bzw. dem wir nur in Hoffnung entsprechen können; so zuletzt Käsemann 277f; Cranfield 419; Schlier 267. Bei einer Auffassung als Dativus finalis (so Balz, Heilsvertrauen 60) wäre ἐλπίς im Sinne des Hoffnungsgutes zu verstehen, was der folgenden Bestimmung von τῇ ἐλπίδι in VV 24f widerspricht.

auch seiner Schöpfung gesetzt hat, indem er sie der Nichtigkeit unterwarf (V 20), und zwar in dem Sinn, daß die Erlösung, auf die die Christen hoffen, die Befreiung der gesamten Schöpfung einschließt (V 21). Während aber für die Schöpfung selbst diese Hoffnung eine objektive Bestimmung Gottes ist, können und sollen die Christen *selbst* hoffen; denn sie haben den Geist als Angeld eben jener erhofften Wirklichkeit der neuen Heilswelt. Und darauf, daß sie in ihrer Hoffnung die stumme Sehnsucht und Erwartung der Schöpfung zu Wort kommen lassen, kommt es ebenso an wie darauf, daß sie in ihrem Leiden an der Sklaverei der Vergänglichkeit aller Schöpfung teilnehmen.

Dementsprechend ›definiert‹ Paulus in einem kleinen Exkurs VV 24b.c.25 die Hoffnung: Sie steht im Gegensatz zum »Sehen«; denn sie richtet sich ja auf Unsichtbares (vgl. 2Kor 4,18; 1Petr 1,8f). Wo man sehen kann, bedarf es der Hoffnung ja nicht! Wenn Christen aber auf etwas hoffen, was sie nicht sehen können, so müssen sie darauf in Geduld warten, – nicht anders als die Schöpfung (V 19), jedoch so, daß ihre Geduld, ihr Ausharren, das ungeduldige Harren der Schöpfung gleichsam auffängt. Wie Christen in ihrer Hoffnung die Hoffnung der Schöpfung zu Wort bringen, so realisieren sie in ihrer Geduld die Kraft der Hoffnung gegenüber dem Leidensdruck der Vergänglichkeit stellvertretend für die ganze Schöpfung mit; vgl. 5,3f.

Die Textüberlieferung in V 24b ist ein schwieriges Problem[697]:
I   ὃ γὰρ βλέπει τις, τί καὶ ὑπομένει;   A sa sy^p
II ὃ γὰρ βλέπει, τίς καὶ ὑπομένει;   ℵ 1739^{mg} bo Or Ephr
III ὃ γὰρ βλέπει, τίς ἐλπίζει;   b* P27 P46^{vid} 1908^{mg} Or
IV ὃ γὰρ βλέπει, τίς καὶ ἐλπίζει;   Or
V   ὃ γὰρ βλέπει τις, τί καὶ ἐλπίζει;   C K L P min Cl Al
VI ὃ γὰρ βλέπει τις, τί ἐλπίζει;   B² D G latt Chrys Thdt.

Es stehen sich ὑπομένει und ἐλπίζει gegenüber, wobei auffällt, daß beides von jeweils alten Zeugen der alexandrinischen Textfamilie geboten wird. Im übrigen entsprechen sich I und IV (τις, τί καί), II und V (τίς) sowie III und IV (τις, τί). Rein textgeschichtlich kann die LA ὑπομένει mit wesentlich überzeugenderen Gründen als ursprünglich beurteilt werden; denn eine sekundäre Entstehung von ἐλπίζει läßt sich als Angleichung an den Kontext von V 24 erklären, nicht aber so leicht ὑπομένει als sekundäre Vorverlegung von δι' ὑπομονῆς aus V 25. Man kann so mit Lietzmann I für ursprünglich halten; in II wäre dann τί und in III καί vergessen oder aus stilistischen Gründen getilgt worden; und jede dieser drei Lesarten hätte in IV bis VI jeweils eine Variante mit ἐλπίζει[698]. So einleuchtend dieses Stemma aber auch ist, vom Gedankengang des Textes her bleiben mir Zweifel. Denn in der These V 24a, die in V 24b.25 expliziert wird, geht es um das Wesen der Hoffnung: sie hat mit Sehenkönnen nichts zu tun (vgl. so auch 2Kor 4,17f). Ebendies wird nach IV–VI in V 24b drastisch entfaltet (γάρ), woraufhin dann erst der positive Sinn solcher Hoffnung in das Unsichtbare hinein hervortritt (vgl. 4,17ff). Wer so hofft, kann das Erhoffte in Geduld erwarten im Unterschied zur ἀποκαραδοκία der

---

[697] Vgl. dazu Lietzmann 85f; Debrunner, A., Über einige Lesarten der Chester-Beatty-Papyri des NT, CNT 10 (1947) 33–49; Balz, Heilsvertrauen 61f Anm. 81. Ich lege im folgenden die Angaben von Nestle-Aland, Novum Testamentum Graece, ²⁶1979 zugrunde.
[698] So auch z.B. Michel 296; Schmidt 149 sowie nachdrücklich Käsemann 228.

Schöpfung in V 19. So liegt auf δι' ὑπομονῆς das Achtergewicht; und diese – gegenüber dem Voranstehenden neue – Pointe würde rhetorisch verdorben, wenn in V 24b ursprünglich bereits ὑπομένομεν zu lesen wäre. Die Lesarten I bis III lassen sich nun aber textgeschichtlich auch so erklären, daß V 24b sekundär mit V 25 parallelisiert werden sollte; und während nicht nur die große Masse des westlichen und des Koine-Textes, sondern eben auch P46 und B ἐλπίζει lesen, erscheint die Korrektur ὑπομένει nur in vereinzelten, wenn auch frühen und sonst auch guten Zeugen. Darum lese ich ἐλπίζει[699].

26f V 26 schließt mit »ebenso aber auch« über VV 24f hinweg an V 23 an[700]. Die verbindenden Stichworte sind τὸ πνεῦμα und στενάζειν. Das Stöhnen des Geistes steht jedoch nicht einfach parallel zu dem der Christen: Der Geist tritt mit »unaussprechbarem Stöhnen« für uns ein (V 26c) und kommt so unserer Schwachheit[701] zu Hilfe (V 26a). Worin unsere Schwachheit besteht, begründet V 26b (γάρ): Wir wissen nicht, was wir beten sollen, und zwar deswegen, weil wir nicht zu beten wissen »wie es sich gebührt«[702]. Das »was« bezieht sich nicht auf den Inhalt dessen, »worum« wir beten sollen[703]; denn die Hoffnung weiß sehr wohl, was sie erhofft. Paulus meint: Uns fehlen die Worte, um das Erhoffte auszudrücken. Zwar verfügt das Urchristentum natürlich über Worte wie hier »Erlösung«, »Befreiung«, »künftige Herrlichkeit«; aber *was* diese Worte eigentlich *bezeichnen,* wissen wir nicht, weil es sich ja eben um »Unsichtbares«, um das an uns noch nicht realisierte Heil der Endzeit handelt, das wir nur im Vorgriff benennen, aber nicht sprachlich zu begreifen vermögen[704]. Die Sprache der Hoffnung, die nicht sieht, hat antezipatorischen Charakter und ist darum als solche an sich dem inadäquat, worum sie – zu Recht und in der richtigen Richtung – betet. So hat auch die Sprache des Betens teil an der Differenz zwischen der Gegebenheit des Heils und seiner Zukünftigkeit, in der es gegenwärtiger Erfahrung noch entzogen ist (vgl. V 24a!). In diesem Sinn ist die betont nachgestellte Präzisierung καθὸ δεῖ zu verstehen: Wir wissen für unser Beten keine Sprache, die der Klarheit der Lichtherrlichkeit Gottes und deren Worte der endzeitlichen Wirklichkeit des Heiles entsprechen. Zu Gott als Gott »muß« man eigentlich in Gottes Sprache reden. Wie aber die »Schwachheit« *der Sünder* (5,8) gegenüber der Stärke des Zornes Gottes darin bestand, daß sie »der Herrlichkeit verlustig« waren (3,23), so besteht die Schwachheit *der Christen* jetzt in der noch anhaltenden Zeit der Leiden und des Stöhnens darin, daß ihre Teilhabe an der endzeitlichen Herrlichkeit ihre Zukunft ist, von

---

[699] Für ἐλπίζει entscheiden sich in neuerer Zeit z.B. Balz, Heilsvertrauen 61f, Anm. 81, der freilich die Kurzform III gegenüber IV–VI für ursprünglich hält, sowie Cranfield 420.

[700] Zu ὡσαύτως δὲ καί vgl. Pr-Bauer 1777. Das fehlende Verb ist jeweils aus dem Voranstehenden zu ergänzen.

[701] Die Koine-Variante ταῖς ἀσθενείαις ist Angleichung an στεναγμοῖς ἀλαλήτοις. Die LA τῆς δεήσεως (F G) harmonisiert mit V 26b.

Die LA »infirmitatem nostrae orationis« (it Ambst) kombiniert.

[702] καθὸ δεῖ gehört nicht zu οὐκ οἴδαμεν (gegen Zahn 412; Kühl 298 mit Recht z.B. Schniewind, Seufzen 82; Gaugler 316f), sondern zu προσευξώμεθα und präzisiert τί.

[703] So zuletzt Cranfield 421.

[704] Schlier 269: »Unser Seufzen (und Verlangen), und wenn es noch so innig sein sollte, begreift nie in sich, wonach es ruft.«

der sie in der gegenwärtigen Teilhabe an der Vergänglichkeit der gesamten Schöpfung noch getrennt sind. In dieser Schwachheit[705] kommt uns der Geist, den wir in der Taufe empfangen haben (vgl. V23), zur Hilfe[706] und tritt bei Gott, dem Adressaten unseres Betens, für uns ein[707] mit einem Stöhnen in Worten, die uns selbst unverständlich und darum unaussprechlich[708] sind. Das heißt: Der Geist übersetzt unser Stöhnen, das wir (z.B. in der Klage 7,24) in menschliche Worte fassen, für uns in solche Worte, die Gott in seiner Herrlichkeit entsprechen (κατὰ θεόν V27); und Gott, der die Herzen der Menschen erforscht[709], weiß, was der Geist mit seinem Ausdruck unseres Stöhnens meint, worauf er bedacht ist (vgl. V6). Denn[710] der Geist tritt bei Gott so für seine Heiligen ein καθὸ δεῖ (V26), nämlich κατὰ θεόν, in göttlicher Sprache, die Gott angemessen ist.

Ein immer wieder erörtertes Problem ist, wie sich VV26f zu V15 verhalten. Ich kann keine Spannung zwischen beiden Aussagen erkennen[711]. Denn wenn es in V15 heißt, daß wir »im Geist« Abba schreien, so ist eben dies ein hervorragendes Beispiel für das, was in VV26f generell gemeint ist: Alles Beten ist als Rede zu Gott nur dadurch möglich, daß wir den Geist haben, der unsere Worte in eine Gott entsprechende Sprache übersetzt und sie so – nicht zugänglich macht, denn er erforscht ja unsere Herzen und »weiß, was wir nötig haben, bevor wir ihn gebeten haben« (Mt 6,8) – wohl aber unser Beten sozusagen in Gottes Ohr bringt (vgl. 1Petr 3,12). Wegen des generellen Sinnes von VV26f ist die Hypothese unwahrscheinlich, daß Paulus hier speziell an Glossolalie denke[712]. Zwar ist die Parallelität mit 1Kor 14,4 insofern nicht zu übersehen, als es auch beim glossolalischen Beten um ein Reden des Geistes geht, bei dem die Vernunft untätig

---

[705] Falsch jedenfalls Schlier 268: »›Schwach‹ sind wir ... in dem Sinn, daß wir zwar beten, aber bei unserem Gebet ... das, worum wir zuerst und eigentlich zu beten haben, was nach Gottes Willen zu beten ist, nur ›schwach‹ erwägen und wollen und sagen.«

[706] Zu συναντιλαμβάνεσθαί τινι vgl. Balz, Heilsvertrauen 71. Das συν verstärkt die kommunikative Bedeutung von ἀντιλαμβάνεσθαι (»helfen«, »jemandem beispringen«); vgl. Lk 10,40 und die Übersetzung von נשׂה את in LXX Gen 30,8; Ex 18,22; Num 11,17 (μετά). In τῇ ἀσθενείᾳ ἡμῶν ist das logische Subjekt »wir«: »uns in unserer Schwachheit« (Ps-Bauer 1553).

[707] ἐντυγχάνειν kommt in LXX und in der späteren jüdischen und hellenistischen Literatur nahezu durchweg nur in der Bedeutung »Klage führen vor jemandem gegen jemanden« vor (κατά wie in 11,2; περί Apg 25,24). Die positive Bedeutung «eintreten für«, die von Paulus in dem Hapaxlegomenon ὑπερεντυγχάνειν V26 stark betont ist, findet sich in christologischem Kontext in 8,34; Hebr 7,25; vgl. Balz, Heilsvertrauen 75.

[708] στεναγμοῖς ἀλαλήτοις meint nicht »mit wortlosem, also stummem Stöhnen« (so zuletzt Schlier 269), sondern ἄρρητα ῥήματα, ἃ οὐκ ἐξὸν ἀνθρώπῳ λαλῆσαι (2Kor 12,4); so richtig zuletzt Käsemann 230 und Cranfield 423f.

[709] Dieser Formulierung liegt ein biblischer Topos zugrunde; vgl. 1Sam 16,7; 1Kön 8,39; Ps 7,9; 17,3; 26,2; 44,21; 139,1f.23; Spr 15,11; Jer 17,10 und so die Gottesanrede κύριε καρδιογνῶστα πάντων in Apg 1,24 vgl. 15,8; 1Joh 3,19f.

[710] ὅτι V27b ist besser als Begründung zu οἶδεν τί aufzufassen denn als Explikation. In ersterem Sinn erklärt z.B. Käsemann 231, in letzterem z.B. Michel 209; Balz, Heilsvertrauen 80f; Cranfield 424; Schlier 269.

[711] Gegen v. Osten-Sacken, Römer 8,94f.

[712] Diese – schon von Origines (Rufin 1120) und Chrysostomus, Röm 533 geäußerte – Auslegung wird neuerdings mit Nachdruck von Käsemann 230f vertreten; vgl. ders., Schrei, besonders 225f; ebenso Balz, Heilsvertrauen 80; Paulsen, Überlieferung 122f. Dagegen zuletzt Cranfield 421–424; Schlier 269; v. Osten-Sacken, Römer 8,272–274.

ist. Unterschiedlich aber ist der Skopos: Dort zielt Paulus darauf, daß glossolalisches Reden für die Gemeinde in vernünftige Sprache übersetzt werden kann und soll (1Kor 14,15–19), hier dagegen darauf, daß der Geist eine Sprache spricht, derer wir nicht mächtig sind und die allein Gott versteht, und daß er damit uns Ohnmächtigen zu Hilfe kommt. Man muß darum sagen: In Röm 8,26f interpretiert Paulus *alles* christliche Beten in seinem eigentlichen Wesen als der Glossolalie entsprechendes Reden des Geistes, in dem dieser die menschliche, »schwache« Sprache in die Gott entsprechende Sprache übersetzt und so das Gebet der Christen sprachlich zu Gott gelangen läßt. Dem Geist kommt darin eine interzessorische Funktion zu wie nach jüdischer Tradition den Engeln[713] als himmlischen Dolmetschern (מליץ) der Gebete und des Schreiens der irdischen Frommen[714] und überhaupt als den himmlischen Fürsprechern Israels bei Gott[715]. Im Unterschied zu der Interzession Christi im Himmel (8,34) geschieht diejenige des Geistes auf Erden, nämlich in den Herzen der Christen, »als irdische Spiegelung dessen . . ., was der himmlische Hohepriester vor Gottes Thron tut«[716].

28 Mit »wir wissen aber« neu einleitend, setzt Paulus der bisherigen Ausführung VV 19–27 eine These gegenüber (δέ), in der er nunmehr den positiven Aspekt des Thema-Satzes V 18 herausstellt. Der Satz V 29 ist sentenzartig formuliert und zeigt darin seine Herkunft aus weisheitlicher Überlieferung[717]. »Denen, die Gott lieben« – das sind im paulinischen Kontext[718] die Christen als Glaubende[719], die der erwählenden Liebe Gottes entsprechen[720] – »verhilft[721] alles zum Guten«, nämlich zum Heil[722]. »Alles«, darunter sind nach dem Voranstehenden auch alle Leiden der Gegenwart einbeschlossen.

---

[713] Vgl. Tob 12,15 (AB): οἱ προσαναφέρουσιν τὰς προσευχὰς τῶν ἁγίων καὶ εἰσπορεύονται ἐνώπιον τῆς δόξης τοῦ ἁγίου; vgl. 12,12: προσήγαγον τὸ μνημόσυνον τῆς προσευχῆς ὑμῶν ἐνώπιον τοῦ ἁγίου. Ferner z.B. aethHen 9,2–11.
[714] Vgl. Ijob 33,23; 16,20 (?); 1QH 6,13.
[715] Vgl. dazu Dibelius, M., Der Hirt des Hermas, 1923 (HNT Erg.-Band 4) 517–519; Bill. II 560–562; Mowinckel, S., Die Vorstellungen des Spätjudentums vom Heiligen Geist als Fürsprecher und der johanneische Paraklet, ZNW 32 (1933) 97–130; Johannsson, N., Parakletoi. Vorstellungen von Fürsprechern für die Menschen vor Gott in der atl. Religion, im Spätjudentum und im Urchristentum, Lund 1940; Betz, O., Der Paraklet. Fürsprecher im haeretischen Judentum, im Johannesevangelium und in den neugefundenen gnostischen Schriften, 1963 (AGSU 2); Balz, Heilsvertrauen 87–91.
[716] Käsemann 231. – Vgl. die einzige Sachparallele in den Parakletensprüchen des Johannesevangeliums.
[717] Zum Traditionscharakter vgl. oben S. 151.
[718] Dahinter steht alt-jüdische Tradition, deren Integral das schema-jisrael Dtn 6,4f ist; vgl. die Stellen bei Cranfield 424 Anm. 4, ferner besonders PsSal 4,25; 6,6; 10,3; 14,1. Im Urchristentum vgl. Mk 12,29f parr; Jak 1,12; 2,5; Did 1,2; Barn 6,10; 1Cl 29,1; 34,8; Ign Eph 9,2; 15,3; Pol 5,1.
[719] Vgl. 1Kor 2,9; Eph 6,24.
[720] Vgl. 1Kor 8,3 sowie Röm 1,7; 11,28.
[721] Pr-Bauer 1559. Vgl. ferner besonders Griffiths, J. G., Romans VIII,23, ET 49 (1937/38) 474–746; ders., Romans VIII,28, ET 61 (1949/50) 286.
[722] Vgl. 10,15; Hebr 9,11; 10,1; Mt 7,11. Uneschatologisch Test B 4,5 τὸν ἔχοντα φόβον θεοῦ, ὑπερασπίζει αὐτοῦ· τῷ ἀγαπῶντι τὸν θεὸν συνεργεῖ; Ber 60b: »Immer gewöhne sich ein Mensch zu sagen: Alles, was der Allmächtige tut, tut er zum Guten.« Zu platonischen und stoischen Analogien vgl. Balz, Heilsvertrauen 106. Im jüdischen Gebrauch der Formel wird die Liebe zu Gott in der Gesetzesbewahrung konkret. Doch deutet im Text nichts an, daß sich Paulus hier dagegen abgrenzt; gegen Bauer, J. B., ΤΟΙΣ ΑΤΑΠΩΣΙ 108ff.

πάντα συνεργεῖ lesen ℵ CDFG Ψ Koine latt sy bo Cl; dagegen πᾶν (B) bzw. πάντα συνεργεῖ ὁ θεός P 46 A 81 sa (vgl. auch 1Kor 10,5!). Das dürfte sekundäre Hinzufügung sein[723]. Der Sinn des Satzes ist auf jeden Fall auch in der kürzeren LA der gleiche; ohne Gott kann nichts zum Guten verhelfen. – Die Konjektur πνεῦμα (statt πάντα)[724] ist weder textgeschichtlich (von der B-Variante πᾶν aus) zu stützen noch vor allem sprachlich begründbar; artikelloses πνεῦμα kommt bei Paulus nicht vor.

Deutlich zu der Sentenz hinzufügend, präzisiert Paulus, warum das so ist: »Die, die Gott lieben«, das sind »die, die nach (Gottes) Ratschluß[725] (seine) Berufenen sind« (vgl. 1,6). Dieser entscheidende Zusatz wird in dem folgenden Kettenschluß expliziert[726]: in V 29 der Ratschluß, in V 30 die Berufung[727]. Der Heilsratschluß besteht darin, daß Gott seine Heiligen im voraus erwählt 29 (προέγνω)[728] und dazu bestimmt hat (προώρισεν)[729], »gleichgestaltet mit dem Bilde seines Sohnes« zu werden. »Gestalt« ist hier wie in Phil 2,6 als die konkrete Ausprägung des Wesens zu verstehen. »Gleichgestaltet« bedeutet also Wesensteilhabe. Der Genitiv ist appositiv: »gleichgestaltet mit seinem Sohn als (seinem) Bild«. εἰκών ist nicht »Abbild«, sondern »Wesenserscheinung«. Gemeint ist: Christus ist das Bild Gottes[730], in dem Gottes Wesen, seine Herrlichkeit, ausstrahlend erscheint; vgl. 2Kor 4,4.6; Kol 1,15; Hebr 1,3 (»Ausstrahlung seiner Herrlichkeit und Ausdruck seines Wesens«, vgl. Weish 7,25). An ihm als dem Bild Gottes haben wir wesensmäßig teil. Das impliziert jedenfalls eine Wesensverwandlung, sei es, daß im Sinne von 6,3.5 an die Taufe gedacht ist wie in Phil 3,10 (»gleichgestaltet [συμμορφιζόμενος] mit seinem Tode, ob ich [dann] irgendwie auch die Auferstehung von den Toten erreiche«), oder sei es als eschatologische Aussage wie in Phil 3,21 (»Jesus Christus, der meinen Leib wesensverwandeln wird, (daß er) gleichgestaltet wird mit dem Leib seiner Herrlichkeit«). Zum letzteren paßt 1Kor 15,49: »Wie wir das Bild des irdischen (Menschen) getragen haben, so werden wir auch das Bild des

---

[723] So mit ausführlicher Begründung zuletzt Cranfield 425–428; anders zuletzt Schlier 270.
[724] Vgl. Wilson, J. P., Romans VIII, 28. Text and Interpretation, ET 60 (1948/49) 110f sowie besonders Black, Interpretation; Daniell, E. H., Romans VIII,28, ET 61 (1949–50) 59. Dagegen Balz, Heilsvertrauen 103f; Cranfield 425f.
[725] πρόθεσις bezeichnet in der hellenistischen Literatur zumeist das öffentlich bekanntgemachte amtliche Dekret, dann auch die ausgesprochene Absicht einer Person (Apg 11,23; 27,13) sowie (in logischem Kontext) die Voraussetzung einer These; vgl. Liddell-Scott 1481. Hier – wie in 9,11; Eph 1,11; 3,11; 2Tim 1,9 – steht das Wort für die עצה, den Heilsratschluß Gottes, vgl. Jes 5,19; 14,26; 19,17; Jer 49,20; Ps 33,1 u.ö.; oft auch in den Qumrantexten, vgl. 1QpHab 9,4.10; 1QS 2,22f; 3,6; 11,18.22; 1QH 1,5; 4,13; 16,8. – Einige Kirchenväter seit Origines (Rufin 1125f) verstehen κατὰ πρόθεσιν im Sinne der menschlichen Entscheidung bzw. des guten Willens, aufgrund dessen Gott Menschen beruft, vgl. die Belege in ThWNT VIII 167 Anm. 13; Schelkle, Paulus 309–311.
[726] Vgl. V 29 ὅτι, das hier mit »denn« zu übersetzen ist (Bl-Debr-Rehkopf § 456,1), nicht mit »weil«, so daß V 29f kein Anakoluth ist (gegen Luz, Geschichtsverständnis 251).
[727] Zur Form solcher ›Ketten‹ vgl. Dibelius, M., Der Brief des Jakobus, 1964 (KEK XV, hrsg. H. Greeven), 92–95.
[728] Vgl. im AT ידע in dieser Bedeutung z.B. Am 3,2; Hos 12,1; Jer 1,5; im NT 1Kor 8,3; 13,12; Gal 4,9; 1Tim 3,19.
[729] Vgl. Ass Mos 1,14; Midr Esth 1,1 (82ª) bei Bill. I 928.
[730] Nicht etwa ist das Abbild Christi als des Sohnes gemeint. Zu τῆς εἰκόνος ist αὐτοῦ hinzuzudenken.

himmlischen (= des auferstandenen Christus) tragen« – nämlich in der Auferstehung als Wesensverwandlung vgl. ebd. V 51f; und im gleichen eschatologischen Sinn ist auch 1Kor 1,9 gemeint: »Treu ist Gott, durch den ihr berufen seid zur Teilhabe an seinem Sohn Jesus Christus, unserem Herrn.« An einen Prozeß der Verwandlung durch das ganze irdische Christenleben hindurch ist dagegen in 2Kor 3,18 gedacht: »Wir aber schauen unverhüllten Angesichts die Herrlichkeit des Herrn im Spiegel und werden so in eben dieses Bild (nämlich in die Herrlichkeit Christi) hineinverwandelt (μεταμορφούμεθα) von Herrlichkeit zu Herrlichkeit . . .« Gemeint ist eine ständig sich vertiefende Verwandlung durch die Wirkung des Evangeliums, in dem der Apostel die Herrlichkeit Christi als des Bildes Gottes erstrahlen und in den Herzen der Glaubenden leuchten läßt (2Kor 4,4–6 vgl. auch Gal 4,19). Die Formulierung in Röm 8,29b ist so allgemein gehalten, daß man am besten (wie in 1Kor 1,9) einen dementsprechend umfassenden Sinn heraushört, wie er ja auch in der 6,3–11 beschriebenen Tauferfahrung im Blick steht, die deutlich den Horizont in VV 29f bestimmt (vgl. Eph 1,5). In der Taufe haben Christen an Tod und Auferstehung Christi teilgewonnen, so daß sie in ihrem gegenwärtigen Leiden an den Leiden Christi teilhaben und in ihrer künftigen Auferstehung an der Auferstehung Christi teilhaben werden. So vollzieht sich alles christliche Leben in Glauben und Hoffnung grundsätzlich als Teilhabe an Christus[731].

In grundsätzlichem Sinn ist auch der folgende Infinitivsatz V 29c aufzufassen: Daß *wir* mit Christus gleichgestaltet worden sind, hat nach der Vorherbestimmung Gottes das Ziel, daß *Christus* als der Sohn Gottes zum Erstgeborenen unter vielen Brüdern geworden ist (vgl. Kol 1,18; Offb 1,5). Darin wirkt sich seine »Bild«-Funktion aus: Christus zieht uns in seine Herrlichkeit als Sohn Gottes (vgl. 1,4!) hinein; unsere ›Adoption‹ als Söhne bzw. Kinder Gottes, die uns der Geist in unserer Taufe bezeugt (8,14–16), macht uns jetzt als Miterben Christi zu Erben Gottes, indem wir, wie jetzt an seinem Leiden, so künftig in unserer Auferstehung und Verherrlichung an seiner Auferstehung und Verherrlichung teilhaben werden (8,17.18)[732]. V 29 interpretiert V 17c und schließt so die Klammer, in der die ganze Ausführung VV 18ff steht. Daß es »viele Brüder« sind, die der Auferstandene um sich versammelt, deutet die große Zahl derer an, die (durch die Weltmission, vgl. 15,15–21!) für den Glauben an Christus gewonnen und zum neuen Gottesvolk werden sollen; vgl. »die Vielen« in 5,15–19 und 12,5.

»Erstgeborener« ist ursprünglich Israel (vgl. 9,4) als das erwählte Eigentumsvolk Jahwes[733]. Später wird das Prädikat auf die Weisheit Gottes und die Tora sowie bei Philo auf

---

[731] Eine Schöpfungsmittlerschaft Christi wie in Kol 1,15ff ist hier nicht im Blick, wie auch der Gedanke des Taufgeschehens als Neuschöpfung (2Kor 5,17; Kol 3,10; Eph 4,24) in Röm 8,29 fehlt; gegen Käsemann 234.

[732] Röm 8,29c präzisiert 1Thess 4,18: ἀεὶ σὺν αὐτῷ ἐσόμεθα. Vgl. auch Hebr 2,8–13.

[733] Vgl. z.B. Ex 4,22; Jer 31,9; PsSal 18,4; 4Esr 6,58. Dazu vgl. Michaelis, W., Die biblische Vorstellung von Christus als dem Erstgeborenen, ZSTh 23 (1954) 137–157.

den Logos übertragen⁷³⁴. Vereinzelt wird auch der Messias »Erstgeborener« genannt⁷³⁵. Besonders bei Philo findet sich als Synonym ἀρχή wie in Kol 1,18b und εἰκών wie in Kol 1,15. Es handelt sich also um einen festen Vorstellungszusammenhang, der in urchristlicher Taufliturgie christologisch rezipiert worden ist: Wie das Gesetz, die Weisheit, der Logos als der Urmensch von Gen 1,26f gedeutet worden ist, so sieht Paulus in Christus umgekehrt den zweiten, bzw. letzten Adam (1Kor 15,45–47), der als der Auferstandene der »Erstgeborene« der endzeitlichen Heilswelt ist und eine neue Heilsgemeinde aus »vielen Brüdern« um sich versammelt.

In V 29b.c unterbricht Paulus den engen Zusammenhang der ›Kette‹, die er in V 29a mit zwei Gliedern begonnen hat und in V 30 mit drei weiteren Gliedern fortführt. Darin zeigt sich auch formal die zentrale Bedeutung der christologischen Begründung der heilsgeschichtlichen Aussagenreihe, wie Paulus sie – in rein theologischem Kontext – als Traditionsstück übernommen haben dürfte⁷³⁶.

Indem die Berufung V 30 der Vorherbestimmung V 29a folgt, zeigt sich der protologische Aspekt der Christuszugehörigkeit, die die Christen selbst erst durch ihre Berufung erfahren⁷³⁷. Dadurch soll hervortreten, daß die Berufung im Zusammenhang steht mit dem ursprünglichen Heilsplan Gottes, der von Anfang an sein Heil in Tod und Auferstehung Christi – und also als iustificatio impiorum (vgl. 11,32) – verwirklichen wollte. Darum folgt auf die Berufung die Rechtfertigung⁷³⁸ und auf die Rechtfertigung die Verherrlichung, die auffallenderweise, dem Duktus der ›Kette‹ entsprechend, im Aorist steht, obwohl sie nach V 18 ein zukünftiges Geschehen ist. Das erklärt sich, wenn man in VV 29a.30 Hymnenstil erkennt⁷³⁹: Der Hymnus besingt das Gesamtgeschehen der Heilsgeschichte vom Aspekt ihrer Vollendung (vgl. besonders 1Tim 3,16) und stellt, indem er den eschatologischen Horizont des Taufgeschehens sprachlich zur Erscheinung bringt, die Taufgemeinde an ihrem irdischen Ort unmittelbar in das zukünftige Offenbarungsgeschehen der Endzeit hinein⁷⁴⁰, von dem aus die *Einheit* der Heilsgeschichte sichtbar wird.

1. Der Geist vermittelt uns nicht nur die Erkenntnis unserer endzeitlich-unverbrüchlichen Zugehörigkeit zu Gott (unsere »Gotteskindschaft«) und des von ihm für uns geschaffenen Heiles (unseres »Erbteils«), sondern er ist auch die Kraft, alles gegenwärtige Leiden als Teilhabe am Leiden Christi und darum im Zusammenhang mit unserer künftigen Verherrlichung als Teilhabe an der Verherrlichung Christi des Auferstandenen, zu begreifen und durchzustehen (V 17). So kann Paulus an dieser Stelle zu dem Gedanken von 5,1–5 zurückkeh-

Zusammenfassung

---

⁷³⁴ Vgl. dazu Eltester, W., Eikon im NT, 1958 (BZNW 23) 35 Anm. 4 sowie Bill. III 256–258.
⁷³⁵ ExR 19 (81ᵈ) bei Bill. III 258.
⁷³⁶ Dazu vgl. oben S. 147.
⁷³⁷ In 1Kor 1,9 und Eph 1,5 ist von der Christuszugehörigkeit im Kontext der Berufung die Rede; vgl. auch Röm 1,7.
⁷³⁸ Vgl. 1Kor 6,11!
⁷³⁹ Vgl. dazu besonders Schille, G., Frühchristliche Hymnen, Berlin 1962, 89f.
⁷⁴⁰ Vgl. dazu besonders Phil 2,9–11, wo das Taufbekenntnis im himmlischen Chor der Mächte erklingt, die droben dem Erhöhten akklamieren.

ren, der erst in diesem pneumatologischen Kontext veständlich und sinnvoll wird (vgl. 5,5!).

Es fällt nun aber auf und will eigens bedacht sein, daß Paulus das traditionelle Thema des Zusammenhangs von Leiden und Herrlichkeit nicht allein im Blick auf die Christen, sondern zugleich auch im Blick auf die gesamte Schöpfung expliziert. Darin zeigt sich zunächst wieder seine jüdische Denkheimat. So sehr die eschatologische Heilshoffnung des Judentums auf die auserwählten Gerechten konzentriert war, so sehr implizierte sie die Teilhabe der ganzen Welt an dieser zukünftigen Heilswirklichkeit. Denn Jahwe ist als der eschatologische Retter der Schöpfer, wie er auch umgekehrt der Schöpfer als der Retter ist. Wie Jahwe in seiner Gerechtigkeit seinen auserwählten Gerechten Heil schafft, so realisiert er auch als der Schöpfer seine Zuwendung zu seiner Schöpfung, indem er sie am Ende erneuert. Von Anfang an schloß Israels Erfahrung der Gerechtigkeitserweise Jahwes die »Natur« mit ein; versteht doch der Jahweglaube das Sein der »Natur« nicht als in sich bestehende Gegebenheit, sondern als Geschaffensein, d.h. als durch Jahwes schöpferisches Wort ins Sein gerufene Schöpfung[741]. Darum wird auch der Mensch nicht im Gegenüber zur Natur, sondern als Teil der Schöpfung verstanden, wie immer die Erschaffung des Menschen eine besondere Bestimmung enthält, die ihn aus allen anderen Kreaturen heraushebt: Als »Bild Gottes« soll er über sie verantwortlich herrschen (Gen 1,26–28). Wenn Paulus nun die Gesamtheit der Menschen unter der Sünde sieht, so impliziert dies, daß auch die gesamte Schöpfung an dem darin heraufbeschworenen Unheil teilhat. Indem aber das Christusevangelium die Befreiung aller Menschen von der Herrschaft der Sünde verkündigt, ist darin auch die Befreiung der gesamten Schöpfung von diesem auf ihr lastenden Unheil der »Vergänglichkeit« enthalten. Wie die Schöpfung an der Unheilsfolge der Sünde des Menschen teilhat, so auch an der Heilsfolge seiner Rechtfertigung und Erlösung. So sieht Paulus die gesamte Schöpfung in der gegenwärtigen Weltzeit leiden und stöhnen und darin teilhaben an dem Leiden der Christen, das diese als Teilhabe am Leiden Christi erfahren. Und wie die Christen die Erlösung ihres Leibes als künftige Realisation ihrer »Sohnschaft« erwarten, so wartet die gesamte Schöpfung in »ängstlichem Harren« auf dieses künftige Ereignis der »Offenbarung der Söhne Gottes«, in dessen Zusammenhang auch sie von der Vergänglichkeit befreit und als Gottes Schöpfung erneuert werden wird.

Für die Christen heißt das, inmitten alles Leidens und gerade angesichts völliger Aussichtslosigkeit auf Gottes Heil hoffen zu können. Das ist nur möglich durch den Geist, der ihnen nicht nur ihre Sohnschaft bezeugt, sondern auch ihrem Stöhnen Worte gibt, die in Gottes Ohr zu dringen vermögen. Dieses »Eintreten« des Geistes für uns hier auf Erden entspricht dem »Eintreten« Christi für uns im Himmel (V 34). In dieser Hoffnung wissen wir, daß denen, die Gott

---

[741] Dazu vgl. Steck, O. H., Welt und Umwelt, Stuttgart 1978, 102–104.

lieben, wie es das sch^ema^c-jisrael fordert, alles zum Guten ausgeht. Denn Gott, der sich selbst treu ist, handelt an uns entsprechend seiner Erwählung, in der er uns sich zugehörig gemacht und zu seinem Heil bestimmt hat, so daß, was wir hoffen: daß unserer Rechtfertigung unsere Verherrlichung folgen wird, in Gottes ewigem Heilsplan schon von Anfang an vorgegeben ist. »Eh' ich durch Deine Hand gemacht, da hast Du schon bei Dir bedacht, wie Du mein solltest werden« (P. Gerhard). Der eschatologische Aspekt der Vollendung hebt nicht die Zeit auf, konzentriert aber alles Heilsgeschehen in der Zeit so völlig auf die Tat-Wirklichkeit des *einen* Gottes, daß darin Ende und Anfang zusammenfallen.

2. Die – im NT einzig dastehenden – Aussagen über die Teilhabe der gesamten Schöpfung am Leiden und Stöhnen der Christen sowie an ihrer Erwartung der zukünftigen Erlösung sind durch Jahrhunderte hindurch lediglich ein begrenztes Problem der Auslegung dieser Stelle gewesen. Vielen Kirchenvätern war die alttestamentliche Vorstellung, die unbeseelte Natur könne »ängstlich harren«, unzugänglich und befremdlich[742]. Man half sich, indem man meinte, hier sei entweder von Engelmächten oder von der nichtchristlichen Menschheit die Rede[743].

In der Reformationszeit kam zwar Bewegung in das starre traditionelle Auslegungsmodell. Luther ruft seine Studenten zu theologischer Skepsis gegen die »Philosophen und Metaphysiker«, die »ihr Auge so sehr in die Gegenwart der Dinge versenken, daß sie nur über deren Was- und Wieheiten spekulieren«: »Ihr werdet die besten Philosophen, die besten Wissenschaftler sein, wenn ihr vom Apostel lernt, die Natur zu betrachten als erwartende, stöhnende, in den Wehen liegende, d.h. als eine, die das, was ist, verabscheut und begehrt, was zukünftig, noch nicht ist«[744]. Daß die Schöpfung nach 8,20 »der Nichtigkeit unterworfen ist«, sei nach Ps 39,6 dem Menschen anzulasten; sie selbst sei als rein und gut erschaffen, der Mensch sei es, der sie pervertiere, indem er, was er von Gott zu erhalten streben soll, von der Schöpfung haben wolle: Ruhe und Zufriedenheit[745]. Hier meldet sich sowohl ein neues, am biblischen Schöpfungsgedanken orientiertes Naturverständnis als auch vor allem eine Warnung

---

[742] Vgl. Aug, De diversis quaestionibus LXX III 67,1: »Dieses Kapitel ist dunkel. Denn es ist nicht klar, was der Apostel mit Schöpfung meint.« Zur Auslegungsgeschichte vgl. Gieraths, Knechtschaft, sowie die bei Balz, Heilsvertrauen 15 Anm. 22 zitierten Arbeiten.

[743] Vgl. die Belege bei Schelkle, Paulus 292–303. Noch Thomas von Aquin stellt die verschiedenen Auslegungen einfach nebeneinander (Röm 658–660).

[744] Röm II 98 vgl. 100: »Concludamus igitur, quod qui creaturarum essentias et operationes potius scrutatur quam suspiria et exspectationes earum, sine dubio stultus et caecus est, nesciens etiam creaturas esse creaturas.«

[745] Röm II 102: Creatura »fit ergo sine suo vitio et extrinsece vana, mala, noxia etc. Sic sec., quod opinione et erronea estimatione seu amore et fruitione perversa ab homine reputatur altius, quam est in veritate, dum homo, qui Dei capax est et solo Deo satuari potest, quoad mentem, spiritum, presumit in rebus hanc quietem et sufficientem habere. Huic ergo vanitati subiecta est creatura (i.e. perverse fruitione) . . .« Vgl. auch Calvin, Röm zu 8,21: »Hier mögen wir bedenken, wie schrecklich die Verdammnis sein muß, die wir verdient haben, wenn alle unschuldigen Kreaturen von der Erde an bis zum Himmel die Strafe für unsere Sünden mittragen müssen! Denn daß sie unter der allgemeinen Verderbnis leiden, ist unsere Schuld«; vgl. so auch Institutio III 25,2.

vor einem Mißbrauch der Natur, die ex eventu, angesichts der verheerenden, verantwortungslosen Ausbeutung der Natur, wie sie dann das technische Zeitalter heraufgeführt hat, als erstaunliche prophetische Mahnung und Warnung klingt.

Doch muß zugleich konstatiert werden, daß die Kirche diese Warnung erst heute zu hören und ernstzunehmen beginnt, wo die verheerenden Folgen solcher umfassenden und planmäßigen Ausbeutung der Natur post festum offensichtlich geworden sind und tiefgreifende politische, kulturelle und ethische Probleme aufwerfen[746]. Daß die Theologie den paulinischen Gedanken der Einbindung des Menschen in die Natur als Schöpfung Gottes und der Teilhabe der gesamten Schöpfung sowohl an den Folgen der Sünde des Menschen als auch an seiner Erlösung durch Jahrhunderte hindurch so weitgehend unbeachtet ließ, liegt wohl daran, daß sie in der Veränderung der Welt durch die Technik zunächst nichts Unerlaubtes sah. Die Übertragung des dominium terrae nach Gen 1,28 schien dies zu legitimieren[747]. Und der Nutzen, den die Menschen der Industrienationen daraus ziehen, verdeckte lange Zeit die tiefe Schattenseite dieser Förderlichkeiten und Annehmlichkeiten. Es war die Erfahrung der Schicht der davon ausgeschlossenen Industriearbeiterschaft, der der junge Marx Ausdruck gab, indem er in deutlichem Anklang an Röm 8 schrieb: »Die Religion ist der Seufzer der bedrängten Kreatur, das Gemüt einer herzlosen Welt, wie sie der Geist geistloser Zustände ist«[748]. Doch die Konsequenz, die er daraus zog, war die, statt in dieses Seufzen, dem die Religion Ausdruck gebe, einzustimmen, habe der Mensch selbst – die Arbeiterklasse als Repräsentant der menschlichen Menschheit – durch gewaltsame Veränderung der »geistlosen Zustände« Abhilfe zu schaffen. So wurde hier die Erlösung von Röm 8 zur Sache der Revolution.

Bei der Durchmusterung der zahlreichen gegenwärtigen Beiträge zur Ökologiekrise fällt auf, daß der Gedanke von Röm 8, aufs ganze gesehen, nur beiläu-

---

[746] Vgl. dazu, die gegenwärtige Diskussion sorgfältig zusammenfassend, Steck, O. H., Welt und Umwelt, Stuttgart 1978; ferner z.B. Rust, E. C., Nature – Garden or Desert?, Waco/Texas 1971; Cobb, J. B., Der Preis des Fortschritts, München 1972; v. Weizsäcker, E. (Hrsg.), Humanökologie und Umweltschutz, Stuttgart 1972 (SFF 8); Derr, Th. S., Ecology and Humans Liberation, Genf 1973 (WSCFB III/1); Müller, A. M. K., Die präparierte Zeit, Stuttgart ²1973; ders. (Hrsg.), Überlebensfragen 2, Stuttgart 1974; Altner, G., Schöpfung am Abgrund, Neukirchen-Vluyn ²1977 (Grenzgespräche 5); Engelhardt, H. D. (Hrsg.), Umweltstrategie. Materialien und Analysen zu einer Umweltethik der Industriegesellschaft, Gütersloh 1975; Jensen, O., Unter dem Zwang des Wachstums. Ökologie und Religion, München 1977; Lehmann, K., Kreatürlichkeit des Menschen als Verantwortung für die Erde, Communio 7 (1978) 38–54. Vgl. jedoch auch die kritischen Gedanken von Koch, T., Der Leib und die Natur. Zum christlichen Naturverständnis, NZSTh 20 (1978) 294–316.

[747] Zur Auslegungs- und Wirkungsgeschichte von Gen 1,28 vgl. Liedke, G., Von der Ausbeutung zur Kooperation, in: Humanökologie, a.a.O. (Anm. 746) 40–56; Yegerlehner, D. A., »Be fruitful and multiply and fill the earth«. A History of Interpretation of Gen 1,28a and related texts in selected periods, Diss. Boston 1975; Krolzig, U., Umweltkrise – Folge des Christentums?, Stuttgart 1979.

[748] Marx, K., Aus den Deutsch-Französischen Jahrbüchern (1843/44), C: Zur Kritik der Hegel'schen Rechtsphilosophie, in: Frühschriften, Stuttgart 1953, 207–224; vgl. Bloch, E., Das Prinzip Hoffnung II, Frankfurt/M. ²1959, 1522–1528.

fig zur Wirkung kommt. Zwar ist hier das Verständnis der Natur als des bloßen Objektbereichs menschlicher Selbstverwirklichung einem Verständnis der Natur als Geschehenszusammenhang, dem der Mensch als solcher zugehört[749], gewichen; und die Erkenntnis wächst, daß der Mensch nur dann seine Menschlichkeit bewahren kann, wenn er seine Zugehörigkeit zur Natur verantwortlich wahrnimmt. Ein entsprechendes Schuldbewußtsein im Blick auf den gegenwärtigen bedrohlichen Zustand als Resultat unverantwortlicher Ausbeutung der Natur ist verbreitet[750]. Angesichts dessen, daß sich ernsthaft die Frage erhebt, ob es überhaupt noch eine Chance des Überlebens geben wird[751], gibt es vom Menschen her so wenig eine Aussicht auf eine universale Befreiung von dieser sehr konkret vor Augen stehenden »Vergänglichkeit«, so wenig nach Paulus der Sünder sich selbst aus der Herrschaft der Sünde zu befreien vermag. Daß gleichwohl der Natur als Gottes Schöpfung eine solche Befreiung bevorsteht, die Gott ihr zusammen mit der endzeitlichen Erlösung seiner »Söhne« schaffen wird, das kann nur im Kontext des Evangeliums verkündigt werden. Eine der zentralen öffentlichen Aufgaben der Kirche ist es, mitten in der allgemeinen tiefen Besorgnis und verbreiteten Resignation diese Befreiung als die Zukunft der gesamten Schöpfung so überzeugt und überzeugend zu verkündigen, daß die Hoffnung auf diese Zukunft dazu frei macht, das Menschenmögliche zu tun, um der drohenden ökologischen Katastrophe entgegenzuwirken. Im Horizont dieser Hoffnung aber gewinnt alles Leiden, das sowohl dem Menschen wie der Natur als Folge der Verfehlung ihrer schöpfungsmäßigen Zusammengehörigkeit zustößt und wohl noch ungleich mehr zustoßen wird, einen positiven Aspekt. Es muß nicht stumm hingenommen, es kann als schreiende Klage laut werden, in der zugleich eine brennende Erwartung *jener* Veränderung sich aussprechen darf, die *Gott* in der endzeitlichen Erlösung herbeiführen wird. Auch dies gehört zur öffentlichen Aufgabe der Kirche: Im Kyrie eleison der allgemeinen Not eine Stimme zu geben, in deren Schreien das Morgenrot jenes eschatologischen Gloria sich bereits ankündigt. Die geistliche Kompetenz des Gottesdienstes der Kirche bemißt sich darum auch an der Autorität ihrer allgemeinen, konkreten Fürbitte, die schon als solche ein Zeichen der Hoffnung für die Welt ist, für die sie betet.

4. 8,31–39 *Das Siegeslied der Christen*

Literatur: Balz, Heilsvertrauen 116–123; *Dahl, N. A.,* The Atonement – an Adequate Reward for the Akeda? (Rom 8,32), in Neotestamentica et Semitica (FS M. Black),

---

[749] Vgl. dazu vor allem v. Weizsäcker, V., Pathosophie, Göttingen 1956 und deren Auswertung für die gegenwärtige ökologische Diskussion bei Link, Chr., Die Erfahrung der Welt als Schöpfung, in: v. Rad, M. (Hrsg.), Anthropologie als Thema von psychosomatischer Medizin und Theologie, Stuttgart 1974 (UB 607) 73–121.

[750] Dazu vgl. jedoch auch die Kritk bei Koch, T., Leib, a.a.O. (Anm. 746).

[751] Die Frage wurde bereits im Jahre 1967 von Picht, G., Prognose, Utopie, Planung. Die Situation des Menschen in der Zukunft der technischen Welt, Stuttgart 1967, alarmierend gestellt.

Edinburgh 1969, 15–29; *Fiedler, P.,* Röm 8,31–39 als Brennpunkt paulinischer Frohbotschaft; *Loane, M. L.,* The Hope of Glory, London 1968, 123–159; *Luz,* Geschichtsverständnis 370–376; *Münderlein, G.,* Interpretation einer Tradition. Bemerkungen zu Röm 8,35f, KuD 11 (1965) 136–142; *v. der Osten-Sacken,* Römer 8,14–60; *Paulsen,* Überlieferung 133–187; *Romaniuk, K.,* L'origine des formules pauliniennes »Le Christ s'est livré pour nous«, »Le Christ nous a aimés« et »s'est livré pour nous«, NT 5 (1962) 55–76; *Schille, G.,* Die Liebe Gottes in Christus. Beobachtungen zu Röm 8,31–39, ZNW 59 (1968) 230–244; *Weiß, J.,* Beiträge 195f; *Wengst,* Christologische Formeln 55f.61.

31 Was sollen wir nun dazu sagen? Wenn Gott für uns ist, wer (kann dann) gegen uns (sein)? 32 Er, der doch seinen eigenen Sohn nicht geschont, sondern ihn für uns alle preisgegeben hat, wie sollte er uns zusammen mit ihm nicht alles schenken? 33 Wer wird Anklage erheben gegen Gottes Erwählte? Gott (ist für uns da als) der, der gerecht erklärt! 34 Wer wird verdammen? Christus Jesus (ist für uns da als), der Gestorbene, mehr noch: der Auferweckte, der zur Rechten Gottes ist und der für uns eintritt. 35 Wer wird uns trennen (können) von der Liebe Christi –: Bedrängnis oder Angst oder Verfolgung oder Hunger oder Blöße oder Gefahr oder Schwert? 36 Wie geschrieben steht: »Um Deinetwillen werden wir zu Tode gebracht den ganzen Tag, sind angesehen worden wie Schlachtschafe.« 37 Aber: In all dem tragen wir einen überwältigenden Sieg davon durch den, der uns geliebt hat. 38 Denn davon bin ich überzeugt: Weder Tod noch Leben, weder Engel noch Mächte, weder Gegenwärtiges noch Zukünftiges, keine Gewalten, 39 weder Höhe noch Tiefe noch irgend eine andere Kreatur wird uns trennen (können) von der Liebe Gottes, die in Christus Jesus, unserem Herrn (für uns wirksam geworden ist).

Analyse 1. Die *Disposition* des Abschnittes ist klar erkennbar: Durch die Frage V 31a abgehoben, wird nun die Summe aus allem Voranstehenden gezogen. Diese wird in V 31b in einer These zusammengefaßt, die dann in mehreren Schritten entfaltet wird[752]: a) in V 32 die Protasis von V 31b (»Wenn Gott für uns ist«); b) in VV 33f der Nachsatz von V 31b (»wer kann gegen uns sein?«). Das geschieht in zwei parallelen Figuren, in denen im Rahmen eines künftigen Rechtsstreits dem möglichen Gegner, der in der Frage τίς aufgerufen wird, Gott (V 33) und Christus (V 34) als »unser« Verteidiger gegenübertreten, durch deren Tat für uns die Anklage und Verurteilung gegenstandslos wird[753]. In VV 35–39

---

[752] So Schille, Liebe Gottes 232. Der Charakter von V 31b als These über alles folgende wird dort verkannt, wo V 31b mit V 32 zusammengefaßt als eine erste ›Strophe‹ betrachtet wird, der in VV 33f.35f.37f drei weitere folgen; so seit J. Weiß, Beiträge 195f zahlreiche Exegeten, z.B. Michel 213; Käsemann 235f; Cranfield 434.

[753] Nach Gaugler 347f und Luz, Geschichtsverständnis 371f gehört die Frage V 33a noch zum Voranstehenden, so daß im folgenden nach dem Vorbild von Jes 50,7f jeweils auf eine theologische These eine rhetorische Frage folgt, in der aus der These das Facit gezogen wird. Doch V 32 ist eine selbständige Aussage, die sich von den kurzen Partizipialsätzen in

schließlich geht es – c) darum, »wer« die mit Christus Verbundenen von der Liebe Christi zu trennen vermag (V 35a). Zunächst wird eine Reihe von Leidenserfahrungen aufgeboten (V 35b), die durch ein Schriftzitat (V 37) begründet werden. Demgegenüber (ἀλλ') tritt der überwiegende Triumph, den wir durch Christi Liebe haben (V 37). Dies wird in VV 38f noch vertieft durch die Überzeugung des Paulus, daß auch alle Mächte uns nicht von der Liebe Gottes in Christus zu trennen vermögen.

2. Zu fragen ist, wieweit Paulus in diesem Abschnitt vorgegebene *Tradition* verarbeitet hat. Verschiedenes formelhaftes Gut findet sich zweifellos in VV 32–34[754]. Dazu zählen jedenfalls die beiden Sätze, die von der Dahingabe des Sohnes für uns (V 32a) und von Tod und Auferweckung Christi (V 34a.b) sprechen, sowie die Relativsätze in V 34c.d[755]. Der Wir-Stil, der Anschluß mit ὅς in V 32 und V 34 sowie der gehäufte Partizipialstil sind typische Kennzeichen für liturgisches Gut. Hinzu tritt die Beobachtung von Paulus sonst nicht geläufigem bzw. sonst anders gebrauchtem Wortschatz. Neuerdings ist auch hinter V 35[756] und besonders in VV 38f[757] traditioneller Wortlaut vermutet worden. Zumeist wird angenommen, daß Paulus bei der Konzeption dieses Schlußabschnitts Traditionsstücke benutzt hat, die zuvor so noch nicht in Zusammenhang gebracht worden waren[758].

Darüber hinaus rechnet man neuerdings mit einem geschlossenen traditionellen Text in VV 31–34[759] bzw. in VV 31–34.35a.38.35a[760], den Paulus im einzelnen verändert und seinem Kontext eingefügt habe. Vor allem die letztgenannte Rekonstruktion[761] besticht sehr. In dem Maße jedoch, in dem sie voraussetzt, daß Paulus in den Wortlaut seiner Vorlage z.T. erheblich eingegriffen habe, verliert sie an Überzeugungskraft. Z.B. ist die Vermutung, in der Vorlage habe gestanden: τίς καθ' ἡμῶν; ὁ θεὸς ὑπὲρ ὑμῶν, Paulus habe daraus einen Bedingungssatz gemacht und dazu die Reihenfolge der beiden Sätze umgekehrt[762], reine Willkür. Ferner spricht nichts dafür, daß der Relativsatz V 32a ursprünglich auf θεὸς ὑπὲρ ἡμῶν gefolgt und erst von Paulus mit V 32b als Nachsatz ver-

---

V 33b und V 34a deutlich unterscheidet. Ferner gehören V 35a und V 35b zusammen und können darum nicht mit V 34d ein Paar bilden. Vgl. Balz, Heilsvertrauen 117. – Lietzmann 87 (vgl. seine Übersetzung 86) und nach ihm zuletzt Schlier 277f fassen auch die Partizipial- und Relativsätze in V 33b und V 34 als Fragen auf. Das ist für V 33b und V 34a möglich, schwerlich jedoch für V 34b.c. Überdies geht so die deutliche Beziehung zu Jes 50,7–9 verloren. Vor allem aber paßt dann V 35 nicht zu VV 33f; mit τίς stehen hier wie dort mögliche Gegner im Blick, nicht aber der Gedanke, Gott oder Christus könnten zum Gegner werden, wie immer dies der Sache nach durch die rhetorischen Fragen gerade ausgeschlossen werden soll.

[754] Das ist seit Norden, Agnostos Theos 383 allgemein anerkannt.

[755] Vgl. die Nachweise in der Exegese.
[756] Vgl. Münderlein, Interpretation.
[757] Vgl. Schille, Liebe Gottes 236–238; Paulsen, Überlieferung 147–149; v. Osten-Sacken, Römer 8,22f.
[758] So zuletzt Käsemann 236f.
[759] So Paulsen, Überlieferung 141–147.
[760] So v. Osten-Sacken, Römer 8,20–25. Die entscheidende Beobachtung ist, daß 1. die Struktur des Abschnitts durch Frage und Antwort bestimmt ist, 2. die τίς-Frage in V 35 zum Voranstehenden hinzugehört, jedoch 3. ihre ursprüngliche Antwort nicht in V 35b, sondern in V 38.39a gehabt hat, weil τίς nur zu den personhaften Mächten, nicht aber zu den Leiden paßt.
[761] Vgl. ebd. 25.
[762] Ebd. 23–25; vgl. auch Paulsen, Überlieferung 142.

bunden worden sein soll. Die asyndetische Verbindung der beiden Relativsätze in V 34c macht nicht den Eindruck zweier Formelglieder, sondern sieht eher nach einer ad-hoc-Kombination verschiedener Formeln aus. Und ob VV 38.39a die ursprüngliche, rein negative Antwort auf die τίς-Frage V 35a gewesen ist, muß zweifelhaft bleiben. So wird man dem Text besser gerecht, wenn man ihn als Konzeption des Paulus beurteilt, der dabei eine Reihe von traditionellen Formeln und Motiven aufgenommen und in einen Zusammenhang gebracht hat, der so vorher nicht bestanden hat.

3. Was den *Stil* betrifft, hebt sich der Abschnitt von allen voranstehenden durch seine besonders engagierte Rhetorik heraus, in der in eigenartiger Weise Elemente der Diatribe benutzt werden, um bekenntnisartige Aussagen in der 1. Person plur. zu akzentuieren. Von daher erkennt man häufig einen hymnischen Charakter[763]. Dies trifft jedoch in streng formgeschichtlichem Sinne nicht zu[764], weil in V 31.34 der dialogische Stil und in V 35.38f die Wort-Reihung diatribischer Rhetorik entsprechen[765]. Man könnte vermuten, daß Paulus hier eine Stilform gewählt hat, die er in gottesdienstlichen Reden zu benutzen pflegte. Von diesem »Sitz im Leben« her läßt sich am besten die Tendenz zur Aufnahme verschiedenen liturgischen Guts erklären[766].

Erklärung 31 Mit der Frage »Was sagen wir nun dazu?« leitet Paulus wie in 4,1; 6,1; 9,30 einen neuen Gedanken ein, der hier die Funktion gewinnt, alles Voranstehende von 5,1 an[767] auf eine abschließende Summe zu bringen. Er antwortet V 31b mit einer These. Daß »Gott für uns ist«[768], ergibt sich aus unserer Gotteskindschaft (VV 14–17). Daraus folgt, daß niemand »gegen uns« sein kann[769]. »Wer?« ist rhetorisch; als Antwort wird vorausgesetzt: »Niemand!«

32 Als erstes erläutert Paulus die entscheidende Aussage des Bedingungssatzes. Daß Gott für uns ist, hat er selbst im Sühnetod Christi erwiesen[770]: darin, daß er seinen eigenen Sohn nicht verschont, sondern für uns alle hingegeben hat. Paulus benutzt eine ihm vorgegebene Formel, die von der Dahingabe des Soh-

---

[763] Vgl. die bei v. Osten-Sacken, Römer 8,14 Anm. 1–4 genannte Literatur.
[764] Als Hymnus, vergleichbar mit Eph 1,3ff und 1Kor 13, wird Römer 8,31–39 von Martin, Carmen Christi 19 beurteilt. Vgl. sonst vor allem Michel 213. Paulsen, Überlieferung 151 sieht in VV 31–34 einen Hymnus zugrundeliegen.
[765] Vgl. dazu Bultmann, Stil 71.73.19. v. Osten-Sacken, Römer 8,28–35 verweist für das Frage-Antwort-Schema in VV 31–34 auf weisheitlich-rabbinische Analogien; Münderlein, Interpretation für den Peristasenkatalog in V 35b auf prophetisch-apokalyptische Gerichtsreden.
[766] So Schlier 276 Anm. 1.
[767] So die meisten Exegeten, vgl. zuletzt Käsemann 236; Schlier 276 sowie besonders v. Osten-Sacken, Römer 8,57–60, der jedoch mit Recht zunächst eine Zusammenfassung von 8,1–30 erkennt. Cranfield 434, der VV 31–38 als Abschluß des ganzen ersten Teils von 1,16 an sieht, geht zu weit. Thematisch bezieht sich VV 31–39 nur auf 5,1–11; 8,1–30.
[768] Cranfield 435 weist darauf hin, daß es sich um ein häufiges Motiv in den Psalmen handelt: »Gott ist mit uns«; vgl. z.B. Ps 23,4; 46,4.8.12; 56,9.11; 118,6f. Doch ist dieses θεὸς μεθ' ἡμῶν hier zum θεὸς ὑπὲρ ἡμῶν zugespitzt.
[769] Der Skopos der These hängt an der Formulierung des entscheidenden »Gott für uns« als Bedingungssatz: Daß niemand gegen uns sein kann, hängt daran, daß Gott für uns ist. Zur Opposition ὑπέρ – κατά vgl. 2Kor 13,8; Mk 9,40.
[770] ὅς γε = quippe qui; vgl. Kühner-Gerth II 175.

nes für uns sprach⁷⁷¹, um die Heilsaktivität Gottes selbst im Sühnetod Christi (vgl. 3,25; 4,25; 5,8) stark herauszustellen. Von 5,18f her fügt er »alle« hinzu. Im Blick auf Gen 22,16 (οὐκ ἐφείσω τοῦ υἱοῦ σου τοῦ ἀγαπητοῦ δι' ἐμέ) präzisiert er das Handeln Gottes im Kreuz Christi: Wie Abraham seinen geliebten Sohn nicht verschont hat, so hat Gott seinen eigenen Sohn (vgl. 8,3!) nicht verschont⁷⁷² (vgl. von Christus Phil 2,6f). Er ließ es also »sein Bestes kosten«⁷⁷³. Die »Dahingabe« des Sohnes als solche versteht Paulus wie in 4,25 von Jes 53,6 her (κύριος παρέδωκεν αὐτὸν ταῖς ἁμαρτίαις ἡμῶν)⁷⁷⁴. Die Folge dieses Sühnehandelns Gottes ist, daß er uns als seinen Kindern (V 16) »zusammen mit ihm«, dem Sohn, »alles schenkt«, weil wir nach V 17 Erben Gottes als Miterben Christi sind⁷⁷⁵. Ob es sich hier um ein echtes oder logisches Futurum handelt, ist nicht eindeutig zu entscheiden. Daß in V 33 die Situation des Endgerichts im Blick steht, spricht für die erste Auffassung, ebenso der Vergleich mit 5,9f; der sonstige Sprachgebrauch von χαρίζεσθαι⁷⁷⁶ – entsprechend dem von χάρις – mit größerem Gewicht für die zweite. Da jedoch die christologischen Aussagen in VV 33f von der eschatologischen Geltung der Heilstat Gottes in Tod und Auferweckung Christi bereits jetzt in der christlichen Gegenwart sprechen (vgl. besonders V 34b), erweist sich die alternative Fragestellung als unzutreffend. Gleiches gilt für die Frage, ob Paulus mit »alles« soteriologisch alle Heilsgüter (vgl. V 28 sowie 2Kor 5,18) oder kosmologisch die gesamte Wirklichkeit, »das All«, meine. Der Rückbezug auf V 17c sowie der sonstige Sprachgebrauch von τὸ πάντα⁷⁷⁷, besonders die Parallele in 1Kor 3,21–23,

---

⁷⁷¹ Vgl. 4,25; ferner Joh 3,16 sowie die synoptischen Sprüche vom Dahingegebenwerden des Menschensohnes. Daß das Motiv der Dahingabe durch Gott älter ist als die Variante der Selbsthingabe Christi (Gal 1,4; 2,20; Eph 5,2.25; 1Tim 2,6), hat Popkes, Christus traditus 251–253 ebenso wahrscheinlich gemacht, wie daß mit der Dahingabe der Sühnetod gemeint ist (ebd. 201–203 gegen Kramer, Christos 112–114, der die Formel im Sinne der Sendungsformel auf das gesamte »Kommen« des Gottessohnes in die irdische Existenz bezieht).
⁷⁷² Obwohl Paulus selbst sowohl φείδεσθαι als auch ἴδιος geläufig sind, ist hier die Nähe der Formulierung zu Gen 22,16 so deutlich, daß die Anspielung auf diese Stelle nicht gut bestritten werden kann; gegen Schlier 277. Doch ob Paulus an die jüdische Auswertung von Gen 22 im Sinne der Erwartung eines dem Opfergehorsam Israels entsprechenden Handelns Gottes anknüpft (so Dahl, Atonement 19–23), ist fraglich, obwohl Irenäus Haer IV 5,4 (griechisches Fragment bei Dahl, ebd. 19 Anm. 23) im Sinne dieser jüdischen Tradition argumentiert und so deren Kenntnis im alten Christentum bezeugt. Aber in Röm 8,32a kommt von Gen 22 einzig das Motiv des Nicht-Schonens zum Tragen, und gerade nicht das des Opfers.
⁷⁷³ M. Luther, Choral: »Nun freut euch, lieben Christen g'mein«, Strophe 4 (EKG 239). Vgl. bei Paulus ähnlich 1Kor 6,20: τιμῆς ἠγοράσθητε.
⁷⁷⁴ Vgl. z.B. Hahn, Hoheitstitel 62f. Doch spielt Jes 53 in der paulinischen Soteriologie merkwürdigerweise nicht die zentrale Rolle, die besonders Romaniuk, L'Origine, dieser Stelle zuschreibt; vgl. ders., De themate Ebed Jahwe in soteriologia Sancti Pauli, CBQ 23 (1961) 14–25 (zu Röm 8,32 ebd. 15).
⁷⁷⁵ σὺν αὐτῷ muß nach V 17 im Sinne unserer Verbindung mit dem Gekreuzigten abgefaßt werden (so Michel 215 Anm. 1), nicht im Sinne von »zugleich mit« (so Pr-Bauer 1548; Käsemann 236).
⁷⁷⁶ χαρίζεσθαι kann in 2Kor 2,7.10; 12,13 sowie besonders in Eph 4,32 die Vergebung bezeichnen. Der Kontext jedoch sowie die Sachparallele 1Kor 3,21–23 legen in Röm 8,32 die allgemeine Bedeutung »schenken« nahe, vgl. Cranfield 436f.
⁷⁷⁷ Vgl. 1Kor 8,6; 15,27f; Phil 3,21; Kol 1,16–20; Eph 1,10f.23; 3,9; 4,6.10; Hebr 1,2f; 2,8–10.

sprechen für die zweite Bedeutung, in der jedoch durchweg die soteriologische Bedeutung eingeschlossen ist. Der Universalität der Heilswirkung des Sühnetodes Christi (ὑπὲρ ἡμῶν πάντων)⁷⁷⁸ entspricht die Universalität der Heilsgaben: Den Erlösten Gottes soll die Welt, die Gesamtheit seiner Schöpfung gehören; Gottes Heil ist nichts Partikulares. Darum wartet ja auch die gesamte Schöpfung auf die Befreiung der Söhne Gottes (VV 19–21).

33f Von daher entfaltet Paulus nun in VV 33f die These V 31b mit ihrem Skopos »Wer kann gegen uns sein?« Kann es noch irgend einen Ankläger geben, der den Erwählten Gottes (vgl. VV 28–30) diese ihre universale Heilsteilhabe vor dem Forum des Endgerichts streitig machen kann⁷⁷⁹? Die Antwort kann aufgrund von V 32 nur lauten: Niemand! Denn im Sühnetod Christi ist Gottes Gerechtigkeit wirksam geworden (3,21–26), so daß Gott uns in alle Zukunft hinein gegenüber jeder möglichen Anklage »rechtfertigen«, d. h. freisprechen wird⁷⁸⁰. Paulus formuliert im Anklang an Jes 50,8 (ἐγγίζει ὁ δικαιώσας με). Ebenso entspricht die folgende Frage: »Wer kann verurteilen?« dem doppelten Aufruf eines Richters, es möge ein Gegner des Gottesknechts auftreten (τίς ὁ κρινόμενός μοι; Jes 50,8), wo doch Gott als sein Helfer zugegen ist (Jes 50,9). Im Bilde des Gottesknechts von Jes 50 sieht Paulus hier nicht – wie in 4,25 – Christus, sondern die Christen. Und an der Stelle Gottes als δικαιῶν steht Christus Jesus⁷⁸¹ als der Gekreuzigte (ὁ ἀποθανῶν). Paulus meint von V 32 her den Sühnetod Christi, zielt hier jedoch auf seine Auferweckung⁷⁸² als Voraussetzung seiner gegenwärtigen Stellung »zur Rechten Gottes« nach Ps 110,1⁷⁸³, in der Christus »für uns eintritt«⁷⁸⁴, so daß es jetzt und in aller Zukunft niemanden gibt und geben kann, der uns post Christum crucifixum noch verdammen kann (vgl. V 1!).

Wie verhält sich das »Eintreten« Christi für uns zu dem des Geistes in VV 26f? Die Vorstellung ist die, daß der Geist auf Erden für die Christen eintritt, in ihrem Herzen, während Christus im Himmel, am Ort des künftigen Endgerichts, an der Seite Gottes steht und alle mögliche endzeitliche Verdammung schon jetzt im voraus zunichtemacht. Das Ziel, dem jeweils das »Eintreten« gilt, ist einerseits grundsätzlich das gleiche: Der Unterschied zwischen der Situation der voreschatologischen, irdischen Gegenwart der Christen und der eschatologischen, himmlischen Wirklichkeit Christi bei Gott wird

---

[778] Vgl. Mk 14,24; Mt 26,28.
[779] Zur forensischen Bedeutung von ἐγκαλεῖν vgl. Apg 19,38.40; 23,28f; 26,2.7.
[780] Zur forensischen Bedeutung von δικαιοῦν vgl. 3,4; 1Kor 4,4; 1Tim 3,16. Zur Sache vgl. 3,26; 4,5; 5,9; 8,30; 1Kor 6,11; Tit 3,7.
[781] Ἰησοῦς fehlt in B D Koine a m sy sa Ir^lat Ambst. »Die Auslassung erklärt sich jedenfalls leichter als die Zufügung« (Kühl 309). Vgl. die Erörterung bei v. Osten-Sacken, Römer 8,37 Anm. 9. – Die v.l. ἅμα δὲ Χριστὸς Ἰησοῦς in P46 a d* betont die Stellung Christi an der Seite Gottes in V 33.

[782] μᾶλλον δέ ist im Sinne von 5,9f gemeint. Zugrunde liegt die einfache Formel Χριστὸς ἀπέθανεν καὶ ἀνέστη 1Thess 4,14 vgl. Röm 14,9; 2Kor 5,14f. – ℵ* A C Ψ 33 al co fügen hinzu: ἐκ νεκρῶν.
[783] Vgl. 1Kor 15,25; Kol 3,1; Eph 1,20; Hebr 1,3.13; 8,1; 10,12f; 12,2; Apg 2,34f; Mk 12,36parr; 16,19. – Die v.l. ὃς καί in P27.46 ℵ² B D F G pm b vg^st sy^h sa ist trotz der guten Bezeugung wohl doch sekundär.
[784] Der Hebräerbrief folgert aus Ps 110,4, daß der auferstandene und erhöhte Christus als himmlischer Hoherpriester ewige Sühne erwirkt hat, vgl. Hebr 4,14–16; 5,6–10; 6,19f;

ausgeglichen. Der Geist hebt die sprachliche Distanz der Irdischen zu Gott auf, der sie selbst nur im »Stöhnen« Ausdruck geben können; indem der Geist diesem eine Gott entsprechende Sprache gibt, findet ihre Klage zum Ohr ihres Erlösers. Der erhöhte Christus dagegen hält den Seinen als den Auserwählten Gottes ihren Platz in der zukünftigen Wirklichkeit des vollendeten Heils gegen alle Infragestellung frei und garantiert so als Auferstandener die endzeitliche Wahrheit und Geltung ihrer Befreiung von der Macht von Sünde, Gesetz und Tod, die er durch seinen Tod für sie erwirkt hat. Sein Eintreten »für uns alle« macht das pro nobis seines Todes zur eschatologisch-unanfechtbaren Wirklichkeit. Sachlich entspricht sich beides: Durch das interzessorische Wirken Christi im Himmel wird die Wahrheit dessen verbürgt, daß der gegenwärtigen Teilhabe der Christen an seinem Leiden ihre zukünftige Teilhabe an seiner Verherrlichung wirklich folgen wird (V 17). Christus begründet so die Gewißheit ihrer Hoffnung mitten im Leiden, während der Geist als Vorausgabe der endzeitlichen Heilswirklichkeit umgekehrt die Schwachheit der jetzt und hier Leidenden aufhebt und ihr Gebet, ihrem Stöhnen vorweg, den Weg dorthin finden läßt, wo es aufgehoben und in Jubel verwandelt wird (vgl. 5,2.11).

Steht somit die endzeitliche Wahrheit von 8,1 fest, weil die Liebe Christi, die er 35 uns im Kreuz erwiesen hat, unerschütterlich ist, so folgt daraus, daß umgekehrt auch wir nicht von dieser Liebe Christi[785] losgerissen werden können. Wer könnte dies tun? Paulus zählt in V 35b zunächst alle verschiedenen Arten von Leiden (vgl. V 18) auf, wie er sie in seinem apostolischen Wirken vielfach selbst erfahren hat[786]. Bedrängnis von außen und im Innern, Verfolgung, Hunger, Beraubung der Kleider, Gefahr für Leib und Leben, Ermordung bilden deutlich eine Klimax. All dies aber betrifft nicht allein den Apostel, sondern alle Christen generell. Paulus zitiert dazu ψ 43,23[787]. Im Kontext ist das »Wir« des 36 Zitats auf das »Wir« der Christen zu beziehen. Sie kommen zu Tode »um deinetwillen«, d.h. um Christi willen[788], und zwar den ganzen Tag, immerzu (vgl. 1Kor 15,31; 2Kor 4,10f). Sie werden so angesehen, als ob sie Schlachtschafe wären, die leben, um geschlachtet zu werden. Aber (ἀλλ') wer um Chri- 37 sti willen dies alles erleidet, den trennen diese Leiden gleichwohl nicht von der Liebe dessen, der als der Gekreuzigte Leiden und Tod für uns auf sich genommen hat (vgl. 1Petr 2,21–25). Christen leiden ja mit Christus, um so mit Christus auch verherrlicht zu werden (V 17c). Darum tragen sie bereits mitten im Leiden den Sieg über das Leiden davon – als einen Sieg, der weit hinausgeht über die Wirklichkeit alles gegenwärtigen Leidens und unendlich viel mehr einbringt als nur deren Beendigung. Es ist der Sieg, den der Gekreuzigte in seiner Liebe zu uns errungen hat. Ihre Kraft ist nicht nur den Leiden überlegen, so

---

7,1–10,18. Sollte die Doppelung von Erhöhung und Interzession in Röm 8,34b, die vorpaulinisch-traditionell ist, bereits aus der Kombination von Ps 110,1.4 entstanden sein, so daß hier der traditionsgeschichtliche Ursprung der Christologie des Hebräerbriefs sichtbar würde? – Vgl. übrigens auch die Funktion des Parakleten in Joh 14,16f.

[785] Die v.l. von ℵ 365.1506 pc t sa: ἀπὸ τῆς ἀγάπης τοῦ θεοῦ (B: + τῆς ἐν Χριστῷ Ἰησοῦ) gleicht an V 39 an.

[786] Vgl. 1Kor 4,9–13; 2Kor 4,7–12; 6,4–10; 11,23–27.

[787] Der Text stimmt voll mit LXX überein (bis auf ἕνεκα LXX).

[788] Vgl. 2Makk 7,9.11; Mk 8,35 parr; 10,29 parr; 13,9 parr; Lk 6,22; Offb 1,9.

38f daß diese uns nicht von ihr trennen können (V 35), sondern auch allen Mächten, die über die Erde und ihre Bewohner herrschen. Paulus bietet diese – wie zuvor die Leiden in V 35 – alle der Reihe nach auf, nunmehr jedoch so, daß sie nicht mit ἤ, sondern mit οὔτε eingeführt werden. Paulus ist dessen völlig gewiß: Keine dieser Mächte hat die Kraft, uns zu trennen von der Liebe Gottes, die in Christus Jesus unserem Herrn, in seinem Tod und in seiner Auferstehung, zur Wirkung und zum überwältigenden Sieg gekommen ist.

Die Reihe ist kunstvoll gegliedert:
οὔτε θάνατος οὔτε ζωή
οὔτε ἄγγελοι οὔτε ἀρχαί[789]
οὔτε ἐνεστῶτα οὔτε μέλλοντα
οὔτε δυνάμεις[790]
οὔτε ὕψωμα οὔτε βάθος
οὔτε τις[791] κτίσις ἑτέρα ...

Bestehen die ersten drei Zeilen deutlich aus Begriffspaaren, und bilden ebenso auch »Höhe und Tiefe« ein Paar, so fällt οὔτε δυνάμεις als Einzelglied heraus. Grund zu einer Konjektur[792] besteht jedoch nicht. Man könnte höchstens vermuten, Paulus selbst habe eine ihm vorgegebene Reihe durch Zusätze erweitert und so die »Kräfte« von den »Engeln« und »Mächten« getrennt[793]. Dies läßt sich jedoch nicht durch einen Nachweis unpaulinischer Begriffe[794], sondern höchstens durch den Hinweis stützen, daß Reihen von Mächte-Namen im hymnischen Gut einen festen Ort haben, vgl. Phil 2,10, Kol 1,16; Eph 1,21. Doch in 1Kor 15,24 findet sich eine Dreierreihe auch in paulinischem Kontext, so daß ähnlich auch Röm 8,38f sehr wohl ein von Paulus geschaffener Text sein kann. Die gewisse Störung des Rhythmus durch das überschießende Glied οὔτε δυνάμεις kann beim Diktieren leicht entstanden sein. Vielleicht aber schwebte Paulus bei der Zusammenordnung von οὔτε δυνάμεις οὔτε ὕψωμα οὔτε βάθος vor: »Nicht irgendwelche Mächte weder in der Höhe noch in der Tiefe.«

»Leben und Tod, Gegenwärtiges und Zukünftiges« stehen auch in 1Kor 3,22 nebeneinander; die Zusammenstellung scheint Paulus also geläufig zu sein. Das sollte man bei der Exegese berücksichtigen und nicht zu viel Gewicht auf die Frage legen, wieso das Leben als feindliche Macht genannt ist[795] neben dem

---

[789] οὔτε ἐξουσίαι ist in D vor und in C 81.104 al sy^h bo^mss nach οὔτε ἀρχαί eingefügt.
[790] Paulsen, Überlieferung 149 zieht οὔτε δυνάμεις zur voranstehenden Zeile und οὔτε τις κτίσις ἑτέρα zur Schlußzeile, so daß zwei zwei- und zwei dreistichige Kola aufeinander folgen.
[791] τις fehlt in P46 D F G lat sy (Haplographie).
[792] Dibelius, M., Die Geisterwelt im Glauben des Paulus, 1909 (FRLANT 110) vermutet, οὔτε δυνάμεις habe entweder ursprünglich mit οὔτε ἄγγελοι οὔτε ἀρχαί eine Dreiergruppe gebildet, sei dann weggelassen und schließlich an falscher Stelle wieder eingefügt worden, oder οὔτε δυνάμεις sei »von irgend-

woher (etwa aus 1Kor 15,27) in den ursprünglichen Wortlaut eingedrungen«, und der weitere Zusatz οὔτε ἐξουσίαι suche »die durch den Eindringling gestörte Gleichheit der Paare« wiederherzustellen.
[793] Schille, Liebe Gottes 238 hält οὔτε ἐνεστῶτα οὔτε μέλλοντα für einen paulinischen Zusatz (vgl. 1Kor 3,22; Eph 1,21); v. Osten-Sacken, Römer 8,40–43 ebenso οὔτε θάνατος οὔτε ζωή, so daß für das Traditionsstück dann nur zwei Kola mit je drei Gliedern bleiben.
[794] Gegen Schille, Liebe Gottes 239f.
[795] Vgl. z.B. Schlier 280: »Auch sie (die ζωή) – das Lebensganze wie jeder Augenblick – kann ›mächtig‹, d.h. verlockend, ablockend von der

Tod, den wir aus dem Voranstehenden als den »letzten Feind« (1Kor 15,26) sehr wohl kennen. Wenn nicht mit dem Gegensatzpaar Tod – Leben einfach die ganze Spannungsbreite irdischer Lebenswirklichkeit im Blick steht, könnte mit ζωή das »Sein im Fleisch« (V 8) gemeint sein, dessen Trachten »Feindschaft gegen Gott« (V 7) und ein »Hiersein fern vom Herrn« ist (2Kor 5,6). Die Engel sind als gottfeindliche Mächte genannt⁷⁹⁶, ebenso die »Mächte« und »Kräfte«⁷⁹⁷. Auch das »Gegenwärtige und Zukünftige« muß feindliche Wesen bezeichnen, die die gegenwärtige irdische wie auch die künftige himmlische Welt erfolglos zu beherrschen trachten (vgl. Eph 1,21). Und »Höhe und Tiefe« sind vielleicht als Gestirnmächte aufzufassen⁷⁹⁸, wenn nicht einfach eine personifizierte Ortsangabe gemeint ist⁷⁹⁹. Was immer es an dämonischen »Kreaturen« gibt⁸⁰⁰, keine einzige hat die Kraft, uns von der Kraft und aus dem Wirkungsbereich der Liebe Gottes loszureißen, die vom Sühnetod Christi aus, universal wirkend, alle Christen umfaßt und schützt. »In Christus Jesus« ist hier heilsgeschichtliche Ortsbezeichnung, »unserem Herrn« als Anklang an das Taufbekenntnis (10,9) feierlicher Abschluß (vgl. 5,11.21; 6,23).

Mit gesteigerter sprachlicher Intensität führt Paulus den zweiten Teil seiner Darlegung des Evangeliums (Kap. 5–8) zu seinem Ziel und Höhepunkt. In diesem Hohenlied der Heilsgewißheit bringt er jenes »Rühmen« zur Sprache, auf das der Gedanke in 5,1–11 zuführte. Es antwortet auf die vielerlei Bedrohungen, denen unser Leben ausgesetzt ist und unter denen es verloren und erdrückt wäre, wenn es nicht »in Christus Jesus« seinen Ort hätte. Dies aber ist der Ort des Kreuzes, an dem Gott selbst in seiner ganzen Wirklichkeit »für uns« da ist: als Liebe, in der er sich uns ganz hingab, indem er seinen eigenen Sohn, mit dem er sich voll identifiziert, für uns in den Tod preisgegeben hat. Am Kreuz sind Gott und Christus eines: *Der Gekreuzigte ist als Sohn Gottes die Wirklichkeit der Liebe Gottes.* Das ist der Grund dafür, daß es keine Macht gibt, die uns »verdammen«, d.h. der Wirklichkeit der Vernichtung zusprechen

Zusammenfassung

Liebe Gottes und bedrohlich sein. Gerade auch das ruhige und harmlose – nicht weniger als das bewegte und gefährliche – Leben kann zu etwas Feindseligem werden, eben dadurch, daß es von der Liebe Christi scheidet.« Diese Auslegung entspricht der augustinischen bei Thomas Röm 727, der »mors« als »praecipuum inter terribilia« deutet, womit sicher unpaulinische Gesichtspunkte herangetragen werden.

⁷⁹⁶ Vgl. 1Kor 4,9; 6,3; 11,30; 2Kor 11,14; 12,7; sowie besonders Kol 2,18 und dazu Lohse, E., Die Briefe an die Kolosser und an Philemon, 1968 (KEK IX,2) 174f; anders Schweizer, E., Der Brief an die Kolosser, 1976 (EKK), 122f.
⁷⁹⁷ Vgl. 1Kor 15,24 und besonders Eph 6,12; Kol 2,15 und vielleicht 1Petr 3,22. Anders Kol 1,16; 2,10.
⁷⁹⁸ Vgl. dazu Bertram in ThWNT VIII 611f.

⁷⁹⁹ So Origenes bei Cramer 292 und Rufin 1135f, der einerseits auf Eph 6,12, andererseits auf Phil 2,10 verweist. So jetzt auch Cranfield 443: »The meaning is simply that neither the highest heigth nor the deepest depth (or should we say ›neither heaven nor hell‹?) will be able to seperate us from God's Love.«
⁸⁰⁰ Mit κτίσις deutet Paulus an, daß alle Mächte, so feindlich sie auch gegen Gott und die Gemeinde seiner Erwählten wirken mögen, als seine Geschöpfe seiner Macht untergeben sind, die sich in Tod und Auferstehung Christi als die Macht seiner Liebe gegen die alles Bösen durchgesetzt hat und uns diesen überragenden Sieg über alle dämonischen Repräsentanten und Funktionäre des Bösen schenkt. Mächte und Gewalten außerhalb der Schöpfermacht Gottes gibt es nicht.

könnte, die die Folge unserer Sünde ist: Gottes Liebe spricht uns von ihr frei, weil Christus diese Vernichtung auf sich genommen hat. Die *Macht* dieser Liebe aber hat sich in der Auferweckung des für uns Gekreuzigten erwiesen, darin, daß in *seiner* »Preisgabe« nicht die Liebe selbst zunichte geworden, sondern einen überragenden Sieg über alle Kräfte der Vernichtung errungen hat. Die Auferweckung und Erhöhung Christi macht diesen Sieg der Liebe Gottes offenbar: Wie Gott mit seinem Sohn im Tod eins war, so ist der Auferstandene und Erhöhte mit Gott in seiner unendlichen Macht eins. In der Auferstehung Christi ist zwar sein Tod aufgehoben, nicht jedoch die Sühnewirkung seines Todes; denn die Liebe Gottes ist die darin wirksame Kraft der rettenden Zuwendung zu uns. In seiner Erhöhung entfernt sich Christus darum nicht von uns; er entfernt sich zwar leiblich, aber die Liebe des für uns Gekreuzigten bleibt in dieser Entfernung vollauf und eschatologisch endgültig in Kraft: Der Erhöhte »tritt für uns ein«. Es ist der Wirklichkeitsbereich von Sünde und Tod, über den er sich erhebt aufgrund dessen, daß Gottes Liebe im Sühnetod seines Sohnes die Herrschaft von Sünde und Tod gebrochen hat. Seine Erhöhung bedeutet: Jenseits des Herrschaftsbereichs von Sünde und Tod, unendlich hoch und weit darüber, hat Gottes Liebe eine Welt vollendeten Heiles eröffnet, in der nur sie in der Gestalt des erhöhten Gekreuzigten herrscht und eine Lebenswirklichkeit schafft, die durch und durch von Liebe bestimmt und geprägt ist. Und weil der Erhöhte der Gekreuzigte ist, der die Herrschaft der Unheilsmächte über alle Menschen und die gesamte Schöpfung universal gebrochen hat, darum umgreift der ›obere‹ Herrschaftsbereich des Erhöhten auch den ganzen ›unteren‹ Herrschaftsbereich jener Unheilsmächte und bezieht die gesamte Schöpfung, »das All«, in sich ein.

Während dies jedoch aus dem ›oberen‹ Aspekt eschatologischer Vollendung post Christum crucifixum schon jetzt gilt, ist diese Vollendung aus dem ›unteren‹ Aspekt der Christen in ihrer irdischen Situation noch ausstehende Zukunft. Denn noch haben sie, die in der Taufe mit dem Gekreuzigten verbunden wurden, in vielerlei Leiden, die sie bedrängen und ängstigen, an Christi Leiden teil. Und noch müssen sie sich der Gewalt jener Unheilsmächte erwehren, von deren Herrschaft sie zwar befreit, deren Zugriff sie aber durchaus noch ausgesetzt sind. Vom irdischen Aspekt aus scheint deren Macht das ganze All zu umfassen, Leben und Tod, Gegenwart und Zukunft, Höhe wie Tiefe. Aber aufgrund ihrer persönlich-wirksamen Verbindung mit dem Gekreuzigten, der als der Erhöhte ›droben‹ herrscht, dürfen sie ›unten‹ auf Erden in der Gewißheit leben und ihre täglichen Kämpfe führen, daß die Kraft jener Mächte nicht ausreicht, sie der Liebe Christi zu entreißen. Im Gegenteil: Weil die Liebe des Gekreuzigten die Liebe Gottes ist, und so wahr Gottes Liebe in ihrer Macht die Herrschaft jener Mächte gebrochen *hat, wird* Gottes Liebe auch die gegenwärtig noch bedrängten Christen der Macht jener Mächte entreißen. Darum kann Paulus aus dieser Gewißheit des Glaubens an Christus heraus der Gesamtheit dieser Mächte, so bedrohlich immer er sie erfährt, den Sieg Christi entgegensingen.

So wahr Christen Leiden, Schwachheiten, Ängste und Verzagtheiten vertraut sind und sie ihnen nicht ausweichen dürfen, weil sie mit dem Gekreuzigten verbunden sind und darum auf seiner Seite gegen die Unheilsmächte stehen und sich mit ihnen nicht arrangieren können, – so wahr kann auch niemand, der an Christus glaubt, von irgendwelchen Leiden, Schwachheiten, Ängsten und Verzagtheiten überwältigt werden. Weder Resignation noch trotzige Selbstbehauptung können das Leben eines glaubenden Christen letztlich bestimmen. Ein Christ, der nicht in den Jubel des Lobpreises selbst einstimmen kann, den die Kirche in ihrem Gottesdienst im Angesicht Christi der ganzen Weltwirklichkeit entgegensingt, und in dessen alltäglichem Leben nicht dieser Lobpreis als cantus firmus nachklingt, ist kein Christ; denn er nimmt nichts wahr von dem ungeheuren Anspruch des Glaubens an Christus, die Welt insgesamt überwunden zu haben. Von jederart Enthusiasmus ist diese unendliche Heilsgewißheit dadurch geschieden, daß sie nicht an der ganzen Erfahrungswirklichkeit der Entfremdung vorbei, sie überspringend und über sie sich hinausschwingend, sondern mitten aus ihr heraus und bewußt an ihr teilhabend, die Wirklichkeit ihrer Überwundenheit durch Kreuz und Auferstehung Christi ihr entgegensingt.

Im Liedgut der Kirche sind diejenigen Choräle die stärksten und großartigsten, die von unserem Abschnitt inspiriert sind, voran etwa dieser[801]:

»In dir ist Freude in allem Leide,
o du süßer Jesus Christ.
Durch dich wir haben himmlische Gaben,
du der wahre Heiland bist;
hilfest von Schanden, rettest aus Banden;
wer dir vertrauet, hat wohl gebauet,
wird ewig bleiben. Halleluja.
Zu deiner Güte steht unser G'müte,
an dir wir kleben im Tod und Leben,
nichts kann uns scheiden. Halleluja.

Wenn wir dich haben, kann uns nicht schaden
Teufel, Welt, Sünd oder Tod.
Du hast's in Händen, kannst alles wenden,
wie nur heißen mag die Not.
Drum wir dich ehren, dein Lob vermehren
mit hellem Schalle freuen uns alle
zu dieser Stunde: Halleluja.
Wir jubilieren und triumphieren,
lieben und loben dein Macht dort droben
mit Herz und Munde. Halleluja.«

Ebenso der Choral: »Jesu, meine Freude«[802], den J. S. Bach in seiner gleichna-

---

[801] EKG 288.
[802] EKG 293.

migen Mottete[803] so mit Röm 8,1f.10f verbunden hat, daß das ganze 8. Kapitel in seiner sachlichen Spannung zu einer Musik geworden ist, die in unvergleichlicher Dichtheit die christliche Heilsgewißheit als Jubel mitten im Leiden erklingen läßt.

---

[803] BWV 227.

III. 9,1–11,36 Die paradoxe Wirklichkeit der Erwählung

1. Paulus ist von Kapitel 6 an damit beschäftigt, sich mit den beiden zentralen Einwänden seines jüdischen Gesprächspartners gegen das Evangelium auseinanderzusetzen, die er in 3,1–8 zunächst nur schroff abgewiesen hatte. Nachdem er in 6,1–8,39 begründet hat, warum christliche Gerechtigkeit wirkliche Gerechtigkeit ist, wendet er sich nun der Frage zu, wie Gottes Gerechtigkeit, wie er sie verkündigt, wirklich jene Bundesgerechtigkeit ist, kraft deren Gott Israel erwählt hat, wenn doch Israel als das erwählte Volk der Kirche als der neuen Bundesgemeinde entgegensteht. So deutlich diese drei Kapitel einen in sich geschlossenen Gedankengang bilden, so deutlich ist dessen Ort und Bedeutung im Zusammenhang des Briefkorpus zu erkennen. Es beruht schlicht auf einer Verkennung dieser Stellung von Röm 9–11 im Kontext, parallel zu Röm 6–8, wenn einige Exegeten den Abschnitt als einen Exkurs beurteilen, der ohne Schaden für das Ganze des Römerbriefs auch fehlen könnte[804].

In diesem Sinn ist das *Thema* dieses dritten Teils zu bestimmen. Es geht nicht um die Frage nach dem Schicksal Israels für sich[805]; aber auch nicht um das Problem der Prädestination[806] oder um das der Heilsgeschichte am Beispiel Israels[807]. Es geht auch nicht allein um das Gottesproblem angesichts des Falles Israels[808] oder um das Thema der Gottesgerechtigkeit[809]. All dies sind mehr oder weniger wichtige Aspekte des paulinischen Gedankengangs. Paulus will und muß Antwort geben auf den zentralen Einwand des jüdischen Partners, die universale Heilsverkündigung des Evangeliums für Juden wie Heiden sei erkauft um den Preis des Bruches der Erwählungszusage Gottes an Israel; die These der Rechtfertigung aller Menschen als Sünder sei erbaut auf dem zerbrochenen Fundament der Heilsgeschichte; darum könne das Evangelium nichts anderes sein als ein leeres Wort, das darin verkündigte Heil ohne Wirklichkeit, die Kirche aus Juden und Heiden eine Heilsgemeinde ohne Heilsgrund; denn

---

[804] So besonders pointiert Dodd 148: »Chaps. IX–XI form a compact and continuous whole, which can be read quite satisfacturily without reference to the rest of the epistle«; vgl. 149: »the epistle could be read without any gap, if these chapters were omitted.« Zu entsprechenden literarkritischen ›Lösungen‹ im 19. Jahrhundert vgl. Schmithals, Römerbrief 22f Anm. 34.

[805] So z.B. Lietzmann 89; Schmidt 155; zuletzt Schlier 282 und besonders wieder Kuss 662.665, der das Thema so formuliert: »Wie ist im Zusammenhang der in der Schrift der Juden (sic!) offenbarten göttlichen Heilspläne die Ablehnung der Glaubensbotschaft von Jesus Christus durch die überwiegende Mehrheit des jüdischen Volkes zu begreifen?«

[806] Dies war der leitende Gesichtspunkt der vorkritischen Exegese. Vgl. jetzt, im Anschluß an Barths Erwählungslehre in KD II/2, Cranfield 448–450.

[807] Vgl. besonders Beyschlag, W., Die paulinische Theologie, Römer IX–XI, Berlin 1868; Kühl, E., Zur paulinischen Theodizee, in: Theologische Studien, FS B. Weiß, Göttingen 1897, 52–94; Weber, Heilsgeschichte; Munck, Christus und Israel; unter dem besonderen Aspekt einer Heilsgeschichte der postmessianischen Zeit; Schoeps, Paulus 248–259.

[808] Vgl. besonders Gaugler II S. VI: »Seine Frage ist die Gottesfrage selbst, die Frage, wie denn Gott noch zu verstehen sei, wenn Israel falle«; ferner z.B. Dinkler, Prädestination 81; auch *Luz*, Geschichtsverständnis 402.

[809] So Müller, Gottes Gerechtigkeit, pass; Stuhlmacher, Gerechtigkeit Gottes 91.

die Gerechtigkeit Gottes, die im Evangelium verkündigt wird, könne in Wirklichkeit nichts anderes sein als Ungerechtigkeit, weil sie mit der Bundesgerechtigkeit für Israel nichts mehr zu tun habe. Dieser Vorwurf der *Unwirklichkeit aller Rede von Gott und Gottes Heil* als einer einzigen ungeheuerlichen Blasphemie ist es, auf den Paulus zu antworten hat, nachdem er in Röm 6–8 auf den Vorwurf der Unwirklichkeit christlicher Gerechtigkeit geantwortet hat. Doch da dieser Vorwurf in jenem fundamentalen gründet, hat die erste Antwort im Grunde nur Kraft, sofern Paulus nunmehr jenen fundamentalen Vorwurf entkräften kann.

Paulus *muß* auf die Frage antworten, nicht nur aus Gründen einer Apologetik gegenüber der Synagoge, sondern vor allem auch aus Gründen des Verständnisses des Evangeliums innerhalb der Gemeinde selbst. Der Gott, dessen Heilshandeln das Evangelium verkündigt, ist derselbe Gott, der Israel erwählt hat. Die Gerechtigkeit Gottes, die im Evangelium offenbart wird, ist dieselbe Bundesgerechtigkeit, in der Gott die Väter erwählt und alle Heilssetzungen in Kraft gesetzt hat (9,4f). Das Christusgeschehen steht in Kontinuität mit allem vorangehenden Heilshandeln Gottes an Israel. Das Evangelium ist »vorherverkündigt durch die Propheten in den heiligen Schriften« (1,2). In der Tat also hängt die Wirklichkeit aller christlichen Rede von Gott an dieser seiner Selbigkeit mit dem Gott Israels und an dem Zusammenhang seines jetzigen Heilshandelns in Tod und Auferstehung Christi mit allem vorangehenden Heilshandeln an Israel. Die im Evangelium verkündigte und im Glauben angenommene Rechtfertigung aller Sünder hat einen heilsgeschichtlichen Horizont[810]. Die Kirche ist das »Israel Gottes« (Gal 6,16). Darum *muß* Paulus die Frage nach der heilsgeschichtlichen Wirklichkeit des Evangeliums als zentrale innerkirchliche Frage aufnehmen. Und im Horizont dieser Frage wird das Nein Israels gegenüber dem Evangelium, sein Verharren unter der Tora und bei der Gesetzesgerechtigkeit, seine Distanzierung von der Kirche und seine Gegnerschaft gegen das Evangelium zu einem tiefen *theo*logischen Problem. Denn dieses Nein Israels ist ein Nein gegen *Gottes* Gerechtigkeit: Muß ihm darum nicht Gottes Nein gegen seine Erwählten entsprechen? Wie Gottes Volk gegen Gott steht, so doch auch nun Gott gegen sein Volk. »Hat Gott sein Volk verworfen?« (11,1), auf diese Frage drängt alles hin, was im Blick auf Israel zu sagen ist. Damit verschärft sich aber das Problem der Ungerechtigkeit Israels gegenüber dem Kontext von 3,1–4. Deckt die Sühnetat der Gerechtigkeit Gottes im Tod Christi die Sünde Israels wie die der Heiden, so ist das Nein Israels gegen Christus als Nein gegen die Rechtfertigung des Sünders nunmehr unaufhebbar-definitiv. Entsprechend unaufhebbar-definitiv muß darum auch Gottes Zorn gegen Israel sein (vgl. 1Thess 2,16).

Eben das aber ist ein *theo*-logisches Problem: Denn wenn Gott, der Israel erwählt hat, sein erwähltes Volk verstoßen muß, muß er sein gegebenes Wort zurücknehmen. Aber wenn Gott Gott ist, als der Gott Israels, ist es unmöglich,

---

[810] Vgl. besonders Käsemann 243f.

daß sein Wort hinfällt (9,6). So entsteht ein Widerspruch als Aporie: Einerseits muß Gott sein abgefallenes Volk verstoßen, sofern seine Grechtigkeit sich gegen ihre Feinde durchsetzt. Andererseits ist es unmöglich, daß Gott sein erwähltes Volk verstößt, den Bund mit ihm aufkündigt; denn seine Gerechtigkeit ist seine Bundesgerechtigkeit, in der er seinem erwählten Volk unerschütterliche Treue hält. Aus diesem theo-logischen Grund ist das Problem Israel ein Problem der Kirche, sofern ihr Gott auch der Gott Israels ist. Die Frage des jüdischen Partners trifft den Apostel ins Herz, nicht nur weil Paulus von Geburt her ein Jude ist, sondern weil er aus heilsgeschichtlichen Gründen auch als Apostel Jesu Christi ein Jude ist. Israel und die Kirche sind heilsgeschichtliche Brüder; sie kommen in aller bestehenden Gegnerschaft nicht voneinander los, weil sich Gott als der Gott Israels in allem Zorn von seinem abgefallenen Volk nicht lossagen kann.

2. Paulus führt seinen *Gedankengang* so durch, daß sich die Aporie am Ende so zuspitzt, daß sie nur durch die Eröffnung eines bislang verborgenen Geheimnisses gelöst wird. Nach einer persönlichen Einleitung, die das Problem markiert (9,1–5), zeigt Paulus zunächst in einem ersten Abschnitt (9,6–29) vom Aspekt Gottes her, daß Gottes Gerechtigkeit sich niemals von Menschen abhängig gemacht hat und darum nicht der Ungerechtigkeit geziehen werden kann, wenn sich sein Zorn gegen Israel richtet. Denn von Anfang an vollzog sich Gottes Erwählung als Auswahl (9,6–13), so daß Gott in seiner Gerechtigkeit frei ist, sich zu erbarmen, wessen er sich erbarmen, und zu verstocken, wen er verstocken will (9,14–18), und darum jeglicher Tadel daran unstatthaft ist, daß er jetzt die Heiden, das Nicht-Volk, beruft und von seinem Volk nur einen »Überrest« rettet, die große Masse aber dem Verderben überantwortet (9,19–29).

In einem zweiten Abschnitt argumentiert Paulus dann von Israel aus. Es hat das »Gesetz der Gerechtigkeit« verfehlt, während die Heiden es erreicht haben; denn da dieses Ziel nur im Glauben erreicht werden kann, Israel es aber aufgrund von Werken erreichen will, ist es auf seinem Lauf am »Stein des Anstoßes« zu Fall gekommen (9,30–33). Gewiß, Israel hat Eifer um Gott, aber verkehrt: Es verkennt *Gottes* Gerechtigkeit und sucht seine eigene Gerechtigkeit, während doch Christus das Ende des Gesetzes ist, indem er nur den Glaubenden das Ziel erreichen läßt (10,1–4). Diese Glaubensgerechtigkeit ist der Werkgerechtigkeit entgegengesetzt, indem sie das Leben nicht vom Tun abhängig macht, sondern als ›Wort des Glaubens‹ allen Menschen, Juden wie Heiden, nahekommt. Die Juden aber glauben nicht, obwohl sie dieses Wort hören und verstehen können und Gott darin immerfort seine Hände zu ihnen ausstreckt (10,5–21).

So drängt sich, vom ersten wie vom zweiten Abschnitt her, die Frage auf: »Hat Gott sein Volk verstoßen?« (11,1). Damit beginnt der dritte Abschnitt (11,1–32). Obwohl Paulus die Frage zurückweist, zielt die Wiederaufnahme des ›Rest‹-Gedankens darauf, daß über »die Übrigen« allesamt der Fluch ausgesprochen wird (11,1–10). Indem Paulus so zum Apostel der Heiden wird, waltet jedoch ein verborgener Heilswille Gottes darin, daß den Heiden das Heil zukommt auf Kosten Israels. Denn sollte nicht darin zugleich begründet sein, daß also dann auch Israel als ganzes gerettet werden wird? Jedenfalls dürfen die Heiden sich nicht über Israel in entsprechend exklusivem Heilsstolz erheben, wie die Juden sich ihrerseits gegenüber den Heiden rühmen. Gott kann sie genauso verwerfen, wie er jetzt Israel um ihretwillen verworfen hat (11,11–24). Daß dies wahr ist, daß Gott tatsächlich ganz Israel erretten *wird,* sobald die Vollzahl der Heiden Eingang gefunden hat, das allerdings kann Paulus nur als Prophet in einem ihm eröffneten »Geheimnis« sagen. In diesem Geheimnis öffnet sich der Blick in das wahre Wesen des Heilshandelns Gottes als seines paradoxen Erbarmens, worin allein die Aporie Israels eine Auflösung findet (11,25–32). So mündet die ganze Erörterung – und zugleich der Gedankengang des Briefkorpus – in einen Lobpreis Gottes aus (11,33–36).

3. Zum Verständnis von Röm 9–11 ist es wichtig, sich in Kürze die *Problemgeschichte* im Urchristentum zu verdeutlichen[811]. Paulus selbst hat in seinen früheren Briefen anders über die heilsgeschichtliche Stellung Israels gedacht. In *1 Thess 2,14–16* blickt er auf die ständige Bekämpfung seiner Mission durch die Synagoge. Er sieht sie im Zusammenhang entsprechender Verfolgung der Judenchristen in Judäa von seiten ihrer eigenen Volksgenossen; ja, wie die Juden den Herrn getötet haben, so auch schon die Propheten. Paulus nimmt hier ein Motiv auf, das in der *Jesusüberlieferung* häufig begegnet[812], vgl. Mt 5,12 par; 23,29–33 par. 34–36 par. 37–39 par; Apg 7,52; ferner vor allem Mt 8,10 par; 8,11f par; Mk 12,1–12 parr; Mt 22,1–10 par; Lk 19,39–44; Mt 27,25. Paulus faßt dies in dem Urteil zusammen, die Juden seien Gott nicht wohlgefällig und allen Menschen zuwider; indem sie die Heilspredigt an die Heiden zu verhindern suchten, brächten sie ihre Sünden allezeit zur Erfüllung: Darum sei Gottes endzeitlicher Zorn bereits auf sie herabgefahren (ἔφθασεν ἐπ' αὐτοὺς ἡ ὀργὴ εἰς τέλος).

In *Gal 4,21–31* hat sich dieses Urteil vergrundsätzlicht. In schroffem Gegensatz zum Selbstverständnis des biblischen Textes deutet er hier Hagar und Sara als zwei einander entgegengesetzte Bundesschlüsse, die erste als den »vom Berg Sinai« »im jetzigen Jerusalem«, die zweite dagegen als den der Verheißung im »oberen Jerusalem«. Die Wirklichkeit des ersten sei die Sklaverei (εἰς δουλείαν γεννῶσα), die des zweiten die Freiheit. Die Juden sind als Söhne der Sklavin Hagar nach dem Fleisch geboren, »wir« Christen dagegen als Söhne der freien Sara nach dem Geist durch die Verheißung. Während von daher die Juden von vornherein zur Sklaverei geboren sind, sind »wir« Christen als Kinder der Verheißung zur Freiheit befreit (5,1). »Wie damals der nach dem Fleisch Gezeugte den nach dem Geist Gezeugten verfolgte, so auch jetzt. Aber was sagt

---

[811] Vgl. Hunzinger, C.-H., Die Hoffnung angesichts des Todes im Wandel der paulinischen Aussagen, in: Leben angesichts des Todes (FS H. Thielicke), Tübingen 1968, 69–88, hier 83–85; Davies, Paul and the People of Israel.

[812] Vgl. Steck, O. H., Israel und das gewaltsame Geschick der Propheten, 1967 (WMANT 23).

die Schrift? Stoße aus die Magd und ihren Sohn; denn nicht soll erben der Sohn der Magd zusammen mit dem Sohn der Freien« (VV 29f). Das heißt: Die Juden sind von Gott verworfen, exkommuniziert aus dem Erbteil als der Realisierung der Heilsverheißung – allein die Kirche ist der Erbe. Was Paulus also in Röm 11,1 leidenschaftlich bestreitet, hat er kurz zuvor im Galaterbrief in definitiver Härte bekräftigt. Wo jedoch der Gedanke auch im Römerbrief von 9,2b an auf eben solche eschatologische Exkommunikation des Evangelium-feindlichen Israel zuläuft (11,8–10), wird auf dem Hintergrund seiner früheren Urteile die Antwort, die Paulus dann von Röm 11,11ff an in dem »Mysterium« von 11,25f findet, um so erstaunlicher: Sie bedeutet nichts weniger als eine Wende in seinem heilsgeschichtlichen Denken. Und diese ist der Sache nach eine Konsequenz eben jener radikalen Rechtfertigungsverkündigung (Röm 11,28–32 vgl. 11,15), aus deren Gefälle sich ihm noch kurz zuvor das gegenteilige Urteil ergab.

Der *Epheserbrief* entfaltet dann diesen neuen Gedanken des Paulus (Eph 2,11–22). Doch steht der Epheserbrief darin in nachpaulinischer Zeit allein. Die *Apostelgeschichte* zeichnet die heilsgeschichtliche Wende so, daß die Juden die ihnen »zuerst« (13,46) eröffnete Chance der Errettung durch Jesus ausgeschlagen haben, woraufhin das Evangelium dann den Heiden verkündigt wird, die es mit Freuden annehmen (13,46–48 vgl. 18,6; 20,26f; 28,25–28). Dieses Urteil hält sich also auf der Ebene dessen, wogegen Paulus in Röm 11,17ff warnend seine Stimme erhebt. Der *Hebräerbrief* sagt ähnliches wie Paulus in Gal 4: Der neue Bund hat den ersten definitiv zum alten gemacht; »was aber veraltet und greisenhaft geworden ist, das ist dem Hinschwinden nahe« (Hebr 8,13). Das *Johannesevangelium* schließlich läßt Jesus die Juden als »Söhne des Teufels« attackieren (Joh 8,39–47). Wie dieser ein »Menschenmörder von Anfang an« war (V 44), so erweise ihre Absicht, Jesus zu töten, daß sie nicht »aus Gott« und darum nicht Kinder Abrahams« (V 40) seien, sondern vom Teufel als ihrem Vater abstammen (V 44). Es bleibt ihnen nur die zu späte Erkenntnis, wer Jesus ist – wenn sie ihn kreuzigen und darin »erhöhen« (8,28). Die Konkurrenz zwischen Christentum und Judentum hat sich offenbar gegen Ende des 1. Jahrhunderts zu einer Feindschaft verschärft, unter deren aktuellem Aspekt sich das frühe Urteil über die Mörder der Propheten als Mörder Jesu in je verschiedener Weise heilsgeschichtlich verhärtet hat. Paulus hat als erster die Verurteilung der Juden in diesem Sinn vergrundsätzlicht. Der gleiche Paulus machte dann aber in Röm 11 eine Kehrtwendung, die jedoch nur in paulinischer Tradition fortgewirkt hat. In der weiteren Geschichte der Kirche hat sich, aufs ganze gesehen, nicht dies, sondern das Gegenteil durchgesetzt.

1. *9,1–5 Fürbitte für Israel angesichts des Widerspruchs zu seiner Erwählung*

Literatur: *Cerfaux, L.*, Le privilège d'Israel selont St. Paul, EThL 17 (1940) 5–26; *Dreyfus, F.*, Le passé et le présent d'Israel (Rom 9,1–5; 11,1–24), in: Israelfrage 131–151, hier 132–139; *Lorimer, W. L.*, Romans IX,3–5, NTS 13 (1967) 385f; *Lyonnet, S.*, Exegesis Epistolae ad Romanos II; *Luz, U.*, Das Geschichtsverständnis des Paulus 26–28.269–274; *Munck, J.*, Christus und Israel 26–30; *Peterson, E.*, Die Kirche aus Juden und Heiden 12–75; *Plag, Chr.*, Israels Wege zum Heil 13f; *Thüsing, W.*, Per Christum in Deum 147–150; *Vischer, W.*, Das Geheimnis Israels.

1 Wahrheit sage ich in Christus, ich lüge nicht; denn es zeugt für mich mein Gewissen im heiligen Geist. 2 Große Trauer und unaufhörlicher Schmerz ist mir in meinem Herzen. 3 Ich bäte gern darum, verflucht zu sein, ich selbst, geschieden von Christus für meine Brüder, meine Stammesgenossen nach dem Fleisch. 4 Sie sind ja doch Israeliten. Ihnen gehört das Sohnesrecht und die Herrlichkeit und die Bundesschlüsse und die Gesetzgebung und der Gottesdienst und die Verheißungen. 5 Ihnen gehören die Väter, und aus ihnen (stammt) der Christus, nach Maßgabe des Fleisches. Gott, der über allem ist, sei gepriesen in Ewigkeit. Amen.

Analyse In einer sehr persönlich und eindringlich formulierten Beteuerung bezeugt Paulus zunächst seinen tiefen Schmerz (VV 1f), dessen Grund er erst in V 3 nennt: Er will die Verfluchung »von Christus weg« auf sich nehmen für seine Brüder und Stammesgenossen, deren erwählungsgeschichtliche Vorzüge er in VV 4–5a aufzählt. Daran schließt sich in V 5b eine Doxologie.

Erklärung Mit einer doppelten (positiven wie negativen) Versicherung[813] der Wahrheit
1 dessen, was er im folgenden sagt, beginnt Paulus den neuen Briefteil. Die Wahrheit ist »in Christus«[814] gegründet und wird Paulus bestätigt durch das
2 Zeugnis seines Gewissens (vgl. 2,15), das im Heiligen Geist[815] spricht und darum nicht irren kann. Worum es geht (ὅτι), sagt er zunächst in V 2 unspezi-
3 fiziert. Wieder fällt die Doppelung auf: Große Trauer und unaufhörlicher Schmerz[816] sind in seinem Herzen. Ihr Grund wird nicht ausdrücklich genannt, ist aber aus V 3 zu erschließen: der Unglaube der Juden gegenüber dem Evangelium; von ihm ist ausdrücklich erst von 9,31 an die Rede. Ihrem drohenden Ausschluß von Christus – und d.h. vom Heil – kommt Paulus zuvor mit der Bitte an Gott[817], in eigener Person, stellvertretend für sie, den Fluch

---

[813] Vgl. einerseits 2Kor 11,10; 12,6; (13,8), andererseits 2Kor 11,31; Gal 1,20, ferner auch 2Kor 1,23; 2,17; 12,19; Röm 1,9. Eine Röm 9,1 entsprechende doppelte Versicherung findet sich in 2Tim 2,7 und Joh 1,20. Vgl. dazu Stählin, G., Zum Gebrauch von Beteuerungsformeln im NT, NT 5 (1962) 115–143.
[814] Der westliche Text (D* F G a vg^s) ergänzt Ἰησοῦ.
[815] Zu πνεῦμα ἅγιον vgl. (1,4); 5,5; 14,17; 15.13.16; 1Kor 6,19; 12,3; 2Kor 6,6; 13,13; 1Thess 1,5f; 4,8; – Eph 4,30; 2Tim 1,14; Tit 3,5; Hebr 2,4; 3,7; 6,4; 9,8.14; 10,15.29; 1Petr 1,12; Jud 20,
[816] Zu λύπη vgl. besonders 2Kor 2,3; 7,9f; Phil 2,27. ὀδύνη findet sich im NT nur noch in 1Tim 6,10; vgl. das Verbum in Lk 2,48; 16,24f; Apg 20,38.
[817] ηὐχόμην wird zumeist als Wunsch aufgefaßt, vgl. Bl-Debr-Rehkopf § 359,5. Doch wird εὔχεσθαι sonst bei Paulus (2Kor 13,7.9) wie auch im NT (Apg 26,29 und so wohl auch 27,29, anders 3Joh 2) im Sinn des Betens gebraucht. Einen unerfüllten Wunsch drückt

der Trennung von Christus (ἀπὸ τοῦ Χριστοῦ) zu erleiden. In solcher Bitte entspricht er dem biblischen Vorbild Moses (Ex 32,32)⁸¹⁸, ja in gewisser Hinsicht dem Handeln Christi (vgl. 5,8 und zuletzt 8,32)⁸¹⁹. Wie Christus den Fluch des Gesetzes auf sich gezogen hat, um die verlorenen Sünder zu retten, so will jetzt Paulus seine durch ihren Unglauben verlorenen Brüder retten, indem er selbst (αὐτὸς ἐγώ) zu einem dem Untergang geweihten Verfluchten⁸²⁰ wird, als welche in der urchristlichen Abendmahlsliturgie diejenigen von der Eucharistie ausgeschlossen werden, »die den Herrn nicht lieben« (1Kor 16,22 vgl. Did 10,6)⁸²¹. Dies geht über die traditionelle prophetische Interzession hinaus und ist gemeint als Akt stellvertretender Sühne für diejenigen, die der Heillosigkeit verfallen, indem sie die im Kreuz Christi für sie geschaffene Sühne abweisen⁸²². Was das bedeutet, ist daraus zu ermessen, daß sich Paulus zu eben jener Trennung von Christus bereiterklärt, vor der in alle Ewigkeit gesichert zu sein, er gerade eben triumphierend bekannt hat (8,35–39). Aber er weiß, daß er so nicht bitten kann und darf; ηὐχόμην drückt eine unerfüllte, unerfüllbare Bitte aus. Allein das Kreuz ist der Ort eschatologischer, durch Gottes Gerechtigkeit geschaffener Sühne⁸²³, deren Heilswirkung zwar von keiner Macht aufgehoben werden kann, von der sich aber der, der sie im Unglauben abweist, selbst trennt, ohne daß ein Mensch für ihn noch einmal eine Sühne erbringen kann. Eben darin besteht die schmerzliche Aporie, die Paulus mit diesem neuen Briefteil berührt: Wie steht es mit dem Geschick derer, die der Gerechtigkeit Gottes im Kreuz nicht im Glauben an Christus entsprechen, die zu Feinden Gottes geworden sind in einem anderen, tieferen Sinn als die Sünder, für die Christus gestorben ist (vgl. 5,8–10; 8,7)?

Paulus meint die Juden, vermeidet aber nahezu durchweg in Kapitel 9–11 das bisher verwendete Wort Ἰουδαῖοι⁸²⁴. Er nennt sie zunächst seine Brüder und bezieht so seine »Stammesgenossen nach dem Fleisch« in die Bruderschaft der Christen ein⁸²⁵. In welchem Sinn? Es ist nicht die jüdische Abstammung, die 4 sie begründet, sondern es sind die ›notae‹ der Erwählung Gottes, die Paulus im

---

Paulus sonst mit ὄφελον (1Kor 4,8; 2Kor 11,1; Gal 5,12), ἤθελον (Gal 4,20), ἐβουλόμην (Phlm 13) u.ä. aus. Daß statt eines Akkusativobjekts ein Nominativ c.inf. steht, entspricht der Regel, vgl. Bl-Debr-Rehkopf § 405,1 sowie die Beispiele für Verben des Bittens mit folgendem Infinitiv ebd. § 392,4a.

⁸¹⁸ Vgl. ferner die rabbinische Auswertung von Jon 1,12 bei Bill. II 280f sowie von 4Makk 1,11; 17,20ff ebd. 279f.

⁸¹⁹ Es ist freilich abwegig, von einer »wirklichen Konkurrenz mit dem Christus« zu sprechen (so Windisch, Paulus und Christus 242).

⁸²⁰ Zu ἀνάθεμα (חרם) in dieser Bedeutung – entsprechend der kultischen Fluchformel ארור הוא (Bill. III 446) vgl. 1Kor 12,3, unterschieden von ἀνάθημα = ›Weihgabe‹ an die Gottheit – vgl. Dtn 7,26; 13,16.18; 20,7; Jos 6,17f;

7,11ff; Sach 14,11 usw. und dazu Behm, ThWNT I 356f; Bill. III 260f.

⁸²¹ Vgl. dazu Bornkamm, Das Anathema in der urchristlichen Abendmahlsliturgie, in: Ende des Gesetzes 123–132.

⁸²² Insofern unterscheidet sich diese Bitte des Paulus auch von der rabbinisch bezeugten Formel: »Möge ich Sühne sein für NN«, vgl. dazu Bill. III 261.

⁸²³ Vgl. ἐφάπαξ 6,10; Hebr 7,27; 9,12; 10,10.

⁸²⁴ Vgl. Luz, Geschichtsverständnis 26f. Die Ausnahmen (9,24; 10,12) bestätigen die Regel; denn dort geht es um den Aspekt der Universalität (Juden – Heiden).

⁸²⁵ κατὰ σάρκα gehört nur zu τῶν συγγενῶν μου und nicht zu τῶν ἀδελφῶν μου; gegen Michel 226, dessen richtiger Satz: »Der

folgenden aufzählt: Ihnen kommt der Ehrenname »Israeliten« als bekenntnishafte Selbstbezeichnung zu, den Gott Jakob gab (Gen 32,38f[826]). Was dieser Name an Heilssetzungen impliziert, entfaltet Paulus in den folgenden Bestimmungen. Es sind die Rechtsstellung als Söhne Gottes (vgl. besonders Ex 4,22; Hos 11,1; Jub 2,20); die Herrlichkeit Gottes, die strahlende Atmosphäre und Kraft seiner unmittelbaren Gegenwart, die die Väter in der Wüste begleitete (vgl. Ex 16,10), aus der heraus Mose die Tora empfing (Ex 24,16) und die ihren Ort im Zelt (Ex 40,34f) und dann im Jerusalemer Tempel hat (Jes 6,3; Hebr 9,5); ebenso die verschiedenen, aufeinander folgenden Bundesschlüsse[827], die Gesetzgebung[828], der Kult[829] und die Verheißungen[830]. Durch die
5 Wiederholung von ὧν neu ansetzend, fügt Paulus hinzu, daß den Israeliten die Väter gehören, mit deren Erwählung die Heilsgeschichte begründet worden ist; und mit deutlichem Achtergewicht das Wichtigste: »Von ihnen (ἐξ ὧν) stammt auch der Christus ab – nach Maßgabe des Fleisches.« Denn er ist ja nach dem grundlegenden Bekenntnis 1,3 »gezeugt aus dem Samen Davids nach dem Fleisch«[831]. Der Zusatz τὸ κατὰ σάρκα entspricht κατὰ σάρκα in V 3. An beiden Stellen kommt zwar eine Einschränkung zum Ausdruck: Wie die Juden nicht aufgrund der Abstammung Brüder sind, so ist der Messias zwar ein geborener Jude (vgl. Joh 4,22), aber nicht aufgrund dessen der Messias. In V 6ff wird Paulus dies ausführen. Hier jedoch liegt der Ton auf der Zugehörigkeit Christi zu Israel als dem Volk der Erwählung Gottes. Daß aus ihm der Messias kommt, ist ebenso wie alles zuvor Angeführte ein signum seiner Erwählung, und zwar das letzte und gewichtigste[832].

---

neue Brudername hat den alten nicht aufgehoben«, erst so sein Gewicht bekommt. Vgl. so auch 2Kor 11,22 (κατὰ σάρκα bezieht sich nur auf das falsche Rühmen: V 18); anders Phil 3,5 (vgl. V 7).
[826] Vgl. dazu z.B. Jub 15,30: »Israel aber hat er erwählt, daß es ihm zum Volk sei«. Zum ganzen vgl. *Kuhn* in ThWNT III 360–366.
[827] P46 B D F G b c vg^cl sa bo^mss Cypr lesen ἡ διαθήκη und gleichen damit an den sonstigen paulinischen Sprachgebrauch an. Die LA im plur ist als lectio difficilior ursprünglich (anders nur Cerfaux, Privilège 13). Von mehreren Bundesschließungen ist seit Sir 44,12.18; Weish 18,22; 2Makk 8,15 vielfach die Rede, vgl. Munck, Christus und Israel 29 Anm. 32. Zu Philo und der rabbinischen Tradition vgl. Behm in ThWNT II 131.
[828] νομοθεσία ist im hellenistischen Judentum gebräuchlich, vgl. Michel 227. Das Wort bezeichnet selten den Akt der Gesetzgebung, zumeist die Tora selbst in ihrer den Bund und das Volk konstituierenden Bedeutung, vgl.

Gutbrod in ThWNT IV 1082. Darum ist zweifelhaft, ob Paulus hier gezielt νομοθεσία statt νόμος gewählt hat, um darauf abzuheben, daß »nicht der *Besitz* des Gesetzes durch die Juden, sondern das *Geschehen* der Gesetzgebung, also das Handeln Gottes, das Israel zuteilgeworden ist«, zu den notae electionis zähle (so Luz, Geschichtsverständnis 272; Käsemann 247). Paulus schreibt vielmehr νομοθεσία entsprechend υἱοθεσία (so richtig Dreyfus, Le Passé 133 Anm. 5); Cranfield 463.
[829] λατρεία bezeichnet in LXX nahezu durchweg (als Übersetzung von עבדה) den Kult, vgl. ThWNT IV 61. Vgl. z.B. Ab 1,2: »Auf drei Dingen beruht die Welt: auf der Tora und auf dem Kult und auf der Erweisung von Liebeswerken.«
[830] Wie διαθήκη lesen P46 D F G a bo^mss ἡ ἐπαγγελία.
[831] Michel 228; Schlier 287; dagegen ohne ersichtlichen Grund Käsemann 247.
[832] So mit Recht Dreyfus, Le passé 139.

In V 5b folgt eine Doxologie, von der umstritten ist, ob sie sich auf Christus (I) bezieht oder auf Gott (II)[833]. Demnach setzt man entweder nach κατὰ σάρκα ein Komma[834] oder einen Punkt. Für I spricht zunächst, daß bei Paulus nicht-selbständige Doxologien sonst immer auf das vorhergehende Subjekt bezogen sind[835], und entsprechend gegen II, daß selbständige Doxologien mit εὐλογητός zu beginnen pflegen[836], während voranstehendes Subjekt nur in nichtselbständigen Doxologien anzutreffen ist. Daß mit ὁ ὤν ein anderes Subjekt gemeint sei als das unmittelbar voranstehende, ist also stilistisch nicht angezeigt[837]. Für II jedoch spricht, daß alle sonstigen paulinischen Doxologien Gott, nicht Christus preisen. Auch hier ist eine theologische Doxologie am Platz, weil ja alle aufgezählten signa Israels Heilssetzungen Gottes sind. Ferner ist der Partizipialsatz »der da ist über allem« ein Gottesprädikat (vgl. Eph 4,6 sowie besonders auch Röm 3,29f), das zwar auch der Stellung des erhöhten Christus angemessen ist[838], die aber im Kontext hier nicht anvisiert ist; Paulus zielt auf die Superiorität des erwählenden Gottes. Schließlich gibt es stilistische Analogien sowohl für die Stellung des Subjekts vor dem Prädikat[839] als auch für den eingeschobenen Partizipialsatz[840]. Gegen I dagegen spricht, daß Paulus sonst nirgendwo Christus direkt das Prädikat »Gott« zuspricht[841]. Die Gründe für II und gegen I dominieren stark[842].

Statt das Problem des Evangelium-feindlichen Israel in überlegener Distanziertheit anzugehen, beginnt Paulus seine Erörterung in äußerster persönlicher Betroffenheit. Dies mag aktuell veranlaßt sein durch jüdische Vorwürfe gegen Paulus, den Apostaten[843], die möglicherweise in den Kreisen seiner ju-

Zusammenfassung

---

[833] Die Konjektur ὦν ὁ, die zuerst von J. Crell (gest. 1631) und dann von dem Sozianer J. Schlichting (gest. 1661) vorgeschlagen wurde, läßt die Zugehörigkeit zu Gott als das letzte, größte und umfassendste heilsgeschichtliche Privileg Israels genannt sein. Sie ist in neuerer Zeit z.B. von J. Weiß, Beiträge 238; K. Barth 265f Anm. (vgl. jedoch ders., KD II/2, 226!) und zuletzt energisch von Bartsch, Röm 9,5 und 1Clem 32,4. Eine notwendige Konjektur im Römerbrief, ThZ 21 (1965) 401–409 vertreten worden; vgl. auch Lorimer, W. L., Romans 9,3–5, NTS 13 (1966/67) 385f. Es handelt sich um eine ebenso gescheite wie willkürliche Lösung des Auslegungsproblems von Röm 9,5b; vgl. dazu zuletzt Kuss 691–694; Cranfield 466.
[834] So Ir^lat Tert Chr Ambst.
[835] Vgl. 1,25; 11,36; 2Kor 11,31; Gal 1,5; 2Tim 4,18.
[836] Vgl. 2Kor 1,3; Eph 1,3; 1Petr 1,3; Lk 1,68. Es gibt jedoch auch Doxologien, die mit dem Subjekt einsetzen, vgl. z.B. ψ 67,19 κύριος ὁ θεὸς εὐλογητός (unmittelbar danach in V 20 εὐλογητὸς κύριος); ψ 71,17 ἔστω τὸ ὄνομα αὐτοῦ εὐλογημένον εἰς τοὺς αἰῶνας (umgekehrt V 18f).
[837] Vgl. die Zusammenstellung der Argumente für I bei Lagrange 277; zuletzt Schlier 287f; Kuss 695; Cranfield 464–468.
[838] Vgl. 8,34; 1Kor 15,25f; Phil 2,10; Eph 1,20f; Kol 1,18.
[839] S.o. Anm. 835. Luz, Geschichtsverständnis 27 verweist auch auf die Analogie der tannaitischen Gottesbezeichnung »Der Heilige, gepriesen sei er«.
[840] Den Nachweis führt Champion, L. G., Benedictions and Doxologies in the Epistles of St. Paul, Diss Heidelberg 1934, 124f. Deswegen erübrigt sich die dritte Lösungsmöglichkeit, ὁ ὢν ἐπὶ πάντων auf Christus zurückzubeziehen und θεὸς εὐλογημένος εἰς τοὺς αἰῶνας ἀμήν als hinzugefügte theologische Doxologie aufzufassen. Zur (dogmatischen) Wirkungsgeschichte der Doxologie in Röm 9,5b vgl. zuletzt ausführlich Kuss 679–696; Cranfield 469f.
[841] Vgl. jedoch Phil 2,6 ἐν μορφῇ θεοῦ – ἴσα θεῷ und 2,9 τὸ ὄνομα ὑπὲρ πᾶν ὄνομα. Die antiarianische Polemik ließ in der Alten Kirche Röm 9,5 zu einem Topos der Gottheit Christi werden; vgl. den Bericht bei Schelkle, Paulus 330–334.
[842] So auch zuletzt Käsemann 248; Kuss 678.695f; vgl. die bei Kümmel, Jesus und Paulus, in: Heilsgeschehen und Geschichte 86 Anm. 15 Genannten sowie Luz, Geschichtsverständnis 27; Thüsing, Per Christum 147–190. Für die christologische Deutung treten zuletzt Schlier 288 und Cranfield 468 ein.
[843] So z.B. Michel 223; zuletzt Kuss 669.

denchristlichen Gegner im Osten übernommen und durch sie nach Rom lanciert worden sind. Für diese Vermutung spricht erstens die überaus starke Beteuerung seiner Trauer und seines Schmerzes in VV 1f sowie zweitens die Tatsache, daß Paulus die ganze Erörterung des Briefkorpus vor der römischen Gemeinde in ständiger Auseinandersetzung mit der Synagoge führt. In Röm 9–11 ist es der Einwand von 3,1, den er nun aufgreift, nachdem in Kapitel 6–8 derjenige von 3,5 überwunden ist. Doch gerade dies zeigt, wie grundsätzlich das Thema der Gottesgerechtigkeit heilsgeschichtlich mit dem Thema der Erwählung Israels verbunden ist; vgl. das πρῶτον in 1,16; 2,9 sowie die These vom Schriftzeugnis 1,2; 3,21b. Daß sich die Juden als Israeliten, denen die »Worte Gottes anvertraut sind« (3,2), und denen alle die Heilssetzungen der Erwählung gelten, die Paulus in 9,4f aufzählt, der Gottesgerechtigkeit widersetzen (vgl. 3,3), ist für den Apostel ein schweres heilsgeschichtliches Problem. Er gäbe alles, seine eigene Verbindung mit Christus darum, könnte er dadurch seine ungläubigen Brüder retten. Aber er weiß: Das ist unmöglich. Um so brennender und quälender wird das Problem.

Die Christenheit hat bald danach, durch Jahrhunderte hindurch bis in unsere Gegenwart, solche persönliche Betroffenheit und Beteiligung weithin vergessen und »die Judenfrage« als durch das Nein der Synagoge selbst gelöst betrachtet, aus dem sich nur einzelne durch Konversion retten könnten. Wie problemlos-unbetroffen, wie dogmatisch-hart, wie schrecklich konsequent konnte die Kirche und konnten die Christen das bei der Tora verbleibende, dem Evangelium sich widersetzende Judentum als von Gott verflucht betrachten! Erst das Genozid in den Massenvernichtungslagern der SS hat diesen Bann gebrochen. Die Konstitution des II. Vatikanischen Konzils: »Erklärung über das Verhältnis der Kirche zu den nichtchristlichen Religionen« hat die paulinische Problemstellung mitsamt der persönlichen Betroffenheit kirchlich-repräsentativ aufgenommen; und vielerlei christlich-jüdische Arbeitskreise sind in den letzten Jahrzehnten entstanden, durch deren Aktivitäten die Gemeinden beider Konfessionen bewegt werden, die paulinische Problemstellung endlich zu der ihrigen zu machen.

2. 9,6–29 Der Bestand der Gerechtigkeit Gottes, unabhängig von Menschen

Literatur: Berger, K., Abraham in den paulinischen Hauptbriefen, MThZ 17 (1966) 47–89, hier 77–82; *Bornkamm, G.,* Paulinische Anakoluthe, in: Das Ende des Gesetzes 76–92, hier 90–92; *Dinkler, E.,* Prädestination bei Paulus, in: Signum Crucis, Tübingen 1967, 241–269; *Luz, U.,* Das Geschichtsverständnis des Paulus 64–84; *Lyonnet, S.,* De doctrina praedestinationis et reprobationis in Rom 9, VD 34 (1956) 193–201.257–271; *Maier, F. W.,* Israel in der Heilsgeschichte; *Montagnini, F.,* Elezione e libertà, grazia e predestinazione a proposito di Rom 9,6–29, in: Israelfrage 57–86; *Munck, J.,* Christus und Israel 31–62; *Peterson, E.,* Die Kirche aus Juden und Heiden 16–40; *Plag, Chr.,* Israels Wege zum Heil 14–17; *Vischer, W.,* Das Geheimnis Israels 84–104; *Zeller, D.,* Juden und Heiden 113–121.203–208.

a) 9,6–13 Erwählung als Auswahl

6 Doch nicht als ob Gottes Wort hinfällig geworden wäre! Nicht alle aus Israel nämlich sind Israel. 7 Und nicht, weil sie Same Abrahams sind, sind alle Kinder. Vielmehr: »(Nur) in Isaak wird dir Same berufen werden«. 8 Das heißt: Nicht die Kinder des Fleisches sind Kinder Gottes, sondern (nur) die Kinder der Verheißung werden als »Same« anerkannt. 9 Das Wort der Verheißung nämlich lautet so: »Um diese Zeit werde ich kommen, und Sara wird einen Sohn haben.« 10 Aber nicht nur (Sara), sondern auch Rebekka, die von einem Mann (doppelt) schwanger war, unserem Vater Isaak: 11 Denn als (die beiden) noch ungeboren waren und noch nichts getan hatten, weder Gutes noch Böses, – damit Gottes Erwählungsvorsatz bestehen bleibe: 12 Nicht aufgrund von Werken, sondern aufgrund dessen, der beruft, – wurde ihr zugesprochen: »Der Größere wird dem Kleineren dienen«, 13 wie geschrieben steht: »Jakob habe ich geliebt, Esau aber gehaßt.«

V 6a ist eine These, die im folgenden zweifach ausgeführt wird (vgl. V 11b): in VV 6b–9 und VV 10–13. Beide Abschnitte sind gleichartig aufgebaut: a) Feststellung der geschichtlichen Tatsache, daß die Zugehörigkeit zu den Erwählten jeweils nur einem von zwei Kindern widerfahren ist (VV 6b–7 und V 10); b) der Sinn solcher Auswahl (V 8 und VV 11–12a); c) das Verheißungswort Gottes, mit dem diese Auswahl in Kraft getreten ist (V 9 und VV 12a–13)[844]. Die These V 6a ist zugleich die Überschrift über den ganzen Briefteil[845]; sie kommt besonders in Kapitel 11 zum Zuge, vgl. 11,29.

Analyse

Im Stil unterscheidet sich dieser Abschnitt vom voranstehenden. Abrupt beginnt hier eine Diskussion. Mit den negativ formulierten Thesen in V 6 antwortet Paulus auf eine entsprechende gegnerische These, die bereits die Diskussion in 3,1ff bestimmte[846]. Sie lautet: Wenn nach Paulus die Masse der Juden, weil im Unglauben verharrend, von Gottes Heil ausgeschlossen sein und so nicht alle Israeliten zum Volk der Erwählung gehören sollen, dann besagt das faktisch, daß Gottes Wort, das er doch allen Israeliten gegeben hat, hinfällig geworden ist.

Noch immer nicht nennt Paulus das Problem bei Namen, um das es geht: Hat Gott das im Unglauben verharrende Judentum trotz der ihm als »Israel« gegebenen Heilssetzungen (VV 4f) vom Heil ausgeschlossen (vgl. 11,1)? Mit der voranstehenden These V 6a bestreitet[847] Paulus dies mit dem gleichen Argu-

Erklärung 6

---

[844] Vgl. Luz, Geschichtsverständnis 70 Anm. 168.
[845] So Käsemann 279; Cranfield 473. V 6a ist nicht nur These zu 9,6b–13 (so Luz, Geschichtsverständnis 70), auch nicht nur zu 9,6b–29 (so Berger, Abraham 80, vgl. jedoch richtig 79).
[846] Vgl. Jeremias, Zur Gedankenführung in den paulinischen Briefen, in: Abba 269–276, hier 271.
[847] In οὐχ οἷον ὅτι sind zwei verschiedene Negationsformeln mit gleicher Bedeutung

ment wie in 3,2: *Gottes* Wort, durch das alle jene Heilssetzungen in Kraft gesetzt worden sind[848], ist »*nicht* hingefallen«[849], d.h. die Wahrheit und Kraft seiner Zusagen ist noch in voller Geltung (Perfekt), vgl. Jes 55,10f; Ps 119,89–91.

Paulus gibt dafür im folgenden eine zunächst überraschende Begründung. Vorauszusetzen ist wohl die unausgesprochene Frage, ob die These V 6a nicht angesichts des Abfalls Israels von Gott (vgl. 3,3) unhaltbar geworden sei. Paulus antwortet darauf: Nein, denn (γάρ) dasjenige Israel, dem jene Heilssetzungen des Wortes Gottes gelten, ist von der Gesamtheit der geborenen Israeliten

7 unterschieden (V 6b vgl. 2,28f). Paulus expliziert das im Blick auf den Anfang der Erwählungsgeschichte: Nicht alle Israeliten[850] sind in Wahrheit Israel; und nicht alle, die leiblich von Abraham abstammen, sind »Same Abrahams« im Sinne der Verheißung. Diese hat von Anfang an auswählenden Charakter, wie aus dem Wortlaut von Gen 21,12 (LXX) zu ersehen ist. Wenn es dort heißt: »In Isaak wird dir Same berufen werden«, so sind damit die Nachfahren Israels ausgeschlossen (vgl. Gal 4,21–31!). Der Sinn ist also: »*nur* in Isaak«[851]. Und darauf weist auch κληθήσεται: Nur durch eine je besondere Berufung durch Gott (passivum divinum vgl. V 12) wird der faktische »Same« Abrahams zum »Samen« im Sinne der an Abraham ergangenen Verheißung, zum Kind Abrahams, das an dessen Erwählung teilhat.

8 Das bedeutet (τοῦτ' ἔστιν): Nicht alle Kinder Abrahams, die es »nach dem Fleisch«, d.h. durch leibliche Abstammung von ihm sind, sind Kinder Gottes, d.h. gehören im Sinne der Erwählung zu Gott (vgl. υἱοθεσία V 4), sondern nur *die* Kinder, die es durch das konkret an sie ergehende Verheißungswort geworden sind, die Gott zum Samen Abrahams im erwählungsgeschichtlichen Sinn der Verheißung »hinzurechnet«. λογίζεσθαι ist wie in 2,26 ein Rechtsakt Gottes, in dem dieser dem Menschen eine heilsgeschichtliche ›Qualifikation‹ zuspricht, die er von sich aus nicht hat und haben kann[852]. »Dem Apostel kommt es darauf an, daß Verheißung nicht immanent weitergegeben und gleichsam leiblich fortgesetzt werden kann, sondern immer neu zugesprochen und bewährt werden muß«[853]. In den einander entgegengesetzten Bestimmungen »Kinder des Fleisches« und »Kinder der Verheißung« haben die Genitive quali-

---

(»nicht als ob«) zusammengezogen: οὐχ οἷον und οὐχ ὅτι; vgl. Bl-Debr-Rehkopf § 304,4 und 480,6. Die Väter verstanden nicht selten attizistisch als »non potest«, so z.B. Augustinus ep. 136,31 (vgl. Schelkle, Paulus 354).
[848] Käsemann 250 betont mit Recht, daß ὁ λόγος τοῦ θεοῦ nicht allgemein die Absicht und den Willen Gottes (so Zahn 436; Michel 231) bezeichnet, sondern »die Israel konkret gewährten Zusagen«, vgl. 3,2 τὰ λόγια τοῦ θεοῦ.
[849] Vgl. πίπτειν 1Kor 13,8; Lk 6,17. Oppositum ist μένειν 9,11; 1Kor 13,13; 2Kor 3,11; 9,9; Hebr 7,3.24; 12,27; 1Petr 1,23.25; Joh 6,27; 12,34; 1Joh 2,17; 3,15.
[850] οἱ ἐκ Ἰσραήλ ist wahrscheinlich im Sinne der geburtsmäßigen Abstammung aus dem Volk Israel gemeint (vgl. V 4 und 11,1), nicht von dem Stmmvater Jakob = Israel (so z.B. Michel 231). Denn sonst sollte man erwarten, daß V 7a voranstünde.
[851] So zuletzt Schlier 290.
[852] Vgl. so auch das Rechtfertigungsurteil aus Gen 15,6 in Röm 4 und dazu Heidland, Anrechnung 64f, der mit Recht in Röm 9,8 die besondere Bedeutung des Aussonderns herausstellt.
[853] Käsemann 250.

fizierende Funktion. Wie in Gal 4,23.28–30 tritt die Verheißung in Gegensatz zum Fleisch. Während es sich jedoch dort um einen Gegensatz dualistischen Charakters im Blick auf zwei verschieden gezeugte Personen als Repräsentanten zweier entgegengesetzter Bundesschlüsse handelt, hat der Gegensatz hier die Funktion, den Auswahl-Charakter der Verheißung zu profilieren: Isaak wie Ismael sind zunächst beide als Abrahams leibliche Nachkommen »Kinder des Fleisches«, die Verheißung jedoch wird dem einen gegeben und dem anderen nicht. Isaak ist durch göttliche Berufung die erwählungsgeschichtliche Abraham-Kindschaft als Gotteskindschaft zugesprochen worden, die weder ihm selbst noch seinem Halbbruder aufgrund dessen, daß sie »Kinder des Fleisches« sind, eignet[854]. Die Verheißung tritt jeweils aktuell zum »Fleisch« hinzu. Ein Gegensatz entsteht erst dort, wo das, was Sache der Verheißung ist, dem Fleisch zugesprochen wird; und dies ist die Front, gegen die Paulus polemisch argumentiert (vgl. 2,17ff).

Es ist in der Tat ein fundamentaler Glaubenssatz des Judentums, daß die Zugehörigkeit zu Israel durch Geburt erworben wird. Zwar ist diese nur ein Moment, zu dem andere Bedingungen hinzutreten müssen, damit die Zugehörigkeit zu Israel zur Zugehörigkeit zum Heil wird, vor allem die Bewahrung der Tora[855]; und Proselyten konnten zu Israel gehören ohne jüdische Abstammung. Doch mindert dies alles deren soteriologische Bedeutung in keiner Weise, wie besonders aus Sanh 10,1 erhellt: »Ganz Israel hat Anteil an der zukünftigen Welt.«

Weil die eigentliche Abrahamkindschaft durch das berufende Wort geschaffen wird, zitiert Paulus den Wortlaut der Verheißung Gen 18,10.14[856], mit der Gott Sara zusammen mit seinem Kommen zu ihr die Geburt des Sohnes zuspricht, dem die Teilhabe an der Erwählung Abrahams gegeben werden soll: nämlich Isaak (V7). 9

In VV 10–13 zeigt Paulus die gleiche Struktur[857] der Erwählung als Auswahl im Blick auf die nächste Väter-Generation. Anders als im Fall von Isaak und Ismael handelt es sich bei Jakob und Esau um leibliche Brüder, ja um Zwillinge; 10

---

[854] Käsemann 250 beachtet diesen Unterschied zwischen Röm 9,8 und Gal 4,23.28–30 nicht und spricht so zumindest unscharf von einer »dualistischen Antithese von Geist und Verheißung und Fleisch«. Es ist nicht zufällig, daß die Antithese Geist – Fleisch aus Röm 8 in Röm 9 nicht begegnet.
[855] In diesem Sinn besteht zwischen VV 4f und VV 6ff keinsachlicher Gegensatz. Paulus wertet weder hier noch dort das Fleisch als solches ab, und es ist nicht seine Meinung, daß für die Teilhabe am wahren Israel die leibliche Abstammung schlechthin bedeutungslos sei (gegen Dinkler, Prädestination 88). Das Fleisch hat jedoch seine – durchaus positive – Bedeutung lediglich als geschichtlich-konkreter Raum der göttlichen Erwählung, in dem diese sich als Auswahl immer neu verwirklicht, so daß es eine reale Kontinuität der Geschichte Israels nur als Geschichte des Erwählungshandelns Gottes gibt; vgl. Berger, Abraham 81f; Käsemann 251. Vgl. dazu den Meinungsgegensatz zwischen R. Jehuda und R. Meir in Qid 36a Bar über die Frage, ob die Verletzung der Kindespflichten das Kindesrecht aufhebe oder nicht; Bill. III 263 (Anm. a) und 264 (Anm. d). Der Meinung R. Meirs entspricht Just Dial 140 (bei Bill. III 264, Anm. e).
[856] Die Satzstruktur entspricht Gen 18,14. Aus Gen 18,10 stammt κατὰ τὸν καιρὸν τοῦτον sowie ἐλεύσομαι (statt ἥξω; 18,14 dagegen ἀναστρέφω).
[857] Zur Ellipse οὐ μόνον δέ, ἀλλὰ καί vgl. 5,3.11; 8,23.

Rebekka hat sie zugleich von *einem* Mann empfangen[858]. Wie in 4,1 spricht der Christ Paulus als Israelit: »Isaak, unser Vater«[859].

11 Der in V 10 begonnene Satz wird durch die Parenthese VV 11–12a unterbrochen und in V 12b anders fortgeführt, als er in V 10 angesetzt war. Auf dieser Parenthese liegt alles Gewicht[860]. Als Subjekt des genitivus absolutus ist natürlich υἱῶν zu ergänzen; Paulus schreibt für Leser, die die Bibel kennen. Schon bei der Zeugung der beiden Söhne (V 10), als sie noch ungeboren, also noch nicht als Handelnde hervorgetreten waren, sei es im Guten, sei es im Bösen[861], hatte Gott seine Auswahl schon getroffen. Denn es war seine Absicht (ἵνα), an diesem besonderen Fall offenbar zu machen, daß es in der Geschichte Israels bei dem Auswahl-Charakter seines Erwählungshandelns bleiben soll; so hat er es in seinem Heilsratschluß beschlossen, der der Geschichte zuvor fest steht (vgl. 8,28b.29). μένειν hat diese Doppelbedeutung: In der dritten Generation der Erwählungsgeschichte bleibt es bei demselben Kriterium der Zugehörigkeit zu ihr wie in der zweiten (und der ersten: vgl. 4,5f); dies Bleiben aber hat zugleich grundsätzlichen Sinn: Es bleibt so und nicht anders in Ewigkeit, und eben darin hat Gottes Wort Bestand und fällt nicht hin (V 6a).

Gegenüber dem ersten Beispiel tritt hier ein neuer Akzent hervor: In seiner Freiheit auszuwählen und zu berufen, wen er will, ist Gott unabhängig von dem, was Menschen tun. Die noch ungeborenen Kinder hatten schlechterdings nicht einmal die Möglichkeit, Gottes Wahl zu beeinflussen, sei es so, daß der eine sich durch gute Taten für die Verheißung qualifizierte, oder sei es so, daß

12 sich der andere durch böse Taten für sie disqualifizierte. Nicht aufgrund von Werken erlangt der Mensch die Teilhabe an Gottes Erwählung, sondern allein aufgrund des Rufes Gottes. So wendet Paulus den Grundsatz seiner Rechtfertigungslehre auf die Anfangsgeschichte Israels und damit auf die Erwählungsgeschichte im ganzen an. Man muß freilich beachten, daß der entscheidende Gedanke der Rechtfertigungslehre, den Paulus in 4,1–8 im Blick auf Abraham pointiert zur Geltung gebracht hat, hier fehlt: daß es der vom Gesetz verfluchte Sünder ist, dem Gott die Gerechtigkeit schenkt allein aufgrund des Glaubens an seine Heilstat in Christus und darum ohne Gesetzeswerke (3,28). Durch V 11a ist der Sinn von οὐκ ἐξ ἔργων hier: überhaupt durch keinerlei Werke, weder gute noch böse. Es geht Paulus also hier um etwas anderes als bei der Rechtfertigung, nämlich um die völlige Unbedingtheit des »Rufes« Gottes, mit dem er

---

[858] Vgl. Lev 18,20.23; Num 5,20 διδόναι κοίτην (נתן שכבה). Nur bei dieser konkreten Bedeutung von κοίτην ἔχουσα hat ἐξ ἑνός Sinn (gegen Käsemann 251). Denn es soll doch nicht betont werden, daß Jakob und Esau ein und denselben Vater hatten – das war ja bei Isaak und Ismael in gleicher Weise der Fall –, sondern daß es sich um Zwillingsbrüder handelte, die zugleich gezeugt worden sind. So richtig Berger, Abraham 82; zuletzt Kuss 707; Cranfield 477.

[859] Es handelt sich hier nicht speziell um judenchristliche Sprachweise (so Käsemann 252). κατὰ σάρκα fehlt an dieser Stelle bewußt. Denn wo Paulus vom wahren Verlauf der Erwählungsgeschichte an ihrem Anfang spricht, setzt er voraus, daß alle Christen als Erwählte Gottes (8,29f) an ihr ebenso teilhaben, wie die berufenen Väter.

[860] Vgl. Luz, Geschichtsverständnis 70f.

[861] κακόν statt φαῦλον in P46 D F G Ψ pm ist wohl sekundäre Angleichung an den üblichen Sprachgebrauch. Zu ἀγαθόν – φαῦλον vgl. 2Kor 5,10; Joh 5,29; (3,20).

auswählt, wen er will. Zwar ist auch in der Rechtfertigung das ›solus Deus‹ entscheidend: doch besagt es dort, daß keine andere Macht als die der sich hingebenden Liebe Gottes Sünder zu retten vermag und Gott seine Gerechtigkeit eben so erwiesen hat, »als wir noch Sünder waren« (5,8). Hier dagegen handelt Gott, »als sie noch ungeboren waren und nichts getan hatten, weder Gutes noch Böses.« Und ebenso ist zwar auch der Rechtfertigungsspruch ein Ruf, der dem des Schöpfers entspricht, »der das Nichtseiende ins Sein ruft« (4,17); aber dort betrifft der Ruf Gottes den Ungerechten, so daß seine schöpferische Kraft derjenigen der Totenauferweckung entspricht. Hier dagegen wirkt er schöpferisch in dem Sinn, daß er erwählt, bevor der Erwählte ins Leben eingetreten ist. Und wenn auch die Rechtfertigung des Ungerechten nach 8,28–30 in dem Heilsratschluß Gottes bereits vorherbestimmt ist, so geht es hier um die Unabhängigkeit Gottes in der Auswahl der Träger seiner Verheißung, die in seinem Heilsratschluß bereits entschieden ist und sich in der Erwählungsgeschichte immer neu erweist. Bei aller Entsprechung zwischen dem Rechtfertigungs- und Erwählungshandeln Gottes sollte man diese Unterschiede nicht übersehen. 9,12a ist nicht als Grundsatz der Rechtfertigung und nicht als hermeneutisches Kriterium der Auslegung der Rechtfertigungsaussage aufzufassen und anzuwenden[862].

Wie in V 9, so folgt nun auch in V 12b der Wortlaut des Auswahlrufes Gottes, Gen 25,23. Daß der Größere (als der Ältere) dem Kleineren (als dem Jüngeren) dienen soll, versteht Paulus vielleicht im Sinne von Gal 4,24f. Sicherlich denkt er hier nicht an zwei Völker[863], ebensowenig »zeitlos« an »Personen, die zu Typen erhoben werden«[864]. So generell VV 11b.12a auch gemeint sind, so sehr stehen Jakob und Esau hier als Beispiele des konkreten Auswahlhandelns Gottes vor Augen. Das zeigt das zweite Zitat aus den Propheten, das im Sinne von 13 3,21 zu dem aus der Tora hinzutritt, Mal 1,2f[865]. Diese Stelle wird auch in 4 Esr 3,16 zitiert, ebenso in erwählungsgeschichtlichem Kontext[866]. Mit ἠγάπησα ist die Erwählung gemeint, mit ἐμίσησα die Verwerfung. Paulus steuert hier also auf eine doppelte Prädestination zu[867], jedoch nicht in kosmologischem, sondern in heilsgeschichtlichem Sinn, nämlich um die völlige, absolute Frei-

---

[862] Das betont so auch Kuss 709.
[863] So Lietzmann 91; Maier, Israel 28; Michel 235; Kuss 709f. Der moralische Anstoß, den Kuss 711–713 im Anschluß an Reimarus im Blick auf die Gen-Geschichten dem gegenwärtigen Leser nahebringen zu müssen meint, stellt sich Paulus nicht, zumal er das ganze Geschehen unter dem Aspekt des Ratschlusses Gottes auswertet, was mit »Apologetik« (713) nichts zu tun hat.
[864] So Käsemann 252. Gleiches gilt auch gegenüber der vielfachen typologischen Väterexegese auf Kirche und Synagoge seit Iren Haer IV 21,2f; vgl. Schelkle, Paulus 355f.
[865] Paulus zitiert nach LXX und stellt nur τὸν Ἰακώβ an den Anfang. – καθάπερ (B) ist gegenüber dem üblichen καθώς, das die Masse der Handschriften liest, sicher ursprünglich, weil so nachdrücklicher die Entsprechung des Prophetenzitats zum Torazitat hervortritt. Überdies ist καθάπερ ein paulinisches Wort, das sonst nur noch in Hebr 4,2; 5,4 auftaucht.
[866] Vgl. 4 Esr 3,13–15 (Abraham – Isaak – Jakob und Esau). Daß bei Esau an Rom gedacht sei (so Gunkel, H., in: Kautzsch, Apokryphen II 353 Anm. p und danach zuletzt Käsemann 252; Schlier 293 Anm. 6), ist weder aus dem Kontext dieser Stelle noch aus 4 Esr 6,7–10 zu ersehen.
[867] Dinkler, Prädestination 92 weist mit Recht darauf hin, daß sich der Gedanke der praedestinatio gemina nur hier findet.

heit herauszustellen, in der Gott innerhalb der Geschichte der Welt die Geschichte seines erwählten Volkes konstituiert und voranführt.

Zusammenfassung Wie Paulus in 2,28f dem Juden, der sich seiner Erwähltheit rühmt (2,17ff), das Bild des wahren Juden entgegenhält, »dessen Lob nicht vom Menschen kommt, sondern von Gott«, so stellt er hier dem jüdischen Verständnis der Erwähltheit aller Israeliten ein Verständnis der wahren Zugehörigkeit zu Israel, das durch Gottes freie Wahl je neu begründet wird, und ein entsprechendes Verständnis der Geschichte Israels als Geschichte der je aktuellen Erwählung durch Gottes Ruf entgegen. Er zeigt dies im Blick auf den Anfang dieser Geschichte: Isaak und nicht Ismael galt der Ruf der Verheißung und danach Jakob, nicht Esau. Nur in diesem Sinne gilt, daß »Gottes Wort nicht hinfällig geworden ist« (V 6a). Denn Gottes Ruf ist nie abhängig von Menschen noch sein Erwählungshandeln vom Handeln der Menschen.

Röm 9,6–13 entspricht Röm 4 insofern, als auch dort die Kontinuität der Verheißungsgeschichte nicht in der Faktizität des »Fleisches« gegeben ist, sondern allein in Gottes Verheißungswort. Beide Stellen unterscheiden sich aber darin, daß in Röm 4 die ›Sache‹ die Rechtfertigung des Sünders durch Gott und entsprechend das Kriterium der Erlangung der Abraham zugesprochenen Verheißung der Glaube ist, während in Röm 9,6ff der Aspekt ganz auf die Freiheit des aktuellen Erwählungshandelns Gottes konzentriert ist.

Ein Problem ergibt sich, wenn man die These V 6a von VV 1ff her als Antwort auf die bedrängende Frage nach dem Geschick des ungläubigen Judentums der urchristlichen Gegenwart hört. Dann besagt V 6a zunächst nichts anderes als 3,3, nämlich daß die Wahrheit der gegebenen Heilszusage Gottes durch den Abfall seines Volkes nicht hinfällig geworden ist. Stattdessen begründet Paulus in VV 7ff die These so, daß sie wahr sei, weil Gott von Anfang an in völliger Unabhängigkeit von den Menschen diejenigen zu Trägern seiner Verheißung mache, die er sich durch freie Auswahl zueigne. Wenn Gott aber in dieser Weise erwählt und verwirft, sollte dann jenes Problem von 9,1ff eben doch so zu lösen sein, daß Gott das ungläubige Israel in der Freiheit seines Prädestinationshandelns verworfen hat (11,1)? Zwar sieht Paulus in Jakob und Esau nicht typologisch die Kirche und die Synagoge, will also nicht in der Verwerfung Esaus diejenige des ungläubigen Judentums erkennen lassen. Aber von V 6b her läuft der Gedanke doch deutlich in diese Richtung; und die Parenthese VV 11–12a ist so grundsätzlich formuliert, daß das »Rufen« Gottes die Berufung in das Christsein jedenfalls miteinschließt[868]. So entsteht zumindest der Anschein, Paulus wolle darauf hinaus, daß sich im Unglauben der gegenwärtigen Juden herausstelle, daß Gott sie bereits zuvor verworfen habe, und sie von daher den Ehrennamen Israel zu Unrecht trügen.

---

[868] Vgl. V 24 und 8,30; 1Kor 1,9; 7,15ff; Gal 1,6; 5,13; 1Thess 2,12; 4,7; 2Thess 2,14; Kol 3,15; Eph 4,1.4; 1Tim 6,12; 2Tim 1,9; 1Petr 1,15; 2,9.21; 3,9; 5,10; Hebr 9,15.

Das 11. Kapitel wird zeigen, daß dies *nicht* die Antwort ist, die Paulus letztlich auf das Problem Israel zu geben hat. Gleichwohl ist 9,7–13 gerade in der Radikalität des auf Erwählung und Verwerfung zulaufenden Gedankens als ein erster, notwendiger Schritt in Richtung auf die Lösung des Problems vollauf ernstzunehmen. Da die Zugehörigkeit zu Israel von Anfang an nie eine Gegebenheit des »Fleisches« noch überhaupt durch das Handeln von Menschen bedingt ist, sondern allein durch das freie Erwählungshandeln Gottes immer neu *geschaffen* wird, kann keiner von den Juden, die das Evangelium ablehnen, die Zugehörigkeit zu Gottes Heilsgemeinde für sich beanspruchen schlechthin aufgrund dessen, daß er durch Geburt Israelit und durch Erfüllung des Gesetzes ein Gerechter sei. Paulus beginnt also seinen Gedankengang mit einer 2,17ff entsprechenden radikalen Kritik des Erwählungsanspruchs Israels. Dieser jedenfalls hat keinerlei Gewicht, um zu bestreiten, daß das ungläubige Israel von Gott verworfen sei.

b) 9,14–29 Die Freiheit der Gerechtigkeit Gottes in Zorn und Erbarmen

**14 Was sollen wir also sagen? Ist etwa Ungerechtigkeit bei Gott? Keineswegs! 15 Zu Mose nämlich sagt er: »Erbarmen werde ich erweisen, wem immer ich Erbarmen erweise, und barmherzig sein mit dem, mit dem immer ich barmherzig bin.« 16 Also denn: Nicht an dem, der will, auch nicht an dem, der läuft, (liegt es), sondern an Gott, der sich erbarmt. 17 Denn die Schrift sagt zu Pharao: »Eben dazu habe ich dich auf den Plan treten lassen, um an dir meine Macht zu erweisen, und damit mein Name verkündet wird auf der ganzen Erde.« 18 Also denn: Wem er will, erweist er Erbarmen, und wen er will, macht er hart.
19 Wirst du mir nun sagen: ›Was macht er mir dann noch Vorwürfe, denn wer hätte (je) seinem Willen Widerstand entgegensetzen (können)?‹ 20 Mensch, wer bist du denn, daß du Gott Vorhaltungen machen (könntest)? Wird denn das Werk zu seinem Schöpfer sagen: Was hast du mich so gemacht? 21 Oder hat nicht der Töpfer freie Macht über den Ton, aus ein und derselben Masse das eine zu einem Gefäß zu ehrenvollem (Gebrauch) zu machen und das andere zu unansehnlichem?
22 Wenn aber Gott, in der Absicht, seinen Zorn zu erweisen und seine Macht kundzutun, in großer Langmut Gefäße (seines) Zorns getragen hat, fertiggemacht zum Verderben, 23 und um den Reichtum seiner Herrlichkeit über Gefäße (seines) Erbarmens kundzutun, die er zuvor bereitet hat zur Herrlichkeit – 24 die er auch berufen hat – uns, nicht nur aus (den) Juden, sondern auch aus (den) Heiden! 25 Wie er auch im (Buch) Hosea sagt: »Rufen werde ich ein Nicht-Volk: mein Volk!, und die Nicht-Geliebte: Geliebte! Und es wird geschehen: 26 An eben dem Ort, wo ihnen gesagt war: Nicht mein Volk seid ihr, dort werden sie ge-**

rufen werden: Söhne des lebendigen Gottes.« 27 Jesaja aber schreit über Israel: »Wenn (auch) die Zahl der Söhne Israels wie der Sand des Meeres wäre, – (nur) der Rest wird gerettet werden. 28 Ein Wort nämlich, vollendend und verkürzend, wird der Herr schaffen auf der Erde.« 29 Und wie Jesaja vorausgesagt hat: »Wenn nicht der Herr Zebaot einen (Rest-)Samen gelassen hätte, wie Sodom wären wir geworden und Gomorra gleichgeworden.«

Analyse Aus dem Voranstehenden erhebt sich ein schwerwiegender Einwand (V 14), dessen sofortige Bestreitung Paulus in VV 15–18 in zwei parallelen Schritten (VV 15f und VV 17f) begründet (γάϱ V 15). Darauf meldet sich nochmals der Gegner (V 19a) und wird ebenso mit zwei parallelen Gleichnissen abgewiesen (V 19b–21). In V 22f beginnt mit einem Konditionalsatz ein neuer Gedanke, der aber in einem Anakoluth abbricht. An V 23 schließt sich der Relativsatz V 24 an, der von der Berufung der Christen aus Juden und Heiden spricht. Dies wird in VV 25–29 durch eine Reihe von Propheten-Zitaten bekräftigt, von denen das erste die Berufung der Heidenchristen und zwei weitere die Beschränkung Israels auf einen Rest, nämlich auf die Judenchristen, ankündigt. Der diatribische Stil schriftgelehrter Argumentation hält sich bis V 23 durch und schlägt dann in V 24 in Bekenntnisstil um (»wir«). Dem gedanklichen Bruch an dieser Stelle entspricht also auch ein stilistischer.
Die Schriftzitate in VV 25–29 bilden eine ›Kette‹. VV 27f und V 29 sind durch den Restgedanken verbunden; ὑπόλειμμα und σπέρμα[869] haben die gleiche Bedeutung. Kunstvoller ist die Verbindung von VV 25f mit VV 27f; denn in V 27b ist Jes 10,22 καὶ ἐὰν γένηται ὁ λαὸς Ἰσραὴλ ὡς ἄμμος τῆς θαλάσσης vermischt mit dem Beginn von Hos 2,1, der in V 26 nicht mitzitiert war: καὶ ἦν ὁ ἀριθμὸς τῶν υἱῶν Ἰσραὴλ ὡς ἡ ἄμμος τῆς θαλάσσης. Von daher hat man vermutet, daß Paulus in VV 25–29 ein »Florilegium« aus kerygmatischer oder homiletischer Tradition übernommen hat[870]. Denn die Verkettung von Hos 2,1 und Jes 10,22 zeigt an, daß zwischen beiden Stellen ein enger sachlicher Zusammenhang gesehen wird: Hos 2 handelt von der Wiederannahme des gefallenen Israel, und dies wird durch die enge Verzahnung mit Jes 10 auf die Annahme eines Restes bezogen. Im paulinischen Kontext dagegen bezieht sich VV 25f auf die Berufung der Heidenchristen (V 24), während dagegen (δέ V 27a) Jes 10 und Jes 1 von der Errettung lediglich eines Restes aus der Gesamtheit Israels sprechen; d.h. Paulus sieht hier die in V 24 erwähnten Judenchristen. Diesem paulinischen Gedankenduktus widerspricht aber jene Verkettung zwischen Hos 2 und Jes 10, die sinnvoll nur unter der Voraussetzung ist, daß es hier um die Wiederannahme Israels geht, wovon ja auch im Prophetentext die Rede ist. Die Zitatenkette als solche will also im Wortlaut der Schrift von der judenchristlichen Gemeinde als dem widerangenommenen Rest aus Israel re-

---

[869] In Jes 1,9 liest MT שריד כמעט.

[870] So Michel 247; zuletzt Schlier 304 Anm. 8. Dagegen Käsemann 261.

den und spiegelt deren spezifisches Selbstverständnis. Paulus ist es, der das erste Glied der Kette aus der Verzahnung mit dem zweiten löst, indem er Hos 2 kühn auf die Heidenchristen deutet und davon das Zeugnis des Jesaja über die Judenchristen absetzt. Ob einige auffallende Differenzen im Wortlaut gegenüber dem LXX-Text ebenfalls auf Paulus oder schon auf das Traditionsstück zurückgehen, wird in der Exegese zu prüfen sein. Jedenfalls aber stammt das in Hos 2,25 fehlende καλέσω in V 25 eindeutig von der Hand des Paulus, der so das entscheidende Stichwort der vorangestellten These V 24 aufnimmt.

Mit der diatribischen Frage: »Was sollen wir also sagen?« leitet Paulus einen Einwand gegen das in VV 6–13 Gesagte ein, der ihm bereits in 3,5 zu schaffen gemacht hat. Da es sich dort um einen Angriff konkreter Gegner handelt, stehen die gleichen Gegner auch hinter der Frage von V 14. Das heißt: Paulus benutzt den diatribischen Diskussionsstil hier wie dort nicht einfach zur Belebung seines Gedankens[871], sondern er befindet sich in einer realen Diskussion von größter Brisanz[872]. Der Gegner zieht aus dem Gedanken des Paulus eine fatale Konsequenz: Wenn Gottes Erwählung wirklich nicht Israel als ganzes betrifft, sondern sich je und je neu in freier Auswahl verwirklicht, als »Liebe« und »Haß«, ohne jede Berücksichtigung menschlicher Werke, dann wäre zu sagen: Gott handelt in Ungerechtigkeit[873]. Das ist nicht einfach im Sinn richterlicher Ungleich-Behandlung, Parteilichkeit gemeint, obwohl dieser Gedanke hier sicherlich mitschwingt. Der Gegner sieht vielmehr wie in 3,5 die Bundesgerechtigkeit Gottes in ihrer heilschaffenden Gerechtigkeit als ganze in Frage gestellt[874], wenn Gott grundlos – und das heißt für den Juden: ohne Rücksicht auf Geburt und Verdienst[875] – die einen erwählt und die anderen verwirft, statt allen Israeliten sein Heil zu schaffen.

Erklärung 14

Wie in 3,5 lautet die Antwort ohne Umschweife: »Keineswegs«[876]. Gleichwohl hält Paulus im folgenden an dem angegriffenen Gedanken in aller Schärfe fest. Wie es in VV 7 ff der Wortlaut der Schrift ist, mit dem er argumentiert, so setzt er nun in V 15 – parallel zu dem Wort über Jakob und Esau V 13 – das zu Mose gesprochene Wort Ex 33,19, das den Namen Gottes als die je konkrete Freiheit seines Erbarmens ausruft[877]. Daraus ergibt sich (ἄρα οὖν) eine Bekräftigung des in V 12 Gesagten: Was die Zugehörigkeit zur Erwählung und den Empfang der Verheißung angeht, so ist dies grundsätzlich nicht Sache des Menschen; es liegt nicht an dem, was ein Mensch »will« (vgl. 7,15ff!) oder sich durch »Laufen« in der Arena erkämpft[878], sondern es ist allein Gottes Sache und kommt

15

16

---

[871] So zuletzt Käsemann 255; Cranfield 482 Anm. 2.
[872] Vgl. Bultmann, Stil 72; Michel 238; Luz, Geschichtsverständnis 72f.
[873] Die Formulierung ist jüdisch; παρὰ τῷ θεῷ = עם יהוה), vgl. Bill. III 79f.
[874] Vgl. Luz, Geschichtsverständnis 74 Anm. 188.
[875] Vgl. die rabbinische Auslegung von Ex 33,19 bei Bill. III 268.
[876] μὴ γένοιτο = חלילה.
[877] Von Ex 33,19 her ist רחמנא/רחמן zu einem rabbinisch geläufigen Gottesnamen geworden; vgl. zuerst Sir 50,19; Bill. III 268.
[878] Vgl. 1Kor 9,24.26; Gal 2,2; 5,7. Es handelt sich um ein verbreitetes Motiv der Diatribe; vgl. Pfitzner, V. G., Paul and the Agon-Motive, 1967, 135f.

einzig dem zu, dem Gott sein Erbarmen zuwendet. Ähnliche Aussagen finden sich auch im umgebenden Judentum[879]; vor allem die Qumrangemeinde wiederholt immer wieder, daß die Zugehörigkeit zur Heilsgemeinde Gottes einzig durch Gottes Erbarmen besteht, durch das der einzelne »nahegebracht« worden ist[880].

17 Der Freiheit des Erbarmens Gottes entspricht nun aber ebenso die Freiheit seines Verwerfens. Auch dies belegt Paulus mit dem Wortlaut der Schrift, die in Ex 9,16 dem Pharao sagt[881], daß sein Auftreten in der Geschichte[882] durch Gott gegeben sei, gezielt[883] zu dem Zweck, seine Macht[884] an ihm zu erweisen und seinen Namen auf der ganzen Erde verkündigen zu lassen. Der erste Finalsatz[885] gibt die nächstliegende Absicht in der Exodus-Geschichte an, der zweite die darüber hinausgehende Absicht weltweiter Verkündigung[886] dieses Machterweises Gottes. So gab Gott dem Pharao seine negative Rolle in der Geschichte mit dem positiven Zweck, seine überlegene Macht über die Macht dessen, der als sein Gegenspieler auftritt, vor aller Welt und Nachwelt zu demonstrieren.

18 So gilt beides zugleich: Gott[887] wendet sein Erbarmen zu, wem er will, und verhärtet[888], wen er will. Es ist dieser absolut freie, von Menschen unabhängige Wille Gottes, auf den Paulus hinauswill. Da diesen die Schrift selbst sowohl im Positiven wie im Negativen herausstellt, gibt ihr Wort auch die Gewähr dafür, daß Gott darin nicht ungerecht handelt: Gottes Gerechtigkeit kann nur in dieser absoluten Freiheit seines Handelns sein, da ein von Menschen abhängiger Gott nicht *Gott* und darum eine von Menschen abhängige Gerechtigkeit nicht *Gottes* Gerechtigkeit wäre[889]. So grundsätzlich dies gilt, so ist es

---

[879] Vgl. besonders Ass Mos 12,7: »Denn nicht infolge meiner Tüchtigkeit und Festigkeit, nein, durch seine Milde und Barmherzigkeit und Langmut fiel mir dieses zu.«

[880] Vgl. z.B. 1QH 4,32.34–37; 6,8–10; 7,27; 9,14; 10,5–12.14–23; 11,29–32; 12,33–36; 13,17; 14,12f; 15,13–16; 16,9.

[881] »Gott spricht« (V 15) und »Die Schrift spricht« (V 17) sind im Judentum gleich häufig gebrauchte Einleitungsformeln; vgl. dazu Thyen, H., Der Stil der jüdisch-hellenistischen Homilie, 1955 (FRLANT 65), 70. Michel 239 vermutet zu Unrecht, daß Paulus in V 17 »stärker den Abstand zwischen Gott und dem heidnischen König« betonen wolle.

[882] ἐξήγειρα ist wie in Jer 27,41; Hab 1,6; Sach 11,16 u.a.St. im Sinne des Auftreten-Lassens in der Geschichte zu verstehen; vgl. ebenso das simplex ἐγείρειν in Ri 2,16.18; 3,9.15; 1Kön 11,14.23; Jes 41,25; 45,13; auch Mt 11,11; 24,11; 24par; Lk 1,69; 7,16; Joh 7,52; Apg 13,22. – LXX hat διετηρήθης als Übersetzung von העמדתיך. Das Aktiv ἐξήγειρα entspricht dem MT, gibt aber dessen Aussage grundsätzlichen Charakter.

[883] εἰς αὐτὸ τοῦτο verstärkt ἕνεκεν τούτου LXX.

[884] δύναμιν statt ἰσχύν LXX.

[885] ὅπως statt ἵνα LXX.

[886] Zu διαγγέλλειν = ›proklamieren‹ vgl. ThWNT I 97.

[887] D pc a m vg^ms Ambst ergänzen verdeutlichend ὁ θεός.

[888] Zu σκληρύνειν vgl. Ex 4,21; 7,3; 9,12; 10,20; 11,10; 14,4.17; Sir 16,15f (griechischer Zusatz in LXX); Pseud-Philo, LibAnt 10,2 (»obduratum est adhuc cor Egyptiorum«). Spätere Texte lassen statt Gott einen Dämon die Herzen der Ägypter verhärten, vgl. Jub 48,17; Test Sal 25,3; Act Thom 32 (Bonnet II/2,149). Zum Motiv außerhalb der Pharao-Geschichte vgl. *Berger*, Hartherzigkeit und Gottes Gesetz. Die Vorgeschichte des antijüdischen Vorwurfs in Mc 10,5 ZNW 61 (1970) 1–47, hier 7–11.

[889] Vgl. besonders Schlier 297, der auch mit Recht darauf hinweist, daß es menschliche »Verantwortung Gott gegenüber ... im ernsten Sinn nur dort gibt, wo der Mensch eine Antwort auf Gottes Wort in seiner souverän gesetzten und bestimmten Geschichte gibt«.

doch erkennbar nur durch die in der Schrift bezeugte konkrete Geschichte Israels[890].

Hier interveniert der Gegner wieder und spitzt seinen Einwand nun vom Menschen aus zu: Wenn es so steht, daß Gott verhärtet, wen er will, wie kann er dann einen solchen Menschen überhaupt noch »schelten«[891], d.h. zur Verantwortung ziehen? Den Zusammenhang mit V 14 zeigt 3,5: »Ist Gott ungerecht, indem er seinen Zorn verhängt?« In diesem Sinn ist das »Schelten« hier gemeint, als Stimme des Zornes Gottes. Denn (γάρ) wie kann der, der Gottes Willen[892] in jederlei Hinsicht unterworfen ist, sich Gott widersetzen[893]? Wer würde sich denn als Aufrührer Gottes Zorn zuziehen, wenn aller Aufruhr gegen Gottes Übermacht wegen ihrer absoluten Willkür doch ohne jede Chance wäre? Wenn der Pharao von Gott verhärtet worden ist, wie kann Gott ihm solche Verhärtung seines Herzens vorwerfen[894]? Tötet nicht solche absolute Alleinwirksamkeit Gottes alle Verantwortlichkeit der Menschen? 19

Paulus entgegnet mit einer Scheltrede: Der Gegner stellt sich vor den Schranken eines imaginären Gerichts faktisch eben doch als Ankläger Gottes auf eine Ebene mit ihm. Hat er vergessen, daß er ein Mensch ist[895] und als solcher Gott gar nicht widersprechen, d.h. mit ihm nicht rechten kann[896]? Das heißt: Paulus spricht dem Einwand brüsk die Kompetenz ab. Was ein Mensch Gott gegenüber ist, erläutert er an einem Doppelgleichnis, dessen Motive dem jüdischen Partner vielfach aus biblischer Tradition bekannt und vertraut sind. Im Anklang an Jes 29,16[897] erinnert er ihn daran, daß er als Geschöpf keine Möglichkeit hat, seinem Schöpfer mit der Frage gegenüberzutreten, warum er ihn so (und nicht anders) gemacht habe. Mit ἤ eng anschließend[898], folgt das zweite Gleichnis. Es ist mit dem ersten durch den Anklang an Jes 29,16 in den Worten »Töpfer« und »Ton« verbunden[899]. Daß der Mensch als Geschöpf wie 20 21

---

[890] Das betont mit Recht Luz, Geschichtsverständnis 75f. Er vergleicht ebd. 79 die Parallele in Weish 11,2–12,22.

[891] Zu μέμφεσθαι vgl. im NT noch Hebr 8,8; sonst z.B. Sib 5,237; Pr-Bauer 993 notiert als späthellenistische Parallele Oenomaus bei Eus Praep Ev 6,7.36: ὁ Ζεὺς οὗτος, unter dessen Zwang alles steht, τί ἡμᾶς τίνυται . . . τί δὲ καὶ ἀπειλεῖ ἡμῖν.

[892] τῷ βουλήματι αὐτοῦ nimmt das doppelte ὃν θέλει von V 18 auf.

[893] ἀνθέστηκεν ist gnomisches Perfekt, vgl. Schlier 298. Das Motiv stammt aus der Weisheit, vgl. Ijob 9,12–20; Weish 11,21 und besonders 12,12: τίς ἀντιστήσεται τῷ κρίματι αὐτοῦ; ferner z.B. 4Esr 7,19: »non es iudex super deum neque intellegens super altissimum«.

[894] Ex 7,16; 10,3 vgl. 9,34 und 10,16.

[895] In diesem Sinn korrespondiert die Anrede ὦ ἄνθρωπε mit τῷ θεῷ, das wirkungsvoll an den Schluß gestellt wird. μενοῦν γε hat hier wie in 10,18 adversative Kraft; anders in Phil 3,8. Es steht (I) am Satzanfang in ℵ² D² Ψ pm sy^h. Es fehlt (II) in P46 D F G 629 latt. Seine Stellung hinter der Anrede in (B) ℵ A 81.630.1506.1739.1881 pc (III) dürfte ursprünglich sein. I gleicht an 10,18 Phil 3,8; Lk 11,28 an, II erleichtert. Für II votiert zuletzt Käsemann 257.

[896] Zu ἀνταποκρίνεσθαι = »Widerrede geben« vgl. Ijob 16,8; Lk 14,6. Pr-Bauer 145 vergleicht Pind Pyth 2,88 χρὴ δὲ πρὸς θεὸν οὐκ ἐρετίζειν.

[897] Jes 29,16 LXX: μὴ ἐρεῖ τὸ πλάσμα τῷ πλάσαντι· Οὐ σύ με ἔπλασας; ἢ τὸ ποίημα τῷ ποιήσαντι· Οὐ συνετῶς με ἐποίησας; Zu πλάσσειν als Schöpfungsterminus vgl. Gen 2,7f.15; Jos Ant 1,32.34; Philo Op Mund 134; Leg All I 31.43.47; Sib 3,24; 1Cl 33,4f; Diog 10,2. Weitere Belege in ThWNT VI 256–260.

[898] Zur Verknüpfung von Bildworten und Gleichnissen mit ἤ vgl. Mk 8,37 (v.l.); Mt 7,9.10; 12,5.29; Lk 15,8.

[899] In Jes 29,16 LXX: οὐχ ὡς ὁ πηλὸς τοῦ κεραμέως λογισθήσεσθε.

Ton in der Hand des Töpfers ist, der ihm Gestalt wie Geschick gibt, wie er es will, ist ein biblischer Topos[900]. Paulus gibt diesem hier – vielleicht im Anklang an Weish 15,7 – eine besondere Nuance, durch die V18 erläutert wird: Der Töpfer kann aus derselben Ton-Masse zugleich ein Gefäß machen, das zu ansehnlichem Gebrauch (εἰς τιμήν) dient, und eines, das zu unansehnlichem Gebrauch (εἰς ἀτιμίαν) dient.

22f Bisher ist es Paulus darum gegangen, aus der Schrift zu erweisen, daß Gott, wo immer er in Israels Geschichte gehandelt hat, in der absoluten Freiheit seines schöpferischen Willens gehandelt hat, sei es, daß er Menschen sein Erbarmen zuwendet, sei es, daß er Menschen verwirft. Und ob er – wie ein Töpfer seine Gefäße – die einen zu seinen Erwählten machte und die anderen zu deren Feinden, immer geschah es nach seinem Willen und immer zu seiner eigenen Verherrlichung. Aber eben diese radikale Anwendung der schöpferischen Freiheit Gottes auf die Geschichte Israels gab ja den Anstoß zu dem Einwand in V14. Und dahinter steht seit V1 die Frage nach der heilsgeschichtlichen Stellung der Juden in der christlichen Gegenwart, die doch Israeliten und im Besitz aller Heilssetzungen Gottes sind (VV4f), als solche aber das Evangelium ablehnen und bestreiten. Erweist sich darin, daß Gott sie aus dem Wirkungsbereich der Erwählung und aus der Teilhabe an der Abraham gegebenen Verheißung ausgeschlossen hat, daß also für sie sein gegebenes Wort hingefallen ist – daß er also ihnen gegenüber seine Gerechtigkeit in Ungerechtigkeit verkehrt hat? Paulus hat dies letztere zwar sogleich bestritten, aber so, daß er die Freiheit der Gerechtigkeit Gottes zu erwählen wie zu verwerfen herausgestellt hat, die Freiheit seines Willens, der sich unabhängig vom Menschen verwirklicht und von Menschen weder einklagbar noch bestreitbar ist. Wird Paulus diesen Gedanken nun wirklich auf das gegenwärtige Israel anwenden? In VV22f setzt er in der Tat dazu an. VV22f ist ein doppelgliedriger Bedingungssatz: durch καί[901] ist V23 als zweites Glied an V22 (εἰ) angeschlossen. In V23 fehlt jedoch das Hauptverbum. Der ἵνα-Satz entspricht dem Partizipialsatz in V22; ἵνα V23 nimmt θέλων V22a auf und γνωρίσῃ V23 γνωρίσαι V22a. Es handelt sich um einen adversativen Parallelismus. Der »Reichtum seiner Herrlichkeit« (V23) ist Gegenbegriff zum »Zorn« (V22a); »Gefäße des Zornes, bereitet zum Verderben« (V22a) entspricht auf der Gegenseite (V23a) »Gefäße des Erbarmens, die er zuvor bereitet hat zur Herrlichkeit«.

V22 knüpft deutlich an VV17f an[902]. Entsprechend nimmt V23 mit dem

---

[900] Vgl. Jes 41,9; 45,9; 64,7 (LXX); Jer 18,1–6; 19,10f; Ijob 10,9; Sir 33(36),13; Weish 12,12; 15,7; TestN 2,2; 1QS 11,3.21f; 1QH 3,24; 4,29; 10,3–12; 12,24.26.32f; 15,13–22; eschatologisch PsSal 17,23. Rabbinische Parallelen notiert Bill. III 271, griechische Almquist, H., Plutarch und das NT, Uppsala 1946 (ASNU 15) 87f. Modernen Protest formuliert zuletzt Kuss 729f: Den »Vorwurf der ›Ungerechtigkeit‹ des Despotischen, Tyrannischen, Sultanhaften« habe Paulus mit der »schlechthin barbarische(n) Metapher« nicht abgewehrt.

[901] καί fehlt in B 326.1739mg pc lat; auch in P46, jedoch ist hier der Rand des Manuskriptes abgebrochen, vgl. dazu Luz, Geschichtsverständnis 241 Anm. 51; Bl-Debr-Rehkopf § 468,2 Anm. 2 hält diese LA für ursprünglich.

[902] Vgl. Luz, Geschichtsverständnis 241.

Stichwort »Erbarmen« VV 15f auf. Was jedoch durch die Schriftbeispiele in VV 15–17 zunächst im Blick auf bestimmtes vergangenes Handeln Gottes in der biblischen Geschichte als Paradigma göttlichen Handelns überhaupt vor Augen gestellt ist, wird nun auf die Gegenwart angewendet. Denn daß Paulus in V 22 die ungläubigen Juden seiner Gegenwart[903] und in V 23 die Christen meint, ergibt sich eindeutig aus dem relativisch angeschlossenen V 24. VV 19–21 bereiten diese Wendung des Gedankens vor[904]. Dem entspricht auch der Tempuswechsel vom Präsens zum Aorist.

Aber in welchem Sinn ist das Handeln Gottes an den Gefäßen seines Zorns und seines Erbarmens gemeint? Eindeutig ist zunächst, daß es sich um ein verschiedenes, ja gegensätzliches Handeln Gottes gegenüber zwei verschiedenen Menschengruppen handelt[905]. Die »Gefäße« sind im Sinne von V 21 Menschen, an denen Gott handelt, und zwar an den einen durch seinen Zorn, an den anderen durch sein Erbarmen[906]. Wie Paulus jedoch dies meint, ist in der Exegese umstritten.

Geht man von der eindeutigen Rückbeziehung von V 22a auf V 17 aus, so entspricht das Handeln Gottes an den »Gefäßen seines Zorns« dem an Pharao. Die Absicht Gottes, die dort mit εἰς αὐτὸ τοῦτο . . ., ὅπως angegeben ist, tritt hier in dem Partizip θέλων hervor. An beiden Stellen zielt Gott auf den »Erweis« bzw. die »Kundgabe« seiner Macht gegenüber seinen – von ihm selbst auf den Plan gerufenen (V 17), von ihm als »Gefäße« gebildeten (V 22) – Widersachern (V 17 ὅπως ἐνδείξωμαι ἐν σοὶ τὴν δύναμίν μου entspricht V 22 θέλων . . . γνωρίσαι τὸ δυνατὸν αὐτοῦ[907]). In V 22 handelt es sich um den Erweis[908] des *Zornes* Gottes, womit das »Verhärten« in V 18 aufgenommen und eschatologisch verstärkt wird. Diese Absicht Gottes (θέλων vgl. ὃν θέλει V 18) entspricht der Tatsache, daß die betreffenden Menschen als »Zornesgefäße« bereits »zum Verderben bereitet, fertiggemacht« sind[909]. Im Erweis des Zornes verwirklicht sich diese Vorherbestimmung zur endzeitlichen Vernichtung[910]; vgl. 1Thess 2,16b.

---

[903] Gegen Luz ebd.; richtig z.B. Käsemann 258.
[904] VV 19–21 sind darum keine Digression, gegen Luz, ebd. 237.241.
[905] So richtig zuletzt Käsemann 258; Kuss 732. Zweifellos falsch ist die Auslegung von Maurer, ThWNT VII 364, nach dem »Gottes Erbarmen sich sogar an den Gefäßen seines Zornes auswirkt«.
[906] So richtig Bl-Debr-Rehkopf § 165,2 Anm. 2: »Träger des Zornes«; ebenso zuletzt Käsemann 258 gegen Maurer, ThWNT VII 364, der im Sinne von »Instrumente des Zornes« (nach Jes 13,5 Symmachus und Jer 27[50],25 »Waffen des Zornes«) versteht; so auch Munck, Christus und Israel 55; Michel 245 Anm. 2, der sich jedoch der sehr prägnanten Auslegung Schlatters 305 anschließt: »Der Genitiv wird angeben, wer diese Gefäße geformt hat. Die Ereignisse, an die Paulus denkt, stehen unter der göttlichen Absicht, den Zorn zu zeigen. Diese Absicht ist das, was diesen Gefäßen das Dasein, die Wirksamkeit und die Macht verleiht.«
[907] Zu dem substantivierten Adjektiv vgl. 2,4 τὸ χρηστὸν αὐτοῦ; 1Kor 1,25 τὸ μωρὸν τοῦ θεοῦ. Dazu vgl. Bl-Debr-Rehkopf § 263,2 Anm. 5.
[908] Zu ἐνδείξασθαι vgl. 3,25; Eph 2,7; 1Tim 1,16.
[909] Zu καταρτίζειν vgl. 1Kor 1,10; Hebr 13,21; 1Petr 5,10; auch 2Kor 13,9; Eph 4,12. In Hebr 11,3 und Herm v 2,4 ist das Verb als Schöpfungsterminus gebraucht, parallel zu κτίζειν Herm m 1,1. Vgl. auch Jes 54,16 ἔκτισά σε οὐκ εἰς ἀπώλειαν φθεῖραι.
[910] Zu ἀπώλεια vgl. Phil 1,28; 3,19; 2Thess 2,3; Hebr 10,39; 2Petr 2,3; 3,7; Offb 17,8.11;

Wie verhält sich dazu jedoch die Aussage des Bedingungssatzes selbst (V 22b)? Aus 2,4 geht hervor, daß Gottes Langmut Sündern eine Frist gewährt, in der ihr Verderben als die Folge ihrer Sünde noch ausgesetzt wird (vgl. ἀνοχή 3,25), um ihnen die Möglichkeit zur Umkehr offenzuhalten[911]. Versteht man V 22b in diesem Sinn[912], dann steht er in Spannung zum voranstehenden Partizipialsatz V 22a. Ob man diesen konzessiv oder modal auffaßt, als Sinn von V 22 ergibt sich dann: Gott führt seinen Willen, an den Sündern sein Zorngericht zu vollstrecken, noch nicht aus, weil er ihnen in großer Langmut noch Zeit zur Umkehr einräumen will. Doch ist von Umkehr weder hier noch im gesamten Kontext die Rede. Der Blick ist ganz auf Gottes Handeln gerichtet, nicht auf das der Menschen. Deswegen sehen andere Exegeten[913] die Absicht der Langmut Gottes in dem ausgesprochen, was V 23 sagt[914]: Gott schiebt seinen Zorn gegen die »Zorngefäße« auf, um diese Frist dazu zu nutzen, den Reichtum seines Erbarmens an der anderen Gruppe der »Erbarmens-Gefäße« kundzutun; d.h. der Zornesaufschub gegenüber Israel dient dem Wunder der Berufung der Heiden (V 24), an dem wiederum Israel lernen soll, daß es einzig durch Gottes Erbarmen gerettet werden kann und soll. VV 22–24 wäre so als Einheit zu betrachten, der Anakoluth läge erst am Schluß von V 24. In VV 22–24 würde Paulus bereits andeuten, was er dann in Kap. 11 ausführen wird.

Bei dieser Auslegung geht freilich die Korrespondenz zu V 17 verloren. Man kann den Bruch zum Voranstehenden in dem δέ in V 22 ausgedrückt finden, das dann volle adversative Kraft hat. Schwierigkeiten entstehen aber jedenfalls durch das καί zu Beginn von V 23, das schwerlich als »epexegetisch steigernd«[915], sondern vielmehr nur als syntaktisch-verbindend aufzufassen ist. V 23 gibt also keinesfalls die Absicht der Langmut Gottes von V 22b an. V 22 muß als in sich selbständige Aussage im Gegensatz zu V 23 verstanden werden. Dann aber ist die Absicht des »Tragens« der »Zorngefäße« in dem Partizipialsatz V 22a angegeben: Um im Endgericht an ihnen seinen Zorn zu erweisen, hat Gott sie in der begrenzten geschichtlichen Zeit von Vergangenheit und Gegenwart als Feinde seiner Sache noch gewähren lassen[916], ohne gegen sie einzuschreiten. Seine Langmut hat dann also unter eschatologischem Aspekt keine heilvolle, sondern vielmehr eine unheilvolle Absicht. Für dieses Verständnis spricht *erstens,* daß es eben »Zorngefäße« sind, bereitet zur endzeitli-

---

ἀπόλλυσθαι z.B. 2,2; 1Kor 1,18; 2Kor 2,15; 4,3; 2Thess 2,10; auch Jak 4,12.

[911] Vgl. so noch 2Petr 3,9.15 (mit Bezug auf Röm 2,5?); Jak 5,7; Lk 13,8; 18,7; Mt 18,26f; Apg 17,30.

[912] So B. Weiß 423f; Peterson, Kirche 260f; zuletzt Schlier 301f.

[913] Vgl. besonders Barth, K., KD II/2, 247–253; Maurer, ThWNT VII 363–365. Z.T. anders Munck, Christus und Israel 50–57.

[914] Ein solches Verständnis des Finalsatzes V 23 liegt wahrscheinlich der B-Lesart zugrun-

de, wo καί fehlt (vgl. oben Anm. 901).

[915] So Maurer, ThWNT VII 364 mit Anm. 35: »und zwar zu dem einen Zweck«. Dagegen Luz, Geschichtsverständnis 242 Anm. 57.

[916] Käsemann 258 sieht den Erweis des Zornes als gegenwärtiges Geschehen: »Schon darin vollzieht sich Gottes Gericht über den Gefäßen des Zorns, daß sie wie nach 1,24ff ihrem Trotz und ihrer Schuld anheimgegeben werden.« Er berücksichtigt dabei jedoch nicht, daß die sie in der Gegenwart tragende Langmut Gottes auf die künftige Vollstreckung des jetzt noch hintangehaltenen Zornes zielt.

chen Vernichtung, die nur Gottes große Langmut einstweilen noch aussetzt – im Gegensatz zu den »Gefäßen seines Erbarmens«, die zur endzeitlichen Verherrlichung vorherbestimmt sind (vgl. 8,17.30). Und zielt Gottes Wille im Blick auf die ersten auf die Kundmachung der Macht seines eschatologischen Zorns (vgl. 1Thess 2,16)[917], so im Blick auf die anderen auf die Kundmachung des Reichtums seiner Herrlichkeit. So interpretiert, entspricht V 22 ähnlichen Aussagen aus der jüdischen Umwelt über den Aufschub des göttlichen Zorns gegen die Heiden bis zum Endgericht[918]. Paulus aber bezieht dies auf die Juden! – *Zweitens* wird bei dieser Interpretation der Rückbezug auf V 17 gewahrt. Schließlich entspricht ihr *drittens* auch die Fortsetzung in VV 25-29, wo – im Gegensatz zum Ruf des Erbarmens über die Heiden in VV 25f – in VV 27-29 »über Israel« nicht die Rettung aller, sondern nur des Restes ausgerufen, die Mehrheit von Israel dagegen vom Heil ausgeschlossen wird.

Paulus führt den Bedingungssatz VV 22f nicht zu Ende, sondern konkretisiert in V 24, wer in V 23 gemeint ist. Als Nachsatz ist aus dem Kontext zu ergänzen: Wenn Gott so an den einen und den anderen handelt, mit welchem Recht kannst dann du, Mensch, der Macht dieses seines Willens widersprechen und sein Handeln der Ungerechtigkeit zeihen? Statt jedoch so zu enden, zitiert Paulus zum Abschluß seiner Erwiderung auf die Einwände des Gegners in VV 25-29 den Wortlaut der Schrift, durch deren Autorität eo ipso gesichert ist, daß Gott nicht in Ungerechtigkeit handelt, wenn er den ungläubigen Teil Israels aus der Bestimmung zur künftigen Verherrlichung ausgeschieden und zum Zorngericht »fertiggemacht« hat, obwohl er ihn gegenwärtig noch in seiner Gegnerschaft gegen das Evangelium unangefochten gewähren läßt. Daß wir aus Kap. 11 wissen, daß dies nicht das letzte Wort im Blick auf das heilsgeschichtliche Problem Israels ist, darf kein Grund sein, in der Exegese von 9,22f die Schärfe der Argumentation zu mildern oder dialektisch aufzuheben.

Relativisch angeschlossen, präzisiert V 24, wer die »Gefäße des Erbarmens« 24 sind: »wir«, die Gott berufen hat. Der Ruf als Zuspruch der Erwählung Gottes geschah durch das Evangelium (2Thess 2,14). Er kennzeichnet die durch ihn zum Glauben bekehrten Christen als »Berufene«[919], die als solche Christus gehören (vgl. 1,6; 1Kor 7,21f) und durch die Gemeinschaft mit ihm (vgl. 1Kor 1,9) zur Freiheit (Gal 5,13) und zum Frieden (1Kor 7,15; Kol 3,15) berufen sind, zu Gottes Reich und Herrlichkeit[920] als zu seinem wunderbaren Licht

---

[917] Der Versuch von Munck, Christus und Israel 51-53, diese Stelle wie Röm 9,22f von Röm 11,25ff her auszulegen, vermag nicht zu überzeugen.

[918] Vgl. z.B. 2Makk 6,14f: »Während nämlich der Herr bei den übrigen Völkern langmütig zuwartet und sie erst bestraft, nachdem sie das Maß der Sünden voll gemacht haben, wollte er in anderer Weise mit uns verfahren, auf daß uns nicht, nachdem wir mit den Sünden schon zum Äußersten gekommen sind, zuletzt seine Rache treffe.« Ähnlich 4Esr 7,44; sBar 59,6; auch Weish 12; 15,1; 1QH 15,17-20 sowie die rabbinischen Parallelen bei Luz, Geschichtsverständnis 246 Anm. 73. In diesem Sinn interpretieren z.B. Kühl 333; Althaus 95; dagegen Luz, ebd. 244. Richtig Zeller, Juden und Heiden 203-208.

[919] Vgl. 8,28; 1Kor 1,2.24; 7,18.20.24; Jud 1; Offb 17,14. Vgl. κλῆσις in 1Kor 1,26; 7,20; Phil 3,14; Eph 1,18; 4,1.4; 2Tim 1,9; 2Petr 1,10.

[920] Vgl. 1Thess 2,12; 1Petr 5,10; Hebr 9,15; vgl. ἄνω κλῆσις ebd. 3,1.

(1Petr 2,21). Gott hat darum in urchristlicher Tradition geradezu den Namen ὁ καλέσας[921] als der, der sich selbst durch seinen Ruf seinen Berufenen verbindet (11,29) und sie der Zugehörigkeit zu ihm würdigt (2Thess 1,11). In Röm 9,24 aktualisiert die an die Christen ergangene Berufung das an die Väter Israels ergangene Wort (V 6 vgl. 11,29). Denn die jetzt Berufenen stammen nicht nur aus den Juden (vgl. 1,16; 15,8f)[922]. Der auf Israel begrenzte Bereich der göttlichen Erwählung ist nun weltweit ausgeweitet, entgrenzt (vgl. Eph 2,14–18); die jüdische Unterscheidung zwischen Israel und den gojim ist aufgehoben, und zwar nach eben dem Gesetz des freien Auswahlhandelns, das innerhalb Israels die Geschichte der göttlichen Erwählung von Anfang an bestimmt hat[923].

25f Paulus legitimiert diese These durch die Autorität der Schrift[924], und zwar hier durch die der Propheten (vgl. 1,2). In umgekehrter Reihenfolge steht voran ein Gotteswort[925] im Hoseabuch, das (nach Paulus) von der Berufung der Heiden spricht. In VV 25.26 sind Hos 2,25 und Hos 2,1 zusammengezogen. »Ich werde rufen« ist ein futurum propheticum; Gott kündigt durch den Propheten die Berufung der Heiden an, die sich jetzt verwirklicht hat. Denn im »Nicht-Volk« findet Paulus die Heiden benannt, die nach jüdischem Verständnis das Privileg der Erwählung zum Volk Gottes nicht besitzen. Gott hat es ihnen jetzt durch seinen schöpferischen Ruf zugesprochen. Die Nicht-Geliebten als die Nicht-Erwählten (vgl. V 13) sind dadurch zu Geliebten Gottes, zu seinen Erwählten geworden. Das Zitat aus Hos 2,1 in V 26 präzisiert und steigert: Eben dort, wo Gott den Heiden das Privileg seines Volkes abgesprochen hat, dort[926] spricht er ihnen nun sogar die Gottessohnschaft zu (vgl. 8,14–16), die zuvor nur Israel zukam (V 4 vgl. Jub 2,19).

27f Dem setzt Paulus in VV 27f das inspirierte Wort[927] des Jesaja über Israel[928] aus Jes 10,22f entgegen, das V 6b präzisiert: Aus der großen Zahl der geborenen Is-

---

[921] Vgl. Gal 1,6; 5,8; 1Thess 2,12; 5,24; 1Petr 1,15; 2,9; 5,10.

[922] καί unterstreicht ἡμᾶς unter dem Gesichtspunkt, daß auch die Heiden berufen sind. Es handelt sich nicht um eine Steigerung von der Vorherbestimmung V 23 zur Berufung nach 8,30 (so Käsemann 261).

[923] Vgl. Peterson, Kirche 35f.

[924] Es handelt sich nicht bloß um eine Bestätigung von V 24 (so Käsemann 261). Richtig Schlier 303: »Paulus ist sich bewußt, daß er etwas Umstürzendes und etwas Israel, seine Brüder dem Fleische nach, Entsetzendes sagt und sagen muß. Und so wendet er sich zur Erhärtung seines Satzes wieder und jetzt ausführlich an die Schrift!«

[925] Zu λέγει ist als Subjekt Gott zu ergänzen. In ἐρρέθη und κληθήσονται ist Gott das logische Subjekt.

[926] ἐκεῖ scheint in der Textüberlieferung von Hos 2,1 LXX aus dem Paulustext eingedrungen zu sein (vgl. die Edition von Ziegler, Duodecim prophetae, Septuaginta XIII, Göttingen 1943, 148 – anders Rahlfs 491), dürfte also ein paulinischer (oder vorpaulinischer) Zusatz sein, der ἐν τῷ τόπῳ οὗ verstärkt. Diese Wendung ist deswegen nicht völlig abgeschliffen im Sinne von »anstatt« zu übersetzen (so erwägt Pr-Bauer 1629 unter Hinweis auf Achmes, oneirocriticon, hrsg. F. Drexl 1925, 207,17 und nach ihm die meisten Exegeten), sondern pointiert als theologische Ortsangabe: »ebendort, wo«; vgl. 5,21. Abwegig scheint mir die Vermutung von Sanday-Headlam, denen sich Munck, Christus und Israel 58 anschließt: mit τόπος sei Jerusalem oder Palästina gemeint.

[927] Zu κράζειν als Terminus inspirierter Rede vgl. 8,15; dazu griechische Parallelen bei Pr-Bauer 885; rabbinische bei Bill. III 275.

[928] ὑπέρ in der Bedeutung von περί.

raeliten solle nur »der Rest«[929] gerettet werden, nämlich die Judenchristen von
V 24. V 28 ist schwierig. Nach συντέμνων ist die LXX-Fortsetzung[930] weggelassen, so daß λόγον zum Objekt von ποιήσει geworden ist. λόγον ποιήσει
kann nur heißen: ein Wort in die Tat umsetzen[931]. συντελεῖν bedeutet »vollenden«, zum Vollzug bringen, und συντέμνειν »verkürzen«[932]. Die beiden
participia coniuncta können schwerlich λόγον zum Objekt haben[933], so daß
gemeint wäre: Gott wird sein Wort nur in eingeschränktem Umfang erfüllen;
das würde der These V 6 stracks widersprechen. Gemeint kann nur sein: Gott
wird sein Wort verwirklichen (futurum propheticum), indem er seine Heilsabsicht voll erfüllt (nämlich in der Berufung der Christen V 24), aber nicht an allen Israeliten, sondern ihre Zahl »verkürzend«, nur an dem »Rest«[934].
Hinzu tritt ein Zitat aus Jes 1,9 (in unverändertem LXX-Wortlaut). In dem 29
»wir« dürfte Paulus die Judenchristen als die wahren Repräsentanten Israels
reden hören: Hätte Gott nicht sie als den Rest aus dem Israel κατὰ σάρκα übriggelassen, so wäre ganz Israel Sodom und Gomorra gleichgeworden[935]. So
endet der Gedankengang mit den beiden letzten Prophetenzitaten sehr düster
im Blick auf das Problem des ungläubigen Israel: Es ist vom Heil ausgeschlossen (VV 27f), das Geschick Sodoms und Gomorras steht ihm bevor (V 29). Ausgenommen sind nur die Judenchristen als der verheißene Rest aus Israel, an
dem allein Gott das gegebene Wort der Verheißung als an den Gefäßen seines
Erbarmens verwirklicht und so durchaus seine Gerechtigkeit erwiesen hat,
während er an dem übrigen Israel als den Gefäßen seines Zorns das Gericht vollstrecken und sie vernichten wird.

»Ist Gott ungerecht?« Diese Frage steht bedrängend und bedrückend über dem Zusammen-
ganzen Abschnitt. Nein, wie könnte der Gott ungerecht sein, der doch seine fassung
Gerechtigkeit in Tod und Auferweckung Christi allen Menschen erwiesen hat,
Juden wie Heiden? Aber wenn nun die große Mehrzahl der Juden dieses Handeln Gottes zum Heil aller abweist und bekämpft, muß dann nicht ihnen gegenüber Gottes Gerechtigkeit zu ihrem mächtigen Feind werden, der die Gegner seines Heilshandelns vernichtet? Ist Gott doch in dieser Weise dem Pharao
entgegengetreten, indem er sich seines versklavten Volkes erbarmte und sie in
die Freiheit führte! Aber damals war es der heidnische Machthaber, an dem

---

[929] P46 ℵ¹ D F G Ψ pl korrigieren nach LXX κατάλειμμα.

[930] ... συντέμνων ἐν δικαιοσύνῃ, ὅτι λόγον συντετμημένον ποιήσει ὁ θεὸς ἐν τῇ οἰκουμένῃ ὅλῃ. ℵ² D F G Ψ pl lat syʰ fügen das Ausgelassene ein. ἐν δικαιοσύνῃ wäre im paulinischen Kontext nach V 14 durchaus brauchbar gewesen – ein Anzeichen für die Herkunft des Zitats aus vorpaulinischer Tradition?

[931] So von Gott auch in Jes 10,23 (vgl. Anm. 930); vgl. IV Regn 20,9 sowie der Sache nach ψ 32,9; 148,5; Jes 55,10–12. Zu λόγον ποιεῖν von Menschen vgl. in LXX Ex 35,1; Lev 8,36; Dtn 12,28; 31,12; 32,46; Ri 11,37; 21,11; II Regn 14,22; IV Regn 11,5; 2 Chr 23,4; Est 5,5; Ijob 22,4; Jer 22,4f; 51,17; 1 Makk 2,34; 2 Makk 7,24.

[932] Vgl. Pr-Bauer 1568, der darauf hinweist, daß beide Verben auch in Dan 5,27; 9,24 (Theodotion) zusammenstehen; ebenso Jes 28,22.

[933] Gegen Käsemann 263, der λόγον in der Bedeutung »Abrechnung« auffassen will.

[934] So zuletzt Schlier 304f.

[935] Vgl. Jer 23,14; Hes 16,46.49. Zur eschatologischen Deutung von Gen 19 vgl. Dtn 32,32–35; Jub 16,5f; Mt 10,15 par; 11,23f; Lk 17,28–30; 2 Petr 2,6; Jud 7; Offb 11,8.

Gott die überlegene Macht seines Zorns erwies; sollte er jetzt wirklich an dem Volk seiner Erwählung das gleiche Zorngericht vollstrecken? Wäre dies nicht ein Bruch seiner Gerechtigkeit?

Das Judentum sah in aller Regel Israel, auch wenn Sünde und Ungerechtigkeit noch so groß und verbreitet in ihm war, grundsätzlich von den ungerechten Heiden darin unterschieden, daß Gott seinem auserwählten Eigentumsvolk die Treue nie aufgekündigt, ihm vielmehr zumindest immer die Tür zur Umkehr offengehalten hat. Paulus ist ebenfalls von dem Grund-Satz ausgegangen, daß Gottes Wort niemals hinfällt (V 6). Aber er hat dies in VV 7ff so gedeutet, daß die Verheißung Gottes von Anfang an niemals pauschal allen Israeliten »nach dem Fleisch« zugekommen ist, sondern immer nur jeweils besonderen Auserwählten, weil Gott seinen Ruf nie abhängig macht weder von Gegebenheiten des »Fleisches« noch von Werken der Menschen (V 12). In dieser Richtung führt er seinen Gedanken nun unbeirrt fort. Gott war immer frei, sich zu erbarmen, wessen er will, und zu verhärten, wen er will (V 18), ohne daß Menschen mit ihrem Wollen und Laufen (V 16) seinen Willen hätten vorbestimmen können oder dürfen. Verantwortlich bleiben die Menschen ihm gleichwohl; der Einwand V 19 wird einfach abgeschnitten. Aber unter dem Aspekt der Freiheit des Willens Gottes kommt dem Menschen immer nur die Funktion des Geschöpfes zu, das nicht fragen darf, warum der Schöpfer es so und nicht anders geformt habe (V 20). Wie Ton in den Händen des Töpfers ist er, den dieser, wie er will, entweder zu einem ansehnlichen Gefäß machen kann oder zu einem unansehnlichen (V 21). Das gilt nun auch im Blick auf die Gegenwart. Wenn Gott einerseits die ungläubigen Juden in ihrer Feindschaft gegen das Evangelium noch gewähren läßt, um dann am Ende das Zorngericht an ihnen zu vollstrecken (V 22), und andererseits den Christen sein Erbarmen zuwendet, die er zur Teilhabe an seiner Herrlichkeit bestimmt hat (V 23), nämlich den Christen aus Juden und Heiden, denen sein Ruf gleichermaßen gilt (V 24) – wer kann und darf darin Ungerechtigkeit sehen? Sagt doch das prophetische Zeugnis der Schrift eindeutig, daß Gott die Heiden, die zuvor von seiner Erwählung ausgeschlossen waren, durch den Ruf des Evangeliums zu seinem Volk und zu seinen Söhnen hat machen wollen (VV 26f), während es im Blick auf Israel heißt, daß nicht alle Israeliten, sondern nur der Rest aus dem drohenden Verderben gerettet werde (VV 27–29). Wie am Anfang und in der Mitte der Heilsgeschichte, so handelt Gott auch jetzt an deren Ende in gleicher Weise immer in der Macht seines freien Willens. Niemand kann ihm deswegen Vorhaltungen machen, er handle ungerecht: Seine Gerechtigkeit hat immer Gegner aus dem Wege geschlagen – warum etwa nicht jetzt die Gegner aus seinem eigenen Volk?

Gewiß: Paulus weiß, daß auf seinen jüdischen Brüdern »nach dem Fleisch« der Glanz und die Heilsfülle der Setzungen der Erwählung Gottes liegen (VV 4f); eben darum ist seine Trauer und sein Schmerz so groß, daß sie sich als Feinde des Evangeliums Gottes Gerechtigkeit entgegenstellen. Er ist auch davon überzeugt, daß Gott sein gegebenes Wort weder bricht noch aufkündigt. Aber er weiß auch, daß Gott sein Wort nur in der ihm als Gott eignenden Freiheit verwirklicht, unabhängig von Menschen. Kam schon in 2,17ff die Berufung der Juden auf die Zeichen ihres Erwähltseins nicht gegen das Urteil ihrer Sünde und Schuld auf, so ist auch jetzt ihr Einwand gegen den exklusiven Heilsstand der Kirche aus Juden und Heiden völlig rechtlos, Gott habe, wenn dies gälte, Israel gegenüber seine Gerechtigkeit gebrochen. *Dagegen* zielt der Gedankengang unseres Abschnitts. Nicht eine allgemeine Lehre von der Willensfreiheit Gottes, die sich in doppelter Prädestination verwirklicht, will Paulus entfalten, sondern der Empörung des jüdischen Partners gegen das Erwählungshandeln Gottes in der christlichen Gegenwart, gegen die Kirche aus Juden und Heiden, mit deren Berufung die Exklusivität Israels als alleiniges Gottesvolk aufgehoben sei, will er den Mund stopfen.

Indem er aber so den Gedanken der absoluten Freiheit Gottes zu konkreter Erbarmung wie Verstockung, zu Berufung wie Heilsausschluß im Blick auf das antichristliche Judentum seiner Zeit bis zum bitteren Ende des bevorstehenden Zorngerichts durchführt, gelangt er zu einem Ergebnis, das in die äußerste Gefahr des Widerspruchs zum Evangelium gerät, wie er es vor allem in 5,20f auf seine Spitze gebracht hat. Steht nämlich in dieser Weise letztlich und unverbrüchlich Gottes Erbarmen *neben* seinem Zorn, und kommt dem Zorn Gottes tatsächlich die Funktion und Macht zu, seinem Erbarmen gleichsam den Weg zu ebnen, dann ist es aus mit der alles entscheidenden These von der Übermacht der Gnade über die Macht der Sünde. Darum kann die letzte Antwort auf die bedrängende Frage nach dem Schicksal Israels nicht in dem Gedanken von Röm 9 gegeben sein. Röm 9 bricht nur den Anspruch Israels auf das Heil seiner Erwählung und steht so innerhalb von Röm 9–11 an entsprechender Stelle wie im Kontext von Röm 1–3 der Abschnitt 2,17ff, gegen den sich der Einwand von 3,1ff richtete. Wie dort über die Aussage des universalen Zornes Gottes gegen alle Sünder hinaus das Evangelium die Aufhebung dieses Zorngerichts über alle Sünder verkündigt, so wird innerhalb von Röm 9–11 das Ergebnis des ersten Gedankenschritts in Röm 9 (wie dann auch das des zweiten Schrittes in Röm 10) durch den Zielgedanken von Röm 11 aufgehoben werden: Gottes Erbarmen, das er jetzt den Berufenen aus Juden wie Heiden, der Kirche, zugewandt hat, hat die Kraft, seinen Zorn gegen das ungläubige Israel aufzuheben, und wird am Ende auch Israel als ganzes erretten[936].

3. 9,30–10,21 Israels Widerspruch gegen Gottes Gerechtigkeit

Literatur: Barrett, C. K., Romans 9:30–10:21. Fall and Responsibility of Israel, in: Israelfrage 109–121, besonders 106–113; *Black, M.*, The Christological Use of the OT in the NT, NTS 18 (1971/72) 1–14; *Bring, R.*, Christus und das Gesetz, Leiden 1969, be-

---

[936] Zur Wirkungs- und Problemgeschichte von Röm 9 unter dem Aspekt einer Prädestinationslehre, in der seit Augustinus nicht nur von einer Vorherbestimmung zum Heil, sondern auch von einer solchen zum Unheil zu reden sei, vgl. zuletzt ausführlich und engagiert Kuss 828–935.

sonders 1–34.35–72; *ders.*, Paul and the OT. A Study of the Ideas of Election, Faith and Law in Paul, with special reference to Romans 9:30–10:13, StTh 25 (1971) 21–60; *Bultmann, R.*, Christus des Gesetzes Ende, in: Glauben und Verstehen II 32–58; *Cranfield, C. E. B.*, Some Notes on Romans 9:30–33, in: Jesus und Paulus (FS W. G. Kümmel), Göttingen 1975, 35–43; *Conzelmann, H.*, Paulus und die Weisheit, NTS 12 (1966) 231–244; *Delling, G.*, »Nah ist dir das Wort«, ThLZ 99 (1974) 401–412; *v. Dülmen, A.*, Theologie des Gesetzes 123–127.205–218; *Flückiger, F.*, Christus des Gesetzes Telos, ThZ 11 (1955) 153–157; *Howard, G. E.*, Christ and the End of the Law, JBL 88 (1969) 331–337; *Kertelge, K.*, Rechtfertigung 95–99; *Luz, U.*, Geschichtsverständnis 96–98.139–145.156–158; *v. d. Minde, H.*, Schrift und Tradition 117–119; *Müller, Chr.*, Gottes Gerechtigkeit 33–38.72–75; *Müller, K. H.*, Anstoß und Gericht, 1969 (StANT 19), 71–83; *Munck, J.*, Christus und Israel 62–79; *Peterson, E.*, Die Kirche aus Juden und Heiden 41–52; *Plag, Chr.*, Israels Wege zum Heil 18–32; *Sand, A.*, Gesetz und Freiheit. Vom Sinn des Pauluswortes: Christus des Gesetzes Ende, ThGl 61 (1971) 1–14; *Schoeps, H. J.*, Paulus 177–183.248–259; *Stuhlmacher, P.*, Gerechtigkeit Gottes 91–99; *Suggs, M. J.*, The Word is Near to You.

a) 9,30–33 Israel hat die Glaubensgerechtigkeit verfehlt

30 Was sollen wir also sagen? Dies: Heiden, die nicht auf (die) Gerechtigkeit zuliefen, haben (die) Gerechtigkeit erlangt, und zwar (die) Gerechtigkeit, die aufgrund von Glauben (erlangt wird). 31 Israel aber, das auf das Gesetz der Gerechtigkeit zulief, ist zum Gesetz nicht hingelangt. 32 Warum? Weil (es sie) nicht aufgrund von Glauben (erlangt hat), sondern in der Absicht, (sie) aufgrund von Werken (zu erlangen). 33 Gestolpert sind sie über den »Stolperstein«, wie geschrieben steht: »Siehe, ich lege auf dem Zion einen Stolperstein und einen Anstoß-Felsen; und (nur) wer auf den vertraut, wird nicht zuschanden werden.

Analyse 9,30–33 ziehen einige Ausleger als zusammenfassenden Abschluß zum Voranstehenden[937]. Dafür kann geltend gemacht werden, daß erstens »Was sollen wir also sagen?« (V 30) resumierende Funktion hat und darin das Gegenstück zu V 14 ist[938]; daß zweitens VV 30f mit »Heiden« – »Israel aber« VV 25–29 aufnehmen und fortführen; und daß drittens die persönliche Bemerkung in 10,1 derjenigen von 9,1–3 entspricht und wie dort einen neuen Gedanken einleitet. Zu beachten ist auch viertens, daß das Zitat V 33 in der parallelen Zitatenreihe 1 Petr 2,6ff mit Hos 2 zusammensteht; Paulus könnte es in einem ähnlichen Traditionsstück vorgefunden haben, so daß auch von daher VV 30–33 mit VV 25–29 zusammengehören. Doch VV 30–32 bringen inhaltlich gegenüber dem Voranstehenden etwas Neues: Was bisher unter dem alleinigen

---

[937] So z.B. Leenhardt 149; Michel 249; Lyonnet, Quaestiones II 86; Plag, Israels Wege 13; zuletzt Schlier 305 mit Anm. 10; Pesch, R., in: Israelfrage 86; van Unnik, ebd. 121f.
[938] Käsemann 265; Michel 249.

Aspekt des freien Handelns Gottes erörtert worden ist, kommt nun unter dem der Rechtfertigungslehre von Kapitel 3f in den Blick. Dies verbindet 9,30–33 mit 10,1ff; ja, man kann durchaus sagen, daß 9,30ff das Thema des folgenden anschlägt[939]. Da also dieser Abschnitt formal das Voranstehende abschließt und zugleich inhaltlich das folgende einleitet, wird man ihn nicht exklusiv zu dem einen oder andern ziehen dürfen. Seine Funktion ist, beim Abschluß des ersten Gedankens das Thema des nächsten einzuführen[940].

Der gotteslästerliche Einwand von V14 ist also vom Tisch. Darin, daß Gott die Heiden, das Nicht-Volk, zu seinem Volk berufen, von seinem Volk Israel dagegen nur einen Rest für sein endzeitliches Heil bewahrt hat (VV25–29), erweist sich nicht Gottes Ungerechtigkeit, sondern vielmehr die Freiheit seiner Gerechtigkeit in Zorn und Erbarmen. Richtet sich nun aber der Blick auf die Menschen, so tritt die wahre Ursache dessen hervor, daß Israel vom Heil ausgeschlossen ist, in das Gott die Heiden aufgenommen hat: Israels Ungerechtigkeit und die Gerechtigkeit der Heiden.

Erklärung 30

Vom Standpunkt jüdischer Soteriologie erscheint dies allerdings als völlig paradox und höchst ärgerlich. Vergleicht man den Heilsweg mit einem Stadion, so muß doch erwählungsgeschichtlich gesagt werden: Die Läufer, die zu diesem Wettlauf überhaupt zugelassen sind, sind allein die Israeliten; die Heiden dagegen sind als Sünder, die sie eo ipso sind (Gal 2,15), von vornherein disqualifiziert und ausgeschlossen. Denn worum es bei diesem Lauf geht, ist die Halacha, die Erfüllung der Tora als dem Weg zum Heil. Die Heiden, die die Tora nicht haben (2,14), leben eo ipso gesetzlos und also ungerecht und haben darum weder Recht noch Chance, an diesem Lauf der Gerechten um das Heil als den Siegeskranz der Gerechtigkeit überhaupt teilzunehmen. Wenn Paulus nun in Kapitel 2f gesagt hat, daß die Juden ausnahmslos gesündigt haben und so den »Sündern aus den Heiden« gleichgeworden sind (3,9), dann muß das Ergebnis eben lauten: Alle sind ungerecht, aber doch nicht: Die gesetzlosen Heiden, die die Bahn der Torabewahrung nicht einmal betreten haben, haben das Ziel erreicht, die Juden dagegen, die immerhin mit allem Gesetzeseifer (10,2) auf das Ziel der Gesetzesgerechtigkeit zugelaufen sind, gehen leer aus!

Paulus ist sich dieser ungeheuerlichen Paradoxie bewußt. Jawohl, eben so ist es: Heiden, die an dem Lauf auf das Ziel der Toragerechtigkeit[941] überhaupt nicht teilgenommen haben, haben Gerechtigkeit erlangt[942]. Freilich nicht Gerechtigkeit aus Gesetzeswerken, sondern Gerechtigkeit aus Glauben (vgl. 3,22.28)[943]. Israel dagegen, das die Tora besitzt und durch sie als die Heilsgabe

31

---

[939] So die meisten Exegeten, zuletzt Käsemann 264; Kümmel, Die Probleme von Römer 9–11, in: Israelfrage 13–33, hier 21.

[940] Vgl. Michel 249; Barrett in: Israelfrage 123.

[941] διώκειν hat hier entsprechende Bedeutung wie in V16 τρέχειν; vgl. Phil 3,12.14 und so Dtn 16,20; Spr 15,9; Sir 27,9.

[942] P46 G ergänzen den Artikel: τὴν δικαιο-σύνην. Zu καταλαμβάνειν vgl. wieder Phil 3,12f; 1Kor 9,24.

[943] Hier liegt auch eine Parallele zum Stil präzisierender Interpretation durch Wiederholung des zu interpretierenden Wortes mit δέ und dem interpretierenden Zusatz; vgl. 3,22 δικαιοσύνη δὲ θεοῦ διὰ πίστεως Ἰησοῦ Χριστοῦ.

der Erwählung auf den Weg der Gerechtigkeit gestellt ist[944], ist auf sie zugelaufen und hat das Ziel, das sie ihm vorgab, nicht erreicht. εἰς νόμον[945] οὐκ ἔφθασεν besagt nicht nur, daß Israel die Gerechtigkeit nicht erlangt hat, sondern schärfer, weil grundsätzlicher: Es hat damit auch *das Gesetz* nicht »erreicht«. Die Tora ist eben nicht eine Heilsgabe, die als solche Bestand hat, ob Israel sie erfüllt oder nicht erfüllt, sondern wer das Gesetz nicht *tut,* verfehlt auch die Zugehörigkeit zu ihm als signum der Erwählung (vgl. 2,12f und 10,5).

Aber bedeutet das »Laufen« auf der Bahn der Tora nicht immerhin, daß Israel das Gesetz sehr wohl zu erfüllen gesucht (vgl. Phil 3,6) und dennoch das Ziel verfehlt hat?

32a V 32 gibt die Begründung dafür, daß Israel das Gesetz nicht erreicht hat: »Weil nicht aus Glauben, sondern aus Werken«[946]. Als Verbum darf nicht ergänzt werden: ἐδίωκεν[947], sondern ἔφθασεν. Denn es geht ja gerade nicht um das Wie des διώκειν, sondern, wie V 30 zeigt, um den Gegensatz zwischen Laufen und Nicht-Laufen, der dem zwischen »Mein Volk« und »Nicht-mein-Volk« in V 25f entspricht. Nicht deswegen hat Israel das Ziel verfehlt, weil es in falscher Weise ihm entgegengelaufen ist, sondern weil es überhaupt gelaufen ist, weil es nicht wie die Heiden von V 30 Gerechtigkeit »aufgrund von Glauben« erlangt hat, sondern das Ziel »aufgrund von Werken« erreichen zu können meinte[948]. Den »Sündern aus den Heiden« (Gal 2,15) ist Gottes *Erbarmen* widerfahren; Gott hat sie als solche gerufen (VV 25f), und sie haben diesen Ruf wie Abraham im Glauben »an den, der den Gottlosen rechtmacht« (4,5), angenommen und haben so Gerechtigkeit erlangt. Israel dagegen war der irrigen Meinung, als durch die Gabe der Tora privilegiert, solle und könne es Gerechtigkeit erlangen durch das Tun des Gesetzes, »aufgrund von Werken«.

Liegt also sein Irrtum darin, daß es das Gesetz als »Leistungsruf« mißverstanden hat[949], während es hätte verstehen müssen, daß es nicht um »ein Leisten« geht, »bei dem man sich zur Geltung bringt, sondern (um) ein ›sich Gott ganz übergeben und überlassen‹ als dem, der uns gerecht macht«[950]? Gewiß haben die Heiden von V 30 die Gerechtigkeit als Geschenk Gottes empfangen, ohne etwas dafür selbst getan zu haben, ohne Wollen und Laufen (V 16), »nicht aufgrund von Werken, sondern allein aufgrund des Rufenden« (V 12). Und gewiß ist es demgegenüber die Aktivität des Laufens, aufgrund dessen Israel Gerech-

---

[944] νόμον δικαοσύνης meint hier: Gerechtigkeit ist der Inhalt der Tora, sofern sie dem, der sie im Tun erfüllt, den Heilsstatus des Gerechtseins zuspricht; also nicht nur die Forderung (so z.B. Zahn 470) und nicht nur die Verheißung (so zuletzt Käsemann 265), sondern vor allem die Ermöglichung von Gerechtigkeit ist gemeint. Das widerspricht nicht 4,13f; Gal 2,21; 3,11.21 usw., weil ja der Satz vom jüdischen Aspekt aus formuliert ist, unter dem das Ergebnis: οὐκ ἔφθασεν als Schock wirkt.

[945] ℵ² Ψ pl lat sy ergänzen: νόμον δικαιοσύνης.

[946] ℵ² D Ψ pl vg^ms sy ergänzen sachlich richtig: ἐξ ἔργων νόμου.

[947] Gegen Munck, Christus und Israel 62f; ähnlich Schlier 307; auch Barrett, Romans 9,30–10,21,109; Kuss 744; Cranfield 509.

[948] Zu ὡς ἐξ ἔργων als »etwas von Israel subjektiv Angenommenes« im Unterschied zu ἐκ πίστεως als ein »objektiv Gegebenes« vgl. Radermacher, L., Ntl. Grammatik 1925² (HNT 1), 26f.

[949] Käsemann 265.

[950] Schlier 306.

tigkeit zu erlangen meinte, aber sie nicht erlangt hat. Doch von einer Geltungssucht als Antrieb zum Laufen ist nicht die Rede, erst recht nicht davon, daß »der Mensch nicht das Gesetz als den Willen Gottes erfüllt, sondern sich selbst behauptet, erbaut oder ›sich rühmt‹«[951]. Man darf den rückwärtigen Kontext nicht vergessen: Wie die Situation der Heiden von V 30 diejenige von VV 25f ist, so die Israels die rettungslose Heillosigkeit von VV 27–29. In *dieser* Situation *verharrte* Israel auf der irrigen Meinung, durch Werke des Gesetzes den Fluch des Gesetzes aufheben und als Ungerechte, die sie sind, auf dem Wege der Gesetzeserfüllung Gerechtigkeit erlangen zu sollen und zu können, statt sich wie die »Sünder aus den Heiden« aus Glauben Gerechtigkeit als Gabe dessen, der Sünder rechtfertigt, schenken zu lassen.

Daß Paulus in VV 31f an die Entscheidung Israels *gegenüber dem Evangelium* 32b–33 denkt – und nicht wie in 1,18–3,20 an die Gesetzesgerechtigkeit der vorchristlichen Zeit –[952], das ergibt sich nicht nur aus dem Gegensatz zu V 30, sondern auch aus der Begründung aus der Schrift in VV 32b.33. In V 32b nimmt Paulus das Ergebnis der Setzung des »Anstoß-Steines« durch Gott, von dem das Zitat V 33 spricht, vorweg: Die Israeliten sind zu Fall gekommen an diesem Stein, der ihnen im Wege lag, d.h. sie haben Anstoß genommen[953] an Christus. Denn Christus[954] ist gemeint als der, der den, der auf ihn vertraut[955], nicht zuschanden kommen läßt (vgl. 10,11). Dies sind in der Gegenwart die Heiden, die »aus Glauben« – nämlich aufgrund des Glaubens *an Christus* – Gerechtigkeit erlangt haben. Die Juden dagegen sind die, die an dem »Stein des Anstoßes« und dem »Felsen des Ärgernisses«, den Gott selbst auf dem Zion, also in der Mitte Israels, gesetzt hat, Anstoß genommen und zu Fall gekommen sind. Und das geschieht eben dort, wo nach jüdischer Enderwartung der Ort der letzten Epiphanie Gottes und der endzeitlichen Neuoffenbarung der Tora ist: ἐν Σιών[956].

Es handelt sich um ein eigenartiges Mischzitat aus Jes 28,16[957]: Ἰδοὺ ἐγὼ ἐμβαλῶ εἰς τὰ θεμέλια Σιὼν λίθον πολυτελῆ ἐκλεκτὸν ἀκρογωνιαῖον ἔντιμον εἰς τὰ θεμέλια αὐτῆς – und Jes 8,14: καὶ ἐὰν ἐπ' αὐτῷ πεποιθὼς ᾖς, ἔσται σοι εἰς ἁγίασμα, καὶ οὐχ ὡς λίθου προσκόμματι συναντήσεσθε αὐτῷ οὐδὲ ὡς πέτρας πτώματι. In Röm 9,33 ist es statt des edlen Grundsteines von Jes 28 der Anstoß-Stein aus Jes 8, den Gott auf dem Zion »setzt«[958]; und der darauffolgende Satz vom Vertrauen V 33b findet sich in

---

[951] Ebd. 307.
[952] So interpretiert vor allem Barrett, Romans 9,30–10,21, 112f, nach dem es in V 32 um zwei mögliche Weisen, das Gesetz zu gebrauchen, geht, die Israel schon von Anfang an offenstanden: »a faith-response and a works-response. The latter leads to disaster, the former to righteousness and salvation« (ebd. 113). Ähnlich Cranfield 509f.
[953] Zu dieser in hellenistischer Literatur verbreiteten Bedeutung von προσκόπτειν vgl. Pr-Bauer 1420f.
[954] Nicht die Tora, wie Barrett, Romans 9,30–10,21, 112 meint. Zur messianischen Auslegung der Stelle im Targum vgl. Jeremias,

ThWNT IV 276f.
[955] Zu πιστεύειν ἐπί vgl. 4,5.24; 1 Tim 1,16; Apg 9,42; 11,17; 16,31; 22,19; Lk 24,25; (Hebr 6,1). – Koine lat sy^h fügen πᾶς hinzu, wobei wohl 10,11 im Ohr war.
[956] Vgl. einerseits ThWNT VII 291–338, andererseits Gese, H., Das Gesetz, in: Zur biblischen Theologie, München 1977, 55–84; Stuhlmacher, P., Das Gesetz als Thema biblischer Theologie, ZThK 75 (1978) 251–280.
[957] Zum traditionsgeschichtlichen Hintergrund vgl. besonders Müller, Anstoß.
[958] τίθημι statt ἐμβαλῶ findet sich auch in 1 Petr 2,6; dagegen Barn 6,2 zitiert nach LXX.

Jes 8 davor, freilich in erheblich anderem Wortlaut. Da das Zitat in V32b mit dem Stichwort λίθος τοῦ προσκόμματος eingeführt wird und die Verquickung der beiden Jes-Stellen genau dem Kontext VV30.31f (in umgekehrter Reihenfolge) entspricht, liegt es sehr nahe zu vermuten, daß es Paulus ist, der ad hoc die beiden Prophetenworte in dieser Weise zusammengezogen hat. Daß er diese jedoch bereits nebeneinander in einer urchristlichen Testimonienkette vorgefunden hat, zeigt ein Blick auf 1Petr 2,6–8 und Barn 6,2f, wo jeweils unabhängig von Röm 9 beide Stellen zusammen mit Ps 118,22 zitiert werden[959]. 1Petr 2 ist darüber hinaus besonders interessant, weil der Kontext sich an Heidenchristen im Blick auf ihre Bekehrung wendet und dabei Hos 2,25 zitiert wird.

Daß Gott es ist, der den Anstoß-Stein selbst »gesetzt« und damit das Scheitern Israels an Christus letztlich verursacht hat, obwohl dieser »nach dem Fleisch« aus der Mitte Israels stammt (9,5), verbindet unseren Abschnitt nochmals mit dem voranstehenden. Im Unterschied zu diesem liegt jedoch jetzt der Ton auf dem »Anstoß«, d.h. der Ablehnung von seiten Israels. Damit tritt das neue Thema hervor: die Schuld Israels an seinem Ausschluß vom Heil aufgrund seines Unglaubens gegen das Evangelium.

Zusammenfassung Nach der Grundthese 1,16f ist das Evangelium eine Heilsmacht für jeden *Glaubenden*, es schafft eine Gemeinde aus Juden wie Heiden. Durch seine Abweisung durch die Masse der Juden ist aber eben dort, wo die alte Grenze zwischen Juden und Heiden überwunden ist, eine neue Grenze entstanden: zwischen der Kirche aus Juden wie Heiden als dem Heilsbereich der Glaubensgerechtigkeit einerseits und Israel andererseits, sofern es sich der Glaubens-Gerechtigkeit verweigert und bei der Werk-Gerechtigkeit verharrt. Christus, in dessen Sühnetod die Gerechtigkeit Gottes zur sich hingebenden Liebe für *alle* geworden ist (3,22f; 5,8), deren Kraft, die Gnade, die Sünde *aller* aufgehoben hat (5,20f), – derselbe Christus ist darin zugleich zum »Stein des Anstoßes« für Israel, das Volk der Erwählung, geworden. An ihm scheidet sich in Glaube und Unglaube der Rest aus Israel von der Masse Israels. Der Messias, der doch als der endzeitliche Retter hervortreten soll, der Israel eint[960], wird hier zum Spalter Israels, zur Ursache seiner endzeitlichen Vernichtung? Daß das Judentum daran Anstoß nahm und noch heute nimmt, ist verständlich. Gewiß war jedem Juden klar, daß die wirklich Abtrünnigen ihres Volkes am Heil Israels nicht teilhaben, sondern daraus ausgeschlossen werden zu ewiger Vernichtung. Aber das Kriterium solchen Ausschlusses ist doch die Tora, wie die Tora auch Ursache und Kriterium der Heilsteilhabe der Gerechten ist; und da die Tora *Gottes* Gesetz ist, wird auch sein Messias nach ihrem Kriterium handeln. Wie kann dann der

---

[959] Vgl. zu 1Petr 2,6–8 z.B. Luz, Geschichtsverständnis 96 (mit Literatur) sowie jetzt besonders Brox, N., 1Petr, 1978 (EKK XXI), 332f Anm. 313.314 (Literatur); Müller, Anstoß 74f. Zu Barn 6 Prigent, P., Les testimonia dans le christianisme primitif. L'épître de Barnabé I–XVI et ses sources, 1961 (EtB), 171–177.

[960] Vgl. die 10. Bitte des sch°mone-esre:

»Stoße in die große Posaune zu unserer Freiheit und erhebe ein Panier zur Sammlung unserer Verbannten: Gepriesen bist du, Jahwe, der die Vertriebenen seines Volkes sammelt!« In der babylonischen Rezension ist die Rede von der Sammlung »von den vier Flügeln der Erde hin nach unserem Lande« (Bill. IV 212).

Messias zum Anstoß derer werden, die »dem Gesetz der Gerechtigkeit nachjagen«? Und wie kann zwischen Gerechtigkeit aus Glauben und aus Werken unterschieden werden, wo der Glaube an Gott doch elementar Anerkennung seines Gesetzes und Vertrauen auf sein Gesetz ist und sich in Werken des Gesetzes konkretisiert[961]? Und welche Provokation jüdischen Glaubens liegt in der Behauptung des christlichen Apostels, daß die Heiden die Gerechtigkeit erlangt hätten, ohne ihr nachgejagt zu sein, während Israel, das dem Gesetz nachjagte, es nicht erreicht habe! In der Tat! Aber um Sinn und Zielrichtung dieser Provokation richtig zu verstehen, ist es wichtig, Mißdeutungen des Textes auszuscheiden. Es geht *erstens* bei dem Gegensatz zwischen »aus Glauben« und »aus Werken« nicht darum, daß im Christentum ein neues ›Prinzip‹ an die Stelle des jüdischen Prinzips der Gesetzesgerechtigkeit trete (Baur), daß sich also das Gottesbild verändert habe: vom fordernden, belohnenden und strafenden Gott zum schenkenden, Vertrauen weckenden und vergebenden, und entsprechend das Gottesverhältnis von einer Leistungs- zu einer Glaubensreligion. Die verbreitete moderne Interpretation ist nur eine Variante jener alten: »Das Judentum muß sich an Christus ärgern, sofern die Glaubensforderung den Bruch mit seiner religiösen Vergangenheit verlangt«[962]. So hat der jüdische Partner damals Paulus mißverstanden; und so verliert die Aufzählung der Heilssetzungen in 9,4f, die die ›Basis‹ des Judentums als Israel sind, die Paulus doch ausdrücklich anerkennt, ihr theologisches Gewicht. Das ›Christentum‹ tritt nicht als neue Religion mit anderer Frömmigkeit an die Stelle des ›Judentums‹! Die grundsätzliche Exkommunikation, die das Judentum mit der Einfügung des Fluches über die »minim« in das Achtzehnbittengebet gegen die Christen vollzogen und die dann so häufig und verbreitet umgekehrt die Kirche gegen das Judentum praktiziert hat, konnte und durfte Paulus gegenüber Israel *nicht* aussprechen, obwohl er sich genötigt sah, von Gottes Zorngericht über Israels Unglauben zu sprechen.

Eine *zweite* Mißdeutung, die sich mit der ersten oft verquickt, ist nicht minder falsch und nicht minder beleidigend: Als sei Paulus der Meinung, das Judentum habe den »zur Gerechtigkeit rufende(n) Willen Gottes im Gesetz ... als dieses mißverstanden und zum Leistungsruf gemacht«[963]. Wie hat man sich unter christlichen Exegeten an ein Bild von der leistungs- und lohnhungrigen religiösen Grundhaltung des Juden gewöhnt, »in der der Mensch nicht das Gesetz als den Willen Gottes erfüllt, sondern sich selbst behauptet, sichert, erbaut und ›sich rühmt‹«[964]! Nichts davon steht im Text des Paulus.

---

[961] Vgl. 4Esr 9,7: »qui salvus factus fuerit et qui poterit effugere per opera sua vel per fidem; 13,23 »qui habent operas (1. opera?) et fidem ad fortissimum«; ferner z.B. 7,34; 6,28; 5,1; sBar 59,10 sowie besonders 57,2 und 54,21: »Denn am Ende der Welt wird die Vergeltung vollzogen an denen, die übelgetan haben, entsprechend ihrer Missetat, und du verherrlichst die Gläubigen entsprechend ihrem Glauben.«

[962] So zuletzt wieder Käsemann 267; vgl. ebd.: »Wo Christus auf den Plan tritt, wird der Konflikt zwischen wahrem und falschem Glauben akut.«
[963] Käsemann 265, s.o. Anm. 949.
[964] Schlier 307. Schlimm Jülicher 298: »Aus National-Eitelkeit verhimmeln sie das Gesetz...«

Worum es Paulus geht, ist ein elementar jüdisches, nur aus dem Innersten jüdischen Glaubens heraus zu verstehendes Problem: Wie wird der gefallene Israelit, der Sünder, gerecht? Die Antwort auf *diese* Frage ist es, die den Gegensatz zwischen Christentum und Judentum bildet. Das Judentum antwortet: »aus Werken des Gesetzes«. Die Tora nämlich ist zuerst die göttliche Urkunde der Erwählung, der grundsätzlich jeder Jude als Israelit zugehört. Gewiß muß die Tora getan werden; aber wer gegen sie gefehlt hat, kann zu ihr zurückkehren, sie offenbart ja die Langmut und Güte Gottes zu den Sündern unter seinen Kindern. Aber Rückkehr zur Tora heißt eben: tun, was sie sagt. Daß Sünder aus Werken des Gesetzes gerecht werden können, ist zwar als Konsequenz aus der Erwählung Gottes die jedem Israeliten zustehende Gnade. Aber gerecht *werden* kann man nur durch das eigene Tun der Tora, und allein daran wird Gerechtigkeit gemessen.

Paulus dagegen antwortet: Aus Werken der Tora wird kein Sünder gerecht. Die Tora verflucht jeden Sünder und versperrt ihm die Rückkehr zur Gerechtigkeit. Israel steht nicht anders als die Heiden unter diesem Fluch. Rechtfertigung des Sünders gibt es nur durch das Sühnegeschehen im Tod Christi, Teilhabe am Heil nur durch die Auferstehung des für uns Gekreuzigten. Darum wird der Sünder nur gerecht »aus Glauben«, nämlich im Glauben an diesen Jesus als den Christus. Da aber in Tod und Auferstehung Christi Gott selbst in seiner Gerechtigkeit für alle Menschen gehandelt hat, steht der Glaube allen, Heiden wie Juden, offen; der Unterschied zwischen Juden und Heiden ist gefallen, – wie in negativem Sinn durch die Sünde, in der Israel den »Sündern aus den Heiden (Gal 2,15) gleich wurde (3,9), so in positivem Sinn durch die Heilswirkung des Christusgeschehens, durch die die Kirche aus Juden und Heiden geschaffen ist. Wenn nun aber Israel sich weigert, diese Heilstat der Gerechtigkeit Gottes im Glauben anzuerkennen, stellt es sich gegen sie und schließt sich aus dem von ihr geschaffenen Heil aus. Solange Israel in dieser ›Rebellion‹ bleibt, bleibt ihm auch die Tora nicht als das Heilsgut, das es in ihr zu haben meint. Gerade indem es ihr in Gesetzeswerken nachjagt, hat es *sie* nicht erreicht und wird sie auf diesem Wege nie erreichen können. Denn als Gottes Gesetz hat die Tora die Funktion, Sünder zu verfluchen[965]. Ihre ursprüngliche und eigentliche Funktion, dem Gerechten Heil und Leben zuzusprechen, erfüllt sie nur in Christus. Die Verweigerung Christus gegenüber ist so auch unmittelbar Verweigerung der Tora gegenüber. Dies wird Paulus im folgenden Abschnitt ausführen.

---

[965] Vgl. Bornkamm, Wandlungen im alt- und neutestamentlichen Gesetzesverständnis, in: Geschichte und Glaube II 73–119, hier 107.

b) *10,1–21 Israel verschließt sich der Gerechtigkeit Gottes, die allen Glaubenden offensteht*

1 Brüder, das Engagement meines Herzens und mein Gebet zu Gott für sie (zielen) auf (ihre) Rettung. 2 Ich bezeuge es ihnen nämlich: Sie haben Eifer um Gott, aber nicht entsprechend der (richtigen) Erkenntnis. 3 Denn indem sie Gottes Gerechtigkeit verkennen und ihre eigene aufzurichten suchen, haben sie sich der Gerechtigkeit Gottes nicht untergeordnet. 4 Denn das Endziel des Gesetzes ist Christus zur Gerechtigkeit für jeden, der (an ihn) glaubt. 5 Mose nämlich schreibt: Der Mensch, der die Gerechtigkeit, die aus dem Gesetz (kommt), *tut,* **wird leben in ihr. 6 Die aus dem Glauben (kommende) Gerechtigkeit aber spricht so: »Sag nicht in deinem Herzen: Wer wird aufsteigen in den Himmel?« – das heißt: um Christus herabzuholen; 7 oder: »Wer wird hinabsteigen in den Abgrund?« – das heißt: um Christus von den Toten heraufzuführen. 8 Sondern wie sagt sie? »Nah ist dir das Wort, in deinem Munde und in deinem Herzen.« Das ist das Wort des Glaubens, das wir verkündigen. 9 Denn: Wenn du bekennst mit deinem Munde: ›Herr ist Jesus‹, und glaubst in deinem Herzen, daß Gott ihn von den Toten auferweckt hat, wirst du gerettet werden. 10 Mit dem Herzen nämlich glaubt man zur Gerechtigkeit, mit dem Munde aber bekennt man zur Rettung. 11 Denn die Schrift sagt: »Jeder der an ihn glaubt, wird nicht zuschanden werden.« 12 Es ist nämlich kein Unterschied zwischen Juden und Griechen. Denn es ist ein und derselbe Herr über alle, der seinen Reichtum zukommen läßt allen, die ihn anrufen. 13 »Jeder« nämlich, »der den Namen des Herrn anruft, wird gerettet werden.«**
14 Wie sollen sie nun (den) anrufen, an den sie nicht Glauben gefaßt haben? Wie aber sollen sie (an den) glauben, den sie nicht gehört haben? Wie aber sollen sie hören ohne Verkündiger? 15 Wie aber sollen sie verkündigen, wenn sie nicht gesandt sind? Wie geschrieben steht: »Wie rechtzeitig (kommen) die Füße derer, die Gutes verkündigen!« 16 Aber nicht alle haben dem Evangelium gehorcht. Jesaja nämlich sagt: »Herr, wer hat unserer Botschaft geglaubt?« 17 Also: Der Glaube (kommt) aus der (zu hörenden) Botschaft, die Botschaft aber aus dem Wort Christi. 18 Aber, sage ich: Haben sie etwa nicht (dieses Wort) zu hören bekommen? O doch: »Auf die ganze Erde ist ihr Schall hinausgedrungen und bis an die Grenzen der Welt ihre Worte.« 19 Aber, sage ich: Hat etwa Israel nicht begriffen? Als erster sagt Mose: »Ich will euch eifersüchtig machen auf ein Nicht-Volk, gegen ein unverständiges Volk werde ich euch aufbringen.« 20 Jesaja aber erkühnt sich zu sagen: »Ich habe mich finden lassen denen, die mich nicht suchten, offenbar geworden bin ich denen, die nicht nach mir fragten.« 21 Zu Israel aber spricht er: »Den ganzen Tag habe ich meine

Hände ausgestreckt zu einem ungehorsamen und widersprechenden Volk.«

Analyse Mit einer – 9,1ff entsprechenden – persönlichen Erklärung an die Adressaten leitet Paulus in VV 1f den neuen Abschnitt ein, der die These in 9,30–33 expliziert. Seinem Wunsch und Gebet um Israels Rettung (V 1) und seiner Bezeugung ihres Eifers um Gott (V 2a) kontrastiert jedoch seine Kritik an ihrem ›Verständnis‹ der Gerechtigkeit (VV 2b–3), dem Paulus in V 4 die christliche Antithese entgegensetzt. Man kann VV 1–4 als einen Abschnitt für sich nehmen[966]. Doch wird V 4 in VV 5–13 (γάρ) aus der Schrift erläutert und gehört insofern zum folgenden[967]. Man wird darum der Gedankenführung des Paulus am besten gerecht, wenn man VV 1–13 zusammennimmt[968].

Paulus konfrontiert Mose und die Glaubensgerechtigkeit mit zwei Schriftzitaten, wobei er das zweite (VV 6b–8) im Zitieren zugleich christologisch interpretiert. Aufgrund dieser Deutung expliziert er in VV 9f das »nahe Wort« des Zitats als das Evangelium, das in Bekenntnis und Glaube Gerechtigkeit und Rettung schafft. Diese Heilsbedeutung des Glaubens wird durch ein weiteres Schriftzitat erhärtet (V 11) und in ihrer universalen Geltung für Juden und Heiden herausgestellt (V 12), wofür Paulus das 9,33b zitierte Propheten-Wort nochmals anführt (V 13).

VV 14–21 werden durchweg als neuer, selbständiger Abschnitt vom Voranstehenden abgehoben. In der Tat zielt Paulus hier auf den Unglauben Israels (V 16), während er in VV 4–13 positiv die Heilswirkung der Glaubensgerechtigkeit dargelegt hat. Auf den Unglauben Israels und seinen darin begründeten Ausschluß vom Heil zielt aber der Gedanke von V 1 her. Der Kettenschluß in VV 14f, durch das Zitat in 15b summiert, ist zwar die Voraussetzung der Feststellung des Ungehorsams »einiger« in V 16, schließt aber mit dem Stichwort »anrufen« an V 13 unmittelbar an. VV 14f sind so zunächst die Fortsetzung des Voranstehenden[969]. Erst mit ἀλλ' V 16 setzt der neue Gedanke ein. Doch mit V 16 einen neuen Abschnitt beginnen zu lassen, hindert V 17, der einerseits VV 14f zusammenfaßt, andererseits die folgende Frage V 18 veranlaßt; das verbindende Stichwort ist ἀκοή, das mit ἤκουσαν aufgenommen wird. In VV 18f stellt Paulus zwei Fragen zur Entlastung Israels, die aber jeweils durch ein Schriftzitat im Gegensinn beantwortet werden. Den Abschluß bilden zwei Zitate, mit denen – 9,25f und 9,27–29 entsprechend – die paradoxe Annahme der Heiden mit dem vergeblichen Bemühen Gottes um das in Ungehorsam und Widerspruch verharrende Israel konfrontiert wird. So sollte man VV 14–21 nicht als selbständigen Abschnitt, sondern als unmittelbare Fortführung von VV 5–13 und also VV 1–21 als einen geschlossenen Gedankengang auffassen.

---

[966] So zuletzt Käsemann 264; Barrett, Fall 116; Kuss 748.
[967] So z.B. Luz, Geschichtsverständnis 31, der jedoch die überleitende Funktion von V 4 betont. Schmidt 175 faßt V 4 als These zu VV 5–13 auf.
[968] So Michel und zuletzt Schlier.
[969] Gegen Käsemann 281.

Röm 10,1–2

In diesem Abschnitt fällt die große Zahl von Schriftzitaten auf, die von V 5 an bis zum Schluß geradezu strukturierende Funktion haben. Im Unterschied zu 9,25ff finden sich hier keinerlei Hinweise auf einen vorgegebenen, traditionellen Zusammenhang dieser Zitate. Paulus hat sie offenbar alle ad hoc herangezogen⁹⁷⁰ und zum Aufbau seines Gedankens benutzt. Dafür sprechen auch die zahlreichen Abweichungen gegenüber dem LXX-Text, die überwiegend kontextbedingt sind, also als Text-Änderungen durch Paulus beurteilt werden müssen.

Mit der Anrede »Brüder« wendet Paulus sich an die römischen Christen, vgl. vorher zuletzt 8,12. Sein leidenschaftlicher Wunsch⁹⁷¹ und sein Gebet zu Gott gehen für sie dahin, daß sie gerettet werden⁹⁷². Denn nach den Prophetenworten 9,27f und besonders 9,29 ist Israel vom Heil ausgeschlossen. Hier wird besonders deutlich, daß Heil grundsätzlich Rettung vor dem Zorngericht ist, weil alle Sünder sind und es Gerechte, denen Gott das Heil als Folge ihres gerechten Tuns zukommen läßt, nicht gibt. Dem Israel drohenden Unheil gilt die Trauer und der Schmerz des Paulus, mit dem er in 9,1ff den Briefteil eingeleitet hat. Hier spricht er positiv von dem Drängen seines Herzens, das zur Fürbitte des Apostels an Gott wird, die der Interzession der Propheten für das Volk entspricht⁹⁷³. Daraus ist zwar noch nicht zu schließen, daß Paulus bereits hier im Vorblick auf 11,25ff von der Erhörung seiner Bitte überzeugt ist, wohl aber, daß eine Abwendung der Israel drohenden Vernichtung nicht völlig unmöglich ist. Bei Gott ist alles möglich (vgl. 4,17ff).

Erklärung 1

Als Begründung seiner Fürbitte stellt er ihnen das Zeugnis aus, daß sie sehr wohl um Gott »eifern«, d.h. daß sie jenes kompromißlos-eindeutige Engagement haben, das demjenigen Gottes entspricht (vgl. Ex 20,5). Besonders Pinhas, dessen Eifer in Num 25,11.13 gerühmt wird, gilt zusammen mit Elija (1Kön 19,10.14) als Repräsentant und Vorbild solchen Eiferns um Gott (vgl. Ps 106,29f; Sir 45,23; 1Makk 2,27.49.54)⁹⁷⁴, zu dem sich besonders seit der Makkabäerkämpfe die Frommen verpflichtet wußten (vgl. 1Makk 2,50). Der Eifer um Gott ist seitdem zum Eifer für das Gesetz geworden⁹⁷⁵. Paulus sagt im Rückblick auf seine Vergangenheit über sich selbst, er sei »nach dem Gesetz ein Pharisäer und nach dem Eifer ein Verfolger der Kirche« gewesen (Phil 3,5f) und

2

---

⁹⁷⁰ Zum Traditionshintergrund der *Deutung* von Dtn 30,12–14 vgl. unten S. 226.

⁹⁷¹ εὐδοκία ist Semitismus, in LXX Übersetzungswort für רצון, vgl. ThWNT II 740–743. Es bezeichnet allgemein das huldvolle Wohlgefallen – besonders Gottes –, kann aber auch Hinneigung zu etwas bedeuten. Vgl. negativ Sir 18,31 εὐδοκίαν επιθυμίας, positiv 2Thess 1,11 εὐδοκίαν ἀγαθωσύνης. In Phil 1,15 ist es oppositum zu διὰ φθόνον καὶ ἔριν, bezeichnet also positives Engagement. Ähnliches ist in Röm 10,1 gemeint, jedenfalls mehr als ein bloßer Wunsch (so Michel 253 Anm. 1).

⁹⁷² εἰς σωτηρίαν = ἵνα σωθῶσιν; vgl. V 10.

⁹⁷³ Vgl. z.B. Gen 18,23ff; Ex 32,30–32; Am 7,1–6; 4Esr 12,48.

⁹⁷⁴ Zur rabbinischen Wertung des Eifers von Pinhas und Elija vgl. Hengel, M., Die Zeloten, 1961 (AGSU 1), 160–175.

⁹⁷⁵ Vgl. dazu Hengel, ebd. 181–188; besonders 1QS 4,4 קנאת משפטי צדק; 9,23 und vom Lehrer der Gerechtigkeit 1QH 2,15; 14,14. Zu den Zeloten in diesem überlieferungsgeschichtlichen Kontext vgl. Hengel, ebd. 188–234.

»weit hinaus über seine Altersgenossen ein Eiferer für die von den Vätern ererbten Überlieferungen« (Gal 1,14 vgl. Apg 22,3). Von daher weiß er aus eigener Erfahrung, welches Engagement mit solchem Eifer verbunden ist, und kann selbst als Zeuge dafür auftreten, daß die ungläubigen Juden durchaus solchen Eifer haben. Aber Paulus muß hinzufügen: Sie haben ihn »nicht entsprechend der (richtigen) Erkenntnis«. ἐπίγνωσις meint durchweg die konkrete Erkenntnis eines Tatbestands (1,28; 3,20) bzw. dessen, was zu tun ist (Phil 1,9;
3 Phlm 6 vgl. Röm 1,32). Worin die in allem Eifer doch verfehlte »Erkenntnis« besteht, sagt der folgende Satz V 3. Indem sie die Gerechtigkeit Gottes verkennen und (stattdessen) ihre eigene Gerechtigkeit aufzurichten[976] streben, haben sie der Gerechtigkeit Gottes die Unterordnung verweigert. Aus der Opposition zur »eigenen« Gerechtigkeit wird deutlich, daß ἡ τοῦ θεοῦ δικαιοσύνη Gottes eigene Gerechtigkeit meint, und zwar in dem 3,21–26 ausgeführten Sinn[977]. Sich ihr unterzuordnen, heißt sie im Glauben anzuerkennen[978]. Für das Verständnis dessen, was mit der »eigenen« Gerechtigkeit gemeint ist, ist es sehr wichtig zu sehen, daß es sich um ein Verhalten gegenüber und entgegen der im Sühnetod Christi offenbar gewordenen Gottesgerechtigkeit handelt. Die Juden lehnen es ab, sich ihr zu unterwerfen, und streben stattdessen danach, das, was nur die Gottesgerechtigkeit kann und tut, nämlich den Sünder gerecht zu machen, selbst zu tun, nämlich in Werken des Gesetzes (9,32)[979].
Es sind also auch hier nicht allgemein die Werke als solche, das Selbsttun, auf das der Mensch gegenüber dem Glauben als passivem Sich-Beschenken-lassen zu verzichten hätte; und mit dem Streben nach »eigener Gerechtigkeit« ist nicht die Sucht des Juden nach Selbstverwirklichung als eigener Leistung vor Gott kritisiert[980]. Ihren Eifer *um Gott* erkennt Paulus ja in V 2 ausdrücklich an, und die inadäquate »Erkenntnis« ihres Eiferns darf nicht als falsche religiöse Motivation interpretiert werden, durch die aus dem vermeintlichen Eifer um Gott unter der Hand ein Eifer des Menschen um sich selbst würde. Es geht vielmehr darum, daß die Juden *Gott* nicht entsprechend erkennen, nämlich als den, der seine Gerechtigkeit jetzt neu erwiesen hat (3,21): so, daß er im Sühnetod Christi die Sünde *aller* aufgehoben hat, so daß *Sünder* gerecht werden im *Glauben* an Gott als Glauben an Christus. Sie beharren demgegenüber auf den vorchristlichen Bedingungen der Rechtfertigung durch das Tun des Gesetzes. Sie tun dies entgegen der im Tod Christi erwiesenen Gottesgerechtigkeit und gehen so ihren eigenen, von Gott abweichenden Weg[981]. Die Gerechtigkeit, die

---

[976] Zu στῆσαι vgl. ἱστάνομεν 3,31. Dahinter steht הקים vgl. Michel 254 Anm. 2.
[977] Vgl. EKK VI/1 206.
[978] Vgl. als oppositum zu ἀγνοεῖν Phil 3,8 γνῶσις Χριστοῦ Ἰησοῦ τοῦ κυρίου μου und 3,10 γνῶναι αὐτόν etc.
[979] Das ὡς in 9,32 wird hier durch ζητοῦντες expliziert, das wiederum dem διώκειν νόμον δικαιοσύνης entspricht.
[980] Vgl. dagegen auch van Dülmen, Theologie des Gesetzes 176–178.217, die zugleich – unter Hinweis auf das betonte παντί in VV 4.11–13 – ἰδίαν aufgrund der auf Israel unter Ausschluß der Heiden beschränkten Geltung des Gesetzes als eine Gerechtigkeit interpretiert, die nur Israel zugänglich und für Israel »reserviert« ist. Dazu vgl. unten S. 228.
[981] Vgl. so auch Stuhlmacher, Gerechtigkeit Gottes 92f; Käsemann 268.

sie zu erlangen streben, ist in diesem Sinne eine »eigene«, nämlich eigenwillige, zwar im Eifer um Gott und sein Gesetz (9,31a) getane, aber Gott und sein Gesetz nicht erreichende Gerechtigkeit (9,31b). Sie bleiben, um als Sünder gerecht zu werden und ihre verlorene Gerechtigkeit wieder »aufzurichten«, bei dem Weg der Gesetzeserfüllung (9,32) und weisen den Glauben an Christus als den Stein ab, den Gott ihnen zum Stolpern in den Weg gelegt hat (9,32b–33). Sie sehen Gott im Gesetz, statt ihn in Christus zu sehen, und bleiben darum abseits der Gottesgerechtigkeit mit sich selbst allein. Zwar suchen sie in ihrem Streben, durch Tun des Gesetzes gerecht zu werden, Gottes Gerechtigkeit im Gesetz zu entsprechen, erreichen aber weder diese noch das Gesetz (9,31), sondern nur eine eigene Gerechtigkeit, eine Gerechtigkeit auf eigene Faust, die keine Gerechtigkeit ist, weil Gott als Heilbringer nicht mehr im Gesetz zu finden ist, das den Sünder verdammt, ob er gleich noch so viele Gesetzeserfüllungen als himmlisches Kapital zur Kompensation seiner Sünde aufhäufen mag, sondern allein im Kreuz Christi und darum allein im Glauben.

Daß Phil 3,9 die nächste Parallele zu Röm 10,3 ist, liegt auf der Hand. Auch dort geht es um den Gegensatz zwischen Paulus' eigener (»meiner«) Gerechtigkeit und derjenigen »aus Gott«, als Gegensatz zwischen der Gerechtigkeit »aus dem Gesetz« und der »aufgrund des Glaubens«. Zu beachten ist jedoch ein Unterschied im Aspekt: Während in Röm 10,3 von der Gerechtigkeit Gottes die Rede ist, die der »eigenen« der Menschen gegenüber- und entgegensteht, spricht Paulus in Phil 3,9 von der Gerechtigkeit, die ihm nicht aufgrund von Gesetzeserfüllung zukommt, sondern von Gott her geschenkt wird und darum nur aufgrund von Glauben erreicht wird. Der Aspekt in Phil 3 ist der des Existenzwandels in der Bekehrung (vgl. besonders 3,7f), der in Röm 10 der des Wandels der Heilsordnung[982].

Warum es sich bei den Juden um eine falsche Erkenntnis (V 2) handelt, sagt V 4 (γάρ). Hier ist umstritten, in welchem Sinn das Wort τέλος gebraucht ist.

In der klassischen und hellenistischen Gräzität[983] ist die Grundbedeutung ›Vollendung‹, sei es im Sinne einer höchsten Stufe, sei es im Sinne eines erreichten Zieles. Die letztere Bedeutung differenziert sich vielfach; das Wort kann einerseits das Ergebnis oder den Ausgang einer Sache bzw. das Endgeschick[984] meinen, andererseits aber auch das Ende bzw. das Aufhören. Dem entspricht auch der Wortgebrauch in LXX[985]. Hervorzuheben ist, daß קץ in eschatologischem Sinn[986] nicht durch τέλος, sondern in der Regel durch συντέλεια wiedergegeben wird. Doch findet sich »finis« in diesem Sinn häufig in 4Esr, jedoch zur Bezeichnung der Endphase der Geschichte[987]. Dem entspricht bei Paulus τὰ

---

[982] Vgl. EKK VI/1 207. Ähnlich auch Stuhlmacher, Gerechtigkeit Gottes 100f.
[983] Vgl. dazu Liddell-Scott 1772–1774; ThWNT VIII 50–52.
[984] Vgl. z.B. Philo, Jos 122 und besonders Test A 6,4: τὰ τέλη τῶν ἀνθρώπων δεικνύουσιν τὴν δικαιοσύνην αὐτῶν; vgl. ebd. 1,4; Test B 4,1.
[985] Vgl. ThWNT VIII 52f. Äquivalente sind vor allem סוף und קץ mit Derivaten.
[986] So besonders auch im Qumranschrifttum sowie in der rabbinischen Literatur, vgl. ThWNT VIII 54.
[987] Dazu ThWNT VIII 54. Vgl. besonders 4Esr 7,113: »Dies enim iudicii erit finis temporis huius et initium futuri immortalitatis temporis«; vgl. im Blick auf Esau und Jakob ebd. 6,7–10; als Inhalt der göttlichen Offenbarung an den Seher ebd. 3,14; 6,12; 12,9; 14,5.

τέλη τῶν αἰώνων 1Kor 10,11 (vgl. 1Petr 4,7) sowie das technisch-absolute τὸ τέλος in 1Kor 15,24 (vgl. Mk 13,7 parr; Mt 24,14[988]. Anders Röm 6,21f, wo τέλος zwar auch eschatologischen Sinn hat, jedoch das dem Tun entsprechende Geschick bezeichnet: das, was beim Tun herauskommt, ähnlich 2Kor 11,15; Phil 3,19; (1Thess 2,16); 1Petr 4,17.

Vom Wortgebrauch her kann τέλος V 4 also heißen: 1. Vollendung, 2. Ziel, 3. Ende[989]. Die *erste* Bedeutung scheidet vom sprachlichen Umfeld her, vor allem aber wegen des Kontextes aus. Christus als »der Stein des Anstoßes« (9,32f) tritt ja Israel auf dem Wege zum »Gerechtigkeitsgesetz« (9,31f) entgegen; und entsprechend besteht nach V 3 zwischen der »eigenen Gerechtigkeit« der Juden und der Gerechtigkeit Gottes und nach VV 5ff zwischen der Gerechtigkeit aus dem Gesetz und der Glaubensgerechtigkeit ein schroffer Gegensatz. Indem Christus aber τέλος νόμου ist »zur Gerechtigkeit für jeden Glaubenden«, ist er der, der nach 9,30 die gesetz-losen Heiden Gerechtigkeit hat »ergreifen« lassen; und die Stimme der Glaubensgerechtigkeit ist sein Wort (V 8.17). Deswegen hält die große Mehrzahl der Exegeten die *dritte* Bedeutung für allein angemessen. Aber in welchem Sinn? Nach Bultmann, dem sich viele anschließen, ist Christus das Ende des Gesetzes als das Ende aller Bemühungen gerade des Frommen, durch Werke des Gesetzes sich selbst vor Gott zu rechtfertigen[990]. So richtig das ist, so wenig tritt bei dieser Auslegung hervor, daß in V 4 nicht zwei verschiedene religiöse Haltungen in Gegensatz zueinander treten, sondern zwei ›Mächte‹: Christus und das Gesetz; und zwar die Mosetora als diejenige, die den Sünder verflucht, Christus als der, der durch seinen Sühnetod diesen Fluch des Gesetzes aufgehoben hat. Christus ist das Ende des Gesetzes, insofern er dessen Funktion, den Sünder zu verfluchen, beendet hat. Denn das Gesetz kann nur »zur Gerechtigkeit« wirken dem, der es tut, – allein Christus wirkt zur Gerechtigkeit dem, der an ihn glaubt[991]. In diesem Sinn begründet V 4 (γάρ) die Kritik in V 3. Der Eifer für Gott, in dem die Juden durch Erfüllung des Gesetzes gerecht werden wollen, widerspricht deswegen der Gerechtigkeit Gottes, weil diese im Sühnetod Christi das Fluch-Wirken des Gesetzes zu Ende gebracht hat, so daß ihr nur der entspricht, der an Christus glaubt – nicht der, der um des Gesetzes willen an Christus Anstoß nimmt (9,31–33).

Doch damit ist nun eine Nuance in der These V 4 noch nicht hervorgetreten, die

---

[988] Vgl. so auch die präpositionalen Ausdrücke ἕως τέλους 1Kor 1,8; 2Kor 1,13 (vgl. μέχρι τέλους Hebr 3,6.14; und ἄχρι τέλους Hebr 6,11; Offb 2,26); εἰς τέλος 1Thess 2,16 (vgl. Mk 13,13 parr).

[989] Vgl. Stalder, Werk des Geistes 351f sowie die Zusammenstellung der Literatur bei Luz, Geschichtsverständnis 140f; Käsemann 270. Gegen die unbelegte Vermutung von Barth, K., KD II/2, 169, τέλος sei hier Übersetzung von aram. כללא = »Summe, Zusammenfassung, Generalnenner« vgl. z.B. Plag, Israels Wege 20.

[990] Bultmann, Theologie NT 264.268: Christus bedeute das Ende des Gesetzes als der Absicht des Menschen, »durch Gesetzeserfüllung vor Gott gerecht zu werden«. Christus sage ihm nicht nur, daß er »durch Gesetzeserfüllung nicht das Heil erlangen *kann*, sondern auch, daß er es gar nicht *soll*«, sofern er vielmehr im Glauben, der auf solche Selbstverwirklichung durch die Gesetzesgerechtigkeit verzichte, gerecht werden soll. Vgl. die Ausführung in: Christus des Gesetzes Ende.

[991] Vgl. besonders van Dülmen, Theologie des Gesetzes 126f.217f.

sich von 9,31 her ergibt. Dort heißt es, daß die Juden auf dem Wege der Gesetzeserfüllung nicht *zum Gesetz* hingelangt sind, dieses als das Ziel des Weges also verfehlt haben. Wenn dagegen Christus τέλος νόμου ist, indem er dem Glaubenden Gerechtigkeit schafft, so bewirkt er darin nicht nur das, was das Gesetz nicht bewirken konnte (vgl. 8,3), sondern er erfüllt auch das, was die Juden vom Gesetz erwarten. In diesem Sinn ist Christus τέλος νόμου als das Ziel der Tora, auf das hin die Juden »gelaufen« sind[992]. Das Ziel ist zwar Christus, nicht die Tora; aber die Gerechtigkeit, die Christus dem Glaubenden schafft, ist ja ursprünglich eben das Ziel der Tora, das diese jedoch Sündern gegenüber zu verwirklichen »zu schwach war« (8,3). Im Sinn von 8,2 kann man sogar sagen: Christus ist das Ziel des Gesetzes, sofern in Christus Jesus die Tora zum »Gesetz des Geistes des Lebens« geworden ist.

Eine dritte Nuance ist schließlich ebenso nicht zu übersehen. Stehen sich in 9,30 und 9,31f Heiden und Juden gegenüber, so nicht im traditionell-jüdischen Sinne. Christus ist vielmehr das Ende und Ziel des Gesetzes »*für jeden, der glaubt*«, nämlich für Juden wie Heiden (vgl. VV 12f). Israel, das diesen Glauben verweigert, steht darin nicht mehr den Heiden gegenüber, sondern der universalen Kirche als der endzeitlichen Heilsgemeinde aus Juden wie Heiden[993]. Wenn es für Israel noch eine Möglichkeit zur »Rettung« (V 1) gibt, dann nur so, daß es der Gottesgerechtigkeit in Christus als dem Ende und Ziel der Tora im Glauben entspricht und darin den Heiden gleichwird.

Eine andere Interpretation hat *Ch. Plag*[994] im Anschluß an *L. Baeck*[995] und *H. J. Schoeps*[996] vorgelegt. Er rekurriert auf eine in Sanh 97a (Bill. III 826) überlieferte rabbinische Lehrmeinung »aus der Schule Elijas«[997], nach der die Weltgeschichte in drei Epochen von jeweils 2000 Jahren eingeteilt sei, deren mittlere die der Tora sei. Diese werde ihren Abschluß finden mit dem Anbruch der Zeit des Messias. Paulus habe aus der Erfahrung der Auferstehung Jesu geschlossen, mit ihr als Anbruch der messianischen Ära sei die Zeit der Tora zu ihrem Ende gekommen. Daraus erkläre sich 1. die »auffallend positive Gesetzesanschauung« in V 5 und 2. der »eigenartige Gebrauch des AT im Bereich von Röm 9–11«[998]. Nun sieht Plag selbst, daß 1. jene Lehrmeinung im gesamten Kontext der sonstigen rabbinischen Lehren über die Tora und die Messiaszeit »so gut wie ganz allein dasteht«[999], und 2. ihr traditionsgeschichtliches Alter, das sie selbst für sich beansprucht, zumindest unbestimmbar ist[1000]. Nachweisbar ist lediglich

---

[992] So jetzt Cranfield 519. Wieso es »absurd« sein soll, »den logischen Zusammenhang mit dem Bild des Laufens zu betonen« (Käsemann 270), ist mir unerfindlich. Autoren, die τελός in Röm 10,4 nicht nur als »Ende«, sondern auch als »Ziel« verstehen, nennt Zeller, Juden und Heiden 193 Anm. 244; vgl. besonders Bring, Christus und das Gesetz 46f; ders., Paul and the OT.

[993] Dazu vgl. besonders van Dülmen, Theologie des Gesetzes 126f.217f.

[994] Plag, Israels Wege 19–26.

[995] Baeck, L., The faith of Paul, JJS 3 (1952) 93–110.

[996] Schoeps, Paulus 177–183.

[997] Parallelen finden sich in Aboda Zara 9a (Bill. IV 991f); Seder Elijahu Rabba 2 (6,31) und Midr Ps 90 § 17 A 95 (Bill. III 844f; IV 991). Vgl. auch p Meg 70d und Pesiqta Rabbathi 1 (4a).

[998] Plag, Israels Wege 21.

[999] Plag, ebd. 23; vgl. auch *Luz*, Geschichtsverständnis 144f.

[1000] Plag, ebd. 22f. Er meint freilich dann (24–26), die jüdisch-vorchristliche Herkunft lasse sich erhärten durch entsprechende Aus-die Vorstellung einer eschatologischen Abrogation bestimmter einzelner Teile der Tora, z.B. mancher Reinigungsvorschriften, die sich durch die eschatologische Reinheit der Erlösten erübrigt, nirgendwo jedoch der Tora als ganzer. Vor allem ist diese partielle Abrogation nur als durch den Anbruch der messianischen Zeit als solcher veranlaßt gedacht, nirgendwo aber der Sache nach wie bei Paulus messianisch begründet; darum fehlt der Gegensatz zwischen Messias und Tora sowie zwischen Glauben und Gesetzeswerken, wie ja überhaupt der *Glaube* an den Messias unjüdisch ist. *Wenn* es eine jüdische Voraussetzung der paulinischen These Röm 10,4 gibt, dann kann diese nur in der Erwartung eines endzeitlichen Versöhnungstages liegen, die Paulus (bzw. das ›hellenistische‹ Christentum vor ihm[1001]) als im Kreuz Christi erfüllt gesehen hat.

5 Paulus begründet (γάρ) die These V4 im folgenden aus der Schrift. Als Repräsentant der Tora schreibt Mose[1002] als Grund-Satz der Gesetzesgerechtigkeit: »Wer (sie) getan hat, wird leben in ihr« (Lev 18,5, vgl. ebenso Gal 3,12)[1003]. Was freilich dort eine Verheißung ist, wird bei Paulus zur Warnung bzw. zur Verurteilung des Sünders, der »nicht in allem bleibt von dem Buch des Gesetzes, um es zu tun«, wie er in der Parallele Gal 3,10 aus Dtn 27,26 zitiert. Im Sinne des Paulus ist zu hören: Nur wer die Tora tut, wird aus ihr die Anerkennung als Gerechter erhalten und der Folge der Gerechtigkeit, dem Leben, zuge-
6–8 sprochen. Dagegen (δέ) setzt er die Stimme der Glaubensgerechtigkeit, die hier gegen Mose personifiziert auftritt[1004]. Was sie sagt, zitiert Paulus allerdings ebenfalls aus der Mosetora, nämlich aus Dtn 30,12f. Er verändert freilich den Wortlaut der Stelle aufs stärkste. Die Einleitung: »Sag nicht in deinem Herzen« setzt er aus Dtn 9,4 hinzu. Vor allem aber wird alles, was im LXX-Text auf die Tora als »dieses Gebot« (Dtn 30,11) bezogen ist, eliminiert: 1. die Fortsetzung zu »Wer ist hinaufgestiegen in den Himmel«: »und wird sie uns holen; und nachdem wir sie gehört haben, werden wir sie tun.« Nach Paulus geht es eben nicht wie in Lev 18,5 um das Tun der Tora, sondern um die Glaubensgerechtigkeit. Darum kann der Zweck solches unmöglichen Aufstiegs nur sein, Christus, ihren Garanten (V4), herabzubringen. τοῦτ' ἔστιν ist eine exegeti-

---

sagen in den vitae prophetarum (hrsg. Th. Shermann, TU 31 (Heft 3, 49 und 76) sowie im Bienenbuch Simons von Basra (hrsg. Budge, III; Texte bei Plag ebd. 24). Doch handelt es sich bei dem dritten und ersten Beleg um die auch sonst auftauchende Vorstellung einer endzeitlichen Sistierung des Kults, bei dem zweiten Beleg dagegen eindeutig um einen Anklang an Apg 6,13f. Vgl. zum ganzen Davies, W. D., Tora in the Messianic Age and/or the Age to come, 1952 (JBL.MS 8), 54–66.
[1001] Vgl. dazu Band EKK VI/1 241.
[1002] V 5 sichert so das Verständnis von νόμος in V 4 als Tora; gegen (z.B) Sanday-Headlam 284.
[1003] LXX: φυλάξατε πάντα τὰ προστάγματά μου καὶ πάντα τὰ κρίματά μου καὶ ποιήσετε αὐτά, ἃ ποιήσας ἄνθρωπος ζήσεται ἐν αὐτοῖς. Paulus ändert kontextbedingt den Plural der Gebote in den Singular der Gesetzesgerechtigkeit. P46 B DFG pl sy⁽ᵖ⁾ gleichen mit der Einfügung von αὐτά und der Änderung in αὐτοῖς an LXX an. ἄνθρωπος fehlt in G syᵖ Chr Ambst, wahrscheinlich unter Einfluß von Gal 3,12. ὅτι steht (I) in P46 B Koine FG a pl it sy hinter τὴν δικαιοσύνην τὴν ἐκ νόμου, (II) in ℵ* (A) D* 81.630. 1506.1739.(1881) pc co davor. II ist ursprünglich, da die MSS von I, an den LXX-Text angleichend, als Objekt zu ποιήσας αὐτά hinzufügen, so daß der Akkusativ τὴν δικαιοσύνην zum accusativus graecus wird. Die LA von A: τὴν δικαιοσύνην τὴν ἐκ πίστεως ist ein Fehler des Kopisten.
[1004] Zu diesem Stilmittel in der Diatribe vgl. Bultmann, Stil 87f; Thyen, Stil 42.

sche Einführungsformel nach der pescher-Methode, wie wir sie aus den Qumrantexten kennen[1005].
2. Die zweite »Wer«-Frage in V 7 verschärft LXX V 13: Statt »hinüberzufahren zum Ufer jenseits des Meeres«, von woher die Tora geholt werden soll, geht es hier um den Abstieg in die Scheol, das Totenreich[1006], nämlich in der Absicht, Christus von den Toten heraufzubringen. 3. Der nach den beiden abgewiesenen Fragen entscheidende positive Satz V 8a entspricht nahezu wörtlich Dtn 30,13. Es fehlt aber wieder die dort entscheidende Hinzufügung: »und in deinen Händen, um es (nämlich das Wort der Tora) zu tun.« Denn nach der Auslegung des Paulus ist von dem »Wort des Glaubens« die Rede, »das wir (nämlich die christlichen Apostel) verkündigen« (V 8b).
So richtig es ist darauf hinzuweisen, daß in der jüdischen Schriftexegese der Zeit – besonders in der der Qumransekte – methodisch ähnlich verfahren wird, da der Wortlaut der Schrift als eschatologische Verkündigung des in der Gegenwart sich erfüllenden Heilsgeschehens aufgefaßt wird[1007] –, so wenig darf man die Augen davor verschließen, daß diese Exegese von Dtn 30 auch im Rahmen jener damals geläufigen pescher-Methode höchst gewaltsam ist. Die Eliminierung aller Bezüge zur Tora, durch die allererst Dtn 30 in einen Gegensatz zu Lev 18,5 gebracht wird, der sonst überhaupt nicht besteht, kann nur als bewußte Polemik erklärt werden[1008]. Wo die Synagoge ihre Hörer ermutigte, sie brauchten sich weder in die Höhe des Himmels noch in die Ferne jenseits des Meeres zu bemühen, um die Tora erst von dort zu holen, sondern sie könnten sie hier und jetzt im Gottesdienst hören[1009], hält Paulus hier entgegen: Es gehe um Christus, den niemand vom Himmel herabzuholen brauche, (da er von dort herabgekommen ist? vgl. Phil 2,6–8 und Joh 3,13; 6,33.38.41f.50f.58, oder:

[1005] Vgl. z.B. 1QS 8,15 (היאה); 9,19; 1QpHab 12,7; 4Qflor 1,12; 2,1.3; Dam 1,13; 6,4. Ausführlich lautet die Einführungsformel: פשרו על = »seine Bedeutung bezieht sich auf« 1QpHab 1,2 u.ö. Michel 257 Anm. 2 hebt mit Recht den Unterschied hervor zwischen diesem exegetischen τοῦτ' ἔστιν und der gleichlautenden Definitionsformel, die sich häufig in der Diatribe findet. Vgl. zuerst Windfuhr, D., Der Apostel Paulus als Haggadist, ZAW 44 (1926) 327–330, hier 328; ferner besonders Bonsirven, J., Exégèse rabbinique et exégèse paulinienne, Paris 1938, 42.
[1006] Ob es sich um einen Anklang an ψ 106,26 handelt (ἀναβαίνουσιν ἕως τῶν οὐρανῶν καὶ καταβαίνουσιν ἕως τῶν ἀβύσσων), wie zumeist angenommen wird, oder um eine Übersetzungsvariante von θάλασσα und ἄβυσσος, wie Plag, Israels Wege 27 Anm. 91 meint, mag offen bleiben.
[1007] So mit besonderem Nachdruck Munck, Christus und Israel 67.
[1008] Michel 256 mit Anm. 4 und Munck, Christus und Israel 67f vermuten eine polemische Antwort auf Vorhaltungen der Synagoge, die »gerade diese Grundstelle Dtn 30,11–14 vom Gesetz verstanden und gegen die christliche Verkündigung ausgespielt« habe; vgl. auch Käsemann 277. – Vgl. übrigens die Sachparallele in EvThom 3 mit der gnostischen Pointe: »Aber das Reich ist in euch« – nämlich in der Selbsterkenntnis – »und es ist außer euch« – nämlich bei den »Armen«, denen die Selbsterkenntnis fehlt.
[1009] Bill. III 279 verweist auf die Paraphrase in Targ Jerushalmi 7: »Denn nahe ist euch das Wort in euren Lehrhäusern; öffnet euren Mund, um in ihnen zu studieren; reinigt euer Herz, um sie zu tun.« Zu den Versionen im Fragmententargum Jerushalmi II und im Pentateuchtargum Neofti I vgl. McNamara, M., The NT and the Palestinian Targum to the Pentateuch, 1966 (An Bib 27), 70–77. – Gegen dessen These, Paulus rekurriere in Röm 10,6ff auf entsprechende jüdische Auslegungstradition, vgl. Müller, K. H., Rezension zu McNamara, BZ 15 (1971) 149f.

da er als der himmlische Richter erst zum Endgericht herabkommen wird, vgl. 1Thess 4,16?), und den vor allem niemand aus dem Totenreich heraufführen muß, da er doch von den Toten auferstanden ist (V 9). Vielmehr ist er im Wort des Kerygmas »nahe«, in dem die Glaubensgerechtigkeit verkündigt wird – statt der Gesetzesgerechtigkeit.

Oft wird der Gegensatz zwischen V 5 und VV 6–8 auch darin gesehen, daß Mose »schreibt« und die Glaubensgerechtigkeit »spricht«[1010]. Hier handelt es sich jedoch m.E. um eine Überinterpretation. Nach 9,17 »spricht« die Schrift zu Pharao, und γέγραπται ist durchweg bei Paulus die Überschrift über Zitate, die die christliche Gegenwart betreffen, vgl. 9,33 und 1,17. Im folgenden stehen denn auch λέγει (10,11.16. 19.20.21) und γέγραπται (10,15) unterschiedslos nebeneinander. In V 15 liegt der Ton auf οὕτως, nicht auf λέγει im Unterschied zur Schriftlichkeit des Wortes. Man kann höchstens sagen, daß mit dem häufigen λέγει die Aktualität des Schriftwortes betont wird, in dem nach V 6 die Glaubensgerechtigkeit spricht, während das Wort Moses auf den seit Christus anachronistischen Satz in Lev 18,5 beschränkt ist. Jedenfalls aber ist der aus 2Kor 3 (und Röm 2,29) bekannte Gegensatz zwischen Buchstabe und Geist eine Sachparallele nur, sofern dem Gegensatz zwischen Gesetzesgerechtigkeit und Glaubensgerechtigkeit in Röm 10 der Gegensatz zwischen »Dienst der Verurteilung« und »Dienst der Gerechtigkeit« 2Kor 3,7–9 entspricht. Vom Geist ist jedoch in Röm 10 durchweg nicht die Rede; schon deswegen ist es exegetisch nicht erlaubt, hinter γράφει und λέγει in Röm 10,5f den ganzen Gedankenzusammenhang von γράμμα und πνεῦμα zu supponieren[1011]. Es geht Paulus um den Gegensatz zwischen *Christus* und dem Gesetz, der sich in dem Gegensatz zwischen dem Wort des Gesetzes und dem Wort Christi konkretisiert. Auch sonst ist im Kontext der apostolischen Verkündigung vom Geist in der Regel nicht die Rede; 2Kor 3,17 ist eine (vom Skopos des Kontextes her begründbare) Ausnahme.

Die christologischen Deutungselemente in VV 6f im Schema von Erniedrigung und Erhöhung sind Paulus sonst – mit Ausnahme von Phil 2,6–11[1012] – nicht geläufig, zumal nicht im Vorstellungsrahmen von Hades- und Himmelfahrt. Deren urchristliche Traditionalität bezeugen Eph 4,8–10 und 1Petr 3,19.22. Es mag von daher Grund zu der Vermutung sein, daß Paulus das Zitat mitsamt dieser Deutung aus urchristlicher Tradition übernommen hat[1013]. Jedenfalls steht dahinter ein breiter jüdischer Überlieferungszusammenhang, der in der weisheitlichen Vorstellung der verborgenen himmlischen Weisheit wurzelt[1014], die dann auf die Tora übertragen worden ist[1015].

[1010] So z.B. Schlatter 312f; Michel 256; Käsemann 274; Schlier 311. Dagegen mit Recht Luz, Geschichtsverständnis 92 Anm. 266.

[1011] So Kamlah, E., Buchstabe und Geist, EvTh 14 (1954) 276–282 sowie Luz, Geschichtsverständnis 145f; Käsemann 274f; Schlier 311.

[1012] Dazu vgl. Munck, Christus und Israel 68f.

[1013] Vgl. dazu zuletzt Käsemann 276f. Übrigens ist in Eph 4 im Anschluß an die christologische Deutung von ψ 67,19 in V 11 von der Einsetzung der kirchlichen Ämter die Rede, was der Deutung auf die Verkündigung der Apostel in Röm 10,8 nahekommt.

[1014] Vgl. Ijob 28; Bar 3,29f; Sir 1,3.6; 51,19; auch 24,3–7.

[1015] Vgl. Bar 3,26–4,1; Sir 24,23 sowie besonders das Fragmententargum: »Könnten wir jemanden haben wie den Propheten Mose, der in den Himmel steigt ... Könnten wir jemanden haben wie den Propheten Jona, der in die Tiefe des Meeres hinabsteigt?« Vgl. Luz, Geschichtsverständnis 92f; Lyonnet, S., St. Paul et l'exégèse juive de son temps. A propos de Rom 10,6–8, in: Mélanges bibliques (FS A.

Das »Wort des Glaubens« ist nicht das Wort, das den Glauben zum Inhalt hat, sondern in dem der Glaube selbst zur Sprache kommt, die Glaubensgerechtigkeit von V 6. »Wir«, die es verkündigen, sind die christlichen Apostel wie VV 14f erläutert wird.

V 9 expliziert (ὅτι): Das Stichwort »in deinem Munde« aus Dtn 30,14 wird auf die Tauf-Akklamation[1016] κύριος Ἰησοῦς bezogen und das Stichwort »in deinem Herzen« auf den Glauben an das Kerygma, das die Auferweckung Jesu von den Toten durch Gottes Machttat verkündigt[1017]. Entscheidend ist, daß das »Wort des Glaubens«, in Bekenntnis und Glaube dem Christen seit seiner Bekehrung und Taufe »nahe« ist und endzeitlich-rettende Kraft hat – im Gegensatz zur Gesetzesgerechtigkeit, deren anti-evangelische jüdische Anhänger von dieser Rettung ausgeschlossen sind (9,27; 10,1).

Daß Paulus in Röm 10,9 auf die urchristliche Taufliturgie anspielt, in der der Neophyt auf eine ihm vorgesprochene, das Elementar-Kerygma zusammenfassende Glaubensformel mit einer akklamatorischen Bekenntnisformel antwortete (oder umgekehrt selbst die Glaubensformel sprach, worauf die Gemeinde mit der Akklamation antwortete), wird seit A. Seeberg[1018] mit Recht vielfach vermutet. Zwar ist im Kontext nirgendwo expressis verbis von der Taufe die Rede; doch zeigen VV 14f.17 hinreichend deutlich, daß Paulus bei seiner Deutung und Auswertung von Dtn 30 Mission und Bekehrung im Blick hat, die im ganzen in der Tauffeier zusammengefaßt und abgeschlossen wurde. Zwar ist es durchaus möglich, daß Pistis- und Homologie-Formeln »überall, in Predigt, Unterweisungen, Gebeten, Auseinandersetzungen und erbaulichen Gesprächen« Verwendung gefunden haben[1019]. Und es ist zuzugeben, daß Paulus in Röm 10,9f nicht speziell auf die liturgische Situation als solche abhebt, sondern darauf, daß das »Wort des Glaubens« sowohl im Herzen des Glaubenden wie auch in seinem Munde »nahe« ist; deswegen wählt er in V 9 diese Reihenfolge von Bekennen und Glauben. Doch daß die Korrespondenz von πιστεύειν und ὁμολογεῖν (so V 10) als solche liturgisch bedingt ist, wie auch jener vielfältige Gebrauch von Glaubens- und Bekenntnisformeln im Taufgottesdienst seinen ursprünglichen und zentralen Ausgangs- und Haftpunkt hatte, sollte man nicht grundsätzlich bestreiten[1020].

Die Rettung von der endzeitlichen Vernichtung gründet in der Rechtfertigung des Sünders. So fügt Paulus zu εἰς σωτηρίαν von V 9 εἰς δικαιοσύνην von V 4 hinzu und verteilt beides in einem rhetorischen Parallelismus auf Glauben und

---

Robert), Paris 1956, 494–506, hier 502–504; Black, M., The Christological Use of The OT in the NT, NTS 18 (1971/72) 1–14, hier 9.
[1016] Vgl. Phil 2,11; 1Kor 12,3; Phlm 5; Apg 11,20; 16,31; 20,21, verbunden mit der Auferstehungsaussage Röm 4,24; 2Kor 4,14. Zum Akklamationscharakter der Formel vgl. Wengst, Christologische Formeln 22.
[1017] Vgl. 4,24 und zum form- und traditionsgeschichtlichen Zusammenhang die in EKK VI/1 278 Anm. 903 zitierte Literatur; ferner besonders Neufeld, V. H., The Earleast Christian Confessions, Leiden 1963; Kelly, J. N. D., Altchristliche Glaubensbekenntnisse, Göttingen 1972; Martin, R. P., Worship in the Early Church, London 1964, 53ff; Havener, J., The Credule Formulae of the NT. A History of the Scholerly Research and a Contribution to the On-Going Study, Diss. München 1976.
[1018] Seeberg, A., Der Katechismus der Urchristenheit, Leipzig 1903 (Nachdruck München 1966 mit einer Einführung von F. Hahn) 162.182.
[1019] v. Campenhausen, H., Das Bekenntnis im Urchristentum, ZNW 63 (1972) 231.
[1020] Gegen v. Campenhausen ebd., dem sich jetzt Kuss 762–766 anschließt.

Bekenntnis (in chiastischer Vertauschung). Die Gerechtigkeit Gottes ist es ja, die dem Glaubenden Gerechtigkeit schafft, wie es die Auferweckungstat Gottes an Jesus ist, die unsere künftige Rettung begründet. Und das wird wiederum
11 mit dem Wort der Schrift (Jes 28,16) begründet, das in 9,33 bereits zitiert war. Hier jedoch fügt Paulus nach V 4 »jeder« hinzu, und leitet damit zu dem näch-
12 sten Gedanken (VV 12f) über, mit dem er die These V 4 weiter erläutert: Wo das Wort in Glaube und Bekenntnis angenommen wird, da ist der heilsgeschichtliche Unterschied zwischen Juden und Heiden aufgehoben (vgl. 3,22f). Der Kyrios-Jesus, den die Christen bekennen, ist ein und derselbe Herr *aller*[1021] und läßt den Reichtum der endzeitlichen Heilsgüter[1022] *allen* zukom-
13 men, die ihn anrufen. Und die Schrift (Joel 3,5) bekräftigt, daß *jeder*, der den Namen des Herrn anruft[1023], gerettet werden wird. Damit wird der Bogen zu VV 9f zurückgeschlagen.

14f Ein dritter Gedanke in VV 14f expliziert das »Verkündigen« von V 8. In einem Kettenschluß führt er vom Anrufen (VV 12f) auf das Gläubigwerden (VV 9–11) zurück, das wiederum die Verkündigung voraussetzt wie diese die Sendung. Die Stringenz dieses jeweils auf die Bedingung des voranstehenden Gliedes zurückführenden Kettenschlusses kommt in den »Wie«-Fragen zu starker rhetorischer Wirkung. Wie soll man[1024] den Herrn anrufen, wenn man nicht zuvor zum Glauben an ihn gekommen ist? Wie soll man zum Glauben an ihn kommen, wenn man ihn[1025] nicht gehört hat? Wie soll man ihn hören, wenn es keinen Verkündiger gibt? Wie aber kann jemand verkündigen, wenn er dazu keine Sendung empfangen hat? Und auch dieses ganze Geschehen der Verkündigung des Evangeliums wird in V 15b mit einem Schriftzitat (Jes 52,7) bekräftigt.

LXX: ὡς ὥρα ἐπὶ τῶν ὀρέων, ὡς πόδες εὐαγγελιζομένου ἀκοὴν εἰρήνης, ὡς εὐαγγελιζόμενος ἀγαθά. Der Wortlaut bei Paulus weicht stark von LXX ab, setzt sie aber voraus (gegen Michel 261 Anm. 2). ὡς ὡραῖοι soll vielleicht LXX ὡς ὥρα wiedergeben und wäre dann nicht mit »lieblich« (vgl. Mt 23,27), sondern mit »rechtzeitig« zu übersetzen[1026]. »Auf den Bergen« ist ausgelassen, die doppelte Erwähnung des Freudenbo-

---

[1021] Vgl. Apg 10,36. πάντων ist maskulinisch, nicht neutrisch aufzufassen, gegen Käsemann 279.
[1022] Vgl. πλοῦτος 9,23 und 11,33; Phil 4,19; Eph 1,18; Kol 1,27; πλουτεῖν 2Kor 8,9; 1Kor 4,8; Lk 12,21; πλουτίζεσθαι 1Kor 1,5.
[1023] Diese Formel ist im AT, auf Gott bezogen, verbreitet; vgl. so auch 1Petr 1,17. Sie charakterisiert den Bekenntnischarakter des im Gebet konkreten Gottesverhältnisses, vgl. 1Kön 18,24.26 und die zahlreichen Belege in ThWNT III 500f. Im Urchristentum wird sie – wahrscheinlich ausgehend von Joel 3,5, vgl. Apg 2,21.39 – auf Jesus als den Kyrios übertragen; vgl. besonders Phil 2,9. Der Bekenntnischarakter tritt in diesem christlichen Gebrauch stark hervor. Die Formel gewinnt so geradezu die Funktion einer Bezeichnung für Christen als Christen vgl. 1Kor 1,2; Apg 9,14; 22,16; 2Tim 2,22; 1Cl 60,4; Herm s 9,14; auch Apg 7,59 (im Mund des Märtyrers). Vgl. Langevin, P. E., »Ceux qui invoquent le nom du Seigneur« (1Co 1,2), ScEc 19 (1967) 373–407; 20 (1968) 113–126; 21 (1969) 71–122.
[1024] Die 3. Person Plural meint nicht die Juden (gegen Munck, Christus und Israel 17.71; Dodd 168f; Cranfield 533), sondern generell alle diejenigen, von denen in V 9 in der 2. Person Singular und in V 10 in ebenso generalisierendem Passiv die Rede war: die πάντες von V 12. Vgl. Bl-Debr-Rehkopf § 130.
[1025] οὗ ist nicht lokal, sondern als Genitiv zu ἤκουσαν aufzufassen.
[1026] So zuletzt Käsemann 282.

ten auf eine verkürzt und zusammengezogen, der Singular in den Plural umgewandelt[1027]. Das letztere ist eine kontext-entsprechende Veränderung (ἀποσταλῶσιν V 15). Ansonsten dürfte es sich um ein freies Zitat handeln[1028]. –

All dies ist geschehen, – aber (ἀλλ') nicht alle sind dem Evangelium gehorsam geworden, so daß ihr ἀκούειν nicht zum ὑπακούειν geworden ist. Nach V 3 ist klar, wer gemeint ist: die Juden, die sich der Gottesgerechtigkeit nicht unterworfen haben. Aber genannt wird Israel erst in V 19. Der Unglaube wird mit dem Wort Jesajas Jes 53,1 begründet. V 16 ordnet sich so zunächst den voranstehenden allgemeinen Ausführungen zu, die alle durch Schriftzitate erhärtet werden. 16

In V 17 wird darauf die Summe gezogen (ἄρα). Der Glaube (kommt) aus der zu hörenden Botschaft (ἀκοή), die Botschaft aus dem Wort Christi[1029]. Das entspricht V 8: Auch dort wird das »Wort« verkündigt; ἀκοή entspricht ῥῆμα ὃ κηρύσσομεν. Die Näherbestimmung des Wortes als »Wort Christi« geht freilich über V 8 hinaus: Im Wort des Glaubens spricht und handelt Christus selbst[1030], wie im Wort der Propheten Gott selbst handelt[1031]. Eben dies aber war gleichfalls im Voranstehenden schon angedeutet: »Wie sollen sie glauben an den, den sie nicht gehört haben?« (V 14). 17

V 17 wird von einigen Exegeten als Glosse zu V 14f beurteilt[1032]. In der Tat fällt die Stellung des Satzes nach V 16 auf. Aber ἐξ ἀκοῆς nimmt ἀκοή von V 16b auf; und V 18 schließt mit ἤκουσαν an V 17 ἐξ ἀκοῆς, nicht jedoch an V 16 ὑπήκουσαν an. V 16 ist als letzte der Explikationen von Dtn 30 aufzufassen, V 17 als alles Voranstehende zusammenfassende These. Erst VV 18ff behandeln dann explizit den Unglauben Israels gegen das Evangelium, was durch V 16 vorbereitet ist.

Dem von V 16 her drohenden Urteil über das ungläubige Israel kommt Paulus mit einer Frage zuvor, die Israel von Schuld entlasten soll: Haben sie (das Wort) etwa nicht zu hören bekommen? Diese Bedeutung muß ἤκουσαν hier von V 17 (ἐξ ἀκοῆς) her haben[1033]; und das folgende Zitat aus ψ 18,5[1034] gibt nur so eine entsprechende Antwort: Weit gefehlt (μενοῦν γε)! Was der Psalm von den Himmeln rühmt, versteht Paulus als Feststellung der Schrift, daß die 18

[1027] ℵ² D F G Ψ pm lat sy Ir gleichen an LXX an.
[1028] Zur jüdischen Auslegungsgeschichte vgl. Stuhlmacher, Das paulinische Evangelium I 148–150 und das Material bei Bill. III 282f.
[1029] ℵ¹ A D¹ Ψ pl sy Cl lesen θεοῦ; διὰ ῥήματος (ohne Genitiv) lesen F G Ambst: »auditus autem per verbum«
[1030] So Käsemann 282f; Schlier 318, der die Deutung von V 15a her als den Verkündigungsauftrag Christi (so z.B. Lietzmann 101; Michel 262; Munck, Christus und Israel 72f; zuletzt Kuss 776) mit Recht ablehnt.
[1031] Vgl. Munck, Christus und Israel 73 Anm. 123, der auf die häufige Formel hinweist: ἐγένετο ῥῆμα κυρίου.
[1032] Bultmann, Glossen 280, der zugleich die Hypothese von Müller, F., Zwei Marginalien im Brief des Paulus an die Römer, ZNW 40 (1941) 249–254, hier 253 bestreitet, V 17 und V 15b seien paulinische Randbemerkungen. Vgl. ferner Michel 261.262; Luz, Geschichtsverständnis 32 Anm. 76.
[1033] Nicht: »eine Mitteilung zur Kenntnis nehmen« (Käsemann 28 283).
[1034] Aus der fehlenden Einführungsformel darf nicht geschlossen werden, daß V 18 nicht als Schriftzitat gemeint sei (so z.B. Zahn 489).

Stimme der christlichen Verkündiger in alle Welt und ihre Worte bis zu den äußersten Grenzen der bewohnenden Erde hinaus gedrungen sind. Im Blick auf die faktische Lage ist das eine ungeheure Übertreibung. Aber Paulus kann sehr wohl genaue Angaben über den gegenwärtigen Stand seiner Evangelium-Mission machen (15,19); unter diesem Aspekt steht die Erreichung der äußersten Grenzen der Ökumene in Spanien noch bevor (15,24). Bezieht man darum die Aussage des Zitats vom Kontext her allein auf die Judenmission[1035], so vergißt man den universalen Horizont von VV 12f, der in VV 18ff ja gerade nicht eingeschränkt wird. Eben daraus, daß das Evangelium, das alle Völker zum Glauben ruft, die Wohngebiete aller erreicht hat, resultiert ja gerade die Frage, daß ausgerechnet Israel, von dessen Mitte es ausgegangen ist (15,19), von ihm etwa nichts vernommen haben sollte[1036]. Der Satz kann also nicht als übertreibende Beschreibung eines schon erreichten faktischen Missionserfolges gemeint sein, sondern er spricht von der eschatologischen Wort-Wirklichkeit des universalen Evangeliums[1037]; und das ist der Grund, warum Paulus die Aussage der Schrift von der rühmenden Verkündigung der Himmel auf das Evangelium beziehen kann: Das Evangelium ist das Wort des erhöhten Christus, das vom Himmel her zu allen Völkern spricht. Seine menschlichen Boten vollziehen sozusagen seine eschatologische Wirklichkeit nur nach. Israel, das den Einen Gott bekennt (3,29; 10,12b) und seine Stimme aus der Schrift hört, kann schlechterdings nicht sagen, der Ruf des Evangeliums als des Wortes Gottes sei an ihm vorbeigegangen. Die Heidenmission ist nicht eine Aktion apart von Israel, sondern Handeln des Gottes Israels. Israel ist davon nicht unbetroffen; es hat nicht das Evangelium nicht *gehört,* sondern ihm nicht *gehorcht* (V 16).

19 Eine zweite rhetorische Frage sucht diesen Schuldspruch nochmals zu umgehen: Hat Israel das Evangelium etwa nicht begriffen? ἔγνω muß hier – anders als sonst bei Paulus – das verstehende Begreifen meinen; dahinter steht der Topos von der ἄγνοια des Handelns der Juden gegen Jesus (Apg 3,17; 13,27; 17,30). Paulus hat schon früher in seiner Invektive in 1Thess 2,15f nichts von solcher Entschuldigung erkennen lassen. Auch hier zeigen die drei folgenden Zitate, daß die Antwort auf diese zweite Frage wie in V 18 negativ lautet. Israel hat sehr wohl begriffen; in seinem Ungehorsam weiß es, was es abweist.

Das erste Zitat[1038] ist ausgerechnet ein Wort Moses aus der Tora (Dtn 32,21): Im Kontext dort beantwortet Jahwe im Zorn die Untreue seines Volkes, das ihn vergessen und ihn dadurch »gereizt« hat, daß es sich Göttern zuwandte, »die sie nicht gekannt hatten« (V 17)[1039]: er werde daraufhin seinerseits sie »eifersüchtig machen durch ein Nicht-Volk und sie reizen durch ein gottloses Volk«,

---

[1035] So besonders Munck, Christus und Israel 74f.
[1036] Vgl. z.B. Lagrange 262.
[1037] Vgl. zuletzt Käsemann 283f.
[1038] πρῶτος muß auf Mose gehen und kann nicht mit von Hofmann 452f; Zahn 491f und zuletzt Plag, Israels Wege 31 Anm. 111 auf Israel zurückbezogen werden, zumal nicht in dem Sinn, daß Israel »zuerst« nicht begriffen habe, weshalb Gott es jetzt eifersüchtig mache, um es zum Begreifen zu bringen. Mose wird als erster Zeuge gegen Israel besonders hervorgehoben; die Reihe der Belastungszeugen wird dann in V 20 mit »Jesaja aber« fortgeführt.
[1039] οὐκ ᾔδεισαν (zweimal): Sollte ἔγνω in V 29 von daher zu verstehen sein?

das er gegen sie führe. Paulus aktualisiert das, indem er dieses Wort Moses in direkter Rede[1040] an die ungläubigen Juden seiner Gegenwart adressiert. Das »Nicht-Volk« sind so die Heiden (vgl. 9,25f), die »unverständig« sind, weil sie die Tora nicht kennen (vgl. 9,30). Auf sie macht Gott das ungläubige Israel eifersüchtig und aufgebracht, indem er *sie* die Gerechtigkeit erreichen läßt (9,30), die *Israel* trotz seines Eifers um Gott (V 2) nicht erreicht hat (9,31). Das kann hier nur heißen: Aufgrund ihres Ungehorsams gegen Gottes Gerechtigkeit (V 3) im Evangelium (V 16) sind sie von der Gerechtigkeit und dem Heil ausgeschlossen, das Gott den Heiden, diesem Nicht-Volk, in reichem Maße (V 12) schenkt. In 11,11 wird das Motiv des Eifersüchtig-Machens einen überraschend positiven Sinn gewinnen, den es hier noch nicht hat.

Jesaja bestätigt zunächst das Wort des Mose; indem er »sich erkühnt«[1041], Gott 20 sagen zu lassen: »Ich habe mich finden lassen denen[1042], die mich nicht suchen (vgl. 9,30), bin offenbar geworden denen, die nicht nach mir fragen.« Gilt das – 21 entgegen dem Wortsinn der Jes-Stelle – im Blick auf die Heiden, so gilt demgegenüber (δέ) Israel das folgende Wort Jes 63,2: Gott hat den ganzen Tag, d.h. fortwährend (vgl. 8,36)[1043] seine Hände ausgestreckt – zu seinem Volk, das ihm den Gehorsam verweigert (vgl. V 16) und ihm widerspricht (vgl. V 3). Gott also hat es in seiner großen Langmut (9,22) nicht an Zuwendung und Mahnung zur Umkehr fehlen lassen. An ihm liegt es nicht, es liegt allein an Israel, daß die Heiden Gerechtigkeit erlangen und es selbst nicht[1044].

1. Die Rettung der Juden, die Paulus so sehnlich wünscht, wird in Frage gestellt durch ihre Ablehnung Christi. Rettung und Heil gibt es, wo alle, Juden wie Heiden, unter der Herrschaft der Sünde sind, nur durch die Sühnewirkung des Todes Christi, in dem Gott seine Bundesgerechtigkeit als sich hingebende Liebe erwiesen hat, die in der Auferstehung Christi ihre siegreiche Macht hat wirksam werden lassen. Anteil an dieser Rettung aus der Herrschaft der Sünde gibt es darum nur im Glauben an Gott im Blick auf diese seine Heilstat im Kreuz Christi, Anteil am endzeitlichen Heil nur im Glauben an Gott, der den Gekreuzigten von den Toten auferweckt hat. Das hat Paulus in Röm 1–5 grundlegend ausgeführt. Hier bringt er dies nun dem ungläubigen Israel gegenüber zur Geltung. Indem es unter Berufung darauf, daß es »Israel« sei, das Volk der Erwählung, dem Christus-Evangelium entgegen unter der Herrschaft des Gesetzes bleiben will, verfällt es dem Fluch, den das Gesetz über alle Sünder ausspricht. Kein Sünder wird aufgrund von Werken des Gesetzes gerecht

Zusammenfassung

[1040] Das doppelte αὐτούς in LXX ist in ὑμᾶς verändert.
[1041] Paulus hebt so das Außerordentliche, Wunderbare in dem Geschehen der Annahme der Heiden hervor. – D* F lassen ἀποτολμᾷ καί aus.
[1042] Paulus vertauscht die Reihenfolge der Verben in LXX (ἐμφανὴς ἐγενόμην – εὑρέθην). – P46 D* F G 1506^vid (it vg^cl) haben ἐν τοῖς, ebenso B D* 1506^vid in der zweiten Zeile des Zitats. Das ist vielleicht ursprünglich, da τοῖς LXX entspricht.
[1043] Vgl. Michel 264.
[1044] Die Entlastung Gottes von jeglicher ›Schuld‹ an Israels Fall dient im Kontext von Röm 10 der Anklage Israels (gegen z.B. Maier, Israel 100; Zeller, Juden und Heiden 123f; zuletzt Kuss 781, der jedoch ebd. 782 zugleich die Schuld Israels betont sieht).

(3,20), auch wenn er diese im Eifer um Gott tut; die Gerechtigkeit, die die Juden dadurch zu erwirken meinen, ist nur eine »eigene«, auf eigene Faust gegen Gott behauptete, also *keine* Gerechtigkeit. Gerechtigkeit gibt es post Christum crucifixum nur als Glaubensgerechtigkeit, für Israel nicht anders als für die Heiden. Denn während das Gesetz das Leben nur als Folge im Tun erwiesener Gesetzeserfüllung zuspricht und darum faktisch, wo alle gesündigt haben, niemandem in Israel zusprechen kann, naht sich die Glaubensgerechtigkeit dem Sünder in seiner Gottesferne, die er von sich aus nicht aufheben kann, weder durch unmögliche Anstrengung zur Höhe noch durch resignatio ad infernum, und die er nicht aufheben soll, da allein Christus sie aufgehoben hat. Sie naht sich erstens im Wort der Verkündigung, das der Getaufte in Glaube und Bekenntnis annimmt. Sie naht sich zweitens allen, Juden wie Griechen. Ihre Verkündigung, die zu hören ist und den Gehorsam des Glaubens ermöglicht, geschieht drittens durch beauftragte Boten. Dies alles ist in der Schrift bezeugt, auch – viertens – die Tatsache, daß nicht alle dem Evangelium gehorchen, das doch Christi eigenes Wort ist. Es ist also alles geschehen, damit Israel wie die Heiden zum Glauben kommen kann. Es hat das Wort gehört und verstanden. Wo es jedoch den Gehorsam verweigert, provoziert Gott es durch die Berufung der Heiden, des Nicht-Volkes, während er seinem ungläubigen und rebellischen Volk umsonst die Hände entgegenstreckt.

2. Das Alte Testament wird in diesem Abschnitt besonders extensiv zum Zeugen herangezogen, sowohl dafür, daß die Glaubensgerechtigkeit Rettung und Heil für jeden Glaubenden schafft, als auch dafür, daß das ungläubige Israel aus Werken des Gesetzes weder Gerechtigkeit noch Heil erreicht. Wie in Röm 4 ist es von aktuellem Gewicht, daß das Gesetz, auf das sich Israel Christus entgegen beruft, ebenso wie die Propheten, also die ganze Schrift in diesem Zeugnis übereinstimmt (vgl. 3,21b). Was Paulus jedoch die Schriftworte sagen läßt, steht z.T. in groteskem Widerspruch zu dem, was sie in ihrem eigenen Kontext sagen. Das gilt besonders für VV 5f, wo Paulus zwei Sätze der Tora in Gegensatz zueinander bringt, obwohl sie völlig miteinander übereinstimmen. Der moderne Leser muß zunächst zur Kenntnis nehmen, daß die Methoden einer solchen – für unsere Begriffe rücksichtslos-willkürlichen – Auslegung von Schriftstellen grundsätzlich der im Judentum damals gängigen und anerkannten Hermeneutik entspricht, nach der die Schrift bezeugt und durch ihre Autorität legitimiert, was in der Gegenwart an göttlichem Handeln und göttlichen Setzungen erfahren wird. Ihr geschriebenes Wort enthält einen Sinn, der sich erst in der Erfahrung der Gegenwart entschlüsselt, und eben so hören sich die Gegenwärtigen vom Wort der Schrift angesprochen. Modern ausgedrückt: Die Schrift wird als radikal »Hörer-bezogen« aufgefaßt, jedoch nicht nur allgemein deswegen, weil alles überkommene Wort nur als ›Text‹ für den Rezipienten Sinn gewinnt und die jeweilige Gegenwart so das Kriterium der Geltung und Wirkung tradierter Texte ist. Die jüdische Hermeneutik setzt vielmehr voraus, daß die Texte der Schrift Gottes Wort selbst enthalten und es *seine* Wirkung ist, die die gegenwärtigen Hörer durch die Schrift erfahren. Ist Paulus von Got-

tes Rechtfertigungshandeln in Christus überzeugt, dann darf er nicht nur, sondern dann muß er die Schrift nach dem Kriterium dieses göttlichen Handelns auslegen. Das »nahe« Wort von Dtn 30 z.B. kann für ihn dann nicht mehr von der Tora handeln, wie Paulus als pharisäischer Rabbinerschüler diese Stelle zuvor gewiß verstanden hat; die Schrift muß hier vielmehr von dem Wort des Glaubens sprechen und so in Gegensatz treten zu dem Grundsatz der Tora nach Lev 18.

Läßt sich das historisch sehr wohl nachvollziehen, so erhebt sich doch gerade auch unter historischem Aspekt ein schweres Problem: Wie konnte denn ein jüdischer Partner damals von seinem eigenen Erfahrungsaspekt aus diese Argumentation des Paulus mit der Schrift verstehen, es sei denn, daß er sich zuvor zum Glauben an Christus bekehrte, unter dessen Aspekt ihm *dann* erst die ganze Argumentation als stimmig erscheinen konnte? Ist es nicht z.B. geradezu zwingend sich vorzustellen, daß der jüdische Partner Paulus entschieden (und hermeneutisch vollauf überzeugt) widersprochen haben wird, in dem »nahen Wort« von Dtn 30 etwas anderes zu erkennen als eben das Wort der Tora, die nach Lev 18 nur dem, der sie tut, das Leben zuspricht? Wie kann eine Kommunikation zustandekommen, wo die gleiche Hermeneutik von verschiedenen Voraussetzungen aus zu so gegensätzlichen Ergebnissen führt, die als solche nur dem Sprecher, nicht aber dem Hörer einleuchten? Historisch geurteilt, wird man zweifellos sagen müssen, daß dies kaum je möglich war. Die pescher-Methode der Schriftauslegung hat faktisch immer nur innerhalb der jeweiligen Gruppe Verstehen eröffnet; die ihr entsprechende Kommunikation war gruppenintern. Das gilt für den jüdisch-urchristlichen Dialog genauso wie etwa für das Gespräch der Qumrangemeinde mit ihren priesterlichen Gegnern.

Mutatis mutandis zeigt sich dies auch im heutigen jüdisch-christlichen Dialog: Ein und dieselbe Bibel sagt einem Juden an entscheidender Stelle etwas anderes als einem Christen. Man mag zwar zu den gleichen Ergebnissen gelangen bei übereinstimmender historischer Auslegungsmethode. Aber das entspricht im Grunde der Kommunikation, die Philo von Alexandrien seinen hellenistischen Philosophen-Kollegen durch die damals allgemein anerkannte und praktizierte allegorische Methode eröffnete. Wie dort die entscheidenden Erfahrungsmomente jüdischen Jahwe-Glaubens im Verstehen dem hellenistischen Partner im Grunde unzugänglich blieben, so kann auch heute die gemeinsam verfolgte historische Methode im Blick auf Röm 10 zwar dem jüdischen Theologen der Gegenwart die Möglichkeit öffnen, die paulinische Argumentation formal nachzuvollziehen, aber der Sache nach wird er der paulinischen Auslegung von Dtn 30 nicht zustimmen, sondern aufgrund der gemeinsam verfolgten historischen Methode nun auch von dem christlichen Theologen erwarten, daß er die rabbinische Auslegung der Stelle ebenso nachvollzieht wie er die paulinische. Die christologische Auslegung dürfte für das heutige Judentum nicht weniger als für die jüdischen Gegner des Paulus eine entscheidende Barriere der Kommunikation sein.

Doch *eine* gemeinsame sachliche Voraussetzung hatten Paulus und seine jüdischen Gegner außer der formalen gemeinsam; und in ihr stimmen Juden und Christen auch heute überein: der Glaube an Gott, dessen ›Wesen‹ in seinem geschichtlichen Handeln ist. Darum war für Paulus der Unglaube *Israels*, des Volkes der Erwählung Gottes, ein gewichtiges Problem *christlicher* Theologie, wie auch umgekehrt für seinen jüdischen Partner die christliche Verkündigung der Auferweckung des für alle gestorbenen Jesus von Nazareth als Heilstat der Bundesgerechtigkeit *Jahwes* ein elementarer, bitterer Affront war. Mag seinen jüdischen Gegnern die Auslegung aller Schriftstellen in Röm 10 – außer der von Lev 18! – unzugänglich und ärgerlich geblieben sein, die konkrete Inanspruchnahme von Aussagen über die Tora wie Dtn 30 für ein geschichtlich-konkretes neues Handeln des Gottes Israels kann keinem Juden gleichgültig sein. Nicht in der Auslegung der gemeinsamen Schrift, sondern zuerst im Gespräch über das im Christentum vorausgesetzte, christlichen Glauben begründende Handeln des einen Gottes Israels fallen die Entscheidungen im jüdisch-christlichen Gespräch.

4. 11,1–32 Das Wunder der Gottesgerechtigkeit: die endzeitliche Rettung Israels

a) 11,1–10 Die Erwählung nur eines Restes

Literatur: *Dreyfus, F.*, Le passé et le présent d'Israel (Rom 9,1–5; 11,1–24), in: Israelfrage 131–151, hier 140–147; *Luz, U.*, Geschichtsverständnis 80–83.98; *Munck, J.*, Christus und Israel 80–88; *Müller, Chr.*, Gottes Gerechtigkeit 44–47; *Vischer, W.*, Geheimnis Israels 111–117; *Zeller, D.*, Juden und Heiden 126–129.

1 So sage ich: Hat Gott etwa sein Volk verstoßen? Keineswegs! Ich selbst bin doch auch ein Israelit, aus dem Samen Abrahams, Stamm Benjamin. 2 Nein, Gott hat sein Volk nicht verstoßen, das er zuvor erwählt hat. Oder wißt ihr nicht, was die Schrift im (Abschnitt über) Elija sagt, wie er vor Gott Klage führt gegen Israel: 3 »Herr, Deine Propheten haben sie getötet, Deine Altäre zertrümmert, und ich bin hier allein übriggeblieben, und sie trachten mir nach dem Leben.« 4 Doch was sagt die göttliche Antwort zu ihm? »Ich habe mir übriggelassen siebentausend Mann, die nicht ihr Knie gebeugt haben vor Baal.« 5 So ist denn auch in der Jetztzeit ein Rest entsprechend der Auswahl der Gnade vorhanden. 6 Wenn aber durch Gnade, dann nicht mehr aus Werken, denn sonst wäre die Gnade nicht mehr Gnade. 7 Was soll das heißen? Was Israel zu erlangen sucht, das hat es nicht erreicht, die Auswahl aber hat es erreicht. Die übrigen jedoch sind verstockt worden, 8 wie geschrieben steht: »Gott hat ihnen einen Betäubungsgeist gegeben, Augen, um nicht zu sehen, und Ohren, um nicht zu hören – bis

zum heutigen Tag.« 9 Und David sagt: »Es werde ihnen ihr Tisch zur Schlinge und zum Netz – und zum Fall und zur Vergeltung. 10 Finster sollen ihre Augen werden, daß sie nicht sehen, und ihren Rücken beugen immerzu«.

1. Zum dritten Mal stellt Paulus eine Frage, die aber anders als die voranstehenden (10,18.19) nicht auf eine Entschuldigung Israels zielt, sondern aus 10,19–21 nun jene Konsequenz zieht, die von Anfang (9,1) an durchweg vor Augen stand, nur noch nicht direkt ausgesprochen: die Frage, ob Gott sein Volk also verstoßen habe (V 1a). Damit wird der dritte und letzte Teil der Erörterung eingeleitet. Paulus weist – nach dem Voranstehenden überraschend – auch diese Frage energisch ab. Als erstes Argument dagegen führt er sich selbst an, den Israeliten (V 1b). Das zweite Argument dafür, daß Gott sein erwähltes Volk nicht verstoßen hat (V 2a), ist die Elijageschichte (VV 2b–4), aus der Paulus für die Gegenwart die entscheidende Folgerung zieht, daß Gott einen »Rest« übriggelassen habe (vgl. 9,27–29), und zwar in seiner Gnade, die sich in freier Auswahl verwirklicht hat (VV 5f). Mit τί οὖν; neu ansetzend, folgert Paulus in V 7 daraus im Blick auf »die übrigen«, also auf das ungläubige Israel, in Wiederholung von 9,30f: Nicht Israel als ganzes hat erreicht, was es sucht, sondern nur »die Auswahl«, während Gott die Masse der übrigen verstockt hat. Dies wird aus der Schrift begründet: aus Gesetz und Propheten (V 8) wie aus den Psalmen (VV 19f). Dieser Schluß steht also in stärkster Spannung zu der These von VV 1f.

Analyse

2. Der »Rest«-Gedanke, den Paulus hier im Anschluß an 1Kön 19 in den Mittelpunkt stellt, wurzelt in atl.-jüdischer Überlieferung[1045]. 1Kön 19 voraus liegt der Jahwist, der, ohne daß das Wort שארית auftaucht, den Gedanken des Restes seiner Darstellung der Urgeschichte zugrundelegt[1046]. Verschärft taucht der Gedanke bei Amos auf, der Israel als ganzes dem Gericht Jahwes zuspricht und »vielleicht« nur einem »Rest Josephs« die Chance, ihm zu entkommen, einräumt (Am 5,15). Das greift Jesaja auf (1,8f vgl. Röm 9,29): Israel soll verstockt (6,9f vgl. Röm 11,8), nur ein kleiner Rest gleich einem Baumstumpf wird übrigbleiben (6,13; 7,3 vgl. 14,32), nämlich die Glaubenden (7,9; 28,16 vgl. Röm 9,33). In den sekundären Zusätzen[1047] ist der Restgedanke bereits deutlich zum festen Topos geworden, ebenso bei den späteren Propheten[1048]. Im frühen Judentum findet sich der Gedanke nicht mehr häufig[1049]. Denn überwiegend gilt der Satz, daß ganz Israel am Heil der zukünftigen Welt Anteil habe (Sanh 10,1)[1050]. Nur in der

---

[1045] Vgl. dazu ThWNT IV 200–215 (AT). 215–221 (Paulus auf dem Hintergrund von Apokalyptik und rabbinischer Lehrtradition); ferner besonders Jeremias, J., Der Gedanke des »heiligen Restes« im Spätjudentum und in der Verkündigung Jesu, in: Abba 121–132; Bekker, Heil Gottes 62f.
[1046] Vgl. z.B. Gen 6–8 (besonders 6,17f); 19 (besonders V 29); 45,7 und dazu v. Rad, Theologie AT II, München ⁵1968, 35.
[1047] Vgl. Jes 4,3; 10,20f; 11,11.16; 28,5;

37,32.
[1048] Vgl. besonders Mich 5,6f; Jer 50,20; Sach 13,8f; Zef 2,9; 3,12f sowie das weitere Material in ThWNT IV 201–203.
[1049] Vgl. besonders aethHen 90,30; 4Esr 6,25; 7,28; 9,7f; 12,34; 13,19.24.48f; sBar 29,4; 40,2; 77,2.6; 80,4.
[1050] Vgl. ferner besonders 1Makk 4,11 im Gegensatz zur Vernichtung der Heiden PsSal 17,21–29.42–46; AssMos 10,7–11; Sib 5,384.

Überlieferung der Qumrangemeinde hat der Restgedanke großes Gewicht; denn die Sekte weiß sich selbst als diesen Rest[1051]. Durchweg aber sind in jüdischer Überlieferung die in der Endzeit Übriggebliebenen vollkommene Gerechte, die sich von den Abtrünnigen durch Treue zum Gesetz und von den Sündern durch Gesetzeserfüllung unterscheiden[1052]. Paulus dagegen übernimmt allein das Moment des rettenden Eingreifens Gottes und bricht das Moment der Gesetzesgerechtigkeit der Erretteten aus dem Restgedanken heraus (vgl. 5f).

Erklärung 1

»Soll ich also sagen« schließt einerseits die Reihe der λέγω-Fragen 10,18–19 ab und leitet andererseits den neuen Abschnitt ein, indem sich nun das Verhältnis von Frage und Antwort umkehrt. Nicht eine Entlastung Israels wird bestritten, sondern seine Verwerfung durch Gott. Die Frage unterscheidet sich auch darin von den voranstehenden, daß sie im Wortlaut von ψ 93,13[1053] (vgl. 1Sam 12,22) formuliert ist. Dort aber hat der Satz für Israel positiven Sinn, so daß es nicht nur Paulus ist, der Israels Verwerfung bestreitet, sondern auch die Schrift. Gleichwohl wird nicht einfach »eine mögliche Konsequenz«[1054] diskutiert, sondern alles Voranstehende drängt auf dieses Urteil hin: einerseits die Freiheit Gottes, an den einen seinen Zorn und an den andern sein Erbarmen zu erweisen (9,22f) und also das »Nicht-Volk« zu berufen und aus seinem Eigentumsvolk nur den Rest zu erretten (9,25ff); andererseits Israels »Verkennung« der Gerechtigkeit Gottes, in der es Anstoß nimmt an Christus (9,30–10,4), so daß es sich in seinem Ungehorsam gegen das Evangelium selbst vom Heil ausschließt (10,19–21). Von Gott wie von Israel her ergibt sich also eigentlich zwingend als bittere Konsequenz, daß Gott sein Volk verstoßen hat. Diese Frage in V 1a hat für Paulus – trotz ihrer Einleitung mit μή – von 10,21 her ein bedrückendes Gewicht. Man kann sich dies eindrücklich vergegenwärtigen, wenn man zu ihrer konkretisierenden Entfaltung die Improperien der Karfreitagsliturgie im Ohr hat. Die Antwort mit der geläufigen Abwehr-Formel μὴ γένοιτο hat also hier keineswegs etwas Geläufiges an sich: sie versteht sich vom Voranstehenden her überhaupt nicht von selbst.

Paulus begründet sie in V 1b überraschend im Blick auf seine eigene Person. Er, der Heidenapostel (V 13), ist ja selbst ein Israelit (vgl. 9,4), aus Abrahams Samen und also im Geltungsbereich der Väter-Verheißungen (vgl. 9,4f; 2Kor

---

[1051] Vgl besonders 1QM 13,8; 14,8f; 1QH 6,8; CD 1,4; 2,16. Dagegen wird hier das übrige Israel »ohne Rest« vernichtet, vgl. 1QS 4,14; 5,13; 1QM 1,6; 4,2; 14,5; 1QH 6,32; 7,22f; 7,2; 1QSb 1,7. Ob auch die Pharisäer sich als den »Rest« verstanden, wie Jeremias, Gedanke, a.a.O. (Anm. 1045) 122f meint, ist zweifelhaft, da sie den dazugehörigen Gedanken der Verwerfung der übrigen jedenfalls nicht vertreten haben.

[1052] Vgl. besonders 4Esr 9,7f: »Alle aber, die dann gerettet sind, und die dann haben entrinnen können um ihrer Werke willen oder des Glaubens wegen, den sie bewahrt haben, die sind es, die aus allen Gefahren, die ich dir verkündet habe, übrigbleiben. Die werden mein Heil schauen in meinem Land und auf meinem Gebiet, das ich mir seit Ewigkeit geheiligt habe.«

[1053] P46 F G b Ambst lesen nach ψ 93,14b: τὴν κληρονομίαν αὐτοῦ, so daß in V 1 und V 2 nicht das gleiche Zitat einmal negativ und einmal positiv steht, sondern ein Parallelismus entsteht, der dem von ψ 93,14a.b chiastisch entspricht. Ist das eine sehr geschickte und wirksame Textänderung nach ψ 93,14, oder ist τὸν λαὸν αὐτοῦ sekundäre Angleichung?

[1054] Schlier 321.

11,22), aus dem Stamm Benjamin (vgl. Phil 3,4). Was Paulus in 9,4f seinen »Brüdern nach dem Fleisch« an göttlichen Heilssetzungen zuspricht, daran hat er selbst auch als Apostel Christi teil. So ist er in seiner Person ein Beispiel dafür, daß Gottes Wort nicht hinfällt (9,6), und Gottes Volk auch noch im Abfall Gottes Volk bleibt. Denn *Gott* ist es, der Israel als sein Volk »erkannt«, d.h. 2 erwählt hat, wie Paulus bei der Wiederholung des Zitats in V 2 mit Achtergewicht hinzufügt. Das besagt freilich vorerst nur, daß Gott insofern die Erwählung Israels realisiert, als er *einige,* die wie Paulus an Christus glauben, als den »Rest« *aus Israel* zusammen mit den Heiden errettet.

Nichts anderes als dies ist es, was Paulus im folgenden aus dem Elija-Abschnitt[1055] der Schrift (1Kön 19) darlegt. Elija tritt hier vor Gott als Ankläger Israels auf[1056]. Paulus zitiert aus III Regn 19,10 (vgl. 14). Nach der Ermordung 3 der Propheten und der Zertrümmerung der Altäre ist Elija als einziger Prophet übriggeblieben und muß um sein Leben bangen. Die ersten beiden Glieder sind umgestellt, so daß deutlicher hervortritt, daß Elija als einziger Prophet übriggeblieben ist. Es ist oft vermutet worden, V 3 sei typologisch gemeint; in der Lage Elijas sehe Paulus seine eigene Situation[1057] (vgl. 15,30f). So ließe sich der Übergang von V 1b zu VV 2b–3 erklären. Doch zeigt die Fortsetzung VV 4–6, daß Paulus auf die Restverheißung hinauswill, mit der Gott auf die Anklage Elijas in V 3 antwortet[1058]. Die ganze Erörterung der Elija-Geschichte dient der Begründung der These V 2a und nicht der Explikation von V 1b. Der Gottesspruch[1059] in V 4 = III Regn 19,18 tritt der Resignation Elijas entgegen (ἀλλά). 4 Siebentausend ist hier die Symbolzahl für den »Rest Israels«[1060]. Der übriggebliebene Elija soll nicht allein bleiben, Gott will die Siebentausend mit ihm zusammen übriglassen. Es sind die, die vor Baal[1061] nicht das Knie gebeugt haben. Hat das Judentum darin die Gesetzestreue der »Übriggebliebenen« herausgelesen, so wertet Paulus die Stelle merkwürdigerweise im Gegensinn aus. Ebenso 5 wie zur Zeit Elijas geschieht es in der gegenwärtigen Zeit (vgl. 3,26): Es ist ein »Rest« vorhanden (γέγονεν) »entsprechend der Gnadenwahl«, d.h. ein Rest, dessen Auswahl durch Gottes Gnade geschehen ist. Daß darauf der Ton liegt, 6 zeigt die folgende Abgrenzung in V 6: Wenn dieser Rest durch Gnade vorhanden ist, dann nicht mehr aufgrund von Werken; d.h. Gott richtet sich in der Auswahl der »Übriggebliebenen« Israels nicht nach dem, was diese in Gesetzeserfüllung getan haben, wie dies dagegen Israel entgegen dem Christusevange-

---

[1055] Zu ἐν Ἠλίᾳ vgl. 9,25; Mk 1,2 und so als rabbinische Zitationsformel (ב) z.B. Midr Hld 1,6 (88a) zu 1Kön 19: »Es steht geschrieben bei Elija«, Bill. III 288.

[1056] Vgl. dagegen 9,3 und 8,26f.34.

[1957] So zuletzt Käsemann 288; vorher besonders Munck, Christus und Israel 42.82f. Müller, Gottes Gerechtigkeit 44f meint, Paulus sehe sich hier als Elija redivivus.

[1058] Das wendet Luz, Geschichtsverständnis 81 mit Recht gegen die Auffassung einer Elija-Paulus-Typologie ein.

[1059] χρηματισμός, terminus technicus hellenistischer Mantik, findet sich selten in griechisch-jüdischer Literatur, vgl. z.B. 2Makk 2,4; Philo Vit Cont 17; 1Cl 17,5.

[1060] Vgl. die 144 000 in Offb 7,4–8; 14,1.3.

[1061] Das Femininum ἡ Βάαλ (gegenüber LXX ὁ Βααλ) erklärt sich dadurch, daß nach jüdischer Sitte der Name des Götzen nicht ausgesprochen, sondern durch die Feminina בושת oder עבודה זרה umschrieben wurde; vgl. Dillmann, A., Über Baal mit dem weiblichen Artikel, 1881 (MPAW), 601–620; Bill. III 288.

lium erstrebt (9,31f; 10,2f). Gott vollzieht die Auswahl vielmehr allein durch seine Gnade (vgl. 4,4f), die ihr Werk im Sühnetod Christi vollbracht hat (vgl. 3,24; 5,21). Der Gegensatz ist also so zu verstehen wie der in 6,14. »Nicht mehr« (οὐκέτι) ist nicht in rein logischem Sinn gemeint (= »also nicht«)[1062], sondern markiert den Unterschied der »Jetztzeit« zur Zeit des Gesetzes zuvor. Stünde es dagegen jetzt anders[1063], so daß die Teilhabe an der Erwählung immer noch von der Erfüllung des Gesetzes abhinge, dann wäre die Gnade nicht mehr Gnade, d.h. so bedeutete das die Außerkraftsetzung des Sühnetodes Christi (vgl. Gal 2,21)[1064].

7   Was bedeutet das (τί οὖν) im Blick auf Israel? Nichts anderes, als was in 9,31 gesagt war: Wonach Israel strebte, nämlich: »aus Werken« an der Erwählung teilzuhaben, das hat es nicht erreicht, während dies demgegenüber »die Auswahl« erreicht hat. Die meisten Ausleger urteilen, ἡ ἐκλογή meine hier – anders als in V 5 – die Heiden als die Erwählten[1065] (vgl. 10,20). Da Paulus jedoch ἐκλογή sonst durchweg als verbum actionis gebraucht, ist zu fragen, ob er nicht auch hier an Gottes Auswahlhandeln in seiner Gnade denkt, durch die er den »Rest« – also die Judenchristen – übriggelassen hat[1066]. Dafür spricht vor allem auch die Fortsetzung in V 7b: »Die übrigen« sind doch nach dem Kontext die Mehrheit Israels im Gegensatz (δέ) zu dem »Rest« und nicht zu den Heidenchristen. Das ungläubige Israel hat Gott verstockt[1067]. Daß ἐπωρώθησαν
8-10 passivum divinum ist (vgl. 9,18), zeigt die Begründung (καθάπερ) aus der Schrift in VV 8f.

In V 8 handelt es sich um eine eigenartige Vermischung verschiedener Schriftstellen. Zugrunde liegt Dtn 29,3: καὶ οὐκ ἔδωκεν κύριος ὁ θεὸς ὑμῖν καρδίαν εἰδέναι καὶ ὀφθαλμοὺς βλέπειν καὶ ὦτα ἀκούειν ἕως τῆς ἡμέρας ταύτης. Aus Jes 29,10 stammt πνεῦμα κατανύξεως; und in der zweiten Hälfte klingt Jes 6,10 mit an: μήποτε ἴδωσιν τοῖς ὀφθαλμοῖς καὶ τοῖς ὠσὶν ἀκούσωσιν. Das zweite Zitat in VV 9f, als Wort Davids eingeführt, entspricht (mit nur geringfügigen Auslassungen und Umstellungen) dem Wortlaut von ψ 68,23f. Die Vermutung liegt nahe, daß Paulus hier wieder auf ein traditionelles ›Florilegium‹ zurückgreift[1068].

[1062] So nach Lietzmann 103; Pr-Bauer 1174, zuletzt Käsemann 288; Schlier 324; Kuss 788.
[1063] Zu ἐπεί im Sinne von »weil sonst« vgl. Bl-Debr-Rehkopf § 456,3 Anm. 7.
[1064] (B) Koine pl sy ergänzen: εἰ δὲ ἐξ ἔργων, οὐκέτι ἐστὶ (–: B) χάρις, ἐπεὶ τὸ ἔργον οὐκέτι ἐστὶν ἔργον (B: χάρις). Diese LA wird von Kühl 372 (im Anschluß an B. Weiß 470f mit Anm. von 471) verteidigt, von allen Neueren dagegen mit Recht als weiterführende Glosse verworfen. Denn wie sollte diese ganze Passage in der durch P46, den ägyptischen und große Teile des westlichen Textes (D F G lat co) bezeugten Breite der Textüberlieferung abhanden gekommen sein?
[1065] Vgl. ἡ ἀκροβυστία 2,26f.
[1066] So Luz, Geschichtsverständnis 82 mit Anm. 227.
[1067] Zu πωροῦν vgl. 2Kor 3,14; Mk 6,52; 8,17; Joh 12,40 sowie πώρωσις 11,25; Eph 4,18; Mk 3,5. Vgl. ThWNT V 1027–1030; Gnilka, J., Die Verstockung Israels. Jes 6,9–10 in der Theologie der Synoptiker, 1961 (StANT 3).
[1068] Vgl. Käsemann 289 mit weiterer Literatur.

Diese Aussagen der Schrift über die Verstockung Israels sind katastrophal[1069]. Gott hat ihnen einen Betäubungsgeist[1070] eingegeben, Augen, die zum Sehen, und Ohren, die zum Hören untauglich sind[1071]; und diese vollkommene Unfähigkeit wahrzunehmen, was Gott getan und geredet hat, dauert bis zum heutigen Tag an, so daß sie auch in der »Jetztzeit« (V 5) weder Gottes Machttat der Auferweckung Jesu von den Toten noch das »Wort des Glaubens« (vgl. 10,9) wahrnehmen. So spricht »David« geradezu einen Fluch über sie aus: Im Psalm ist zweifellos gemeint, daß die Mahlzeit als der Ort der Gemeinschaft zum Ort werden soll, an dem das Unheil wie eine Schlinge und ein Netz zuschlägt. Da Paulus τράπεζα in 1Kor 10,21 kultisch gebrauchen kann, wie auch die rabbinische Tradition vom »Tisch« als vom Altar in seiner Sühnefunktion spricht[1072], und da dieses Verständnis V 3 entspricht, liegt die Vermutung nahe, daß Paulus die Aussage des Psalms als Fluch über den Tempel versteht[1073], dessen Sühnekraft erloschen und durch die des Kreuzes Christi ersetzt worden ist (vgl. 8,3), so daß das Festhalten am Kult die Sünder nur um so mehr an die Sünde bindet, weil die Sühneriten ihnen statt Entlastung vielmehr nur Vernichtung bewirken – wider ihr Erwarten und Meinen, so wie ein Wild unverhofft von der Schlinge und ein Vogel vom Netz gefangen wird[1074]. So wird ihnen der Kult zum »Stellholz«, durch das sie zu Fall kommen (σκάνδαλον), und zum Anlaß göttlicher Vergeltung (ἀνταπόδομα vgl. 2,6). Ihre Augen sollen finster werden, so daß sie nicht sehen; und Gott soll ihren Rücken immerfort beugen: ein Bild für das Sklavenlos Israels unter anderen Völkern[1075].

Die Spannung, die den ganzen Gedankengang von Anfang an durchzieht, steigert sich eben an dem Punkt, an dem Paulus die Konsequenz, die sich daraus mit Notwendigkeit zu ergeben scheint, mit Emphase bestreitet: daß Gott nämlich das im Unglauben verharrende Israel aus dem Heilsbereich seiner Erwäh-

Zusammenfassung

[1069] Weil Zeller, Juden und Heiden 128f diesen Schluß in VV 7b–10 unberücksichtigt läßt, sieht er zu Unrecht im Rest-Gedanken von VV 5f einen für Israel als ganzes positiven Aspekt; so auch Schrenk, ThWNT IV 218f, dagegen mit Recht Müller, Gottes Gerechtigkeit 45f.
[1070] κατάνυξις ist in LXX Übersetzung von תרדמה.
[1071] Vgl. Mk 4,12parr; Joh 12,40; Apg 28,26f, durch welche verschiedenen Zeugnisse deutlich wird, daß es sich um einen verbreiteten Topos urchristlicher Judenpolemik handelt; vgl. Käsemann 289.
[1072] Vgl. Bill. III 289.
[1073] So zuletzt Käsemann 289. Stählin, G., Skandalon, 1930 (BFChTh II 24), 178 denkt an einen Bezug auf die Passafeier. Die große Mehrzahl der Exegeten, die bei einem Bezug auf die Tischgemeinschaft bleiben (so zuletzt Schlier 325f; Kuss 792), haben Mühe, den Sinn der Aussage im paulinischen Kontext überzeugend zu erklären. Einige verallgemeinern deswegen, z.B. Althaus 101: »Er hat ihnen ihren Tisch, d.h. alles, wovon sie leben und was sie tun (!), zum Anstoß und zum Verderben gemacht«; ähnlich schon Origenes (Rufin 1181–1183) und Hilarius, In Ps 68, 18 bei Schelkle, Paulus 386.
[1074] Indem jedoch Käsemann 289 den Kult nur unter dem Aspekt der Frömmigkeit sieht, gelangt er zu der falschen Folgerung: »Nicht die Sünden, sondern die frommen Werke hindern das Judentum, das ihm angebotene Heil anzunehmen.«
[1075] Daß in 15,3 aus demselben Psalm im Blick auf Christus zitiert wird: »Die Schmähungen derer, die mich schmähen, sind auf mich gefallen« (Ps 69,10) – vgl. noch Mk 15,36parr; Joh 2,17; 19,29; Apg 1,20 –, ist kaum ein Grund, einen solchen christologischen Bezug auch in Röm 11,9f herauszuhören (so zuletzt wieder Schlier 326).

lung verworfen, diese ihm aufgekündigt habe. Nein, keineswegs, antwortet Paulus. Aber die Schrift, die er zur Begründung dessen heranzieht, spricht nicht von der Rettung Israels als des Volkes Gottes, sondern nur von der eines »Restes«, nämlich der Judenchristen. Denn Anteil an Gottes Erwählung gibt es nur durch seine Gnade, in der Gott Sünder gerechtmacht. Die iustificatio peccatorum ist das Kriterium der Erwählungsgeschichte in ihrer gegenwärtigen Endphase. Die Juden, die diese abweisen, um sich durch Gesetzeswerke selbst vor Gott gerecht zu machen, streiten gegen Gott, indem sie gegen die Gnade streiten. Daß sie dessen nicht gewahr werden, ist kein Grund zu ihrer Entlastung. Sie sind ja doch Adressaten des Evangeliums, sie können es hören und im Glauben annehmen. Paulus selbst, der ehemals eifernde Verfolger und jetzige Apostel des Evangeliums, ist der lebendige Beweis dafür. Doch Gott gibt die, die sich selbst das Hören und den Gehorsam versagen, der Verblendung und Verstockung preis; und die ganze Schrift – Gesetz wie Propheten wie Psalmen – spricht sie dieser Verblendung zu.

Dieser Fluch der Schrift scheint nun aber doch eben das zu bewirken, was Paulus zu Beginn dieses neuen Abschnitts so heftig bestritten hat: Israels Verwerfung durch Gott! Der Widerspruch scheint unauflösbar zu sein. Zwar ist der Zutritt zur endzeitlichen Gemeinde der Erwählten Gottes für alle Juden offen; denn eben darin besteht ja seine Gnade: Verlorene zu retten. Aber dieser Zutritt ist nur im Glauben an den, der den Gottlosen rechtfertigt, möglich; das Beharren auf Werk-Gerechtigkeit versperrt ihn. Geschieht dieses aber in jener Verblendung eines Eifers um Gott, der Gottes Gerechtigkeit verfehlt, so wird diese Verblendung zu einer Barriere, die den engagierten Kämpfer für die Gesetzesgerechtigkeit an dem Glauben, den er bekämpft, verhindert. Wie kann es eine Rettung solcher Verblendeten geben?

Wenn aber auch und gerade sie zu Gottes Volk gehören, sofern Gott sie zuvor dazu erwählt hat, muß dann nicht Gott seine Erwählung ihnen gegenüber revozieren? Und *ist* nicht der Fluch, den die Schrift über sie ausspricht, der Wortlaut solcher Revokation? Wenn das Nein des Anfangs (V 1) auch gegenüber diesem Schluß gelten soll, so ist dies ein gänzlich paradoxes Nein, ein Nein gegen alle ex parte Dei wie ex parte hominum zwingenden Gründe, die an sich das Gegenteil unausweichlich machen. Jeder Schritt gegen die Konsequenz dieser Gegengründe ist ein Schritt in eine dichte Aporie vom Aspekt des Menschen aus – aber ein Schritt in die wunderbaren Abgründe der Gnade Gottes!

b) 11,11–24 *Warnung vor heidenchristlichem Heilshochmut*

Literatur: *Berger, K.*, Abraham 84.86; *Dreyfus, F.*, Le passé et le présent d'Israel (Rom 9,1–5; 11,1–24), in: Israelfrage 148–151; *Luz, U.*, Geschichtsverständnis 274–279.392–394; *Munck, J.*, Christus und Israel 88–98; *Plag, Ch.*, Israels Wege 33–36; *Rengstorf, K. H.*, Das Ölbaum-Gleichnis in Röm 11,16ff, in: Donum Gentilicium (FS D. Daube) 127–164; *Vischer*, Geheimnis Israels 117–127; *Zeller, D.*, Juden und Heiden 129–133.

11 So sage ich: Sind sie etwa gestrauchelt, um zu Fall zu kommen? Keineswegs! Vielmehr: Durch ihren Fehltritt ist den Heiden das Heil (zugekommen), um sie zur »Eifersucht zu reizen«. 12 Wenn aber ihr Fehltritt zum Reichtum der Welt und ihr Ausfall zum Reichtum der Heiden (geworden ist), wieviel mehr dann ihre Fülle! 13 Euch sage ich, den Heiden: Sofern denn ich der Apostel der Heiden bin, preise ich meinen Dienst, 14 ob ich wohl mein Volk (Fleisch) »zur Eifersucht reizen« und einige von ihnen retten (kann). 15 Denn wenn ihre Verwerfung zur Versöhnung der Welt (geworden ist), was (wird) dann ihre Annahme (anders als) Leben aus den Toten (sein)?
16 Wenn aber der Erstlingsteig heilig (ist), dann auch der (ganze) Teig; und wenn die Wurzel heilig (ist), dann auch die Zweige. 17 Wenn aber einige von den Zweigen ausgehauen, du aber, als ein Zweig vom wilden Ölbaum, unter ihnen eingepfropft worden bist und an der fettspendenden Wurzel des Ölbaums mit teilbekommen hast, so rühme dich nicht gegenüber den Zweigen. 18 Wenn du dich aber rühmst, – (nun, so bedenke:) Nicht du trägst die Wurzel, sondern die Wurzel dich!
19 Nun wirst du sagen: Ausgehauen sind Zweige, damit ich eingepfropft werde. 20 Richtig! Aufgrund (ihres) Unglaubens sind sie ausgehauen, du aber hast aufgrund des Glaubens deinen Stand gewonnen. Sei nicht hochmütig, sondern fürchte (Gott)! 21 Denn wenn Gott die natürlichen Zweige nicht verschont hat, wird er auch dich nicht verschonen. 22 Sieh also Gottes Güte und Strenge: gegen die Gefallenen Strenge, gegen dich aber Güte, wenn du bei seiner Güte bleibst – sonst wirst auch du ausgehauen!
23 Jene aber, wenn sie nicht beim Unglauben bleiben, werden wieder eingepfropft werden. Denn Gott hat die Macht, sie wieder einzupfropfen. 24 Wenn nämlich du aus dem von Natur aus wilden Ölbaum ausgehauen und wider die Natur in den edlen Ölbaum eingepfropft worden bist, um wieviel eher werden dann diese aus dem von Natur aus (edlen Ölbaum) in ihren eigenen Baum wieder eingepfropft werden.

Der dialogische Stil der Diatribe wird nun noch lebhafter. Noch einmal zieht Paulus eine Folgerung (V 11a λέγω οὖν, vgl. V 1), die er sogleich abweist und korrigiert (V 11b). Er entfaltet diese Antwort in VV 11f und nochmals in VV 13–15 – in direkter Anrede an die Heidenchristen (V 13) – unter Hinweis auf seine Sendung zu den Heiden. Das übergreifende Stichwort ist παραζηλοῦν. Der Schluß vom Geringeren zum Größeren in V 15 entspricht dem in V 12. V 16 ist – trotz formaler Gleichheit mit V 15 – inhaltlich eine neue These, die in zwei parallelen Bildworten formuliert ist. War bisher von dem heilsgeschichtlichen Nutzen des Geschickes Israels für die Heiden die Rede, so geht es nun entsprechend umgekehrt um die heilsgeschichtliche Priorität Israels vor den Heiden (VV 17–21 in zwei parallelen Schritten VV 17f und – mit neuer Einleitung – VV 19–21). In VV 22–24 zieht Paulus die Summe (ἴδε οὖν).

Analyse

Gegenüber dem Voranstehenden fällt auf, daß Paulus in diesem ganzen Abschnitt nicht mit Schriftwortlaut argumentiert. Lediglich in VV 12.14 spielt er auf das Dtn-Zitat in 10,19 an. Das liegt vielleicht daran, daß er hier nicht Israel gegenüber die Annahme der Heiden begründet, sondern den Heiden gegenüber die Wiederannahme Israels vertritt und dafür das zuvor aus der Schrift Dargelegte voraussetzt[1076].

Erklärung 11
Ein letzter Einwand präzisiert den von V 1: Besteht die Verwerfung Israels darin, daß sein Anstoß (9,32f) göttliche Fügung ist (ἵνα), daß die »übrigen« von VV 7–10 gestrauchelt sind (ἔπταισαν), damit sie »fallen«, d.h. aus dem Heils-Stand der Erwählung ab- und herausfallen[1077]? (Vgl. dagegen V 20 und Gal 5,2.) Wie in V 1, so reagiert Paulus auch hier mit emphatischer Abwehr und setzt eine andere Erklärung ihres »Falles« dagegen (ἀλλά)[1078]: »Durch ihren Fall«[1079] ist den Heiden die Rettung zuteilgeworden, die sie ausgeschlagen haben und aus der Gott sie ausgeschlossen hat (9,27f); die Rettung, die nur den Glaubenden eröffnet ist (10,9f).

Das ist natürlich nicht so gemeint, daß, hätte Israel als ganzes das Christusevangelium angenommen, den Heiden das Heil nicht zuteilgeworden wäre; das ist im Blick auf die universale Wirkung des Todes Christi für alle Glaubenden (1,16; 3,22; 5,18f; 10,11f) ausgeschlossen. Der Satz faßt vielmehr das tatsächliche Geschehen in den Blick[1080], und zwar unter dem Aspekt jener letzten verborgenen Fügung der universalen Unheilsgeschichte als Heilsgeschichte, die Paulus in VV 28–32 aus dem Evangelium der Rechtfertigung des Gottlosen enthüllen wird[1081]. Dieser paradoxe Sinn des Geschehens bleibt hier zwar noch unausgesprochen. Aber mit der These V 11b beginnt deutlich die Zielrichtung des Gedankens auf VV 28–32 zu. Von einer göttlichen Absicht in diesem Geschehen spricht der folgende Infinitivsatz. Dadurch, daß den Heiden die eschatologische Rettung zuteilgeworden ist, will Gott die gefallenen Israeliten »zur Eifersucht reizen«. Paulus nimmt damit die Aussage von Dtn 32,21 aus 10,19 auf. War dort jedoch das παραζηλοῦν in einem unheilvollen Sinn ge-

---

[1076] Vgl. z.B. Michel 270. Käsemann 291 begründet das Fehlen des Schriftbeweises mit dem prophetischen Charakter der Argumentation. Aber weder ist ein solcher vor VV 25f im Text erkennbar noch darf übersehen werden, daß gerade das »Mysterium« von VV 25f sogleich mit einem Schriftzitat begründet wird (VV 26b.27).
[1077] Vgl. dazu besonders Weish 3,9–12 mit 3,5 (bei Schlier 328 Anm. 1).
[1078] Zu μὴ γένοιτο. ἀλλά vgl. 7,7.13.
[1079] Der Dativ ist dativus causae. παράπτωμα ist sonst terminus technicus der Gebotsübertretung, vgl. 4,25; 5,15–20; 2 Kor 5,19; Gal 6,1; Kol 2,13; Eph 1,7; 2,1. In 11,11f nimmt Paulus jedoch ἔπταισαν von V 1a auf,

so daß in παράπτωμα das Bild des Strauchelns konkret vor Augen steht. Jedenfalls ist hier nicht die Sünde speziell als Gebotsübertretung, sondern als Bestreitung des Evangeliums im Sinne von 9,32f; 10,16.21 gemeint.
[1080] So Dodd 176f. Paulus denkt hier nicht von 1 Thess 2,15 her – im Sinne von Apg 2,23; 3,13–15 usw. – daran, »daß Israels Unglaube Jesus an das Kreuz gebracht« habe; so Althaus 103 und danach zuletzt Dreyfus, Le passé 149f. Seine These entspricht vielmehr zunächst der in der Apg ausgearbeiteten heilsgeschichtlichen Konzeption, vgl. Apg 13,46–49; 28,25–28.
[1081] So mit Recht Dreyfus, Le passé 150.

meint, so gibt Paulus ihm nun, wie V14 zeigt, einen überraschend positiven Sinn[1082].

V12 erläutert den ersten Teil der These von V11b, VV13f den zweiten. V12 ist ein qal-wachomär-Schluß, mit dem Paulus die Argumentationsform von 5,8–11.15–19 wieder aufgreift. V12a wiederholt V11b: Der Fall Israels bringt der Welt – nämlich den Heiden[1083] – den Reichtum des göttlichen Heils. Parallel dazu steht: »Ihr Ausfall ist zum Reichtum der Heiden geworden.«

ἥττημα entspricht also παράπτωμα. Das Wort fehlt in der klassischen und pagan-hellenistischen Literatur und kommt in LXX nur Jes 31,8[1084] und im NT nur noch 1Kor 6,7 vor, wo im moralischen Sinn ein Zurückbleiben hinter den Forderungen gemeint ist[1085]. Einige Exegeten fassen das Wort, παράπτωμα (»Vergehen«) entsprechend, in diesem Sinn auf[1086]. Aber da παράπτωμα von V11 her den Fall meint, liegt es näher, ἥττημα entsprechend mit »Zugrundegehen, Ausfall« im Sinne des Heilsverlustes zu übersetzen[1087]. Doch wie ist dann τὸ πλήρωμα αὐτῶν im Nachsatz zu verstehen? Die Erfüllung der im ἥττημα nicht erfüllten Forderungen[1088] kann der Ausdruck nicht meinen, da an vergleichbaren Stellen der Genitiv das, was erfüllt wird, angibt (vgl. 13,10), nicht diejenigen, die es erfüllen. Eher wäre es möglich, in Entsprechung zu ἥττημα - »Heilsverlust infolge des Unglaubens« – πλήρωμα im Sinne von »Bekehrung, Annahme des Glaubens« aufzufassen[1089]. Aber in V25 bedeutet τὸ πλήρωμα τῶν ἐθνῶν das (eschatologische) Vollmaß und entspricht πᾶς Ἰσραήλ. τὸ πλήρωμα αὐτῶν ist demnach Israel als ganzes, d.h. die Auffüllung des gegenwärtigen »Restes« zur Vollzahl Israels[1090]. Demnach muß τὸ ἥττημα αὐτῶν die Verminderung dieser Vollzahl bedeuten, die durch den »Fall« der ungläubigen Juden entstanden ist[1091]. Paulus hat das Wort, das für ihn vielleicht von ἡσσοῦσθαι (2Kor 12,13) her die Bedeutung »Zurücksetzung, Mangel an Wert«[1092] hatte, hier gebraucht, um vom »Fall« Israels zu seiner Restitution überzuleiten.

[1082] Vgl. die entgegengesetzte Auslegung von Dtn 32,21 in TSeb 9,8, wo es vom endzeitlichen Erscheinen Gottes als »Licht der Gerechtigkeit« und als Erlöser Israels heißt: καὶ ἐπιστρέψει πάντα τὰ ἔθνη εἰς παραζήλωσιν αὐτοῦ.
[1083] Vgl. Michel 272.
[1084] οἱ δε νεανίσκοι εἰς ἥττημα, was nach V9 ἡττηθήσονται das Zugrundegehen, Verderben bedeuten muß. MT liest למס (»zum Frondienst«). Aber Tg leitet von מסס (»sich auflösen, vergehen«) ab.
[1085] So zuletzt Conzelmann, 1Kor, ¹¹1969 (KEK V), 125 Anm. 8 unter Verweis auf Lietzmann 102, der zu Röm 11,12 auf Libanius Antiochicus I 326 (Reiske) verweist: εἰς ἐλάττωμα κέκριται (»als Minus angerechnet«). Anders Pr-Bauer 691: »Niederlage«.
[1086] Vgl. Maier, Israel 120; Lietzmann 103; zuletzt Käsemann 292; Schlier 329.
[1087] So z.B. Munck, Christus und Israel 90f.

[1088] So Lietzmann 103: = πλήρωσις (vgl. 93,10), nämlich ὅταν πληρώσωσι τὸ θέλημα τοῦ θεοῦ.
[1089] So nach Zahn 506 Anm. 31 vor allem Plag, Israels Wege 33f mit Anm. 126; ebd. 42f; ähnlich auch Munck, Christus und Israel 90.
[1090] So – nach Kühl 379; Delling in ThWNT III 303; Michel 272 – zuletzt Käsemann 292; Schlier 330; Zeller, Juden und Heiden 239 Anm. 2; Kuss 795f; Cranfield 557f. Die Polemik von Plag, Israels Wege 42f gegen diese einheitliche Interpretation von V12 und V25 ist unbegründet. – Dem entspricht, daß πλήρωμα mit Genitiv zumeist die »Fülle von etwas« bedeutet, vgl. Gal 4,4; Eph 1,10; 4,13; Joh 1,16.
[1091] So besonders Kühl 379; Barrett 214; zuletzt Zeller, Juden und Heiden 239.
[1092] Vgl. dazu Epict Diss II 18,6; ὅταν ἡττηθῇς τινος, ... μὴ τὴν μίαν ἥτταν ταύτην λογίζου ...

Welchen Sinn aber hat der Schluß vom Geringeren zum Größeren? Da in den beiden parallelen Gliedern des εἰ-Satzes die These V 11b entfaltet wird, führt der Nachsatz darüber hinaus. Ist bereits die Folge des Falles und Ausfalls Israels die Teilhabe der Heiden am Heilsreichtum, was für eine überschwängliche Heilsfolge wird dann erst die Restitution ganz Israels haben[1093] ! Der Nachsatz faßt also gegenüber dem gegenwärtigen erfahrbaren Geschehen ein zu erwartendes künftiges ins Auge. Dies wird im folgenden in V 15 und in VV 23f schrittweise verdeutlicht und so das »Mysterium« von V 25 vorbereitet.

13f Paulus spricht die Heidenchristen nun direkt an[1094]. Er ist zwar[1095] als Apostel gezielt zu den Heiden gesandt (1,5.13f; 15,15–19). Er preist aber diesen Dienst im Blick darauf, daß er dadurch vielleicht (εἴ πως vgl. 1,10) sein »Fleisch«, nämlich die Juden als seine »Stammesgenossen nach dem Fleisch« (9,3), »zur Eifersucht reizen« kann. Denn wenn Gott es so gefügt hat, daß durch den Abfall seines erwählten Volkes den Heiden die Fülle seines Heils zukommt, um Israel dadurch zur Eifersucht zu reizen (V 11), so hat sein Apostel dem darin zu entsprechen, daß all sein Engagement zur Gewinnung der gojim für Gottes Heil zugleich von dem Ziel bestimmt ist, eben dadurch Israel auf die Heiden eifersüchtig zu machen und so wenigstens einige von seinen Stammesgenossen dazu zu bringen, den Glauben anzunehmen, in dem sie wie die Heiden das Heil erlangen sollen. σῴζειν τινά ist terminus der Missionssprache[1096] und meint nicht, daß der Missionar selbst »rettet«, sondern das von ihm verkündigte »Wort des Glaubens« (10,8–15). Hier wird nun überraschend deutlich, daß das παραζηλοῦν von Dtn 32,21, das in 10,19 in einem durchaus negativ-kritischen Kontext stand, einen positiven Sinn hat. Wie Israels Abfall für die Heiden eine Heilsfolge hat, so hat er paradoxerweise auch eine solche für die Juden selbst, sofern ihre eigene Heilsferne angesichts der Heilsnähe der gojim eine Sehnsucht nach dem Heil provoziert, die sie zur Umkehr führt, in der sie das Heil ebenso mitten aus der Ungerechtigkeit heraus erlangen wie die »Sünder aus den Heiden« (Gal 2,15).

15 In diesem Sinn begründet (γάρ) Paulus in V 15 V 14, indem er die Aussage von V 12 im Blick auf das paradoxe Heilshandeln Gottes präzisiert[1097]. ἀποβολή

[1093] »Ein Begriff, der das überhaupt noch in Worte fassen könnte, steht Paulus nicht zur Verfügung« (Luz, Geschichtsverständnis 393).

[1094] Die Varianten γάρ (D F G Ψ pm latt) und οὖν (C) sind gegenüber der LA δέ (א A B P 81.104.630.1506.1739.1881 pc sy) sekundär. δέ hat hier jedoch keine adversative Kraft, sondern verbindet das folgende mit VV 11f so, daß die spezielle Adressierung an die Heiden als neues Moment betont wird.

[1095] μὲν οὖν (P46 א A B C P 81.104.1506 pc) ist ursprünglich gegenüber μέν (Koine lat sy^h) und dem Text von D F G 326.365 pc sy^p Pel, in dem μὲν οὖν fehlt. Wir haben wieder eine der Stellen, an denen auf μέν kein δέ folgt. Aber hier dürfte die entsprechende Adversation in der Aussage des Hauptsatzes liegen. ἐφ᾽ ὅσον unterstreicht das: »In dem Maße wie«, »sofern« (nicht: »solange«) Paulus Heidenapostel ist, dient gerade diese Zielrichtung seines Amtes der Gewinnung der Juden zum Heil.

[1096] Vgl. 1Kor 7,16 und besonders 9,22; 1Tim 4,16 mit 1Kor 10,33; ferner z.B. 1Kor 1,18.21; 15,2; 1Thess 2,16; Eph 2,5.8; Apg 2,40.47; 4,12; 11,14; 14,9; 15,11; 16,30f; 1Tim 1,15; 2,4; 2Tim 1,9; Tit 3,5; 1Petr 3,21; Jak 2,21.

[1097] Deswegen hat es nichts »Bestechendes«, V 12 hinter V 14 umzustellen und V 12 und V 15 zusammenzunehmen, gegen Michel 272 Anm. 2. Richtig Kühl 381; Maier, Israel 126; Käsemann 294.

kann nicht »Verlust«, sondern nur die Verwerfung Israels durch Gott meinen, weil πρόσλημψις das entsprechende oppositum ist[1098]. Daß Gott das ungläubige Israel verworfen, vom Heil ausgeschlossen hat, hat Paulus in 9,27–29; 10,19–21; 11,7–10 aus der Schrift erwiesen. Daß er damit sein Volk dennoch nicht verstoßen hat (11,1f), der Ausschluß Israels vom Heil also nicht endgültig ist, deutet der Gedanke des παραζηλοῦν an, den Paulus nun ausführt. Gott *wird* das gefallene Israel wieder »aufnehmen« in das Heil. Wenn sein »Fall« für die Welt der Heiden die Versöhnung bewirkt, die Gott im Sühnetod Christi für alle Sünder geschaffen hat, was kann dann die Annahme des gefallenen Israel anderes bewirken als »Leben aus den Toten?« Der Satz hat wieder die Argumentationsform des qal-wachomär, obwohl hier ein »umviewiel mehr« fehlt. Wie in 5,10 ist die Teilhabe am Leben des auferstandenen Christus als die Heilsfolge der Versöhnung durch seinen Tod gedacht, die als solche weit über diese hinausführt. Zwar hat die Versöhnung in ihrer Wirkung als Rechtfertigung der Sünder den gleichen Charakter wie die Auferweckung der Toten; beides ist eine Tat des Schöpfers, der das Nichtseiende ins Sein ruft (4,17). Aber die Wirklichkeit der Auferstehung als Leben aus den Toten übersteigt die der Versöhnung als Gerechtmachung der Ungerechten; denn wie das Leben die Heilsfolge der Gerechtigkeit ist (10,5), so ist Leben aus den Toten die Heilsfolge der iustificatio impii. Wie aber ist dieser Gedanke in 11,15 gemeint? Schon in V 12 ist im Nachsatz von einem Reichtum für die Heiden als Folge der »Vollzahl« Israels die Rede, der den Reichtum, der ihnen durch den Fall und Ausfall Israels zukommt, unendlich übertrifft. Ebenso sind es in V 15 die Heiden, die, wie infolge der Verwerfung Israels die Versöhnung, so infolge der Wiederannahme Israels das Leben aus den Toten empfangen[1099]. An beiden Stellen ist im Nachsatz ein endzeitlich-zukünftiges Geschehen gemeint, das das gegenwärtige Geschehen unendlich übertrifft (vgl. das Futur in VV 23f). Der Ton liegt aber darauf, daß die Heiden nicht nur jetzt, sondern auch in der endzeitlichen Zukunft, *vermittelt durch Israel,* an Gottes Heil teilhaben: jetzt als Folge des Abfalls und der Verwerfung Israels, dann als Folge seiner Restitution zur »Vollzahl«, seiner Wiederannahme. Und eben dies ist es, was Paulus von V 13 an den Heiden in direkter Ansprache deutlich machen und einschärfen will. Indem Gott sie jetzt auf Kosten Israels angenommen hat, haben sie gleichwohl den Juden nichts voraus. Denn die Wirklichkeit der Heilsteilhabe, die sie empfangen haben, ist und bleibt gebunden an das Gottesverhältnis Israels als seines erwählten Volkes, – wenn auch in höchst paradoxer Weise.

[1098] Vgl. Pr-Bauer 176; Cranfield 562.

[1099] Das folgt zwingend aus dem Duktus beider Sätze in V 12 und V 15, wo im jeweils verkürzten Nachsatz der Bezug auf die Heiden vom voranstehenden Bedingungssatz her zu ergänzen ist. Darum ist die übertragene Auslegung von ζωὴ ἐκ νεκρῶν auf die Bekehrung der Juden falsch (gegen Plag, Israels Wege 34 Anm. 129, wo weitere Literatur genannt wird).

Richtig z.B. Zeller, Juden und Heiden 241–244, der zugleich die Interpretation der Stelle im Sinne einer Übernahme der jüdischen These, daß die endzeitliche Totenauferstehung bzw. der Beginn der messianischen Zeit erst aufgrund und nach der Bekehrung ganz Israels erfolgen könne, als zu kurzschlüssig erweist (ebd. 242f mit Belegen).

16 Das führt Paulus in VV 16–24 aus. Zunächst nennt er in einem Doppelgleichnis (V 16) die grundsätzliche Voraussetzung: Wie nach Num 15,17–21 vom ersten Brotteig der neuen Kornernte ein kleiner Teil (ראשית = ἀπαρχή) als »Hebeopfer« (חלה) Jahwe darzubringen ist[1100], wodurch der ganze Teig des Jahres geheiligt wird, so ist Israel durch die Erwählung der Erzväter[1101] als ganzes geheiligt. Und wie die Wurzel Israels als des von Gott gepflanzten Baumes heilig ist, so sind es auch die Zweige, nämlich die Israeliten. Dahinter steht das Bild in Jer 11,16 (Israel als Ölbaum Gottes), das sich, vielfach abgewandelt, in atl.-jüdischer Überlieferung findet (Israel als Gottes Weinstock oder Pflanzung)[1102]. Im Unterschied zu 9,6ff, aber im Sinne von 9,4f, sind also alle Israeliten als Zweige des Baumes, dessen Wurzel die Erzväter sind, geheiligt und haben teil an der Erwählung der Väter[1103].

17f Dieses zweite Bild vom Baum und seinen Zweigen wertet Paulus nun in VV 17–21 zu einer warnenden Mahnung an die Heidenchristen aus. Vom Baum Israel sind »einige« Zweige ausgehauen worden. Gemeint sind natürlich die ungläubigen Juden, »die übrigen« von V 7ff, die Gott »verstockt« hat (V 8) und die »David« verflucht (VV 9f). Von »einigen« spricht Paulus, wo er bisher von »Israel« gesprochen hat (V 7), unter dem heilsgeschichtlichen Aspekt Gottes, nach dem Israel der von Gott gepflanzte Baum ist, der jedenfalls bestehen bleibt, auch wenn »einige« Zweige ausgehauen werden müssen[1104]. Statt ihrer hat Gott nach VV 12.15 die Heidenchristen als Zweige vom wilden Ölbaum

---

[1100] Vgl. Jos Ant 4,4. Philo Spec Leg I 132f hebt dagegen darauf ab, daß die Priester die Gabe empfangen (vgl. auch Jub 32,15). Doch taucht ebd. 137f der Gedanke der vom Anfang fortwirkenden Heiligkeit auf; vgl. dazu *Berger*, Abraham 84 mit Anm. 90. Zum Ganzen Bill. IV 665–668.

[1101] Aus dem folgenden geht hervor, daß mit ἀπαρχή nicht die Judenchristen gemeint sind, wie nach dem Voranstehenden zunächst zu vermuten ist (gegen Lietzmann 104; Cranfield 564). – Ein Beispiel für eine übertragene Bedeutung von חלה vgl. jSchab 56,41f; Tanch B נח § 1 (14ᵃ) bei Bill. IV 667f, wo Adam »Teighebe der Welt« genannt wird. Diese Deutung setzt Rengstorf, Ölbaum-Gleichnis 130–135 auch für Röm 11,16a voraus, womit jedoch die Parallelität von V 16a und V 16b verlorengeht.

[1102] Vgl. die Belege in ThWNT I 346 und VI 985f. Zu beachten ist besonders die Bedeutung des Bildes von der »Pflanzung Gottes« in 1QS 8,5; 11,8; 1QH 6,15f; 8,5ff.9f, wonach dieses nicht auf Israel als ganzes, sondern nur auf die essenische Gemeinde zutrifft. Luz, Geschichtsverständnis 274f macht darauf aufmerksam, daß sich die paulinische Ausdeutung des Bildes von allen – im einzelnen sehr verschiedenen – Ausdeutungen im AT und Judentum charakteristisch abhebt. Vgl. jedoch R. Jizchak (Ende 3. Jh.) in Men. 53b bei Rengstorf, Ölbaum-Gleichnis 136–138. – Die Erzväter gelten als Wurzel bzw. Pflanze der Gerechtigkeit, vgl. Jub 1,16; Hen 10,16 und besonders 93,2ff; ebd. 93,8; und Test Jud 24,5 wird Abraham als die Wurzel bezeichnet, weshalb Rengstorf, a.a.O. 138–140 die »Wurzel« in Röm 11,16b auf Abraham deutet (vgl. 4,1.12!).

[1103] »Israel bleibt wegen der Heiligkeit der Väter ein heiliges Volk«, Berger, Abraham 84; vgl. Käsemann 295; Dinkler, Prädestination 89–91, der jedoch mit dem Urteil, der »Vorzug des historischen Israel« bestehe »ohne Zweifel in nichts anderem und in nichts weniger als in seiner historischen Priorität« (91), den theologischen Sinn dieser »historischen Priorität« verkennt. Das Mißverständnis zeigt sich in der folgenden Verallgemeinerung: »Die historische Priorität ist eben von uns Menschen anzuerkennen: es gibt im Laufe der Geschichte Völker (!), die privilegiert und mit einer besonderen Mission begabt sind« (ebd.).

[1104] Vgl. Philo Praem Poen 152! – τινές in 3,3 ist keine Parallele, sofern es dort der jüdische Partner ist, als dessen Gegenargument Paulus den Satz formuliert, vgl. EKK VI/1 164 Anm. 436.

»aufgepfropft«[1105] (passivum divinum). In diatribischem Stil greift Paulus einen von ihnen (V 13) als Gesprächspartner heraus, den er mit »du« anspricht. Durch die Aufpfropfung hat Gott ihm zusammen mit den nicht ausgehauenen Zweigen teilgegeben (συγκοινωνός) an der fettspendenden Wurzel des Ölbaums[1106]. Das darf nun aber für den so Begnadeten nicht zum Anlaß werden, sich gegen die ausgehauenen Zweige zu rühmen, wie sich umgekehrt der Jude in 2,17ff seiner Privilegierung vor den Heiden rühmt. Ist dort solcher heilsgeschichtlicher Selbstruhm des Juden »ausgeschlossen« (3,27), so hat jetzt erst recht der Heide dazu keinerlei Recht. Denn wenn er sich so zu rühmen beginnen wollte[1107], muß Paulus ihn mit der Tatsache konfrontieren, daß ja nicht er die Wurzel trägt, sondern die Wurzel ihn, d.h. daß es *Israel* ist, in dem Gott ihm Aufnahme gewährt hat. Wenn er aber seinen Selbstruhm mit dem Argument von VV 12.15 begründen sollte: jene Zweige[1108] seien doch ausgehauen worden, um für seine eigene Aufpfropfung Platz zu machen, dann muß Paulus ihm entgegenhalten: Gewiß, das ist richtig[1109]; aber wie es der *Unglaube* der Juden ist, aufgrund dessen Gott sie ausgehauen hat, so ist es nichts anderes als der *Glaube,* durch den der Heidenchrist seinen Stand in der Gnade (5,1) erhalten hat (vgl. 1Kor 15,1; 16,13). Sein Heilsstand ist also weder in seinen eigenen Vorzügen oder Verdiensten begründet, noch ist er von nun an ein irreversibler Besitzstand. Darum darf er sich angesichts der abgefallenen Juden nicht überheben[1110], sondern muß Gott fürchten (vgl. Phil 2,12; auch Röm 13,3f). Denn wer steht, muß aufpassen, daß er nicht fällt (1Kor 10,1–13). So warnt Paulus: »Wenn Gott nämlich die natürlich gewachsenen Zweige nicht verschont hat, wird er auch dich nicht verschonen«[1111]. Mit ἴδε οὖν wird nun die Mahnung an den Heiden summiert. Güte und Strenge[1112] sind, wie immer schon (vgl. 2,4; auch 9,18), so nicht minder jetzt in der Zeit der Gnade in Gott gepaart, sind

19–21

22

[1105] Die fachkundige Diskussion über die Frage, ob Paulus hier agrikulturelle Praktiken, die damals wirklich geübt worden sind, im Auge hat, oder ob er ohne Fachkunde von der ›Sache‹ her formuliert, kann auf sich beruhen bleiben. Es ist jedoch nicht unwichtig festzustellen, daß das Bild in der jüdischen Umwelt im Blick auf Proselyten gebräuchlich gewesen zu sein scheint; vgl. z.B. Philo Praem Poen 152 und Jeb 63a bei Bill. III 291f; vgl. Rengstorf, Ölbaum-Gleichnis 143–146. Berger, Abraham 84 Anm. 94 macht auf sBar 84,2 (Hds. f) aufmerksam, wonach die Einpflanzung aufgrund der Gesetzesbewahrung erfolgt.

[1106] Die v.l. τῆς ῥίζης καὶ τῆς πιότητος (A Koine pl vg sy) und die Auslassung von τῆς ῥίζης in P46 D* F G co^ms Ir^lat wollen die überladene Formulierung mit den drei Genitiven glätten.

[1107] P46 D* F G it Ambst fügen im εἰ-Satz σύ ein.

[1108] D* al fügen den Artikel hinzu.

[1109] καλῶς ist nicht ironisch (so z.B. Michel 277; Schmidt 196). Richtig Schlier 334: Es »drückt ... eine konzedierende Zustimmung aus: Richtig! (wenn man es nur nicht falsch versteht!)«.

[1110] Zu ὑψηλὰ φρόνει (C D F G pl ὑψηλοφρόνει) ist oppositum: τὸ αὐτὸ φρονεῖν 15,5f; vgl. auch 12,3; 1Petr 3,8.

[1111] P46 D F G Ψ pm latt sy Ir lesen μήπως und lassen so V 21 von φοβοῦ in V 20 abhängig sein.

[1112] ἀποτομία steht im NT nur hier; vgl. jedoch ἀποτόμως 2Kor 13,10 (und dazu V 2 οὐ φείσομαι). Zu dem hellenistischen Wort aus der Gerichtssprache (oppositum: χρηστότης) vgl. Pr-Bauer 261. Rengstorf, Ölbaum-Gleichnis 158–163 erklärt das Wort als Übersetzung des familienrechtlichen terminus technicus k^eṣāṣāh, womit die »Abtrennung« eines Familienangehörigen vom Sippenverband bezeichnet wurde.

zwei Aspekte seiner Gnade, die man eben nicht ungestraft als Besitzstand auffaßt. Gottes Strenge ist dem gefallenen Juden widerfahren. Gottes Güte, in der er den Heiden berufen hat, bleibt auf ihn gerichtet (ἐπί σε), sofern der Heide bei ihr bleibt[1113], denn sonst (ἐπεί) wird auch der aufgepfropfte Zweig ausgehauen werden, wie Gott die natürlichen ausgehauen hat. Das Geschick der Juden soll den Heidenchristen also als warnendes Vorbild immer vor Augen stehen. Ebenso aber (δέ) werden die Juden, wenn sie nicht im Unglauben bleiben, sondern den Glauben an Christus annehmen, ihrerseits dem Ölbaum Israel wieder aufgepfropft werden. Damit wird das Bild nun jedenfalls gesprengt, wie es jedoch die Logik der ›Sache‹ gebietet. Gott nämlich (γάρ), der sowohl im Aushauen der natürlichen Zweige wie auch im Aufpfropfen der fremden Zweige des wilden Ölbaums der frei Handelnde ist, hat entsprechend auch die Macht, diese in den Lebenskreis des Baumes Israel wieder einzufügen und mit der heiligenden Wurzel der erwählten Väter zu verbinden. Das ist die Logik des Handelns Gottes in Güte und Strenge, die der Heide begreifen muß. Paulus spricht ihn darum in V 24 nochmals direkt an: Wenn Gott dich, der du der Natur nach dem wilden Ölbaum angehörst, von diesem ausgehauen und »entgegen der Natur« dem edlen Ölbaum aufgepfropft hat, um wieviel mehr wird er dann die Zweige, die von Natur aus dem edlen Ölbaum angehören, ihrem eigenen Baum wieder aufpfropfen!

23f (marginal)

Zusammenfassung: Damit ist nun der Gedanke des Paulus an seinem paradoxen Ziel: Die gegenwärtige Situation Israels ist nicht endgültig, obwohl – wie zuletzt in unüberbietbarer Schärfe in VV 7b–10 hervorgetreten ist – von Gott wie von Israel her gesehen, alles dagegen spricht. Zwar ist die Entstehung der Kirche aus Juden und Heiden das schöpferische Werk der Gnade Gottes; es hat als solches endzeitliche Wirklichkeit. Und darum ist der Unglaube der Juden, die gegenwärtig dieses Werk der Gnade Gottes als Tat seiner Bundesgerechtigkeit und als Wirklichkeit der Erwählung bestreiten, eschatologisch relevante Ungerechtigkeit, durch die sie aus dem Geltungsbereich der Erwählung herausgefallen sind. Aber in diesem Geschehen bleibt Gott sich in seinem Handeln treu. Er hat Israel nicht endgültig als sein Volk verworfen (V 1), das gegebene Wort der Erwählung dieses Volkes nicht revoziert (9,6). Die Negationskraft der Ungerechtigkeit Israels reicht nicht so weit, die Wirklichkeit des Wortes Gottes aufzuheben. Gott aber hat umgekehrt die Kraft, die Negation aller Ungerechtigkeit der Menschen seinerseits aufzuheben. Er hat sie in der Rechtfertigung der Sünder, der Juden wie der Heiden, wirksam werden lassen, durch welche jetzt die Kirche aus Juden und Heiden als endzeitliche Heilsgemeinde gerechtfertigter Sünder im gemeinsamen Glauben besteht und lebt. Durch die gleiche Kraft aber *wird* er so auch die neue Negation der Bestreitung seiner Gerechtigkeit durch Israel aufheben und die deswegen vom Heil ausgeschlossenen Juden der Heils-

---

[1113] Vgl. Apg 14,22 ἐμμένειν τῇ πίστει und dagegen Gal 3,10 »Bleiben in allem, was im Buch der Tora geschrieben ist« (vgl. Röm 10,5).

gemeinde Israel wieder einfügen. Würden die Heiden den gegenwärtigen Ausschluß Israels vom Heil als endgültigen Zustand betrachten und auf die Juden so herabsehen wie diese auf sie, so würden sie sich dadurch den gleichen Ausschluß vom Heil zuziehen wie jetzt die ungläubigen Juden. Wie es für die Juden keinen Selbstruhm als der heilsgeschichtlich Privilegierten gegen die Heiden gibt (3,27), so kann es jetzt erst recht keinen solchen auf seiten der Heiden gegen die Juden geben. Wehe also jedem heilsgeschichtlichen Exklusivitätsanspruch einer heidenchristlichen Gemeinde, die die jüdischen Brüder in ihr lediglich als rein ethnische Minorität und die Synagoge außerhalb ihrer als Nichtvolk betrachtete wie diese die Heiden! Wehe einer antijudaistischen Kirche, die sich selbst anstelle Israels und Israel gegenüber exklusiv als das neue Gottesvolk verstünde und verhielte! Die iustificatio peccatorum, von der die Kirche lebt, verbietet es, die jetzige Verwerfung der Juden als definitiv, als ewig-unaufhebbar auf ihnen lastenden Gottesfluch zu verstehen. Denn die Kirche selbst lebt ja davon, daß Gottes Gerechtigkeit seinen Zorn gegenüber den Sündern aufgehoben hat. Wieso könnten Christen dann Gottes Zorn gegenüber den ungläubigen Juden für unaufhebbar halten? Folgt nicht vielmehr aus der Heilshoffnung gerechtfertigter Sünder eine entsprechende Heilshoffnung auch für die jetzt in Ungerechtigkeit verharrenden Juden? Wie es allein Gott ist, der den Christen in Christus Heil schafft, so wird es allein Gott sein, der in gleicher Weise auch denen Zutritt zu diesem Heil schaffen wird, die es jetzt ablehnen.

Zwar ließe sich dies (obwohl Paulus daran nicht gedacht hat) zunächst genauso auch im Blick auf Heiden geltend machen, die das Evangelium ablehnen und bekämpfen; auf die spottenden Philosophen von Apg 17,32 etwa und ihre zahlreichen Nachfolger in Vergangenheit und Gegenwart. Gegenüber der schöpferischen Kraft der Gnade Gottes ist kein menschliches Nein irreversibel. Mit dem Nein *Israels* hat es jedoch eine besondere Bewandtnis: eben weil Israel im Unterschied zu allen anderen Völkern das erwählte Volk Gottes ist. Zwar ist es dies nicht per se, nicht »nach dem Fleisch«; die Erwählung hat ihre Wirklichkeit nicht in einer naturhaften Gegebenheit[1114], sondern durch das stets gegenwärtige, freie, schöpferische Handeln Gottes (9,6ff). *Dieses* jedoch hat seine eigene Kontinuität: als Gottes Treue zu sich selbst, als seine Treue zu seinem gegebenen Wort, die so zur Treue zu seinen Erwählten wird. Weil Gott er selbst ist in seiner Gerechtigkeit (im biblischen Sinn), kann er sich selbst nur treu bleiben in der Treue zu seinen Erwählten. Deswegen hat Gottes Treue – aus ihrem eigenen Wesen heraus – ihre Wirklichkeit wiederum in geschichtlicher Kontinuität; und diese erweist ihren Unterschied zu aller Kontinuität menschlicher Geschichte im besonderen darin, daß sie auch und gerade denen gilt, die sie von sich aus abgebrochen haben. Nicht nur das sündige Israel bleibt von daher Gottes Volk, sondern auch das ungläubige Israel, das in verfehltem

---

[1114] In diesem Sinn darf κατὰ φύσιν in V 24 nicht vom Bild auf die Sache übertragen werden!

Eifer um Gott (10,1) Gottes Gerechtigkeit im Kreuz Christi bestreitet und bekämpft. Wenn Gottes Gerechtigkeit jetzt auch den Heiden »ohne Gesetz« Heil schafft und darum die Juden, die eben dies bestreiten, ausschließt und verwirft, so ist es doch der Geltungsbereich der Erwählung *Israels,* in den Gott die Heiden aufnimmt und an dem er ihnen teilgibt. Heidenchristen sind Proselyten, daran hält Paulus fest, auch wenn er mit den Judaisten in Galatien bis aufs Blut darum kämpfte, daß die Heidenchristen als christliche Proselyten nicht auf die Tora verpflichtet werden müssen und dürfen. Und die ganze Heidenmission dient als solche nicht der Schaffung einer heidenchristlichen Kirche, sondern der Schaffung der Kirche aus Juden und Heiden als der ausgeweiteten, endzeitlich-universalen Heils-Gemeinde Israel (Gal 6,16). Im Blick auf die ungläubigen Juden bedeutet das von Gott her: Durch die Heidenmission sollen sie »zur Eifersucht gereizt« werden, d.h. sie sollen erkennen, daß es die endzeitliche Gemeinde *Israel* ist, die in der Kirche entsteht, und zu der sie von Gott her auch als Widerstrebende gehören. Gott hat den Weg der Erwählung von Abraham her in seiner Zielrichtung nicht verändert, sondern ihn in Tod und Auferstehung Christi gegen alle Barrieren vom Menschen her gebahnt. Und so gewiß alle Völker, Juden wie Griechen, nur im Glauben an Christus teilhaben können an der Vollendung dieses Weges, dem endzeitlichen Heil; so gewiß also die im Unglauben verharrenden Juden nur in ihrer Bekehrung zum Glauben an Christus dieses Heil erlangen können, so gewiß hängt ihre Teilhabe am Endheil Gottes nicht von ihrer Entscheidung als solcher, sondern von der Kraft der Gnade Gottes ab, wie der Glaube der Heiden ja auch nicht deren Leistung, sondern Geschenk der Gerechtigkeit Gottes ist. Die Glaubensgerechtigkeit, zu der die Juden gerufen werden, ist ja weder eine neue Religion noch auch nur eine neue religiöse Grundhaltung, sondern die Gerechtigkeit, von der jeder Jude weiß, jedoch Gerechtigkeit in der faktisch aussichtslosen Lage der totalen Ungerechtigkeit, als deren Folge die Tora jedem Juden nur noch den Fluch Gottes zusprechen kann, der jedem gilt, der die Tora nicht erfüllt. War Gerechtigkeit schon immer, von Anfang an, eine Gabe Gottes, so ist sie es für den Sünder in einer zuvor nicht gekannten Radikalität. Und war Glaube schon immer, von Abraham an, ein Sich-Verlassen auf Jahwes Rettung, so ist der Glaube an Christus ein radikales Sich-Verlassen auf Gott, der den Sünder aus dem Fluch der Tora gerettet hat. Da aber Gott im Kreuz Christi seine Gerechtigkeit als seine Liebe allen erwiesen hat, noch als sie Sünder waren (5,8), wird er sie auch den Juden erweisen, die jetzt noch den Glauben verweigern, der auch sie rettet. An dieser künftigen Wiederannahme der ungläubigen Juden wird der Heide die Rettung erkennen, die ihm selbst widerfahren ist: iustificatio impii.

c) 11,25–32 *Die paradoxe Wirklichkeit der Gerechtigkeit Gottes*

Literatur: Aus, R. D., Paul's Travel Plans; *Davies, W. D.,* Paul and the People of Israel 23–29; *Dibelius, M.,* Vier Worte des Römerbriefes 14–17; *Jeremias, J.,* Einige vorwiegend sprachliche Beobachtungen zu Römer 11,25–36, in: Israelfrage 193–205; *Luz, U.*, Geschichtsverständnis 286–300; *Munck, J.*, Christus und Israel 99–105; *Müller, U.*, Prophetie und Predigt im NT. Formgeschichtliche Untersuchungen zur urchristlichen Prophetie, 1975 (SNT 10) 225–233; *Plag, Ch.*, Israels Wege zum Heil 36–47; *Stuhlmacher, P.*, Zur Interpretation von Röm 11,25–32, in: Probleme biblischer Theologie, FS G. v. Rad (hrsg. H. W. Wolff), München 1971, 555–570; *Zeller, D.*, Juden und Heiden 245–262.

**25 Denn ich will euch, Brüder, nicht in Unkenntnis lassen im Blick auf dieses Geheimnis, damit ihr nicht in euch selbst klug seid: Verstokkung ist teilweise Israel widerfahren bis zu dem Zeitpunkt, da die Vollzahl der Heiden eingegangen ist, 26 und so wird ganz Israel gerettet werden. Wie geschrieben steht: »Kommen wird aus Zion der Retter. Er wird abwenden die Frevel von Jakob. 27 Und dies wird der Bund für sie sein, der ihnen von mir (gegeben wird), wenn ich wegnehmen werde ihre Sünden.«
28 Was das Evangelium betrifft, so sind sie (Gottes) Feinde um euretwillen; was aber die Erwählung betrifft, so sind sie (Gottes) Geliebte um der Väter willen. 29 Unwiderruflich nämlich sind die Gnadenerweise und der Ruf Gottes. 30 Denn wie ihr einst Gott ungehorsam wart, jetzt aber (sein) Erbarmen erfahren habt infolge ihres Ungehorsams, 31 so sind auch sie jetzt (Gott) ungehorsam geworden zugunsten (seines) euch geschenkten Erbarmens, damit auch sie Erbarmen erfahren. 32 Gott hat nämlich alle in das Gefängnis des Ungehorsams eingesperrt, um sich aller zu erbarmen.**

V 25 schließt einerseits mit γάρ an V 24 an und begründet die überraschende Aussage über das Wiedereinpfropfen der Juden in den Ölbaum Israel. Andererseits setzt Paulus mit der gewichtigen Einführungsformel V 25a deutlich zu einem neuen Abschnitt an. Dieser ist zweigeteilt: VV 25–27 teilt Paulus den Heiden[1115] mit der paränetischen Spitze von VV 17ff her das Geheimnis der bevorstehenden Rettung ganz Israels mit (VV 25–26a), wie es der prophetischen Ankündigung der Schrift entspricht (VV 26b–27). Darauf gibt er in VV 28–32 eine grundsätzliche Erklärung des heilsgeschichtlichen Sinnes dieses ganzen paradoxen Vorgangs der Rettung der Heiden und der Juden in ihrer eigentümlichen wechselseitigen Bedingtheit durch dasselbe Erbarmen Gottes, und zwar in zwei parallelen Schritten: Die These V 28 wird in V 29 und die zusammenfassende These VV 30f in V 32 begründet[1116].

Analyse

[1115] Die angesprochenen »Ihr« sind die Heiden von V 13; die Warnung ἵνα μὴ ἦτε φρόνιμοι ἐν ἑαυτοῖς knüpft an VV 17ff an.
[1116] Vgl. so z.B. Jeremias, Sprachliche Beobachtungen 201f; ähnlich Richardson, Israel in the Apostolic Church, 1969 (MSSNTS 10) 127, dem sich Stuhlmacher, Interpretation 567 anschließt.

In neuerer Zeit ist vermutet worden, daß VV 25–27 aus einem anderen Paulusbrief sekundär eingefügt worden seien[1117]. V 28 schließe an V 24 an; die ganze Erörterung von VV 11 an ziele auf eine endzeitliche Rettung Israels aufgrund seiner Umkehr und entspreche so einer verbreiteten jüdischen Erwartung, in der das Schema des deuteronomistischen Geschichtswerks eschatologisiert worden ist[1118]. VV 25–27 dagegen sprächen eine andere Heilserwartung aus, nämlich die durch den endzeitlichen Erlöser, die sich ebenfalls in jüdischer Überlieferung in gewisser unausgeglichener Konkurrenz mit jener anderen finde[1119]. Gegen diese Hypothese spricht aber gravierend: 1. V 25 knüpft mit den Stichworten πώρωσις (vgl. VV 7f) und πλήρωμα τῶν ἐθνῶν / πᾶς Ἰσραήλ (vgl. V 12) an das Voranstehende an[1120]. Außerdem ist mit ἀπὸ μέρους der Restgedanke von V 5 und τινές von V 17 aufgenommen. 2. Von einer Umkehr Israels ist weder in VV 11–24 noch in VV 28–32 die Rede. Das Bild vom jeweiligen Aushauen und Einpfropfen assoziiert vielmehr nur das paradoxe Handeln Gottes an Israel wie an den Heiden. Von einem solchen ist aber vor allem auch in V 25 die Rede. VV 25–27 fügen sich so dem theozentrischen Duktus des ganzen Abschnitts völlig ein. 3. Die nach allem Voranstehenden überraschende entscheidende Zielaussage der Rettung Israels kann unmöglich allein in der Bildaussage von VV 23f bestehen, sondern sie bedarf unbedingt der Mitteilung des »Mysteriums«; und die Zusammenfassung des ganzen Geschehenszusammenhangs in VV 28–32 ist allein von VV 25–27 her verständlich. 4. Die 2. Person Plural in VV 28ff ist ohne Voraussetzung des entsprechenden Neuansatzes in V 25a, als unmittelbare Fortsetzung der diatribischen Argumentation in der 2. Person Singular in VV 17–24, sehr hart[1121].

Erklärung 25

Die Formel »Ich will euch nicht in Unkenntnis darüber lassen, daß« ist eine Litotes, d.h. »ein mit Hilfe einer Negation erzieltes understatement«[1122], ein rhetorisches Stilmittel, mit dem Paulus hier wie sonst öfter[1123] auf die so eingeführte Aussage ein besonders starkes Gewicht legt. Dies kommt auch durch die Anrede »Brüder« zum Ausdruck (vgl. vorher 10,1), mit der Paulus zugleich die Warnung an sie verbindet, als Heidenchristen nicht »klug zu sein in euch selbst«[1124]. Solche Warnung vor vermessener Selbsteinschätzung ist in der allgemeinen Paränese gebräuchlich (vgl. 12,16 im Zitat von Spr 3,7 LXX); sie hat hier jedoch – wie in V 20b – eine besondere Nuance: Die Heidenchristen sollen sich nicht über die ungläubigen Juden überheben und nicht diesen gegenüber in ihrem eigenen, exklusiven Kreis[1125] »klug« sein wollen. Wie es wahre Klugheit

---

[1117] Plag, Israels Wege 41.60.65f. Dagegen Käsemann 299; Stuhlmacher, Interpretation 562.564 mit Anm. 41; Müller, Prophetie 228 Anm. 42.
[1118] Vgl. Plag, ebd. 49–54.
[1119] Vgl. ebd. 55–60 sowie die schematische Gegenüberstellung der verschiedenen Heilswege ebd. 61.
[1120] Gegen die Bestreitung des letzteren vgl. oben S. 243.
[1121] Gegen Plag, ebd. 38 Anm. 155.
[1122] Jeremias, Sprachliche Beobachtungen 194.
[1123] Vgl. noch 1,13; 1Kor 10,1; 12,1; 2Kor 1,8; 1Thess 4,13.
[1124] So lesen B A 630 sy. Die v.l. παρ' ἑαυτοῖς (א C pm 6) gleicht an 12,16 (vgl. Spr 3,7) an. Die LA ἑαυτοῖς (P46 F G Ψ 6.1506.1739 pc lat) ist vielleicht durch versehentliche Auslassung entstanden; sie wird aber von einigen Exegeten für ursprünglich gehalten, vgl. zuletzt Käsemann 299; Schlier 338 Anm. 4; Jeremias, Sprachliche Beobachtungen 195 Anm. 6.
[1125] In diesem Sinn interpretiert, entspricht ἐν ἑαυτοῖς (statt bloßem ἐν ὑμῖν) am besten dem Kontext. Doch auch wenn man ἐν instrumental auffaßt (ב), muß ein dem jüdischen

nie in der Selbstüberhebung gibt, sondern in jener nüchternen Praxis der Selbstrelativierung als Glied der Kirche (12,3ff), die als Liebe wirksam ist (12,9f), so kann es eine Klugheit der heidenchristlichen Kirche im Blick auf das Heil nicht geben in und aus ihr selbst, sondern nur von Gott her, der auf den – menschlicher Klugheit verborgenen – Wegen seiner Gnade Israel und die Kirche zusammengebunden hat und der Kirche nicht ohne Israel Heil schaffen will[1126]. Dies zu erkennen, ist nur möglich durch besondere göttliche Offenbarung, eben durch die Mitteilung des »Mysteriums«, dessen Inhalt Paulus in V 25b enthüllt.

Das Wort μυστήριον[1127] bezeichnet in der hellenistischen Umwelt eigentlich die Kultfeier der sog. Mysterienreligionen und ihre Inhalte, ist aber in der zeitgenössischen Philosophie vielfach übernommen worden und bezeichnet dort die eigentlichen, transzendenten Inhalte des wahren Seins im Unterschied zu ihren sinnlich faßbaren symbolischen Erscheinungen bzw. Verhüllungen[1128]. »Mysterium« wird so zu einem spezifisch ontologischen Begriff, in dem zugleich mit der seinshaften Entzogenheit seiner Inhalte aus dem Bereich verständiger Wahrnehmung auch die außerordentlichen Bedingungen ihrer Erkenntnis eingeschlossen sind. Philo kann so die jüdischen Gottes- und Heilslehren der Tora als Mysterien darstellen, zu deren Erkenntnis es besonderer Inspiration bedarf[1129]. LXX gebraucht das Wort nur in den Schriften aus hellenistischer Zeit und zeigt dabei deutlich Mysterienkenntnis[1130]. Wenn das aramäische Wort רז in Dan 2,18–30.47; Dan 4,9 (Θ) mit μυστήριον übersetzt wird, so mag dabei die ontologische Wortbedeutung eine Rolle spielen. Dort geht es wie dann in der jüdischen Apokalyptik[1131] um von Gott vorherbestimmte Geschehnisse der endzeitlichen Zukunft, die als die eigentliche, ewig-bestehende Wirklichkeit gegenüber der sichtbaren, vergänglichen Wirklichkeit der Geschehnisse und Erfahrungen der gegenwärtigen Zeit im Himmel existieren[1132]. Sie sind jetzt menschlicher Einsicht verborgen und werden erst bei Anbruch der Endereignisse allen offenbar werden; sie können aber im voraus auserwählten Sehern in geheimer Sonderoffenbarung mitgeteilt werden. Die Beziehung zum Wortgebrauch hellenistischer Philosophie ist also nur formal; inhaltlich unterscheidet sich der Wortgebrauch der Apokalyptik durch ihr vom göttlichen Handeln bestimmtes, eschatologisches Wirklichkeitsverständnis. Es ist völlig deutlich, daß das in Röm 11,25 mitgeteilte »Mysterium« in diesem apokalyptischen Horizont zu verstehen ist; vgl.

Selbstruhm in 2,17ff entsprechendes heilsgeschichtliches Exklusivbewußtsein der Heiden gemeint sein (so richtig zuletzt Stuhlmacher, Interpretation 557), nicht ein sacro egoismo von Pneumatikern (so Michel 280; Käsemann 299), von dem im Kontext nirgendwo die Rede ist. Schlier 338: Paulus »weist darauf hin, daß das μυστήριον nicht seinem oder der Brüder Wissen entspringt, sondern Offenbarung des göttlichen Ratschlusses ist, die allein die wahre Erkenntnis verleiht«.

[1126] Barrett 222f expliziert vom Voranstehenden: Solche Selbstklugheit der Heiden würde übersehen, daß sie 1. nach V 20 allein durch den Glauben, nicht aufgrund eigener Qualifikation (V 6) von Gott angenommen sind, daß 2. solcher Glaube nach 9,14ff eine Gabe Gottes ist, und daß 3. die gegenwärtige Annahme der Heiden einem weitergehenden Ziel Gottes dient, nämlich eben der Rettung Israels (VV 23f).

[1127] Vgl. dazu Bornkamm, ThWNT IV 809–834.
[1128] Vgl. ebd. 816.
[1129] Vgl. z.B. Deus imm 61: παρ' ἧς (scil. τῆς ἀληθείας) μυηθέντες τὰ περὶ τοῦ ὄντος ἀψευδῆ μυστήρια.
[1130] Vgl. ThWNT IV 820.
[1131] Vgl. ebd. 821–823.
[1132] Vgl. die Zusammenstellung von Belegen bei Luz, Geschichtsverständnis 287.

ebenso 1Kor 15,51; 2Thess 2,7. Paulus steht darin im Traditionskontext urchristlicher Prophetie. Wie den apokalyptischen Sehern, so werden auch den urchristlichen Propheten besondere Geschehnisse in ihrem verborgenen, endzeitlichen Wirklichkeitsbereich eröffnet[1133], die sie wiederum den Brüdern in den Gemeinden mitteilen.

Ob Paulus hier ein prophetisches Traditionsstück zitiert[1134] oder selbst empfangene Offenbarung formuliert[1135], ist nicht eindeutig zu entscheiden. Für die erste Annahme spricht das sonst bei Paulus fehlende Wort εἰσέρχεσθαι, das in der synoptischen Tradition topisch ist[1136], für die zweite Annahme mit wesentlich mehr Gewicht die deutliche Rückbeziehung auf das Voranstehende[1137]. U. Müller[1138] sieht eine Korrespondenz zu 9,1–3; 10,1: Wie die Fürbitte für vom Heilsentzug bedrohte Volksgenossen zum Amt des atl.-jüdischen Propheten gehört und vielfach auf solche Fürbitte eine göttliche Antwort erfolgt[1139], so habe Paulus auf seine Fürbitte für Israel, dessen bevorstehende endzeitliche Verwerfung er in 1Thess 2,15ff als sicher angekündigt hat, als göttliche Antwort das »Mysterium« in Röm 11,25 empfangen. Mit dieser bestechenden Hypothese würde der gesamte Kontext von Röm 9–11 nicht nur formgeschichtlich erhellt, sondern auch die Spannung zwischen dem auf Israels Verwerfung hindrängenden Duktus in 9,22ff; 10,16ff und 11,7ff und dem auf ein positives Ende zielenden Gedanken ab 11,11 erklärt werden und 11,25ff als Höhepunkt der ganzen Erörterung hervortreten.

Der Inhalt des »Mysteriums« besteht in drei ineinandergreifenden Aussagen über Gottes Handeln mit Israel. *Erstens:* »Gott hat über Israel eine teilweise Verstockung verhängt«[1140]. Davon war in VV 7f schon die Rede; ebenso, daß der »Rest« der zum Glauben gekommenen Judenchristen von dieser Verstockung ausgenommen ist[1141]. *Zweitens:* Die Zeit dieser Verstockung Israels ist von Gott her begrenzt. Sie währt, bis die von Gott bestimmte Vollzahl der Heiden eingegangen sein wird[1142]. Damit denkt Paulus an die Vollendung der Heidenmission durch das Evangelium, das er nach 15,19 im Osten bereits »vollstreckt hat«, und durch das »allen Heiden« (1,5; 15,11; 16,26) der Zugang zum Heil geschenkt (V 11) und damit der »Eingang« in das Heil Israels eröffnet wird, wie es zuvor in dem Bild vom »Einpfropfen« gesagt worden ist (VV 19.24)[1143]. Das εἰς- ist also betont[1144]: Die Heiden dürfen Einzug halten in

---

[1133] Vgl. z.B. Mk 4,11 parr; Offb 1,9f sowie das »Revelationsschema« in Röm 16,25; Eph 3,9f; Kol 1,26f; ferner der Plural μυστήρια als Inhalt charismatischen Wissens 1Kor 13,2 und Mitteilens 1Kor 14,2; auch 2,7; Kol 4,3.

[1134] So besonders Michel 280; Glombitza, O., Apostolische Sorge, NT 7 (1964/65) 312–318, hier 313f.

[1135] So Luz, Geschichtsverständnis 288f; Müller, Prophetie 226.

[1136] So Käsemann 300. Vgl. Windisch, H., Die Sprüche vom Eingehen in das Reich Gottes, ZNW 27 (1928) 163–192, hier 171f.

[1137] Dazu s.o.S. 252.

[1138] Müller, Prophetie 229–232.

[1139] Vgl. 4Esr 12,48 mit der folgenden Vision (besonders 13,32–50) und sBar 34 mit der folgenden Vision 35–40 (besonders 39,7–40,3); ferner Paral Jer bei Müller, ebd. 231.

[1140] Wie 11,7 zeigt, ist mit γεγονέναι ein Widerfahrnis gemeint, das 1. durch Gottes Handeln gesetzt ist, und 2. die Situation Israels bleibend bestimmt; vgl. Jeremias, Sprachliche Beobachtungen 195.

[1141] ἀπὸ μέρους hat numerischen, nicht temporalen Sinn (»vorübergehend, einstweilen«); gegen Plag, Israels Wege 37 Anm. 145.

[1142] »ἄχρι οὗ ... ἔλθῃ ohne ἄν ist nicht bloße Zeitangabe, sondern ein prospektiver Konjunktiv, bei dem ein finales Element mitempfunden wird«; Jeremias, Sprachliche Beobachtungen 196.

[1143] Vgl. die Nachwirkung einerseits in Mk 13,10; 1Tim 3,16, andererseits in Apg 13,46f; 18,6; 28,25–28. Aus, Paul's Travel Plans zeigt richtig den Zusammenhang mit dem eschato-

die endzeitliche Heilsgemeinde Israel. Dahinter steht die breit bezeugte atl.-jüdische Erwartung einer »Völkerwallfahrt« zum Zion in der messianischen Zeit[1145]. Diese Erwartung ist hier jedoch gebrochen durch den Gedanken der gleichzeitigen Verstockung Israels: Während die Heiden »hineinkommen«, bleiben die ungläubigen Juden als Verstockte draußen[1146]. Erst wenn die Vollzahl der Heiden eingegangen ist, hört die Zeit der Verstockung auf.
Drittens: »Und so wird (auch) ganz Israel gerettet werden.« καὶ οὕτως kann 26a weder temporal (»alsdann«) aufgefaßt[1147] noch auf καθὼς γέγραπται voraus-[1148], sondern nur auf das Voranstehende zurückbezogen werden: *So* wird Israel errettet werden, wie es in den beiden voranstehenden Satzgliedern gesagt ist, nämlich mitten aus seiner Verstocktheit und deren schon drohender Unheilsfolge (VV 9f) heraus, und erst nach dem vollständigen Eingang der Heiden als der Folge seiner Verstockung, also auf schlechthin wunderbare Weise[1149]. *Viertens:* So aber wird nun auch »ganz Israel«, der »Vollzahl« der Heiden genau entsprechend, gerettet werden. Auf beidem – einerseits »so«, andererseits »ganz Israel«[1150] – liegt der Ton, und so auf V 26a das Achtergewicht der Mysteriums-Aussage als ganzer.

Der Satz V 26a ist als solcher ein jüdischer Grund-Satz, vgl. Sanh 10,1: »Ganz Israel hat Anteil an der zukünftigen Welt.« Zwar wird in diesem Traditionsstück sogleich eine Liste von Ausnahmen angefügt, in der Menschengruppen aufgeführt werden, die vom

logischen Verständnis der Heidenmission als Erfüllung von Jes 61f (und anderen Stellen); vgl. Röm 15,15ff. Daß Paulus jedoch den »Eingang der Heiden« mit der Vollendung seiner Mission in Spanien und seines Kollektenwerks durch Beteiligung Spaniens identifiziert haben soll, vermag nicht zu überzeugen.

[1144] Gegen Munck, Christus und Israel 99.
[1145] Vgl. dazu Plag, Israels Wege 43–46. 56–58; zuletzt Stuhlmacher, Interpretation 560f. Aus dem Material vgl. besonders Jes 2,2f; Mich 4,2; Jes 56,7; 60,3; Tob 13,13; 14,6f (BA) Καὶ πάντα τὰ ἔθνη ἐπιστρέψουσιν ἀληθινῶς φοβεῖσθαι κύριον τὸν θεὸν ... καὶ εὐλογήσουσιν πάντα τὰ ἔθνη τὸν κύριον; PsSal 17,30–35: καὶ ἕξει λαοὺς ἐθνῶν δουλεύειν αὐτῷ ὑπὸ ζυγὸν αὐτοῦ ... ἔρχεσθαι ἔθνη ἀπ' ἄκρου τῆς γῆς ἰδεῖν τὴν δόξαν αὐτοῦ ... καὶ ἐλεήσει πάντα τὰ ἔθνη ἐνώπιον αὐτοῦ ἐν φόβῳ; Test Seb 9,8; Test B 9,2: καὶ δώδεκα φυλαὶ ἐκεῖ συναχθήσονται καὶ πάντα τὰ ἔθνη; Test J 24; Sib III 772f; Midr Ps 21 § 1 (89a) bei Bill. III 154 Anm. a; Pesiqt R 36 (162b) bei Bill. III 149 Anm. k; Midr Hld 1,3 (85b) bei Bill. III 150f; Midr Ps 72 § 5 (163b); Tanch 57b; Gen R 99 (63c); AZ 3b; Num R 1 (135c) bei Bill. III 150; Ab RN 36 fin ebd. 151. Dazu vgl. Jeremias, J., Jesu Verheißung für die Völker, Stuttgart ²1959, 47–53.
[1146] Vgl. Mt 8,11f par. Ob man mit Chr. Müller, Gottes Gerechtigkeit 38–43 (vgl. Käsemann 299f) als Hintergrund die jüdische Erwartung einer Preisgabe Israels an die Heiden und seiner schließlichen Restitution annehmen darf, ist zweifelhaft. Denn der paulinische Gedanke der Verstockung schließt das Moment der Preisgabe an die Heiden eben nicht ein.
[1147] So Zahn 523; zuletzt wieder Käsemann 300 unter Hinweis auf Apg 17,33; 20,11 (als Parallele liegt freilich 1Thess 4,17 näher). Dagegen mit Recht schon Lagrange 284; Stuhlmacher, Interpretation 559. Abzulehnen ist auch die auf das gleiche Ergebnis hinauslaufende Interpretation in logischer Bedeutung vgl. Michel 280: »Und so wird die Voraussetzungen dafür geschaffen, daß ...«; ähnlich Luz, Geschichtsverständnis 293f; Schlier 339f.
[1148] So Lietzmann 104; Pr-Bauer 1885; Müller, Gottes Gerechtigkeit 43 Anm. 88; Plag, Israels Wege 37 Anm. 148; Stuhlmacher, Interpretation 560. Dagegen wenden Müller, Prophetie 226f; Jeremias, Sprachliche Beobachtungen 198 mit Recht ein, daß die stereotype Einleitung atl. Zitate mit καθὼς γέγραπται nirgend sonstwo auf voranstehendes οὕτως bezogen ist.
[1149] So besonders zuletzt Müller, Prophetie 227; Jeremias, Sprachliche Beobachtungen 226; auch Schlier 340; zuletzt Cranfield 576.
[1150] πᾶς Ἰσραήλ ist Hebraismus: כל־ישראל.

Heil ausgeschlossen sind, angefangen von den Leugnern der endzeitlichen Totenauferstehung, den Bestreitern der himmlischen Herkunft der Tora und den epikuräischen Freidenkern, bis schließlich zu den zehn Stämmen des abtrünnigen Nordreichs. Doch dadurch soll der universale Sinn des Grund-Satzes als solcher nicht eingeschränkt werden. Denn er gilt ja für Israeliten als Gerechte, wie durch das Zitat von Jes 60,21 (»Und dein Volk, sie sind allesamt Gerechte«) verdeutlicht wird; so trifft der Satz auf die in der Ausnahmeliste Genannten von vornherein gar nicht zu[1151]. Die Bindung des Heiles aller Auserwählter an ihre Gerechtigkeit zeigt sich auch in 4Esr 4,35f, wo die Seelen der Gerechten in ihren Kammern (Gräbern) fragen: »Wie lange sollen wir noch hierbleiben? Wann endlich erscheint die Frucht auf der Tenne unseres Lohnes?«, und die Antwort des Erzengels lautet: »Wenn die Zahl von euresgleichen voll ist« (vgl. sBar 23,4; 30,1ff; Offb 6,11; 14,1). Hier ist vorausgesetzt, daß faktisch zu dieser Zahl lange nicht alle Israeliten gehören; aber wie in Sanh 10 kommt es nicht auf numerische Vollständigkeit, sondern auf die Erfüllung der Bestimmung Gottes an. – Der Unterschied zwischen jenem jüdischen Grund-Satz und dem paulinischen »Mysterium« in Röm 11,25f liegt in dem mit οὕτως angegebenen Zusammenhang: Die Vollzahl des endzeitlichen Israel kommt zustande 1. als Rettung der bereits Verlorenen und 2. nach der Integration der Vollzahl der Heiden in Israel[1152].

26b–27 Wie Paulus alle gewichtigen Aussagen des Evangeliums aus der Schrift begründet, so auch die dieses »Mysteriums«. Die ersten drei Zeilen des Zitats stammen aus Jes 59,20f (LXX); der ὅταν-Satz V27b entspricht Jes 27,9 LXX[1153]. Mit dem Kommen des Erlösers meint Paulus wahrscheinlich die Parusie Christi als Retter[1154] (vgl. 1Thess 1,10 und vorher Röm 7,24). Als solcher wird er an Israel tun, was er an den Christen schon getan hat[1155]: Er wird seine

---

[1151] Dazu vgl. die Interpretation der Stelle bei Jeremias, Sprachliche Beobachtungen 199f, der im übrigen die Ausnahmebestimmungen traditionsgeschichtlich für spätere Zusätze hält; vgl. auch Barrett 223f.

[1152] Wegen dieser deutlichen Entsprechung zwischen der »Fülle der Heiden« und »ganz Israel« ist die schon in der Alten Kirche vertretene Auslegung von πᾶς Ἰσραήλ als der ganzen Kirche, bestehend aus dem judenchristlichen »Rest«, den Heidenchristen und den am Ende bekehrten Juden, falsch; vgl. so zuletzt Jeremias, Sprachliche Beobachtungen 200; unter den alten Exegeten vgl. z.B. Theodoret 180 (bei Schelkle, Paulus 401): »Er nennt ganz Israel die, welche glauben, sei es nun aus den Juden, die eine natürliche Verwandtschaft mit Israel haben, sei es aus den Heiden, die durch Verwandtschaft des Glaubens mit ihm verbunden sind«. Diese Interpretation trifft freilich der Sache nach sehr wohl den Gedanken des Paulus, wonach die Kirche nicht aus Israel einerseits, den Heiden andererseits besteht, sondern das um die Vollzahl der Heiden erweiterte Israel ist.

[1153] Die Kombination von Jes 59,21a mit Jes 27,9aβ ist offensichtlich veranlaßt durch das Stichwort »Jakob«, durch die entsprechende Satzstruktur (Jes 27,9: καὶ τοῦτό ἐστιν ἡ εὐλογία αὐτοῦ, ὅταν) und durch die gleiche Thematik der Sündenvergebung. Das könnte auf vorpaulinisch-traditionelle Entstehung schließen lassen (so Michel 281 Anm. 4), kann aber ebenso eine ad-hoc-Bildung des Paulus sein.

[1154] In Jes 59 ist von Gott als dem Retter die Rede. So interpretieren Zahn 526 und Maier, Israel 144 auch den Sinn des paulinischen Zitats; dagegen Michel 282 Anm. 1 und zuletzt Zeller, Juden und Heiden 259; Cranfield 578.

[1155] Das ist der Grund dafür, daß einige Exegeten das Zitat auf die Inkarnation im Sinn von 8,3 beziehen, so z.B. Schmidt 199; Luz, Geschichtsverständnis 294f. Zeller, Juden und Heiden 259–261 macht dafür zwar mit Recht geltend, daß »Israel nach Meinung des Paulus die Verzeihung der Schuld nicht anders erreichen (wird), als es bereits 4,7f vorzeichnet: in der Rechtfertigung durch den Glauben an den Gekommenen« (ebd. 261). Doch der Ton liegt

Sünden von ihnen nehmen; und eben darin wird ihnen von Christus her der Bund[1156] wiedergegeben werden, und zwar in der gleichen Weise der Aufhebung der Sünden, der Rechtfertigung der Gottlosen (ἀσεβείας!), wie zuvor die Heiden in den Israel-Bund aufgenommen worden sind. In Jes 59,20 steht »um Zions willen«, das im paulinischen Zitat in »aus Zion« geändert ist. Es ist fraglich, ob Paulus damit das himmlische Jerusalem meint (vgl. Gal 4,26), weil der Erlöser vom Himmel her kommen wird[1157]. Näher liegt wohl, daß er betonen will: Es wird der Mittelpunkt Israels sein, von dem nicht nur jetzt die Heidenmission ausgeht (vgl. 15,19), sondern aus dem heraus auch das abgefallene Israel in den Bund wiederaufgenommen werden wird[1158].

Jes 59,20f ist auch in rabbinischer Auslegung messianisch ausgelegt worden, wie das Targum und Sanh 98a (Bill. IV 981) zeigen: »Wenn du ein Zeitalter großer Nöte über es (Israel) kommen siehst wie einen Strom, dann erwarte ihn (den Messias), wie gesagt ist: ›Denn es kommt ein Strom usw.‹ (Jes 59,19) und darauf folgt: ›Und es kommt für Zion ein Retter‹«. Auch das Motiv eschatologischer Sündenvergebung findet sich in diesem Zusammenhang, vgl. Jub 22,14f: »Er reinige dich von aller Ungerechtigkeit und Unreinheit, daß du Verzeihung erlangest von allen Sünden, die du in Unkenntnis (!) verschuldet hast ... und er erneuere seinen Bund mit dir, daß du ihm zum Volk seines Erbes seist in alle Ewigkeiten ...«; ferner die Auslegung von Jes 59,20 in Joma 86b (Bill I 164): »Groß ist die Buße, denn sie bringt die Erlösung herbei, siehe Jes 59,20 ›Er kommt für Zion als Erlöser und für die von Sünde sich Bekehrenden in (!) Jakob‹. Warum kommt er für Zion als Erlöser? Weil der Sünder sich in Jakob bekehrt (in Buße).«

Von der Basis dieser prophetischen Eröffnung der endzeitlichen Rettung Israels 28 kann Paulus nun das ganze Geschehen zusammenfassend auf seinen göttlichen Grund und sein göttliches Ziel hin durchdenken und den angesprochenen Heiden zu bedenken geben. In rhetorisch geschliffener Form stellt er in der These V 28 dem Aspekt des Evangeliums (μέν) den Aspekt der Erwählung (δέ) gegenüber. Dem Evangelium entspricht[1159], daß die Juden Gottes Feinde[1160] gewor-

auf der endzeitlichen Aufhebung derjenigen Gottlosigkeit Israels, die in seiner gegenwärtigen Feindschaft gegen das Evangelium besteht; und diese wird denselben Charakter wunderbarer iustificatio impiorum haben wie diejenige der Heiden und bereits diejenige Abrahams. ἥξει ist hier also ein futurum propheticum, das erst in der Endzeit erfüllt werden wird. So interpretieren mit Recht die meisten Exegeten.

[1156] διαθήκη meint in Jes 59,21 einfach Gottes »Verfügung«; so interpretieren auch die Paulusstelle Lietzmann 104 (in der Übersetzung); Michel 282; Plag, Israels Wege 37 Anm. 150; Zeller, Juden und Heiden 261f. Doch diese Wortbedeutung findet sich weder bei Paulus noch sonst im NT.
[1157] So z.B. Jeremias, Sprachliche Beobachtungen 200.

[1158] Oder sollte ἐκ Σιών einfach aus ψ 49,2 vgl. 13,7; 52,7 eingeflossen sein? So Luz, Geschichtsverständnis 294f; Zeller, Juden und Heiden 259 Anm. 79; Cranfield 577.
[1159] κατὰ τὸ εὐαγγέλιον kann nicht auf ἐχθροί bezogen werden: »in Anbetracht der Art, wie sie sich zum Evangelium stellen«; so Michel 282; Schlier 341; Jeremias, Sprachliche Beobachtungen 202.
[1160] ἐχθροί entspricht ἀγαπητοί und ist von daher passivisch aufzufassen: Gott sieht sie als seine Feinde, wie er nach 9,13 Jakob geliebt, Esau dagegen gehaßt hat. Doch schwingt auch ein aktives Moment mit; denn Paulus gebraucht sonst die Worte ἐχθρός (vgl. 5,10; Phil 3,18; Kol 1,21) und ἔχθρα vgl. 8,7) in aktiver Bedeutung.

den sind um der Heiden willen, nämlich damit diese eben durch den Abfall der
Juden Zugang zum Heil erhalten sollen (vgl. V 12.15 sowie VV 30f). Der Erwählung aber entspricht, daß sie von Gott geliebt bleiben um der Väter willen,
d.h. weil deren Erwählung ihre Kinder miteinschließt. Der rhetorischen Parallelität der beiden Wendungen mit διά c.acc. entspricht also keine inhaltliche;
die erste hat finalen, die zweite kausalen Sinn[1161]. Wenn Paulus so im Blick auf
Israel das Evangelium und die Erwählung einander gegenüberstellt, Israel also
»zwischen Gott und Gott« gestellt sieht[1162], so bedeutet das natürlich nicht, daß
das Evangelium den antichristlichen Juden gegenüber zum Arm des Zornes
Gottes wird; vgl. dagegen 1,17.18. Wohl aber drückt Paulus eine Spannung
aus, die einerseits darin besteht, daß das Evangelium nur dem Glaubenden Heil
wirkt, die den Glauben Verweigernden sich jedoch von diesem Heil ausschließen. Andererseits jedoch – und darauf liegt hier der Ton – verfolgt Gott mit der
Verstockung des ungehorsamen Israel sein Heilsziel für die Heiden, indem das
Evangelium sie durch die Mission erreicht. So dient die »Feindschaft« Israels
diesem Heilsziel des Evangeliums. Doch wird trotzdem die Geltung der Erwählung Israels nicht aufgehoben: Auch als Gottes Feinde bleiben die Juden Gottes
Geliebte, nicht um ihrer selbst, sondern um der erwählten Väter willen (vgl.
9,5). Diese Paradoxie gewinnt ihren Sinn von daher, daß schon die Erwählung
der Väter den Charakter der iustificatio impii hatte (vgl. 4,1–8; 9,11f; 11,6),
als welche das Evangelium nun den Heiden Heil wirkt; die Gnade Gottes aber,
die die Negation der Sünde aufgehoben hat, hat auch die entsprechende überlegene Kraft, die Negation des Unglaubens aufzuheben und so die Erwählung Israels entgegen seinem Abfall eschatologisch zu realisieren. Ist die Gnade aber
Heiden wie Juden gegenüber ein und dieselbe, so vollzieht sich doch ihre Wirkung in der Geschichte in einander entgegengesetzten Phasen, so jedoch, daß
an ihrem Ende ganz Israel zusammen mit der Vollzahl der Heiden in Gottes
Heil eingehen wird.

29 Dies wird nun in V 29 begründet. Die Gnadenwirkungen, in denen sich Gottes
Erwählung ihre Instrumente schafft, sind ebenso unwiderruflich wie sein Ruf,
mit dem Gott jetzt Juden wie Heiden durch das Evangelium in seine endzeitliche Heilsgemeinde beruft. Gott läßt sich, was er seinen Erwählten zugesagt
hat, nicht gereuen[1163], d.h. seine Treue erweist sich als unverbrüchlich[1164]. Mit
den χαρίσματα sind die in 9,4f aufgezählten Heilssetzungen gemeint. Weil sie
um der Väter willen, denen Gott sie gegeben hat, unwiderruflich Israels Erwählung bezeugen, bleiben die Juden auch in all ihrem Widerstreit gegen Gott
seine Geliebten. Mit dem »Ruf« ist die christliche Verkündigung gemeint, wie
9,24ff zeigt. Beides, Gottes Wort an Israel (9,6) wie sein »Wort des Glaubens«

[1161] Vgl. Reicke, B., Um der Väter willen. Römer 11,28, Jud 14 (1958) 106–114.
[1162] So Luz, Geschichtsverständnis 296 in Aufnahme einer Formulierung G. Ebelings.
[1163] Vgl. Num 23,19; 1Sam 15,29: οὐκ ἀποστρέψει οὐδὲ μετανοήσει, ὅτι οὐχ ὡς ἄνθρωπός ἐστιν τοῦ μετανοῆσαι αὐτός. Vgl.
jedoch auch die zahlreichen entgegengesetzten Stellen, z.B. Gen 6,6; 1Sam 15,11.35; Ps 106,45; Jer 18,8.10; 26,3.19; 42,10 bei Michel 283. Vgl. auch Spicq, C., Ἀμεταμέλητος dans Rom XI,29, RB 39 (1958) 426–448; 40 (1959) 70–87.
[1164] Luz, Geschichtsverständnis 296.

an Juden und Heiden (10,8.12) fällt nicht hin, auch wenn die gegenwärtige Situation des Widerstreits dem noch so aufdringlich widerspricht.
In V 30f begründet Paulus (γάρ) die These V 28 im Blick auf die Geschichte der Heilsteilhabe, in der Juden und Heiden auf höchst paradoxe Weise aneinander gebunden sind. Die Passage VV 30f ist rhetorisch eindrücklich präzis strukturiert:

V 30a ὥσπερ γὰρ ὑμεῖς ποτε ἠπειθήσατε τῷ θεῷ
   b   νῦν δὲ ἠλεήθετε τῇ τούτων ἀπειθείᾳ,
V 31a οὕτως καὶ οὗτοι νῦν ἠπείθησαν τῷ ὑμετέρῳ ἐλέει,
   b ἵνα καὶ αὐτοὶ [νῦν] ἐλεηθῶσιν.

V 30 handelt von den angesprochenen Heiden (ὑμεῖς), V 31 daraufhin von den Juden (καὶ αὐτοί), und zwar so, daß, was diesen beiden Gruppen übereinstimmend widerfährt, zeitlich voneinander abgesetzt ist. Auch innerhalb der beiden Sätze wird jeweils in a und b eine zeitliche Aufeinanderfolge einander entgegengesetzter Geschehnisse markiert: Auf die Zeit des Ungehorsams folgt die Zeit der Erbarmung. Während jedoch das Erbarmen Gottes den Heiden in der Gegenwart (νῦν) widerfährt, wodurch die Zeit ihres Ungehorsams zur Vergangenheit geworden ist (ποτέ)[1165], ist die Gegenwart der Juden (νῦν) Zeit des Ungehorsams, die Gottes Erbarmen in der Zukunft aufheben will (ἵνα). Wie einst die Heiden Gott ungehorsam waren, so jetzt die Juden; und wie Gottes Erbarmen jetzt die Heiden dem Ungehorsam entrissen hat, so ist das gleiche auch die Absicht Gottes im Blick auf die jetzt in Ungehorsam gefallenen Juden. Die Geschichte der beiden Gruppen überschneidet sich in der Gegenwart, in der sich Ungehorsam und Erbarmung hart gegenüberstehen. Aber die Heiden sollen das eigene Widerfahrnis zum Kriterium nehmen, um dieses harte Gegenüber nicht etwa als eschatologische Gegebenheit zu nehmen[1166]. Wer nämlich selbst Gottes Erbarmen erfahren hat, das den Willen und die Kraft hat, Ungehorsame, Sünder, Feinde Gottes (5,8) aus ihrer aussichtslosen Situation der Gottes- und Heilsferne zu erretten, der kann und darf nicht anders, als diesem Erbarmen Gottes auch den Willen und die Kraft zuzutrauen, entsprechend auch den Ungehorsam der Juden zu überwinden, auch wenn dieser sich gegenwärtig gegen eben dieses Erbarmen Gottes selbst richtet, als eine Feindschaft gegen Gott ungleich härterer und abgründigerer Art als die Feindschaft, die Gottes Erbarmen bei den Heiden überwunden hat. Weil Gott Gott ist – nämlich als der, der seine Gerechtigkeit in Tod und Auferweckung Christi erwiesen hat –, darum ist die Rettung der Juden eine Folge der Errettung der Heiden: Beides ist iustificatio impiorum. Es gibt keinerlei Ungehorsam, der nicht im Sühnetod Christi bereits aufgehoben ist, und der sich also auf Dauer und ewig dem Wil-

---

[1165] Zu ποτέ vgl. Gal 1,23; Phlm 11; Eph 2,2f.11.13; 5,8; Kol 1,21; 3,7; Tit 3,3; 1Petr 2,10; 3,20. Zur Sache vgl. ferner besonders noch 1Kor 6,11; Gal 4,8f.
[1166] Vgl. dagegen z.B. 4Esr 7,36.38: »Dann erscheint die Grube der Pein und gegenüber der Ort der Erquickung. Der Ofen der Gehenna wird offenbar und gegenüber das Paradies der Seligkeit ... Schaut nun hinüber und herüber: Hier Seligkeit und Erquickung, dort Feuer und Pein!«

len und der Kraft der Liebe Gottes entgegenstellen könnte. So hängt alles an diesem »wie – so« (ὥσπερ – οὕτως), an der Wahrheit und Wirklichkeit der Entsprechung zwischen dem, was die Heiden bereits erfahren haben, und dem, was die Juden erfahren werden. Gott wäre nicht Gott, wenn er sein grenzenloses Erbarmen, das er den ungehorsamen Heiden erwiesen hat, nicht auch den ungehorsamen Juden erweisen würde.

Ist so die Strukturierung der Gesamtaussage in VV 30f durch »wie – so« eindeutig, so ergeben sich nun im einzelnen Interpretationsprobleme. Formal gesehen, stimmen einerseits V 30a und V 31b darin überein, daß hier jeweils nur von einer der beiden Gruppen die Rede ist, V 30a von den Heiden, in V 31b von den Juden. Andererseits entsprechen sich V 30b und V 31a darin, daß hier auf paradoxe Weise das Widerfahrnis der einen Gruppe an das der anderen Gruppe gebunden ist: In V 30b das Erbarmen über die Heiden an den Ungehorsam der Juden, in V 31a umgekehrt der Ungehorsam der Juden an das Erbarmen über die Heiden. Zugleich jedoch zeigt sich eine Verschiebung in V 31 gegenüber V 30. Zwar liegt der Skopos beidemal auf dem Wechsel vom Ungehorsam zum Erbarmen. Doch während nach V 30b die Erbarmung über die Heiden geschehen ist aufgrund des Ungehorsams der Juden, geschieht nach V 31a der Ungehorsam der Juden aufgrund des Erbarmens über die Heiden, und vom Erbarmen über die Juden ist erst im ἵνα-Satz V 31b die Rede. Die beiden Dativbestimmungen τῇ τούτων ἀπειθείᾳ und τῷ ὑμετέρῳ ἐλέει stehen einerseits genau parallel; sie sind aber andererseits dem jeweils gegensätzlichen Geschehen zugeordnet. Nun läßt sich V 30b von VV 11f her verstehen: Ist dort in einer entsprechenden Dativ-Bestimmung gesagt, daß aufgrund des Abfalls der Juden den Heiden das Heil zuteilgeworden und so ihr Abfall zum Reichtum der Welt und ihr Ausfall zum Reichtum der Heiden geworden sei, so wird dies in V 30b aufgenommen: Aufgrund des Ungehorsams der Juden ist den Heiden Gottes Erbarmen widerfahren. Anders in V 31a: Hier ist der Ungehorsam der Juden aufgrund des den Heiden widerfahrenen Erbarmens Gottes geschehen[1167].

Einige Exegeten suchen diese Unstimmigkeit dadurch zu beseitigen, daß sie τῷ ὑμετέρῳ ἐλέει als betont vorausgestellten Teil des folgenden ἵνα-Satzes auffassen[1168]; sie übersetzen: »so sind auch sie jetzt ungehorsam geworden, damit auch sie aufgrund des euch zuteilgewordenen Erbarmens Erbarmen empfangen«. Das würde der Auswertung des Ölbaumgleichnisses in VV 23f und dem Ziel des Mysteriums in V 26a entsprechen. Aber diese Zuordnung ist unmöglich; denn sie zerstört die offensichtliche formale Struktur des Satzes, nach der der Dativ τῷ ὑμετέρῳ ἐλέει zu ἠπείθησαν gehört wie in V 30b der Dativ τῇ

[1167] τῷ ὑμετέρῳ ἐλέει kann nicht als Dativobjekt zu ἠπείθησαν gezogen werden: »so sind diese jetzt eurer Erbarmung gegenüber ungehorsam geworden« (so Lietzmann 106; Kühl 397f; zuletzt Kuss 817). Der Dativ entspricht vielmehr eindeutig dem voranstehenden Dativ τῇ τούτων ἀπειθείᾳ.

[1168] So z.B. Zahn 527 Anm. 75; Sanday-Headlam 338; Munck, Christus und Israel 105; Tachau, Einst und Jetzt 111; zuletzt Cranfield 583f. Zwar läßt sich nachgestelltes ἵνα belegen, vgl. 2Kor 2,4b; Gal 2,10; Kol 4,16b; ferner ἐάν 1Kor 6,4; 11,14; 14,9 und dazu Bl-Debr-Rehkopf § 475,1. Aber ein solcher Fall liegt in Röm 11,31 nicht vor; er ist durch die Struktur von VV 30f ausgeschlossen.

τούτων ἀπειθείαν zu ἠλεήθητε[1169]. Daraus folgt nun aber, daß die beiden Dativbestimmungen verschiedenen Sinn haben müssen: Während τῇ τούτων ἀπειθείᾳ nach VV 11f kausal oder sogar heilsgeschichtlich-instrumental aufzufassen ist, ist τῷ ὑμετέρῳ ἐλέει als dativus commodi zu verstehen[1170]: »so sind auch sie ungehorsam geworden zugunsten eurer Erbarmung«. Nur so schließt der Finalsatz V 31b unmittelbar an: »damit auch sie Gottes Erbarmen empfangen«[1171]. Der Sinn ist: Aus der Absicht des Heilsratschlusses Gottes, aufgrund dessen der Ungehorsam der Juden den Heiden zugutekam, resultiert zugleich, daß Gottes Erbarmen ebenso sich auch den ungehorsamen Juden zuwenden wird. So erklärt sich auch die Wiederholung von καὶ αὐτοί in V 31b nach καὶ οὗτοι in V 31a[1172].

Ein Problem ist schließlich die Textüberlieferung in V 31b. (I) B ℵ D* 1506 pc bo lesen νῦν, (II) 33 365 pc sa ὕστερον; (III) P46 A D² F G Ψ pl latt sy haben keine Zeitbestimmung. II ist eindeutig Korrektur von I. Die Frage ist, ob III ebenfalls Korrektur ist, nämlich Auslassung des nach V 31a störenden νῦν. Dann wäre I als lectio difficilior ursprünglich. So urteilen die meisten Exegeten. Einige von ihnen fassen dieses »jetzt« im Sinne einer nah-eschatologischen Erwartung des Erbarmens über Israel auf[1173]. Das ist jedoch schwierig, weil es erstens für ein solches νῦν im Sinne unmittelbar bevorstehender Zukunft keine Belege gibt, und zweitens das »jetzt« im Finalsatz den beiden voranstehenden »jetzt« entsprechen muß, die jedenfalls die Gegenwart meinen; ein Unterschied im Sinn von »jetzt« ist in V 31b durch nichts angedeutet. Deswegen beziehen andere Exegeten das »jetzt« in V 31b auf die Gegenwart des Heilshandelns Gottes[1174]. Dagegen spricht jedoch wiederum, daß die Erbarmung über die Juden nach VV 25f als ein bevorstehendes Ereignis der Endzeit gemeint ist und der ἵνα-Satz in V 31b zweifellos

---

[1169] Vgl. dazu Dibelius, Vier Worte 16f.
[1170] Dazu vgl. Dibelius, Vier Worte 16f; Käsemann 303; Jeremias, Sprachliche Beobachtungen 203. – Bl-Debr-Rehkopf § 196,1; Plag, Israels Wege 39; auch Maier, Israel 143f und Schlier 343 fassen den Dativ kausal, Michel 284 Anm. 2 instrumental auf. Damit ist zwar gewonnen, daß der formalen Parallelität der beiden Dativbestimmungen in V 30b und 31a ein übereinstimmendes inhaltliches Verständnis der Präpositionen entspricht. Doch ein kausales Verständnis im strengen Sinn ist unmöglich. Denn wenn man V 31a historisch-psychologisch auffassen wollte (die Juden haben sich daran gestoßen, daß den Heiden Erbarmen widerfuhr, so daß sie deswegen in Ungehorsam fielen), so fielen V 31a aus dem theologisch-heilsgeschichtlichen Duktus der Gesamtaussage VV 30f heraus. Sucht man dagegen V 31a diesem Duktus einzufügen (weil Gott sich der Heiden erbarmen wollte, ließ er die Juden in Ungehorsam fallen), so ist damit ein streng kausales Verständnis aufgegeben, und der Dativ geht in einen dativus commodi über.
[1171] Bei kausalem oder instrumentalem Verständnis von τῷ ὑμετέρῳ ἐλέει ist der Übergang zum Finalsatz V 31b unvermittelt hart.
[1172] Dibelius, Vier Worte 16f will auch τῇ τούτων ἀπειθείᾳ in V 30b als dativus commodi verstehen: »weil diese ungehorsam werden sollten«: »Hier ist in der Tat nicht eine logische Verknüpfung von ἀπείθεια und ἔλεος vorgenommen, sondern alles aus dem Willen Gottes abgeleitet!« Aber der Abfall der Juden in den Ungehorsam ist doch nicht das Ziel Gottes, sondern ihre Entscheidung gegen die Heilstat Gottes in Christus, auf die Gott so reagierte, daß er an ihrer Statt nun den Heiden sein Heil zuteilwerden ließ – freilich mit dem darüberhinausführenden Ziel, sich am Ende auch der ungehorsamen Juden zu erbarmen.
[1173] So verstehen die meisten, z.B. Michel 284; Käsemann 303; Stuhlmacher, Interpretation 567 Anm. 49 (freilich im Blick auf die eschatologische Valenz der Mission). Dagegen Plag, Israels Wege 40 Anm. 164; Cranfield 585f.
[1174] So z.B. Lietzmann 106; Munck, Christus und Israel 105; Luz, Geschichtsverständnis 298 (unter Hinweis auf 8,28–30; ebd. Anm. 134); Schlier 343; Zeller, Juden und Heiden 263.

eben dieses Geschehen im Blick hat. Es ist nun aber zu fragen, ob nicht die Lesart III ursprünglich ist[1175]. νῦν könnte einem frühen Kopisten von V 31a her irrtümlich in die Feder geflossen sein – ein Fehler, der angesichts der Häufung von νῦν im Kontext VV 30f leicht passieren konnte[1176]. Folgt man der Lesart III, so entspricht V 31 auch in seinen Zeitbestimmungen vollauf V 30: Wie in V 30 das Erbarmen auf die Zeit des Ungehorsams folgt, so auch in V 31. Das Heilswiderfahrnis der Heiden geht dem der Juden voran; die Heiden sollen aus dem ihnen widerfahrenen Erbarmen auf die bevorstehende, weil dem Willen und Ziel des göttlichen Erbarmens entsprechende Erbarmung der Juden ›schließen‹. Diese Phasen-Verzögerung hat aber heilsgeschichtlichen Sinn, der die Heiden selbst unmittelbar betrifft: Nur weil die Juden der Gerechtigkeit Gottes in Christus widersprechen, ist das Heil den Heiden zuteilgeworden und sind so die Heiden als das »Nicht-Volk« zum erwählten Volk und zu Kindern Abrahams, Isaaks und Jakobs geworden. Der Abfall Israels hat so einen hintergründigen heilsgeschichtlichen Sinn: Israel sollte zur Heilserlangung der Heiden beitragen. Weil aber die Heiden damit – wenn auch auf diese negativ-paradoxe Weise – an Israel gebunden sind, können sie sich ihrer Heilsteilhabe nicht gegen Israel rühmen. In dem den Heiden widerfahrenen Erbarmen Gottes ist bereits das Ziel der entsprechenden Rettung der Juden enthalten, auf Kosten deren die Heiden das Heil empfangen haben.

32 Wirkt so in dem ganzen Geschehen Gottes verborgene Fügung und Heilsabsicht, so faßt Paulus diese nun in einer abschließenden These V 32 zusammen, in der der Charakter dieses göttlichen Heilshandelns hervortritt. Alle, die Gesamtheit von Juden und Heiden (τοὺς πάντας)[1177], hat Gott zusammen eingeschlossen in das Gefängnis[1178] des Ungehorsams (vgl. Gal 3,22 ὑπὸ ἁμαρτίαν). Dies geschieht jedoch zu dem einen Zweck und Ziel: Die Gesamtheit aller Völker[1179] soll auf diese Weise Gottes Erbarmen erfahren. Das Erbarmen ist die konkrete Kraft der Gnade Gottes, von der in 5,20f die Rede war. 11,32 ist überhaupt eine im Blick auf das Verhältnis zwischen Israel und den Heiden konkretisierte Wiederholung des Abschnitts 5,12–21. Wie dieser den grundlegenden ersten Teil 1,18–5,11 in letzter Tiefe zusammenfaßt, so summiert 11,32 mit dem Stichwort »Ungehorsam« 1,18–3,20 und mit dem Stichwort »Erbarmen« 3,21–5,11. Wie Paulus in 5,12–21 das Heilswerk der Gottesgerechtigkeit, die Rechtfertigung der Gottlosen, als Wirkung der Gnade, die die Wirkung der Sünde aufhebt, zu denken lehrt, so lehrt er in 11,32 diese Wirkung der Gnade heilsgeschichtlich als Wirkung des Erbarmens Gottes zu verstehen, in dem Gott zuerst den Ungehorsam der Heiden und schließlich ebenso den radikale-

---

[1175] So Zahn 527 Anm. 76 (unter Hinweis auf die gewisse Unsicherheit in der Textüberlieferung bei beiden voranstehenden νῦν); Jülicher 308; Plag, Israels Wege 40.
[1176] Dagegen freilich Lietzmann 106.
[1177] Vgl. 1Kor 9,22, wo mit τοῖς πᾶσιν γέγονα πάντα alle vorher einzeln Genannten zusammengefaßt werden; Bl-Debr-Rehkopf § 275,4. Hier sind in τοὺς πάντας Juden und Heiden zusammengefaßt, vgl. 3,9.
[1178] Zu συγκλείειν vgl. Pr-Bauer 1532f: »einschließen ohne Hoffnung auf Entkommen«. In LXX kann συγκλείειν εἰς סגר hiph = παραδιδόναι wiedergeben; vgl. Jeremias, Sprachliche Beobachtungen 203.
[1179] Völker, nicht Individuen für sich, stehen mit τοὺς πάντας im Blick, obwohl die Annahme des Glaubens als solche Sache je des einzelnen Menschen ist (10,9ff). Der heilsgeschichtliche Aspekt in Röm 9–11 hat kollektiven, nicht individualistischen Horizont; so mit Recht Luz, Geschichtsverständnis 299.

ren, weil der Heilstat der Gottesgerechtigkeit selbst widerstreitenden Ungehorsam der Juden aufhebt. Und wie in 5,12–21 die überlegene Heilskraft der Gnade dadurch herausgearbeitet wird, daß sie die universale Wirkung der Sünde universal aufhebt, so wird diese Universalität in 11,32 als diejenige der Kirche sichtbar, in der »die Vollzahl der Heiden« zusammen mit »ganz Israel« zur universalen endzeitlichen Heilsgemeinde Gottes wird und in der sich also die Erwählung Israels an allen Völkern realisiert. Zu beachten ist schließlich der *theo*logische Duktus dieser Schlußthese, in dem der christologische Sinn der Rechtfertigung natürlich nicht aus-, sondern eingeschlossen ist, wie Paulus ja auch umgekehrt im Kontext seiner Rechtfertigungslehre die Kreuzigung und Auferstehung Christi als Heilshandeln *Gottes* (3,25; 5,8), als Werk seiner Gnade (5,20f) zu denken gelehrt hat. So ist die paradoxe Heilsgeschichte der Wirkungsbereich der Rechtfertigung der Gottlosen und diese das ›Gesetz‹ der Heilsgeschichte[1180].

Paulus gibt hier endlich die Antwort auf das heilsgeschichtliche Problem Israels, das ihn nicht nur selbst von 9,1 an schmerzlich bewegt, sondern das schon von 3,1ff her als zentraler Einwand des jüdischen Partners gegen seine ganze Darlegung des Evangeliums unerledigt im Raum steht: Wenn ganz Israel wie die Heiden ausnahmslos »unter der Sünde« ist (3,9), so daß es nutzlos ist, daß das sündige Israel sich auf die heilsgeschichtlichen Privilegien beruft, die ihm als dem erwählten Volk Gottes gegenüber allen Völkern gegeben sind; und wenn es Rettung aus der todbringenden Herrschaft der Sünde für Israel wie für die Heiden nur durch den Sühnetod Christi, nur also im Glauben, nur als Rechtfertigung der Sünder gibt, so daß ein Bleiben bei der Tora und ein Insistieren auf der Rechtfertigung des Gerechten zur Ungerechtigkeit wird, zur Rebellion und Feindschaft gegen Gott, zur Gottlosigkeit, – kann dann nicht die Konsequenz daraus nur die sein, daß Gott also sein erwähltes Volk um dieser Rebellion willen verworfen, das gegebene Wort seiner Erwählung revoziert und das gottlos gewordene Israel eschatologisch verflucht hat, daß eine Erneuerung des Bundes also ausgeschlossen und *statt* Israel die Kirche zur endzeitlichen Heilsgemeinde eines völlig neu geschlossenen Bundes geworden ist? Alle Argumentationen, mit denen Paulus von 9,6 an dieses Problem zu bewältigen suchte, liefen entgegen seinem Schmerz und seiner Fürbitte eben darauf hinaus. Das sündige, rebellische Israel der Gegenwart kann Gott nicht als *seinen* Gott haftbar machen; von Anfang an vielmehr war und ist Gott in seinem Handeln frei, sich zu erbarmen und zu verstocken, wen er will (9,18). Israel kann sich aber auch nicht durch Gründe, die außerhalb seiner Verantwortlichkeit liegen, entlasten; denn das Wort des Glaubens hat es gehört und verworfen (10,16ff). Aus beidem folgt, daß Gott nur einem Teil Israels an der Erwählung teilgibt, nämlich dem »Rest« der glaubenden Judenchristen, und »die übrigen«

Zusammenfassung

[1180] So besonders Luz, Geschichtsverständnis 298; Bornkamm, G., Paulus 158–160; Käsemann 303f; ders., Rechtfertigung und Heilsgeschichte im Röm, in: Paulinische Perspektiven 108–139, hier 131–135; Stuhlmacher, Interpretation 564f.567f.

verstockt und verflucht hat (11,5ff), wie er vom Anfang der Erwählungsgeschichte an jeweils den einen erwählt, den anderen dagegen verworfen hat (9,9ff), so daß immer schon nicht alle geborenen Juden, sondern nur diejenigen wahre Israeliten sind, die Gottes Verheißungswort dazu macht (9,6b–8). Gleichwohl bestreitet und bekämpft Paulus jeden heilsgeschichtlichen Hochmut der heidenchristlichen Kirche gegenüber diesem verworfenen Israel; denn Gottes Erbarmen bleibt den Heiden gegenüber ebenso frei wie gegenüber den Juden; er kann hochmütig werdende Heiden ebenso wieder verwerfen, wie er das sich »rühmende« Israel verworfen hat, und das verworfene Israel anstelle der Heiden wieder annehmen, wie er die Heiden mitten aus ihrer Gottlosigkeit heraus gerettet hat (11,18ff).

Aber die *Möglichkeit* einer solchen Restitution Israels dem Hochmut *der Heiden* entgegenzuhalten, ist etwas anderes, als die Frage nach dem Geschick des ungläubigen und faktisch verworfenen *Israel selbst* zu beantworten; denn eine Antwort, die eine definitive Verwerfung Israel negiert (11,1), wäre ja nur positiv-sinnvoll, wenn von der Wirklichkeit einer zukünftig-bevorstehenden Wiederannahme des jetzt verworfenen Israel gesprochen werden könnte. Doch diese folgt aus keinem der bisher vorgetragenen Argumente; sie ist aufgrund ihrer sogar ausgeschlossen.

Und doch spricht Paulus in 11,25ff von der Rettung *ganz* Israels als von einem «Mysterium», das aller heilsgeschichtlichen Logik gegenüber schlechthin *paradox* ist, *in* dieser Paradoxie aber dem heilsgeschichtlichen Handeln Gottes von Anfang an *entspricht*. Schon Abraham ist durch die paradoxe Rechtfertigung des Gottlosen zum Vater der Erwählten geworden (4,1–8). Und wo immer Gott Abrahams Nachkommen an dieser Erwählung teilgab, tat er es kraft seines *Erbarmens* (9,15f), d.h. immer als Rettung von Rettungslosen, als iustificatio peccatorum. Nichts anderes als dieses Erbarmen ist es, durch das Gott jetzt die gottlosen Heiden, das Nicht-Volk, zu seinem Volk berufen hat (9,25f). Denn sein Erbarmen hat die *Kraft* zu solcher paradoxen Rettung der Verlorenen: als *Gnade*, die die Sünde *aller* aufhebt (5,20f); und diese Gnade ist das Wesen seiner Bundes-Gerechtigkeit (3,24f), die in Christus zur sich hingebenden *Liebe* Gottes geworden ist (5,8). Hat aber Gott durch sein Erbarmen dem Nicht-Volk der Heiden den Zugang zum Heil geöffnet, so *wird* er durch dasselbe Erbarmen in gleicher Weise auch das gegenwärtige Israel aus dem ihm drohenden Unheil erretten und es in das Heil wieder aufnehmen, das er in seiner Gerechtigkeit seinem erwählten Volk zugesagt hat. Die *Wirklichkeit* dieser zukünftigen Rettung ist eben darin begründet, daß Gottes Bundesgerechtigkeit in Tod und Auferstehung Christi dem abgefallenen Israel wie den »gottlosen Heiden« gegenüber zur Sühne wirkenden Gnade geworden ist. Deswegen ist sie den Menschen gegenüber absolut verborgen; vom Wirklichkeitsaspekt ihrer Sünde und zumal von dem der »Feindschaft« des gegenwärtigen Israel aus gesehen, ist sie radikal paradox. Sie fügt sich keiner Logik, auch nicht der der erretteten Christen, die sie – wie zuvor die heilsstolzen Juden – zu einem Exklusivbewußtsein gegenüber dem vom Heil ausgeschlossenen Frevlern provoziert, das dem Wesen der göttlichen Gerechtigkeit als sich erbarmender Gnade widerspricht. Das Wesen der Gerechtigkeit Gottes als Gnade nämlich ist Rechtfertigung der Sünder, Rettung der Verlorenen, Erbarmen für Feinde: Unter *ihrem* göttlichen Aspekt wäre es umgekehrt paradox, würde Gott sein gefallenes, rebellisches Volk nicht genauso erretten wie zuvor die in Sünde verlorenen Heiden. Dieses Heilshandeln seines Erbarmens ist, aus *göttlicher* Logik gesehen, vielmehr völlig konsequent; es entspricht dem schöpferischen Wesen seiner Gerechtigkeit. Eben darum ist die bevorstehende Rettung ganz Israels ein *Mysterium*, das heißt: die Wirklichkeit *göttlichen* Handelns, die so wesenhaft Gottes eigenem Sein entspricht, daß sie *menschlicher* Einsicht absolut verborgen, schlechthin paradox ist und Menschen nur durch spezielle Offenbarung eröffnet werden kann. Der Inhalt dieser Offenbarung ist zwar in seinem Grund, der Gerechtigkeit Gottes als Gnade, den Glaubenden bekannt; denn die Wirklichkeit der Gnade steht ihnen in Tod und Auferstehung Christi vor Augen, und sie haben sie als ihre Rechtfertigung erfahren. Aber das zukünftige Handeln Gottes an Israel ist ihnen gleichwohl verborgen, weil Gottes Gnade kontingenten Wirklichkeitscharakter hat und sich jeder prognostizierbaren Geschehensnotwendigkeit entzieht; denn diese steht nur als die elementare Tun-Ergehen-Folge vor Augen, nach ihrer Logik ist iustificatio peccatorum ausgeschlossen.

Die Rechtfertigung der Gottlosen und Rettung der Feinde ist jedoch als das Wesen des schöpferisch-kontingenten Handelns Gottes der letzte Grund der gesamten Menschheitsgeschichte. Erwirken sich *alle* als Folge ihrer Sünde Unheil, so wirkt Gott aus diesem Unheil aller Heil für *alle*. Gerade die radikale Kontingenz der Wirklichkeit dieses Handelns Gottes ist der universale Grund aller Geschichte, sofern diese Heilsgeschichte ist und nicht Unheilsgeschichte bzw. richtiger: Heilsgeschichte als kontingente Aufhebung der immanenten Notwendigkeit menschlicher Unheilsgeschichte. Gerade als schlechthinniges Wunder umgreift die Wirklichkeit des Heils Gottes diejenige menschlicher Sünde und Selbst- und Weltzerstörung in ihrer Universalität. So kann Paulus sagen, daß die Unheilsgeschichte der gesamten Menschheit nicht in sich steht, sondern einen paradoxen, weil kontingenten Sinn hat, nämlich die göttliche Bestimmung dieser gesamten Unheilsgeschichte zu ihrer Aufhebung durch Gottes Erbarmen als der letzten, eigentlichen Wirklichkeit der Menschheitsgeschichte.

Diese aller geschichtlichen Erfahrung und Prognostik widersprechende Sinngebung der Geschichte steht und fällt mit dem Glauben an Gott als den schöpferisch-kontingenten Grund aller Wirklichkeit. Dieser Glaube hat seine geschichtliche Herkunft in Israel – nicht weil die Menschen dieses Volkes eine solche Gottesvorstellung entwickelt hätten, sondern weil es in seiner Geschichte diese Wirklichkeit Gottes erfahren hat. Sowohl in dieser immer wiederholten Erfahrung von Rettung und Annahme als unerschütterliche Kontinuität der Treue Gottes als auch zugleich in der immer wiederholten Auflehnung gegen sie ist dieses Volk repräsentativ für alle Völker. Seine Geschichte summiert sich in der gegenwärtigen Ablehnung und Auflehnung des antichristlichen Israel gegen das es selbst übergreifende, alle Völker der Welt einbeziehende Heilshandeln seines Gottes in Sühnetod und Auferstehung des Messias Jesus. In der bevorstehenden Aufhebung dieses Widerspruchs durch ein letztes, radikales Heilshandeln Gottes an seinem Volk wird er all sein vorangehendes Heilshandeln an ihm summieren und in seiner Treue vollenden. In beidem ist und bleibt Israel repräsentativ für alle Völker, repräsentativ für die Kirche aus allen Völkern. Wie diese an der gegenwärtigen Auflehnung Israels gegen das Evangelium ihre eigene Gottlosigkeit, aus der allein Gottes Gnade sie gerettet hat, wie in einem Spiegel vor Augen haben, so soll ihnen in ihrer eigenen Errettung die künftige Errettung Israels gleichsam vor-gespiegelt werden. Wie es für die Völker kein Heil gibt außer durch den Gott Israels, so kann die Kirche aus allen Völkern das ihr widerfahrene Heil nicht preisen, ohne das widersprechende Israel als zu diesem Heil und also als zu ihrer Gemeinschaft hinzugehörig zu sehen. Als die endzeitliche Heilsgemeinde Gottes muß sich die ›katholische‹ Kirche ohne Israel als wesenhaft unvollständig wissen. Selbst die zukünftige »Vollzahl der Heiden« wird ohne »ganz Israel« nicht die Vollzahl der »Kinder Gottes« sein.

Zu beachten ist nun aber, daß Paulus das Mysterium von VV 25–27 und seine theologisch-heilsgeschichtliche Explikation in VV 28–32 in direkter Anrede (2. Person plural) an die Heidenchristen adressiert. Wieweit er damit konkret auf aktuelle anti-judaistische Tendenzen in der römischen Gemeinde zielt[1181], möge dahingestellt bleiben; wir wissen hier einfach zu wenig[1182]. Wichtiger ist, die dringliche Mahnung des Apostels an die Heidenchristen der damaligen Kirche zu konfrontieren mit der faktischen Einschätzung und der ihr entsprechenden Praxis der heidenchristlichen Kirche von der nachpaulinischen Zeit bis in unsere Gegenwart hinein. Die Auslegungsgeschichte zeigt von Anfang an zweierlei: *einmal* eine große Selbstverständlichkeit, in der die Juden auf die Rolle der Gottesfeinde festgelegt werden[1183], während vielfach die Aussage der Rettung »ganz Israels« auf die Kirche unter Einschluß der konvertierten Juden bezogen wurde[1184], so daß der besondere Skopos des Paulus in der Regel beharrlich übersehen wurde. *Sodann* eine ebenso große Selbstverständlichkeit,

---

[1181] So vermuten zahlreiche Exegeten, z.B. Lütgert, Römerbrief 83ff; Maier, Israel 123–130; Dodd 180 (unter Hinweis auf den lateinischen Antisemitismus bei Cicero, Tacitus und Iuvenal); besonders pointiert Bartsch, Die antisemitischen Gegner.

[1182] Als »bloß(e) Phantasie« darf man freilich solche Vermutungen nicht abkanzeln, da die auffallende Adressierung an die Heidenchristen in Rom ab 11,13, die sich bis 11,31 durchhält, zweifellos nicht verständlich wird, ohne jedenfalls irgend eine konkrete Veranlassung dieser ernsten Warnung vorauszusetzen; gegen Käsemann 292.

[1183] Repräsentativ ist die Auslegung von δι' ὑμᾶς in V 28 z.B. bei Chrysostomus, Röm 652: »Da ihr berufen wurdet, sind jene nur noch starrköpfiger geworden« (bei Schelkle, Paulus 403).

[1184] Hier ist nicht nur die später oft wiederholte Deutung des Origenes zu erwähnen, nach der mit »ganz Israel« nicht das fleischliche, sondern das geistliche Israel gemeint sei (Hom in Mt, GCS 10, 590 bei Schelkle, Paulus 400f), sondern auch die bis in die Gegenwart reichende, nach der die Gesamtgemeinde der Glaubenden aus Juden und Heiden gemeint sei (s.o. Anm. 1152).

in der das bestimmende Interesse der Auslegung von Röm 9–11 – statt auf dem Geschick des Volkes Israel als solchem – vielmehr auf den Problemen einer individualistischen Erwählungslehre zu ruhen pflegt[1185]. Das Fortwirken dieser Auslegungstradition zeigt sich in moderner Zeit darin, daß man Paulus nach 9,6 zwischen einem »empirischen« und einem »eschatologischen« Begriff des Juden unterscheiden läßt, unter welchem allein der Christ als Glaubender im Unterschied zum Angehörigen des jüdischen Volkes gemeint sei, und Paulus mehr oder weniger drastisch vorwirft, daß er – zumal in Röm 11 – diese Differenzierung nicht durchhalte[1186] und in eine theologisch unstatthafte Geschichts-Spekulation« verfalle[1187].

Seit der Alten Kirche pflegt die heilsgeschichtliche Problematik, die Paulus in Röm 9–11 als zentralen Aspekt seiner Rechtfertigungslehre zu bewältigen suchte, entweder übersehen, umgedeutet oder als theologische Verirrung beurteilt zu werden. Die Kirche hat sich weithin daran gewöhnt, die Juden nur als die außenstehenden Feinde zu sehen, als welche sie ihr vom 2. Jh. an faktisch gegenüberstanden, als Erzketzer oder gar als das von Gott verfluchte Volk der Gottesmörder; und so konnte – weithin unbemerkt – ein großes Arsenal in der Umwelt verbreiteter Judenpolemik, religiös motiviert und so faktisch legitimiert, in das Bewußtsein der Kirche Einzug halten und sich zur Ächtung des Juden in der christlichen Gesellschaft und einer Fülle von kollektiven Gewalttaten gegen sie auswirken. Die Theologie hat wenig getan, um den verhängnisvollen Irrtum all dessen erkennen zu lassen[1188], und im übrigen eine Kirchen- und Heilslehre entwickelt, in der das Verhältnis zu Israel aus dem Problemhorizont des eigenen kirchlichen Selbstverständnisses nahezu vollständig eliminiert worden ist, und die darum genau jene rein ›heidenchristliche‹ Atmosphäre annahm, vor der Paulus in Röm 11 so eindringlich gewarnt hat. Die paulinische Problematik wurde auf das Thema der Judenmission reduziert. Von Vorstößen einzelner abgesehen, war es erst das planmäßige Genozid an den europäischen Juden durch den NS-Staat, das die Kirchen der Welt zu moralischem Abscheu und in dessen Folge zu intensiver theologisch-verantwortlicher Aufnahme der ganzen Israel-Problematik provoziert hat. Als erste reagierte die niederländisch-reformierte Kirche[1189]. Es folgte die römisch-katholi-

---

[1185] Vgl. dazu zuletzt Pannenberg, W., Die Bestimmung des Menschen, Göttingen 1978, besonders 41–60.

[1186] Vgl. besonders Dinkler, Prädestination; dagegen z.B. Eichholz, Paulus 289f.

[1187] So vor allem Bultmann, Theologie NT 484; vgl. ders., Geschichte und Eschatologie, Tübingen 1958, 48; ders., Geschichte und Eschatologie im NT, in: Glauben und Verstehen III 91–106, hier 101.

[1188] Erschütternden Anschauungsunterricht über die sozialen Auswirkungen dieser – aus Röm 9–11 und anderen Texten des NT fälschlich herausgelesenen – kirchlich festgelegten Einschätzung der Rolle »des Juden« erhält man z.B. durch Rengstorf, K. H. – Kortzfleisch, S. (Hrsg.), Kirche und Synagoge. Handbuch zur Geschichte von Christen und Juden. Darstellung mit Quellen, I, Stuttgart 1968, II 1970.

[1189] Vgl. die Artikel 3 (Die Erwählung Israels) und 17 (Gegenwart und Zukunft Israels) des von der Generalsynode der Niederländischen Reformierten Kirche 1949 beschlossenen Bekenntnisses »Fundamenten en Perspektieven van Belijden«. Der Text ist in der deutschen Übersetzung durch O. Weber zugänglich in: Lebendiges Bekenntnis, Neukirchen ²1959 (Bekennen und Bekenntnis 7); vgl. Neder-

sche Kirche, die auf dem 2. Vatikanischen Konzil im Rahmen der »Erklärung über das Verhältnis der Kirche zu den nicht-christlichen Religionen« vom 28. Oktober 1965 einen ausführlichen Passus über das Verhältnis zu Israel verabschiedete[1190]. Zuvor hatte der Ökumenische Rat der Kirchen auf seiner ersten Vollversammlung 1948 die »Unvereinbarkeit des Antisemitismus mit christlichem Bekenntnis und Leben« festgestellt[1191]. Im Jahr 1975 schließlich hat der Rat der Evangelischen Kirche in Deutschland eine Studie über »Christen und Juden«[1192] herausgegeben. Da von allen diesen Erklärungen die des Vatikanischen Konzils den gesamtkirchlich verbindlichsten Charakter hat und der Sache nach zum Ausdruck bringt, was alle großen christlichen Konfessionskirchen gegenwärtig denken, darf sie hier als ökumenisch-repräsentatives Zeugnis angeführt werden, mit dem eine Wende im kirchlichen Verständnis Israels und des Verhältnisses der Kirche zu Israel eingeleitet worden ist. Röm 9–11 liegt hier entscheidend zugrunde; zitiert wird 11,17–24 und 9,4f sowie 11,28f. Es ist sehr eindrücklich, wie nach 1900 Jahren dieser zentrale Teil des Römerbriefs zum ersten Mal gesamtkirchlich-verantwortlich rezipiert worden ist.

5. 11,33–36 *Lobpreis der Gerechtigkeit Gottes*

Literatur: Bornkamm, G., Der Lobpreis Gottes, in: Das Ende des Gesetzes 70–75; *Harder, G.*, Paulus und das Gebet, 1936 (NTF 1/10) 51–58; *Jeremias, J.*, Einige vorwiegend sprachliche Beobachtungen zu Röm 11,25–36, in: Israelfrage 203–205; *Norden, E.*, Agnostos Theos 240–250; *Wilckens, U.*, Art. σοφία usw., in: ThWNT VII 518f; *Zeller, D.*, Juden und Griechen 267–269.

**33 O (welch eine) Tiefe des Reichtums, der Weisheit und der Erkenntnis Gottes!
Wie unerforschlich (sind) seine Gerichte
und unaufspürbar seine Wege!
34 Denn »wer hat die Vernunft des Herrn erkannt?
Oder wer ist als sein Ratgeber aufgetreten?
35 Oder wer hat ihm vorausgegeben,
(so daß) ihm entsprechend erstattet werden (müßte)«?**

landse Hervormde Kerk, De Kerk an Het Werk, 1. Het Gesprek met Israel, s'Gravenhagen 1955, 12–17.
[1190] Acta Apostolicae Sedis 58 (1966) 740–744, vgl. Zweites Vatikanisches Ökumenisches Konzil, Erklärung über das Verhältnis der Kirche zu den nichtchristlichen Religionen, mit einer Einleitung von Franz Kardinal König, Münster 1967, 19–23.
[1191] Vgl. die erneute »Entschließung zum Antisemitismus« der 3. Vollversammlung von 1961, in: Neu-Delhi 1961, hrsg. W. A. Visser't Hooft, Stuttgart 1962, 165. Die Kommission für Glauben und Kirchenverfassung nahm dann auf ihrer Sitzung in Bristol 1967 den Entwurf eines ausführlichen Berichts über »Die Kirche und das jüdische Volk« an. Dieser Bericht hat aber bisher keine kirchenoffizielle Geltung erlangt; vgl. Evangelische Zentralstelle für Weltanschauungsfragen, Arbeitstexte II/69 Nr. 5. Vgl. auch den Konsultationsbericht des Lutherischen Weltbundes: »Christian Witness and the Jewish People«, hrsg. A. Sovik, Genf 1976, 2–9.
[1192] Gütersloh 1975.

**36 Denn: Aus ihm und durch ihn und auf ihn hin (ist) alles.
Sein ist die Herrlichkeit in alle Ewigkeiten. Amen.**

Durch den hymnischen Stil hebt sich dieser Schlußabsatz vom Voranstehenden deutlich ab. Formal wie im gedanklichen Aufbau ist er streng gegliedert. Der poetische Formcharakter zeigt sich daran, daß das ganze Stück in neun Verszeilen besteht, die in drei Strophen zusammengehören (VV 33.34f.36)[1193]. Die Disposition ist klar: In der zweiten Strophe (VV 34f) wird die erste (V 33) z.T. mit Schriftwortlaut expliziert; die drei Fragen beziehen sich in umgekehrter Reihenfolge auf die drei Begriffe in V 33a[1194]. Die Schlußstrophe faßt in einer theozentrischen Formel, die in eine Doxologie übergeht, akklamatorisch zusammen. — Analyse

Die Ausrufe ὦ und ὡς entstammen hellenistischer Rhetorik, die hier dem Ausdruck staunender Anbetung als Antwort auf das Mysterium in VV 25–32 dient. Die drei Genitive in V 33a sind parallel abhängig von βάθος, so daß es die »Tiefe« des Reichtums Gottes und[1195] die seiner Weisheit und die seiner Erkenntnis sind, die Paulus hier staunend anruft. Von den »Tiefen Gottes« ist 1Kor 2,10 die Rede: Sie sind nur durch Offenbarung zugänglich, die dem Pneumatiker durch den Geist Gottes widerfährt. In diesem Sinn umschreibt das Wort hier das »Geheimnis« von V 25. Wie dort die Tiefen Gottes heilsgeschichtlich als die Tiefen seiner unergründlichen, als Mysterium verborgenen Weisheit (1Kor 2,7) und zugleich als die Tiefen seiner Heilsgaben an seine Erwählten (1Kor 2,9.12) benannt werden, so ist auch hier der »Reichtum« des Heils, das Gott den Heiden wie den Juden schafft (V 22), in dem Reichtum seiner Herrlichkeit (9,23 vgl. Phil 4,19 und Kol 1,27[1196]) als Gottes eigenem Reichtum begründet. Und wie dort die Weisheit Gottes als seine sinnschaffende, allem Menschenverstand unendlich überlegene Klugheit und Vernünftigkeit in dem gekreuzigten Christus wirkt (vgl. 1Kor 1,24f), so besteht sie hier entsprechend in der paradoxen ›Logik‹ der Barmherzigkeit Gottes als iustificatio impiorum (V 32). Schließlich ist die »Erkenntnis Gottes« nicht als die Erkenntnis gemeint, die die Menschen von Gott haben (1,19.21) bzw. die die Christen in ihrer Bekehrung empfangen haben (Gal 4,9 vgl. Phil 3,8; 2Kor 2,14; 4,6; 10,5), sondern als Gottes eigene Erkenntnis (genitivus subiectivus), in der er die Seinen erwählt hat (8,29; 11,2; vgl. 1Kor 8,3; Gal 4,9)[1197]. Alle — Erklärung 33

[1193] Vgl. Norden, Agnostos Theos 241; Harder, Gebet; Bornkamm, Lobpreis 71.
[1194] Vgl. Bornkamm, Lobpreis 72f.
[1195] καί fehlt in wenigen Zeugen (321 e vg Ambros Aug Ambst Pelag). Durch καί werden σοφία und γνῶσις θεοῦ parallel neben πλοῦτος gestellt. καὶ γνώσεως καὶ σοφίας explizieren nicht πλοῦτον (so Luthers Übersetzung).
[1196] Gott läßt jetzt seinen Heiligen kundtun, τί τὸ πλοῦτος τῆς δόξης τοῦ μυστηρίου τούτου ἐν τοῖς ἔθνεσιν, ὅς ἐστιν Χριστὸς ἐν ὑμῖν, ἡ ἐλπὶς τῆς δόξης.
[1197] So Bultmann, ThWNT I 706; Dupont, Gnosis 91–93 und die meisten neueren Exegeten, zuletzt Käsemann 306; Schlier 345; Zeller, Juden und Heiden 268 Anm. 112. Diese Auffassung ergibt sich zwingend nicht nur aus der Parallelität zu den beiden vorangestellten Genitiv-Bestimmungen, sondern auch aus V 34a, wo νοῦν κυρίου auf γνώσεως θεοῦ V 33 zurückbezogen ist; vgl. oben Anm. 1194.

drei Worte weisen also auf Gottes Handeln, das aus der unendlich-abgründigen »Tiefe« seines Person-Geheimnisses hervorgeht: Gott ist reich, weise und wissend, indem er Menschen reich *macht,* ihnen Sinn schafft und sich ihnen definitiv zuwendet. Die Tiefe seines Geheimnisses ist verborgen nicht in dem Sinne der transzendenten Ferne seines Ortes, sondern in seinem geschichtlichen Handeln, in den unergründlichen Entscheidungen des Richters[1198] wie auch in den unaufspürbaren Wegen, die sein Erbarmen wählt und geht. Daß es sich hierbei nicht um verschiedenes Handeln Gottes nebeneinander handelt, wie es zunächst nach 9,18 schien, sondern um ein Handeln, in dem das eine um des anderen willen geschieht (vgl. einerseits 11,11f.15, andererseits 11,30f) und dessen Einheit vom Ende her erhellt (11,32), geht aus dem Voranstehenden hervor.

Die *Unergründbarkeit Gottes* ist ein wichtiges Thema der atl.-jüdischen Weisheit; vgl. besonders Ijob 28; Spr 30,1–6; Sir 24,28f; 42,15–25; Bar 3,29–32; Weish 9,10–18. Bei Dtjes findet es sich einerseits im Kontext der Götzenpolemik (Jes 40,12–26), andererseits zur Charakterisierung des Wortes Jahwes in seiner Erlösungskraft (Jes 55,8–11). In der Apokalyptik taucht es im Zusammenhang der heilsgeschichtlichen Aporien angesichts der Sünde Israels und des auf sie gefolgten geschichtlichen Unheils auf. Der Prophet Esra wird an Gottes Handeln irre: »Ich sah, wie du die Sünder trägst und die Gottlosen verschonst, wie du dein Volk vernichtest und deine Feinde erhalten hast, und niemand offenbart hast, wie dieser dein Weg geändert werden soll« (4Esr 3,30f); und er erhält zur Antwort: »Des Höchsten Wege sind als ewige erschaffen; du aber, ein sterblicher Mensch, der im vergänglichen Äon lebt, wie kannst du das Ewige begreifen?« (ebd. 11; vgl. 5,36–40; 6,1–6 und im Gebet Esras 8,20–23). Wie hier die gleiche Aporie vor Augen steht wie umgekehrt in Röm 9,22–24, so tritt die Unergründbarkeit des Gerichtshandelns Gottes als Folge der Sünde Israels im Gebet Baruchs hervor: »Aber wer, o Herr mein Gott, versteht dein Gericht, und wer erforscht die Tiefe deines Weges, oder wer denkt nach über die beschwerliche Last deines Pfades, oder wer vermag nachzudenken über deinen unerfaßbaren Ratschluß, oder wer hat jemals von den (Staub-)Geborenen Anfang und Ende deiner Weisheit gefunden? Denn wir alle gleichen einem Hauch. Denn wie der Hauch ohne sein eigenes Zutun aufsteigt und wieder erlischt, so ist es auch mit der Natur der Menschenkinder: Nicht mit ihrem Willen gehen sie dahin, und was ihnen am Ende zuteil wird, wissen sie nicht« (sBar 14,8–11). Hier spricht nicht einfach Resignation angesichts menschlicher Vergänglichkeit[1199], sondern, wie das folgende zeigt (ebd. 12–15), das Wissen des Propheten um den Sünde-Unheil-Zusammenhang, in dem er sein Volk im Gegensatz zu den Gerechten sieht, und angesichts dessen er sich als Gerechter mit dem sündigen Volk in prophetischer Fürbitte identifiziert. Gottes Heilshandeln ist den Sündern nicht mehr zugänglich, sie sind nur noch sterbliche Menschen, die nichts als Unheil zu erwarten haben; und allein Gott weiß, was er aus seinen Knechten gemacht hat und machen wird. Die Problemstellung ist also genau diejenige, die Paulus angesichts der Situation des ungläubigen Israel so schmerzlich und drückend vor Augen hatte – und die sich jetzt nur durch die Offenbarung des Mysteriums überra-

---

[1198] Zu κρίματα vgl. ψ 35,7; 18,10; 118,75; sBar 14,8f (s.u.). Schlier 346: »Es sind die seine Gerechtigkeit, seine Bundestreue, in Wahrheit Wahrheit durchsetzenden Entscheidungen.«
[1199] So Käsemann 305; Schlier 347.

schend geklärt hat. *Das* ist der Grund, warum das gleiche Motiv der Verborgenheit und Unzugänglichkeit der Wege Gottes bei Paulus *doxologischen* Charakter gewinnt. Paulus hebt hier nicht – wie in 1Kor 2 – darauf ab, daß für Pneumatiker diese Verborgenheit aufgehoben ist[1200], sondern darauf, daß Gott – entgegen aller begründeten Erwartung – gerade das Unerwartbare, das absolut ›Verborgene‹ im Sinne von V 32 getan hat, so daß es nun gerade die Unerforschlichkeit seiner Gerichte und die Unaufspürbarkeit seiner Heilswege ist, der der staunende Lobpreis des Apostels gilt.

Paulus entfaltet dies mit zwei Schriftworten (Jes 40,13; Jjob 15,8), von denen das erste (V 34) nahezu vollständig mit LXX übereinstimmt, das zweite dagegen mit LXX keinerlei Berührung zeigt, jedoch dem Targum nahezu wörtlich entspricht[1201], so daß anzunehmen ist, daß Paulus aus einer dem Targum nahestehenden Übersetzung zitiert[1202]. Daß die drei »Wer«-Fragen wie in 10,6b.7 jeweils negativ zu beantworten sind, assoziiert der Leser nicht nur aus rhetorischem Empfinden (vor allem aufgrund ihrer Reihung mit »oder«), sondern vor allem, weil sie zusammen den voranstehenden Ausruf V 33 begründen (γάρ). Wenn Gottes Gerichte unerforschlich und seine Wege unaufspürbar sind, welcher Mensch könnte sie dann erforschen und aufspüren? Zudem entspricht – in chiastischer Reihenfolge – jede dieser drei Fragen einem der drei in V 33a aufgeführten Begriffe: »Wer hat die Vernunft des Herrn erkannt[1203]?« Niemand – so tief ist Gottes erwählende Erkenntnis! In weisheitlicher Literatur ist es im Gegensatz zu allen Menschen Gottes Weisheit, die in alle Geheimnisse und Pläne Gottes eingeweiht ist, weil sie von Ewigkeit her bei Gott sozusagen als seine Mitwisserin war[1204]. So führt die erste Frage unmittelbar zur zweiten hinüber: »Wer ist als sein Ratgeber aufgetreten?« Niemand – außer eben Gottes eigener Weisheit, dem »Mysten des Wissens Gottes und Auserwählerin seiner Werke« (Weish 8,4), der »Ratgeberin in allem Guten« (ebd. 8,9), die mit ihm war in allen seinen Werken und dabei war, als er die Welt erschuf, die weiß, was wohlgefällig ist in seinen Augen, und was recht ist in seinen Geboten (ebd. 9,9). Insofern impliziert die Antwort »Niemand!« zugleich den Lobpreis der Weisheit Gottes: »O Tiefe seiner Weisheit!« Schließlich: »Wer hat ihm vorausgegeben, daß[1205] ihm zurückerstattet werden müßte?« Niemand – o Tiefe des Reichtums Gottes, der nie empfangen muß, um geben zu können, und dessen Geben

---

[1200] So Käsemann 307.
[1201] Vgl. Jjob 41,3 LXX: ἢ τίς ἀντιστήσεταί μοι καὶ ὑπομενεῖ; εἰ πᾶσα ἡ ὑπ' οὐρανὸν ἐμή ἐστιν, οὐ σιωπήσομαι δι' αὐτόν. Targum: »Wer ist mir zuvorgekommen bei den Schöpfungswerken, daß ich vergelten müßte?« Ebenso Pesiqt 75a bei Bill. III 295.
[1202] So zuletzt Käsemann 305; anders Schlier 347.
[1203] Vgl. 1Kor 2,16, wo Paulus dasselbe Zitat überraschend, weil stilwidrig, positiv beantwortet: »Wir aber haben den νοῦς Christi.« Aus dem dortigen Kontext geht hervor, daß νοῦς im Sinne von πνεῦμα gebraucht ist; vgl.

Wilckens, U., Weisheit und Torheit, 1958 (BHTh 26), 87. Das kann auch hier gemeint sein (so Schlier 347). Doch im Kontext von Röm 11 ist vom Geist Gottes nicht die Rede; und betont ist nur, daß keine menschliche Vernunft die Vernunft Gottes, die sich im Sinn von V 32 auswirkt, zu fassen und zu verstehen vermag (vgl. Phil 4,7), es sei denn, daß sie »erneuert« ist (12,2).
[1204] Vgl. besonders Spr 8,22–31; Sir 1,1–8; 24,1–5; Weish 6,22; 7,15–21.26–30; 8,4.9; 9,9–13.16f.
[1205] Zu καί consecutivum vgl. Bl-Debr-Rehkopf § 442,2.

darum reines Schenken ohne jede Vorbedingung ist: Gnade, die nicht Gnade wäre, wenn man ihre Gnade aufgrund von Werken einfordern könnte (V 6)[1206].

36 Mit »denn« (ὅτι) wird gegenüber den Negationen von VV 33–35 positiv summiert. Allein von Gott kommt alles, allein durch ihn wird alles geschaffen und gegeben, allein auf ihn hin zielt alles, was Gott schafft und gibt. Die gesamte Heilsgeschichte läuft letztlich auf nichts anderes hinaus als auf die Verwirklichung und Vollendung der Herrlichkeit Gottes (vgl. 9,23) als seiner Liebe im Sinne von V 32, die als die letzte Wirklichkeit von »allem« ewig ist, »in alle Äonen hinein« währt. Angesichts dieses sich vollziehenden Geheimnisses Gottes müssen und dürfen die Menschen ihm im Lobpreis diese Herrlichkeit als seine Ehre zusprechen; vgl. Phil 2,11; Röm 15,7[1207]. Das »Amen« spricht die Lesergemeinde; es steht im Text, damit der Vorleser eine Pause macht, um dem Amen der Gemeinde das Wort zu geben[1208].

Die Formel V 36a hat in 1Kor 8,6 eine Parallele, in der ἐκ, εἰς und διά auf Gott und Christus verteilt sind; vgl. noch Eph 4,6 ὁ ἐπὶ πάντων καὶ διὰ πάντων καὶ ἐν πᾶσιν; Kol 1,16f; Hebr 2,10. Durchweg steht (τὰ) πάντα in heilsgeschichtlich-personalem Kontext. Deutlich ist das auch in Röm 11,36 der Fall, wo mit τὰ πάντα nach VV 33–35 alles wunderbare Heilshandeln in den Gerichten und Wegen Gottes im Blick ist[1209]. Doch schwingt ebenso deutlich auch eine kosmische Bedeutung mit (vgl. ebenso in 8,32; 1Kor 3,21–23); denn »die ganze Schöpfung« ist ja nach 8,19.22 in ihrem Geschick mit dem der Menschen verbunden. ›Natur‹ und ›Geschichte‹ sind ja für Paulus so wenig voneinander getrennt wie für alles atl.-jüdische Denken. »Alles« geschieht durch Gottes schöpferisches Handeln, nichts besteht aus sich.

Nun gibt es jedoch zu Röm 11,36a auffallende Parallelen in hellenistischer Literatur. Vgl. besonders Mark Aurel, Selbstgespräche 4,23: »Alles, was dir harmonisch ist, o Welt, das ist es auch mir. Nichts kommt mir zu früh oder zu spät, was dir zeitgemäß er-

---

[1206] So deutlich es ist, daß der Leser hier das polemische Motiv der paulinischen Rechtfertigungslehre (vgl. noch 3,28; 4,4f.16; 6,16; 9,11f) assoziieren soll, so wenig darf man im Kontext dieses Lobpreises selbst versteckte Polemik heraushören (gegen Michel 286; Schmidt 205). Die suggerierte Antwort »Niemand!« ist universal; Juden wie Heiden wissen ihr Heil voraussetzungslos geschenkt, vgl. Zeller, Juden und Heiden 268 Anm. 113.

[1207] Zur doxologischen Formel in V 36b vgl. Gal 1,5; Phil 4,20; Eph 3,21; 1Tim 1,17; 2Tim 4,18; Röm 16,27; ferner besonders Offb 1,6; 4,9.11; 5,12f; 7,12; 11,13; 14,7; 19,1.7. Die Formel taucht in paganer Literatur nirgendwo und in jüdischen Texten nur in 4Makk 18,24 und LXX Od 12,15, in der altkirchlichen Literatur dagegen sehr häufig auf. Spricht sich darin in der Sprache urchristlicher Liturgie die besondere christliche Erfahrung und Sinngebung der Herrlichkeit Gottes aus? Vgl. Jeremias, Sprachliche Beobachtungen 204f.

[1208] Jeremias, Sprachliche Beobachtungen 205.

[1209] Vgl. Käsemann 307f, der zugleich auf Kol 1,15ff hinweist. Für den jüdischen Hintergrund von τὰ πάντα vgl. besonders die Qumrantexte, in denen הכל sehr häufig vorkommt; vgl. z.B. 1QS 2,17: »In seiner Hand liegen die Satzungen für alles, und er sorgt für sie in allen seinen Geschäften«; 1QH 1,23–25: »Wie soll ich reden, ohne daß es schon erkannt wäre? Und wie sollte ich vernehmen lassen, was noch nicht erzählt worden wäre? Alles ist aufgezeichnet vor dir mit einem Griffel des Gedächtnisses, und die Wenden der Zahl der Jahre, nicht sind sie verborgen und fehlen sie vor dir«; ebd. 16,8: »Gespriesen seist du, Herr, der du groß von Rat und reich an Tat bist, dessen Werk alles ist.«

scheint. Alles, was deine Jahrläufe bringen, ist mir Frucht, o Natur: Aus dir (kommt) alles, in dir (ist) alles, zu dir hin (geht) alles (ἐκ σοῦ πάντα, ἐν σοὶ πάντα, εἰς σὲ πάντα)[1210].« Hier ist das zentrale Thema der altgriechischen Philosophie, die nach der *einen* Ursache von allem Seienden fragte[1211], mit der stoischen Lehre von der Welt als dem einen Gott und der sympathischen Harmonie aller Weltteile zu einer pantheistischen Theorie verbunden worden, die in dem von Heraklit[1212] und Xenophanes stammenden Lehrsatz, daß »alles eines sei« (ἓν πάντα εἶναι)[1213], ein weit verbreitetes Motto gefunden hat. In diesem Sinn sagt der lukanische Paulus in Apg 17,28: »In ihm leben wir, werden wir bewegt und sind wir«, was er mit einem Arat-Zitat belegt: »Aus seinem Geschlecht nämlich sind wir.« Die hellenistisch-jüdische Apologetik hat das Bekenntnis vom *einen* Schöpfergott im Sinne dieser Tradition interpretiert[1214] und damit in der altkirchlichen Apologetik zahlreiche Nachfolger gefunden.

Es ist sehr wahrscheinlich, daß Paulus die Formel in Röm 11,36a durch Vermittlung des hellenistischen Judentums kennengelernt hat. Er macht sie sich jedoch so zu eigen, daß er den kosmologischen Skopos ihrer Theologie auf die Heilsgeschichte bezieht und so den pantheistischen Gedanken eliminiert. Denn der Gott, der *ist*, indem er im Sinne von V 32 *handelt*, bleibt als Ursache, Kraft und Ziel der *Rettung der Verlorenen* den Menschen wie der Natur, dem »All«, grundsätzlich *gegenüber*. Alle Bestimmungen hellenistischer Theologie konnten im Urchristentum übernommen werden: daß das All aus Gott, durch Gott, um Gottes willen (Hebr 2,10), auf Gott hin, sogar daß es in Gott sei (Apg 17,28)[1215] – nur die zentrale Formel, daß Gott das All und das All Gott sei, durch welche allererst jene Verhältnisbestimmungen ihren spezifisch pantheistischen Charakter erhielten, war für das urchristliche wie im Grunde auch für das atl.-jüdische Gottesverständnis unannehmbar. Freilich ist dort, wo es

---

[1210] Norden, Agnostos Theos 240 hat die von Thomas Gataker 1651 entdeckte Parallele für die Exegese von Röm 11,36 erschlossen und die Traditionsgeschichte der Formel aufgehellt (ebd. 240–250). Vgl. ferner Pseud-Aristot Mund 6 bei Schlier 347.
[1211] Dazu Jaeger, W., Die Theologie der frühen griechischen Denker, Stuttgart 1953, 9ff.
[1212] ἓν πάντα εἶναι, fr 50 Diels.
[1213] Bei Cic Acad II 118 wird das gleiche als Lehre Theophrasts angeführt; vgl. die weiteren Belege bei Norden, Agnostos Theos 247, der ebd. 249 auch auf die Aufschrift eines Zauberringes aufmerksam macht: ἓν τὸ πᾶν καὶ δι' αὐτοῦ τὸ πᾶν καὶ εἰς αὐτὸ τὸ πᾶν (Collections des anciens alchémistes grecs, hrsg. M. Berthelot und C. E. Ruelle 1888, Introduction 133); auch Zosimos: τοῦτό ἐστιν τὸ θεῖον καὶ μέγα μυστήριον. τοῦτο δὲ γάρ ἐστιν τὸ πᾶν καὶ ἐξ αὐτοῦ τὸ πᾶν καὶ δι' αὐτοῦ τὸ πᾶν (ebd. II 143) und eine Stelle im Selene-Hymnus (Ophica, hrsg. E. Abel 1885, 294): ἐκ σέο γὰρ πάντ' ἐστ' καὶ εἰς σὲ τὰ πάντα τελευτᾷ.
[1214] Vgl. Sib III 11f und besonders Philo Spec Leg I 208: ὡς ἓν τὰ πάντα ἢ ὅτι ἐξ ἑνός τε καὶ εἰς ἕν. Vgl. schon Sir 43,29: τὸ πᾶν ἐστιν αὐτός.
[1215] All zu rasch pflegen neuere Exegeten in dem Fehlen einer ἐν-Bestimmung theologische Absicht zur Ausscheidung des Pantheismus zu sehen; so zuletzt Käsemann 305f (»geflissentlich ... ersetzte«) und Schlier 348, wo in der Aufzählung der christlich möglichen, im NT vorkommenden Verhältnisbestimmungen Apg 17,28 fehlt. Ist aber ἐν θεῷ wirklich so viel gefährlicher als ἐκ θεοῦ oder εἰς θεόν, die in der Umwelt doch genauso pantheistisch verstanden worden sind? Und wie sollte ein urchristlicher Theologe, wenn er in der Absicht einer notwendig scheinenden Abgrenzung gegen den Pantheismus in der hellenistischen Umwelt die Formel ἐν θεῷ vermied, die Formel ἐν Χριστῷ so häufig und offenbar keiner entsprechenden Abgrenzung bedürftig gebraucht haben (besonders in kosmologischem Kontext wie in Kol 1,16!), wo doch ein ›Panchristismus‹ sehr wohl als nur eine Spielart des Pantheismus hätte aufgefaßt werden können?

darum geht, die Allgegenwart des handelnden Gottes zu beschreiben, christliche Theologie und Frömmigkeit (besonders in ihren mystischen Gestalten) zu allen Zeiten notwendig in z.T. gefährliche Nähe zum Pantheismus geraten. Doch haben christliche Theologen in aller Regel auch dort, wo sie pantheistische Formeln oder mystische Motive des Einswerdens mit Gott aufnahmen, ein sicheres Gefühl für diese Grenze bewahrt. So sehr sich die Geister an ihr zu scheiden haben, so sehr sollte bedacht werden, daß dort, wo diese Grenze zu früh, zu pauschal, zu undifferenziert gezogen wird, die umgekehrte Gefahr lauert, nämlich daß von der Nähe des handelnden Gottes nur noch radikal abstrakt gesprochen werden kann, so daß ihre konkrete Wirklichkeit verloren zu gehen droht. Zuweilen kann ein Pantheismusverdacht sogar gefährlicher sein als eine pantheistische Sprache.

AN ENCYCLOPEDIA OF
THE RULERS, EVIL SPIRITS, AND
GEOGRAPHIES OF THE DEAD

Death Gods

ERNEST L. ABEL

GREENWOOD PRESS
Westport, Connecticut • London

ALPHABETICAL LIST OF ENTRIES xvii

Salmael. *See* Angel of Death
Salmail. *See* Angel of Death
Sama. *See* Sabala
Sama Bolowa
Sam(m) Ael. *See* Angel of Death
Saman
Samil. *See* Angel of Death
Sana. *See* Sedna
Sariel. *See* Angel of Death
Satan. *See* Devil
Satanil. *See* Angel of Death
Sauriel (aka Sauriil, Sowril, Suriel)
Sauriil. *See* Sauriel
Scythe
Sebad Banua. *See* Gimokodan
Sebi
Sedna (aka Arnquagssaq, Nerrivik, Nuliajuk, Sana, Sidne)
Segben
Seger. *See* Seker
Sehet. *See* Anubis
Seir. *See* Angel of Death
Sekehem. *See* Anubis
Seker (aka Ptah-Seker, Sacharis, Sakaaris, Seger, Sokar, Sokaris, Solare)
Sekhabesnefunen
Sekhet-Aanru
Serpent
Set (aka Setech, Setekh, Setesh, Sethu, Sutech, Sutekh, Typhon)
Set Amentet
Seta-Ta
Set-Em-Maat-F
Set-Hra
Sethu (aka Set, Setech, Setekh, Setesh, Sutech, Sutekh, Typhon)
Shaftiel (aka Shoftiel)
Shaman
Shapsh
Shemti
Sheol (aka Abaddon, Abadon, Abbadon, Apollion, Apollyon, Appolyon, Obaddon, She'ol)
Shepi
Shesshes
Sheta-Ab
Shetau
Shirat. *See* Bridge
Shuck
Shu Feather. *See* Anubis
Shulman. *See* Erlik Khan
Sibyl
Sin Eater
Sirat
Sirens
Sir'ing
Sisiburanen
Smert. *See* Smrtnice
Smrtnice (aka Smert)
Sokar. *See* Seker
Sokaris. *See* Seker
Solare. *See* Seker
Sowril. *See* Sauriel
Stinking Place
Styx
Supai (aka Cupay, Supay)
Suriel. *See* Angel of Death
Suriyel. *See* Angel of Death
Suryal. *See* Angel of Death
Swarths. *See* Wraiths
Sxaiawax
Syama
Ta'aroa
Ta-Awi
Tahouti. *See* Thoth
Tarabusao
Tartaruchus (aka Tartarus)
Tartarus

ALPHABETICAL LIST OF ENTRIES

Ta-Tchesert
Tchetbi
Techa. *See* Thoth
Tein Pijopatch
Teka-Hra
Tekmi
Tem (aka Atmu)
Ten Kings of Hell
Tepi
Tep-Tu-F. *See* Anubis
Thanatos
Thoth (aka Dhouti, Tahouti, Techa, Thout, Zhouti)
Thout. *See* Thoth
Tibetan Book of the Dead. *See* Bardo Thodol
Ti Yu
Tlacolteotl. *See* Tlazolteotl
Tlaelquani. *See* Tlazolteotl
Tlalchitonatiuh. *See* Mictecacihuatl
Tlazolteotl (aka Ixcuina, Tlacolteotl, Tlaelquani)
Toonela (aka Hiiela, Manala, Tooni)
Tooni. *See* Toonela
Topielec. *See* Vodyanoi
Trivia
Tuat. *See* Duat
Tuchulcha
Tuonela (aka Hiiela, Manala)
Tuonetar
Tuoni (aka Mana)
Tu-ta-horoa
Typhon (aka Typhoeus)
Tzitzimine
Tzontemoc. *See* Mictlantecuhtli
Uggae
Uhcumo
Ulu Toyo'n
Umm-S-Subyan

Uriel
Ussada
Uttuku
Vaitarani
Valhalla
Valkyries
Vampire
Vanth
Vara
Veles
Velu-Mate (aka Kapu Mate)
Veterani
Vielona
Vila
Voden. *See* Odin
Vodyanoi (aka Topielec, Vodnik, Vodyanik)
Vucub Caquix. *See* Xibalba
Vulture
Watchers. *See* Mastema
Wip. *See* Anubis
Wirwir
Woden. *See* Odin
Wolf
Wotan. *See* Odin
Wou-Kan. *See* Avici
Wraiths (aka Fetches, Fye, Swarths, Tasks)
Wu Ch'ang
Wuotan. *See* Odin
Wyrd
Xibalba (aka Vucub Caquix)
Yabme-Akka (aka Yambe-akka)
Yama
Yan Luo (aka Yan Luo Wang, Yen-Lo-Wang)
Yeahuiztli. *See* Mictecacihuatl
Yehudiah. *See* Angel of Death
Yehudiam. *See* Angel of Death
Yemma Dai. *See* Emma-O

Yemma Dai O. *See* Emma-O
Yen-Lo-Wang. *See* Yan Luo
Yesdo
Yetzer-Hara. *See* Angel of Death
Yima
Yinepu. *See* Anubis
Yomi

Yum Cimil (aka Ah Puch, Ah Puchah, Au Puch, Cum Hau, Eopuco, God A, Hun Ahau, Tzontemoc)
Zhiva
Zhouti. *See* Thoth
Zombie
Zo'tzi-Ha

GUIDE TO RELATED TOPICS

UNDERWORLDS

Africa
Ku-Zimu

Aztec
Chiconahuapan River
Chignahuapan
Mictlan

Babylonia/Akkadia/Sumer/Mesopotamia
Arali
Aralu
Ekur
Ganzir
Irkalla
Kigal
Kur
Kurnugia

Buddhism. *See also* India
Avici
Naraka
Raven Hell
Ussada
Veterani

Celtic
Achren
Annwfn
Annwn
Anwyl
Balor
Lough Derg
Ochren

China
Ti Yu

Christianity
Abyss
Acheron
Acherusian Lake
Dante's *Inferno*
Gehenna
Gehinnom
Heaven
Hell
Limbo
Purgatory

Egypt
Aalu
Aaru
Aat-Shefsheft
Abtu
Abydos
Akert
Aksi
Al Aaraaf
Ament
An-rutf
Anu
Apu
Aqebi
Arit
Ases
Atu
Bekhkhi
Duat

Field of Reeds
Hall of Judgment
Hall of Two Truths
Khert Neter
Maa-Ab
Naarutf
Nebt-Aha
Nebt-S-Tchefau
Neter-khertet
Pestit
Sekhet-Aanru
Set Amentet
Set-Em-Maat-F
Sheta-Ab
Ta-Tchesert
Tchetbi
Teka-Hra
Tuat

Finland
Tuonela
Tuoni

Greece
Acheron
Aetna, Mt.
Asphodel Fields
Cerberus
Hades
Lethe
Nekyomanteion
Styx
Tartarus

Hebrew/Ancient Israel
Abaddon
Abadon
Abbadon
Gehenna
Gehinnom
Heaven
Sheol

Hopi
Kotluwalawa

India
Atala
Vaitarani
Wou-Kan

Inuit
Adlivun

Islam
Djahannam

Maya
Eopuco
Metnal
Patzcuaro
Xibalba

Norse
Niflheim
Valhalla

Philippines
Ampongo
Basad
Bilibo
Dakul Banua
Debawon
Gimokodan
Ibu
Infierno
Kabunyan
Kagbuoan
Kiyabusan
Mangindusa

Polynesia/Melanesia
Abokas
Adiri
Ambrim
Avaiki
Black Rock
Ndengei
Nga
Po
Pulotu

Pueblo
Shepi

Roman
Avernus

DEATH GODS AND DEMONS

Africa
Aigamuxa
Aki
Aku Ashe Ki
Akwa
Ala
Ama
A Mik Ka Ta Bo
Asaase Aberewa
Asmodeus
Congo Savanne
Gaume
Gauna
Iboll
Icu
Iku
Libanza
Nya
Ogiwu
Olodumare
Olurun
Oni
Sama
Sama Bolowa

Australian/Aboriginal
Alinda
Bralgu

Aztec
Acolnahuacatl
Chalmecacihuatl
Chalmecatl
Coatlcue
Ixpuztec
Llorona
Mictecacihuatl
Mictlantecuhtli
Nesoxochi
Nextepehua
Tlalchitonatiuh
Tzitzimine
Tzontemoc
Yeahuiztli

Babylonia/Akkadia/Canaan/Sumer/ Mesopotamia
Allatu
Allu
Ammon
Anu
Baal
Baalith
Belet Seri
Beliel
Belit-Ili
Dagan
Ekur
Ennunki
Ereshkigal
Etemmu
Galla
Gallu
Ganzir
Gidim
Irkalla
Kur
Labartu
Lamastu
Maskim
Mot
Namtar
Nergal
Neti
Ningiszida
Opening of the Mouth
Shapsh
Uggae
Uttuku

Bali
Bata Kala
Bhut
Chitragupta

Nirrti
Raksasas
Sabala
Syama
Yama

Baltic
Kapu Mate
Veles
Velu-Mate
Vielona

Bella Coola
Qomoqua
Saima
Sxaiawax

Buddhism
Emma-O
Mara
Yama

Celtic/Irish/Welsh
Arawn
Balor
Banshee
Bean Sidhe
Bran
Cernunnous
Cwn Annwn
Donn
Gwynn
Gwynn Ap Nudd
Morgan le Fay
Set-Hra

China
Chuan lun
Ch'u Chiang
Ten Kings of Hell
Wu Ch'ang
Yen-Lo-Wang

Christianity/Europe
Abbaton
Agares
Agreas

Alastor
Antichrist
Apollion
Apollyon
Ariel
Baal
Baalberith
Baalzebub
Bael
Balam
Basilisk
Beal
Beelzeboul
Belial
Beliar
Belphegor
Belzaboul
Belzebud
Berith
Devil
Duma(h)
Elberith
Fetches
Fye
Hutriel
Kushiel
Lahatiel
Leviathan
Lucifer
Mastema
Mephistopheles
Paimon
Puruel
Pusiel
Rogziel
Sam(m) Ael
Satan
Shaftiel
Sin Eater
Sowril
Suriel
Swarths
Tartaruchus
Uriel
Vampire
Wraiths

Egypt
Aai
Aakheru
Aapep
Aati
Aat-Shefsheft
Aau
Ab
Ab-esh-imy-duat
Abeth
Ab-she
Ab-ta
Af
Afu
Aken
Akentaukhakheru
Akenti
Aker
Akha-en-maat
Akhanarit
Akhekhi
Akriu
Ama
Am-aua
Ament
Ammut
Am-Netu-F
Amset
An-Af
Andjety
Anhefta
An-her
An-hetep-f
Anhur
Ankhemfentu
Anpu
Anubis
Anup
Anupu
Apep
Apepi
Apophis
Apu
Aqebi
Arfi-em-Khet
Ari-em-ab-f
Arit

Asar
Ashebu
Assessors
Astes
Atmu
Babi
Bata
Benen
Dhouti
Em Pet
Enuerkhata
Ermen-Ta
Impu
Impw
Isis
Ka
Kefi
Khent
Khenti-Heh-F
Khert Neter
Kherty
Maa-Ab
Metes
Nebthet
Nemi
Nephthys
Neter-khertet
Osiris
Pai
Paut
Reri
Saa-Set
Sacharis
Sebi
Seger
Sehet
Sekehem
Seker
Sekhabesnefunen
Set
Seta-Ta
Set-Em-Maat-F
Set-Hra
Sethu
Shepi
Shetau
Tchetbi

Techa
Teka-Hra
Tekmi
Tem
Tepi
Tep-Tu-F
Thoth
Wip
Yinepu
Zhouti

Etruscan
Aita
Artume
Charun
Eita
Mania
Mantus
Phersipnei
Tuchulcha
Vanth

Finland
Jabeakka
Jabmeaimo
Jami-Ajmo-Ollmaj
Kalma
Nakineiu
Rot
Tuonetar
Tuoni
Yabme-Akka

France
Anaon
Ankou

Germany
Aufhocker
Wyrd

Greece
Aeacus
Aiakos
Alastor
Cerberus
Charon

Empusae
Eumenides
Eurynomos
Gorgons
Hades
Hecate
Hermes
Hypnos
Keres
Lamia
Moirae
Mormo
Orpheus
Persephone
Rhadamanthus
Styx
Thanatos
Typhon

Greenland
Arnquagssaq

Hawaii
Kanaloa

Hebrew/Ancient Israel/Jewish
Abaddon
Abadon
Abbadon
Adriel
Af
Angel of Death
Angel of Hell
Angel of the Abyss
Angel of the Bottomless Pit
Angels of Destruction
Asmodeus
Azael
Azazel
Azrael
Belial
Beliar
Beliel
Duma(h)
Dybbuk
Gabriel
Hazazel

Hemah
Kafziel
Kezef
Lilith
Mansemat
Mastema
Mavet
Metatron
Raphael
Sam(m) Ael
Uriel
Yesdo

Himalayas
Arot Moon
Maknyam-Moong

Hinduism
Atala

Iberia
Ataecina

Inca
Illapa
Katoylla

Inuit
Aigamuxa
Aipaloovik
Anautalik
Anguta
Kallofalling
Nerrivik
Pinga
Sana
Sedna

Iran. *See* Persia

Islam
Al Aaraaf
Al Jassaca
Asrafil
Djinn

Iblis
Munkar

Japan
Emma Daiou
Emma-O
Kakurezator
Pokna-Moshiri
Yemma Dai

Jewish. *See* Hebrew

Kwakiutl
Bakbakwakanooksiwae
Hokhoku

Latvian
Veles
Velu-Mate

Lithuania
Giltine

Maya
Ahalmez
Ahaltocob
Ah Puch
Chup Tripeme
Cizin
Cum Hau
Ek Chuah
Eopuco
God A
God E
Hun Came
Ixcuina
Kukulcan
Mictanteot
Quetzalcoatl
Tlacolteotl
Tlaelquani
Tlazolteotl
Tzontemoc
Uhcumo
Vucub Caquix
Yum Cimil

Morocco
Umm-S-Subyan

Narragansett
Shepi

Navaho
Mictanteot

Norse/Teutonic
Draugr
Fenrir
Garm
Gotterdammerung
Hel
Norns
Odin
Rangda
Valkyries
Voden
Wotan
Wuotan

Persian/Zoroastrian
Ahriman
Angromainyus
Asmodeus
Asto Vidatu
Azhi Dahaka
Daena
Drauga
Frashart
Yima

Philippines
Alan
Aswang
Balbal
Berberoca
Binobaan
Buso
Calag
Danag
Ebwa
Ibu
Inlabbuut
Kumao

Kurita
Manduyapit
Mebuyan
Segben
Sir'ing
Sisiburanen
Tarabusao
Wirwir

Phoenicia
Adiri

Polynesia
Aiaru
Akaanga
Akaranga
Hine-Nui-Po
Kanaloa
Mahiuki
Miru
Ndengei
Rati-Mai-Mbulu
Ta'aroa
Tu-ta-horoa

Rome
Cerberus
Charun
Dis
Eita
Larvae
Lemures
Libitina
Manes
Mora
Naenia
Orcus
Parcae
Pluto
Proserpina
Sibyl
Tuchulcha

Russia
Alkonost
Baba Yaga

Saami
Yabme-Akka

Scotland
Bodach Glas

Siberia
Erlik Khan
Kur
Shulman

Slavic
Alkonost
Baba Yaga
Bozaloshtsh
Faraony
Giltine
Kuga
Mara
Mora
Nastasija
Naves-Mate
Navki
Nya
Rodjenice
Rojenice
Rozdenici
Rusalka
Smert
Smrtnice
Vielona
Zhiva

South America
Azeman
Bope
Hoebo

Syrian
Reshef

Tibet
Bardo
Dharma-Raja
Lha-Mo

Voodoo
Agaman nibo
Azagon La Croix
Azeto
Baron La Croix
Baron Samedi
Bokor
Gede
Gede L'Oraille
Gede Mazaka
Gede Miveou
Gede Nansou
Gede Nibo
Gede Nimbo
Gede Zeclai
Ghede
Madam Brigette
Manze Britgit
Zombie

Yurak
Nga

Miscellaneous
Apocalypse
Apocalypticism
Apocatastasis
Bardo Thodol
Birds
Black Horse
Book of Going Forth by Day
Book of the Dead
Demon
Descent to the Underworld
Ditheism
Dog
Drythelm
Dualism
Eleusinian Mysteries
Eschatology
Feather of Truth
Ghosts
Ghoul
Hallowe'en

Intercession
Opening of the Mouth
Psychopomp

Pyramid Texts
Ragnarok
Revenant

PREFACE

This encyclopedia, derived from world mythologies, is a biography of the gods and goddesses, devils and demons, who inhabit the realms of the Underworld, and a geography of those domains. While scholars continue to argue over the distinguishing features of myth as opposed to legend and folklore, these distinctions are not considered here. Myth is here defined as a story that explains how the ordered world came into being, the origins of that order, and how threats to that order were and continue to be overcome. The common element uniting them is that they are traditional, and anonymous. In instances where there are several variants of the same myth, different versions have been included if pertinent to the overriding theme. In each case I have endeavored to remain loyal to the source material.

Selection criteria: To be included, entries had to have had a recognizable connection with the Afterworld realm of existence, popularly called Hell, based on Christian ideas about punishment of evildoers following death. Also included are entries explaining general concepts associated with death, for example, Apocalypse and Eschatology. References to Heaven and Paradises are mentioned only to contrast the alternative Afterworlds.

Although mortals often die in war or are killed because of insults to some vengeful deity, the gods who bring death such as Ares, the Greek god of war, or gods who kill mortals but whose primary identity is not death, are not included, except in passing. Likewise, although several myths dealing with the origins of death are cited in the introduction, these stories, which could entail a book on their own, are also not included.

Organization: Entries are arranged alphabetically. Each entry is followed by alternative spellings and the identity of the culture in which the story is found and the entry itself. The source for each entry is listed at its end. For many entries, however, the story line has been completely forgotten and all that remains is the name of a death god or the name of the realm of an Underworld. Cross-references within each myth to related entries, and explanatory terms or concepts, are indicated in **bold**.

The Guide to Related Topics at the beginning of the book collects the names for the various realms of the dead and the names of the rulers of those realms and their minions. Entries in the Guide to Related Topics are arranged alphabetically in terms of their cultures. The source material used in compiling this book occurs at the end.

Acknowledgments

A special word of thanks is given to the librarians in the interlibrary loan department at Wayne State University for tracking down and obtaining many of the sources cited in this book.

INTRODUCTION

Ours is the only species preoccupied with death. All forms of life are born with a biological imperative for survival. But we humans are the only species with the mental capacity to be aware that our deaths are nevertheless inevitable despite all our efforts to delay our demise. Awareness of our mortality results in anxiety. The fear of death is natural to man, said the eighteenth-century writer Samuel Johnson, so much so that "the whole of life is but keeping away thoughts of it." Existentialists say that the only way to deal with this universal anxiety is to live in the here and now. But most people are unable to put death out of their minds for long. To keep the thought of death from psychologically paralyzing us, the archeological records show that from our earliest beginnings as a species, we have dealt with our death anxiety by adding a spiritual dimension to our biological survival imperative.

We humans are hardly unique in mourning the death of our loved ones. World-renowned primatologist Jane Goodall has spent a lifetime watching chimpanzees in their natural habitats, so much so that they take her being with them for granted. On one occasion she watched a grief-stricken mother chimpanzee wandering back and forth in the jungle holding her dead infant in her arms. Seeing Goodall, the chimpanzee brought her dead infant to show it to her and then carried it into a clearing and laid it gently on the ground. The bereaved mother returned to Goodall for comfort.

As devastated as she was, the chimpanzee did not bury or attempt to conceal her dead infant. But from our very beginning as a species, about 50,000 years ago, we have buried our dead, and we are unique in being the only species that does so. Our doing so and, more importantly, the way we do it, reflects our way of dealing with death anxiety.

Burying a dead body is a way of getting rid of its putrefying odor. The smell is indescribably nauseating. It also attracts scavengers and predators. Pragmatically, our ancestors buried their dead for safety's sake. Even so, there was something beyond the pragmatic when our cousins the Neanderthals began burying their dead about 60,000 to 70,000 years ago. Instead of just covering the dead with earth, the Neanderthals initially placed their dead in the ground with their legs together and flexed, as if they were "sleeping." Thousands of years later, they changed the way they placed them in the ground and now laid the dead on their sides or backs, legs flexed, hands over their faces, as if they were fetuses waiting to be born. And instead of just covering them up, they buried them in pits or mounds, along with food, drink, clothes, tools, and weapons.

For Professor Yuri Smirnov, an archaeologist with the Department of the Stone Age in Moscow who has studied hundreds of these prehistoric burial sites, as well as other prominent prehistorians such as Mircea Eliade and Joseph Campbell, these burial rituals show that even at the beginnings of human existence, the biological imperative for survival was invested with new meaning; death was not an end but a transition from one life to another. Burying objects that were used by an individual when alive is indisputable evidence of a belief in an Afterlife where these grave goods would be needed by the deceased. When our own ancestors, the Cro-Magnons, appeared about 50,000 years ago, they buried their dead in the same way as the Neanderthals, indicating a similar belief in an Afterlife. Whether our ancestors copied the Neanderthals or developed the same burial practices on their own is an open question. Either way, burials became even more symbolically ritualized. In addition to food, water, and tools, many bodies were interred with necklaces around their necks, implying status or wealth.

Burials were also confined to certain areas, creating cemeteries or cities of the dead. In Christian folklore, those buried outside the Church cemetery would not be resurrected. Oftentimes those guilty of violating a culture's or religion's norms, such as those committing suicide and criminals, were buried at crossroads to remove their spirits from the community and honored dead. In keeping with this custom, crossroads have a long-standing association with death and evil spirits.

As long as there was flesh on the body, in many cultures, it was not considered completely dead. Second burials long after the first are not uncommon. In Neolithic times, after bodies had decomposed, their skeletons were dug up, covered with powdered red dye made from ochre (symbolic of the life force of blood), and reburied. Some, like the "Red Lady of Paviland," buried in a cave in England, had so much ochre on their skeletons and the objects buried with them that they were deeply stained. Millennia later, burials became very ritualized with a twofold purpose. One was to ensure that the deceased would be able to enter the Afterworld. In Greek mythology, the shades of those who had not been given a proper ritualized burial were forced to spend the next hundred years on the shores of the Styx before the boatman would ferry them across to Hades. An ancient part of the proper burial ritual involved placing a coin into the mouths of the dead supposedly for them to pay the boatman. Alternatively, the coin was placed there to prevent evil spirits from invading the corpse through the mouth. Many other cultures place objects in the mouths of the dead for that reason. The Chinese insert pieces of jade; other cultures fill the mouth and other orifices with dirt.

A second reason for ritualized burials was to ensure that the soul of the deceased would not return to haunt the living. Corpses were buried as soon as possible not only to keep them from being ravaged by animals or to suppress their rotting odor, but also to keep them from coming back to life, which seemed to be possible from the changes in position the corpse underwent as its degeneration progressed. In some cultures, bodies were interred on the day of death or the following day. In Jewish tradition it must occur within three days of death. In the Christian Bible, corpse pollution attracts demons. In eastern European cultures, a bloating corpse was regarded as an inchoate vampire. Food, water, and various objects were buried with the corpse not only to provide it what it would need in the Afterworld but also to keep it from returning to the world of the living to satisfy its needs. In medieval times corpses were buried with poppy seeds as a symbolic soporific.

Historians sometimes describe mankind's earliest cultures as archaic or primitive. These cultures were nomadic food-gathering and hunting cultures as opposed to cultures described as civilized because they obtained most of their food from agriculture, which allowed them to live in permanent settlements. Although no culture has remained totally isolated, cultures such as the Australian aborigines who were isolated from European contact until the eighteenth century or the thirteenth-century Mongols who were largely unaffected by monotheistic cultures are regarded as archaic because they remained food-gatherers and hunters until forced to abandon that lifestyle and, as such, were thought to have preserved prehistoric religious beliefs in their myths, including those relating to the Afterworld. The Mongols believed that the Afterworld was much like the present and were buried with their horses, bridle, saddle, and weapons so that they would have food from their mare's milk and weapons to carry on the fierce fighting that continued on in the Afterlife. A dead man's male and female slaves and his concubines were also buried with him so that they could serve him after death. Myths from hunting-gathering cultures differ from the myths of agricultural cultures in that they regard death as something caused by sorcery, even when it happens in battle, and the dead are not punished in the Afterworld.

Myth

The everyday meaning of myth is a story with no truth, but in antiquity, these stories were thought to contain hidden truths told in narrative form. Myths did not have to be literally true to be figuratively true. They were a way to personify abstract ideas and transmit a culture's or a religion's views of what it valued or regarded as unacceptable in a way that was entertaining and memorable. Superficially, these stories are about gods and spirits and their relationships with one another and with mankind.

On a deeper level, they are about how the world was created, about how it will end, and how mankind should behave toward its creators and toward one another. The equivalent of the answers to every child's persistent question of "why?" these stories were a way of expressing a culture's or religion's truths in a way that makes them meaningful and entertaining enough to be remembered and passed on to following generations.

Myths are in essence a prehistorical archive of mankind's thoughts including how and why our world and its inhabitants were created, why people die, and what happens to them afterward. The reason there are thematic similarities in myths from around the world is that they stem from common human experiences. Myths are the way religions preserve and transmit their respective truths. Myths also reflect the life experiences of the cultures in which they arise. Sometimes, on the basis of their motifs, it is possible to place myths in a chronological order. In hunter-gatherer cultures, where people have little control over the food they need to live, plants and animals are regarded as gifts from supernatural powers. Since hunter-gatherers have no control over the beginnings of life, their myths do not dwell on creator gods. When people adopted an agricultural lifestyle, they became creators and they became the agents for the beginning of life and equally for its end. In growing new plants, for example, farmers often had to cut or "kill" off older plants. Creation and death became intertwined and farmers realized their power over both and the responsibility that went with it, and this resulted in a broadening of myths that included the role of death.

On its surface, a myth may seem absurd, but below that surface is a belief that would be lifeless, uninspiring, lackluster. The medium may not be the message, but without the medium there is no message, and the better the medium, the more likely the message is to make an impression. It does not really matter that the individuals in the story never existed because the story is not about them. It is about us. Christianity's essential myth is not about a creator God; all religions believe in the existence of a creator god or "the" creator god. Christianity's essential "truth" is the story of Jesus's resurrection. Without that story there is nothing unique about Christianity.

Origins of Death

Everyone at one time or another has wondered what happens to one's self after death. One of the things religions do for us is to assure us that death is a transition from one realm of existence to another. While the stories religions use to convey that assurance seem to be very different (implying that the religions are also very different in their core beliefs) these stories share a lot of similarities, implying that they either derived from one another or that there is what the Swiss psychiatrist Carl Jung called an "archetype," an innate way of thinking that is expressed in different ways as a result of experience, but which is fundamentally the same.

Myths from around the world explaining the origins of death generally start with the idea that death was not present when the world first came into being. Just as the sun, the moon, the earth, animals, plants, and humans had no existence until they were created, so too did death have no existence until it was created. Without death, immortality made humans almost like the gods. Myths were created in part to explain how humans lost this divine attribute. The explanations for why or how this happened generally come down to variations on a few themes or motifs: a problem of overpopulation, a mistake, either in delivering a message or an error in understanding it; a punishment (a "fall from grace") for disobeying a divine command or for not showing the proper gratitude or respect, or acting without thinking—hubris—or a decision, or agreement between the gods or between the first humans themselves. In some myths, two or more of these reasons are found.

In a Native American Cado story, called "Coyote and the Origin of Death," death was originally only a temporary condition. When someone died, a whirlwind returned the spirit of the dead person to a large grass house so that he or she could live again. As a result, people began to overpopulate the earth. Coyote does not agree that life should be eternal and when he sees how filled the earth has become, he shuts the door to the grass hut, and death becomes eternal.

The earliest origin story for death comes from the ancient Mesopotamia, the "land between two rivers," the Tigris and Euphrates, sometimes called the "cradle of civilization" because this is where the world's earliest cities emerged and where writing was invented around 3400 B.C.E. In this story —more than a thousand years older than the stories of the Bible—Ea, the god of wisdom, created Adapa, to rule over humans. In return, Adapa made daily sacrifices of bread and fish to Ea. One day as Adapa was fishing, the South Wind overturned his boat, plunging him into the sea. Angered, Adapa cursed the South Wind and caused her wing to break. When the sky god, Anu, saw that the South Wind had not blown for seven days, he asked what had happened to her. Told that Adapa had broken her wing, he became concerned at the power of this mortal and summoned Adapa to explain his actions. Ea had the power of foresight and knew what would happen when Adapa appeared before Anu, so he told Adapa to dress in mourning rags and to tell Anu's two gatekeepers, Tammuz and Gizzida, that he was in mourning because of their absence on Earth. This would please them and they would then speak favorably to Anu about him. Then he advised Adapa to apologize to Anu and the other gods and told him not to eat or drink anything they offered him because it would be the food and drink of death. When Adapa finally stood before Anu and was asked why he broke the South Wind's wing, Adapa said that he was fishing for food to sacrifice to Ea when the South Wind capsized his boat throwing him into the water, so he had cursed her in a fit of rage. Hearing his explanation, Anu and the other gods discussed whether they should kill Adapa or make him a god. Before Anu could respond, Tammuz and Gazzida intervened on his behalf, saying that Ea had already given him wisdom, so that all he needed to become a god was eternal life. The gods decided to make him one of them and offered him their food and drink, which had he eaten and drunk, would have made him immortal. But Adapa remembered what Ea had told him and politely refused, telling Anu that Ea had told him he was not to eat or drink anything the gods offered him. Laughing at Ea's cleverness at cheating Adapa out of immortality, Anu sent Adapa back to Earth where he was condemned to continue sacrificing to Ea and eventually to die.

Disobedience is the centerpiece of the Judeo-Christian tradition about why people die. When Adam and Eve disobey God's command not to eat fruit from the Tree of Knowledge, their mortal destiny and that of their descendants is sealed. A Blackfoot story, "Woman Chooses Death," says that after Old Man created the first woman and child, the woman asked him if they would live forever. Old Man does not answer directly, but instead tells the woman to throw a buffalo chip into the water; if the chip floats, people will die but will come to life four days later. Thinking the chip will dissolve too quickly, the woman disobeys and throws a stone into the water instead. The stone naturally sinks and Old Man tells the woman that because she disobeyed and made her own decision about what to throw into the way, people would not come back to life after they died.

The Greek story about Pandora, like the story of Adam and Eve, also traces the origins of death to disobedience, and like the Biblical stories, puts the blame on a woman for bringing death into the world. Pandora was created by Haephaestus, the god of fire, on Zeus's orders. When men were first created, they lived alone without any women. When Prometheus stole fire from the gods and gave it to men, Zeus was infuriated and punished Prometheus by tying him to a rock where an eagle feasted on his liver every day, the liver regenerating after each meal. Although mankind had not conspired with Prometheus, Zeus punished them as well by molding a new mortal, a woman, who was beautiful and beguiling on the outside and deceitful and evil on the inside, and he sent her to Epimetheus, the brother of Prometheus. Even though Prometheus had previously warned his brother not to accept any gifts from Zeus, Epimetheus took Pandora into his house and married her. Until that time, men had lived until a very old age, without pain or work, sorrow or illness, which were all locked up in a box that Zeus gave to Pandora when he sent her to Epimetheus. Pandora could not restrain her curiosity and opened the box. When she did, Death escaped and entered the world.

The African Luba also attribute death to disobedience. After he created the world, God placed a goat and a dog at the crossroads where Eternal Life and Death would pass. The animals were told to allow Life to go on but to keep Death from going any farther. But the two sentries quarreled and disobeying God's order, the goat wandered off. Left to himself, the dog fell asleep. Since there was no one to stop him, Death silently passed by and entered the world.

A myth from Zaire also attributes death to disobedience. In this story, humans were originally immortal, but Death was always provoking them to fight him, a contest he never lost. One day after fighting, Death began to worry that God would punish him and persuaded an old woman to let him hide under her skirt and from there Death entered her body. God eventually found the old woman and decided that since the woman was old, the easiest way to get at Death was to tear Death out of her. But Death managed to escape and before God could catch him, he was able to persuade a young girl to hide him under her skirt. Annoyed at the way humans kept undermining all his efforts to keep them immortal, God abandoned them to Death.

In a myth from Uganda God allowed the first man on Earth to marry a girl who lived in Heaven, who happened to be the sister of Death. After marrying them, God gave the newlyweds a hen and sent them to live on Earth, cautioning them never to come back to Heaven. Soon after coming to Earth, the girl realized she had not taken any food for the hen and despite God's warning returned to Heaven. When she went back to Earth, her brother Death followed her.

Death was also the price of falling in love. The Nuer in southern Sudan describe how a young girl who climbed down a rope from Heaven with her friends to find food met and fell in love with a young man. When she told her friends she wanted to stay with him, they climbed back up the rope and spitefully cut it, dooming her to mortality.

The theme of the wayward message is an especially common explanation for the origin of death in African myths. A Massai myth attributes the origins of death to an error reciting a magic formula for resurrecting a venerated ancestor. Instead of saying "man" the incanter mistakenly said "moon." From then on, only the moon went on to renew itself.

A Tonga African myth has two animals, a chameleon and a lizard, each carrying a different message from God. The chameleon's message says they can return to life after dying if that is what they want; the lizard's message is that when they die, they will remain dead. The two start out together, but the chameleon stops along the way for a rest and the lizard, carrying the message that death is permanent, arrives first. When the chameleon finally delivers his message the humans tell him that they did not know there was another message and accepted the one the lizard had given them.

A Nigerian myth featuring a wayward message that results in death starts with an overpopulation crisis because no one was dying because as soon as they became old they were rejuvenated. Dog, man's best friend, contends that humans should continue to live forever and that the solution was for God to make Earth bigger. Toad had a different opinion, contending that God should let people die. Unable to agree, the two animals set off for Heaven to let God decide. Dog at first quickly outdistances Toad and thinking that Toad can never catch up, searches for food, eats too much, and falls asleep. While he is sleeping, Toad tells God about the problem on Earth and what he, Toad, thinks God should do about it. Since Toad is by himself, God assumes he is speaking on behalf of all the other creatures on Earth and makes death permanent

The Persistent Questions

A belief that the body contained an immaterial life force that lives on after death, popularly known as the soul in English-speaking countries, is almost universal. Burying the dead with tools and food reflects a conviction that some aspects of the deceased lived on in an Afterlife, but the nature of that aspect varies considerably across time and cultures. Although immaterial, it is a distinct entity that animates life and after death preserves the personality and takes the shadowy form of the deceased.

The reason the soul and the body are regarded as distinct is that they were created differently. In the Book of Genesis (2:7) God creates Adam's body out of clay, but Adam does not become alive until God breathes "nephesh," the breath of life, into his nose. In other myths, the body and the soul are created by different gods. In most myths, the body returns to its origins ("dust to dust"), whereas the soul, now freed from the body, can return to God or receive the punishments that the body ought to have received but escaped for sins committed during life.

Most cultures maintained that the body contained two or more souls, each with its own function. The "higher" soul, typically the one connected with the heart or breath, contains an individual's moral and intellectual nature. This is the soul that goes to the Afterworld and interacts with those who have died before. The ancient Egyptians called it the ba; the ancient Greeks called it the pneuma; the Romans called it the animus. Jewish and Muslim lore refer to it as the ru'ach and ruh, respectively. The "lower" soul, which contains an individual's passions and physical nature, remains with the body although sometimes it leaves the grave to wander among the living especially during dreams, which are widely regarded as a condition bordering on death. This soul was called the ka in ancient Egyptian religion and the psyche and Manes among the ancient Greeks and Romans, respectively. In Jewish and Muslim lore it is called the Nephesh and Nafs, respectively. Australian aborigine mythology also has two souls, one an eternal soul which preexisted and which will continue to exist eternally through reincarnation, and another soul, a kind of trickster, that appears in dreams and may take up residence after the owner's death in another person and play tricks on that person and his or her relatives.

The lower soul is believed to remain restless until the flesh has completely disintegrated. Although ghostly in appearance, it typically has the exact likeness as the physical body although it may also appear as a bird, bee, butterfly, or an animal. In medieval Europe, mirrors were covered or turned toward the wall so that they could not reflect the image of the lower soul and spread its effects to the household. Mirrors are still covered in Jewish homes of the deceased for the same reason.

Siberian Buryat mythology has three souls. One of these souls goes to the Afterworld, one remains on Earth as a mischievous spirit, and the third is reborn in another person. In Volga Tartar myths, some people have a vampiric ubyr soul that escapes from the deceased's mouth and sucks blood at night from people while they are asleep. To destroy it the deceased's grave was opened and a stake was driven through its chest.

In mankind's earliest myths, people did not regard themselves as very different from the universe around them or from one another. After death all souls (or the higher soul if there were more than one) went to the same place, and there was no distinction between them on the basis of prior status or behavior. In early myths, the Afterworld is basically a continuation of life on Earth. The dead are anonymous and aimless. When people gave up hunting and gathering for the settled way of live called civilization, they became organized into social hierarchies and with that organization came a new self-reflection about the Afterworld and a feeling of uncertainty of what it was like and whether what one did while alive affected one's fate in that Afterlife.

Polytheistic religions typically have only one realm for the dead but may have different regions within that realm, which are paradise-like and to which those of higher status during their lives are sent. Monotheistic religions have two distinct places to which the soul journeys after death. Familiarly known as Heaven and Hell, assignment to one or the other is not based on status but on moral rectitude. Heaven is a Paradise where souls that have lived exemplary lives, followed the rules of their religion, and have professed a belief in their God are rewarded. Hell is where those who have not lived exemplary lives—those who have caused suffering and hardship to others, have broken the rules of their religion, and have denied or refused to obey God's will—are sent.

Were these realms ruled by a god? Do dead souls retain their personalities or remember their past lives? Do the dead ever return to the world of the living? Various cultures came up with their own answers to these questions that they expressed through their myths. The details often differ, but the themes tend to be very similar. Polytheistic cultures often contain detailed information of what these Afterworlds are like, when compared with the sacred texts of the monotheistic religions. Almost all of what passes for descriptions of the Afterlife in monotheistic religions come from commentaries or texts that are not part of the Jewish, Christian, or Islamic Bibles, although they are often attributed to personages mentioned in those books.

The Journey

Oftentimes descriptions of the Afterlife come from accounts of journeys the soul is thought to have taken during dreams or from visits by shamans who journey there to learn the secrets of the Afterlife so that they can guide people on how to get there and what to expect when they die. Sometimes the souls of those in the Afterlife come back from the dead and visit the living during sleep, a state regarded as bordering on death. One of the best known of these instances occurs in Homer's *Iliad* when Patroclus appears to Achilles in a dream and asks him to bury his body immediately so that he can enter Hades. This is because without burial, spirits of the dead cannot cross the river to Hades and instead have to pace back and forth for a hundred years. In other instances the spirits of the dead remain at their graves and are seen and spoken to by those in the graveyard or those passing by. Other instances occur in descriptions of the journeys to the realm of the dead on the part of superhuman beings or living heroes such as Aeneas in Roman mythology.

In many cultures beliefs about the soul and its existence after death are often confusing and contradictory. While many cultures have myths in which the soul typically journeys to another realm where it joins other souls, many myths also describe instances in which the soul remains with the body and returns to trouble the living if not ritually buried. The most discontented ghosts—those that died violently—often return to avenge themselves, or if they died young they return because they have not been given a chance to enjoy themselves. Such ghosts sometimes emerge from their graves at night and cause havoc among the living and can be made to return to their graves only if exorcised by elaborate rites. R.I.P., the initials frequently chiseled into gravestones, stands for the Latin, "Requiescat in Pace," which translated means "Rest in Peace." The engraving was initially meant not as a wish for the dead to sleep peacefully until a possible resurrection, but as a hope that their ghosts will not leave the grave and haunt the living. In Australia, the belief that the spirit of the deceased still animated the corpse sometimes led to the disinterment of murder victims and examination of their internal organs for clues to their murderers. Only after the deceased's murder had been avenged could the spirit leave the body and travel to the realm of the dead. One of the reasons for the Jewish custom of burying the dead as soon as possible, especially before sundown, derives from an atavistic anxiety that if not done quickly, the departed's ghost will be encouraged to remain among the living.

Even if properly buried, ghosts might emerge from their graves if they were not fed. Oftentimes a hole was kept open in the grave at the level of the head so that the corpse could breathe, and the dead body was fed liquids through a tube into the ground. Alternatively, food was cooked near the grave so that the dead could be nourished by the smell of food offerings rather than food itself. The Chinese took this one step further. Initially they wrote what they believed the dead needed on pieces of paper and then burned them so that the dead could symbolically eat and drink by inhaling the smoke of the burning paper. This was later replaced by hell money that was buried with the dead to be used by them for bribes in Hell and to buy things in Hell.

Alongside the belief that the soul or ghost of the dead remained in the grave was a related belief that part of the soul also journeyed to a distinct realm in the Afterworld, and many myths describe journeys to that realm by a god or, more often, by a hero or shaman who returns to the world of the living. Gods rarely visit the Underworld in mythology (a noteworthy exception occurs in Mesopotamian mythology with Inanna/Ishtar's descent) unless they are psychopomps—guides who lead the dead to their destinations—or are part of a cycle of myths called "replacement" myths. These latter myths about a deity symbolically dying, going to the Underworld for a part of the year, and then returning, are metaphors for the recurring cycle of life and death and rarely describe the journey itself.

One of the earliest myths describing a journey to the Afterworld comes from a four-thousand-year-old Mesopotamian story about a king named Gilgamesh. (Mesopotamia is a region between the Tigris and Euphrates corresponding to present-day Iraq, where several ancient cultures such as Sumer, Akkad, Assyria, and Babylonia flourished three to five thousand years ago.) Gilgamesh has gone through life without thinking about death because his mother was a goddess and he thought that made him immortal. But Gilgamesh's father is not divine, and this means that he will die. Gilgamesh did not think about it much until he saw what happened to his best friend Enkidu after Gilgamesh insulted the goddess Inanna. When Inanna told the other gods about the insult, they decreed that Gilgamesh or Enkidu had to die and decided on Enkidu. As he watched his friend's body decompose Gilgamesh became distraught that the same thing would someday happen to him. When he learned that there was a mortal named Utnapishtim who lived in the Underworld and knew the secret of how to avoid death, Gilgamesh went to find him. Gilgamesh's journey through the Underworld takes him through a realm with many of the characteristics of all myths about the Underworld, including darkness and caverns, confrontation by a fearsome monster, a river that has to be crossed, and a boatman who ferries him across. Gilgamesh finally meets Utnapishtim who gives him a plant that he says will keep him immortal. Gilgamesh then leaves but before he eats it, he decides to bathe and puts it on the ground where a snake gobbles it up. Gilgamesh then resigns himself to his fate and returns to his kingdom.

Gilgamesh's journey to the Afterworld was prompted by his fear of death. Gilgamesh is a king, but the story is about us and our fear of death and what existence is like after death. Since the land of the dead can never be known, myth is a way to imagine what it is like.

Another of the world's earliest myths describing the land of the dead also comes from Mesopotamia and reflects how the culture in which it was formulated viewed its Afterworld. In this myth, the Sumerian goddess Inanna visits Aralu, the Underworld, ruled by her evil sister Ereshkigal. (Sumer, located near present-day Iraq, is one of the world's earliest civilizations.) When Inanna comes to the first of Aralu's seven gates, the gatekeeper tells her that she must remove one of the seven symbols of her power before she can pass through each gate. When she finally stands before Ereshkigal she is completely naked, symbolizing that no matter how important one may have been in life, social status confers no special treatment in the Sumerian Afterworld.

There are many other reasons for embarking on the journey to the Underworld. Sometimes it is to rescue a loved one from the dead or to gain information otherwise unobtainable, or, in the case of the shaman, it may be to escort a deceased soul who would otherwise not find its way to the Afterworld so that it would not wander and disturb the living. Sometimes the purpose of the journey is to satisfy curiosity about the topography of the Afterworld, but more often, especially in Christianity, these journeys have a moral purpose in which descriptions of the punishments that occur are warnings to those who might not otherwise think of the consequences of disregarding the rules and rites of their respective cultures.

Last Judgment

While people are often punished for the misdeeds while alive, there are many who are not. If there were true justice in the world, the wicked might escape punishment in the world of the living, but justice would eventually be carried out in the world of the dead. Some religions, such as those from Mesopotamia, have myths that have only one realm of existence in the Afterworld to which everyone went and which was not particularly inviting. Most cultures, on the other hand, have more than one land of the dead and guidelines for getting into one or the other. In Viking, Aztec, and Polynesian mythology, assignment to one of those realms followed a kind of axiomatic rule regarding bravery in battle. Those who died bravely in battle were automatically sent to a heavenly realm, whereas everyone else went to an underworld realm. The Viking underworld realm was not a particularly pleasant one, but it was not physically painful, but physical punishment characterized the Aztec Underworld. In Polynesian mythology, warriors went to Heaven while cowards and ordinary people went to Avaiki, where they were cooked and eaten by the evil goddess Miru. While the earliest Greek myths assigned all the dead, regardless of their behavior while alive, to the same gloomy existence in Hades, after the Trojan War, warriors who died fighting bravely were allotted a special place of honor in Hades.

Myths in which such assignments were axiomatic are not really judgments. To qualify as a judgment myth, some kind of moral evaluation must take place after death, based on how well an individual conformed to some code of conduct. Souls that pass the test go to Heaven, those that fail go to Hell.

The basic idea of reward or punishment after death is one of the most widely held concepts throughout the world and the essential truth of all modern-day religions. This truth is that after death we go to Heaven or Hell.

The earliest example of a judgment in the Afterworld is ancient Egypt's weighing of the soul against the "Feather of Truth." The Egyptians were preoccupied with fear about annihilation after death and developed intricate rituals for helping the dead gain immortality in the Afterworld. To achieve that immortality, the soul had to pass through a series of caverns or portals on its way to a Hall of Judgment. To help it make the hazardous journey, hieroglyphics containing spells and advice on how to overcome the demons who inhabited the Underworld were written on the deceased's coffin. These "coffin" texts were continually expanded and were incised into the pyramid walls, and these "pyramid texts" were in turn expanded into a "book of the dead" that was buried inside the coffin or placed near it. If the soul managed to navigate its way through various chambers of the Underworld to the Hall of Judgment, its heart was weighed in a balance against the "feather of truth." Souls lighter than the feather merged with Osiris and lived with him in Paradise; heavier souls were immediately swallowed by the monster Ammut and died a second death. Later Egyptian myths relegated those with a negative balance, but who had not been entirely wicked, to one of several temporary places of punishment. After serving their punishment in these hellish realms, they were purified and went to a Paradise called the Field of Reeds.

In Zoroastrian mythology, everyone's deeds were recorded in a ledger as credits and debits. At death the soul of the departed hovered above the head of the dead body for three days and then, in the form of a bird, flew to the Heaven where it was met by a maiden called Daena, who led it to Rashnu (the Angel of Justice), who examined the record book of its deeds at the foot of the Cinvat, the accounting bridge. In Hellenistic times Rashnu was replaced by Mithra. If the balance were positive, Daena, accompanied by two guard dogs, escorted the soul across the bridge to the House of Song; if negative, the bridge narrowed to razor-thinness so that the soul fell and landed in the House of the Lie, ruled by Yima. If the soul's positive and negative deeds balanced one another, it entered a Limbo-like world called Hammistagan and remained there until the Apocalypse when bodies and souls were reunited, purged of all evil, and went on to live in everlasting contentment.

Although it remained viable only until the seventh century A.D., Zoroastrianism had a profound influence on the concepts of a final judgment and the Afterlife in the three monotheistic religions that originated in the Middle East. The concept of a judgment after death was not a part of early Biblical mythology or the mythologies of the other ancient Mesopotamian cultures. For the Israelites, when someone died, his or her "shade" passed from the world of the living to a gloomy realm called Sheol, where both the formerly virtuous and the wicked lived. After the Israelites encountered Zoroastrianism during the Babylonian exile, they adopted several of its concepts, including its ideas about a final judgment and resurrection. These latter ideas evolved into a wider belief that there would be a final Day of Judgment when God would punish the oppressors of the Jewish people, an idea that was refined into the concept of a Last Judgment that was adopted by Christianity and Islam. Christianity's idea of a Last Judgment is derived from a passage in Matthew (25:31–46) referring to the sheep and the goats:

> When the Son of Man comes in his glory, escorted by all the angels of heaven, he will sit upon his royal throne, and all the nations will be assembled before him. Then, he will separate them into two groups, as a shepherd separates sheep from goats. The sheep he will place on his right hand, the goats on his left. The king will say to those on his right: "Come. You have my Father's blessing! Inherit the kingdom prepared for you from the creation of the world." ... Then he will say to those on his left: "Out of my sight, you condemned, into that everlasting fire prepared for the devil and his angels!"

In Islam, two judges, Munkar and Nakir, interrogate souls after burial is over and the mourners have left. Those acknowledging that Allah is God and Mohammed is his prophet hear a voice from Heaven saying they have spoken the truth and are taken to Paradise. Those who do not give the correct answer are told by the same voice that they have lied. Immediately thereafter their graves close in on them, crushing their bodies, and they remain imprisoned in their graves until the end of the world with its final day of resurrection when they are judged once more.

it to Rashnu (the Angel of Justice), who examined the record book of its deeds at the foot of the Cinvat, the accounting bridge. In Hellenistic times Rashnu was replaced by Mithra. If the balance were positive, Daena, accompanied by two guard dogs, escorted the soul across the bridge to the House of Song; if negative, the bridge narrowed to razor-thinness so that the soul fell and landed in the House of the Lie, ruled by Yima. If the soul's positive and negative deeds balanced one another, it entered a Limbo-like world called Hammistagan and remained there until the Apocalypse when bodies and souls were reunited, purged of all evil, and went on to live in everlasting contentment.

Although it remained viable only until the seventh century A.D., Zoroastrianism had a profound influence on the concepts of a final judgment and the Afterlife in the three monotheistic religions that originated in the Middle East. The concept of a judgment after death was not a part of early Biblical mythology or the mythologies of the other ancient Mesopotamian cultures. For the Israelites, when someone died, his or her "shade" passed from the world of the living to a gloomy realm called Sheol, where both the formerly virtuous and the wicked lived. After the Israelites encountered Zoroastrianism during the Babylonian exile, they adopted several of its concepts, including its ideas about a final judgment and resurrection. These latter ideas evolved into a wider belief that there would be a final Day of Judgment when God would punish the oppressors of the Jewish people, an idea that was refined into the concept of a Last Judgment that was adopted by Christianity and Islam. Christianity's idea of a Last Judgment is derived from a passage in Matthew (25:31–46) referring to the sheep and the goats:

> When the Son of Man comes in his glory, escorted by all the angels of heaven, he will sit upon his royal throne, and all the nations will be assembled before him. Then, he will separate them into two groups, as a shepherd separates sheep from goats. The sheep he will place on his right hand, the goats on his left. The king will say to those on his right: "Come. You have my Father's blessing! Inherit the kingdom prepared for you from the creation of the world." . . . Then he will say to those on his left: "Out of my sight, you condemned, into that everlasting fire prepared for the devil and his angels!"

In Islam, two judges, Munkar and Nakir, interrogate souls after burial is over and the mourners have left. Those acknowledging that Allah is God and Mohammed is his prophet hear a voice from Heaven saying they have spoken the truth and are taken to Paradise. Those who do not give the correct answer are told by the same voice that they have lied. Immediately thereafter their graves close in on them, crushing their bodies, and they remain imprisoned in their graves until the end of the world with its final day of resurrection when they are judged once more.

followed a kind of axiomatic rule regarding bravery in battle. Those who died bravely in battle were automatically sent to a heavenly realm, whereas everyone else went to an underworld realm. The Viking underworld realm was not a particularly pleasant one, but it was not physically painful, but physical punishment characterized the Aztec Underworld. In Polynesian mythology, warriors went to Heaven while cowards and ordinary people went to Avaiki, where they were cooked and eaten by the evil goddess Miru. While the earliest Greek myths assigned all the dead, regardless of their behavior while alive, to the same gloomy existence in Hades, after the Trojan War, warriors who died fighting bravely were allotted a special place of honor in Hades.

Myths in which such assignments were axiomatic are not really judgments. To qualify as a judgment myth, some kind of moral evaluation must take place after death, based on how well an individual conformed to some code of conduct. Souls that pass the test go to Heaven, those that fail go to Hell.

The basic idea of reward or punishment after death is one of the most widely held concepts throughout the world and the essential truth of all modern-day religions. This truth is that after death we go to Heaven or Hell.

The earliest example of a judgment in the Afterworld is ancient Egypt's weighing of the soul against the "Feather of Truth." The Egyptians were preoccupied with fear about annihilation after death and developed intricate rituals for helping the dead gain immortality in the Afterworld. To achieve that immortality, the soul had to pass through a series of caverns or portals on its way to a Hall of Judgment. To help it make the hazardous journey, hieroglyphics containing spells and advice on how to overcome the demons who inhabited the Underworld were written on the deceased's coffin. These "coffin" texts were continually expanded and were incised into the pyramid walls, and these "pyramid texts" were in turn expanded into a "book of the dead" that was buried inside the coffin or placed near it. If the soul managed to navigate its way through various chambers of the Underworld to the Hall of Judgment, its heart was weighed in a balance against the "feather of truth." Souls lighter than the feather merged with Osiris and lived with him in Paradise; heavier souls were immediately swallowed by the monster Ammut and died a second death. Later Egyptian myths relegated those with a negative balance, but who had not been entirely wicked, to one of several temporary places of punishment. After serving their punishment in these hellish realms, they were purified and went to a Paradise called the Field of Reeds.

In Zoroastrian mythology, everyone's deeds were recorded in a ledger as credits and debits. At death the soul of the departed hovered above the head of the dead body for three days and then, in the form of a bird, flew to the Heaven where it was met by a maiden called Daena, who led

In most of the world's mythologies, with the exception of Christianity, the soul does not remain in Hell forever, a concept called apocatastasis in Roman Catholicism, which does not endorse it. Instead, the Catholic Church's Athanasian Creed holds that the pains of Hell are eternal and anyone questioning that destiny is committing heresy. In Catholicism, the point of torture in Hell is not to reform the soul but to punish it for its sins. Myths associated with other religions also do not regard the tortures of Hell as purging the soul of its evil. After being purged by torture, the soul is either allowed to enter Heaven or is reincarnated. In the Myth of Er in Plato's *The Republic* (Book X, 616E) righteous souls ascend to an Elysium for a thousand years of happiness, whereas the wicked descend to Tartarus for a thousand years of torture. When the time is ended, they are taken to the three Fates—Lachesis, Clotho, and Atropos. Lachesis tells them to choose how they want to be reincarnated. After they make their choice, they tell Clotho what they have chosen and she ratifies their decision. Next they go to Atropos who finalizes it. The souls then go on to the plain of Oblivion, drink from the river Lethe, which causes them to forget their previous existence, and they are reborn. Even repentant souls condemned to Tartarus for crimes committed in the heat of passion have an opportunity to escape. Once a year, a river flushes through Tartarus. If souls that manage to enter the river and are washed along with it see the souls of those they have harmed and ask and receive forgiveness, they can emerge from the river into the aimless gloom of Hades. If they are not forgiven, they must return to their torment in Tartarus.

Geographies of the Afterworld

In many of the world's mythologies, the world is divided into a three-layered cosmos in which each of the realms is connected to one another by a cosmic tree or mountain. While alive, humans live in the intermediate realm. In polytheistic societies, almost everyone went to an underworld realm after death. Only the gods and heroes lived in the realm above the earth, which we call "Heaven." Some religions offered alternative possibilities: people who lived exemplary lives could go to the former home of the gods, only now it was the home of the one god, whereas those who were wicked were destined to go to the underworld realm of punishment familiarly called Hell. In Aztec myths, for example, warriors and women who died in childbirth (which was regarded as a battle) went to the highest realm of Heaven where they accompanied the sun god on his daily journey, whereas those who died of illness or old age went to an Underworld where they endured many punishments.

Regardless of whether myths about the Afterworld come from polytheistic or monotheistic cultures, they have little to say about what happens in Heaven or what it looks like other than it is always light and always

William Blake Passing through the Door to the Afterworld. Illustration for Robert Blair's "The Grave," 1818. Reprinted. London: Routledge, 1905.

located above or on some distant part of the earth, but usually in the sky. Generally a Paradise, often conceived of as a garden, is a place where there is eternal peace, a place where all wants and desires are satisfied, and where souls live in the sight of God. Typically located on a high mountain, stars, or in the heavens, it is reached by a rope, a ladder, a bridge, a cloud, or a journey in the arms of an angel. In Christian folklore, St. Peter stands at the gate to Heaven and determines who is allowed to enter and who is denied. In Christian funerary art, access to this heavenly world is often depicted as passing through a door. Doors also symbolize the transition from life to death in other cultures. Ancient Roman tombs, for example, depicted the dead in front of a half-open door.

In contrast to myths about Heaven, myths about Hell always locate it beneath the earth and often go into minute detail about how to get there, what it looks like, and what goes on there. Even for the dead, there are often barriers blocking the entrance to the Underworld. Among the main entrances to the Underworld are pits, holes, fissures, caverns, and caves. Ravines often characterize the landscape leading to the Underworld. These ruptures in the terrain are obstacles that endanger the soul's journey and may be the homes of ghosts and demons who threaten to annihilate the newly dead before they can pass through. Caves are especially common as places where the newly dead reunite with friends and family. In some myths they are the locales of the Underworld.

Greek mythology has several entrances to Hades. Oracles for communicating with the dead were often built at these imaginary entrances, although the Nekyomanteion oracle at Ephyra near the port of Parga on Greece's west coast is the only such oracle to be discovered. This is where Odysseus and Orpheus made their descents into Hades, Odysseus to consult with the dead, Orpheus to rescue his wife Eurydice. The cave at Cumae in southern Italy is another entrance to the Underworld. The Cave of Cruachan in Ireland was regarded as a gateway to Hell in early Christian folklore. The Cumae cave was where an oracle to Apollo was located and is where Aeneas encounters the Sibyl who guides him into the Underworld. After passing out of Sibyl's cave, the dead came to a kind of Limbo where the poor who were not buried with the proper rituals were consigned for the next one hundred years, or until they were given proper burial. Those receiving proper burial, or those spending the allotted time in Limbo, then came to the river Lethe, the River of Oblivion. If they had the correct fee, which was placed in their mouths when they were buried, or if they had just come from Limbo, the ferryman would row them across the river.

Volcanoes are related passageways to the Underworld. Apart from the obvious connection of their fiery interior with Hell, a medieval legend relates that God created volcanoes as the entrance to Hell especially for Lucifer and the other fallen angels. Mountains are realms of the dead in some myths, but more commonly the Afterworld, especially if punishment of some sort is involved, is located beneath the earth's surface. In myths from seafaring cultures, the land of the dead is an island in the west where the sun sets and which is reached by boat. Rivers are common boundaries that separate the living and the dead. They are also barriers over which the newly dead must pass. Many can be crossed only with the help of a boatman who will not ferry the living except under unusual circumstances. Greek mythology's river, Styx, is perhaps the best-known barrier, although in most Greek myths the river barrier is the Acheron. Bridges often span the world of the living and the dead. Oftentimes the bridge leads to Heaven, but the wicked are made to fall from it into the abyss. After entering a pit or cave, a road may gradually lead downward, or there may be a precipitous drop. Vertical drops from bridges are one of the many ways the wicked enter Hell. Another common feature in the geography of the Afterworld is a fork in the road. Those who choose one path eventually arrive in Heaven; those who have the misfortune to choose the other, wind up in Hell. Symbolically, ruptures in the landscape, whether it is water separating land masses, or ravines or holes in the earth, are symbolic of the rupture that death causes in the world of the living.

Once the barrier was crossed, the soul often encountered giant serpents or fierce animals such as the three-headed dog Cerberus in Greek mythology or Garm, the equally fearsome Hell Hound in Scandinavian mythology who guarded the entrance and had to be appeased, often by feeding it a cake, to be allowed to pass. They would then embark and be confronted by Cerberus, a monstrous dog who guarded the gates of the Underworld. He too had to be appeased—in his case by a tasty chunk of food also buried with the dead. No matter what the obstacles, the barrier has to be crossed if the soul is to be at rest. The reason the dead want to reach these places, even though they are often tortured when they do, is that the tortures they endure will eventually purge them and allow them to enter Paradise or be reborn. The alternative is to wander aimlessly forever or return to the upper world as a ghost that haunts the living.

In many myths, the journey to the Underworld leads to a palace where the soul encounters the ruler of the dark realm who oversees whatever punishments are in store. As difficult as the journey is to the Underworld, even harder is the journey back. As the Sibyl tells Aeneas, the "gates of hell are open night and day. Smooth the descent and easy is the way. But to return and view the cheerful skies" is not so easy (Howard, *Aeneid* 6:126–129).

Aralu, the Mesopotamian land of the dead, was dark and populated with malevolent and disease-causing demons. Life in Aralu was not very different from life in the land of the living. The dead had to eat and drink and clothe themselves, which they could do if the living provided them on a regular basis. Otherwise they had to be satisfied with eating and drinking dust. Sheol, the death realm of the Biblical Hebrews, was similarly a gloomy post-life existence. In Greek Hades the dead wandered aimlessly in boredom as phantoms, regardless of whether they had been good or bad. Better to be the most menial servant on Earth than live in Hades, Achilles tells Odysseus in Homer's *Odyssey*.

In Roman mythology, once the dead passed through the gates, they entered the realm of Aita and his wife Proserpine, the counterparts to Greek mythology's Hades and Persephone, who determined where in Hades they would go. Those judged to have lived righteous lives, especially those who died in defense of their country, were sent to the Fortunate Isles, the counterpart of the Greek Elysian Fields. Those failing the test were sent along another path to Hell. Tartarus was where the very wicked such as those who committed incest and murder were entombed.

These Greek and Roman ideas about Hades became the basis of Dante Alighieri's descriptions of the Inferno.

In Norse mythology, Heaven, called Valhalla, is where brave warriors who die in combat go and fight all day and drink mead at night. Christianity's Heaven is much more sober. Heaven is a happy, garden-like setting popularly imagined as a music hall with angels plucking harps where the faithful are reunited, where there is eternal peace, a place where all wants and desires are satisfied, and where the dead live in the sight of God. This image of a bland existence is derived from Mark 12:25 where Jesus says that after the dead rise "they neither marry, nor are given in marriage; but are as the angels which are in heaven." Islamic heaven is similar except that it is filled with sensual pleasures.

The Hebrew Bible located Hell southwest of Jerusalem in a valley called Hinnom or Gehinnom. The valley was inhabited by the Canaanites where they allegedly performed human sacrifices to their god Moloch, including burning children alive, which prompted the prophet Jeremiah to call it the "valley of fire" and the "valley of death." Its stone altars were destroyed by Judah's King Josiah (2 Kings 23) who turned it into a landfill for Jerusalem's garbage and human and animal refuse. Periodically whatever was in the landfill was burned to keep down the smell. Gehinnom became so terribly inhuman it became the burial pit for executed criminals whose bodies were burned along with everything else. In the Septuagint, the earliest translation of the Hebrew Bible into another language (Greek), Gehinnom was called Gehenna, which in turn was translated as Hell in the New Testament, and Jahannam in the Koran.

Whereas descriptions of Heaven are rarely imaginative, descriptions of Hell and the punishments that take place there have been vividly detailed in mythologies from around the world. Except in Roman Catholic mythology, those punishments eventually purge the wickedness from the sinner's body and he or she is then enabled to enter Heaven.

Despite detailed descriptions of what goes on in Hell, other than positioning it beneath the earth, Christian mythology never locates and never identifies it as a definite place. The Catholic Encyclopedia quotes St. Chrysostom as saying that Christians "must not ask where hell is." Another church father, St. Augustine, wrote that in his opinion, "the nature of hell-fire and location of hell are known to no man." A different opinion, called Ubiquitism, maintained that Hell was everywhere, but this doctrine was never accepted in Roman Catholicism because of the myth that Hell was a place of unending fire. In 1999 Pope John Paul II redefined Hell not as a place but a condition in which those who rejected God's mercy were damned by being eternally separated from God. Since God is good and the source of all happiness, then separation from God is a psychological torture.

The Personification of Death

Personification refers to the attribution of human qualities to abstract ideas, natural phenomena, or inanimate objects. Myths characteristically personify gods, giving them the same physical needs and emotions as humans, but, unlike humans, gods are nearly always immortal. The only instance in which they die is if they are killed by another god. Like humans, most gods are born from the union of male and female parents, and some are nursed as infants, but in some instances they are born as adults with their powers completely developed. In polytheistic cultures, gods were believed to be physically present in whatever images were made of them. Gods in general, and especially the gods worshipped by a community, were believed to control everything that went on in the world. Gods were credited with creating the world's physical features and introducing culture, and creating and maintaining political institutions. If a community's idol was destroyed or captured, disaster for that community was imminent because it no longer had the god's protection.

Although they did not have a known mythology, the people who lived in Catal Huyuk, in south-central Turkey, during the seventh millennium —thousands of years before either the Egyptian or Mesopotamian cultures came into existence—personified death as a gigantic black vulture with human breasts and beaks protruding from her nipples. The symbolism was meant to represent the cycle of life—by eating the body, the vulture transmuted it back into living flesh.

Catal Huyuk was an exception, however. In many of the world's earliest mythologies, death was not personified, but remained an abstraction with no human-like characteristics. The ancient Egyptians did not have a god of death. Although Set is the evil brother of Osiris and kills him, he was never regarded as a god of death. There is also no death god in Egyptian art. Osiris, the god who rules in Duat, the realm of the dead, personifies resurrection, not death. In ancient Mesopotamia, a civilization that flourished at the same time as ancient Egypt, Death was called Uggae and was described as having two human hands and the feet of serpents.

The Biblical Hebrews also had no death god. In the story of the Garden of Eden, death just happened. Later on, death became a being, an angel, sent by God. The habit of transforming abstract concepts such as death into active, conscious personalities is almost universal in world mythology. In the Biblical books of Exodus (12:23), Job (33:22), and Samuel (2 Sam. 24:16). Death was dubbed the "destroyer" or the "destroying angel." In the Book of Kings (2 Kings 19:35) he is called the "angel of the Lord." In the apocryphal Biblical Book of Tobit, he was given the name Azrael and was called the Angel of Death.

Early Christianity also has no death god. God is ultimately responsible for everyone's death, but He avoids direct contact with death by sending the Angel of Death to take the lives of those whose time has come. The Book of Revelation personifies death as riding a horse. By the second century B.C.E., death was identified with Satan. In the Gospel of Nicodemus (4:1), for example, Satan is called "the prince and captain of death" and Hell is a separate persona similar to Hades.

In Greek mythology Hades was the ruler of the dead, but death was personified as the male god Thanatos. Somehow Thanatos, who lived in Hades, knew when the thread of life was about to be cut by one of the Three Fates. At that moment, he suddenly appeared at those about to die and separated their spirits from their bodies. After his job was done, these spirits were left to find their way to the Afterworld with the help of a psychopomp who was sometimes the god Hermes.

While seemingly a mismatch, death gods are often romantically involved with gods of love or are also creator gods, reflecting the idea, first occurring in Catal Huyuk, that death and fertility are intertwined and that death also contains the power of regeneration. Some of the better known romantic pairings include Thanatos and Eros, Mors and Amor (Love), and Hinduism's Yama (Death) and Kama (Love).

In Sumer, Inanna, the goddess of sexual love, is also a warrior goddess and the twin sister of Ereshkigal, the cruel ruler of the Underworld. In Egypt, Osiris, the Egyptian god who rules the dead, is also the god of fertility and rebirth. In Mesopotamia, Nergal, the god of death, was depicted as a bull, a symbol of sexual vigor. The Greek war god Ares and the Celtic war goddess Medb, who bring death to untold numbers, are sexually promiscuous. Hathor, the Egyptian goddess of fertility, nearly wiped out the population of Egypt until lulled to sleep by beer.

War gods such as Gu, the god of war in Dahomey, are also fertility gods or bring fertility in the wake of their deaths. The Iranian war god Mithra, whom Roman soldiers adopted as their patron diety, killed a primeval bull, after which vegetation emerged from the slain bull's blood and marrow.

Despite their omnipotence, death gods rarely had temples dedicated to them, and none were ever worshipped or honored with sacrifices. Hades, the Greek ruler of the dead, did have a temple dedicated to him at Elis, but it was open only once a year and only a priest was able to enter. This was because Death could not be bargained with nor persuaded to change his plans by prayers or offerings. Death could occasionally be tricked, but rarely cheated.

A

A. *See* God A.

Aai. In Egyptian mythology, three guardians who protected Re, the sun god, from being destroyed by the monster **Apep**, during Re's passage through the ninth gate of the Underworld's twelve chambers. (Budge, *Gates*, 242)

Aakheru. In Egyptian mythology, a guardian at the seventh gate of the Underworld's twelve chambers. (Budge, *Dead*, 137)

Aalu. *See* Aaru.

Aapep. *See* Apep.

Aaru (aka Aalu, Laru, Yaaru). In Egyptian mythology, one of the realms (apart from the twelve chambers) of the Underworld. Aaru was a paradisal realm, corresponding to the Greek Elysian Fields, where **Osiris** lived and ruled and where virtuous souls—those that weighed less than the **Feather of Truth**—went to live. It could be reached only after passing through a series of gated chambers. (Furlong, 1; Leach, 1; Taylor, 1)

Aati. In Egyptian mythology, one of the forty-two judges who questioned the dead in the last chamber of the Underworld. (Coulter and Turner, 5)

Aat-Shefsheft (aka Paut). In Egyptian mythology, nine gatekeepers at the entrance and exit of the eighth chamber of the Underworld. The Aat-Shefsheft opened the gate for Re and closed it after he passed through, leaving the interior completely dark, causing the souls of the wicked confined inside to wail. (Budge, *Gates*, 237–258)

Aau. In Egyptian mythology, a jackal-headed god who guarded the entrance to the fifth chamber of the Underworld's twelve chambers. (Budge, *Gates*, 139)

Ab. In Egyptian mythology, one of the gods who ministered to **Osiris**. (Coulter and Turner, 5)

Abaasy. In Yakut Siberian mythology, underworld **demons** ruled by **Ulu Toyo'n**. The Abaasy travel in packs and bring disease and death. Their arrival is heralded by storms, famines, and sickness. (Cotterell and Storm, 424; Schoolbraid, 54)

Abaddon (aka Abadon, Abbadon, Apollion, Apollyon, Appolyon, Obaddon, Sheol, She'ol). Literally the "place of destruction." In Hebrew mythology, Abaddon is the realm of the dead, a foul smoky pit, synonymous with **Sheol**. The Christian Bible personifies Abaddon as the Angel of the Bottomless Pit. His Greek name is **Apollyon**. The Book of Revelation describes it as the place where those who did not repent of their murders, thefts, fornication, or **Devil** worship are sent and says Abbadon commands an army of locusts. In rabbinical writings, it is a part of **Gehenna** and both **Death personified** and the name of the ruler of the dead.

Medieval **demonology** considered Abaddon to be both another name for **Satan** and, alternatively, the seventh ruler in the hierarchy of fallen angels. (G. Davidson, 1–2, 23, 211; Furlong, 3; Metzger and Coogan, 3; Van der Toorn et al., 1; Walsh, 1)

Abadon. *See* Abaddon.

Abbadon. *See* Abaddon.

Abbaton. In medieval Christian **demonology**, one of the fallen angels in **Hell**. (G. Davidson, 2)

Abere. In Melanesian folklore, a female cannibal who lures men to her home in the reeds and then kills and eats them. (Rose, 2)

Ab-esh-imy-duat (aka Ab-sha-am-tuat, Aken, Cherti, Khenti-Amenti, Kherty). In Egyptian mythology, a monster crocodile that guarded the entrance to the seventh section of the Underworld. (Coulter and Turner, 5)

Abeth. *See* Tepi.

Abokas. In New Hebrides Polynesian mythology, the home of the dead. (Leach, 4)

Ab-she. In Egyptian mythology, a monster crocodile that ate lost souls. Like **Ab-esh-imy-duat**, Ab-she lived in the seventh chamber of the Underworld. (Coulter and Turner, 5)

Ab-ta. In Egyptian mythology, a monster **serpent** that stood on his tail and guarded the entrance to the ninth chamber of the Underworld. (Budge, *Gates*, 238)

Abtu (aka Abydos). In Egyptian mythology, the mountainous antechamber to the Underworld, where Re, the sun god, and the souls of the dead entered. (Budge, *Dead*, 202)

Abuhene. *See* Miana.

Abydos. *See* Abtu.

Abyss. In several Mesopotamian myths, a bottomless, formless pit where the dead who lived wicked lives when alive are punished. In early Mesopotamian myths, the Abyss is the home of the ruler of the world and the place from which monsters, similar to the **Leviathan**, were brought into the world. In Christian mythology, this bottomless pit is **Hell**, ruled by **Satan**. In rabbinical cosmography, the Abyss was a region of **Gehenna** below the ocean bed, divided into several levels one above the other. In Islamic mythology, the Abyss was an opening into the Underworld. (Chevalier and Gheerbrant, 3; Metzger and Coogan, 6)

Acheron (aka Acherusian Lake). In Greek, Roman, and Christian mythology, one of the five rivers in **Hades**. Although the **Styx** is better known as the boundary separating the world of the living from that of the dead, the Acheron is the boundary and first river that the newly dead have to cross on their way to the Underworld in most myths. The Acheron was thought to flow out of Lake Acherusia near the Greek city of Heraclea near the Black Sea. A cave near the river was believed to be one of the entrances to the Underworld and was the cave through which Hercules emerged from Hades with **Cerberus**. When Hercules entered the cave to capture Cerberus, he wore a crown of white poplar, a tree that grew on the banks of the Acheron. On his return, the crown turned black, reflecting the gloomy world he left behind. In Roman mythology Acheron was also another name for the Underworld.

Acheron was formerly a minor deity who had helped the Titan giants by bringing them water in their fight against the Olympian gods. After the Olympians won, they punished Acheron by turning him into a river in Hades. In the *Aeneid*, the dead who have been ritually buried wait on its banks for **Charon** to transport them across if they can pay him. In Dante's description of the Underworld, Charon transports all dead souls across without payment but refuses to take Dante's, which is alive. An unexpected earthquake occurs and somehow Dante finds himself on the other side. (Adkins and Adkins, 1; Dow, 10; Howard, 148; Natale Conti, 161–164; Price and Kearns, 2; Taylor, 3)

Acherusian Lake. *See* Acheron.

Achren. *See* Annwn.

Acolnahuacatl. *See* Mictlantecuhtli.

Adiri. In New Guinea Polynesian mythology, the land of the dead located in a mountain or on an island to the west where the sun descended. After death, the soul's journey to Adiri was perilous. If it managed to pass certain tests and avoid being overcome by **demons** along the way, it would reach Adiri where its existence depended on its prior social status, not its virtue. Those who failed to complete the journey were annihilated. (Lyons, 431; Van Scott, *Heaven*, 21)

Adliparmiut. *See* Adlivun.

Adlivun. In Inuit mythology, "the world beneath us," both a frozen wasteland region in the Underworld ruled by the goddess **Sedna** and the name for the spirits of the dead who violated cultural rules and had to spend a year there before passing to Quidlivum, the paradisial Land of the Moon. Murderers, however, were never allowed to leave. Souls journeying to Adlivun were aided by one of the two **psychopomps**, **Pinga** and **Anguta**. The entrance to Adlivun, a razor-thin **bridge** that kept the living from entering and the dead from escaping, was guarded by a ferocious red **dog**. During plagues or famines, however, the dog allowed **shamans** to enter so that they could offer sacrifices to Sedna and ask for her help. (Leach, 11; Van Scott, *Hell*, 2–3; Wardle, 575)

Adriel. *See* Angel of Death.

Aeacus (aka Aiakos). In Greek mythology, one of the three judges in **Hades** (the other two were **Rhadamanthus** and **Minos**) who decided where in Hades each soul was to live. Aeacus was the son of Aegina who was wooed by Zeus in the shape of an eagle. By virtue of his fairness as a ruler in life, he was made a judge in the Underworld. (Natale Conti, 179–182; Price and Kearns, 6)

Aeneid. A Roman epic written in 19 B.C.E. by Virgil describing the exploits of Aeneas who is destined to be the founder of the Roman Empire in Italy. Book six describes Aeneas's **descent to the Underworld** to talk with his dead father. Many of the details are borrowed from Greek mythology, but Virgil expanded the stratification to include specific places for children who died in infancy, suicides, those wrongly condemned to death, unhappy lovers, the wicked, and heroes. Priests, artists, and those wounded defending Rome lived in Elysium. These stratifications were multiplied in the Middle Ages and took their most popular form in Dante's description of a cone-like structure in the center of the earth made of nine circles of decreasing size where punishments were doled out. (Howard, 1ff)

Aericura. In Celtic mythology, a goddess of the Underworld. (Adkins and Adkins, 3)

Aetna, Mt. In Greek mythology, the location of **Tartarus**, where the worst of those who offended the gods with their immoral codes of conduct were imprisoned. The giant snake-headed **Typhon** was among those imprisoned in its interior. His struggles to free himself often resulted in the mountain's eruptions. Mt. Aetna is also where the Roman god Vulcan had his forge and where Polyphemus, the one-eyed giant whose eye Odysseus destroyed, journeyed after feasting on humans. (Jones, 2296)

Af (aka Angel of Death, Angels of Destruction, Azriel, Harbonah, Hemah, Kemuel, Kolazonta, Simkiel, Za'afiel). In Egyptian mythology, a foul and evil **serpent** that lurked in the third chamber of the Underworld. In Jewish legend he is one of the **Angels of Destruction** in **Gehenna**. (Budge, *Gates*, 117; G. Davidson, 10; G. W. Dennis, 6; Schwartz, 236–237, 376)

Afterlife. All cultures around the world have had a belief that after death a noncorporeal, but nevertheless sentient part of someone, called the soul, spirit, **ghost**, shade, etc., goes to another world of existence. Thinking about suicide, Shakespeare's Hamlet wonders about his soul after death:

> To die, to sleep
> To sleep—perchance to dream, ay, there's the rub,
> For in that sleep of death what dreams may come,
> When we have shuffled off this mortal coil,
> Must give us pause...
> Who would fardels bear,
> To grunt and sweat under a weary life,
> But that the dread of something after death,
> The undiscover'd country from whose bourn
> No traveler returns, puzzles the will,
> And makes us rather bear those ills we have,
> Than fly to others that we know not of?
>
> (*Hamlet*, Act III, Scene I)

In some mythologies, souls leave the body when people dream and visit the dead in the **Afterworld**, or Otherworld, called **Heaven** or **Hell** in Judeo-Christian mythology, and then return. In all mythologies, the soul leaves the body permanently at death. In some myths, if the soul is "saved" it hears heavenly music and is carried to Heaven by angels. In some myths, these souls can be seen traveling to Heaven in the form of **birds**, usually doves, but cannot enter Heaven until the body is buried. "Condemned" souls are carried off by a **demon** or are abducted or forked from the body by the **Devil**. Many Christian stories describe pacts with the Devil in which the Devil claims the bargainer's soul after death.

Myths that have the Afterlife as their theme address timeless questions about what happens to the life force that once animated the body. These myths describe the conditions in which souls exist, whether they are able to join the community of the dead, the patron deities who rule the realms of the dead, and their ultimate fates.

Archaeological discoveries of graves with food, tools, jewelry, and other artifacts, dating back to 50,000 B.C.E., indicate that an Afterlife is one of mankind's earliest beliefs. The Afterlife was considered a continuation of life on Earth, and a mutual relationship was commonplace in which the living provided food and liquids to bodies through openings in graves. In return, the spirits of the deceased were expected to help the living cope with the demands of physical life. These rituals were preserved in myths about a continued existence after death.

For many cultures, death was not annihilation but a decrease in the vital force that animated life. While someone was alive, this vital energy was at its peak; in sickness it was weakened; in death, it was extremely weakened. After death, part of the vital spirit lived in the grave and part went to the Afterworld. The Biblical Hebrews, as did many ancient cultures, maintained an ongoing relationship with the dead. In the Hebrew Bible dying meant returning to the company of ancestors. For example, when King Solomon died, the Book of Kings said he "slept with his ancestors" (1 Kings 11:43). The Bible and later Jewish tradition put great store in the family tomb so that the dead would remain connected in the Afterlife and the living would be able to remain in contact with them. In return for bringing them food and drink, these ancestors were expected to provide protection for the living. In the Book of Deuteronomy (26:14) an individual bringing offerings to the Temple states that he has not left any part of his offering with the dead. These food offerings for the dead were later abandoned because it implied necromancy, but the idea of the dead protecting or harming the living remained. In later Jewish folklore, the ibbur were the souls of the dead that came to Earth to help relatives avoid temptation or to help a disembodied soul in need of just one more blessing to go to Heaven. The still prevalent Jewish custom of naming children after a relative who has died was originally a way of making it easier for the ibbur to find its relatives. The opposite of the ibbur is the **dybbuk**, an evil spirit that can gain possession of someone and prevent his or her soul from leaving the body.

After death the spirit was intangible but could still be seen and heard. If the body was not buried properly or if it was destroyed by animals or fire, its ghost would not be able to rest and would not find its way to the community of the dead, usually a realm in the Netherworld. The ghosts of the dead who had led unfulfilled lives or had been murdered might also return so as to complete what was left undone or to avenge themselves on whoever ended their lives prematurely. In some myths, souls had to overcome various obstacles to gain entry into the Afterworld, such as clashing rocks or trees, dangerous animals, water passages, or fire. In some instances they were guided through these treacherous journeys by guides called **psychopomps**.

If a ghost could not find its way into the Netherworld, it could not be integrated into the community of the dead. The same disengagement occurred if the dead were disinterred or their skeletal remains were destroyed. The ghost would also be restless if the deceased did not receive mortuary rites, which included food and water and invocation of its name, all of which, if properly performed, were meant to preserve the deceased's identity. After several generations of performing these rites, the deceased became part of the ancestral family. Ghosts of the unburied or disinterred roamed among the living and might be troublesome and become demons. These ghosts might belong to a deceased former member of one's family or to a stranger who had attached itself to someone.

Descent to the Netherworld is one of the oldest motifs in mythology. The first such descent to be described was **Enkidu**'s descent in the Mesopotamian Gilgamesh epic, dating back to the third millennium B.C.E. Another prominent Mesopotamian myth describes **Inanna**'s descent to **Aralu**, the realm of the dead. Tours of Hell are common in mythology. The thirteenth-century Italian poet Dante's vivid descriptions of Hell, which eventually became canonical Christian dogma, were based on older myths about the Afterlife, mainly taken from Greek and Roman mythology.

Christianity's idea of sinners going to a place of eternal pain is unique to its mythology. Other myths also have their retributions in the Afterlife, but after serving the allotted time they are released. Ideas of a final retribution are late developments in the world's mythologies. In the earliest myths, there is no retribution for past deeds. Souls survived only as shadows. In early Mesopotamian and Biblical mythology, all souls, righteous and wicked, go to a Netherworld called Aralu and **Sheol**, respectively. The main concern was that the place where the body of the deceased was interred should be properly cared for or else its spirit would return to torment the living. Greek mythology has a special place, **Tartarus**, where exceptional evildoers were punished, but their evil came from direct sins against the gods and their punishments were isolated exceptions.

The Afterlife is the cornerstone of Christian mythology. Eternal life in a Paradise located in the heavens is the eventual reward for the righteous and for sinners who repent in the name of Jesus. Sinners who do not repent go to Hell, which has been more graphically described in myth and literature. **Eschatology** refers to ideas about the Afterlife, including the **Afterworld**. (Metzger and Coogan, 15–17; Seigneuret, 10–18; Simcha, 22–27; Van der Toorn et al., 224–231, 309–312)

Afterworld (aka Netherworld, Otherworld, Underworld). The realm of the dead. Usually located beneath the earth or in the **heavens**, in some myths it is on an island, or more generally, in the "west" where the sun sets. Although details differ according to the cultures in which they originate, Afterworlds generally share many similarities. Among these similarities are the journeys souls go on by themselves or with the help of a **psychopomp** who is either human in form or more often a **dog**. Entrances are often through a pit or cave opening to a mountain, or a pass over a **bridge**. The Greeks located the entrance to **Hades** in several places, one in Laconia at Cape Matapan in a large deep cave from which black vapors rose, another at Aornos in Epirus, and one at Heraclea. **Tartarus**, where those who had sinned against the gods were imprisoned, was somewhere below Hades, said to be so far beneath it that an anvil falling from Earth would take ten days to land in Tartarus. The Romans located it in a cavern near Lake Avernus in Campania, and these sites became Nekromanteion, places where the living could communicate with the dead. **Hells** are often surrounded by rivers, which are navigated by ferrymen who demand fares to be taken across. Once they disembark, souls often encounter ferocious dogs or other beasts that also have to be appeased in order to gain further entry. Oftentimes they are then judged by a tribunal of one or more judges before being sent to a vague, intermediary, or specific area in the Afterworld, where they merely exist, bide their time, or live in eternal happiness or eternal torment. The oldest myths do not have any concept similar to Christianity's Hell. Instead, all souls go to vague or neutral places such as **Aralu** in early Mesopotamian myths, **Duat** in early Egyptian myths, **Sheol** in early Biblical myths, and Hades in Greek mythology where souls are not punished but where they are also merely shadows that lead a miserable existence. These neutral realms are replaced in later myths by intermediary places such as **Gehenna** in Jewish mythology, where souls are purged of sins. How long they spend in these places depends on the severity of their sins, according to each culture's standards. In some myths, confinement depends not only on their behavior while alive, but on some kind of **intercession** accomplished through prayers or other activities on the part of the living. In some myths, souls are tortured in these intermediary places, whereas in others, such as Gehenna, existence is unpleasant, but souls are not subjected to physical torture. Souls consigned to Gehenna do not stay longer than twelve months, and during their sojourn they are purified in preparation for their eventual ascent to Heaven. While punishment occurs in Buddhist Hell, punishment is not eternal. After serving their allotted time, souls are released. Realms of almost eternal punishment like Christian Hell and Tartarus in Greek mythology are uncommon. Eventually, a final apocalyptic event either obliterates all souls or reunites them with their bodies and following **resurrection**, they then go to Heaven. Myths that include resurrection contain the idea that the bodies that once contained the incorporeal soul are also immortal despite their degeneration. The idea that the body in some way remained immortal was not necessarily connected with the idea of resurrection. In early Mesopotamian cultures, these bodies were provided food and liquids both for the sustenance of their souls in Aralu and to keep the **ghosts** remaining with the bodies so that they would have no reason to leave their graves in search of food.

In most mythologies about the Afterworld, there is a basic geographical distinction between the locations of the two main realms of the dead. Heaven is typically located above the earth; Hell is typically located below the earth. (Eliade, *Encyclopedia*, 128–135; Ellwood and Alles, 5; Ions, 24–26, 118–123; Leach, 25; Seigneuret, 10–18)

Afu. In Egyptian mythology, a **serpent** that attacked the sun god Re in the third chamber of the Underworld. (Budge, *Gates*, 118)

Agaman nibo. In Haitian voodoo mythology, a goddess of the dead and mother of **Baron Samedi**. (Metraux, 130)

Agares (aka Agreas). In medieval Christian **demonology**, **Satan**'s prime minister in **Hell**. Agares was an old man who carried a goshawk in his hand while sitting on a crocodile. (G. Davidson, 10)

Agreas. *See* Agares.

Ahalgana. In Mayan mythology, an underworld god who causes pus to gush from the body. (Leon-Portilla and Shorris, 420)

Ahalmez. In Mayan mythology, an underworld god who, with Ahaltocob, attacked men on their way home or in front of their homes. When they were discovered they would be found dead, stretched out with their faces up. (Leon-Portilla and Shorris, 420)

Ahaltocob. *See* Ahalmez.

Aharman. *See* Ahriman.

Ahemait. In Egyptian mythology, an underworld **demon**, part hippopotamus, part crocodile. (Monoghan, 36)

Ah Puch (aka Ah Puchah, Au Puch, Cum Hau, Eopuco, God A, Hun Ahau, Tzontemoc, Yum Cimil). The Mayan god of violent death, the counterpart of **Mictlantecuhtli**, the Aztec god of death. He was known as the "flatulent one," reflecting the gaseous emanations from dead bodies. When Ah Puch claimed his victims he appeared among the living as a hideous skeleton covered with putrefying blotches, emaciated arms, and a protruding abdomen. (Cotterell, 56; Dow, 35; Savill, *Oceania*, 189)

Ahriman (aka Aharman, Drauga). In Persian Zoroastrian mythology, Ahriman was the malevolent twin of the benevolent god Ahura Mazda. Whereas Ahura Mazda was associated with life, Ahriman was the god of death and the personification of evil.

Ahriman was the Zoroastrian answer to the problem of evil and the source for how other religions dealt with this issue, including Christianity's ideas about **Satan**. If God were all powerful, then God could not be completely good because He allowed evil to exist. On the other hand, if He were absolutely good, He could not be omnipotent because He was not able to keep evil from existing. Zoroastrianism's solution to this paradox was that God was not omnipotent. Instead, the powers of Ahura (also called Ohrmazd) were limited by the powers of another divine force in the world, his twin brother, Ahriman, who lived under the earth in the "House of the Lie," from which he sent chaos, darkness, and death. It was Ahriman who brought sin and death into the world by seducing the first parents, Maschio and Maschia, and presided over the Drugas, the evildoers. In modern Parsee religion he is called Aharman. Ahriman's main assistants were the six Darvands, among them Tauru ("sickness"), Zairica ("death"), and Murdad ("hunger").

Before the twins were born, Zurvan their father anticipated that Ahura Mazda would be born first and ordained that the twin who emerged first from the womb would rule the world. When Ahriman heard this pronouncement from his mother's womb, he ripped it open so that he would be the firstborn and then hurried to receive his father's promise. When Ahriman appeared before his father, he lied and said he was Ahura Mazda the god of light, but his father did not believe him because he was dark. While they were speaking, Ahura Mazda appeared and his father immediately recognized him and made him ruler of the world. Ahriman became enraged and reminded his father of his oath. Since Zurvan could not go back on his word, he ordained that Ahriman would rule the world for nine thousand years along with Ahura Mazda but after the allotted time, Ahura Mazda would reign supreme. Ahura Mazda then created the **heavens** and brought light, life, beauty, and goodness into the world, while Ahriman brought darkness, death, ugliness, and evil.

Later versions of the myth made evil, personified by Ahriman, permanent and indestructible, and **Mithra** became the mediator between the two brothers. During the height of the Roman Empire, Mithra became Mithras, a god specially venerated by Roman soldiers. That veneration evolved into a **mystery religion**, so-called because members were not allowed to talk about it to those who had not been initiated. Mithraism had features similar to Christianity, including baptism, sacrifice, and use of bread, water, and wine in its ceremonies. Ceremonies took place in buildings called "mithraea," and on the walls of each mithraea was a picture of Mithras killing a sacrificial bull. Some historians believe that if Emperor Constantine had not recognized Christianity, Mithraism would have become the dominant religion in the West.

The idea of two brothers (or sisters), or two souls within the body, one good, the other evil, is a common theme in world mythology. Antedating Persian mythology is the animosity between **Ereshkigal** and her sister Ishtar in Mesopotamian myth, the contest between **Osiris** and **Set** in Egyptian mythology, and that between Cain and Abel and Jacob and Esau in Hebrew myth. In Japanese myths, the rivalry is between a sister, Amaterasu Omikami, the sun goddess, and her brother, Susano-o, the storm god. In many of these myths, the contest is also between a benevolent power and a rival who is the source of all the evil in the world, including death. Rabbinic Judaism traced the origins of this idea to Genesis, claiming that God created humans with two inclinations, one good and one bad, but came to regret having created the evil one. The good inclination prompts humans to keep God's commandments; the bad inclination prompts them to break them and is responsible for hatred and other negative emotions and behavior. Since the evil inclination is also the source of sexual passion and therefore procreation, it remains part of humanity until the end of the world when it will be destroyed. A Talmudic legend (Babylonian Yoma 69b) relates how the Men of the Great Synagogue wanted to kill the evil inclination, but he warned them that if they did so, they would bring on the end of the world. Rabbinic Judaism also sometimes identified the evil inclination with the **Angel of Death** or **Satan**. (Cotterell, 56; G. Davidson, 12; Furlong, 50; Leach, 30; Mercatante, 32–37; Van der Toorn et al., 317–319)

Aiakos. *See* Aeacus.

Aiaru. In Tahitian mythology, a goddess who foretold death. (Henry, 416)

Aides. *See* Hades.

Aidoneus. *See* Hades.

Aigamuxa (aka Aigamuchias). African gods of death whose eyes are in the soles of their feet. To find their victims they have to lie on their backs and lift their feet up. (Lowie, 251)

Aipaloovik. In Inuit mythology, an evil god who lives in the sea and drags people in **boats** to their deaths. (Dow, 30)

Aita. *See* Eita.

Aitat-iaitt. In Nuxalt (Bella Coola) British Columbian Indian mythology, a death spirit that appears at dusk and causes blood to pour from the mouths and genitals of those he seizes. At death, their **ghosts** do not immediately enter the land below. Instead, they are placed in a death house for four days after which the deceased's relatives burn the dead person's property, which passes through the earth for the use of the departed ghost. The **Afterworld** in which the ghosts live is the reverse of the land that they have just left. Rivers rise in the west and flow eastward, in contrast to the Bella Coola River above, the sun shines green and gives off a light like the moon, the seasons are the reverse, so that when it is summer above it is winter below, and although there are fish and animals, the residents are always hungry. (McIlwraith, 1:498)

Akaanga. In Polynesian mythology, he and Muru catch the souls of the dead in their nets, bash their brains out, and take them to be eaten in the Underworld. (Craig, 171)

Akaranga. In Polynesian mythology, a god along with Kiru who devours the dead who do not die in battle. (Eliade, *Patterns*, 137)

Aken (aka Ab-esh-imy-duat, Cherti, Khenti-amenti, Kherty). In Egyptian mythology, a ram-headed ferryman who transported the sun god Re through the Underworld in a **boat** called Meseket. In earlier myths, Re piloted his own boat through **Duat**. Later developments had him being ferried through the Underworld by Aken who was awakened each night by Mahaf who actually navigated the boat. (Budge, *Gates*, 118)

Akentaukhakheru. In Egyptian mythology, the doorkeeper of the sixth chamber of the Underworld. (Budge, *Dead*, 137)

Akenti. In Egyptian mythology, the doorkeeper of the seventh chamber of the Underworld. (Budge, *Dead*, 138)

Aker (aka Akar, Akeru, Akerui). In Egyptian mythology, the god of the horizon who guarded the entrance to **Duat**. Aker was a two-headed lion, or two lions sitting back to back with a disc between them, symbolizing day and night. (Budge, *Dead*, xxix)

Akert. In Egyptian mythology, one of the names for the realm of the dead. (Budge, *Dead*, 204)

Akh. *See* Ba, Ka, and Ank.

Akha-en-maat. In Egyptian mythology, a monster **serpent** that guarded the entrance to the seventh chamber of the Underworld. (Budge, *Gates*, 191)

Akhanarit. In Egyptian mythology, a **serpent** lurking in the seventh chamber of the Underworld. (Budge, *Dead*, 154)

Akhekhi. In Egyptian mythology, a bearded mummy who guarded the exit of the twelfth chamber of the Underworld. (Budge, *Gates*, 301)

Akhlut. In Inuit Alaska folklore, a killer whale who emerges from the ice floes in the form of a **wolf** to kill its victims. (Rose, 10–11)

Aki. In Jukun Nigerian mythology, the spirit of death that enters the body and slowly kills its victim. When Aki first walked on Earth, he offered every man he met a chance to live if Aki could not beat him in a wrestling match. Seeing what Aki was doing, an ant told him that he could claim more victims if he emulated the ants and worked slowly and unseen. Aki followed the ant's advice and from then on he secretly entered the bodies of his victims and ate away at their insides until they eventually collapsed and died. (Meek, 201)

Akriu. In Egyptian mythology, a **serpent** that lurked in the fourth chamber of the Underworld. (Budge, *Dead*, 140)

Aksi. In Egyptian mythology, the ninth chamber of the Underworld. (Budge, *Dead*, 141)

Aku Ashe Ki. In Jukun Nigerian mythology, a god of death who took the life of important officials and members of the royal family. (Meek, 276)

Akwa. In Jukun Nigerian mythology, a god of the dead. (Meek, 276)

Ala (aka Ale, Alla, Ana, Ane, Ani). In Igbo Nigerian mythology, the goddess of the Underworld. After humans died Ala absorbed their spirits into her womb. Although they did not experience any subsequent pain or suffering, these spirits had a boring, joyless existence, much like the shades that populated **Hades** in Greek mythology. (Dow, 34; Monoghan, 39)

Al Aaraaf. In Islamic mythology, a border area between Paradise and **Hell**, similar to Christianity's **Limbo**, where souls neither good nor bad, or equally good and bad, along with the insane, and children who die in infancy, live. While they do not suffer any physical pain, souls in Al Aaraaf suffer the psychological pain of never entering Paradise and seeing Allah. (Dow, 41; Taylor, 5; Walsh, 12)

Alan. In Tinguian Philippine mythology, a shape-shifting ogre that attacks the living and feasts on their bodies. The Alan has a wizened face, skin as tough as animal hide, long arms and fingers that point back from the wrists, toes at the back of his feet, and has wings. The Alan usually lives in the forest. (Ramos, 94–95)

Alastor. In Greek mythology, an avenging **demon** who inspired men to kill others by instigating blood feuds between families. Alastor also avenged the deaths of those who were murdered by punishing the family members of murderers. In Christian **demonology**, he was a cruel destroying angel also known as the Executioner. (Hornblower and Spawforth, 49)

Alecto. In Greek mythology, one of the **Furies**. (Monoghan, 40)

Alinda. In Australian aboriginal mythology, a god of death. (Mercatante, 36)

Al Jassaca. In Islamic mythology, a monster with the head of a bull, body of a lion, and legs of a camel, who chooses those who will be saved and those who will be condemned at the Final Judgment. Those marked for condemnation are physically and emotionally tortured and then annihilated. (Dow, 45)

Alkonost. In Russian folklore, a **demon** who lives in Rai, the realm of the dead, and tortures souls by her singing. Alkonost has the upper body of a young woman and the lower body of a large **bird**. (Rose, 13)

Allat. In Assyrian Mesopotamian mythology, the counterpart to the Sumerian **Ereshkigal**, the ruler of the dead. (Mew, 12)

Allatu (aka Beltis-Allat, Ereshkigal). In Babylonian mythology, the queen of the dead. She has the body of a woman, the head of a lioness, and the talons of a **bird** of prey. Allatu is the counterpart of the Sumerian goddess **Ereshkigal**. (Mercatante, 37)

Allu. In Babylonian mythology, faceless **demons** that surrounded the bed of the dying and snatched their souls before they could make their way to the Underworld, thereby turning them into errant spirits. (Prince, 334)

Almout. In early Hindu mythology, the king of the dead before **Yama** assumed that role. (Mew, 18)

Als. In ancient Iranian mythology, **demonic** beings who killed mothers and children and ate their flesh. (Dow, 56)

Ama. In Jukun Nigerian mythology, a goddess who ruled in Kindo, the Underworld. When souls arrived in Kindo before their time, they were interrogated as to the circumstances of their deaths. If Ama decided a soul deserved its fate, it remained in Kindo. If the soul was deemed to have had an untimely death, Ama allowed it to return to Earth in a **ghostly** form to slay whoever was responsible. (Meek, 208–209)

Am-aua. In Egyptian mythology, a mummified god who guarded the entrance to the third chamber of the Underworld. (Budge, *Gates*, 100)

Ambrim. In Atchin Melanesian mythology, a volcano **Afterworld**. (Luckert, 147)

Ament (aka Amenet, Ament-ra, Amentet, Amenthes, Amenti, Amonet, Amunet, Iment, Imentet, Imentit, Ker-neter, Tan). In Egyptian mythology, the ram-headed goddess who greeted souls of the newly dead as they gathered at the entrance to the Underworld and offered them food and drink. (Budge, *Dead*, 202–203; Dow, 44)

A Mik Ka Ta Bo. In Lepcha Indian mythology, a one-eyed **demon**

who prowled at night and caused instant death if encountered. (Siiger, 1:180–181)

Ammon. In Babylonian mythology, the god of the Underworld, the counterpart of the Sumerian god **Nergal**. (Shearman and Curtis, 239)

Ammut (aka Amam, Amermait, Amit, Am-mit). In Egyptian mythology, a **demonic** goddess with the head of a crocodile, the body a lioness, and the rear end of a hippopotamus—the animals most feared by the Egyptians. Variously called the "Eater of the Dead," Bone Eater," "Devourer of Souls," and Eater of Hearts," Ammut stood near the scales of justice in the "**Hall of Two Truths**" in the Underworld where the newly dead faced final judgment, and immediately devoured those whose hearts were heavier than the "**Feather of Truth**."

Ammut is the earliest representation of the Hellmouth and prefigures the various monsters that populate **Hell**. In medieval times, Hell was depicted as the open jaws of a monster swallowing the wicked. (Crisafulli and Thompson, 27–30; Dow, 50; Rose, 15)

Am-Netu-F. In Egyptian mythology, a monster **serpent** that stood on its tail and guarded the entrance to the eleventh chamber of the Underworld. (Budge, *Gates,* 280)

Ampongo. In Baton Philippine mythology, a mountain to which sinners were sent after death. (Demetrio, 511)

Amset (aka Amseth, Imset, Mestha). In Egyptian mythology, one of the four sons of Horus. Amset protected the embalmed stomach and large intestines after they were removed and stored in special containers called Canopic jars. (Budge, *Gates,* 1969, 1:158, 456, 491–492)

An-Af. In Egyptian mythology, the "serpent with the raised head," one of the forty-two judges who decided the fate of souls in the Underworld. (Budge, *Dead,* 577)

Anaon. In Brittany French mythology, the ruler of the Underworld who tormented souls condemned to live in his realm. Condemned souls could be rescued only if the spirits that had invaded their bodies were exorcised. Although they did not go to **Heaven**, because they were still undeserving,

Hellmouth. Paul Carus. *The History of the Devil.* Chicago: Open Court Publishing Co., 1900.

those successfully exorcised no longer were made to suffer. (Van Scott, *Hell*, 14)

Anautalik. *See* **Anguta.**

Andjety (aka Anedjti, Anezti). In Egyptian mythology, the god who ruled the Underworld before **Osiris**. Known as "the Bull of Vultures," he wore a conical crown with two plumes and held a crook and a flail—symbols of his rule over the Underworld. Andjety was later identified with Anat, the goddess of war, due to the association between death and war. (Wilkinson, 97–98)

Angel of Death (aka Adriel, Af, Apollyon, Azrael, Gabriel, Hemah, Iblis, 'Izra'il, Kafziel, Kezef, Malach ha Mavet, Mashhit, Mavet, Metatron, Rahab, Sammael, Sam(m) Ael, Sariel, Sauriel, Suriel, Suriyel, Suryal, Yehudiah, Yehudiam, Yetzer-Hara). In Judaism, Christianity, and Islam, the most feared of all the angels. The Angel of Death was created by God when He brought the world into existence. Like all angels, he does not act voluntarily but takes the lives of humans and animals only when told to by God. Once he receives his orders, he is relentless in their execution. In the Hebrew Bible, he is the angel who killed the firstborn of the Egyptians (Exod. 12:23).

Jewish legend has several Angels of Death, each of whom is empowered to take the lives of different creatures. **Af** was responsible for the death of men, Gabriel for young people, Hemah for domestic animals, Kafziel for kings, Mashhit for children, and Meshabber

Leonard Bistolfi. Angel of Death. Turrin, Italy Cemetery. © Abel Photography, 2008. Used with permission.

for other animals. **Leviathan**, the Biblical whale, Rahab, and Metatron were also Angels of Death. In rabbinic times the Angel of Death was called Sammael, a name derived from the combination of "sam" meaning poison and "el" meaning god, since the Angel of Death brought death by the poison he dripped into the mouths of those whose lives he claimed. Some rabbis equated Sammael with **Satan** (aka **Satanil, Samil, Seir, Salmael, Salmail**) and used these names interchangeably.

The Angel of Death had twelve wings and eyes all over its body. At the hour of someone's death, it stood behind the head of the departing soul, holding a sword on which a drop of gall clung. When those about to die saw the Angel, they convulsed in fear causing them to open their mouths.

At that instant the Angel let the droplet of gall fall into their open mouths, causing them to turn putrid and die. The expression "to taste of death" originated in the idea that death was caused by this drop of gall.

The only people who were immune to death were those who lived in the Biblical city of Luz. The only way the Angel of Death took the lives of Luz's citizens was when they left the city.

While the Angel of Death never failed to carry out his orders, his mission could sometimes be delayed. One way was to read the Torah constantly out loud because the Angel of Death could not spill his poison into a mouth that was uttering the word of God. Knowing that the Angel of Death could not take the soul at such times, when he was older, King David would sit and study the Torah every Sabbath. The only way the Angel finally claimed his soul was by distracting him from his studies.

When it was Rabbi Joshua ben Levi's time to die, he was so pious that God told the Angel of Death to fulfill any wish he might have before he took his life. When the Angel came to the rabbi and told him it was his time but that he could have any wish, ben Levi asked to see his place in Paradise. The Angel consented but before they left Joshua asked the Angel for his sword so that he would not frighten him on their way, and the Angel gave it to him. When they came to the wall surrounding Paradise, the Angel placed him on its crest so that the rabbi could look inside. Before the Angel could stop him, Joshua jumped into Paradise. When the Angel ordered him back, ben Levi swore by the name of God that he would not leave. Since the Angel of Death could not enter Paradise, he could not pursue him. Seeing what had happened, the ministering angels told God that the rabbi had entered Paradise without first dying. God then told them to look at the record of his past deeds to see if he had ever broken an oath, because if he had the oath he took in the name of God not to go back would be likewise null and void. Unable to find a single instance in which he had broken his oath, God allowed him to remain. Seeing that ben Levi was not going to leave, the Angel of Death demanded that ben Levi give him back his sword since without it he could no longer cause death. Ben Levi refused. At this point God's **heavenly** voice was heard telling ben Levi to give the Angel back his sword, because the world of the living had need of it. Ben Levi could not disobey, but he made the Angel promise he would not show the sword to those whose lives he was about to take.

Moses had the most encounters with the Angel of Death. On one occasion Moses asked God to tell him the day he would die. God replied he had never told any human his day of death but in Moses's case he would make an exception: he would take his soul on a Friday. Every Friday Moses put on his burial clothes in anticipation of the Angel's appearance, but after many Fridays, he gave up preparing himself. When the Angel finally appeared, Moses asked him if he could delay his mission until the third hour of the day so that he could tell his wife and children. God, who was listening, agreed.

After leaving his wife and children, Moses went walking and encountered three men digging a grave. He asked them for whom they were digging it. When they said it was for a man beloved of God, Moses said he would help. When they finished, the three, who were actually angels, told Moses they were worried the grave might be too short for the corpse. When they said the future inhabitant was about his size, they asked Moses to lie in the grave to see if he would fit. Just as he stepped into the grave the Angel of Death appeared and the angels buried him.

Jewish tradition holds that the Angel of Death can find his prey only if he knows their names. For this reason, some Jewish parents do not name their newborns until the day of their circumcision or until they are given a name in the synagogue, so that they will have the added protection of Jewish ritual. Parents may also change the name of a child who is sick to confuse the Angel of Death. A story about foiling the Angel of Death by destroying the names of its victims involves Rabbi Loew. Seeing a light in the synagogue at night, Rabbi Loew peered into the window and saw a strange figure standing near the pulpit. He quietly entered the synagogue to see who it was and realized that it was the Angel of Death who was sharpening a knife over a scroll on which many names were written. Rabbi Loew knew that the Angel was reading the names to take their lives; although he was terrified, he silently crept behind the Angel, tore part of the list from his hands, and ran to his house, where he threw the list into the fire. It so happened that a plague had come to the city and the list of names contained the victims the Angel of Death had come to claim, but now he was able to take the lives only of those whose names were on the piece still in his hand, among them Rabbi Loew. Rabbi Loew knew his name was on the list and to keep the Angel from taking his life, and knowing that King David had been able to keep the Angel at bay by studying the Torah day and night, he did the same. But as with King David, the Angel found a way to capture him. This time he planted a beautiful rose in the garden of Rabbi Loew's grandson, which the grandson plucked and gave to Rabbi Loew as a present. As he was about to hand it to him, Rabbi Loew detected the Angel of Death hiding in the rose. Without any hesitation he took it from him because if he had not, the Angel would have taken his grandson's life. As soon as he did, the Angel snatched his soul.

Jewish Ashkenazi folklore also contains the idea of an initiatory punishment after death called the "percussion of the dead" that the Angel of Death inflicts on all the dead, including the righteous, after they are buried, except for those who die on the eve of the Sabbath or those who live in the land of Israel. Soon after internment, the Angel of Death sits on the deceased's grave. This causes the soul to reenter the body, which immediately stands erect on its feet. The Angel of Death then beats it with a chain that is half iron and half fire. The first strike loosens the limbs, the second disperses the bones, which the other angels gather, and the third turns the body into dust and ashes. This belief is reflected in one of the Jewish prayers that asks God to "deliver us from affliction and from every kind of punishment, and the judgment of Hell, and from the percussion of the tomb." One rabbi commented that the judgment of the percussion of the tomb was harder than the judgment of **Hell** because no one escaped except those mentioned above.

In Jewish folklore, once the Angel of Death claimed a soul, **Duma(h)**, another angelic being who accompanied him on his mission, escorted the departed soul to a place of judgment where two recording angels showed God the record of the soul's deeds; on the basis of that record God decided where the soul would go—to Heaven, an intermediary place to be purged of its sins, or to **Sheol**.

The name of the Angel of Death in Islam is 'Izra'il. 'Isra'il is 70,000 feet long and has 4,000 wings. When Allah decided to create mankind he told the angel Gabriel to bring him a handful of earth from which to form Adam's body. Earth was anxious that the man would rebel against God and God would become angry and curse Earth, so Earth persuaded Gabriel to return to God without any earth. When Gabriel returned empty-handed, God sent another angel, but Earth again convinced it to go back to Heaven empty-handed. Next God sent the angel Israfil, but he too came back without any earth. Finally God sent 'Izra'il. More determined than the others, 'Izra'il ignored Earth's entreaties, telling him that despite the consequences, he was only a tool in Allah's hand, and he brought back the handful of earth God had sent him to get.

In Islamic mythology, 'Izra'il keeps a book in which the name of every living person is written. 'Izra'il himself does not know a person's time of death. When Allah decides when someone is to die, he drops a leaf onto the page on which that person's name is written. 'Izra'il reads the name and then has forty days to separate souls from their bodies. The souls of believers are separated gently. If they resist, 'Izra'il goes back to Allah who gives him an apple from Paradise on which the intended's name is written. When believers are shown the apple and read the name, they surrender their souls to 'Izra'il and go to Heaven. If they are

Reading the Scroll of Good and Bad Deeds. Staglieno Cemetery, Genoa, Italy. © Abel Photography, 2008. Used with permission.

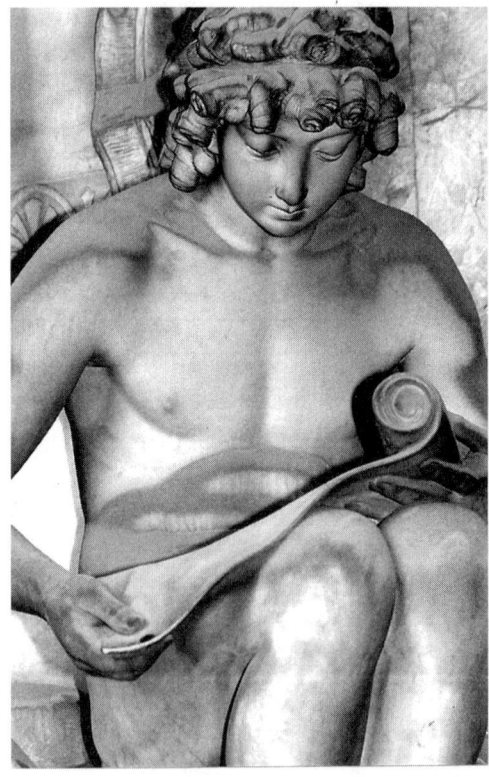

nonbelievers, 'Izra'il rips their souls from their bodies and they are banished to Hell. At the time of Sa'a, the final hour, God orders 'Izra'il to destroy **Iblis** and everything on Earth. When there is nothing left, God orders 'Izrai'il to destroy himself. (Ausubel, 198–199, 216–218, 472–474; G. Davidson, 26, 64–65, 255, 280; Gaster, 591–592; Schwartz, 206–208; Simcha, 134–135; Taylor, 195–196, 315–316; Ullendorff, 435–437)

Angel of Hell. *See* Abaddon.

Angel of the Abyss. *See* Abaddon.

Angel of the Bottomless Pit. *See* Abaddon.

Angels of Destruction (aka Af, Azriel, Harbonah, Hemah, Kemuel, Kolazonta, Simkiel, Za'afiel). In Jewish legend, angels who bring destruction, punishment, and vengeance; some are also **Angels of Death**. Jewish **demonology** estimates their number in **Hell** at 90,000. The Angels of Destruction serve both God and the **Devil**. One legend says that when Moses visited Hell, he saw some of these Angels lashing sinners who were standing in mud held down by fiery chains. (G. Davidson, 27)

Angromainyus. In Persian Zoroastrian mythology, Angromainyus is the counterpart of **Satan** and an early form of **Ahriman**. Angromainyus set himself up as Ahura Mazda's opponent from the start. Carrying death, he leaped from **Heaven** in the form of a **serpent** and began to compete for human allegiance. (Jung, 23; Lenormant, 231)

Anguta (aka Anautalik). In Inuit mythology, the father of **Sedna**. He was a **psychopomp** who led the souls of the dead to **Adlivun**. (MacCulloch, 11:825; Wardle, 570, 575)

Anhefta. In Egyptian mythology, a bearded mummy who guarded the entrance to the eighth chamber of the Underworld. (Budge, *Gates*, 238)

An-her (aka Anhur). In Egyptian mythology, one of the guardians of the sixth chamber of the Underworld. An-her may also have been a god of the dead prior to **Osiris**. (Budge, *Dead*, 137; Budge, *Gates*, 172)

An-hetep-f. In Egyptian mythology, one of the forty-two judgment deities called "hot foot" who decided the fate of souls in the Underworld. (Budge, *Dead*, 577)

Anhur. *See* An-her.

Ank. *See* Ba, Ka, and Ank.

Ankh. *See* Anubis.

Ankhemfentu. In Egyptian mythology, the doorkeeper of the entrance to the fifth chamber of the Underworld. (Budge, *Dead*, 137)

Ankou. In Brittany (northwest tip of France) folklore, a skeleton spirit dressed in a long-flowing coat and wide-brimmed hat, who drove a creaking spectral cart pulled by four black skeletal horses. Two skeletal assistants followed the cart and threw the dead into it, and then Ankou brought them to the Underworld. Like the **Banshee**'s howl, the sound of Ankou's creaking cart announces imminent death. In some myths, the Ankou is either the last to die on New Year's Eve or the first person to die in the new year, and as such, before he or she can go to the **Afterlife**, is responsible for collecting all the others who die that year. Another myth relates that Ankou was a cruel prince who had a craving for hunting and watching animals die almost as much as he enjoyed watching people suffer. During one hunting outing, he and his companions saw a stag and started after it. As they were chasing it, they encountered a stranger clothed in black and riding a white horse. Angered that a stranger was trespassing on his land, Ankou challenged him to a contest in which whoever killed the stag would keep the meat and decide the fate of the other. The stranger, who was Death, won and told Ankou that since he enjoyed killing so much, he would henceforth be responsible for hunting and collecting corpses. (Evans, 1; FrenchEntree.com; Leach, 62; Spence, 101; Urdang and Ruffner, 61)

Annunnake. *See* Anunnaki.

Annwfn. *See* Annwn.

Annwn (aka Achren, Annwfn, Annwfyn, Anwyl, Ochren). In Welsh mythology, the Underworld. Annwn contained a series of coexisting realms separated by mountain ranges, rivers, and impassable chasms in which the souls of the damned lived. Annwn was a place of gloom, despair, and torment. Gods and benevolent spirits lived in another realm where there was no disease, food was plentiful, and spirits were eternally young. (Coulter and Turner, 12; Leach, 63; Taylor, 13)

Anpu. *See* Anubis.

An-rutf (aka Naarutf). In Egyptian mythology, a section of the Underworld where nothing grew. (Budge, *Dead*, 203)

Antichrist. In Christian mythology, the epitome of evil, he is the son or **avatar** of **Satan**. The term Antichrist, literally "opponent of Christ," comes from the Epistles of John (1 John 2:22; 2 John 1:7) where it refers to false prophets and those who deny Jesus is the Messiah. The Book of Revelation refers to the Antichrist as a false prophet but also calls him the "beast," a monster with ten horns and seven heads. The character of the Antichrist was not fully developed in post-Biblical Christian writing until the second century B.C.E. when he morphed into a human-like figure bent on ruling the world who was even more dangerous because in his human guise he was not detectable. In his normal form he was often visualized as a beast, a man riding a sea-monster such as the **Leviathan**, or a **dragon**—symbols of chaos and destruction. Since the Leviathan was associated with Satan, the rider symbolized his avatar or was regarded as Satan's son. Prior to the cosmic apocalyptical confrontation that has to occur before ultimate salvation the Antichrist will try to deceive righteous Christians and persecute those he cannot convert. Literalists calculate that the Antichrist will reign on Earth for about 3½ years, and he and his followers, identifiable through the number 666 on the bodies of the Antichrist and his followers, will then be overcome by Jesus at the time of the Second Coming and will be thrown into "the lake of fire." Various individuals have been accused of being the Antichrist by religious dissidents. In the fourteenth century, a group of Franciscan dissidents accused Pope John XII of being the Antichrist and some Protestant fundamentalists still regard every pope as the Antichrist. During the Reformation, Protestants and Catholics accused one another of collectively being the Antichrist. (Craze, 36; Metzger and Coogan, 31–32; Van der Toorn et al., 62–63; Wright, 3–18)

Anu. In Egyptian mythology, a place in the Underworld where souls merged with **Osiris** and lived on celestial food. (Budge, *Dead*, 203)

Anubis (aka Ankh, Anpu, Anup, Anupu, Em Pet, Impu, , Inpew, Inpu, Inpw, Khent, Sehet, Sekehem, Tep-Tu-F, Wip, Yinepu). In Egyptian mythology, the god in charge of weighing the hearts of the newly dead against the **Shu Feather**, the **Feather of Truth**, in the **Hall of Judgment**. It was his job to make sure that the scales were working properly and the weighing was fair. Those whose hearts weighed less went to **Osiris**'s kingdom; those that weighed more were immediately devoured by **Ammut**. Anubis was also the black-faced, jackel-headed god of embalming. The name Anubis was Greek. The Egyptians called him Anpu, and he was the god of the dead before Osiris.

After Osiris was recognized as the god of the dead, Anubis was made his illegitimate son. Although Osiris was married to **Isis**, her sister **Nephthys** tricked Osiris into adulterously sleeping with her. When Anubis, their child, was born, Nephthys abandoned him; however, Isis adopted and raised him as her son and he became devoted to her. After Osiris was killed and torn into pieces, Anubis helped Isis gather and reassemble Osiris's scattered parts and mummified his body so that it would not decay and be recognizable to the **Ba**, the spirit that returned to the tomb at night after visiting with the living during the day or accompanying the sun in its journey across the sky.

In the Egyptian mummification process, the eyes, liver, lungs, stomach, and intestines were removed from the body, washed in palm wine, and placed in herb-filled jars. The brain was also removed but was discarded since it was not thought to have any importance. The heart was left in the body because it was regarded as the seat of intelligence. The body cavities were then filled with aromatic resins such as myrrh and stitched shut, and the corpse was placed for the next seventy days in a vat of potassium nitrate (saltpeter) to dehydrate it. It was then washed, wrapped in linen bandages, dipped in glue, and placed in a sarcophagus, which was taken to its tomb. Families that could afford to do so often placed bodies in several coffins, one inside the other, within the sarcophagus.

At the door of the tomb, a priest, wearing a mask representing Anubis, removed the mummy from its sarcophagus, placed it upright against a wall, wrapped amulets such as the "eye of Horus," the Ankh, and/or the scarab inside the mummified body's linen wrappings or drew them on the surface, and performed the "**Opening of the Mouth**" ceremony, which turned the mummy into an inhabitable vessel for the deceased's **Ka**. Anubis then led the deceased's spirit through the **Afterlife**, which it could traverse safely only if it had been provided with spells and maps of the Underworld, which were written either on the sarcophagus or in book form like the **Book of the Dead**, and placed inside or near the sarcophagus. The "eye of Horus" was a hawk's eye, representing the eye of Horus, the son of Osiris, lost in his battle with Seth, which was restored by **Thoth** and symbolized restored health. The Ankh was a looped tau cross, representing the reunion of opposites, including life and death. Egyptian gods and kings were typically shown holding the Ankh as symbolic of their immortality. Artists depicted the sun god Re's journey through the Underworld in a **boat** with Isis and Nepththys at the bow and stern holding the Ankh, the symbol of eternal life, in their right hands. The dead were also depicted carrying it when their souls were weighed against the Feather of Truth to indicate their desire for the immortality of the gods. At funeral rites it was held by the loop as if it were a key, symbolizing a key that opened the portals to the Fields of **Aaru**, the realm where the soul lived with Osiris in eternity. The scarab (from the Latin word for beetle, "scarabeus") was a dung beetle, which symbolized life since the beetle lays its eggs in bits of manure and rolls them into a ball, from which newly hatched beetles seem later to magically emerge.

Anubis not only guided souls to the Hall of Judgment, he also protected their final resting places, since he was also the god of cemeteries. As such, he was called "He Who is Upon the Mountain" because he watched over the tombs of the dead from the mountains and protected them from desecration. (Assmann, 282; Burton and Grandy, 25–26; Chevalier and Gheerbrant, 27–28, 107; Cotterell, 61; Wilkinson, 187–190)

Anunna. *See* Anunnaki.

Anunnaki (aka Annunnake, Anunna, Ennunki). In Near Eastern myths, seven fearsome judges who determined the fate of the dead. The Anunnaki answered only to **Ereshkigal**, who passed final sentence. The Anunnaki are different from the seven **Uttuku** who inflict diseases on humans that are sometimes fatal. (Baskin, 30; Cotterell, 185; Katz, 402–404; Urdang and Ruffner, 91)

Anup. *See* Anubis.

Anupu. *See* Anubis.

Anwyl. *See* Annwn.

Aornus. In Greek mythology, a cave in the middle of the west coast of

Greece that was one of the entrances to **Hades**. (Taylor, 16)

Apep (aka Aapep, Apepi, Apophis in Greek). In Egyptian mythology, an underworld **demon** who made the world shake when he roared. Called the "evil Lizard," the "Great Snake," and the "Serpent of the Nile," Apep attacked Re, the sun god, as he passed through the ninth region of **Duat** in his **boat**. On some occasions, aided by another **serpent** named **Shemti**, he succeeded and swallowed him, causing a thunderstorm, earthquake, or solar eclipse, but Re's allies invariably freed Re's boat from Apep's stomach and Re would then go on his way. Despite the setback Apep would be back waiting for another chance. During an annual ceremony called "Banishing of Apep," priests made an effigy of Apep and burned it, symbolically weakening him for another year. (Budge, *Gates,* 242; Coulter and Turner, 5; Wilkinson, 221–223)

Apepi. *See* Apep.

Apocalypse. In various mythologies, the catastrophic end of the world when a major confrontation between good and evil will occur and the world will be destroyed. The common scenario is that the beginnings of the Apocalypse start with a decline and disappearance of morality in the world that result in wars. The fighting causes the earth to shudder, the sun to darken, and the stars to fall. The trembling earth causes the chains that bound various monsters to break, letting them descend to Earth, and a Great Snake comes out of the ocean and floods the world. In Norse mythology, the Apocalypse is called **Ragnarok**. In Christianity's Apocalypse, Jesus returns from **Heaven** and destroys **Satan** in the form of the **Antichrist**. The dead will then be resurrected and judged; the righteous will go to Heaven whereas the sinner will be destroyed forever. In Hindu mythology, Vishnu will appear as the god Kalki and will destroy the present world and create a new one. The Apocalypse also specifically refers to the last book of the Christian Bible, the Revelation of John. Apocalypticism is a belief that all of history is a preface to the final end of the world. (G. W. Dennis, 18; Eliade, *Ideas,* 2:169; Ellwood and Alles, 43–44; Leach, 67; Metzger and Coogan, 34–36)

Apocalypse of Paul. An apocryphal description of **Hell** written during the fourth century B.C.E., which elaborates earlier descriptions in the **Apocalypse of Peter**. The Apocalypse of Paul was one of the most influential "tours of Hell" in Christian mythology. Among the tortures described are angels cutting off the breasts of women, clergymen guilty of fornication being strangled, immersion of men and women in a river of boiling fire at varying depths—up to their knees, navel, lips, or hair—depending on the nature of their sins—lips being cut off with razors, and wild animals dismembering the condemned. (Himmelfarb, 16–19)

Apocalypse of Peter. Popular Christian book written during the second century B.C.E., describing the terrors of the last judgment and punishment in **Hell**. Every offense has a particular torture. Blasphemers are hung by their tongues over pits of fire; murderers are put into a pit where they are feasted on by venomous snakes/worms while their victims watch and praise God for his judgment. (Himmelfarb, 8–10)

Apocalypticism. *See* Apocalypse.

Apocatastasis. In most myths, the concept of eventual redemption after the soul is purged of its sins, usually through suffering in **Hell**. The term is associated with St. Gregory of Nyssa who compared the fiery ordeal of souls in Hell to the refinement of gold, which is purified by being separated from its dross in a fiery furnace. The fiery punishment a soul suffers in Hell is not the ultimate end but a means by which its virtue is separated from its evil. The duration of the soul's suffering depends on how much evil it harbors. (Catholic Encyclopedia, "Apocatastasis" entry)

Apollion. *See* Apollyon.

Apollyon (aka Apollion, Appolyon). *See* Abaddon, Angel of Death.
   In early Christian mythology, an evil angel sometimes identified with **Abaddon** and the **Devil**. Apollyon had **dragon** wings, fish scales on his body, the feet of a bear, and the mouth of a lion. (G. Davidson, 49)

Apophis. *See* Apep.

Appolyon. *See* Apollyon.

Apu. *See* Shemti.

Aqebi. In Egyptian mythology, the name for both the third chamber of the Underworld and the **serpent** that lurked inside. (Budge, *Dead*, 152; Budge, *Gates*, 102)

Arali. *See* Aralu.

Aralu (aka Arali, Ekur, Ganzir, Irkalla, Kigal, Kur, Kurnugia, Kutu, Shalu). The Underworld in Mesopotamian mythology. Ruled by the pitiless goddess **Ereshkigal** and her husband **Nergal**, and populated by **demons**, Aralu was hot, dusty, dark, and gloomy, a place where spirits wandered aimlessly, their only respite from constant hunger and thirst was the offerings families or friends left at their grave sites for them, although how these offerings got to them was never indicated. However, if they were not buried or not properly buried, the dead would not be able to enter Aralu and instead wandered among the living attacking those who had the misfortune of coming within their reach. Since the dead in Aralu depended solely on offerings made to them by their living friends and relatives, they too left Aralu in search of flesh, usually around the end of the month when the moon was least visible and symbolically seemed to die.
   Located in the lowest part of a mountain, Aralu was surrounded by seven high impenetrable walls so that living humans could not enter and the dead could not escape. In later Assyrian Mesopotamian myths, Nergal replaced Ereshkigal as the primary ruler of the Underworld and Nergal's wife's name is **Allat**.
   After death, souls of the dead in the form of a winged spirit like a dove passed from their graves and were escorted by a **bird**-faced **psychopomp**,

the counterpart of the Greek **Charon**, to the seven walls surrounding Aralu, each of which had a gate. The watchman at the first gate was named Bitu, **Neti**, or Nedu. Entry at each gate was supervised by a guardian who prevented the dead from escaping. Everyone, regardless of social status or virtue, went to Aralu.

Aralu was governed by a hierarchy with a supreme ruler at the head. Initially the ruler was Ereshkigal, but she was subsequently outranked by her husband Nergal. Ereshkigal was assisted by seven other divinities called **Anunnaki** who decided the fate of newcomers. At first, these decisions had nothing to do with their former status or the kind of lives they had formerly lived, but in later myths, existence in Aralu was tempered by former social standing as when **Gilgamesh**'s friend **Enkidu**, who had descended to the Underworld to retrieve a ball that had fallen into Aralu, saw that heroes were treated better than ordinary individuals. (Black and Green, 180; Bottero, 121–125; Foster, 190–191; Katz, 41–42, 385–389; Urdang and Ruffner, 91)

Arawn. *See* Annwn.

Archetype. A prototypical symbol, theme, setting, or character type that recurs in stories from around the world. Despite cultural variations, archetypes give myth universality. (Powell, 650, 658)

Arecurius. In Celtic mythology, a god of the Underworld. (Adkins and Adkins, 17)

Skeleton on Tombstone. Archetypal Symbol of Death. © Abel Photography, 2008. Used with permission.

Arfi-em-Khet. In Egyptian mythology, "fiery eyes," one of the forty-two judgment deities who decided the fate of souls in the Underworld. (Budge, *Dead*, 577)

Skull and Coffin on Tombstone. Archetypal Symbols of Death. © Abel Photography, 2008. Used with permission.

Skull and Crossbones on Tombstone. Archetypal Symbols of Death. © Abel Photography, 2008. Used with permission.

Ariel. In Coptic Christian mythology, the angel who oversaw punishments in **Hell**. (G. Davidson, 41, 54)

Ari-em-ab-f. In Egyptian mythology, one of the forty-two judgment deities who decided the fate of souls in the Underworld. (Budge, *Dead*, 577)

Arit. In Egyptian mythology, the fiery fifth chamber of the Underworld. (Budge, *Dead*, 155; *Gates*, 139)

Armageddon. In Christian apocalyptic mythology, the site of the final battle between the forces of good, led by Jesus, and the forces of evil, led by **Satan** in his role as the **Antichrist**. The foreordained outcome will result in the fiery destruction of the world. (G. W. Dennis, 20)

Arnquagssaq. *See* Sedna.

Arot Moon. In Himalayan mythology, a **demon** that caused sudden and violent death. (Gorer, 221, 352, 474; Siiger, 1:70)

Artume. *See* Eita.

Asaase Aberewa. In Ghana mythology, a snake goddess of the Underworld. (Ann and Imel, 3; Leach et al., 490, 513)

Asar. *See* Osiris.

Ases. In Egyptian mythology, the seventh chamber of the Underworld, which contained a lake of fire and was ruled by a **serpent** with an evil eye who first charmed his victims and then destroyed them. (Budge, *Dead*, 141)

Ashebu. In Egyptian mythology, a scorpion guardian of the Underworld. (Budge, *Dead*, 137)

Asmodeus (aka Ashamadai, Ashmadia, Asmodai). In Jewish, Christian, and ancient Iranian **demonology**, an evil **demon** who personified rage, violence, and lust. In Persian Mazdeism, Asmodeus was the leader of all demons who took his orders directly from the evil god Angra Mainyu. In Jewish folklore he was the son of a Fallen Angel, or of Adam and **Lilith**, the woman God created before he created Eve. Other Jewish legends made Asmodeus the offspring of the Biblical Tubal-cain's incestuous relationship with his sister.

In the Apocryphal Biblical Book of Tobit, written around 250 B.C.E., but not included in the Hebrew Bible, Asmodeus lusted after a woman named Sarah, strangling seven of her successive husbands on their bridal nights to keep them from consummating their marriage. On the advice of the angel **Raphael**, Tobit, her next husband, placed a fish liver and heart on burning embers during their wedding night. The odor repelled Asmodeus who fled to Egypt where Raphael bound him so that he could not return. In Talmudic lore, he (as Ashmadai) was responsible for making Noah drunk.

In Jewish folklore, Solomon forced Asmodeus and his followers to help build the Temple, but Asmodeus stole Solomon's ring and threw it into the sea and then forced him into exile, leaving Asmodeus to rule in his place. Solomon later recovered the ring from the belly of a fish, resumed his place as king, and imprisoned Asmodeus and his followers in a jar.

In medieval demonology, Asmodeus was described as having human eyes and three heads—a bull's, a man's, and a ram's—traditionally lecherous creatures—each of which spit flames. He also had the tail of a **serpent** and the webbed feet of a cock, animals that also symbolized unbridled sexual appetite. (Bonnerjea, 28; G. Davidson, 57–58; G. W. Dennis, 22; Furlong, 79; Kohler and Ginzberg, "Asmodeus" entry; Leach, 83; Mercatante, 44–46; Walsh, 35)

Asphodel Fields. In Greek and Roman mythology, a realm in **Hades**. The Asphodel Fields were originally an area inside the entrance to Hades where shades waited for **Charon** to ferry them across the **Acheron**, the river boundary. Later they became the area to which shades that were not virtuous enough to go to the paradisial Elysian Fields or wicked enough to go to **Tartarus** were consigned. (Taylor, 17–18)

Asrafil. In Islamic mythology, an angel of the last judgment. (G. Davidson, 58)

Assessors. In Egyptian mythology, the tribunal of forty-two judges who listened to the confessions of the newly deceased before their hearts were weighed by **Anubis**. (Wilkinson, 84)

Astes. In Egyptian mythology, a god of death. (Budge, *Gates*, 2, 325)

Asto-Bioatu. *See* Asto Vidatu.

Asto Vidatu (aka Asto-Bioatu). In Persian mythology, a death **demon** who placed an invisible noose around the necks of newborn children and tightened it when it was time for them to die. (Bonnerjea, 28)

Aswang. In Philippine mythology, a **ghoul** who feasts on the bodies of corpses. Aswangs listen for the sounds of mourners and then follow the sound and steal the bodies of the dead, often substituting a banana trunk for the body. Aswangs are also prone to eating newly buried corpses, which they take home, change into the carcass of a pig, and feed to their families. The Aswang may also be a **vampire** who looks like a pregnant woman when it becomes gorged with blood. (Ramos, 62, 64, 107–108)

Ataecina (aka Ataegina). In Iberian mythology, the goddess of the moon as well as an underworld goddess whom the Romans equated with **Proserpina**. (Adkins and Adkins, 21)

Ataegina. *See* Ataecina.

Atai. In Nigerian mythology, the goddess of death. (Ann and Imel, 4)

Atala. In Hindu mythology, one of the regions of the Underworld. (Mercatante, 514)

Atmu. *See* Tem.

Atu. In Egyptian mythology, the eleventh chamber in **Duat**, the Underworld, ruled by a **jackal**-headed **demon** armed with two knives. (Budge, *Dead*, 142)

Aufhocker. *See* Hell Hound.

Avaiki. In Polynesian mythology, the Underworld and also the name for the oven in which **Miru**, who ruled Avaiki, cooked dead souls after drugging them with kava. (Abel, 110; Burstein, 125)

Avatar. The incarnation of a god in an earthly form. Avatars are common in Hindu mythology, especially for Vishnu, the most widely worshipped of the Hindu pantheon. (Shepherd and Shepherd, 126)

Avernus. In Roman mythology, a cave near the lake by that name, near Naples. Avernus was the entrance to the land of the dead. The name means "without **birds**" because the poisonous fumes that arose from the lake killed birds flying over it. By association, it was also the Roman name for the Underworld. A mistletoe-covered tree located near Avernus had a golden bough sacred to **Proserpina**, the goddess of the Underworld. By taking the bough with him, Aeneas, the founder of Rome, was able to visit the Underworld and then return to the world of the living. (Clark, 63; Dow, 98; Howard, 153; Taylor, 22–23)

Avici. In Indian Buddhist mythology, the deepest (280,000 miles below the earth) of the eight principal **Hells**. Its counterpart in Chinese Buddhist mythology is **Wou-Kan**. Buddhist mythologies vary from country to country, but all have numerous principal Hells and minor Hells within them. A pit of red hot embers and total darkness, Avici is where the severest punishments, thousands of times more painful than those doled out in the other seven Hells, are experienced. Located in the farthest depths of the earth, it takes 2,000 years of falling to reach it. Avici is generally where those guilty of premeditated murder of parents or priests were punished, but it is also where the world's first liar was punished. Among the punishments is having to lie on a floor of red hot iron while hot iron spears are passed through the arms, legs, and chest and after which the body is hacked to pieces. The body is then restored and made to suffer all over again for thousands of years.

Avici's best-known evildoer was Apacara, the world's first liar. Apacara was a **heavenly** king who promised to appoint his friend as his family priest when he became king. But the royal chaplain finagled the post for his own son. When Apacara realized what had happened, he told his friend that he would get the post for him by means of a lie. The friend protested because up to then there were no lies in the world. But Apacara went ahead, anyway, and told everyone that he was replacing the current family priest with his friend because the post belonged by right of seniority to him and not the former chaplain's son. Apacara repeated the lie seven times. After he said it the first time, he lost his special powers and fell to Earth, and with each succeeding lie he fell deeper into the earth until he eventually fell into Avici. (Kawasaki and Kawasaki, 1; Law, 94, 98–99; Matsunaga and Matsunaga, 99–102)

Avimadye. In Dahomey African mythology, a god of death. (Herskovits, 2, 142)

Azael. *See* Azazel.

Azagon La Croix. *See* Baron La Croix.

Azazel (aka al-Haris, Azael, Devil, Hazazel). In Hebrew mythology, both the name for the goat who is sent into the desert as a sin offering (sending sins away) and the name of a desert **demon** to whom the goat is sent. In later traditions, Azazel became one of the leaders of the angels who rebelled against God and subsequently ruled with **Satan** in **Hell**. Another tradition made his fall from **Heaven** the result of his involvement with a mortal woman. In medieval Jewish folklore he was the **serpent** that seduced Adam and Eve into eating the forbidden fruit in the Garden of Eden.

In the Koran (Sura 38:71–79), Azazil was an angel who refused God's command to worship Adam, protesting that an angel should not have to bow down to a mortal. As punishment for his disobedience, God banished Azazil from Heaven and changed his name to **Iblis**. (Ball, 77–79; G. Davidson, 63–64; G. W. Dennis, 24–25; Leach, 99; Metzger and Coogan, 69; Russell, 249–253; Shearman and Curtis, 233–234; Van der Toorn et al., 128–131; Walsh, 41)

Azeman. In Surinam South American folklore, a female **vampire** who dons the skin of an animal at night and preys on her family and neighbors. (Rose, 32)

Azeto. In Haitian voodoo mythology, an evil spirit of the dead. (Dow, 99)

Azhi Dahaka. In Zoroastrian mythology, a winged **dragon** who brought misery, pain, and death to mankind. Created by **Ahriman**, Azhi Dahaka had three heads and a wing span so enormous it blocked sight of the stars. He was eventually confronted by Atar (aka Traetaona), the son of Ahriman's benevolent twin, Ahura Mazda, who drove his sword into the monster's heart. When various snakes, scorpions, lizards, and other frightening animals emerged, Atar became alarmed that there were more ugly creatures lurking inside the monster's body so he chained him inside Mount Demavend, giving humans a chance for survival and happiness. However, at **Frashart**, the final **Apocalypse**, Azhi Dahaka was destined to escape and destroy a third of mankind before Atar would finally destroy him and scatter his ashes. (Cotterell, 57; Leach, 58; Rose, 33)

Azrael. *See* Angel of Death.

B

Baal. In medieval Christian **demonology**, the commander of the armies of **Hell**. Originally Baal was a term meaning "lord" applied to many of the gods of Mesopotamia. (Baskin, 47; Metzger and Coogan, 71)

Baalberith (aka Balberith, Beal, Berith, Elberith). In medieval Christian **demonology**, the evil spirit who notarized the pacts people made with the **Devil**. (G. Davidson, 68)

Baalith. *See* Belial.

Baalzebub. *See* Beelzebub.

Baba Yaga. In Slavic folklore, a cannibalistic ugly crone who sometimes travels with Death who feeds her souls, but more often travels on her own, flying through the air in a mortar using the pestle as a rudder. Baba Yaga is especially fond of children, whom she kidnaps and eats.

Baba Yaga lives in a cottage in the deepest part of the forest. The cottage rests on four sets of hen's legs and has doors made of human bones, bolts made of hands, and locks made from teeth. The cottage is encircled by a fence made of bones. Human skulls with their eyes staring out are impaled at the top of the stakes.

Baba Yaga is so old she is only skin and bone. Her teeth are very long and sharp, and she uses them to shred the bodies of her victims, which she then eats. Baba Yaga very much resembles Medusa since, like the Greek monster, her hair swarms with snakes and her gaze is so terrifying that anyone who looks at her cannot move. She takes her victims—transfixed with fear—home, animates them, eats them, and then makes her fence out of their bones. (Ann and Imel, 44; Dixon-Kennedy, 23–27; Dow, 133–134; Hubbs, 27ff)

Babi. In Egyptian mythology, a bloodthirsty baboon-shaped underworld **demon** who murdered on sight and ate the entrails of his victims. Babi was sometimes present in the **Hall of Two Truths** where, along with **Ammut**, he devoured the souls whose hearts weighed less than the **Feather of Truth**. (Hart, 44)

Bacalou (aka Loa). In Haitian voodoo mythology, an evil deified spirit of death represented by a skull and crossbones. (Dow, 135)

Bael. In medieval **demonology**, the ruler of the eastern area of **Hell**. (G. Davidson, 67)

Baka. In Haitian voodoo mythology, an evil spirit of death to whom black roosters and black goats are sacrificed to appease his anger. (Dow, 138)

Ba, Ka, and Ank. In Egyptian mythology, every individual had two souls, an immortal personality called the Ba and a life force called the Ka. The Ba and Ka both separated from the body at death. The Ka remained with the body in the Underworld, but the Ba, depicted as a human-headed **bird**, was able to revisit the world of the living or accompany the sun god in his journey across the sky in the daytime. However, the Ba always had to return to the tomb at night to reunite with the Ka so that it could rejuvenate itself from the Ka's energy. Narrow openings were deliberately made in the burial chamber to enable it to leave and return. For the Ba to reunite with the Ka, the Ba had to recognize its former body, which is why the body was mummified and sheltered in a tomb. By preserving the body it would remain recognizable so that the Ba could return to it. If the body were damaged beyond recognition or not preserved, the Ba was still able to reunite with the Ka at a statue of the Ka.

The tomb was not solely a resting place for the corpse; it was also a sanctuary where the living could encounter a transcendent being preserved within it. The Ka statue, representing the owner of the tomb, was often depicted standing or participating in various religious activities such as making an offering. Just as statues of the gods were believed to embody their materialized presence, so too were statues of the dead. Embodiment occurred through the ritual of the **Opening of the Mouth**, which evoked a god, summoned him to the tomb, and transformed the statue of the dead person into a divine body that the god could enter.

The purpose of the coffin was to preserve and protect the mummy. If a family could afford the cost, the body was buried in a coffin, enclosed in several more coffins, and placed in a stone sarcophagus. To help the Ba recognize its body, sarcophagi were shaped like a body with a recognizable head, instead of being rectangular, and a life mask was placed over the mummy's face so that the Ba would make no mistake.

The Ka remained with the body and made the perilous journey through the Underworld. Since it needed nourishment to maintain its life force, food and drink offerings were placed outside the deceased's tomb for its use. Alternatively, food and drink were painted on the inner walls of the tomb. When those

Ba Bird. © Abel Photography, 2008. Used with permission.

offerings were made the Ka passed through a "False Door" painted on the wall of the tomb. If it managed to reach the **Hall of Judgment**, it was put on trial before **Osiris** and forty-two judges. After denying it had committed a whole host of sins, **Anubis** placed its soul on a balance and weighed it against the "**Feather of Truth**." If it weighed less, it was permanently reunited with the Ba and together they enjoyed blissful immortality in the **Field of Reeds** as the Ank, represented by a crested ibis. If the Ka's heart weighed more than the feather, it was immediately swallowed by **Ammut**, the eater of the dead, and the Ka was annihilated. (Burton and Grandy, 20–22, 137; Finnestad, 118–134; Turner, 13)

Bakaowa Ud Haitan. In Ifugao Philippine mythology, a death god.

Bakbakwakanooksiwae (aka Hokhoku). In Kwakiutl Canadian aboriginal folklore, the "Cannibal-at-the-North-End-of-the-World." Bakbakwakanooksiwae is a man-eating monstrous **bird** who smashes in the heads of his victims and eats their brains. (Rose, 37)

Bakru. In Surinam folklore, a corpse that walks about like a living person. (Baskin, 50)

Balam (aka Balan). In medieval **demonology**, one of the rulers of **Hell**. He has three heads, one a bull, another a ram, and another a human. (G. Davidson, 68)

Balan. *See* Balam.

Balbal. In Tagbanua Philippine mythology, a **ghoul** that feasts on the bodies of corpses awaiting burial. The Balbal glides through the air like a flying squirrel until it finds the house where the corpse is lying; then it takes on a human form with very long curved nails, which it uses to tear off the thatched roof of the deceased, and then with its long tongue licks up the dead body. (Ramos, 63)

Balberith. *See* Baalberith.

Baloma. In Trobriand Island mythology, the name for the soul that leaves the body at death to lead a shadowy existence in the **Afterworld**. (Baskin, 51)

Balor. In Celtic mythology, a one-eyed god of death; he was the leader of a disfigured race of **demons** called the Fomorii who lived in a gloomy realm at the bottom of the sea. Balor's gaze killed anyone he looked at with his one eye, but it was unprotected since it had no eyelid. When Balor's grandson hit him in the eye with a sling shot, Balor was blinded. Leaderless, the Fomorii fled back to their underworld domain, but periodically ventured from their undersea realm in the form of sea monsters. (Squire, 236–238)

Bamoo. In Lepcha Himalayan mythology, a female **demon** whose presence indicates imminent death. (Gorer, 375)

Banshee (aka Bean Sidhe, Caoineag). In Irish mythology, a female fairy spirit, dressed in white, with long-streaming hair and red eyes from crying, whose wailing predicts imminent death in a house. The Banshee's Scottish counterpart is Caoineag. (Bonnerjea, 32; Taylor, 25)

Bardo. In Tibetan mythology, the land of the dead ruled by **Yama**. After death, evil spirits sink to **Hell** from the weight of their own evil. Once they arrive, they are made to look into a mirror, which reflects their evil deeds and that reflection determines which of the many Hells they will be sent to according to their offenses. There are eight hot Hells, eight cold Hells, eight crushing Hells, and eight cutting Hells; there are also Hells where the punishment is some form of mental torture. (Dow, 146; Taylor, 25; Teiser, 451)

Bardo Thodol (aka Tibetan Book of the Dead). The Bardo Thodol is the Tibetan Buddhist manual for helping souls travel through the **Afterworld**. "Bardo" means "gap" and alludes to the gap assumed to exist between the body and the soul. In contrast to the Egyptian **Book of the Dead**, the Bardo Thodol is meant to be read while an individual is alive or is read to an individual about to die so that his or her spirit can bridge the gaps between the recurring cycles of life and eventually attain the enlightenment that leads to the liberation of Nirvana, or minimize the torments of the various realms of **Hell**.

During a critical forty-nine-day period after death, the soul exists in an intermediate Bardo during which it can attain Nirvana by giving up its attachment to its ego. Since this rarely happens, the Bardo Thodol prepares the soul for its journey to the Afterworld. After entering a dream-like stage, the soul encounters benevolent deities. If properly prayed to, these deities will transport it to a **heavenly** realm from which it will be reborn. If these prayers are not successful, these deities are transformed into fearsome deities that are projections of the evil within the soul. If the soul can realize this, the deities will also transport it to Heaven, but if not, the soul encounters **Yama**. Yama is not a judge but rather the god who shows the soul all its good and bad deeds while alive. Those that admit to their evil deeds attain inner peace; those that do not are punished. Ferocious beasts appear when they deny their past, tie a rope around their necks, and drag them away into one of the six realms where they are tortured until being reborn. By repeating the prayers learned from the Bardo Thodol, the soul may realize that the punishments are not real since its body no longer exists. (Dow, 146; Taylor, 25; Van Scott, *Heaven*, 34–36)

Barguest. *See* Hell Hound.

Baron Cimeteire. In Haitian voodoo folklore, one of the grand **loa** or **gede** (great spirits). Baron Cimeteire is a spirit of death and literally means the "spirit of cemeteries." (Metraux, 82)

Baron La Croix (aka Azagon La Croix). In voodoo folklore, one of the grand **loa** or **gede** (great spirits). Baron La Croix is the lord of the cemetery and a spirit of death, literally the "spirit of the cross." (Courlander, 355; Metraux, 82)

Baron Samedi (aka Gede Nibo, Gede Nimbo, NIBO). One of the grand **loa** or **gede** (great spirits). In Haitian voodoo folklore, he is the personification of both death and the life force. As **Death personified**, Baron Samedi is tall and black and wears a black top hat and a long black tailcoat. He has a long white beard, eyeless sockets over which he wears dark glasses, cotton plugs in his nostrils, and speaks in a nasal voice. He is also known as "Three Spades," "Three Picks," or "Three Hoes" because he carries these tools of the grave-digger with him. Offerings to him are made in black-colored receptacles on which skulls and crossbones are painted. His wife, **Big Brigitte**, rules over cemeteries. In his role as life force, Baron Samedi encourages sexual orgies but those orgies always end in death. Baron Samedi animates **zombies**, the recently buried corpses stolen by sorcerers to become their slaves. (Cotterell, 90; Courlander, 356; Metraux, 82)

Basad. In Tagbanwa Philippine mythology, the Underworld to which those who died a natural death are sent. Others are sent to **Kiyabusan** if they died of sickness, **Mangindusa** if they died of violence or childbirth, or an unnamed realm if the deceased died by being attacked and eaten by evil spirits called pany-en. Basad is the inverted image of the world of the living. When it is light on Earth, it is dark in Basad; rivers flow from the oceans to the mountains instead of from the mountains to the oceans. (Demetrio, 512, 516)

Basilisk. In Christian folklore, a **serpent** so lethal that not only its bite, but anything it rubbed against or breathed on was lethal. Even its gaze could kill.

It was called the "king of reptiles" because of a crown-shaped emblem on its head ("basileus" is the Greek word for king). During the Middle Ages, it lost its reptilian origins and was instead said to be hatched from a cockerel's egg and incubated by a toad. In its adult form it had the head, neck, and legs of a cockerel, a human face, **dragon** wings, and a serpent's tail and was known as the **Cockatrice**. During the Middle Ages the basilisk symbolized the **Devil** and the **Antichrist**. (Baskin, 54; Rose, 41–42, 84–85)

Bat. In Mayan mythology, the bat was symbolic of the powers of the Underworld and was often depicted hovering near a death god such as **Mictlantecuhtli**. One of the regions that the dead had to pass through to reach the Land of Death was the "House of the Bat." In some Central American myths the bat is a death god depicted with gaping jaws or a sacrificial knife. In Tupinamba Brazilian native mythology, the bat will swallow the sun prior to the **Apocalypse**. The bat is also regarded as a symbol of immortality because it lives in caves, which are traditionally regarded as entrances to the realm of the dead. The bat is also an **avatar** of the **vampire** in folklore from around the world. (Chavalier and Gheerbrant, 71)

Bata. In Egyptian mythology, a **serpent** allied with **Apep**, who attacked Re as he passed through the ninth division of **Duat**. Bata had a bearded head at each end of its body, and each of those heads wore a crown. (Budge, *Gates*, 248)

Bata Kala. In Burmese mythology, the ruler of the Underworld along with his wife, Setesuyara. (Cotterell and Storm, 426, 429)

Beal. *See* Baalberith.

Bean Sidhe. *See* Banshee.

Beelzebub (aka Baalzebub, Baazebul, Beelzeboul, Belzaboul, Belzebud). One of the Biblical names for the **Devil**. The name is a combination of "Baal," the term for "lord" in many of the ancient Semitic cultures, and the word for flies ("zebub") or excrement ("zebul"). Sometimes regarded as an alternative name for the Devil, it is also the name of a distinct **demon** in Christian mythology. In Jewish mysticism he is the head of the nine evil realms of the Underworld. (G. Davidson, 72; Metzger and Coogan, 71; Van der Toorn et al., 154–156; Weyer, 12)

Behemoth. In Hebrew, Christian, and Islamic mythology, a monster the size of a thousand mountains who lives in the watery **Abyss**; it is the male counterpart to the female fire-breathing monster **Leviathan**. The Behemoth is so huge that each day it eats the grass from a thousand hills and is so thirsty that a special river flows out of Paradise just to quench its thirst. In Jewish mythology, God castrated the Behemoth because if it had mated, its progeny would have destroyed the world. The Behemoth and the Leviathan battle to the death at the **Apocalyse**, and their bodies provide food for a Messianic banquet. In medieval Christian mythology, the Behemoth has the form of a monstrous elephant **demon** whose domain is overindulgence. As such, he is charged by the **Devil** with tempting people to commit the sin of gluttony. In Islamic mythology, Behemoth is a monster named Bahamut who holds the earth up in the cosmos. (Metzger and Coogan, 76; Schwartz, 146–147; Van der Toorn et al., 165–169; Weyer, 66)

Bekhkhi. In Egyptian mythology, the eighth chamber of the Underworld. (Budge, *Gates*, 219)

Belet Seri. In Babylonian mythology, the female record keeper of the Underworld. After **Ereshkigal** decides the fate of the dead, Belet Seri records her decision. (Monoghan, 68)

Belial (aka Baalith, Beliar, Beliel, Belit-Ili, Devil). In Christian mythology, a vicious **demon** called "The Beast" in the Biblical Book of Revelation, and the leader of the forces of evil in the Dead Sea Scrolls. Belial was later identified with death and equated with **Satan**. (Baskin, 57–58; Dow, 158; Van der Tooorn et al., 169–171)

Beliar. *See* Belial.

Beliel. *See* Belial.

Belit-Ili. *See* Belial.

Belphegor (aka Baalpeor, Beelphegor). Originally worshipped by the Biblical Moabites as Baalphegor on Mount Phegor, he was associated with lewdness and orgies. In Christian

demonology, he emerged from **Hell** to engender discord among married couples and to seduce mankind into evil by tempting them with unearned wealth. Belphegor was also regarded as the deadly sin of "Sloth," one of the seven deadly sins. At one time he was worshipped in caves and people threw him offerings through holes in the ground. Rabbinical folklore later made the toilet his temple and excrement his offering. Belphegor was typically depicted as a beautiful naked woman or an ugly, bearded male **demon** with horns and a gaping mouth. (Mack and Mack, 265; Weyer, 13)

Belzaboul. *See* Beelzebub.

Belzebud. *See* Beelzebub.

Benen. In Egyptian mythology, a bearded mummy with hands folded on his chest, who guards the entrance to the eighth chamber of **Duat**, the Egyptian Underworld. (Budge, *Gates*, 219)

Berberoca. In Apayao Philippine mythology, a shape-shifting ogre that attacks humans and eats their flesh. (Ramos, 95)

Berith. *See* Baalberith.

Bhut. In Hindu folklore, evil spirits that haunt cemeteries, animate dead bodies, and eat human flesh. Bhuts are the doubles of humans who often died violently and now feed on the energy of the living. (Baskin, 60; Bonnerjea, 39; Taylor, 85)

Big Brigitte. *See* Madam Brigitte.

Bilibo. In Mandaya Philippine mythology, the realms of the dead. The dead remain in a coma until an old woman named **Iboll** finishes weaving a piece of cloth made from their hair. During their lives people keep their hair long so that she will be able to finish sooner. Bilibo has two areas, one for those who die in battle and one for those who die a natural death. (Demetrio, 512)

Binobaan. In Ifugao Philippine mythology, a shape-shifting ogre with a voice that sounds like thunder that attacks humans, rips out their flesh, and eats it. (Ramos, 95)

Birds. Birds are common in mythology as links between **Heaven** and Earth. Symbolic of purity and not earthbound, they are the models for winged angels and the soul in flight to Heaven after death, or souls returning to Earth to guide those after they die to Heaven. In Neolithic times, death was depicted as a **vulture**. Depending on the kind of bird, and especially their color, birds can symbolize luck and life or misfortune and death. Birds that bring good fortune are typically small and white like doves. Birds bringing bad luck are large and black like crows and ravens. In ancient Egypt, a black dove was the symbol for women who remained widows until their deaths, representing a frustrated life force. A bird tapping on the window, like the Raven in Edgar Allan Poe's memorable poem, or one flying through the house, is an omen of imminent death in the family who lives inside, as is a bird found dead near the home. Crows and ravens are often associated with gods of war, death, and the **Afterworld** such as **Odin** in Norse mythology and **Bran** and **Morgan le Fay** in Irish mythology. In folklore, the **Devil**, often equated with Odin and other pagan gods, frequently assumes the form of a raven, and the black raven is emblematic of the Devil. During the European witch craze, women admitting to witchcraft described the Devil as a black he-goat. (Chevalier and Gheerbrant, 86–92; Garry and El-Shamy, 80–87; Grimm, 995–997)

Bitu. *See* Aralu.

Black Angus. *See* Hell Hound.

Black Dogs. *See* Hell Hound.

Black Horse. In Christian folklore, the **Devil**'s horse and a symbol of death. (Baskin, 62)

Black Rock. In Cook Island Polynesian mythology, the place where dead souls assemble when they begin their journey to the **Afterworld**. In other Polynesian myths, the rock is a place of judgment in the Afterworld. (Jones, 296)

Boat. A universal symbol in mythology representing the journey to the **Afterworld**. In ancient Egypt, the sun god Re and the dead passed through **Duat**, the Underworld, in a boat (symbolic of the coffin). Along the way, **demons** such as **Apophis** tried to capsize it and devour their souls before they could reach the Paradise of the **Field of Reeds**. In Christian mythology the boat symbolizes the journey of the faithful overcoming temptation on their way to salvation. (Chevalier and Gheerbrant, 107–108)

Bocor (aka Bokor). A Haitian voodoo priest who commands the spirits of the dead. (Courlander, 340)

Bodach Glas. In Scottish folklore, a spectre, like the Irish **Banshee**, that appears at death. (Walsh, 45)

Bokor. *See* Bocor.

Book of Gates (aka Book of the Netherworld; Book of the Pylons). An Egyptian funerary text written after the **Book of the Dead**, describing in greater detail the passage of the sun god through the Underworld during the night. The Egyptian **Afterworld** was conceived of as a river flowing through a series of chambers called gates, portals, or pylons that the deceased had to pass through to reach the realm of afterlife existence. Each gate represented a different hour or stage of the journey and was guarded by a minor deity who would allow only those who knew their secret name, and therefore had power over them, to pass. Each gate was also the name of the goddess and was protected by a fiery **serpent** that acted as watcher or protector, and a guardian god or herald who questioned the deceased. The fifth gate, for instance, was named "she of duration," its serpent was the "flame eyed," and its guardian deity was "true of hearth." Newly deceased souls could pass through only if not burdened by sin, knew the name of the deity, and recited the appropriate oath. Those not permitted to pass remained in the chamber.

When the sun god entered the first chamber of the Underworld, he and the newly deceased were greeted by all the deities, collectively called the "gods of the west." At the next gate, deceased souls were separated into those who were blessed and allowed to go on without harm and those who had sinned. Next came part of the river that did not harm blessed souls but turned into a Lake of Fire for sinning souls. This was also where Re, the sun god, was first confronted by **Apophis**, the monster snake, who had to be beaten back by the **boat**'s captain and two of his allies. In the fourth gate, the deceased encountered the Lake of Life and Lake of Uraei, where Re caused the **resurrection** of dead mummies. In the fifth gate, the gods held a cord, representing the space that the blessed deceased was to be allotted in the Afterworld. To pass, Apophis once again had to be overcome and fettered. Just before the next gate, the deceased encountered **Osiris** on his throne and was judged against the **Feather of Truth**. Those who failed were instantly annihilated; those who passed went on to the next gate where mummies of the deceased were placed on a bed in preparation for their reunion with the **Ba**. During this time gods kept Apophis at bay by pointing spears at him. As Apophis was held back, the heads of people he had previously swallowed were freed. In the seventh gate, Re's other enemies were subdued, ending the final challenge to Re's renewal. In the eighth gate the blessed dead received provisions. In the ninth gate, four groups of the dead drifted in the chamber's waters. For one group, the water provided refreshment, while those who committed sins against Osiris that did not warrant annihilation were punished by a giant serpent that breathed on them with his fiery breath. Another battle with Apophis was fought in the tenth gate. In the eleventh gate, Apophis was fettered and his allies were dismembered, and the deceased were no longer in any danger. In the twelfth and final gate, Re prepared to return to the sky, representing the resurrection of the dead and their spiritual union with Osiris. (Budge, *Gates*, 1ff; Hornung, 55–77)

Book of Going Forth by Day. *See* Book of the Dead.

Book of the Dead (aka Book of Going Forth by Day). An Egyptian funerary scroll buried with the dead, containing a compilation of spells warding off various evil spirits during the deceased's dangerous journey in the Underworld. Among the spells are those persuading the sun god Re to take the deceased aboard his **boat** as it journeys through the Underworld. The book also contains a list of "negative confessions," which are not expressions of remorse but lists of sins that the deceased says he has not committed when he stands before **Osiris** and his forty-two judges in the **Hall of Judgment**. (Budge, *Dead*, 1ff; Lorton, 13–22; Taylor, 40–41; Van Scott, *Heaven*, 47–49)

Bope. In Brazilian native mythology, evil spirits that attack dead bodies if their flesh is left on their bones. Souls of those whose flesh is scraped away are reincarnated as frogs, **birds**, or deer. (Savill, *Oceania*, 191)

Boroka. In Philippine folklore, female cannibals with a special appetite for children. The Boroka have human heads and bodies, a horse's four legs, and eagle's wings. (Rose, 57)

Bozaloshtsh. In Slavic mythology, a **demonic** diminutive old woman with long hair who wails like a little child outside the windows of those about to die. (Ann and Imel, 45; Bonnerjea, 105; Jobes, 239; Leach et al., 472)

Bralgu. In Australian aborigine mythology, the land of the dead. (Van Scott, *Heaven*, 57)

Bran. In Welsh mythology, a god who rules an **Afterworld** inhabited by failed heroes. Bran was once a mortal, but he angered the gods who beheaded him and exiled him to the Underworld to punish him for his transgression. (Jobes, 241; Van Scott, *Heaven*, 266–267)

Bridge. In many myths the structure connecting the worlds of the living and the dead. The pope's title, "pontiff," means bridge builder, representing his role as mediator between **Heaven** and Earth. In many myths, after death, righteous souls travel safely across a bridge to a Paradise while the wicked fall from it into **Hell**. In Persian mythology, the **Cinvat Bridge** widens for the righteous and narrows for the wicked, causing them to fall into Hell. In Malaysian mythology a bridge spans a cauldron of boiling water into which sinners tumble. In Jewish and Islamic mythology, a bridge connects the Jerusalem temple to Mt. Olivet. In Islamic mythology, a **psychopomp** angel holds onto the righteous by a single lock of their hair to keep them from falling from the bridge called al-**Shirat** al-jahim ("the bridge over fire"), whereas the wicked tumble off the bridge into **Jahannam** (Hell). In Sumatra mythology, a guard carrying a lance and a shield stands at the end of the bridge and throws sinners into Hell.

The rainbow is often regarded as the bridge connecting Heaven to Earth. Other bridges take the form of ropes or trees. In Norse mythology, the bridge to Heaven is called Bifrost, whereas the bridge to Hell is called Gjallar. Among the Aztecs the connecting link was known as the "bridge of souls." (Chevalier and Gheerbrant, 163; G. Davidson, 171–173; Eliade, *Shamanism*, 281–282, 311; Furlong, 141; Taylor, 356, 200)

Bunyip. In Australian folklore, evil water spirits that live in the mud at the bottom of lakes and pull victims into the water and drown them. (Dow, 2000)

Buso. In Philippine mythology, invisible **ghouls** who haunt graveyards and feed on human corpses. The Buso can hear the sound of death from a great distance, and at night after someone is buried, the Buso, who resemble men and women except that they have claws, dig up the body and eat its flesh and whatever blood it still has in it, and usually make a great noise as they devour the corpse. The Buso will also attack the living and rip out their flesh and eat it. The Buso are ugly giants, with long bodies and long feet and necks. They have prominent long, pointed teeth and a horn protruding from their heads. (Benedict, 42–43; Ramos, 62–63, 96)

C

Calag. In Hiligaynon Philippine mythology, a **ghoul** that feasts on the newly buried bodies of the dead. (Ramos, 62)

Camazotz. In Aztec mythology, the "death bat," a **bat demon** that decapitated victims in the House of Bats. The Camazotz had a nose shaped like a flint knife, which it used to cut off heads. The bat demon's counterparts are Soucouyant in Trindidad and Tin Tin in Ecuador. (Mercatante, 170)

Caoineag. *See* Banshee.

Casanaan. In Tagalog Philippine mythology, a place of anguish in the realm of the dead where **demons** live and where the wicked are punished. (Demetrio, 516)

Cave of the Dead. In many myths, a place where the newly dead are reunited with friends and family. (Luckert, 146)

Cavern Deities. In Egyptian mythology, deities that inhabited caverns in the Netherworld where evildoers were punished or executed by beheading. (Wilkinson, 80)

Caym (aka Caim). In German folklore, a **demon** in **Hell**. Caym had a human body and head with a beard and mustache, wings of a black **bird**, and carried a sword. (Baskin, 83)

Cer. In Greek mythology, the goddess of violent death. (Urdang and Ruffner, 81)

Cerberus. In Greek and Roman mythology, a monster **dog**, the offspring of **Typhon**; he lived on the internal side of the **Styx**. Cerberus had three heads (although in some legends he has fifty or a hundred heads); the middle head was that of a lion; the heads on either side were those of a dog and a **wolf**. Poison dripped from each of his mouths; he had snakes in place of hair on his head and back, and his body ended in the tail of a **dragon**. One of Heracles's twelve tasks required him to bring Cerberus into the upper world without using any weapons. While Cerberus politely greeted and allowed the dead to enter, he kept the living from getting through the gate to **Hades**. To get past him, the **Sibyl**, Aeneas's guide through the Underworld, threw him some bread seeped with honey and a soporific. After Heracles brought him to the upper world, the sunlight made him so nauseous he threw up and the poisonous plant Wolfbane sprang up from the vomit. Cerberus reappears in the Third Circle of Dante's *Inferno,* still bearing the marks of the chain Heracles used to tie him. (Berens, 249–251; Howard, 158; Howey, 184–185; Natale Conti, 170–173)

Cernunnous. In Celtic mythology, a god of death that guarded the entrance to the world of the dead. Although Celtic, the name is Latin meaning "horned one." Cernunnous was part human and part animal. He had antlers in his head, the body of a stag, and held a snake in his hand. Cernunnous's image appears on the Gundestrup cauldron, a ritual object discovered in a peat bog in Denmark. After Ireland was Christianized, Cernunnous was identified with **Satan**. (Shepherd and Shepherd, 112; Van Scott, *Hell,* 54)

Chalmecacihuatl. *See* Mictecacihuatl.

Chalmecatl. *See* Mictlantecuhtli.

Charon. In Greek and Roman mythology, the boatman who ferried souls across the river **Acheron**, but only if they had received proper burial rites. Those who were not properly buried had to remain on the shore of the Acheron for a hundred years and only then were they allowed to cross the river. In later folklore, the ferryman became the driver of the "death coach."

Charon was an old man with an unkempt beard who wore squalid clothes but whose eyes were fiery red. He was totally inflexible as to whom he carried across, treating everyone the same, king and commoner alike; the only requirement was that the deceased have the proper payment, an obol, which was placed into the mouth of every dead person as payment, although some mortals such as Heracles and **Orpheus** managed to persuade him to take them across. (Howard, 155; Natale Conti, 168–170)

Charun. In Italian Etruscan mythology, an ugly death **demon** with a black complexion, a **vulture**'s nose, implying a **bird** of prey, the pointed ears of a horse, feathered wings, red hair and beard, and a cruel grin, as if anticipating the death he brings. Charun greeted the newly arriving dead by pummeling them unmercifully with a hammer. (Brandon, *1960–1961,* 329; G. W. Dennis, 82; Edlund-Berry, 356–357; Eliade, *Ideas,* 2:130–131)

Chawthang. In Tangsas Indian mythology, souls that turned into evil spirits as a consequence of an unnatural death. (Dutta, 67)

Chemosh. In Babylonian mythology, the god of the Underworld, the counterparts of **Ammon** and **Nergal**. (Shearman and Curtis, 239)

Chiconahuapan River. *See* Chignahuapan.

Chicunauhmictlan. *See* Mictlan.

Chignahuapan (aka Chiconahuapan River). In Aztec mythology, the river that surrounded the Underworld. (Caso, 62)

Ch'in-Kuang. In Taoist Chinese mythology, the ruler of the first of the ten courts of **Hell**, called **Ti Yu**. When souls arrived in his realm, he examined a book in which all the deceased's deeds were recorded. Souls that had lived virtuous lives were quickly sent to the tenth court where they were transmigrated to their next destiny. Those who were wicked were made to look into a mirror that showed them everyone they had previously harmed, after which they were sent to the second court for punishment. (Leach et al., 228; Mercatante, 625)

Chin-ni. In Malay mythology, a female death spirit. (Skeat, 217)

Chitragupta. In Hindu mythology, the god who records all of a person's past deeds. After death, he reads the records of newly arrived souls to **Yama**, the lord of the dead, who decides their fate based on their past deeds. (Leach, 229; Mercatante, 682)

Chthonian. A term referring to below the earth; it often implies danger and death. Gods and **demons** that inhabit the Underworld are chthonian. In Greek mythology, the eponymous Chthonos was the Earth, the mother of the Titans. Chthonian spirits often emerge from the earth just before decisive worldly events, reversing hope, and bringing despair. (Chevalier and Gheerbrant, 193)

Chuan lun. In Chinese mythology, the ruler of the tenth of the ten Taoist **Hells** where souls whose sins had been cleansed awaited **reincarnation**. When the time came, they were given a drink that made them forget their previous lives. (Leach, 231; Mercatante, 625)

Ch'u Chiang. In Chinese mythology, the ruler of the second of the Taoist **Hells**, a lake of ice, where thieves and murderers were sent. (Leach, 231)

Chuma. In Slavic mythology, a death goddess, dressed in white, who goes from house to house and foretells who is about to die. (Ann and Imel, 45)

Chup Tripeme. In Mayan mythology, the water god who ruled a part of the **Afterworld** inhabited by those who died by drowning. (Balderas, 151)

Cinvat Bridge. In Zoroastrian mythology, a **bridge** where the fate of the newly dead was determined according to the balance between their good and bad deeds. Those with a positive balance were escorted across the bridge to a **heaven**-like world. For souls judged to be wicked, the bridge became as narrow as a razor's edge, causing them to fall into **Hell**. (G. Davidson, 171–173; Furlong, 141)

Cizin. In Lacandon Mayan mythology, a god of death. Cizin's name literally means "stench" or "stinking one." Another of his titles is the "Flatulent One." Cizin has a skeletal body with black and yellow spots, the Mayan colors of death, a prominent forehead, human eyes, and a long bone hanging from one of his earlobes. After someone dies, Cizin burns his or her soul on the mouth and the anus. If the soul protests, Cizin pours ice water over it. If it complains about that, Cizin burns it again until the soul ultimately disintegrates. After the Mayans were conquered by the Spanish, Cizin became identified with the Christian **Devil**. (Read and Gonzalez, 149)

Coatlicue (aka Cihuacoatl). In Aztec mythology, a violent goddess of death and a goddess of regeneration. As a death goddess, Coatlicue had an unquenchable thirst for human blood, which necessitated constant warfare to capture sacrificial victims. Frightening in appearance, she wore a necklace made from the hearts of her sacrificial victims, claws for hands and feet, flabby breasts, an exposed jawbone, and a mouth that was always gaping to enable her to eat more victims. As goddess of regeneration, she was a mother goddess. (Cotterell, 78)

Cockatrice. *See* Basilisk.

Cocytus. In Greek mythology, the "river of wailing," one of the rivers that the dead had to cross before entering **Hades**. Like the **Acheron**, it was thought to flow from Lake Acherusia. In some myths, it was said to be a tributary of the **Styx**.

Cocytus is also the deity personifying the river. His daughter, the nymph Minthe, was seduced by **Pluto** and was subsequently turned into an herb by his wife, **Proserpina**. (Natale Conti, 167–168)

Coffin Texts. In Ancient Egypt, magic formulas containing spells placed inside wooden coffins to help the deceased gain entry into the **Afterworld**. These spells were later carved into the walls of pyramids and called **Pyramid Texts**. (Hornung, 7–12)

Congo Savanne. In voodoo mythology, a man-eater who grinds people with a mortar. (Courlander, 357–358)

Contrapasso. A term used by Dante for the principle that the punishment in **Hell** fits the crime committed during life. Contrapasso eliminates arbitrariness and God's involvement in what goes on in Hell since it is the sin and not God's judgment that accounts for otherwise incomprehensible punishments such as the lustful being hurled about by storms (representing the sinners' passions, which made them unable to control themselves). Although coined by Dante, the principle is not unique to Dante's conception and description of Hell but a recurring theme in **eschatology**, wherein those who have lived virtuous lives may be reborn in **Heaven**, whereas the wicked are destined to find themselves in Hell. An aphorism dating back to India's fifth century says that "Each one shall fare according to his deed, And reap the harvest as he sows the seed," which harkens back even farther to the Biblical aphorism, "as ye sow, so shall ye reap." (Barolini, 476; Behm, 32)

Coqui Bexelao (aka Bezelao). In Zapotec Mexican mythology, the god of death and ruler of the Underworld. (Whitecotton, 158)

Corpse Light. A moving phosphorescent light sometimes seen in marshes, often considered an omen of death.

Also called a jack-o'-lantern and ignis fatuus, it is thought to be caused by gases from the earth. The light sometimes flitted from churchyards to the homes of those about to die. (Leach, 253)

Coyote. In native American myths from the Plains and southwestern tribes, a trickster who enjoyed bringing trouble into the world. In a myth from the California Maidu, Coyote was bored with the happy life of the people God created and himself created sickness and death, but came to regret it when his son was the first to die after being bitten by a rattlesnake. (Beckman, http://www4.hmc.edu:8001/humanities/beckman/western/maidu.htm)

Cum Hau. *See* Ah Puch; Mictlan.

Cupay. *See* Supai.

Cwn Annwn. *See* Hell Hound.

Cwn Cyrff. *See* Hell Hound.

Cwn Wybr. *See* Hell Hound.

D

Daena. In Persian mythology, a beautiful maiden accompanied by two guard **dogs**, who escorted the soul across the **Cinvat Bridge** to the House of Song. (Taylor, 356)

Dagan. In Ugarit (northern Syria) mythology, an underworld god who received sacrifices on behalf of the dead. (Wyatt, 119)

Dakul Banua. *See* Gimokodan.

Dalum. In Ifugao Philippine mythology, the Underworld. (Barton, 86)

Danag. In Isneg Philippine mythology, a **vampire** who was once human and worked in the fields with its neighbors. One day, one of the women hurt her forefinger and the Danag sucked the wound. It liked the taste of blood so much that it continued to suck all her blood. (Ramos, 109)

Dance Macabre. In Christian medieval art, depictions of skeletons dancing together, indicating that death did not make any distinctions on the basis of social status or gender after death. (Shepherd and Shepherd, 152)

Death and the Maiden. Cimitero Monumentale, Milan, Italy. © Abel Photography, 2008. Used with permission.

Dante's *Inferno*. *See* Descent to the Underworld.

De. In Lepchas Himalayan mythology, a **psychopomp**. (Gorer, 231, 357)

Death Personified. In Greek mythology, death was personified as

Grim Reaper. Cimitero Monumentale, Milan, Italy. © Abel Photography, 2008. Used with permission.

Thanatos. In Christian mythology, Death rides a **pale horse** in the Book of Revelation. In later iconography, death is symbolized as a tomb; a skeleton wearing a black robe and carrying a **scythe**, sickle, or trident for harvesting the dying, and sometimes an hourglass (symbolizing mortality and transience). Death is also often depicted as a being with a human clamped in its jaws; a winged spirit; a **serpent** or any animal such as a **dog** acting as a **psychopomp**; two youths, one black the other white; and a dead horseman riding off with his sweetheart, wife, or child. The last is a common motif in folklore. In some folklore versions the one being taken off does not know the rider is dead and barely escapes being taken to the grave with him. (Shepherd and Shepherd, 66)

Death. Protestant Cemetery, Florence, Italy. © Abel Photography, 2008. Used with permission.

Debawon. In Maybowan Philippine mythology, the realm of the dead, ruled by Ibo. (Demetrio, 516)

Demon (aka Daemon, Daimon, devil). A general term for supernatural semi-divine spirits hostile to humans. Demons are emotionless and never need any rest or sleep. The term comes from the Greek *daemon*, which meant "divine power." Although some demons are benevolent, most are evil. In Egyptian mythology, demons were minor deities, defined by their specific activities that they performed for the major gods and goddesses. In Mesopotamian mythology, they are creatures with disfigured human shapes that often lurk in caves, pits, tombs, and bodies of water, which were often entrances to the Underworld. Sometimes, however, they sneak into homes through cracks in the walls and physically take hold of humans, causing them to become sick or paralyzing them in their bodies or speech. Demons are fond of startling people by sudden strange noises and like to steal a person's energy or beauty. While some doled out punishments for the damned, others acted as guardians at the various gates of the Underworld. In some mythologies, demons are personifications of natural phenomena, such as wind and fire. In some they are **ghosts** of someone's family member, especially those who were unhappy in life. Some demons act on their own; others are the agents of destruction through which gods afflict humans, such as **Namtar**, the plague demon sent by **Nergal**, or **Reshef** (Fire) and Deber (Pestilence), who accompanied Yahweh when He descended to Earth. The Babylonians believed demons were monstrous evil spirits with the heads of animals and bodies of humans, who attacked humans at night. Each demon had a name reflecting its activity. Among the most active night demons were **Lilu** and his female counterpart Lilitu. Pazuzu, a wind demon, had a human-like face and wings. Eki mmu, the "seizer," hovered above graves and attacked anyone who came near. Rabisu, the demon "who lies in wait," and **Labartu**, the "oppressor," gave people nightmares; Namtar was the "demon of plague." Other demons were the souls of the dead who were wronged while they lived and return to the living to seek retribution. Some, like **Azazel**, a desert demon, were appeased through sacrifices such as a goat sent to them on the Jewish Day of Atonement.

In early Judeo-Christian folklore, demons were the souls of the children born from the union of humans and angels who descended from **Heaven**, which resulted in a race of wicked giants who subsequently brought strife and bloodshed on Earth. God sent the Flood to destroy them, but since they were not either human or angelic, they were not destroyed but instead were trapped in a region of the air from which they haunted the living, seeking bodies to invade. In later Judeo-Christian and Islamic folklore, demons acted on orders from the **Devil** and caused personal misfortunes. Their usual method of attacking humans was by inflicting diseases, although not all illnesses were attributed to them.

Christian folklore has extensive lists of demons serving the Devil and arranges them into hierarchies with rankings, based on their powers or sins they cause humans to commit. The Church swelled the ranks of these demons by equating them with the gods of other religions, often calling them devils, without capitalizing the name to distinguish them from "the Devil." The names of many demons are contained in instruction manuals, called grimoires, for summoning them, often in the name of Jesus, to perform some evil magic on behalf of the conjurer. Johann Weyer's grimoire, *Pseudomonarchia Daemonum*, written in 1583, lists 68 demons. Another popular **demonology** text, Francesco Maria Guazzo's *Compendium Maleficarum* (1608), classified demons in terms of their spheres of influence such as the air, water, earth, fire, night, and Underworld. Earth demons were the most dangerous because their goal was encouraging humans to sin.

Demons all have certain characteristics in common. All are able to change their appearance at will, prefer darkness to light, typically appear at night and disappear at dawn, have unbounded energy, and act solely on instinct. Demons are typically hybrids with the features of different animals. Some have an animal body grafted onto a human body, such as a man with the head of a lion or a lion with the head of a man. Since hybrids represent imperfection and chaos, demons are typically cruel, vindictive, and a potential danger to world order. (Baskin, 97, 100, 107, 160, 240; Burton and Grandy, 112ff; Mack and Mack, 1–12; Porter, 19–30; Van der Toorn, 235–240; Wilkinson, 81)

Demonology. The study and classification of **demons**. (Valiente, 67)

Descent to the Underworld (aka Tours of Hell). The main reasons for descents to the **Afterworld** are to describe it for the living; to gain some information that is available only from someone in the Underworld; to retrieve a dead loved one; curiosity; to demonstrate the possibility of overcoming death; in the case of **shamans**, to lead the dead who would otherwise become lost, to the realm of the dead; to warn the

William Blake's Descent into the Valley of Death. Illustration for Robert Blair's "The Grave," 1818. Reprinted. London: Routledge, 1905.

living of what is in store for them if they fail to live up to their culture's or religion's expectations; and to conquer its rulers. Some scholars interpret the descent as symbolic representations of renewal and rebirth or the quest associated with ecstatic religious experiences for self-awareness

One of the oldest descent myths is the Mesopotamian story of **Inanna**'s journey to **Aralu**, where she is forced to strip naked and appear before her sister, **Ereshkigal**, who hangs her body on a hook and leaves it to rot until she is rescued by order of the other gods.

Greek mythology has several descent stories, usually by individuals who are allowed to do so because of Zeus's affection, their own virtue, or because they have a divine parent. Among the latter are **Orpheus**, Heracles, and Theseus. The best-known descent story is Orpheus's journey into Hades to bring back his wife, Eurydice, who has died young after being bitten by a snake. Orpheus, a gifted musician, charms **Hades** and his wife **Persephone**, the rulers of Hades into letting Eurydice go, but is told not to look back at her until he has emerged from the Underworld. On the way back he becomes anxious she is not following him and he looks back and watches hopelessly as she vanishes back to Hades's kingdom. The myth underscores the tenet that while a mortal may on occasion come back from the realm of the dead, once someone dies, it is very rare for him or her to return, but the possibility still remains as in the stories of Cupid's and Dionysus's descents.

Cupid journeyed to the Underworld to rescue Psyche who had gone to Hades to get a box in which Persephone stored her beauty. She was given the box but told not to open it until she was back among the living. Curious as to its contents, she disobeyed, opened the box, and fell into a deep sleep from which Cupid rescued her. Dionysus traveled to the Underworld to bring back his mother Semele who had died after persuading her lover, Zeus, to grant her any wish she asked for. When she asked him to reveal himself in his divine persona, the light was so bright, it burned her to death. Before she died, Zeus ripped Dionysus, their unborn child, from her womb and sewed him into his thigh until it was time for him to be born. After Dionysus brought his mother back from the Underworld, he took her to Olympus where she was deified and given the new name Thyone. Followers of his cult believed that his example showed that they too might be able to conquer death.

Descent to obtain information is the reason for Odysseus's descent. In Homer's *Odyssey*, Odysseus is not able to return home and travels to the entrance of the Underworld to ask the prophet Tiresias what he (Odysseus) needs to do to get back. Odysseus cannot enter Hades, so to lure the prophet to the entrance he kills a ram and a black ewe. The smell of blood attracts all the spirits, but Odysseus keeps them back with this sword until Tiresias appears. Tiresias tastes the blood and it empowers him to speak. Odysseus also gets to talk with other shades in Hades including his mother and former companions killed in the Trojan War, among them Achilles, who tells him that it is better to be a slave among the living than live in Hades.

The Greek hero Heracles journeys to the Underworld to bring back the monster **dog Cerberus** as the last of his twelve labors. During his descent he also rescues the hero Theseus who was chained to a chair in the Underworld after a botched attempt to kidnap Persephone. Other descent stories in Greek mythology include the goddess Demeter's descent to bring back her daughter Persephone whom Hades had abducted and made his wife.

In Roman mythology, the **psychopomp Sibyl** takes Aeneas to the Underworld to talk with his father, who tells him that he is destined to found Rome. Aeneas's journey is greatly elaborated in Dante's *Inferno*, although in this instance it is Virgil, the author of the *Aeneid*, who serves as Dante's guide. As they approach the gates of **Hell**, Dante reads the ominous sign "Abandon hope all ye who enter here." Dante's description of Hell became the classic description of the torments awaiting Christians who committed various sins during their lifetimes.

In Norse mythology, **Odin** sent his son Hermod to plead with **Hel**, the goddess of the Underworld, to allow his other son, Balder, to return to the home of the gods. Balder's mother had tried to make him invulnerable by getting all the plants and metals that weapons were made from to promise they would not harm her son. However, she missed getting the pledge from the mistletoe. The evil god Loki made a dart from the mistletoe and gave it to Balder's blind brother and persuaded him to throw it at Balder. Believing his brother was invulnerable, he killed him. When Hermod asked Hel to release Balder, she said she would on the condition that every creature on Earth would weep for Balder. Everything did, even the stones, except for Loki, disguised as an old witch, which meant that Balder could not return.

Other stories of descents to retrieve loved ones are the African story of a warrior who traveled to the Underworld to bring back Wanijiru, a girl who had been sacrificed so that rain would fall; Hiiaka's descent in Hawaiian mythology to bring back her lover; Mataora's descent in Polynesian mythology to bring back his wife Nuvarahu; the Comanche Indian myth of Young Comanche who descended to the land of the dead to bring back his wife, and who, like Orpheus, lost her forever by looking back before he returned to the world of the living.

In addition to the better known Japanese myth of **Izanagi**'s descent to bring back his wife Izanami, Japanese and Chinese myths have stories about men being summoned to Hell to rescue their parents or wives from torture. In the Japanese version, a man named Hirotari dies while trying to recuperate from an illness. His family is summoned to take care of his funeral arrangements, but on the third day after his death he comes back to life and describes his journey to and back from the other world. When he finally died, two armored men appeared and struck him on the back and carried him away telling him he was to appear before the king of Hell, **Emma-O**. The road ended at a deep, black river. After wading across, he came to a tower where a voice ordered him to come inside. After he entered, a voice from behind a screen asked him if he recognized the person behind him. When he turned around he saw his wife who had died in childbirth three years earlier. Emma-O said that he had been summoned to Hell at her request and that she was required to spend six years in Hell. She had already spent three and wanted to spend the remaining three with him because she had died giving birth to his child. Hirotari said that if he would be allowed to return to the living he would rescue her from further torture by reciting certain prayers. The wife said if he did she would forgive him and Emma-O let him go home.

Descent to achieve immortality is the reason for Maui's descent in a New Zealand Maori myth. To do so, Maui has to enter through the mouth of **Hine-Nui-Po**, the Great Lady of the Night. Hine is a sleeping giantess who is also Maui's ancestress. Maui brings some birds who are his companions with him to watch him make the journey but warns them to be quiet so as not to wake her. But just as he enters head first into her mouth, some **birds** laugh at him and wake the giantess who closes her mouth and kills Maui.

Judeo-Christian mythology has many myths describing journeys to Hell, the purpose of which was to frighten potential sinners, through descriptions of the punishments doled out in those places, into conforming with their culture's moral and religious customs. In the Revelation of Moses, one of the earliest Jewish descriptions of the **Afterlife**, God tells the angel Gabriel to give Moses a tour of Hell. In it Moses sees men being tortured by the **Angels of Destruction**. Like the tortures described by Dante centuries later, each punishment reflected the sins committed while alive. Those guilty of adultery, or lust for married and unmarried men or women, are hung by chains of fire from various parts of their bodies, including their eyelids, hair, or genitals; those hanging by their ears or tongues are guilty of not studying the Torah or slander. Other tortures include hanging upside down as worms devour their bodies, being tied down and bitten by scorpions, and being lashed with chains of iron and fiery whips. A slightly different description of **Gehenna** occurs in the Revelation of Rabbi Joshua ben Levi.

Descent to Hell to rescue the damned is another common theme in myth, although Hell in some stories is not necessarily underground and the ruler is not the traditional overseer. Beginning in the second century B.C.E. Jesus's descent into Hell to defeat **Satan**, overcome death, and release the souls of Old Testament heroes who died before they were able to embrace Christianity and receive a place in **Heaven** became a common theme in Christian mythology and was frequently reenacted in a popular mystery play called the "harrowing (pillaging) of hell." The story originally came from the Apostle's Creed and was later elaborated in the Gospels of Bartholomew and Nicodemus, which said that between Good Friday and Easter Sunday when Jesus rose to Heaven, he descended into Hell which he closed down for a thousand years after overcoming Satan whom he chained and threw into one of his fiery pits. Since Hell was now closed, the souls of the wicked were confined to a limbo for the next thousand years until Hell was reopened. When Satan finally freed himself a thousand years later, Hell was reopened and another place of punishment, a combination of limbo and Hell, called **Limbo**, was created.

During Christianity's first centuries several books attributed to prominent Biblical figures, such as the **Apocalypse of Peter** and the **Apocalypse of Paul**, contained detailed "tours of Hell." In medieval times, similar stories were told about ordinary people who toured Hell. The general story line was that the traveler (always male) became very ill, sometimes because he ate some poisonous food, and lapsed into a coma during which his soul left his body and was met by an angel. The angel tells the soul that it can return to its body and live out the rest of its life, but the angel was going to show it what it was in store for in Hell if it did not change its ways for the better. In the seventh century an English monk known today as the "Venerable Bede" collected these stories in his *Ecclesiastical History of the English People*. One of the descriptions of Hell in Bede's book comes from a visit by a man named **Drythelm**, who was so disturbed by what he saw that when he returned he gave away all his possessions and became a monk. Another tour, *The Vision of Tundal*, contains much more detail about the punishment of the Afterlife and associates punishments in specific areas of Hell with sins committed during life and may have influenced Dante's subsequent description of Hell.

The best known of Christianity's descents is Italian poet Dante Alighieri's description of his journey to Hell in the fourteenth century. Based on Greek and Roman myths, it describes Dante's journey through a conical cavity of nine concentric circles of decreasing size, each circle representing a gradual severity of punishments according to the nature of the sinner's misdeeds. Whereas the other rings are fiery, the last ring confines Satan in a frozen residence.

The First Circle was Limbo, the dwelling place of unbaptized babies and virtuous pagans such as Aeneas, Julius Caesar, and Aristotle who had lived before the time of Jesus and were there through no fault of their own. Those in Limbo were not physically tortured but grieved because they would never see God. After leaving Limbo, **Minos** stood at the entrance to the second circle and sentenced souls to one of eight lower circles according to the nature of their sins. In the second circle, those who had died for love were hurled aimlessly by violent storms. The third circle was where gluttons were immersed in mud and where the air was cold and a foul smell came from the soil. In the fourth, presided over by Plutus, the Roman god of wealth, misers had to push heavy weights. Souls that had not been able to control their tempers were sent to the fifth circle where they were immersed in swampy water and were just barely able to breath. Souls sent to the next circles were those guilty of serious sins such as violence against others or themselves (suicide), blasphemy, sodomy, and usury. Punishments included torture by fire, immersion in boiling blood, being ripped apart, or having to wander aimlessly through a desert of flaming sand. The seventh circle contained the city of **Dis**, the ruler of the Roman Underworld before Plutus. This is where the angels who sided with Satan were confined. Those committing deliberate sins—theft, flattery, and betrayal—were punished in the eighth circle, which included immersion head first in human excrement or boiling pitch. The ninth circle, where Satan was located, was where traitors were immersed in ice at depths related to the severity of their betrayals. (Bishop, 109–129; Blacker, 48–49; Burstein, 120–122; Cowan, 18; Crisafulli and Thompson, 78–82; Garry and El-Shamy, 14–15; Heidel, 132–136; MacCulloch, 9; Musa, 19ff)

Destroyer (aka Destroying Angel, Mashit). In Biblical mythology, the Mashit, a supernatural envoy of mass slaughter sent by God who exterminated his victims prematurely and painfully. In contrast to the **Angel of Death** who took the lives of individuals, the Destroyer annihilated large numbers of people, usually by plague. In the Hebrew Bible, under God's orders, the Mashit killed the firstborn of Egypt. The Destroying Angel was gigantic and visible to humans, holding a sword in his hand, which he used to kill his victims and then sheathed when his murderous work was done. In Jewish folklore, Mashit is an Angel of Death who takes the lives of children. Mashit was also one of the three **demons** in **Gehinnom**, along with **Af** and **Hemah**, who punished sinners. (G. Davidson, 184; Van der Toorn et al., 240–242)

Deut. In Lepcha mythology, a death-causing **demon**. (Gorer, 469)

Devil (aka Azazel, Belial, Beliar, Beliel, Duma[h], Lucifer, Mastema, Sammael, Satan, Shaytan). The spirit and personification of evil. In the Hebrew Bible evil as well as good originated in God (e.g., Isa. 45.7; 1 Sam. 16:14; Jer. 4.6; Amos 3.6; Mic. 2.3). Borrowing from Persian **dualism**, good

Satan Gloating at Death of St. Lucia. Sicily. © Abel Photography, 2008. Used with permission.

and evil were subsequently separated and identified with different attributes, God with good, the Devil with evil and death. When used in the plural, devils are the same as **demons** and are subordinate to "the" Devil (from the Greek *diabolos*, meaning "slanderer"). **Satan**, another name for the Devil, was originally a descriptive title. Uncapitalized, "satan" means "adversary" and often occurs in the Hebrew Bible with that meaning. The only place where Satan is used as a personal name—where he is called "Satan," rather than "a" satan, i.e., a demon, is in the Biblical Book of 1 Chronicles where Satan tempts King David into carrying out a census contrary to God's wishes.

The Devil emerged as God's adversary after the Babylonian Exile when deported Israelites learned and adopted the Zoroastrian idea of a cosmic war between good and evil. By the time of the Christian Bible, Satan had become a "fallen angel" who led a failed rebellion against God and was thrown out of **Heaven** along with those whom he had enlisted in his cause. Now living in **Hell** beneath the earth, the Devil continued to wage war against God on the earth by tempting humans to give him their souls. Christian folklore made him a master of disguises and illusions. The origins of the rebellion were found in a passage from the Biblical book of Isaiah: "How you have fallen from heaven, O shining one, son of the dawn!" although the "shining one," Lucifer, was not actually identified with the Devil until Jerome's translation of the Bible into Latin in the fifth century B.C.E.

A different version of the Devil's fall is recorded by Aelfric, an English abbot also known as the Grammarian, in the late ninth century. Long before the creation of man, God created Lucifer and made him beautiful. But Lucifer, like Narcissus, fell in love with himself and wanted to take God's place. He was able to convince several angels to participate in his coup, and when the uprising failed, God threw Lucifer and his band out of Heaven into Hell. God then created humans as a substitute for Lucifer with the idea that they would eventually take his place. After his fall, Lucifer became Satan. Hating God for having defeated and banishing him from Heaven, Satan swore vengeance and, turning his attention to God's newest creation, caused Eve and through her, Adam, to disobey God's command not to eat the forbidden fruit. As a result, humans were not only driven out of Paradise, but also lost their immortality.

During the late Middle Ages in his role as the "tempter" the Devil began recruiting individuals who were unsatisfied with their lives and made bargains with them, trading ambition or wealth for their souls. Among the best known of these legends is the story of Doctor Faustus who traded his soul to **Mephistopheles**, Satan's emissary, in return for knowledge.

Early depictions of the Devil in Christian art portrayed him as still having wings and halo. By the early Middle Ages, his image had been transformed into an ugly looking human with leather wings. The wings and halo were subsequently omitted and was replaced by the new image of a satyr with horns, cloven hooves, and a tail. The Devil is often depicted as black, the antithesis of the bright and shinning glory of Heaven, and is sometimes referred to by that color, one of his names being "the Black." Animals associated with him are typically ascribed as such on the basis of their dark hue. This image was in turn modified to make him less formidable. Instead of a frightening demon, he was portrayed as a buffoon in red tights with horns on his head, a Vandyke beard, shaggy lower limbs, cloven hoofs and a tail, holding a pitchfork. In other depictions, he became more human-like, hiding his hooves and tail beneath his clothes so as to pass unnoticed throughout the world.

In Islamic mythology, the Devil is called Shaytan. As in Christian tradition, Shaytan was banished from Heaven. Before that he was called **Iblis**. When Allah ordered him and the other angels to bow down before Adam, Iblis refused claiming that he was made of fire whereas Adam was made of mud. Shaytan was subsequently banished to Hell for his arrogance. (Craze, 35; Crisafulli and Thompson, 187–194; G. Davidson, 261–262; Grimm, 993; Jung, 33–34; Van der Toorn et al., 726–732)

Dharma-Raja. In Tibetan mythology, the king of the dead. After death, Dharma-Raja watched as souls appeared before the monkey-head god Shinje who held a balance scale on which black pebbles, representing the soul's evil deeds, and white pebbles, representing good deeds were placed. **Devils** then conducted souls with more black pebbles to the hell-world of purgation. (Dow, 146; Taylor, 25)

Dhouti. *See* Thoth.

Dis (aka Dis Pater, Dives, Pluto). In Roman religion, another name for both the Underworld and its ruler. Dis was the Roman counterpart to the Greek god **Hades**. Originally a god of wealth called the "father of riches" (from *dives,* meaning wealth and *pater,* meaning father), he became associated with death and the Underworld due to the association of mining. The name Pluto derives from the Greek "pluton," which also means wealth. In Celtic mythology, his wife was **Aericura**. In Dante's description of the Underworld, Dis includes circles six through nine of the nine circles of **Hell**. The entrance to Dis is guarded by the three **Furies** and is where willful transgressions such as violence, fraud, heresy, and treachery are punished. (Adkins and Adkins, 62–63; Baskin, 110; Taylor, 91)

Ditheism. In Greek, "twice god." In various mythologies, especially Zoroastrian, a term referring to the existence of both good and evil gods. (Baskin, 110)

Di Yu. In Chinese mythology, the realm of the dead. Di Yu is a multilayered underground chamber where souls who have repented and have been purged of their earthly sins are then given the Drink of Forgetfulness and are sent back to the living to be reborn. The number of chambers in Di Yu differs according to Buddhist or Taoist myths, ranging from three to eighteen. Punishments that occur in each chamber reflect the sins that have been committed.

After death, the soul was confronted successively with a series of trials. Each judge presiding over these trials was called a "wang" or "king," and after reading the merits of the dead, decided what its punishment would be in the "Minor **Hells**" of his particular realm. Collectively, these judges or kings were known as the **Ten Kings of Hell**.

The first court, lasting the first seven days after death, was presided over by **Ch'in-Kuang**, who kept a register of every person's good and bad deeds. If the tally of their deeds was equally balanced, those who died in old age were reincarnated back to life opposite to what their life had been—males became females, rich became poor, and vice versa. Those whose good deeds were outnumbered by their bad were sent to the Second Court presided over by Ch'u-ching, the King of the First River.

The second court was where disloyalty, disobedience, destruction of people's reputations, and fornication were punished. Those disloyal to their masters or women who betrayed their husbands were punished by impalement on a mound of knives in the Minor Hell of Sword Blades; those spreading false rumors were skewered in the Minor Hell of Five Forks; those corrupting young people were boiled in the Minor Hell of the Copper Pot; those cursing their parents were immersed in ice in the Minor Hell of Cold and Ice.

Those not honoring social and family commitments were punished in the third court ruled by the King of Song (Songdi Wang). Those who did not repay kindness were skinned in the Minor Hell of Skinning or were tied to a pole and pierced with nails in the Minor Hell of Piercing. Forgers had their ankles and wrists tied and were suspended upside down in the Minor Hell of Inverted Suspension.

The third court, presided over by Sung-ti, the King of the Five Offices, was where tradesmen who defrauded their clients or cheated their partners were punished. In one of these wards, they were forced to carry heavy weights, in another their hearts and livers were squeezed with pincers, and in another their eyes were gouged out and their feet were cut off.

In the fourth court, presided over by the Lord of Five Senses, muscles were cut, bones were pulled out, mouths were choked with dust, or sinners were buried under heavy stones with only their heads sticking out.

The Fifth Court was presided over by Yen Lo. Yen Lo felt pity for those who had been previously punished but who had died by foul means and he was willing to let them return to the living to have their wrongs redressed if they promised to fulfill some vow, or promised to build either a temple, a **bridge**, or a road, or fulfil filial duties or funeral arrangements. For those reasons they asked to be allowed to return once more to the light and swore that they would lead exemplary lives. If they did not convince Yen Lo, they were sent to the remaining courts, where they experienced even greater tortures than those doled out in the other courts. (Brook et al., 130–145; Mew 65–88; Taylor, 373–374)

Djahannam. *See* Jahannam.

William Blake's Soul Hovering over the Body. Illustration for Robert Blair's "The Grave," 1818. Reprinted. London: Routledge, 1905.

Djata. In Australian aborigine mythology, the god of the Underworld. (Savill, *Oceania*, 83)

Djinn (aka Dgen, Dschin, Genie, Ginn, Jann, Jinn, Jnun). In Islamic folklore, the collective name for various classes of **demons** led by **Azazel** and **Iblis**. Djinn appear in many different forms. Sometimes they look human, but when seen at close distance they have distorted features with vertical eyes and the feet of an animal. At close range, they are able to kill those who see these inhuman attributes. Djinns often live in waterways, mountains, forests, drains, ruins, and cemeteries. (Dow, 208; Rose, 100)

Dog. *See* Hell Hound.

Domah. In Jewish mythology, the angel of the grave. Domah pronounces the initial judgment for the soul while it is still clinging to the body. (G. W. Dennis, 16)

Donn. The Irish god of the dead who was later equated with **Satan** in Christian folklore. Known as the "Dark One," the dead briefly visited or passed by his house just after the moment of death. (McKillop, 88; Taylor, 92)

Dozakh. In Mazdaen mythology, the frigid pitch black realm of the dead ruled by **Ahriman**. Among the punishments inflicted on sinners were being forced to dig stones out of a quarry with bleeding nails and burial in ice up to the neck. After the final battle between good and evil, the dead would be released from Dozakh and resurrected and live with God. (Mew, 103–109; Taylor, 324)

Dragon. In many myths, the symbol of evil. Often identified with serpents and **Satan**, Christian art often depicted **demons** as being killed by saints as symbolic of their power over him. (Chevalier and Gheerbrant, 307; Metzger and Coogan, 335)

Drauga. *See* Ahriman.

Draugr. In Norse mythology, the corporeal undead who lived in the graves of the dead. The Draugrs left their graves and visited the living, usually during the night, causing death. To prevent such occurrences, the heads of those suspected of being a Draugr had to be decapitated, and their bodies were burned to make sure they were completely destroyed. (Chadwick, 50–65; H. R. E. Davidson, *Road*, 80)

Drythelm. *See* Descent to the Underworld.

Dualism. In mythology a doctrine that the gods were either good or evil and constantly engaged in a perpetual battle for preeminence. First associated with Zoroastrianism, its dualistic opponents were Ohrmazd, the good god, and **Ahriman**, his evil twin. Dualism accounts for the origins of evil by acknowledging that while God is absolutely good, He is not omnipotent because if He were, He would not allow evil to exist. In Judaism and Christianity the dualism is between God or Jesus and **Satan**, and between angels and **devils**. Although Satan originally was part of God's entourage, he was nevertheless mankind's enemy and came to represent God's main adversary, the leader of an array of evil angels, and the embodiment of evil. In one predominant Christian dualistic distinction, Satan is called the "ruler of this world" (John 12:31) because at present he reigns over the world with the help of his evil angel followers. The dualism of the Dead Sea Scrolls divided the world into the "sons of light," referring to the Qumran community that flourished around the time of Jesus, and the "sons of darkness" by which it meant the rest of the world. In the Christian Bible, the dualism of light and darkness takes the form of an epic battle between the forces of good led by Michael and the forces of evil led by Satan. Satan's power is destined to reach its peak at the approach of a Messianic **apocalyptic** era, signaled by a series of catastrophes. However, it is destined to end in an **eschatological** battle in which God will kill Satan, destroy all his followers and **demons**, eliminate evil forever, and establish a perfect kingdom in which there is no death.

Dualism also refers to the distinction between the soul and the body and the belief that the soul is not only autonomous but able to live on through a mystical union with God. The ancient Tracians, who lived around the Balkans, were said to be so enamored at the prospect of union with God that they were saddened by the birth of a child but happily buried their dead. (Baskin, 113; Chevalier and Gheerbrant, 601; Eliade, *Ideas*, 2:174; 269)

Duat (aka Hall of Two Truths, Khert Neter, Neter-khertet, Tuat). In Egyptian mythology, the land of the dead ruled by **Osiris**. Originally, Duat referred to the place through which Re, the sun god, journeyed at night. It later evolved into a place of gloom and terror, inhabited by **demons** hostile to all newcomers, who could be placated only by citing special funerary spells. These spells, first collected for royalty, were called "**Pyramid Texts**" because they were written on the interior walls of pyramid tombs. A later collection of these magical formulas, written for a much wider segment of the population, was called "**Book of the Dead**."

Although generally regarded as an "underworld" realm, Duat was not actually located beneath the earth but in an area of the sky, separated from the world by a range of mountains that surrounded it. A river ran through it over which Re traveled by **boat** each night with the dead kneeling in worship while **Isis** and **Nephthys** stood at the bow and stern pointing the way with one arm while holding the **Ankh**, the symbol of eternal life in another. The river flowed through twelve divisions (although in some texts there are twenty-one divisions) that have been variously referred to as chambers, gates, or pylons, each of which corresponded to one of the hours of the night. Each portal had the name of a goddess such as "guardian of her lord" (second division) and "mistress of the night" (eighth division) and was protected by a fire-spitting **serpent** and its own guardian deity.

The goal for spirits entering Duat was to live with Osiris, the ruler of the Underworld. To do so, one had to have lived an "exemplary" earthly existence and reach the Hall of Truth, also called the **Hall of Judgment**, where Osiris and forty-two judges (each of whom presided over a specific crime such as murder, robbery, or a religious transgression such as blasphemy) waited. Souls had to make a "Declaration of Innocence" to these **assessors**, saying they had not violated any of the crimes for which that judge was responsible. Then came a final trial presided over by Osiris in which the **jackal**-headed **Anubis** weighed the deceased's heart, the organ representing his character, against the "**Feather of Truth**" representing Ma'at, the goddess of truth, justice, and order, in a balance; the god **Thoth** recorded the outcome. If the heart perfectly balanced the feather, the sincerity of the deceased's Declaration of Innocence was proven and the soul was rewarded with immortality and allowed to go on to **Aralu**, the "**Field of Reeds**," an Elysium-like Paradise where it united with Osiris. If its good deeds did not outweigh the Feather, Osiris and the judges decided if the soul was curable. If so, it was sent to a **Hell** and purified of its sins by torture, after which it might be reincarnated. If regarded as incurable it was swallowed by **Ammut** and annihilated forever. (Budge, *Dead*, 136–137; Hornung, 6, 125, 135; Mercatante, 16–17; Wilkinson, 80–84)

Duma(h) (aka Devil). In Jewish folklore, both the counterpart to **Satan** and an angel who prevents the decay of the disembodied souls of the righteous so that they can remain conscious and able to continue to worship God in the **Afterlife**.

Dumah refused to carry out God's order to punish the Egyptians. For refusing, God stripped him of his power and his dominion in **Heaven** and banished him to the Underworld and put him in charge of **Gehenna** and the **Angels of Destruction**. It is Dumah's job to make sure the wicked are punished every day except the Sabbath.

A different myth makes Dumah responsible for preserving souls by encouraging them, while alive, to live an ascetic life because that would keep the soul from becoming too attached to the body. The souls of the unrighteous did not separate from their bodies because indulgence had made them become too attached to separate. For the latter, souls remained with and watched the body decaying in the grave, a condition called "hibbut-ha-kever," the "pain and anguish of the grave." Dumah tries to prevent this from occurring by asking the departed his or her Hebrew name so that the soul will remain alert when it is called to Heaven. The living also help dead souls remember their names by reciting them during special prayers. (G. Davidson, 99, 285; Schacter, 1; Schwartz, 214)

Dunawall. In Australian aborigine mythology, a goddess with a very fine complexion and and intense gaze who killed men who looked at her and later visited their graves and ate their corpses. (Savill, *Oceania*, 84)

Dybbuk. In Jewish folklore, a disembodied spirit of a dead person who cannot find rest because at some time while it was alive it was wronged by another and still suffered from the injustice. The dybbuk returned to the world of the living and revenged itself by gaining possession of someone who was not necessarily the person who had wronged it. (Mercantante, 226; Schacter, 1)

E

Ebwa. In Tinguian Philippine mythology, a **ghoul** that feasts on newly buried corpses. (Ramos, 65)

Eita (aka Aita, Artume). In Etruscan mythology, the name for both the **Afterworld** and its ruler. Eita's most distinctive characteristic was a **wolf-skin cap**. His spouse was **Phersipnei**. After **Charun** took a life, he accompanied the dead spirit by horseback or chariot to the Underworld, where it was greeted by its ancestors. (Baskin, 21; Del Chiaro, 293–294; Edlund-Berry, 357; Eliade, *Ideas*, 130–131)

Ek Chuah. In Mayan mythology, a black-eyed god of war and death who carried off the souls of warriors slain in battle. (Cotterell, 56)

Ekur. *See* Aralu.

Elberith. *See* Baalberith.

Eleusinian Mysteries. Secret initiation ceremonies into the cults of Demeter and her daughter, **Persephone**, held at Eleusis, a settlement about twelve miles northwest of Athens, beginning around 1500 B.C.E., and annually, thereafter, for the next 2000 years. The cult's mythical basis derived from the story of Persephone's **resurrection** from the Underworld and her reunion with her mother, Demeter, at this settlement. The cult became a recognized state religion around 300 B.C.E. and was opened to anyone, male and female, including slaves. The only requirements were being able to speak Greek and the absence of "blood guilt," i.e., not having murdered someone. Participation continued until banned in 392 B.C.E. by the Roman emperor Theodosius I who closed down the cult's sanctuaries to eliminate resistance to Christianity as the state religion. (Ruck et al., 1ff)

Emma Daiou. *See* Emma-O.

Emma-O (aka Emma Daiou, Enama O, Yemma Dai, Yemma Dai O, Yemma Ten). In Japanese mythology, the ruler of **Jigokou**, Japanese Buddhist **Hell**. Emma is the counterpart of **Yama** in Indian Buddhism and **Yan Luo** in Chinese Buddhist. Emma has a red face, fierce scowl, flowing beard, and canine teeth that sometimes protrude over his lips. He also sometimes wears a judge's cap and holds a mace. Like Yama, Emma decides whether

Emma-O.

dead souls go to **Heaven** or Hell. (Baskin, 120; Cotterell and Storm, 436; Joly, 568)

Em Pet. *See* Anubis.

Empusae. In Greek mythology, seductive female **vampire demons**. Ordinarily they had donkey-like hind legs but were able to transform themselves into beautiful women who lured young men to their beds and then sucked their blood and ate their dead bodies. (Bell, 179)

Enama O. *See* Emma-O.

Enkidu. *See* Gilgamesh.

Ennunki. *See* Anunnaki.

Enuerkhata. In Egyptian mythology, the mummified god who guarded the entrance to the fourth chamber of the Underworld. (Budge, *Gates*, 119)

Eopuco. *See* Mictlan.

Erebus. In Greek mythology, an old term for **Hades**. (Baskin, 123; Taylor, 96–97)

Ereshkigal (aka Allatu, Beltis-Allat). In Sumerian and Babylonian mythology, the cunning and sadistic goddess of death, who ruled in **Aralu**, the realm of the dead, with her husband, **Nergal**, in a palace called Ganzir, where she enjoyed tormenting her dead subjects.

Ereshkigal's treachery was reflected into two of the best-known myths about her, one being how she trapped Nergal into becoming her husband, and the other about how she mistreated her sister.

After Ereshkigal become queen of Aralu, all the gods were invited to a banquet in the **heavens**. Since she could not leave her realm Ereshkigal sent one of her representatives. When she was told that Nergal, a god of war and plague, made fun of her representative and Ereshkigal herself, Ereshkigal, who had previously been interested in Nergal since his sphere of influence was compatible with hers, realized his behavior was a way to trap him into coming to her realm. Seemingly outraged at his rudeness, she demanded Nergal come to the Underworld and apologize personally to her. Nergal did not want to go, but the gods insisted he do so because they feared Ereshkigal might take her anger out on them. However, they warned him not to eat, drink, or accept anything Ereshkigal might offer him. When he arrived Ereshkigal was very polite and offered him food and drink; Nergal politely refused. But when Ereshkigal offered him her body, he was unable to refuse. A week later, after spending all his time in bed with Ereshkigal, Nergal said he wanted to leave, but Ereshkigal told him that because he had accepted the gift of her body, he was now her subject and could never leave Aralu.

Nergal realized the only way he could escape was by tricking Ereshkigal into believing he had fallen in love with her and wanted to marry her. When he finally convinced her, he told her he was so happy he wanted to tell the gods about their imminent betrothal. Ereshkigal let him go, but warned the gods that if Nergal did not return she would send the dead into the land of the living to kill them and it would soon have more of the dead than living.

Nergal, however, did not want to return regardless of the consequences to mortals and disguised himself as an old man, but the gods found him and sent him back to Aralu where he was forced to marry Ereshkigal. Despite becoming Ereshkigal's husband, Ereshkigal never gave him any power over the dead and he was king of Aralu in name only.

The other story of Ereshkigal's treachery was how she treated her sister, **Inanna**, the queen of Heaven and Earth, when she decided to journey to Aralu to make fun of her sister for the demeaning realm she ruled over, which was filled with the damned. Although the visit was to have been a surprise, Ereshkigal was alerted to her sister's visit and told her guard, **Neti**, not to let Inanna enter Aralu unless she gave him a piece of clothing or one of her jewels before being allowed to pass each of the seven gates leading to Aralu. When Inanna finally arrived at Ganzir, Ereshkigal's palace, she stood in front of her sister, naked and humiliated. When Inanna began to complain, Ereshkigal had her impaled on a hook and left her there to rot.

When Ninshubar, the messenger of truth, learned what had happened to Inanna, she went to Enki, Inanna's father and told him. Enki then summoned his messengers and gave them black dust from under his fingernails, calling it the food of life, and red lacquer from his fingernails, calling it the elixir of life, and sent them to the Underworld to rescue Inanna. When they appeared before Ereshkigal, she offered them food and drink, but they refused and asked only to be given Inannna's body. After her body was brought to them, the messengers sprinkled the black and red particles from Enki's fingernails and Inanna was immediately revived and restored in all her beauty. The messengers then started to leave, but the **Anunnaki**, the judges of the dead, refused to let Inanna leave Aralu unless she found a substitute to take her place. Inanna agreed and was escorted back to the land of the living by a **demon**.

When Inanna returned she found her husband, Dumuzi (aka Tammuz), the male god of fertility, carousing with another goddess and drinking wine, instead of mourning her death. In a fit of jealous rage, Inanna choose Dumuzi to be her replacement. But after he was gone, the land became infertile and the

William Blake's Final Judgement. Illustration for Robert Blair's "The Grave," 1818. Reprinted. London: Routledge, 1905.

people cried for Dumuzi's return. Inanna regretted her decision and managed to persuade Ereshkigal to let Dumuzi stay in Aralu for only six months a year, which accounts for the two main seasons of the year.

In a later variant of this myth, Ereshkigal became bored with Nergal and looked for a replacement. She became enamored with Dumuzi/Tammuz but he was married to Inanna, now called Ishtar. Knowing she could not compete with the more beautiful Ishtar, Ereshkigal abducted him and brought him to Aralu (now called **Kurnugia**). Ishtar angrily pursued Ereshkigal, but had to strip to pass through the seven gates. When she finally confronted Ereshkigal, she was treated as in the previous myth. The gods struck a deal with Ereshkigal letting Tammuz stay with Ereshkigal in Aralu during the fall and winter and return to be with Ishtar during the spring and summer. (Bonnefoy, *Greek,* 152; Craze, 51; Katz, 385–389; Shearman and Curtis, 240)

Erlik Khan (aka Shulman). In Siberian and Lapp mythology, the ruler of the dead and the symbol of evil. Erlik (the name means "father") was the first man to be created by Urlan, the creator. When Erlik saw other humans being created he spat on them before Urlan gave them souls. As a punishment, Urlan banished Erlik to **Kasyrgan**, the land of the dead over which he was made Ruler. It was Erlik who sent other evil spirits to seize the souls of sinners and drag them down to Kasyrgan for judgment. Those found to be evil were boiled in kettles of burning tar until purged of their sins, after which Erlik sent them to **Heaven**. In some Siberian myths, a family of nine Erlik Khans rule the Underworld. (Cotterell and Storm, 436; Craze, 37; Mew, 444–445; Nebesky-Wojkowitz, 538; Sagaster, 2831–2832)

Ermen-Ta. In Egyptian mythology, one of the gods that guarded the ninth section of the Underworld. (Coulter and Turner, 5)

Eschatology. The part of mythology and religion concerned with post-mortem survival of the soul, the **Afterlife**, **reincarnation**, the Final Judgment, a Messianic redemption of the world, and the ultimate fate of the world. Eschatologies can be collective or individual and may overlap. Collective eschatologies describe the collective future of chosen nations or religions or of all mankind at the end of the world; individual eschatologies deal with what happens to individuals after death. (Ellwood and Alles, 110–111; Metzger and Coogan, 192–194; Simcha, 22; Van Scott, *Heaven,* 102)

Etemmu. *See* Gidim.

Eumenides (aka Erinyes, Furies). An underworld spirit with blue-black skin who stripped the flesh from dead bodies leaving only their bones. (Chevalier and Gheerbrant, 277)

Eurynomos. In Greek mythology, a **demon** in **Hades** associated with death and decay. Eurynomos had bluish black skin, protruding teeth, and ate the flesh from rotting corpses while sitting on the skin of a **vulture**. (Pausanias, 479)

F

Faraony. *See* Rusalka.

Fates (aka Moirae, Parcae). In Greek mythology, three sister goddesses, named Clotho, Lachesis, and Atropos, who determined how long each person was destined to live. Each lifespan was associated with a thread. Clotho wound flax around a distaff, Lachesis spun the thread of life from it, and when Atropos cut it, the person it represented died. The Fates were depicted as stern, aged, and hideous deities, who were also lame, reflecting the slow halting destiny of man, which they controlled. The Fates also informed the **Eumenides** of the torture to be inflicted on the wicked for their crimes. When they resided in **Hades**, they wore dark robes, but when they dined in Olympus, they wore bright clothes, sat on radiant thrones, and wore crowns on their heads. (Berens, 140–141; Natale Conti, 173–177)

Feather of Truth. *See* Ammut.

Fenrir (aka Fenrisulfr, Fenriswulf, Hrodvitnir). In Norse mythology, an enormous **wolf** destined to swallow the sun at **Ragnarok**. Fenrir was the son of Loki, the "Father of Lies," and a giantess, Angboda. His brother was the giant **Hell Hound**, **Garm**, and **Hel**, the goddess of the Underworld. Fenrir's jaws were so enormous when he opened his mouth his upper jaw reached the **heavens** and his lower jaw touched the earth. The gods were so frightened by his strength and his evil nature they tried to chain him, but he always managed to free himself and became even more destructive than before. Finally, the gods asked the Dark Elves to make them a rope that would restrain him. After they did they needed to lure Fenrir near enough to tie him, but only Tyr volunteered to do the job. Tyr showed Fenrir the magical rope, but Fenrir said he would trust Tyr only if he put his hand in his mouth. Tyr did and was able to bind him, but Fenrir bit off his hand. Fenrir remained tied until the convulsions of Ragnarok broke his restraint. Freed, he swallowed the sun and then **Odin**, the leader of the gods, but was finally killed by Vidar. (Rose, 120)

Fetches. *See* Wraiths.

Field of Reeds. In Egyptian mythology, a place in the **Afterworld** ruled by **Osiris**, where the shades of the dead worked the fields and enjoyed bountiful grain. (Leach, 377)

Forso. In Australian aborigine mythology, **ghosts** of the dead who attack humans because their graves have been disturbed or because their bones need to be cleaned of their rotting flesh. (Savill, *Oceania*, 84)

Frashart. In Persian Zoroastrian mythology, the final **Apocalypse** that precedes the renewal of the world. (Berens, 138–139; Cotterell, 57; Ions, 129)

Freyja. In Norse mythology, the underworld goddess of Folkfield, the realm especially for women after death. Freyja wore a cloak of feathers, which transformed her into a falcon. After marrying **Odin**, she became a war goddess as well. (Shepherd and Shepherd, 120)

Furies (aka Erinyes, Eumenides). In Greek and Roman mythology, three avenging female gods named **Alecto** ("relentless"), Megaera ("resentful"), and Tisiphone ("she who avenges murder") that the Roman poet called **Persephone**'s servants. The Furies had black bodies, snakes in their hair, and wings that enabled them to fly; and they carried a dagger, whip, torch, or snake in their hands. The Furies' special mission was to avenge crimes against societal norms, especially murder, perjury, hospitality to strangers, and those not showing the proper respect to their parents and the elderly in general. In this way, they upheld morality and social order. The Furies were so feared that their names were rarely spoken. In their best-known exploit, they persecuted Orestes for killing his mother Clytemnestra and her lover Aegisthus because they had murdered his father. In Dante's description of the Underworld, the Furies guarded the entrance to **Dis**. During the Middle Ages they were allegorized as the three aspects of all mortal sins—evil thoughts (Allecto), evil words (Thesiphone), and evil deeds (Megera). (Cornish, 429; Grimal, 166; Howard, 154; Natale Conti, 182–189)

Fye. *See* Wraiths.

G

Gabriel. *See* Angel of Death.

Ga-Gorib. In Khoikhoi South African mythology, a monstrous creature who sits on the edge of a bottomless pit and dares those who pass by to throw stones at him to make him fall in. The stones always rebound and kill the thrower, whom Ga-Gorib then throws into the pit. Ga-Gorib was eventually outwitted by Heitsi-eibibl who did not throw the rock until he made Ga-Gorib look away and then hit him under his ear, making him fall in. (Van Scott, *Hell,* 128)

Galla (aka Gallu). In ancient Mesopotamian mythology, the collective name for the seven **demons** who dragged humans to the Underworld after their deaths. The Galla escorted **Inanna** when she returned from the Underworld, and they took her husband Dumuzi back in her place. (Black and Green, 85–86)

Gallu. *See* Galla.

Ganzir. *See* Aralu.

Garm. In Norse mythology, a monstrous **demon dog** with four eyes and huge jaws, who sits in a cave called Gnypa that leads to the entrance to **Niflheim**, the land of the dead. The only way to get past him is to offer him a piece of bread called the "Hel cake." At the beginning of **Ragnarok**, the apocalyptic end of the world, Garm will break loose and fight with the giants against the Aesir gods, and he and the one-armed god, Tyr, will kill each other. (Howey, 189–190)

Gaume (aka Gauna, Gaunab, Gawa, Gawama). In Bushman Botswana mythology, the god of death who lived in the Underworld and roamed the upper world searching for mortals to abduct. His subjects were unhappy and always trying to escape. (Cotterell, 114; Lang, 2:43–48; Van Scott, *Hell,* 132)

Gauna. *See* Gaume.

Gawama. *See* Gaume.

Gede (aka Ghede, Guede). In Haitian voodoo mythology, the spirits of death and fertility. They often dress in black and wear black sunglasses. (Craze, 37; Metraux, 82)

Gede L'Oraille. In Haitian voodoo, the god of death, thunder, and lightning. Gede L'Oraille is short and ugly looking. (Courlander, 361; Mercatante, 285)

Gede Mazaka. In Haitian voodoo folklore, a death **demon**, the brother of Gede Nibo. (Courlander, 361)

Gede Miveou. In Haitian voodoo folklore, a death **demon**. (Courlander, 361)

Gede Nansou. In Haitian voodoo folklore, a death **demon**. (Courlander, 361)

Gede Nibo. *See* Gede Nimbo.

Gede Nimbo (aka Gede Nibo, NIBO). In Haitian voodoo folklore, one of the most powerful of the death **demons**. He is always dressed in black, with a black stovepipe hat, black trousers, and a pipe, and talks with a strong nasal accent, which is acquired by those of whom he takes possession. (Courlander, 361)

Gede Zeclai. In Haitian voodoo folklore, a **demon** who causes violent death, especially by lightening. He is a brother of **Gede L'Oraille** and **Gede Nimbo**. (Courlander, 361)

Gehenna. In Jewish folklore the place where the wicked are punished after death. Gehenna is the Jewish counterpart to Christianity's **Hell**, except that punishment in Gehenna never lasts more than a year. God created Gehenna before creating the rest of the world, but it remained only a void until he created mankind, after which he lit the fires inside and alternated them with periods of freezing cold. The name comes from a valley located southwest of Jerusalem once called "**Gehinnom**" or Valley of the Son of Hinnom, where children were said to have been burned alive as a sacrifice to **Moloch**. Gehenna's ruler is variously given as **Duma(h)**, **Satan**, **Sam(m) Ael**, and **Ariel**.

Gehenna, which is as large as the Garden of Eden, has three entrances. One is in the wilderness, one is in the sea, and one is in Jerusalem. Rabbi Joshua ben Levi, the only one to escape death at the hands of the **Angel of Death**, visited Gehenna and wrote down what he saw. In his tour of Hell, Gehenna was ten miles long and five mile wide, full of pits of fire and rivers of pitch and sulfur. Each of the punishments that occurred there, such as hanging by parts of the body like the eyelids, tongues, and sexual organs, was repayment for a specific transgression and was implemented by a specific angel (**Lahatiel**, **Shaftiel**, **Makatiel**, **Hutriel**, **Pusiel**, or Dalkiel) who was a specialist in that particular torture. Other accounts notice that despite its fires, Gehenna is perpetually dark, seven thousand scorpions lurk in every crevice, and each of these scorpions has seventy thousand pouches of poison. Anyone touched by one of those pouches immediately bursts apart and dies, but **Af**, **Hemah**, or Mashit, one of the three **Angels of Destruction**, revives the soul so that it can suffer again until its time in Gehenna is over.

In contrast to Christian folklore, which envisioned Hell as a place of eternal suffering, Jewish folklore regarded Gehenna as a place where especially wicked souls were purged of their sins. Ben Levi said that Gehenna was emptied on the eve of every Sabbath when the wicked were led to two mountains of snow for a respite from Gehenna's fires, but after the Sabbath ended, they were taken back. After they endure twelve months of punishment, they were pardoned if they acknowledge their past sins. (Gaster, 600–602; Metzger and Coogan, 243; Schwartz, 232–243; Simcha, 146–173)

Gehinnom. *See* Gehenna.

Ghede. *See* Gede.

Ghosts. Shadowy apparitions of the dead that are summoned or remain on Earth after death because they cannot find rest, often because they seek justice or revenge on those who killed them. In keeping with the ancient belief that the dead must receive proper burial or they will not be able to enter the **Afterworld**, some ghosts are the shades of murdered individuals whose bodies have been secretly buried. Ghosts may also appear following arrangements made between friends during life that those who died first should reveal themselves to the survivors, although many have no connection with those who feel or see them and generally remain near where they lived when alive. Such places are said to be haunted.

Ghosts are described as immaterial beings able to pass through walls and other solid objects, who are visible only to certain people, but their presence is nearly always detected by animals, especially **dogs** and cats. Usually their presence is felt at night, usually around midnight, as a sudden drop in room temperature, the sound of wind or fluttering of wings, unusual odors, peculiar sounds, objects moving on their own, and on some occasions, shadowy figures moving about. Those who are visible typically are dressed in the clothes they wore while living, although sometimes their clothes are all white. Although they are immaterial, some ghosts are capable of violent attacks and of overturning objects. (Garry and El-Shamy, 181–187; Innes, 143)

Ghoul. A shape-shifting cannabilistic **demon** able to transform itself into an animal that feeds on human bodies. Ghouls usually steal bodies from the grave, but they may also steal them from their homes prior to burial. Ghouls that feast on bodies are especially common in the Philippines. Among the most feared are **Aswang**, **Balbal**, **Buso**, **Calag**, **Ebwa**, **Segben**, and **Wirwir**. (Brand, 625–677; Ramos, 62–68)

Gidim (aka Etemmu). In Mesopotamian mythology, the spirits of the dead in the Underworld. The Gidim had a dismal existence and were forced to subsist on dirt if the living did not offer them food and drink offerings. In revenge, they returned from the Underworld and persecuted the living. Gidim of those who died violent deaths were especially likely to return and seize the living. (Black and Green, 88–89)

Gilgamesh. The Sumerian story of Gilgamesh's search for immortality and the inevitability of death is the world's oldest epic. Despite dating back to before 2000 B.C.E., it is still widely considered to be one of the masterpieces of world literature. The main character, Gilgamesh, ruler of the Sumerian city of Uruk, is two-thirds god and one-third mortal. The story begins with Gilgamesh oppressing his people because he has too much energy and not enough to occupy his time. Seeing the problem, the gods put a rival on Earth to distract him in the form of a wild human named **Enkidu**. After they become friends, Gilgamesh becomes bored and convinces Enkidu to go to a great cedar forest in the north, kill Humbaba, its guardian, and cut down all its trees. After overcoming several difficulties, Gilgamesh and Enkidu accomplish their mission. However, Humbaba and the forest are sacred to the gods, and they decide that Enkidu should pay with his life for the effrontery. Before his death, Enkidu dreams that a **demon** drags him to **Hell**, which he describes as a place of total darkness, where the dead drink dirt, eat stones, and wear feathers like **birds**. Enkidu's death makes Gilgamesh despondent. Unable to accept Enkidu's death, he does not bury him for a week and watches while his body becomes infested with worms until finally he buries him.

Realizing that he too will die unless he can find some way to avoid it, and having heard that there are two mortals named Utnapishtim and his wife who were granted eternal life by the gods, he tries to find him. In the course of his journey he encounters the goddess Siduri, who tells him he should accept his fate, but Gilgamesh does not listen and continues searching for Utnapishtim. With the help of Urshanabi, a ferryman, he crosses the waters of death and finds Utnapishtim who tells him that there is a miraculous plant that can keep someone young forever, but that it rests at the bottom on a lake. Gilgamesh manages to find it, brings it up but distrusts Utnaphishtim and decides to take it back to Uruk and try it out first on an old man. During his return he leaves the plant on the ground, and it is eaten by a **serpent** whose skin immediately sloughs off (symbolizing rejuvenation) as he slithers away. Realizing that he must die, Gilgamish returns to his kingdom and makes it stronger and more attractive, indicating that the only immortality humans can achieve is the memories of them they leave behind. (Gardner and Maier, 57ff; Katz, 114; Wyatt, 144–145)

Giltine. In Slavic and Lithuanian mythology, a goddess of death. Usually dressed in white, she killed people by strangulation or suffocation. (Ann and Imel, 48)

Gimokodan (aka Dakul Banua, Gimokudan, Kilut, Sebad Banua). In Bagobo Philippine mythology, the realm of the dead, ruled by **Mebuyan**. Gimokodan is located directly below the earth and has two divisions, one for those who die in combat and one for everyone else. Before entering, souls bathed in the Black River, which runs through Gimokodan. The result of this water immersion is that the deceased forgot his or her prior life. The interior of Gimokodan is illuminated by the sun when it passes through Earth. During the dark period, although weak, thin, and shadowy, souls (called gimokud) sow and harvest rice, eat sugar cane, and dance as they had when they were alive. The largest section of Gimokodan, called Dakul Banua, the "Great Country," is where those who died from disease or sickness of any kind, regardless of their behavior while alive, as well as children able to leave the care of Mebuyan, are sent. A part of Dakul Banua is set apart for Mebuyan to nurse infants that are too young to live on their own. The other area, called Kagbuoan, is where those who died in battle are sent. In Kagbuon all plants are blood red and the scars of the wounds suffered in battle are clearly visible as reminders of their violent deaths. (Benedict, 20; Cotterell, 93; Cotterell and Storm, 439; Demetrio, 512–513; Van Scott, *Hell*, 136)

God A (aka Ah Puch, Ah Puchah, Au Puch, Cum Hau, Eopuco, Hun Ahau, Tzontemoc, Yum Cimil). In Mayan mythology, the god of death, often identified with **Ah Puch**. God A was the counterpart of the Aztec god **Mictlantecuhtli**. Like the latter, and other Mayan death gods, he had a skull rather than a head, curly black hair, and large red ears. Instead of hands and feet he had menacing claws. His body was covered with yellow and red blotches, representing decomposing bone and blood. His eye sockets were closed and his disembodied eyes with the nerve stalk attached hung down the side of his face and a death collar of human eyes hung around his neck. A "division" representing death was on the side of his face. His liver and gallbladder were very enlarged because they contained the spirits of human beings he had devoured. His liver was also enlarged because it controlled life, sexuality, and digestion. When he was in his realm he sat on a throne made of human bones and held a flint knife, the symbol for sacrifice. (Coe, 93; Coulter and Turner, 3; Lujan, 319; Savill, *Oceania*, 189)

God F. In Mayan mythology a god of war and death, often identified with Xipe. (Mercatante, 443)

God L. In Mayan mythology, a god of the Underworld. God L is an old-looking god who is always smoking a cigar. (Coe, 97)

Gorgons. In Greek mythology, frightful winged female monsters, with scaled bodies, writhing snakes for hair, and tusks for teeth. The Gorgons were so frightening that any human who looked at them directly was turned to stone. The Gorgons were servants of **Hades** who used them to terrify those shades who were to be kept in perpetual unrest as punishment for their evil when they were alive. (Berens, 144)

Gotterdammerung. In German Teutonic mythology, the term for the great battle between the forces of good and evil at the end of the world; the counterpart to the Norse **Ragnarok**. (Leach, 461)

Grann Brigitte. *See* Madam Brigette.

Grim Reaper. A personification of death, usually depicted as a skeleton clothed in black carrying a **scythe** to cut short lives and harvest their souls. (Shepherd and Shepherd, 304)

Gryphes. In Roman mythology, half male and half female beasts that inhabited **Orcus**, the Underworld, and tore the damned apart with their talons. The female part of these monsters had a dozen breasts or more, the wings of an eagle, the tail of a lion, and a rooster-like face. (Mew, 127)

Gshed-Ma. In Tibetan Buddhist mythology, unrelenting furies that accompanied **Yama**, the lord of death, who punished wicked souls in **Hell**. Punishments were decided by Yama who assigned a white pebble for every good deed and a black pebble for every bad deed. Those with more white pebbles went to **Heaven**; those with more black pebbles went to Hell. The type of punishment souls received in Hell depended on how many more black than white pebbles a soul received. (Craze, 78–79)

Gwynn (aka Gwynn Ap Nudd). In Celtic mythology, a death god and ruler of the Underworld, where the souls of those who died in battle were sent. Gwynn was also master of the **Hell Hounds**. (Howey, 172–173)

Gwynn Ap Nuud. *See* Gwynn.

H

Hades (aka Aides, Aidoneus, Pluto, Pluton). In Greek mythology, both the name of the ruler of the Underworld and the name for the Underworld itself. Although Hades ruled over the dead, the god of death was **Thanatos**, not Hades. Roman mythology borrowed its ideas of the Underworld from the Greeks, changing the ruler's name to **Pluto**, the name of his realm to Pluton, and the name of Hades's wife, **Persephone**, to **Proserpina**. The only major difference between the two **Afterworlds** was their location, which in Roman mythology was situated beneath Italy.

In Greek mythology, Hades, Zeus, and Poseidon were the three sons of Cronus and Rhea. After Zeus killed their father, Cronus, the three brothers cast lots for their inheritance and Hades received the land of the Underworld, where the dead went when they left the world. Hades was a stern, gloomy god, with long black hair and a full beard, who sat on an ebony throne next to his wife Persephone, the daughter of Demeter, goddess of agriculture, and took satisfaction in depriving his subjects of any enjoyment. Of all the gods, he was the most detested and feared.

On the rare occasions when Hades emerged to the land of the living, he rode in a chariot of gold, drawn by four jet **black horses**, and wore a helmet, which rendered him invisible. On one such occasion, he abducted Persephone, carried her back to his realm where he tricked her into eating a pomegranate seed. Having eaten something from the Underworld, she could no longer leave, and he made her his queen. When Persephone disappeared, her mother Demeter wandered around the world looking for her, neglecting the fields, which became barren. To get her to restore her fertility to the land, Zeus arranged an agreement between her and Hades by which Persephone would be allowed to spend part of each year in the upper world with her mother and the rest of the year in Hades with her husband.

Another time Hades emerged from the Underworld was to seduce the nymph Mintho. When Persephone learned of their affair, she turned Mintho into the mint plant. Hades also had an affair with the nymph Leuce, and after her death he transformed her into a white poplar tree.

Hades, the Greek Afterworld, was originally a shadowy realm located

Hermes Presenting Newly Dead to Hades and Persephone. Marble Relief from Sarcophagus. © Abel Photography, 2008. Used with permission.

in the west at the earth's limits where the ocean surrounded the earth, but was then relocated to beneath the earth. In the earliest myths there was no physical punishment in Hades since the psyche—the self minus flesh and bones—was not corporeal and therefore impervious to physical pain. The shades of the former living led a dreary existence in which there was no happiness and no distinctions regarding their former social status or virtue. Later renditions placed Hades in the center of the earth with several passages leading to it from the upper world.

Enveloped in eternal mist and darkness, Hades now had several entrances, which were for the most part caves and subterranean watercourses. One entrance was in the far west where the sun went down. Atlas stood at its entrance holding **Heaven** up on his head and hands. Night and day greeted one another as they passed the threshold, and the region never contained both. Another was on the far side of an ocean in a region of black poplars called the Grove of Persephone. Other entrances were through a cave (the traditional entrance to the lower world in antiquity) in the Tantrum Mountain in southern Greece, in Thesprotia, in Greece south of Albania. In Roman mythology, the entrance was through a cave in Italy, near Lake Avernus over which no **bird** could fly past because of the noxious fumes that came from within.

After the dead passed through the entrance, they came to a region where those who had not been buried with the proper rituals, usually the poor, had to live a **Limbo**-like existence in which they wandered restlessly for a hundred years on the banks of the river boundary to Hades before being allowed to cross. Shades receiving proper burial, or those who had spent the required time in Limbo, were then ferried across a great river variously called **Acheron** (sorrow), **Styx** (intense darkness), **Cocytus** (lamentation), and Phlegethon (fire).

The grim old boatman ferrying the shades was called **Charon**, and he would transport only those who paid him with a small coin, which was placed in the mouth of the dead at the time of burial. Those not receiving proper burial did not have payment, which is why they waited in Limbo for a requisite time.

After crossing the Acheron, the shade encountered the ferocious triple-headed **dog Cerberus** on the other side. If appeased with honey cakes or pieces of meat, which were also buried with the dead for just that purpose, Cerberus allowed the shade to enter.

In later Greek mythology, after Cerberus, shades encountered the tribunal of **Aeacus**, **Minos**, and **Rhadamanthus** who listened to them describe their actions on Earth. After hearing their confessions, Minos sentenced them to a life of happiness in Elysium or punishment, the nature of which was decided by Rhadamanthus. Those whom the tribunal decided had lived a good life passed to the right to the balmy Elysian Fields (the Fortunate Isles in Roman mythology), where they were greeted by Hades, now transformed from a detested to a hospitable god, who welcomed them to his royal court. Elysium was warm and fragrant with flowers. Those sent there were able to do all the things they had done while they were alive. After a thousand years, the shades in Elysium drank from **Lethe**, the river of oblivion, whose waters erased all memories of their previous experiences, and they then returned to Earth to animate other bodies.

Shades judged to have lived ordinary lives remained in a neutral region of Hades in a semiconscious state, brooding about the arbitrariness of life and the pleasures they had once enjoyed. The only occasions when they were able to be their former selves momentarily was when their living relatives or friends poured blood libations on the earth for them to drink. After spending their thousand years, these shades drank from the river Lethe and were reincarnated.

Shades judged to have lived bad lives appeared before Rhadamanthus in the great judgment hall of Hades, surrounded by the flame-filled river Phlegethon, and were told what their punishments would be in **Tartarus**. These sinners were then seized by the **Furies**, who savagely whipped and then dragged them to Tartarus's gate and threw them inside. On the way, they were attacked by various monsters and **demons** such as **Alastor**, who tempted the dead to do evil and then punished them for their transgressions; by the **Keres**, and by the winged death-spirits, **Lamia** and the **Empusae**, the **vampire** daughters of **Hecate**. Those who had committed crimes for which there were extenuating circumstances remained for only a year, after which, if they asked for forgiveness from those they had wronged, they joined the other spirits.

Roman mythology borrowed most of its ideas about Hades from Greek mythology but added numerous details. One of the entrances was through a cave at Cumae in southern Italy. When the Roman hero Aneneas and the **Sibyl**, his **psychopomp**, entered, it was Hecate who opened the passageway. On the other side of the threshold, they passed by Thanatos, the **Gorgons**, the **Harpies**, and other monsters. Then they came to the **Acheron** river where a group of shades crowded the bank because their bodies had not been properly buried and they did not have the coin to pay Charon the boatman to take them across. On the other side of the river was Cerberus who allowed the dead to pass but who ordinarily kept the living from entering further. In Aeneas's case, he was able to pass because the Sibyl gave Cerberus a piece of bread soaked with a soporific that put him to sleep. The rest of Roman Hades was divided into nine areas where shades spent their existence depending on their former lives. Those who died in childhood had their area; those condemned for crimes they had not committed were in another; those driven to insanity by unrequited love such as Dido, Aeneas's former lover, had their particular locale, as did those who courageously died in battle. The road through Hades then divided. To the left it went to Tartarus where heinous criminal acts were punished; to the right it went to Elysium, where the souls of the blessed lived in happiness. After leaving Elysium, Aeneas left through the Gate of Ivory, which brings false dreams.

In Christianity, Hades is used as another term for **Hell**, but except for Tartarus, Hades was not a place of punishment in Greek mythology. (Berens, 47, 132–133; Bonnefoy, *Greek*, 112–114; Craze, 59; Mirrison, 59–68; Taylor, 3, 221; Turner, 27–28)

Hahgwehdaetgah. In Iroquois North American Indian mythology, the origin of evil and the ruler of the Underworld. Hahgwehdaetgah was an evil twin who killed his mother, Ataensic the Creator sky goddess, during childbirth. His brother Hahgwehdiyu created the world from his mother's body, using her face to create the sun and the moon and stars from her breasts, whereas Hahgwehdaetgah created all evil things in the world such as monsters, plagues, and disasters. The two brothers finally fought for control of the world and Hahgwehdaetgah, defeated, descended to the Underworld and became its ruler and from there created **demons** who terrorized the living. (Van Scott, *Hell*, 149)

Hall of Judgment. *See* Duat.

Hall of Two Truths. *See* Duat.

Hallowe'en. In parts of the United Kingdom other than Ireland, the night when all souls in **Purgatory** are released for forty-eight hours. (Redfield, 140–141)

Harpies. In Greek mythology, three **birds** with women's heads and sharp claws who brought sudden death.

The Harpies were originally attractive maidens but were transformed into half human and half bird **demons** with pale emaciated human faces and bodies covered with **vulture**'s feathers and wings. The Harpies often swooped down to steal food, children, and souls. (Grimal, 180)

Harrowing of Hell. In Christian mythology, a variation of the descent to the underworld motif, in which Jesus battles **Satan** in **Hell**, defeats him, and thereby conquers death. In most descent stories, a hero or a god descended to bring back a loved one or to learn something from the dead. In the Christian version, Jesus descended into Hell between the time of his crucifixion and **resurrection** to shut it down for a thousand years, in the process, releasing Old Testament figures and venerated persons from the past like Plato, who then went to **Limbo**. (Burstein, 113–133; Craze, 42–43; Iannucci, 470–471)

Hazazel. *See* Azazel.

Heaven. In mythology, the preferred final **Afterlife** for the dead. Heaven is typically a celestial realm of eternal happiness where God, angels, deities, heroes, and the righteous and faithful dwell. In Christian mythology, righteous souls who died prior to Jesus's ascent to Heaven cannot enter Heaven and instead go to **Limbo**. (Craze, 45; Ellwood and Alles, 154–155)

Hecate. In early Greek mythology, Hecate was originally a moon goddess but became identified with **Persephone**. Once regarded as a benevolent

William Blake's Heaven. Illustration for Robert Blair's "The Grave," 1818. Reprinted. London: Routledge, 1905.

goddess of wealth and success, Hecate's identity was transformed after she saw **Hades** abduct Persephone, and accompanied Persephone's mother, Demeter, in her search for her daughter. When Persephone was found in Hades, Hecate elected to stay with her as her friend and attendant. As a result of Hecate's association with Persephone, she also came to be regarded as a ruler of souls in the Underworld and acquired the additional persona of a gloomy and malignant queen of witches and the occult.

Hecate was sometimes depicted with three bodies and three heads (lion, **dog**, and horse) carrying a torch and a whip wandering about at night with shades from the Underworld and a pack of **Hell Hounds**. Hecate was a gigantic woman with snakes in her hair and around her feet. She haunted cemeteries and appeared at crossroads holding a torch and sword and preyed on unwary travelers. Whenever she approached at night, her coming was signaled by howling dogs. Her favorite sacrifice from those wishing to avoid her displeasure was a black lamb, offered during the night by torchlight. (Bell, 219–220, Berens, 86; Berg, 136–137; Chevalier and Gheerbrant, 489; Garry and El-Shamy, 191–201; Howard, 153; Ions, 129; Natale Conti, 199–204)

Hel. In Norse mythology, the goddess of death and the realm of the Underworld. Hel was a hideous creature. A rotting corpse in appearance, she was half black and half blue, part of her head was missing, and she had snakes for hair. She was so frightful in appearance, none of the other gods wanted to be near her and asked the **Norns**, the three wise old women, Fate, Being, and Necessity, what they might do to avoid her company. Since her father was Loki, the Father of Lies, the Norns said the best they could do was lock her away in the Underworld and make sure her children would not be able to rescue her. Accordingly, **Odin** relegated her to **Niflheim**, the lowest of the Underworlds, bound **Fenrir** her **wolf**-son in chains, and threw her brother Jormungandr into the sea.

Hel is the realm of the dead for those who do not die bravely in battle. Located in the lowest part of Niflheim, it was surrounded by a high wall whose gates opened only for the dead. (Craze, 31; Ions, 130; Taylor, 172–173)

Hell. Originally only a place of the dead, in most mythologies, it refers to a place of punishment after death where souls of those who did not conform to the moral code or religious duties of their culture were sent. In virtually every mythology where **Heaven** and Hell are visited, Hell is always described at greater length and in greater detail.

In early myths, the **Afterlife** was merely a mirror of the previous life where the phantoms of the dead wandered aimlessly in a gloomy dark subterranean realm. The term comes from Old English "hel," which in turn comes from Old German helan, "to cover" referring to a subterranean place. **Hel** is also the name of the Norse god of the Underworld. Ironically, although Hell is typically described as a fiery furnace, the Underworld ruled by Hel, called **Niflheim**, was cold.

Many myths do not regard the Afterlife as a place of punishment for past deeds; instead misdeeds were punished during one's visible life. The idea of a realm in which violations of moral and religious codes were punished is typically associated with monotheistic religions, although polytheistic Norse, Aztec, and Mayan mythologies also have their Hells (Niflheim, **Mictlan**, and **Xibalba**, respectively). Punishments occurring in Hell range from the agony of separation from God, intensified by being watched from above by those gloating at them in Heaven, to a reversal of life on Earth where the condemned walk upside down, eat excrement, and drink urine, to realms where the condemned suffer agonizing physical torture, usually involving fire.

Myths in which souls are eventually redeemed after punishment often require the dead to contend with many dangers before they even begin to enter Hell. Entrances are through some cave, pit, or lake that a soul has fallen into after toppling from a narrow **bridge**. Bottomless pools, often called Hell Holes, are also regarded as entrances to this Netherworld.

In the Hebrew Bible, Hell is called **Sheol**. Like the Greek **Hades**, it is a place of oblivion but unlike Hades, it has no ruler. The Christian Bible refers to Hell as a "bottomless pit" within hearing distance of Heaven, where sinners experience "hell fire," "eternal fire," a "fiery furnace," and a "lake of fire" ringed with brimstone—an old name for sulfur (which vaporizes at 832°F)—ruled by **Satan**. In later extra-Biblical journeys to Hell such as the **Apocalypse of Paul** and the **Apocalypse of Peter**, the wicked are tortured according to the nature of their sins. Reporting back from these "tours of Hell," visitors describe how blasphemers were hung up by their tongues. Hearing and seeing depictions of such agonies was a prominent motif in medieval Christian art and a prominent theme in sermons during the eighteenth century.

In most myths, Hell is a purifying stage on the way to Paradise, whereas in Christian mythology the tortures are endless and eternal. In the seventeenth century, Thomas Heywood summarized descriptions of its sufferings:

> In Hell is Griefe, Paine, Anguish, and Annoy,
> All threatening Death, yet nothing can destroy:
> There's Ejulatiaon, Clamor, Weeping, Wailing,
> Cries, Yels, Howles, Gnashes, Curses (never failing)
> Sighes and suspires, Woe and unpittied Mones,
> Thirs, Hunger, Want, with lacerating Grones.
> Of Fire or light no comfortable beames,
> Heate not to be endur'd, cold in Extreames.
> Torments in ev'ry Artyre, Nerve, and Vaine,
> In ev'ry Ioint insufferable paine.
> In Head, Brest, Stomacke, and in all the Sences,
> Each torture suting to the soule offences,
> But with more terror than the heart can thinke:
> The Sight with Darknesse, and the Smel with Stinke;
> The Taste with Gall, in beitternesse extreme;
> The Hearing, with their Curses that blaspheme:
> The Touche, with Snakes & Todes crauling about them,
> Afflicted both within and without them.

In Hindu myths, Hell is a realm that souls pass through on their way to **reincarnation**. Punishments in Hindu Hell, however, seem to go far beyond the usual formula of fitting the crime. Ingrates, for example, are pounded with hammers and clubs, impaled on spears, and dragged across sword blades, hot desert sand, and thorns. After that they are reincarnated as vermin and would have to go through several more reincarnations before possibly be reincarnated as a human once again. Buddhism has several conceptions of Hell. One of these, called **Bardo**, is divided into several subdivisions where evil is purged by torture after which souls are reincarnated in a new life. In Jainist Hell, souls are tortured until the evils that brought them there are exhausted. With the exception of Christian mythology where souls sent to Hell suffer eternal punishment (in 543 B.C.E. Church leaders decreed that those who denied its eternity would be excommunicated), souls are eventually purged of their evil in Hell and either are reincarnated or allowed to enter Heaven.

In Catholic doctrine, Hell is where fallen angels and those committing mortal sins are punished. Medieval Christianity's best-known version of Hell is Dante's description, which was based on earlier Greek and Roman myths. Dante's Hell was a hollow cone created by Satan's fall. Located under Jerusalem, it was divided into nine concentric circles that tapered to a point at the earth's core, which housed those committing the worst sins. This was where Satan lived. Hell's geography included rivers, swamps, waterfalls, and a frozen lake as well as landslides, ditches, and bridges and housed various figures from classical mythology such as **Charon** and **Minos**, as well as numerous **demons**. The first level was **Limbo** where the unbaptized, including Virgil, Dante's guide, lived and where the souls of unbaptized children and the morally righteous who lived before Jesus were confined. Those in Limbo were not physically tortured, but they had to endure the psychological torment of not being allowed to enter Heaven.

Circles two through five were where those committing sins of incontinence involving impulsive behavior such as lust, gluttony, avarice, and anger were punished. In the second circle sinners were blown about by the wind; in the third gluttons breathed fetid air. The fourth was where prodigals and misers were condemned to push a heavy weight up a hill with their chests. The fifth was where the irascible lived under the foul and fetid slime of the Stygian lake. Sins of malice are more serious because they involve misuse of reason and cause harm to others and were accordingly punished more severely in circles six through nine. Heretics lived in the fiery sixth center; the violent were confined in the seventh circle. There are three types of violent offenders. Those who are violent to others, those who are violent toward themselves (i.e., suicides), and those who are violent toward God by blasphemy, usury, or sodomy. Sinners in this circle were forced to swim in rivers of blood or writhe in fiery rain. The eighth circle was where pimps, flatterers, simonists, and hypocrites were either scourged, had their heads stuck in holes, or were forced to swim in rivers of ordure. The ninth circle, the lowest, was a frozen wasteland where traitors stood in ice and where Satan had his abode. (Barolini, 473–477; Craze, 66–75; Heywood, quoted in Patrides, 218; Metzger and Coogan, 277–279; Von Franz, 80–81)

Hell Hound. In numerous mythologies, **dogs** are guardians of the entrance to the Underworld, harbingers of death, companions of death gods and goddesses, including the **Devil**—possibly because they were originally scavengers and carrion eaters—**psychopomps**, or manifestations of the Devil. The Egyptian god **Anubis** and the Sumerian goddess Bau were both dog-headed death gods. The Greek death goddess **Hecate** was also sometimes depicted as dog-headed. A howling pack of dogs accompanied Hecate at crossroads, her favorite place to see those about to die. In **Hades**, Hecate's favorite pet was **Cerberus**, the dog who guarded the entrance to Hades. Cerberus may, in fact, originally have been the death goddess herself.

In all mythologies, the Hell Hounds that guard the entrance to the Underworld are ferocious. In Greek mythology, the saliva that drips from the mouth of the three-headed Cerberus turns into the poisonous aconite plant. In Norse mythology, **Garm** stands guard at the entrance to the Underworld. In later Norse myths, two dogs, Gifr and Geri, guard the entrance. **Odin**, the Norse father of the gods, is also a death god and has two dogs, Geri and Freki. Gifr, Geri, and Freki have been traced to variations of the word "greedy," in this case, greed for flesh, which derives from the dog's reputation as a scavenger that will eat corpses. In Welsh mythology, **Cwn Annwn** (aka **Cwn Cyrff, Cwn Wybr**) is a ferocious red-eyed **ghostly** Hell Hound who accompanied the black faced **Gwynn Ap Nudd**, the ruler of **Annwn**, when he ventured into the land of the living to abduct and bring unlucky victims to his domain. Two four-eyed dogs, **Syama** and **Sabala**, guard the entrance to **Yama**'s kingdom. A pack of white, red-eared dogs watched over **Arawn**'s Celtic realm of the dead. A dog also guards the entrance to the underworld realm of **Erlik Khan**. In Inuit mythology, a dog with bared teeth guards the entrance to the undersea land of Takakapsaluk, Mother of the Sea Beasts.

In some myths, however, dogs are regarded as psychopomps and the deceased's dog was sometimes killed at the grave so that it could protect and escort its soul through the Underworld. Zoroastrian myths have two dogs who await the dead at the **Cinvat Bridge** to help souls cross. In Japanese myth, a dog guides the dead spirit to the appropriate **Afterworld** when it comes to a fork in the road. In Delaware Indian mythology, dogs guard the **bridge** that lies at the fork in the Milky Way that leads to the Afterworld. In a Hindu myth about Yudhishthira, the king of Pandavas, and his five brothers, they are accompanied by a dog in their journey to Mount Meru, the home of the gods. Yudhishthira and the dog finally enter **Heaven**, but the others die of exhaustion on the way. After they enter Heaven, the dog is revealed to be Dharma (the Law) in disguise. The pipers in European folklore who lead those entranced by their music into Piper's Holes in the earth are often accompanied by dogs

In European folklore large ghostly **black dogs** with fiery red eyes and sharp fangs wander lonely roads or fields at night. Oftentimes they gather at gates (a kind of crossroads) or bridges and bring death to those who try to shout them away. These dogs have various names. Among the best known are the German **Aufhocker**, which pounces on the backs of its victims, Belgium's Kludde, and northern England and Scotland's **Barguest**, Bungay, Cu Sith, **Black Angus** and Black **Shuck**, which are often seen by those destined to die in less than a month. A dog like Black Angus is the basis for Sherlock Holmes's encounter with "The Hound of the Baskervilles." (Howey, 166–184; Leach, 271; Matsunaga and Matsunaga, 14; Rose, 30, 39, 50–51, 90; Woods, 22–121)

Hemah. *See* Angel of Death.

Heptti. In Egyptian mythology, a bearded god who guarded the exit of the eighth chamber of **Duat**. (Budge, *Gates*, 219)

Heques. In Egyptian mythology, a bearded god who guarded the exit of the seventh chamber of **Duat**. (Budge, *Gates*, 190)

Hermes. In Greek mythology, the messenger of the gods and the **psychopomp**, called Hermes Psychopompos, who conducted the souls of the dead to **Hades**. (Dow, 315; Ellwood and Alles, 156–157)

Hetgawauge. In Haida (British Columbia) mythology, the land of the dead, where wicked souls were sent after first being taken to the region of the Clouds, where they watched as the Chief of the Clouds feasted on their dead bodies. After their bodies were completely consumed, they were taken to Hetgawauge, which was ruled by **Hetgwaulana**. Hetgawauge was always dark and buffeted by cold winds and terrible storms that kept the dead from catching fish and by perpetual snowstorms that kept them from hunting, so they were perpetually hungry and unhappy. (C. Harrison, 18–19)

Hetgwaulana. In Haida (British Columbia) mythology, the ruler of the dead who was never happy unless it was dark. Hetgwaulana initially lived in **Heaven** with Shanungetlagidas, the god of light. Hetgwaulana said he could not sleep if it was always light and wanted Shanungetlagidas to extinguish it. The argument resulted in a battle, which Hetgwaulana lost. He and his followers were then thrown into the Underworld, which became known as **Hetgawauge**. (C. Harrison, 17–18)

Hiiela. *See* Toonela.

Hine-Nui-Po. In Polynesian mythology, the goddess of death and queen of the Underworld. Hine-Nui-Po fled to the Underworld cursing humans with death when she discovered that Tane, whom she had just married, was also her father. Hine-Nui-Po had the body of a man, seaweed for hair, fiery eyes, and razor-sharp teeth. When Tane tried to follow her to bring her back, she refused to return, saying she had cut her ties to the world of the living. Tane did his best to take care of his children, but Hine-Nui-Po constantly found ways to bring them to her kingdom. Maui, who was one of her children, then attempted to prevent any further deaths. Accompanied by **birds**, Maui stole into the Underworld and finding Hine asleep, tried to reverse birth by crawling into her womb and coming out of her mouth. However, he managed to get only halfway into her body; seeing his legs sticking out from between Hine's thighs, one of the birds that was watching started laughing so loud that Hine awoke. When she saw Maui's legs and felt him inside her, she crushed him, reaffirming death. (Ions, 26)

Hoebo. *See* Miana.

Hokhoku. *See* Bakbakwakanooksiwae.

Hun Came (aka 1-Death). In Mayan mythology, one of the principal gods of **Xibalba**. When two human brothers made so much noise playing the ballgame above Xibalba, Hun Came and another death god, Vucub Came, summoned them to Xibalba and then humiliated them and made them take part in a number of tests, which they failed, then finally challenged them to a ballgame and killed them after they lost. The lords of Xibalba then had the head of one of the brothers placed in a calabash tree. One day as the daughter of one of the lords passed the tree, the head spit onto her hand and she became pregnant. Her father did not believe her story, and she was expelled from the Underworld and went to live with the mother of one of the slain brothers. She gave birth subsequently to Hunahpu and Xbalanque, who grew up and became skilled hunters with the blowgun. They too disturbed the lords with the noise they made while playing the ballgame and were summoned to the Underworld like their predecessors. In a typical journey that souls of the dead undertake after death, they descended some very steep stairs, crossed rivers of blood and pus by floating in their blowguns, and finally came to a road to take them to Xibalba. When they finally met the lords, they beat them in the ballgame. The lords then forced them to undergo the various trials that the dead are compelled to undergo, but by means of various subterfuges the twins overcome all of them but one: in the House of Dark they are given cigars and told to keep them lit all night and return them intact in the morning, which would ordinarily be impossible. But the twins fooled them by attaching fireflies to the tips of the cigars and so outwitted the lords. Eventually, they are overcome in the House of Bats, which is presided over by **Camazotz**, but their deaths are only temporary. Reappearing again with dancers and magicians, one of them cuts the other to pieces with a knife and then brings him back to life. The death lords are amazed and asked that they do the trick on them. The twins agree, but do not bring them back, thereby avenging their father and uncle and ending death. Emerging from the Underworld, they are made into gods and placed in the heavens as the sun and the moon. (Read and Gonzalez, 148, 216–217)

Hutriel. In Christian **demonology**, an overseer in charge of punishing sinners in **Hell**. (G. Davidson, 143)

Hypnos. In Greek mythology, the god of sleep. Hypnos was the twin brother of **Thanatos** (Death). In many cultures, sleep is a euphemism for death or a kind of quasi death, during which the dead and the **Afterlife** can be visited, or the dead can visit the living. Our word cemetery comes from the Greek *koimeterion,* meaning "sleeping place."

In many myths, souls "waken" from the sleep of death and are resurrected. Hypnos also lived in the Underworld, but was regarded as a kindly god. (Taylor, 333–334; Van der Toorn et al., 438–439)

I

Iblis (aka al-Haris, Angel of Death, Azazil, Devil, Eblis). In Islamic mythology, the **Devil**. Iblis, whose name was originally Azazil or al-Haris, was one of the angels who watched Allah create Adam. When Allah told the angels to bow down to Adam, Iblis refused, claiming that because he had been created from fire he was too noble to bow down to someone made of clay. Because of his disobedience he was condemned to death but persuaded Allah to let him live until the day of final judgment. Allah agreed and banished Iblis to **Hell**, where he became Shaytan (**Satan**) and continued to challenge Allah by leading mankind astray. Later Iblis was also identified as the **Angel of Death** and as Al-Jann, the father and leader of the **Djinn**. He lived in places and tombs considered unclean and often appeared at crossroads. His food was anything not blessed by the name of Allah, and he lured men into sin through women. (Burton and Grandy, 145–146; Leach, 513)

Iboll. *See* Bilibo.

Ibu. In Manoba Philippine mythology, the Underworld and the name of its female ruler. Ibu is located somewhere below the pillars of the earth. It is similar to the world above, having mountains, lakes, and rivers. Halfway between the two worlds is a river that has to be crossed with the help of a ferryman called **Manduyapit**. After crossing, the soul journeys for another seven days before coming to Ibu. (Demetrio, 514; Raats, 30)

Icu (aka Iku). In Yoruba African religion, the god and the place of death. Icu does not act independently but, like the **Angel of Death**, takes the lives of people on orders from the creator, **Olodumare**. In one myth, Icu acted independently taking people's lives haphazardly. This enraged Orunmila, the god of knowledge, who stole the hammer Icu used to take lives. When Icu demanded its return, Orunmila refused, saying that Icu was supposed to take only the lives of those whose time had come and not arbitrarily, but Icu said that if people did not die, the earth itself would perish. Orumila eventually became convinced that Icu was right, because if people never died, the earth would not be able to feed them, but he still did not like the idea of taking lives arbitrarily. As a compromise, he told Icu he would give him back his hammer if he would not take people before their preordained time, which he would know by a bracelet they wore on their left wrist. (Baskin, 168; Idowu, 197)

Iku. *See* Icu.

Illapa (aka Katoylla). Incan god of the Underworld. (Baskin, 169)

Impu. *See* Anubis.

Impw. *See* Anubis.

Inanna (aka Ishtar). In Mesopotamian mythology, Inanna was the goddess of both sexual arousal and death. After she seduced men into having sexual relations with her, she killed them.

Inanna's persona as a death goddess is best known from the story of her visit to **Aralu**, the world of the dead, where her sister, **Ereshkigal**, was queen. Although the visit was to have been a surprise, Ereshkigal was alerted to her sister's visit and ordered her guard **Neti** not to let Inanna enter Aralu unless she gave him one of the glamorous pieces of clothing or jewels she had donned for the trip at each of the seven gates leading to Aralu. When Inanna finally arrived at **Ganzir**, Ereshkigal's palace, she stood in front of her sister, naked and humiliated. When Inanna began to berate her, Ereshkigal killed her and impaled her body on a hook.

Since Inanna was dead, sexual attraction no longer occurred on Earth, resulting in humans no longer producing food due to crop failure so the gods no longer had any food sacrifices. When Inanna's father Enki saw what had happened, he summoned his messengers and gave black dust from under his fingernails, telling them that it was the food of life, and some red lacquer from his fingernails, saying it was the elixir of life, and sent them to the Underworld to bring Inanna back. When they appeared before Ereshkigal, she offered them food and drink, which had they accepted, would have meant that they could not leave the Underworld, but they refused and asked only to be given Inannna's body. Since by this time Inanna's body had rotted, she turned it over. As soon as she did, the messengers sprinkled the black and red particles from Enki's fingernails and Inanna was immediately revived and restored in all her beauty. The messengers then started to leave, but the **Anunnaki**, the judges of the dead, refused to let Inanna leave Aralu unless she found a substitute to take her place. Inanna agreed and was escorted back to the land of the living by a **demon** to see that she honored her promise.

When Inanna returned she found her husband, Dumuzi (aka Tammuz), the male god of fertility, carousing with another goddess instead of mourning her death. In a fit of jealous rage, Inanna chose Dumuzi to be her replacement. But after he was gone, the land became infertile and the people cried for Dumuzi's return. Inanna regretted her decision and managed to persuade Ereshkigal to let Dumuzi stay in Aralu for only six months a year, which accounts for the two main seasons of the year.

In a later variant of this myth, Ereshkigal became bored with her husband **Nergal** and looked to Earth for a replacement. She became enamored of Dumuzi, but he was married to Inanna/Ishtar. Knowing she could not compete with her more beautiful sister, Ereshkigal abducted Dumuzi and brought him to Aralu. When she found out what had happened, Inanna/Ishtar angrily pursued her sister, but when she finally confronted Ereshkigal in her own domain, she was easily overcome. The gods then struck a deal between Ereshkigal and Inanna/Ishtar in which Dumuzi/Tammuz would stay with Ereshkigal in Aralu during the fall and winter and return to be with Inanna/Ishtar during the spring and summer. (Craze, 51; Dow, 239; Shearman and Curtis, 240; Van der Toorn et al., 454)

Infierno. In Bohol Philippine mythology, the realm of the dead where those who lived evil lives are sent and are tortured by fire. (Demetrio, 515)

Infurin. Hell in Celtic mythology. Infurin is a somber, sunless place of agonizing cold. The only heat comes from one's own fever. Infurin is filled with insects, reptiles, roaring lions, and venomous snakes that are constantly biting the condemned. (Brewer, 414)

Inlabbuut. In Ifugao Philippine mythology, an ogre that attacked humans and ate their flesh. (Ramos, 97)

Inpew. *See* Anubis.

Intercession. In some mythologies, the fate of the dead can be influenced by the living. Proper burial and maintenance of a grave site can ensure that the soul of the deceased does not remain at the grave site. The soul's fate can also be affected by prayers to an appropriate intermediary such as Jesus or Mary in Christianity. In Islam, the Prophet intercedes on behalf of all devout Muslims.

In Judaism, the living can help the souls of the dead ascend from **Sheol** to **Heaven** by performing good deeds and charity in the name of the deceased. (Eliade, *Encyclopedia*, 129)

Irkalla. *See* Aralu.

Isis (aka Aset). One of the most important goddesses in ancient Egypt, Isis was variously called "Queen of Heaven," "Mother of the Gods," "The Brilliant One in the Sky," "Great Lady of Magic," "Mistress of the House of Life," "She Who Knows How to Make Right Use of the Heart," "Light-Giver," and "Lady of the Words of Power." Isis was the wife of **Osiris**, who was also her brother, and the mother of Horus. When Osiris was murdered by **Set** and then torn apart, she reassembled his body, helped bring him back to life, and afterward gave birth to Horus who later avenged his father's death. Isis was often represented by a cow, or wearing cow's horns on her head, reflecting her fertility, or as a kite flying above Osiris's body. In later mythologies, her persona expanded and she became identified with **Inanna**, Ishtar, and many other goddesses of the ancient world. (Cotterell, 108–109; Van der Toorn et al., 456–458)

Ixcuina. *See* Tlazolteotl.

Ixpuztec (aka Acolnahuacatl, Lord of Mictlan, Mictlantecuhtli, Mictlantecuhtzi, Nextepehua ["Scatterer of Ashes"], Tzontemoc ["He Who Lowers His Head"], Yeahuiztli). In Mayan mythology, the goddess of suicides. An evil spirit, she seduced and killed men at crossroads and then took her favorites to live with her in the **Afterlife**. Like **Ah Puch**, she was depicted in a putrefying condition. (Baskin, 175; Cotterell, 56)

Izanagi (aka Izanami-no-kami, Izanami-no-Mikoto). In Japanese Shinto mythology, a god who tried to bring his wife Izanami (meaning "She who invites") back from the dead, but failed.

Izanagi and his wife Izanami were sent from **Heaven** to create the first land and new gods. The couple had many children, but their last was Kazutsuchi, the god of fire. In the course of giving birth to him, Izanami was burned so badly that she died.

Despondent over his wife's death, Izanagi journeyed to Yomi No Kuni ("the shadowy land of the dead") hoping to bring her back. When he found her, Izanami remained in the shadows and told him that she was trying to arrange for her own release, but in the meantime, he was not to come in or look at her. When his wife did not come right back, Izanagi lit a candle and went farther inside and saw Izanami with her body rotted and covered with maggots. Horrified, Izanagi ran back to the land of the living but was chased by several ugly hags bent on revenging Izanami who was screaming that he had humiliated her.

Izanagi was not able to escape but managed to evade his pursuers until Izanami finally agreed to a divorce from her husband, and then she pushed a boulder in the mouth of the entrance so that he could enter **Yomi**. (Aston, 298–302; Bonnefoy, *Mythologies*, 1044; Cotterell and Storm, 448; Herbert, 273–277; Savill, *Northern*, 195)

J

Jabeakka. *See* Jabmeaimo.

Jabmeaimo (aka Jabeakka, Jamiaimo, Jamikasaimo). In Sami Finnish mythology, the realm of the dead ruled by Jambeakka. Virtuous souls received new bodies in Jabmeaimo and were then sent to Saivo, a **heavenly** Paradise, while those who had led wicked lives were sent to the realm of **Rota**. (Ann and Imel, 49; Leach, 533; Taylor, 197–198)

Jackal. Like the **wolf**, a symbol of death, and likely for the same reasons of its mournful howl and its feeding on corpses. (Chevalier and Gheerbrant, 548; Taylor, 395)

Jahannam (aka Djahannam). In Islamic mythology, the name for the upper chamber of **Hell**. Jahannam is spanned by a **bridge**, **Shirat**, over which souls must cross after **resurrection**. The bridge, which leads to Paradise, is easily crossed by the righteous, but when sinners attempt to cross it becomes as narrow as a hair, causing them to fall into Jahannam. Sinful Muslims remain in the upper regions of Jahannam; Christians, Jews, and others descend into progressively deeper and hotter Hells. Eventually, all sinners will be released from the Hell to which they have been sent. (Mew, 378–379; Taylor, 198–200)

Jambeakka. *See* Jabmeaimo.

Jami-Ajmo-Ollmaj. *See* Jabmeaimo.

Java. In Polynesian mythology, the island home of the dead. (Van Baaren, 137)

Jigokou. In Japanese Buddhism, the sixteen **Hells** ruled by **Emma-O**. Eight of these Hells were fiery hot; the other eight were icy cold. Souls were sent to a particular Hell according to their sins. (Mew, 27; Teiser, 535)

K

Ka. *See* Ba, Ka, and Ank.

Kabunyan. In Ifugao Philippine mythology, a realm of the dead where murder victims are sent. (Demetrio, 55)

Kafziel. *See* Angel of Death.

Kagbuoan. *See* Gimokodan.

Kakurezator. In Japanese folklore, a blind, old, human-like evil spirit holding a knarled staff, who led the souls of sinners to **Hell**. (Dow, 376)

Kali (aka Devi). In Hindu mythology, the dual-natured goddess of creation and death called "the black **destroyer**." Kali is a naked and black hag, wild-eyed, with prominent fanged teeth, a long red tongue, blood flowing from the corners of her mouth, three bright red eyes, disheveled hair, four arms, and a necklace of skulls around her neck. Two severed heads hang from her ears like earrings. In her various hands she holds a blood-stained knife, a human head, a noose for strangling her victims, and a hook for dragging them and is often depicted with her foot on Shiva who is lying on the ground.

Sent to Earth to destroy **demons** threatening to destroy the world order, she sometimes became so intoxicated by blood that she herself became a danger to the world. Raktabija, one of the demons she was sent to kill, was

Kali. Paul Carus. *The History of the Devil.* Chicago: Open Court Publishing Co., 1900.

almost invincible because every time he was wounded and began to bleed, other demons were instantly born from the drops of his blood that landed on the ground. To prevent Raktabija's resuscitation, Kali swallowed the blood-borne creatures and sticking out her large tongue sucked the blood from his wounds before it touched the ground, which is commemorated in images of her with her protruding tongue. However, born in battle and tasting blood, Kali developed a liking for death and destruction and began indiscriminately killing humans. Alarmed she would eradicate mankind, the gods pleaded for her to stop. When she did not listen, her husband Shiva lay down among the dead. Recognizing his body just as she was about to stomp on it, Kali came to her senses. (Brockington, "Kali," 83; Craze, 35; Kinsley, 183–207)

Kallofalling. In Inuit mythology, an evil creature who dragged hunters to their deaths beneath the sea. (Baskin, 183)

Kalma. In Finnish mythology, a death goddess. The name means "the smell of a corpse." (Abercromby, 320; Bonser, 355)

Kami. In Japanese mythology, a general term for many deities and their spirits, including malignant beings. (Aston, 320)

Kanaloa. In Hawaiian mythology, the sea god of death. Kanaloa was the leader of the first group of spirits who inhabited the earth. When these spirits were not allowed to drink kava, Kanaloa led them in an abortive rebellion and was banished to the Underworld where he became ruler of the dead. (Abel, 90)

Kapu Mate. *See* Velu-Mate.

Kasyrgan. *See* Erlik Khan.

Katoylla. *See* Illapa.

Kayong. In T'boli Philippine mythology, a realm of the dead where those who died in battle or were murdered are sent. The sky in Kayong is perpetually red to remind the dead of their violent deaths. When they arrive they are welcomed by music, which is heard on Earth as thunder and lightning. Those who take their own lives, typically by hanging, go to **Kumawing**, a place resembling Earth except that everything is always swaying. Those who drown go to a realm of the dead in the sea, whereas those who die of sickness go to **Mogol**, which resembles Earth. (Demetrio, 516)

Kefi. In Egyptian mythology, a bearded knife-wielding god who guarded the exit of the tenth chamber of **Duat**. (Budge, *Gates*, 259)

Keres. In Greek mythology, red-robed souls of the dead who hovered over battlefields. During battles, they grasped the wounded with their claws and then sank their sharp teeth into their bodies and killed them by drinking their blood. (Ions, 129; Taylor, 215)

Kezef. *See* Angel of Death.

Khent. *See* Anubis.

Khenti-Amenti. *See* Aker.

Khenti-Heh-F. In Egyptian mythology, one of the gods who guarded the seventh chamber of **Duat**. (Budge, *Dead*, 262)

Khert Neter (aka Duat, Neterkhertet, Tuat). In Egyptian mythology, a common name for the realm of the dead. (Budge, *Dead*, 205)

Kherty. *See* Aken.

Kigal. *See* Aralu.

Kiyabusan. *See* Basad.

Kokytos. In Greek mythology, a little known river in **Hades**, which may be the same as the **Styx**. The name was associated with wailing by those in Hades. (Pausanias, 149)

Kotluwalawa. In Hopi North American Indian mythology, the village of the dead located beneath a lake called the "Whispering Water." (Van Baaren, 137; Van Scott, *Heaven*, 158)

Kuga. In Slavic mythology, a goddess of life and death. (Ann and Imel, 52; Eliade, *Gods*, 355)

Kukulcan. *See* Quetzalcoatl.

Kumao. In Isneg Philippine mythology, a man-eating ogre who is especially fond of children and likes to bleed them to death by pulling out their fingernails. (Ramos, 97)

Kumawing. *See* Kayong.

Kur. *See* Aralu.

Kurita. In Magindanao Philippine mythology, a man-eating ogre with many limbs. (Ramos, 97)

Kurnugia. *See* Aralu.

Kushiel. In Christian **demonology**, one of the rulers of seven divisions of **Hell**. (G. Davidson, 168)

Kutu. *See* Aralu.

Ku-Zimu. In Dahomean African mythology, the Underworld. (Leach, 26)

L

Labartu. In Babylonian mythology, a death **demon** who, like **Lilith**, killed children. (Shearman and Curtis, 234)

Lahatiel. In Christian **demonology**, one of the rulers of the seven divisions of **Hell**. (G. Davidson, 171–172)

Lamastu. In early Mesopotamian mythology, a **demon** who abducted newborns and brought them to the Underworld where she suckled them. Lamastu caused miscarriages by sneaking into the homes of pregnant women and touching their stomachs. Lamastu also caused cot deaths. When Lamastu wandered on Earth, her breasts were uncovered and she held a snake in each hand. In later myths, Lamastu was identified with **Lilith**. (Porter, 27)

Lamia. In Greek mythology, a **vampire** monster with the body of a snake and the head and breasts of a woman, who abducted children and drank their blood. Lamia was once a Libyan queen who had an affair with Zeus. When Zeus's wife Hera discovered the affair, she turned Lamia into a monster, killed her children, and caused her eyes never to close so that she would never sleep and never escape the image of her dead children. When Zeus saw what his wife had done, he gave Lamia the gift of being able to remove and reinsert her eyes whenever she wanted so that, while she still remained sleepless, she would not have the image always before her. Still grief ridden, Lamia abducted the children of other women and ate them. (Bell, 271)

Larvae. *See* Lemures.

Lei Kung. In Chinese mythology, the Thunder God who punished the extremely wicked in **Hell**. Lei Kung had a **bird**'s head and claws in which he held a hammer and drum or chisel, which he used to torture evildoers. (Leach, 223)

Lemures (aka Larvae). In Roman mythology, the **ghostly** souls of those who had lived evil lives in contrast to the Lares, the glorified spiritual souls of ancestors who were a family's guardian spirits. The Lemures were hideous looking. Constantly hungry, they roamed at night searching for food, especially during May 9, 11, and 13, the time of the **Lemuria**. The most frightening Lemures were the ghosts of those who had died young because they were thought to harbor a grudge against the living due to their early deaths. To appease them, households left food outside during the spring festival of Lemuria. (Adkins and Adkins, 130; Baskin, 195; Berens, 186; Eliade, *Ideas*, 117–118; Ions, 130; Price and Kearns, 316)

Lemuria. In Roman times, a festival held on May 9, 11, and 13 when the **Lemures** returned to their former homes. At midnight, the head of the family walked barefoot through the house and either spat or threw black beans on the floor for the Lemures to eat so that they would not take any of the living members of the household with them when they left. (Adkins and Adkins, 131–132)

Lethe. Originally, when the newly dead came to **Hades** they had to drink from the river Lethe, which caused them to lose any memory they had of the celestial world. In early Greek mythology, the dead, except for a few such as the seer Tireseas, are those who have lost all memory of the past. In later Greek mythology, when the idea of transmigration of souls became current, the newly dead retained memory of their past lives. After a thousand years elapsed and no speck of their habitual stain remained, they were reincarnated, but before returning to the living they had to drink from the Lethe so that they would have no memory of their prior earthly existence, forgetting being a prelude to a new life. (Eliade, *Ideas*, 2:191–193; Harris and Platzner, 250; Howard, 171; Natale Conti, 232–236)

Leviathan. In Biblical mythology, a fire-breathing sea **serpent** with seven heads and three hundred eyes, whose body encircled the great **Abyss**. The Leviathan is the **archetypal** monster-enemy whose final battle and defeat is a common motif in many myths. In medieval Christian **demonology**, the Leviathan was a serpent identified with **Hell**. At the **Apocalypse**, the Leviathan is destined to battle the **Behemoth**, and the flesh of their bodies will provide the meat for the righteous after the Day of Judgment. (Chevalier and Gheerbrant, 598–599; Garry and El-Shamy, 88–91; Metzger and Coogan, 433–434; Schwartz, 145–146; Van der Toorn et al., 511–515; Weyer, 67)

Lha-Mo. In Tibetan Buddhist mythology, a female death **demon** who wears the skins of humans she has flayed. Lha-Mo has a fondness for human flesh and human blood, which she drinks from human skulls. (Cotterell, 120)

Libanza. In Congo African mythology, the god of death. Libanza liked to fight and kill, to the point that he killed his brother and aunt and almost killed his father. When people died their souls were gathered up by the moon, who brought them to Libanza. (Dow, 409)

Libitina. In Roman mythology, the goddess of death and corpses, who presided over funerals. Libitina had her own temple in Rome, where the libitinarii (undertakers) met and where coins were deposited for the dead to give to the boatman who ferried them across the river in the Underworld. (Adkins and Adkins, 133; Baskin, 197; Dow, 410)

Lilith (aka Lilu). In Judeo-Christian mythology, Adam's first wife who became a **demonic** leader and was sometimes said to have become **Satan**'s mistress. In rabbinical folklore, Lilith refused to recognize Adam's male superiority because she was created at the same time as he was from the earth and not from Adam's rib as was Eve later on. To escape she said God's ineffable name out loud and left Adam and made her home near the Red Sea, where she gave birth to hundreds of demons. Left alone, Adam complained to God that the woman He had given him had run away. Hearing Adam's complaint, God sent three angels to bring Lilith back, telling them that if she agreed to return she would be forgiven but if she refused they were to kill a hundred of her demon babies each day. Lilith refused to go back to Adam, vowing to bring suffering and death to Adam and his new wife Eve's children. Despite her refusal to return with the angels, Lilith secretly returned to Paradise and slept with Adam, and from their union the evil spirits known as the Shedim were born. Sometime later she became Satan's mistress. In Islamic folklore Lilith lived with the **Devil** and gave birth to the **Djinn**.

Lilith's Babylonian counterpart was **Lamastu**, a female demon who abducted newborns and suckled them in the Underworld. A thousand years earlier, to the south of Babylonia in Sumer, her counterpart was called Lillake and was depicted as a winged nude woman surrounded by **owls**, symbols of death. Lilith, Lamastu, and Lillake are all in turn related to Sumer's "lilu," and later Babylonian "lilutu," vampiric women who preyed on women and newborns. During the Middle Ages, Lilith was regarded as a succubus who, unbeknown to them, had sexual relations with sleeping men, especially those who slept alone. She subsequently gave birth to demons from these unions whom she suckled with poison from her breasts. Not content with her own children, she envied those born to other women and would steal them unless they were protected by special amulets. In other traditions, she was identified as the grandmother of the Devil or an **avatar** of the Devil himself. (Ausubel, 593–594; G. Davidson, 174–175; Graves and Patai, 65; Patai, 207, 239–240, 244–245; Schwartz, 139–140, 216–227; Shearman and Curtis, 234; Van der Toorn et al., 520–521)

Lilu. *See* Lilith.

Limbo. In Christian mythology, an intermediate area where souls who have died before Jesus's appearance or children who have not been baptized exist. In Dante's description of **Hell**, it is the first circle. In Greek and Roman myth, it is the shoreline of the river that must be crossed to enter **Hades** but cannot unless souls have been ritually buried. (Verdun, 571–572)

Llorona. In Aztec mythology, a spirit who lured people to death by drowning. (Ann and Imel, 30)

Loa (aka Bacalou). In voodoo folklore, created by God, but like **Satan**, rebelled against him. The loa are very powerful supernatural beings who insist on sacrifices and offerings and possess and eventually bring death to those who do not make such sacrifices. The loa usually take possession of their victims during religious rituals or dances or when someone is suddenly frightened. Those who witness such possessions are usually aware of their identity. (Courlander, 339–343; Metraux, 82)

Lough Derg. In Celtic mythology, a small island in northwest Ireland, regarded as the entrance to the Underworld. (Evans-Wentz, 442)

Lucifer (aka Devil, Satan). In Christian mythology, another name for **Satan** based on the Biblical Book of Isaiah (14:12), where he is said to have fallen from **Heaven**. The reference was actually to Nebuchadnezzar, the king of Babylon, but was applied to Satan starting with St. Jerome. (G. Davidson, 176)

M

Maa-Ab. In Egyptian mythology, a bearded mummified god who guarded the entrance to the sixth chamber of **Duat**. (Budge, *Gates,* 158)

Madam Brigette (aka Big Brigitte, Grann Brigitte, Mademoiselle Brigitte, Manze Britgit). In Haitian voodoo mythology, the wife of **Baron Samedi**. Madam Brigette is a pale, thin, death spirit, sometimes depicted as a whirlwind, or black rooster, who guards and haunts cemeteries, especially those in which the first person to be buried is a woman; she also acts as a **psychopomp**. (Courlander, 366)

Mademoiselle Brigitte. *See* Madam Brigette.

Mahatala. In Hindu mythology, one of the seven regions of the Underworld. (Mercatante, 514)

Mahiuki (aka Mafuike). In Polynesian mythology, the goddess of earthquakes and the Underworld. (Leach, 665)

Mairya. In Persian Zoroastrian mythology, the **Angel of Death**. (G. Davidson, 26)

Majky. *See* Rusalka.

Makatiel. In Christian **demonology**, one of the rulers of the seven divisions of **Hell**. (G. Davidson, 181)

Maknyam-Moong. In Himalayan mythology, a death spirit. (Gorer, 92, 474)

Mak Nyom Mung. In Himalyan mythology, a death spirit who assumes the form of a **dog** when he takes someone's life. (Gorer, 153)

Mammon. In Christian and medieval **demonology**, an alternative name for **Beelzebub**, **Lucifer**, or **Satan**. (G. Davidson, 182)

Mana. *See* Tuoni.

Manala. *See* Tuonela.

Manduyapit. In Manoba Philippine mythology, a boatman who ferries the dead across a river that separates the living and the dead. If Manduyapit for some reason refuses to take it across, the soul returns to its home and plagues its former friends for help. (Demetrio, 514)

Manes. In Roman mythology, the spirits of the dead who lived in the Underworld. The Romans regarded the dead as gods and paid special homage to them at various festivals such as the **Lemuria** and **Parentalia**. The dead who were not allowed to enter the Underworld, usually because they had not received proper burials, wandered aimlessly in a kind of **Limbo**. (Adkins and Adkins, 140)

Mangindusa. *See* Basad.

Mania. In Etruscan and Roman mythology, the goddess of the dead. She was married to **Mantus** and was the mother of the Lares, **Manes**, other **ghosts**, and other **vampire** spirits to whom sacrifices were made during the **Lemuria**. (Adkins and Adkins, 140; G. W. Dennis, 97; Grimal, 271; Urdang and Ruffner, 90)

Mansemat. *See* Mastema.

Mantus. In Etruscan mythology, the ruler of the Underworld, along with **Mania**, his wife. Mantus was a winged old man who wore a crown and carried a torch in his hands. (G. W. Dennis, 97)

Manze Britgit. *See* Madam Brigette.

Mara (aka Maya). In Buddhist mythology, the goddess of evil and death. Mara usually appears at night, usually preceded by loud noises. She haunts out-of-the-way places, especially crossroads. Mara tried to tempt Buddha on the eve of his enlightenment while he was sitting under the sacred tree by sending him his three daughters, Lust, Caving, and Discontent, but failed. Although defeated by Buddha, Mara continues trying to keep humans from **reincarnation**.

In Slavic mythology, Mara is the goddess of death. (Baskin, 213; Cotterell, 125; G. Davidson, 183; Taylor, 226–227)

Maskim. In Akkadian Babylonian mythology, the seven rulers of the Underworld. (G. Davidson, 185)

Mastema (aka Devil, Mansemat). In Jewish and Christian folklore Mastema was the leader of the **demon** descendants of the **Watchers**, a group of 200 angels who lusted after human women and came to Earth and took them as wives. The children of these Watchers were giants from whose body demons emerged after the giants died. After God sent the flood that destroyed mankind, He was also going to destroy all the demons that had escaped, but Mastema persuaded God not to kill all the demons so that he (Mastema) would have servants to torment man. In the Apocryphal Book of Jubilees, Mastema is the one who prompts God to test Abraham's resolve by telling him to kill his son Isaac. (G. Davidson, 183, 185; Russell, 249–252)

Mavet. *See* Angel of Death.

Mavky. *See* Rusalka.

Mebuyan. In Bagobo Philippine mythology, the goddess who created the Underworld. After humans were created on Earth, Mebuyan quarreled with her brother Lumabat about where they would go when they died. Lumabat wanted to guide them into the heavens, but Mebuyan wanted them to go into the earth. Having the greater determination of the two, she used a bowl and a mortar to open a path for the dead to travel to the Underworld and became its ruler. Once **Gimokodan** the Underworld was created, Mebuyan met the dead at its entrance and bathed them in the Black River, which flowed through her realm, to wash away their memories. Mebuyan was also a fertility goddess who used death to replenish the earth. Whenever she shook a lemon tree in Gimokodan, causing its fruit to fall, someone on Earth died. If the lemon was ripe, an old person died; if green, someone young died. Mebuyan herself was ugly and covered with nipples, which she used to feed dead babies until they were old enough to live on their own in Gimokodan. (Benedict, 20; Raats, 20:39–40)

Meifu. In Japanese mythology, a judgment tribunal presided over by **Emma-O**. (Baskin, 217)

Mephistopheles. In Christian mythology, a fallen angel who became one of the seven great rulers of **Hell**. The name is derived from Hebrew "mephiz," meaning "**destroyer**," and "tophel," meaning "liar." In early folklore, he was one of **Satan**'s representatives and sometimes signed pacts with humans for their souls on behalf of Satan. (G. Davidson, 190)

Meslamtaea. *See* Nergal.

Metatron. *See* Angel of Death.

Metes. In Egyptian mythology, a bearded mummy that guarded the entrance to the eleventh chamber of **Duat**. (Budge, *Gates*, 279)

Metnal. *See* Mitnal.

Miana (aka Abuhene). In Warao Venezuelan mythology, a cannibalistic god of death who lived in the zenith, and from whose house a pathway—slippery with blood—led directly to **Hoebo**, the land of the dead, ruled by his son who was also called Hoebo. Miana created the Warao so that the Hoa and Hoarao who inhabited Hoebo would have blood and food. He did so by fastening a hose pipe from the land of the dead to his palace and then dangled it over the newly formed Warao. The pipe had a light that guided it over the heads of the Warao when they slept. When Miana chanted, the pipe became activated, pierced the sleeper's skull, entered his heart, and drained its blood, but not entirely, so that it could continue to be tapped later on. When meat was needed in the Netherworld, Miana drained enough to kill the victim and then carried the corpse to Hoebo's realm. (Wilbert, 22, 33)

Micapetlacoli. *See* Mictecacihuatl.

Mictanteot. In Nicaraguan Mayan mythology, a goddess of the Underworld. (Ann and Imel, 31; Carlyon, 1982)

Mictecacihuatl (aka Chalmecacihuatl, Micapetlacoli, Tlalchitonatiuh). In Aztec mythology, the goddess of death, known as the "Lady of the Dead," who inhabited **Mictlan**, the lowest region of the Underworld, with her consort, **Mictlantecuhtli**. (Ann and Imel, 31; Leach et al., 682, 810)

Mictlan (aka Chicunauhmictlan, Cum Hau, Eopuco). In Aztec mythology, the first place of the dead into which everyone descended when they died. Those who died bravely in battle and women who died in childbirth (considered a form of battle) did not remain but instead were sent to Tlalocan, a kind of Elysian Fields. Each day they greeted the sun and fought mock battles for four years after which they were transformed into hummingbirds and other exotic **birds** and feasted on nectar.

The less fortunate spent the next four years trying to pass a series of tests in nine different **Hells**. Depending on whether they solved them, they were allowed to go on to the next, until they finally reached the ninth Hell where, after doing penance for four years, they were allowed to live among their friends who had gone to Tlalocan.

In the first realm of Mictlan, the dead had to cross the **Chignahuapan**, a deep river that served as its boundary. A **dog** belonging to the deceased was often buried with him or her so that it could help its master cross the river. After crossing the river, the deceased had to pass between two high mountain peaks that clashed together whenever a spirit passed between, in an attempt to crush the soul. If it passed between the two peaks, it came to Obsidian Mountain and then to an area where the wind was so frigid it sliced at the skin like a knife. The only protection from these winds was blankets buried with the dead. Next the deceased had to cross an arid desert inhabited by the **Tzitzimimes**, a species of monstrous **demons**. If it defeated them, it next confronted the fierce alligator Xochitonal. If the alligator was defeated, the spirit then had to cross an area where it had to avoid a whirlwind of arrows. In the seventh Hell, the spirit encountered frightening demons that ate human hearts. The eighth task required it to pass along narrow paths between stones that tried to crush it. After four years, it finally came to the ninth Hell, ruled by **Mictlantecuhtli** and his wife **Mictecacihuatl**, where it either found rest or disappeared forever. Humans with no merit at all never left and rotted until they disappeared. Once they spent their time in Mictlan and did penance, the souls of those with some merit were permitted to go to Tlalocan. (Carrasco, 319; Caso, 56; Graulich, 248–252; Van Scott, *Hell*, 241)

Mictlantecuhtli (aka Acolnahuacatl, Chalmecatl, Ixpuztec ["Broken Face"], Lord of Mictlan, Mictlantecuhtzi, Nextepehua ["Scatterer of Ashes"], Tzontemoc ["He Who Lowers His Head"], Yeahuiztli). In Aztec mythology, the ruler of **Mictlan**, the land of the dead. Mictlantecuhtli had an insatiable hunger for human flesh and blood. He was a blood-splattered, partially de-fleshed skeleton with a menacing grin who wore a headdress with **owl** feathers, a necklace of human eyeballs, a human bone for an earplug, and had claws for hands in which he carried a knife or axe to remove the hearts of those he claimed. He was accompanied by animals such as the **bat**, centipede, owl, scorpion, and spider.

Aztecs who were not righteous enough to enter Paradise were sent to the nine **Hells** of Mictlan for four years. After several trials, they came to Mictlantecuhtli's realm, where he enjoyed watching them suffer. (Caso, 56, 62, 64; Carrasco, 319; Van Scott, *Hell*, 204)

Minos. In Greek and Roman mythology, a Cretan king who became a judge in the Underworld and determined where in it the dead would be sent. (Howard, 159; Natale Conti, 177–178)

Miru. In Polynesian mythology, an ugly goddess who lived in **Avaiki**, the Underworld. After stupefying the souls of cowards and those who died natural deaths with kava (*Piper methysticum*) prepared by her four daughters, she took the unresisting victims to her oven and cooked and ate them. (Abel, 110; Andersen, 322–324; Gill, 4; Williamson, 2:19)

Misikthang. In Tangsas Indian mythology, an evil spirit responsible for accidental deaths such as drowning or being attacked by a tiger. (Dutta, 67)

Mithra. *See* Ahriman.

Mitnal (aka Metnal). The Underworld of the Mayans in the Yucatán Peninsula. The Quiche Maya of Guatemala called it **Xibalba**. Mitnal was ruled by **Cizin**, whose name meant "flatulence," referring to his realm as a place of putrescence. (Coe, 89; Dow, 28)

Mogol. *See* Kayong.

Moirae (aka Fates, Parcae). In Greek mythology, the **Fates** who determine how long people live. Clotho spinned the thread of life, Lachesis determined its length, and Atropos cut it. The Romans identified the Moirae with the Parcae—Nona, Decuma, and **Morta**. (Harris and Platzner, 138)

Moloch. In Canaanite mythology, the god of the Underworld to whom children were sacrificed. (Craze, 35)

Mora. In Slavic folklore, a **vampiric** female who causes people to fall asleep so that she can enter their dreams, choke them, and suck their blood. Moras are sometimes equated with another Slavic **demon**, the **Smrtnice**. (Taylor, 337)

Morana. In Slavic mythology, a goddess of death. (Ann and Imel, 58; Bonnerjea, 1927; Jobes, 112; Leach et al., 480)

Morgan le Fay (aka Morrigan Le Fay, Mórríghan, Morrígu, Mór-Ríogain). The Celtic death goddess. She appeared prior to great battles to wash the armor of those fated to die in battle, often appearing as a crow or raven hovering over the dead. (Chevalier and Gheerbrant, 33; Krappe, 210)

Mormo. In Greek mythology, a seductress who lured men to her bed and then sucked their blood and ate their flesh. (Bell, 170)

Mors. In Roman mythology, the personification of death; the counterpart of Greek **Thanatos**, although female rather than male like Thanatos. Mors was pale, emaciated, and ravenous. She dressed in black robes and hovered over her victims until the time came to take their lives. Since death was inevitable and she could not be swayed by prayer, there were no temples and no sacrifices made in her honor, and there are no myths associated with her. (Grimal, 296)

Morta. A Roman goddess of death, one of the **Parcae**, the counterpart of the Greek **Fates**. (Adkins and Adkins, 174; Grimal, 344)

Mot. In Canaanite mythology, the god of drought, the personification of death, and the personification of the Underworld, symbolized as a mouth in which all dead spirits are consumed. His name literally means "death" in Hebrew.

Mot initially lived on Earth but after losing a battle to **Baal**, the rain god, was banished and confined to the Underworld where he lived in a pit within the earth and was responsible for vegetation's annual death from drought and heat. Like other death gods, Mot was never worshipped and no offerings were made to him. (Craze, 37; Ions, 120; Van der Toorn et al., 598–603; Wyatt, 121)

Mournful Fields. In Virgil's *Aeneid*, an area of the Underworld inhabited by unhappy lovers. (Howard, 159–160)

Moy. In Coptic Egyptian mythology, the god of death. (Brandon, *1960–1961*, 333)

Mrityu. In Hindu mythology, the god of death. (Taylor, 226)

Munkar. One of the angels in Islamic mythology who, along with Nakeer, commands the dead to sit upright in their graves after their bodies have been buried and the mourners have left and interrogates them about their knowledge and belief in Islam. Souls that answer correctly are allowed a glimpse of Paradise; those that answer incorrectly are struck on their heads with mallets and are then bitten by **serpents** to give them a glimpse of the punishment awaiting them in **Hell**. (Dow, 464; Mew, 371; Van Scott, *Heaven*, 146)

Mystery Religions. Religions popular during ancient Greece and Rome, which offered alternatives to the dull, more common state-sanctioned religions in which the dead existed only as shadows wandering aimlessly in the **Afterworld**. Mystery religions, such as Orphism, taught that for initiates, death was a **resurrection** of the soul, in which it enjoyed a brighter and happier existence. The "mystery" part of the term comes from the Greek "musteri," referring to a purification ritual in which the initiate experienced a symbolic descent into the Underworld, where the secrets of existence were revealed, after which he or she returned to Earth to a life of enlightenment and spiritual life after death. (Abel, 114)

N

Naarutf. *See* An-rutf.

Naenia. In Roman mythology, the goddess who presided over funerals. (Dow, 469)

Nakaa. In Gilbert Island Micronesian mythology, a god who decided the fate of those who have just died. After death, souls came to an entrance to the **Afterworld**, where Nakaa sat making nets. As souls tried to sneak around him, he caught them in his net and examined their hearts for evil, such as incest or cowardice. If he found it, Nakaa cast them into either Te Kai-ni-kamatene, where they experienced unrelenting nightmares, or impaled them on stakes in Kai-ni-kakeke. If the soul passed muster, Nakaa let it into Mwaiku, his realm, where it had to spend three days ankle deep in a fish pond that contained only one fish and in reach of a tree that contained only one nut. If the soul abstained from eating the fish or the nut, Nakaa let it pass to a Paradise called Bouru from which it would eventually be reincarnated, but if it ate the fish or the nut, it had to remain with Nakaa in Mwaiku. (Grimble, 51)

Nakineiu (aka Nakk). In Finnish mythology, an evil water spirit. Nakineiu was the female counterpart of Nakk, who, like the **Sirens** in Greek mythology, lured humans to their deaths with her singing. (Dow, 470)

Namtar. In Akkadian Babylonian mythology, a god of death and messenger of **Ereshkigal** who brought death to mankind by spreading disease. (Baskin, 233; Black and Green, 180; Van der Toorn et al., 333)

Naraka (aka Niraya). The collective name for the numerous **Hells** in Indian Buddhist mythology. The first Hell, called Samjiva, the "Hell of Repetition," is where those who killed someone or had taken the lives of other creatures and eaten them were forced to eat hot dung mixed with molten copper. Once the mixture was swallowed, sharp-beaked maggots in the dung ate their insides out, after which they were restored and made to suffer the same punishment over and over again.

The second Hell was Kala-Sutra, the "Hell of Black Rope," where thieves were forced to carry heavy loads across a rope until they eventually fell into a cauldron, where they were boiled or where they had their eyes plucked out by **birds** while **demons** tore out their tongues and inner organs.

The third Hell, Samghata, the "Squeezing Hell," was where those guilty of sexual deviance were punished. Like Greek mythology's Sisyphus, who was forced to roll a huge rock up a hill only to have it fall back near the top, sinners in Samghata were forever lured by a beautiful girl to climb a sword-barked tree to get to her. On the way, their bodies were sliced and hacked and shredded by demons, only to find that when they reached the top, the girl was at the bottom of the tree, and when they descended, their bodies were sliced again.

The fourth Hell, Raurava, the "Screaming Hell," was where drunkards were punished by having molten copper poured down their throats.

Liars were punished in the fifth Hell, called Maha-Raurava, the "Great Screaming Hell." This was where those who told lies in conjunction with their crimes were sent. Punishments in this Hell included having snakes born within their bodies. These snakes gnawed at the liars' insides so that even though they appeared serene on the outside they were in agony within.

The sixth major Hell, Tapana, the "Burning Hell," was where heretics, who taught views that violated Buddhist morality, were thrown into fires that were far hotter than any in the previous Hells. Lured into a false sense of escape by demons, they ran through pits of burning charcoal and had their eyes eaten by insects after which they found themselves in another inferno.

The seventh Hell, Pra-Tapana, the "Great Burning Heat Hell," was the destination for those sexually abusing a monk or nun. Sinners in this Hell suffered ten times more pain than in the previous Hells. Forced to lie on a fiery hot floor studded with iron hooks, they had worms with burning stingers shoved into their anuses.

The eighth and lowest Hell, called **Avici**, was where those guilty of premeditated murder were sent. Punishments included all those in the previous Hells but were a thousand times more painful. Even hearing the screams of those in Avici would be enough to frighten anyone to death.

After their punishments were ended, individuals were reborn into one of six realms of existence, which they cycled through forever unless they were able to break free from desire and attain enlightenment. The realm into which they were reborn depended on the sins they committed while alive. (Matsunaga and Matsunaga, 81–105; Taylor, 181–182, 24–242)

Nastasija. *See* Rusalka.

Naves-Mate. *See* Rusalka.

Navki. *See* Rusalka.

Ndengei. In Fiji mythology, a stopping place for the dead on their way to the **Afterworld**. The cave is the home of a **serpent**, and the newly dead pass through as quickly as possible and then dive into the sea and swim to the west to the Afterworld. (Luckert, 147)

Nebt-Aha. In Egyptian mythology, the sixth chamber of **Duat**, where the **Hall of Judgment** was located, in which souls are weighed. (Budge, *Gates*, 158)

Nebthet. *See* Nephthys.

Nebt-S-Tchefau. In Egyptian mythology, the fourth of the twelve chambers of **Duat**. (Budge, *Gates*, 119)

Nefhilim. *See* Raphael.

Neha-Hra. In Egyptian mythology, a **serpent** that lived in the seventh section of **Duat**. (Coulter and Turner, 5)

Nehalennia. In Teutonic mythology, a goddess of death. (Krappe, 210)

Nekyomanteion. In Greek mythology, the entrance to the Underworld. There was also a temple by this name at **Acherusian Lake** near the city of Ephyra, where Odysseus was said to have communicated with the dead. (Jones, 2296)

Nemi. In Egyptian mythology, a bearded, knife-wielding mummy who guarded the entrance to the tenth chamber of **Duat**. (Budge, *Gates*, 259)

Nephthys (aka Nebthet). In Egyptian mythology, a goddess of death and decay, as well as childbirth.
Nephthys was the wife of **Set**, the sister of **Isis**, and the mother of **Anubis**. In early Egyptian mythology, she was regarded as the female counterpart of Set. In one myth, she was Set's wife, but she left him because she remained childless and tricked **Osiris** into having sex with her during which she conceived Anubis. Later, she became the faithful friend of Osiris's wife, Isis, who was also her sister, and helped her collect the scattered limbs of Osiris, who had been dismembered by Set, and helped reassemble his body. She was depicted as a woman in mourning, a hawk, or as a woman with outstretched arms, signifying protection. (Dow, 474)

Nergal (aka Meslamtaea). In Babylonian mythology, the god of the Underworld, usually depicted holding a scimitar and a double lion standard. Although initially only the companion of the goddess **Ereshkigal**, ruler of **Aralu**, Nergal dethroned her and relented from killing her only when she begged him to marry her. Nergal was also the god of pestilence and war. (Bonnefoy, *Mythologies*, 152; Katz, 404–420; Van der Toorn et al., 621–622)

Nerrivik. *See* Sedna.

Nesoxochi. In Aztec mythology, one of the goddesses of the Underworld. (Caso, 64)

Neter-khertet. *See* Khert Neter.

Neti. In Mesopotamian mythology, the gatekeeper of the Underworld. (Black and Green, 180; Mercatante, 22; Urdang and Ruffner, 91)

Nextepehua. *See* Mictlantecuhtli.

Nga. In Yurak Siberian mythology, the god of death and the ruler of **Hell**. (Cotterell and Storm, 462)

Niflheim. In Norse mythology, the realm of the dead, where the wicked were sent after passing out of **Hel**. While warriors who died in battle went to **Valhalla**, warriors who did not die in battle, and everyone else guilty of the sin of dying of old age or disease went to Niflheim where they spent eternity until **Ragnarok**, the end of the world. Niflheim was a dark, dreary, wintery realm in the lowest part of the Norse universe, deeper and darker than Hel, from which there was no escape. Surrounded by steep walls, its only entrance was through Gnipahelli, a dark, foul-smelling opening that was guarded by **Garm**, a ferocious **dog**, who never let any soul leave once it had entered. (Craze, 31; Taylor, 249)

Ningiszida. In Mesopotamian mythology, the manager of **Ereshkigal**'s household. In Sumerian mythology, a dying god who was seized by **demons** from **Aralu** and made chair-bearer to Ereshkigal. (Black and Green, 180; Katz, 36–37)

Nirrti. In Hindu mythology, a blonde-haired goddess of death and destruction. (Baskin, 238; Kinsley, 185)

Norns. In Norse mythology, three goddesses who determined one's fate and time of death. (Lionarons, 282–288)

Nuliajuk. *See* Sedna.

Nya. In Slavic mythology, the god of the dead and the ruler of the Underworld. (Dixon-Kennedy, 208)

O

Obaddon. *See* Abaddon.

Ochren. *See* Annwn.

Odin (aka Voden, Woden, Wotan, Wuotan). The father of the gods in Norse mythology, Odin was both a god of war and a god of the dead.

Odin's wife, Friga, was aware that Loki and his evil minions wanted to kill her and Odin's son Baldur because of his goodness. To prevent his death, Friga asked all the living things in the world to take an oath not to harm him, but she forgot the mistletoe. Taking advantage of her oversight, Loki made an arrow from it and put it into Hodur, Baldur's blind brother's quiver. Believing Baldur could not be hurt because of what Friga had done, the gods amused themselves shooting arrows at Baldur. On one occasion Hodur also shot at Baldur, instantly killing him. Although it was their sacred duty to avenge murder, the gods held back because that would have meant killing another of Odin's sons. However, not honoring a sacred duty meant that the world order would be upset and that would usher in its end. Not knowing what to do, Odin journeyed to the Underworld to the kingdom of Mimir where the well of knowledge was located. Mimir told Odin that he would find the answer at the bottom the well, but he would have to tear out one of his eyes and throw it into the well and then drink from the well to learn what his eye saw. Odin did so and learned that the world was destined to end in an **eschatological** battle, called **Ragnarok**, between the gods and the giants. To prepare for that battle, Odin inspired warriors known as Berserkers to rush, fearless of death, into the midst of battle. The bravest of those who died in battle were then brought to **Valhalla** by his emissaries, the **Valkyries**, where they spent their time fighting and feasting. Eventually, however, they were betrayed by Odin whose real intent in bringing them to Valhalla was to build an army to help fight on his side at Ragnarok. (H. E. Davidson, *Europe*, 400–408; Eliade, *Ideas*, 2:162–166; Leach, 919; Mercatante, 469; Taylor, 289–291)

Odyssey. The epic story of the Greek hero Odysseus's journey home after the fall of Troy. In chapter 11, Odysseus journeys to **Hades** and describes those who meet him on the shore of the **Acheron**. To make them come to him, Odysseus kills a sheep and pours its blood into a pit. After drinking the blood, the shades of the dead are able to speak. (Fagles, 1ff)

Ogiwu. In Edo Nigerian mythology, a god of death. (Shepherd and Shepherd, 80)

Olodumare (aka Olurun). In Yoruba, African mythology, the ruler of the realm of the dead where those who had lived evil lives on Earth are physically and psychologically tortured. (Van Scott, *Hell*, 226)

Olurun. *See* Olodumare.

Oni. In Japanese mythology, spirits of the dead. Horned ogre-like **demons**, they have blue-black skin, the heads of oxen or horses, three fingers, three toes, and three eyes. The Oni sweep down from the sky and steal the souls of those about to die and bring them to **Emma-O**. (Aston, 322; Cotterell and Storm, 466)

Opening of the Mouth. In Egyptian religion, a mortuary ritual intended to make the statue of the deceased a receptacle (representing a link between the living and the dead) for the deceased's **Ka** soul. The ritual was first performed where the statues were made or where mummies were embalmed. The purpose of the ritual was to animate the statue, transforming it into the dead man's living body so that the dead person could interact with the living through the statue. Whereas the statue represented the body and presence of the dead individual, the mummy represented the body's transmutation into the embodiment of **Osiris**. The purpose of mummification was preservation of the body, so that the Ka could find and animate it. The statue and the mummy both represented the dead person from different perspectives. The statue was associated with the earthly Ka life of the dead person, whereas the mummy was associated with its transcendent **Ba** life in the beyond. The statue depended on the mummy because without the transformation Osiris would not be able to confer lasting life on it. (Baskin, 244; Budge, *Dead*, 246; Finnestad, 118–134)

Orcus. In Roman mythology, the original name for the Underworld, and the pale, hairy, black-winged god of death who carried the souls of the dead to it. The Romans subsequently adopted Greek names for the ruler and the Underworld and also adopted other names such as **Dis** and **Pluto**. As in Greece, there were no temples erected to Orcus, **Hades**, or Dis in Rome. (Adkins and Adkins, 170; Berens, 136–137; Grimal, 328; Ions, 130; Mercatante, 499; Taylor, 257)

Orpheus. In Greek mythology a poet and musician whose wife, Eurydice, was mortally bitten by a **serpent** on their wedding day. Distraught, Orpheus descended into **Hades** to bring her back to the world of the living. Orpheus used his music to charm his way into the presence of Hades and his wife **Persephone** and persuaded them to let Eurydice go back with him. Hades agreed but only on the condition that Orpheus should not look back to see if she were following until he emerged into the world of the living. When Orpheus became anxious and turned, she disappeared back into Hades forever. The story of his return from the land of the dead became the basis for a **mystery religion** originating around the sixth century B.C.E. called Orphism, the first Greek religion to recognize a founder, promising immortality based on his descent into and return from Hades.

There are several stories about Orpheus's death. One story relates that after he returned from his unsuccessful attempt to rescue Eurydice, Orpheus was so forlorn he lost interest in women and became an ascetic. Some women took his disinterest as an insult. Other women resented his exclusion of them from a new religion he was starting based on his journey and return from Hades. Infuriated by his rejection, a group of women called the Maenads, associated with Dionysus, the god of pleasure, tore his body apart. A related explanation was that Zeus was so angered by Orpheus's revelations to his initiates that he killed him with his thunderbolt. Yet another is that Dionysus ordered the Maenads to dismember him because Orpheus preferred Apollo, the god of music (who was his father) over him. In either case, the Maenads tore Orpheus apart and threw his remains into a river that carried them to the sea. Orpheus's head, still singing, was carried to the island of Lesbos, where it was recovered and became an oracle and the center for Orphism. (Abel, 127–128; Adkins and Adkins, 171; Eliade, *Ideas*, 2:180–202; Harris and Platzner, 944–945)

Osiris (aka Asar). One of the most important gods in ancient Egyptian mythology. Osiris was the ruler of the Underworld and the god of **resurrection**, as well as the god of fertility. He was married to **Isis** and was the father of Horus. He had black skin, wore a crown, and stood or sat stiffly upright on his throne, with his legs together holding the symbols of kingship—crown, flail, and crosier—as he awaited the newly dead. One of his titles, "He Who Is in Everlasting Good Condition," referred to his victory over death and decay. Another title, "Lord of the Living," referred to denial of death and the continued existence in the Netherworld.

Osiris originally was a fertility god who lived on Earth and taught humans how to farm, gave them a code of laws, and instructed them how to worship the gods. But Osiris's evil brother, **Set**, who lived in the desert and hated seeing vegetation grow, did not share his interests and was constantly plotting to destroy him. Set finally succeeded by feigning friendship at a banquet and tricking Osiris into lying inside a coffin. When he did, Set immediately signaled his servants and they placed a heavy cover over the coffin, hammered nails into it, and soldered it so that it could not be opened. Then they carried the coffin to the Nile and cast it into the river, drowning Osiris and bringing death into the world.

When Isis was told what had happened, she tried to find the coffin but by that time the current had carried it out to the sea. When Isis finally found the casket she brought it back to Egypt and hid it in a remote place.

However, Set accidently found it and recognizing it, opened the coffin and hacked Osiris's body into pieces and scattered them everywhere.

Discovering what had happened, Isis, with the help of her sister, **Nephthys**, and Nephthys's son **Anubis**, was able to find all the pieces, except for Osiris's penis, which had been eaten by fish, put them back together, created a new penis for him, and revived him long enough so that he could impregnate her.

When Isis returned, Set planned to lock Isis away and then force her to marry him so as to legalize his seizure of Osiris's kingdom. But Isis, who was by then pregnant with Osiris's son, was warned by **Thoth** about Set's intentions. Thoth advised her to hide herself and her unborn child and to give birth in secret, and he promised that her son would eventually succeed to his father's throne.

When Horus was finally grown to manhood Osiris's spirit appeared to him and urged him to avenge his death. Horus's battle with Set lasted three days with Horus the eventual winner. In the fight, Horus ripped off one of Set's testicles and a leg while he himself lost an eye. Horus would have killed Set, but his mother took pity on Set and let him escape. Angered at her betrayal, Horus cut off Isis's head, which the god Thoth replaced with a cow's head. Set later returned and the two gods fought once more. After Horus won again, the gods made him ruler of Egypt and banished Set to **Duat**, the land of the dead, and installed Osiris, the first being to undergo death and resurrection, as its ruler.

During the third century B.C.E., under the Ptolemies, Osiris was identified with the Greek god **Hades** and came to be regarded solely as the god of death, or as the personification of death, rather than the god of resurrection. As his importance decreased, Isis's importance grew and she came to be regarded as the great Mother-goddess of the world. (Budge, *Dead*, 52–61; Wilkinson, 119–123)

Owl. A common symbol or omen of death. In Welsh, the owl is called *aderyn y corff*, the "corpse **bird**." **Lamastu**, a female Mesopotamian death **demon**, was depicted surrounded by owls. Owl images were also part of the headdress worn by **Mictlantecuhtli**, the Aztec ruler of the dead. The owl is **Yama**'s messenger of death. In Romania, **vampires** were called Strigoi, from the Greek Strix, a screech owl, and were said to be witches who became vampires after death. (Chevalier and Gheerbrant, 730; Shepherd and Shepherd, 197)

P

Paddengngeng. In Balinese Indonesian mythology, invisible horsemen who cause death by lassoing people's souls with their lariats. (Pelgras, 1317)

Pai. In Egyptian mythology, the guardian of the entrance to the twelfth chamber of **Duat**. (Budge, *Gates,* 301)

Paimon. In Christian **demonology**, one of the rulers of **Hell**. (G. Davidson, 220)

Pale Horse. A symbol of death. A pale horse is ridden by **Death personified** in the Book of Revelation (6:7–8).

Parcae. *See* Moirae.

Parentalia. An ancient Roman festival held in February during which families visited family tombs and brought food and drink for the deceased. A similar festival, the **Lemuria**, celebrated in mid-May, also involved bringing food and drink to the dead, but as bribes to keep angry or neglected spirits from harming the living. (Taylor, 266)

Patzcuaro. In Mayan mythology, the **Afterworld** destination of those who died by drowning. (Balderas, 151)

Paut. *See* Aat-Shefsheft.

Persephone (aka Proserpina). In Greek mythology, the queen of **Hades** and the wife of its ruler; she was abducted from the earth by Hades and brought back to his Underground realm where he made her his wife. In Roman mythology, she was called Proserpina and Hades was called **Pluto**.

When Persephone failed to return from picking flowers, her mother, Demeter, frantically searched for her. When she learned that her daughter had been kidnaped by Hades, with Zeus's consent, she became furious and held back her gifts from the earth, causing vegetation to die, animals to waste away and no longer breed, and death to become rampant among mortals.

Zeus was finally forced to intervene and ordered his brother, Hades, to return Persephone to her mother unless she had consented, by word or action, to her abduction. Hades agreed, but tricked Persephone into eating six pomegranate seeds before she left, an action that condemned her to living in the Underworld, since once someone ate in the Underworld he or she had to stay there. A compromise was finally reached such that Persephone would spend eight months with Hades and the other four with her mother. Demeter did not like the arrangement, but she accepted and turned her attention once again to invigorating plant life two-thirds of the year, leaving it barren for the other third.

Persephone took little interest in the living after marrying Hades, except for those who had affairs with her husband, such as the nymph Mintho, whom she turned into the mint plant.

Persephone herself sometimes strayed from her marriage. When Aphrodite asked her to watch over Adonis, Persephone agreed, but was so captivated by his beauty, she refused to return him to Earth. An agreement was ultimately reached by which Adonis lived four months with Aphrodite, four with Persephone, and four with whomever he chose. Adonis always chose Aphrodite because Persephone was emotionally cold.

The only time Persephone showed any mercy was when she allowed **Orpheus** to take his wife Eurydice back to the living provided he did not look back at her during their return trip. Orpheus broke his promise, and Eurydice returned to Hades forever. (Abel, 52–53; Bonnefoy, *Greek*, 109–112; Garry and El-Shamy, 103–107; Natale Conti, 204–209)

Pestit. In Egyptian mythology, the fiery seventh chamber of **Duat**. (Budge, *Gates*, 190)

Phersipnei. In Etruscan mythology, the snake-haired wife of **Aita**, the god of the Underworld. (Del Chiaro, 293; Edlund-Berry, 357)

Pinga. In Inuit mythology, a **psychopomp** and spirit to whom the sick offered all their possessions, except their breath, if they wished to recover. (Auger, 124)

Pluto (aka Dis, Dis Pater, Dives, Hades, Orcus). In Roman mythology, the ruler of the Underworld, the counterpart of the Greek god **Hades**. Unlike Hades, Pluto had an agricultural aspect and was also regarded as a wealth-giving deity, since valuable gems were obtained from the earth. (Leach, 471–472; Taylor, 272)

Po (aka Pu-o-roo-i-te-Po). In Polynesian mythology, the Underworld. Souls that died a natural death remained with their bodies for three days and then went to Tataa Hill at **Puna'auia**, where all souls first assembled. If they alighted on the Ofai-ora, the stone of life, a powerful attraction drew their souls back to their bodies. If they landed on the Ofai-pohe, the stone of death, they were severed from their bodies forever. From Puna'auia, they went to Rotui, a soul-dispatching mountain and then onto one of two paths. The path to the right led to **Heaven**; the path to the left led to **Hell**. The path they were sent on was decided by **Tuta-horoa**, who stood at the crossroads and pointed to the road the spirit was to take. Those sent on the road to the left eventually came to Pu-o-roo-i-te-Po, a cone crater that emptied into the realm of the dead ruled by **Hine-Nui-Po** (aka Ta'aroa-nui-tuhi-mate).

No status distinctions were made in this realm. Regardless of previous rank, all worked according to their abilities as food-gatherers, fishermen, or servants. After finishing their work they sat in complete darkness unless Hine was hungry. Then, his cooks beat the spirits into a pulp and he ate them. After digesting them, the spirits reappeared and resumed their work.

After spending a year in Po, unhappy spirits who were homesick were allowed to go to their homes for a visit. These **revenants** were divided into three groups called 'Oromatua. The good 'Oromatua became family gods or guardian spirits and would sometimes appear to members of their families and offer them advice or warn them of impending dangers. The second acted kindly to the living if they were well treated but eventually abandoned them. The third strangled and devoured people when annoyed, including their own relatives. (Henry, 201–202)

Poena Sensus. In Christian theology, the physical pain suffered by those in **Hell**, as opposed to the Poena Damni, the Pain of Loss, experienced by those who were deprived of God's presence because they were not allowed to enter **Heaven**. (Patrides, 220–221)

Pokna-Moshiri. In Ainu Japanese mythology, the Underworld. Existence in Pokna-Moshiri is the exact opposite of life on Earth. (Batchelor, 21; Ellwood and Alles, 11)

Popol Vuh. A book anonymously written during the sixteenth century, relating the origins and history of the Quiche Maya. Part one of the book describes how the gods failed to create creatures who would adore and provide them with food. The second tells the story of how two twins, Hunahpu and Xbalanque, journeyed to the **Xibalba** Underworld and killed 7-Death (**Vucub Caquix**), one of its rulers.

After the twins starting playing a ballgame, the lords of Xibalba, 1-Death and 7-Death, challenged them to play in their court. But before they started, the lords put them through a series of tests in various "houses." After each test, the twins and the lords played ball, the twins winning each time. The first house was the Dark House, in which the twins were told they had to smoke a single cigar all night and not have it burn down by morning. The twins outwitted the lords by lighting it with fireflies so that it looked like they were smoking. In the Razor House they were sent to gather flowers and escaped being cut to pieces with the help of ants. In the Cold House they managed to shut out the drafts and hail. In the Jaguar House they gave the ferocious cats bones to gnaw instead of their bodies. In the Bat House, they hid in their blowguns to keep from being decapitated by the monstrous **bats**. The bats flew through the house screeching all night trying to get at the twins. When they finally stopped, the twins thought it was dawn and the bats had gone to sleep. Hunahpu stuck his head out of his blowgun to look through the window and when he did, **Camazotz**, the death bat, swooped down and severed his head, which rolled to the ball court. The animals heard the grieving Xbalanque and brought him food, including a pumpkin that Xbalanque carved into a new head for his brother. Then the twins went to the ball court to meet the lords. While the two teams were getting ready to play, a rabbit rolled away like a ball. The lords went after it and while they were chasing it, the twins retrieved Hunahpu's real head and put it back on his shoulders and then turned the pumpkin into a ball. When the lords returned, the game began. The twins were victorious, which enraged the lords of Xibalba even more.

The lords then gave them a final test in which the twins were to jump over a bonfire four times without getting burned. This time the twins deliberately jumped into the fire and died, but a short time later, they emerged alive and disguised as dancers and magicians, killed a **dog**, and then restored it to life; then they killed themselves and once again came back to life. Amazed, the lords asked them to kill them and bring them back to life. The twins then killed them, but they did not restore them. Then the twins reemerged from the Underworld and became the sun and the moon. The book then describes the creation of the first humans and the origins of the Quiche and their rise to power. (Tedlock, 1ff)

Proserpina. *See* Persephone.

Psychopomp. A spirit or god who conducts departed souls to the **Afterworld**. In Greek mythology, this is one of **Hermes**'s activities. Psychopomps are often gods, but in some myths, they are **shamans** who are able to traverse the boundary between life and death, or animals.

Pulotu. In Tongan and Samoan Polynesian mythology, the land of the dead, located either on an island or under the sea, the entrance to which is through two openings in large rocks. The larger of the two openings is for chiefs, the other for everyone else. Once entered, souls fall through a pit into a river that carries them to Pulotu. (Dow, 320; Leach, 25)

Puna'auia. In Tahitian mythology, the place where the spirits of those who had died a natural death assembled before going to **Heaven** or **Po**. (Henry, 201)

Purgatory. In Roman Catholic mythology, a distinct place in the **Afterworld** where wicked souls were punished before being allowed to enter **Heaven**.

After Jesus descended to **Hell**, chained **Satan**, and closed Hell down for a thousand years, there was no place for wicked souls to go, so around the twelfth century the temporary Hell of Purgatory was conceived, where those who were not unredeemable sinners were sent for purification by physical torture before being allowed into Heaven. The time spent in Purgatory could be shortened through special prayers called "indulgences" said by individuals before death and stored up on their behalf, or by those said by the living on behalf of the dead. These indulgences were bought for money from traveling priests and other Church personnel.

The value of prayers for the dead was not endorsed by the Gnostics or during the Middle Ages by the Cathars, the Albigensians, and other Christian groups who were persecuted for such heresy.

Many religions have a middle state after death where souls are purified prior to entering Paradise. Zoroastrianism has twelve stages of purification. All the Hells of **Naraka** in Buddhism are likewise tortures that purge the soul of evil prior to **reincarnation**.

Except for a small group within the Anglican Church, Protestants have no Purgatory in their mythology. (Craze, 45; Taylor, 277–280)

Puruel. *See* Pusiel.

Pusiel (aka Puruel). In Christian **demonology**, one of the rulers of the seven divisions of **Hell** in charge of punishing sinners. (G. Davidson, 230)

Pyramid Texts. Egyptian religious texts written on the walls of tombs in pyramids describing the ascent of the divine Pharaoh into the heavens after death. (Hornung, 1–5)

Q

Qomoqua. In Bella Coola British Columbian mythology, the god of death who lives beneath the sea. When he is hungry for human flesh he capsizes canoes and causes those thrown overboard to drown. (McIlwraith, 434)

Quasavara. In Melanesian mythology, a cannibal spirit who collected the dead and served them to **demons**. (Van Scott, *Hell*, 241)

Quetzalcoatl (aka Kukulcan). In Aztec mythology, both the lord of life and the lord of death, he was depicted as a plumed **serpent** with two faces, each representing one of his dual natures. As lord of death, he embodied the death energy, personified as Miquiztli, literally meaning "death" and **Mictlantecuhtli**, the Aztec "God of Death," a **psychopomp** who escorted the souls of the dead to the next world. (Abel, 139–141)

R

Ragnarok. In Norse mythology, the **apocalyptic** final battle between the forces of good, led by **Odin**, and evil, led by Loki. Although the gods managed to imprison Loki's three evil offspring, Jormungandr the Cosmic Snake, **Fenrir** the **wolf**, and **Hel**, they are fated to escape. The beginnings of Ragnarok would be brought on by a traditional unfolding of apocalyptic events. Norse mythology attributes its beginnings to a three-year winter, called Fimbulvetr. Maddened by the cold, humans begin attacking one another. Since human moral degeneration was the food that nourished the forces of evil, they became so powerful that they were able to break free of their chains. They and their giant allies, commanded by Surtr, climbed the rainbow and attacked the gods in Asgard, their home. The final battle occurs on a vast plain called Vigrid. Although the gods know they will be defeated, they still fight as hard as they can. Odin is the first to die, swallowed by Fenrir who in turn is killed by Odin's son Vidar. Thor kills Jormungandr, the Cosmic Snake, but dies from inhaling the poison that escapes from the snake's dead body. Heimdall, another of Odin's sons, and Loki kill one another. The world finally ends after all the gods and giants are dead and two **wolves** trying to catch the sun eventually swallowed it, plunging the world into total darkness. Two humans who take refuge in Yggdrasil, the World Tree, survive the catastrophe, and their progeny repopulates the world after it and the sun reappear. (H. E. Davidson, *Europe,* 407–408; Eliade, *Ideas,* 2:169; Leach, 919; Mercatante, 469; Taylor, 289–291)

Rahab. *See* Angel of Death.

Raksasas. In Hindu folklore, ugly cannabilistic **demons** with huge mouths and sharp-pointed teeth, who wander the earth ravenously searching for human flesh. (Brockington, "Indian Ogres," 51–52; Taylor, 291–292)

Rangda. In Balinese mythology, a female **demon** with protruding canine teeth, a fiery tongue, rolling eyes, and pendulous breasts, who brought sickness and death to mankind. (Cotterell and Storm, 485)

Rao-Ngkasimmpo. In Polynesian mythology, the Underworld, where the dead lingered until called to **Heaven**. (Savill, *Oceania*, 100)

Raphael (aka Nefhilim). In Jewish folklore, although a healing angel, he is also a **psychopomp** who guides the dead to **Sheol**. (G. Davidson, 240–241)

Rashnu. In ancient Persian mythology, the judge of the dead. After death, the soul remained for three days and nights next to the corpse waiting for Rashnu to examine a ledger in which he recorded the deeds of the deceased. All souls were then sent to the **Cinvat Bridge**. Those whose good deeds outnumbered the bad were able to cross the **bridge** and enter **Heaven**. Souls whose bad deeds outnumbered the good fell from the bridge when it narrowed to a razor's edge and plunged into **Hell**. (Cotterell, 153; Craze, 35)

Rati-Mai-Mbulu (aka Ratu-Mbati-Ndua). In Fiji mythology, a one-toothed god of the Underworld who ate the dead. (Dow, 550; Savill, *Oceania*, 100)

Ratu-Mbati-Ndua. *See* Rati-Mai-Mbulu.

Raven Hell. One of the many Hells in the Buddhist **Afterlife**. In Raven Hell, the condemned are dragged by flocks of ravens, and their bodies are torn apart by crows, **vultures**, and hawks. (Behm, 36; Cowell, 123)

Reincarnation. *See* Resurrection.

Reinga. In Maiori New Zealand mythology, the realm of the dead. (Leach, 410)

Reri. In Egyptian mythology, a monster **serpent** that stood on its tail and guarded the entrance to the twelfth chamber of **Duat**. (Budge, *Gates*, 304)

Reshef. In Ugarit (northern Syria) mythology, a god of the Underworld who was the personification of disease and the counterpart of **Nergal**. (Wyatt, 122)

Resurrection. In Jewish, Christian, and Islamic mythology, a belief either in bodily resurrection to eternal life or in survival of consciousness beyond physical death in the form of an indestructible, immaterial part of the individual. The entity exists as a disembodied individual who retains all previous aspects of whatever it was

William Blake's Reunion of the Soul and Body. Illustration for Robert Blair's "The Grave," 1818. Reprinted. London: Routledge, 1905.

that characterized that individual as a person. Bodily resurrection implies that the body somehow survives decay and becomes reenergized in the form of its previous appearance, except that it is more physically fit and can no longer wear out or become de-energized. In traditional Judaism and Christianity, when the Messiah finally comes all the bodies of the righteous will rise from their graves and live forever. The Biblical Book of Daniel (12:2), for example, taught that "many of those who sleep in the dust of the earth shall awake, some to everlasting life, and some to shame and everlasting contempt." This idea grew into a wider and more detailed belief that there would be a final Day of Judgment when God would punish the oppressors of the Jewish people, an idea that was refined into the concept of a Last Judgment and **Apocalypse** adopted by Christianity and Islam, the other two major Near Eastern religions.

In early Christian mythology, after Jesus's return on Earth, the dead were fated to rise intact from their graves, followed by a Day of Judgment graphically described by John in the Book of Revelation: "... the sea gave up the dead in it. Death and Hades gave up the dead in them, and all were judged by what they had done."

Reincarnation, which is related to resurrection, is a belief that after death the disembodied soul is reborn in another body. In Greek and Roman mythology, the bodies are human whereas in Buddhist and Hindu mythology, they can also be an animal, plant, or inanimate object. Some tribes avoid eating certain animals because of a belief that those animals contain the souls of their ancestors. (Davis, 119–144; Ellwood and Alles, 299; Nelson, 1–30; Prabhu, 65–80; Simcha, 63–73)

Revenant. In many mythologies, a spirit of the dead whose incorporeal corpse comes out of the grave and terrorizes the living. In some instances, only parts of the body, especially heads and hands appear. Revenants are typically those who were evil during their lives or unbelievers. The archetypal revenant is the **vampire**, but they may also appear as **ghosts**. Revenants may return to warn the living of something about to happen or to punish them for something done to the revenant prior to its death. (Caciola, 3–45; Leach, 933–934)

Rhadamanthus. In Greek and Roman mythology, a Cretan king and brother of **Minos**, who, like Minos, became one of the three judges of the Underworld. Whereas Minos decided where new souls would go, Rhadamanthus decided what punishments they would receive. (Dow, 554; Howard, 164; Natale Conti, 178–179)

Rodjenice (aka Rojenice). In Slavic mythology, three minor goddesses who are present at each birth and determine how long each person will live. Like the **Fates**, their counterparts in Greek mythology, one spins the thread of life, one measures it, and one cuts it. (Ann and Imel, 63; Dexter, 1990; Jobes, 1344; Leach et al., 733; Monaghan, 1981)

Rogziel. In Christian **demonology**, a **demon** in charge of punishing sinners in **Hell**. (G. Davidson, 247)

Rojenice. *See* Rodjenice.

Rot. In Lapp Finnish mythology, the god of the dead and the ruler of the Underworld. (Dixon-Kennedy, 234)

Rota. In Sami (Finnish, Siberian) mythology, the personification of death and the evil ruler of Rotaimo, a special area of **Jabmeaimo**, reserved for those who had violated cultural norms. Usually depicted as riding a horse to capture his victims, Rota enjoys bringing suffering to the living and torturing the souls of those sent to his realm. (Taylor, 312)

Rozdenici. In Slavic mythology, one of the goddesses who determined when and how each child will die. (Ann and Imel, 63; Leach et al., 733)

Ruman. In Islamic folklore, an angel who lives in **Hell**. Ruman requires the newly deceased to write down all the evil deeds they did while alive and for which they were sent to Hell and then escorts them to their punishments. (G. Davidson, 247–248; Hastings, 4, 617)

Rusalka (aka Faraony, Majky, Mavje, Mavky, Nastasija, Naves-Mate, Navi, Navki, Navky, Nejky, Novjaci, Vodyanoi). In Slavic mythology, naked girls with long-flowing hair who lived beneath the waters and enticed men to their deaths. There are two kinds of Rusalka. The Northern Rusalkas were old, unattractive female **ghosts** or **demons** with disheveled hair, who lured men to them with their singing and then drowned them. The Southern Rusalkas were beautiful girls who seduced men and killed them while embracing them. (Ann and Imel, 59; Hubbs, 28–36; Ivanits, 75–81)

S

Saa-Set. In Egyptian mythology, a **serpent** in the second division of **Duat**. (Budge, *Gates*, 86)

Sabala. In Buddhist mythology, a fearsome black **Hell Hound**, who, along with another **dog**, **Sama**, guarded the entrance to **Hell**. (Cowell, 124; Leach, 206)

Sacharis. *See* Seker.

Saima. In Bella Coola British Columbian mythology, the "death dealer," a god who causes animals to kill hunters. Saima takes great pleasure in seeing death and sits on coffins before they are taken to the grave. Saima has a human form and wears a nose ring, which are visible only to **shamans**. (McIlwraith, I: 49, 434)

Sakaaris. *See* Seker.

Sal-Le-Fe'e (aka Le Nu'u-o-nonoa). In Samoan mythology, a place of punishment in O le Fafa, the **Afterworld**, in contrast to Pulutu, its paradisial realm. Sal-Le-Fe'e was a place where wicked souls were imprisoned and tortured by numerous gods, two of whom were Ita-nga-ta and Moso. (Stair, 38)

Salmael. *See* Angel of Death.

Salmail. *See* Angel of Death.

Sama. *See* Sabala.

Sama Bolowa. In Ghana mythology, a goddess of the Underworld. (Ann and Imel, 17)

Sam(m) Ael. *See* Angel of Death.

Saman. In Druid mythology, the lord of death. On **Hallowe'en**, he summoned the spirits of the evil dead, **demons**, and witches. (Baskin, 24, 285)

Samil. *See* Angel of Death.

Sana. *See* Sedna.

Sariel. *See* Angel of Death.

Satan. *See* Devil.

Satanil. *See* Angel of Death.

Sauriel (aka Sauriil, Sowril, Suriel). In Christian mythology, an Angel of Death. *See* Angel of Death. (G. Davidson, 262)

Sauriil. *See* Sauriel.

Scythe. A symbol of death in Christian iconography beginning in the fifteenth century. The scythe usually appears in the hands of a skeleton, representing the "pitiless equalizer." In both the Hebrew and Christian bibles, the equalizer is the sickle, but it is regarded as a tool for punishing victims, not for bringing indiscriminate death. In Roman mythology, Saturn, the lame god of time, wielded the sickle or scythe. The substitution of the scythe for the sickle reflects the development of farm tools. (Chevalier and Gheerbrant, 836)

Sebad Banua. *See* Gimokodan.

Sebi. In Egyptian mythology, a monster **serpent** that stands on its tail and guards the entrance to the twelfth chamber of **Duat**. (Budge, *Gates*, 304)

Sedna (aka Arnquagssaq, Nerrivik, Nuliajuk, Sana, Sidne). In Inuit mythology, a one-eyed, wild-tempered sea goddess who rules **Adlivun**, the Underworld.

Sedna was so big, and so constantly hungry, that she ate everything in her parents' home. One night after she began gnawing her father's limb as he was sleeping, her parents decided to get rid of her, and they put her in a **boat**, took her out to sea, and threw her overboard. Desperate, Sedna clung to the side of the boat. But her father was determined to get rid of her, so he cut off her fingers one at a time until she was no longer able to hold on; she sank to the bottom of the sea where she ruled over all malevolent spirits, and her fingers turned into whales, seals, and various kinds of fish.

Another myth claims Sedna was drowned by her parents because she continually refused to marry the wealthy, powerful men they picked out for her, preferring instead to marry a **dog**. Sedna's behavior denied her parents wealth and status and shamed them, and they retaliated by throwing her into the sea where she became ruler of the ungrateful dead and those she did not like, including her parents.

A third myth says she was a beautiful girl who lived alone with her father, **Anguta**, until she was seduced into marriage by an evil **bird** spirit who promised her a warm home, a comfortable bed, and plentiful food. But when Sedna arrived at her new home, she realized that the bird spirit had lied to her. The home was made of fish skins, the bed was walrus hides, and there was hardly any food. Despondent, Sedna pined for her father, who finally visited her a year later. When he saw his daughter's plight, he killed the bird spirit and put Sedna in his boat to take her back to his home. Learning what had happened, the bird spirit's friends swore to avenge his murder and caused a terrible storm that threatened to capsize the boat. To appease the bird spirit's friends, Sedna's father threw her out of the boat. Overboard in the water, Sedna held on to the sides of the boat with a death grip, refusing to let go. To release her grip, her father used his knife to cut off the first joints of her fingers. When Sedna still held on, her father cut off her second finger joints, but she still held on. Believing Sedna had drowned, the bird spirits left and the storm subsided and Sedna's father brought her back into the boat. Sedna got back into the boat but now felt a bitter hatred toward her father and silently vowed revenge. When she and her father finally got back home, Sedna waited for her father to fall asleep and then called her dogs and told them to gnaw off her father's feet and hands. When her father realized what had happened, he cursed himself, Sedna, and her dogs, at which point the earth opened and they all fell into the Underworld and Sedna became its ruler. (Auger, 49–50; Cotterell, 158; Jones, 8220–8221; Mercatante, 578; Wardle, 569–575)

Segben. In Philippine mythology, a **ghoul** that feasts on human corpses. The Segben has a goat-like body, with glowing eyes and especially prominent ears. It has an acute sense of smell that enables it to detect the odor of the sick and the dead, and itself has the unpleasant odor typical of ghouls. The Segben usually lives in the woods and is invisible during the day, but at night it appears in the homes of those about to die, hastening their deaths. (Ramos, 63, 67)

Seger. *See* Seker.

Sehet. *See* Anubis.

Seir. *See* Angel of Death.

Sekehem. *See* Anubis.

Seker (aka Ptah-Seker, Sacharis, Sakaaris, Seger, Sokar, Sokaris, Solare). In Egyptian mythology, a falcon-headed funerary god with the body of a mummified man, Seker was death and darkness personified. Seker represented absolute and final death, whereas **Osiris** represented death as a temporary state in which the righteous passed on their way to a renewed life in Osiris's kingdom. Seker was combined with Osiris and Ptah, the god of life, to symbolize the creative aspect of death, which provided the new bodies in which the souls of the righteous continued to exist. (Budge, *Dead*, 170–172)

Sekhabesnefunen. In Egyptian mythology, a mummified god who guarded the exit to the third chamber of **Duat**. (Budge, *Gates*, 100)

Sekhet-Aanru. In Egyptian mythology, the "**Field of Reeds**," a paradise island home of **Osiris**, where the souls of the righteous dead lived and feasted on endless food. Sekhet-Aanru is the Egyptian counterpart to the Elysian Fields in Greek mythology. (Budge, *Dead*, 206)

Serpent. In many mythologies, a symbol of death representing a giant worm that devours the dead in their graves. **Duat**, the Egyptian **Afterworld**, had serpents in most of its twelve compartments. Egyptian pharaohs wore figures of serpents around their brows as symbols of the serpent's supernatural power and eternity. Tisiphone, one of the Greek **Furies** at the entrance to **Hell** in Virgil's *Aeneid*, had a torch in one hand and a serpent in the other. A serpent was also wrapped around the arm of **Charun**, the Etruscan **psychopomp** who conduced souls into the Underworld. In later mythologies, the serpent evolved into the scaly **dragon**. (G. W. Dennis, 69; Paine, 12; Shepherd and Shepherd, 231)

Set (aka Setech, Setekh, Setesh, Sethu, Sutech, Sutekh, Typhon). In Egyptian mythology, the god of anger, drought, darkness, chaos, violence, and evil personified. He had a man's body and the curved head of a strange beast with upright square-topped ears and an erect tail. The Greeks called him Typhon.

Set was the brother of **Osiris**, but murdered him, and then battled Osiris's son, Horus, to determine who would rule Egypt. In the course of the battle Set plucked out one of Horus's eyes, whereas Horus castrated him. Castrating Set had the effect of suppressing the violence associated with rape and unbridled sexual activity. Set originally protected Re, the sun god, against the evil **serpent Apep**, as Re journeyed through the Underworld. But after Osiris became the main god of the Underworld, Set was identified with Apep and became Re's enemy and, as such, the incarnation of evil. When Christianity began to be preached in Egypt, Set was identified with the **Devil**, and Osiris, the god of death and **resurrection**, was equated with Jesus. (Cotterell, 160; Mercatante, 18–19; Wilkinson, 197–199)

Set Amentet. In Egyptian mythology, the "mountain of the Underworld," a name for cemeteries, because they were usually located in the mountains of the desert or the west bank of the Nile. (Budge, *Dead*, 206)

Seta-Ta. In Egyptian mythology, a mummified god who guarded the exit of the fourth chamber of **Duat**. (Budge, *Dead*, 119)

Set-Em-Maat-F. In Egyptian mythology, the name of the sixth chamber of **Duat**, as well as the **serpent** that guarded its entrance. (Budge, *Gates*, 168)

Set-Hra. In Egyptian mythology, a monster **serpent** that guarded the exit of the eighth chamber of **Duat**. (Budge, *Dead*, 219)

Sethu (aka Set, Setech, Setekh, Setesh, Sutech, Sutekh, Typhon). In Egyptian mythology, a monster **serpent** that guarded the entrance to the tenth chamber of **Duat**. (Budge, *Gates*, 260)

Shaftiel (aka Shoftiel). In Christian **demonology**, a **demon** in charge of punishing sinners. (G. Davidson, 269, 273)

Shaman. In many cultures, an individual combining the powers of a priest and a healer, who has the power to control spirits, protect the community, and make out-of-body journeys to the upper and lower spirit worlds. (Cotterell and Storm, 460)

Shapsh. In Ugarit (northern Syria) mythology, the sun goddess who brought light and a **psychopomp** who defeated nocturnal monsters as she led the dead through the Underworld. (Wyatt, 123, 145)

Shemti. In Egyptian mythology, a **serpent** allied with **Apep** in the ninth division of **Duat**. Shemti had four heads and necks at each end of its body, and each head and neck was supported by a pair of legs. He was so huge, a male **demon**, called **Apu**, had to hold up the middle part of his body. (Budge, *Gates*, 248; Coulter and Turner, 5)

Sheol (aka Abaddon, Abadon, Abbadon, Apollion, Apollyon, Appolyon, Obaddon, She'ol). In Biblical and later Jewish mythology, the realm of the dead. In the first five books of the Hebrew Bible, all shades or rephaim (**ghostly** physical beings unable to experience pain or pleasure) regardless of former social rank or behavior went to Sheol, a land of dust and darkness where they wandered aimlessly. The Septuagint, the early Greek translation of the Torah, called it **Hades**, the name of the Underworld in Greek mythology. The King James Version translated it as **Hell**, grave, or pit. Since Sheol was not a place of torment in the Torah, Hades was the more accurate translation than the later Christian idea of Hell. In later Jewish myths, when punishment in the **Afterlife** became a dominant motif, souls whose bad deeds outweighed the good were sent to a multichambered Sheol with various punishments occurring in each. The worst punishments took place in a compartment called **Gehenna**. (Crisafulli and Thompson, 42–53; Gaster, 607–609; Russell, 366–367; Simcha, 53–55; 83–89; Van der Toorn et al., 768–770)

Shepi. In Egyptian mythology, a bearded god who guarded the exit of the seventh chamber of **Duat**. (Budge, *Gates*, 190)

Shesshes. In Egyptian mythology, a monster crocodile with a **serpent**'s head for a tail, who guarded the ninth section of **Duat**. (Coulter and Turner, 5)

Sheta-Ab. In Egyptian mythology, a bearded mummy that guarded the exit of the sixth chamber of **Duat**. (Budge, *Gates*, 158)

Shetau. In Egyptian mythology, a bearded mummy that guarded the exit of the eleventh chamber of **Duat**. (Budge, *Gates*, 279)

Shirat. *See* Bridge.

Shuck. In East Anglian folklore, a **ghostly Hell Hound**. Shuck is an immensely large **black dog** with fiery eyes whose appearance portends death. His presence is often associated with the smell of sulfur. During the seventeenth century, black dogs like Shuck were regarded as **avatars** of the **Devil** and were sometimes called "demon dogs." In other parts of England he is known as "Galley Trot," a black goat called "Old Scarf," a donkey called "Melton Shock," a monkey called "Shug," and the "Black Dog of Bungay." Shuck is regarded as the prototype for Sir Arthur Conan Doyle's frightening **dog** that Sherlock Holmes confronted in *The Hound of the Baskervilles*. (Westwood, 101–115)

Shu Feather. *See* Anubis.

Shulman. *See* Erlik Khan.

Sibyl. In Roman mythology, the name of various prophetesses at Apollo's oracle at Cumae, an old Greek colony in southern Italy, who were imbued with the gift of prophecy. The Sibyls wrote their predictions on scrolls, the best known being the Sibylline Books sold to Rome's sixth century B.C.E. King Tarquinius who consulted them whenever there was a national crisis. The Sibyls lived deep inside a cave where the shrine was located and, inspired by Apollo, answered questions posed to the god. After the Trojan War, Aeneas came to Apollo's oracle and asked the Sibyl, who was also a **psychopomp**, to guide him into **Hades** through her cave, which was believed to be one of the entrances to the Underworld, so that he could speak with his father. The Sibyl agreed but warned him that while getting into Hades was easy, getting back was a lot harder (Howard, *Aeneid*, 6.125). The Sibyl told him that to make the journey, Aeneas would have to cut a Golden Bough, whose leaves and stem were made of gold, from a tree hidden deep in the woods and would have to give the bough as a gift to **Persephone**, the queen of the Underworld. The Sibyl said that as soon as the bough was torn a new one would grow in its place and that only those who were able to tear it off were destined to descend, whereas no sword could cut it if the traveler was not destined to make the journey. Carrying the Golden Bough for protection, the Sibyl escorted Aeneas through Hades where he was able to talk with his dead father Anchises. (Adkins and Adkins, 203; Howard, 143–178; Shepherd and Shepherd, 86)

Sin Eater. In Welsh and northern England Christian folklore, an individual who took upon himself all the sins of a dead person so that the deceased would be able to go to **Heaven**. The Sin Eater, typically a destitute homeless wanderer, was summoned to the deceased's home where he was given beer and money in return for eating bread or milk left near the newly deceased, which was believed to have absorbed his sins. By eating the bread or drinking the milk, the Sin Eater accepted responsibility for all the sins of the deceased. Freed of its sins, the deceased's soul could then go to Heaven. Families that could not afford to pay a Sin Eater sometimes offered the sin-imbued food and drink to beggars, thereby tricking them into absorbing the dead person's sins. (Brand, 447–449; Radford and Radford, 220–221; Van Scott, *Heaven*, 234)

Sirat. In Islamic mythology, a **bridge** stretching from Earth to Paradise across **Hell**. The bridge is narrower than a hair and sharper than the edge of a sword, and each side has briars, hooks, and thorns. Everyone's deeds are weighed in a balance after their interrogations at the grave by **Munkar**. The righteous are able to pass over, but the wicked fall from it into Hell. (Mew, 374–375)

Sirens. In Greek mythology, half human and half **bird** death spirits who seduced sailors with their songs and then killed them. (Harris and Platzner, 413, 418)

Sir'ing. In Bagobo Philippine mythology, man-eating ogres that have ugly human bodies with long nails and curly hair. (Ramos, 97)

Sisiburanen. In Yliguenes Philippine mythology, a **psychopomp** god who takes souls to an island where the realm of the dead is located in a high mountain. (Demetrio, 512)

Smert. *See* Smrtnice.

Smrtnice (aka Smert). In Slavic mythology, a death spirit who prowls underneath the windows of the dying. If she enters the house and sits at the head of the bed where a sick person lies, the ailing person will die, but if she sits at the foot of the bed, the sick person may recover. (Ann and Imel, 66; Bonnerjea, 1927)

Sokar. *See* Seker.

Sokaris. *See* Seker.

Solare. *See* Seker.

Sowril. *See* Sauriel.

Stinking Place. In Nguna Melanesian mythology, the lowest level of the Underworld. After death, souls first go to Pokas, the uppermost part of the Underworld, where there is plenty of meat to eat. If they descend farther, they come to the Place of Roots. Lower still, they come to the Stinking Place and then disappear. (Luckert, 142)

Styx. In Greek mythology, the next river that the newly dead encountered after crossing the **Acheron** in **Hades**. In Dante's *Inferno,* the Styx along with the Acheron and another river, Phlegethon, the river of fire, surround various circles of **Hell**. The river was called the Styx, meaning repulsive. It was considered so because it was said to be populated with strange creatures, all of which were black.

The Styx was believed to confer invulnerability. Achilles was dipped into the river by his mother Thetis who thought by doing so she would make him invulnerable, but he was nevertheless mortally wounded when an arrow struck him in the heel where his mother held him while dipping him in the river. The Styx's finality was also reflected in its being called upon when the gods swore binding oaths. Gods that broke such vows had to drink from the river resulting in their losing their voices for nine years. In Virgil's *Aeneid*, the Underworld is called the "Stygian state." (Howard, 149; Natale Conti, 164–167; Taylor, 363–364)

Supai (aka Cupay, Supay). In Peruvian Inca mythology, the god of death. Supai was always looking for ways to increase the number of souls in his domain. Early Christian missionaries equated him with **Satan**. (Ions, 125)

Suriel. *See* Angel of Death.

Suriyel. *See* Angel of Death.

Suryal. *See* Angel of Death.

Swarths. *See* Wraiths.

Sxaiawax. In Bella Coola British Columbian mythology, a death god who, like **Aitat-iaitt**, causes blood to rush from the mouth and genitalia of those he seizes just before they die. Sxaiawax sneaks up on his victims so that they cannot see them, but when he does, he utters a grunt. If his intended victim hears it and turns around quickly enough to see him, he can escape; if not, Sxaiawax encircles him. When he lets go, the victim begins to bleed from his or her mouth and nose. (McIlwraith, I: 49–50, 498)

Syama. In Hindu mythology, a spotted **dog** that, along with another dog, **Sabala**, guarded the entrance to **Hell**. (Leach, 206)

T

Ta'aroa. In Tahiti Polynesian mythology, the ruler of the Underworld. After death, souls first encountered **Tu-ta-horoa** who decided their fates. Those directed by him to the underworld realm of Ta'aroa had to work regardless of their previous status. After their work was done, souls sat in utter darkness with nothing to do. Eventually, when Ta'aroa wanted to eat, his cooks scraped the sitting spirits into a pulp, sweetened them, and he ate them, but then they reappeared to be cooked again whenever Ta'aroa wanted. After a year, when the utterly miserable souls sat with newcomers, Ta'aroa would ask them if they were happy. If they said they were not, he would allow them to go home to the land of the living for a visit. When they returned, they became either family gods, guardian spirits, or malevolent gods who strangled and devoured people, even their own relatives and friends, when invoked by sorcerers to do so. (Henry, 201–202)

Ta-Awi. In Maranao Philippine mythology, a man-eating ogre whose voice is as loud as thunder. (Ramos, 97)

Tahouti. *See* Thoth.

Tarabusao. In Maranao Philippine mythology, a giant man-eating ogre who yells loudly just before he attacks. (Ramos, 97)

Tartaruchus (aka Tartarus). In Christian **demonology**, a **demon** who supervises punishments in **Hell**. (G. Davidson, 285)

Tartarus. In Greek mythology, both a primeval god and a region of the Underworld beneath **Hades**. In Christian folklore, Tartarus was an angel who supervised punishment in **Hell**, and a place where fallen angels were sent.

Tartarus was a vast gloomy region of the Underworld "as far beneath Hades as heaven is high above the earth" (*Illiad*, 8:14–16), guarded by giants called Hecatonchires, each of whom had fifty heads and a hundred arms. Tartarus was where the Olympian gods sent their enemies, the Titans, and other giants who had tried to dethrone Zeus, as well as those who had insulted the gods or committed heinous crimes. When the Roman hero Aeneas visited Hades, the **Sibyl**, his **psychopomp**, told him that no righteous souls were allowed to cross its threshold. Tartarus was where those guilty of the worst crimes, such as beating one's parents, adultery, treason, cheating clients, and bribery, were sent. Tartarus was ruled by **Rhadamanthus**, who forced them to confess their crimes with the help of an assistant's whip and decided their punishments. The Sibyl said that even if she had a hundred tongues and mouths, she would not be able to describe all the crimes or the different punishments doled out in Tartarus.

The most infamous criminals imprisoned in Tartarus were Tityus, Tantalus, Sisyphus, Ixion, and the Danaides.

Tityus, one of the earth-born giants, had insulted Hera, Zeus's wife, on her way to Peitho. Zeus punished the insult by consigning him to Tartarus, where two **vultures** perpetually ripped out his liver.

Tantalus had once been the wise and prosperous king of Lydia whom the gods liked so much that they invited him to sit at their table. But Tantalus forgot who he was and decided to play a trick on the gods in which he killed his own son, Pelops, and served him to the gods to see if they would notice what they were served. Horrified at his crime and his audacity, Zeus condemned him to eternal punishment in Tarturus. Tortured with constant thirst, Tantalus was plunged up to his chin in water, which always receded when he tried to drink, and consumed by perpetual hunger, he was unable to pluck fruit from an overhanging tree because a wind blew its branches upward whenever he reached for them.

Sisyphus had been a deceitful ruler who had been allowed to return from the dead to persuade his wife to give him a proper burial but refused to return. When he once again died, he was banished to Tartarus for his deceit and condemned to roll a huge stone up a steep hill, only to have it roll back before he could reach the summit.

Ixion, a king of Thessaly, was also guilty of murdering a relative, in this instance, his father-in-law-to-be, whom he caused to fall into a pit of burning coals so he would not have to pay the bride price. As punishment, Ixion was condemned to spend eternity in Tartarus tied to a revolving flaming wheel.

The Danaides were fifty daughters of Danaus, the king of Argos. Warned by an oracle that his son-in-law would murder him, Danaus ordered his daughters to kill their husbands, for which they were sent to Tartarus and forced to fill vessels full of holes with water—an endless task.

In Roman mythology, Tartarus was surrounded by the flaming river Phlegethon and by triple walls. A hydra with fifty large black jaws guarded its entrance. (Grimal, 433; Howard, 125–127; Taylor, 371)

Ta-Tchesert. In Egyptian mythology, a name for the realm of the dead. (Budge, *Dead*, 206)

Tchetbi. In Egyptian mythology, a monster **serpent** that guarded the exit to the fourth chamber of **Duat**. (Budge, *Gates*, 120)

Techa. *See* Thoth.

Tein Pijopatch. In Melanesian Vanuatu mythology, the many-eyed ruler of the Underworld beneath the sea. The dead in his realm live a reverse existence compared with their former lives, eating lizards instead of meat, bamboo shoots instead of cane sugar, and excrement instead of vegetables. (Bonnefoy, *Mythologies,* 1214)

Teka-Hra. In Egyptian mythology, the fifth chamber of **Duat**, the Underworld, and the monster **serpent** that stood on his tail and guarded its entrance. (Budge, *Gates,* 140)

Tekmi. In Egyptian mythology, a **jackal**-headed god who guarded the exit to the fifth chamber of **Duat**. (Budge, *Gates,* 139)

Tem (aka Atmu). In Egyptian mythology, one of the oldest of the gods; many of his attributes were absorbed into the god Khepera. Tem was an aged man in the second division of **Duat**, who condemned evil souls relegated to that division because they blasphemed Re while they were alive. These souls were perpetually bound in fetters so that they would never be able to use their arms. (Budge, *Gates,* 96–98; Budge, *Dead,* 161–162)

Ten Kings of Hell. In Chinese mythology, ten kings, each of whom presided over his own court in the **Afterworld**. When someone died, his or her spirit came before each of the ten kings who examined their past lives and decided what punishments they would receive in the courts over which they presided. Punishments in these various courts included being cooked in a copper pot, being skewered, having one's eyes, heart, or other organs cut out, being stretched on a rack, or being hacked to pieces. (Brook et al., 130–145; Mew 65–88; Taylor, 373–374)

Tepi. In Egyptian mythology, a **serpent** with four human heads, breasts, arms, and four pairs of human legs who guarded the entrance to the ninth division of **Duat**. Tepi was so huge his middle had to be supported by a male **demon** called **Abeth**. (Budge, *Gates,* 248; Coulter and Turner, 5)

Tep-Tu-F. *See* Anubis.

Thanatos. In Greek mythology, Thanatos personified the power of death. He and his twin brother, **Hypnos** (Sleep), were the sons of Night (Nyx) and lived in **Hades**. In early myths, Thanatos had a fierce face and shaggy beard, carried a sword wherever he went, and was accompanied by the **Moirae**, the three sisters who decided fate, and by the **Keres**—death spirits who devoured life. In later myths he was transformed into a handsome young man with wings, a sword in his belt, and a butterfly, wreath, or inverted torch in one of his hands, signifying the extinguishing of the light of life, while his other arm was wrapped around the shoulders of his brother, Hypnos. In Roman mythology, Thanatos was called **Mors**.

Although Thanatos was single-minded, his mission could sometimes be temporarily subverted. On one such occasion, when Zeus sent

Thanatos to take Sisyphus's life as punishment for his blasphemy, Sisyphus did not meekly go along. Instead he surprised and chained Thanatos with his own shackles. As a result, no one died anymore because Thanatos was no longer able to take their lives. Seeing how overpopulated the world had become, Zeus found and freed Thanatos and Sisyphus died. In a different version, Sisyphus cheated Thanatos by telling his wife not to give him a proper burial so that when he appeared before Hades, he could complain that he had not received the requisite funeral rites and asked Hades to let him return to the living so as to punish her for her impiety, promising to return immediately. Hades allowed him to return, and Sisyphus remained among the living for many years. When he finally died again, Hades and the other gods punished him for his deceit by condemning him to spend eternity rolling a huge rock up a hill that always tumbled down near the top.

On another occasion, when it was time for his mortal friend Admetus to die, Apollo got the Moirae drunk and then convinced them to let him live if he could find someone to voluntarily die in his place. When his wife Alcestis said she would go in his place, Thanatos came to claim her. However, Heracles was visiting Admetus and wrestled and defeated Thanatos and brought her back to her husband so that she remained alive for some time longer. When it was time for Heracles himself to die, he was not able to defeat Thanatos.

In later Greek mythology, Thanatos's role was taken over by Hades. In the Revelation of John (6:8), Death is equated with Hades and rides a pale gray horse. (Berens, 142–143; Bonnefoy, *Greek*, 105–109; Brandon, *Personification*, 328–329; Van der Toorn et al., 854–856)

Thoth (aka Dhouti, Tahouti, Techa, Thout, Zhouti). In Egyptian mythology, the ibis-head god who recorded the fates of the dead when their souls were weighed against the **Feather of Truth**. Thoth was also regarded as the inventor of hieroglyphics and the author of the **Book of the Dead**. Thoth also opened the mouth of the deceased and gave them the breath of life. Together with **Anubis**, he reconstructed the corpse of the deceased. Thoth was also a **psychopomp** who gave a letter to the deceased that enabled them to pass through the doors of **Duat**. (Mercatante, 622; Van der Toorn et al., 861–863)

Thout. *See* Thoth.

Tibetan Book of the Dead. *See* Bardo Thodol.

Ti Yu. In Chinese mythology, the collective name for the various regions (ranging from eight, ten, eighteen, thirty, or sixty-four) of the Underworld, ruled by the **Ten Kings of Hell**. (Mercatante, 625; Taylor, 343; Teiser, 435)

Tlacolteotl. *See* Tlazolteotl.

Tlaelquani. *See* Tlazolteotl.

Tlalchitonatiuh. *See* Mictecacihuatl.

Tlazolteotl (aka Ixcuina, Tlacolteotl, Tlaelquani). In Mayan mythology, a goddess of pleasure, drunkenness, and death. (Abel, 158)

Toonela (aka Hiiela, Manala, Tooni). In Estonian mythology, the realm of the dead and the name of its ruler. (Leach, 351)

Tooni. *See* Toonela.

Topielec. *See* Vodyanoi.

Trivia. In Roman mythology, a goddess of crossroads, often equated with **Hecate**. (Howard, 143)

Tuat. *See* Duat.

Tuchulcha. In Etruscan mythology, a grotesque death **demon** that had donkey's ears and an eagle's beak in place of a nose. Like the Greek Medusa, he had snakes for hair and a glance that killed. (Craze, 59; Del Chiaro, 293; Edlund-Berry, 257; Mew, 131)

Tuonela (aka Hiiela, Manala). In Finnish mythology, the Underworld. Tuonela was a place where the wicked were physically tortured. Among their punishments were being placed under red hot stones and being feasted on by snakes who drank their blood. Tuonela means the place of the dead or the miserable. Manala is the place of the dead in the Underworld. The blind hideous daughter of Manala and Tuonela was made pregnant by the wind and was pregnant for nine years, after which she gave birth to the **wolf**, the snake, cancer, and ringworm. (Ann and Imel, 68; Bonser, 356; Jobes, 1962; Monaghan, 1998)

Tuonetar. In Finnish mythology, the goddess who along with her husband, **Tuoni**, ruled **Tuonela**. Tuonetar was also a **psychopomp** who piloted the **boat** that ferried the dead over the black river of death. (Guirand, 1968; Jobes, 1608; Leach, 509; Monaghan, 1981)

Tuoni (aka Mana, Hiiela). In Finish mythology, the Underworld and the name of the ruler of the Underworld. Mana was a squint-eyed, crooked-jawed old man who had only three fingers made of copper on each hand. His wife, **Tuonetar**, was an ugly hag with iron teeth. Tuoni was called "rosy-cheeked" because he was bloodthirsty. Tuoni had three daughters. One was a dwarf who ferried the dead into his kingdom; the other two were goddesses of diseases. (Bonser, 354)

Tu-ta-horoa. In Tahiti Polynesian mythology, a judge who decided where souls went after death. After death, souls came to two branching paths, one leading to **Heaven**, the other to **Po (Hell)**. Tu-ta-horoa stood at the fork, greeted the soul, and pointed to one of the two roads for the soul to follow. (Henry, 201)

Typhon (aka Typhoeus). In Greek mythology, a Titan monster who fathered **Cerberus** and other monstrous creatures. Typhon had a hundred **dragon**-like heads, and fire darted from each of his mouths. He had a deafening roar that sounded like the shrieks of animals being tortured.

He was so terrifying in appearance, most of the gods ran away when they saw him. Zeus, however, managed to imprison him beneath **Mt. Aetna**. The Greeks equated him with the Egyptian god **Set**. (Howey, 184; Van der Toorn et al., 879–881)

Tzitzimine. In Aztec mythology, **demonic** spirits that were fated to descend from the sky to haunt the earth and destroy humans. (Ann and Imel, 37)

Tzontemoc. *See* Mictlantecuhtli.

U

Uggae. The god of death in Mesopotamian mythology. Uggae had two human hands and the feet of **serpents**. (Brandon, *Personification*, 324)

Uhcumo. In Tarascan Mayan mythology, a mole god who ruled Cumiechucuaro, the Underworld. (Balderas, 151)

Ulu Toyo'n. In Yakut Siberian mythology, the ruler of the Underworld who sends the **Abaasy** out on missions of death. (Cotterell and Storm, 481; Hastings, 828)

Umm-S-Subyan. In Moroccan mythology, a death goddess who caused infants to die. (Ann and Imel, 19)

Uriel. In Jewish and Christian mythology, the angel that stands guard over **Sheol**. (G. Davidson, 298–299)

Ussada. One of the many **Hells** in the Buddhist **Afterworld**. (Behm, 36; Nikaya, 1252; Piyatissa, 1)

Uttuku. In Mesopotamian mythology, seven evil **demons** that attacked humans with diseases, some of which were fatal. Asakku caused brain fever, Namtaru was both a harbinger of death and also the name of one of the seven **Anunnaki** judges who confirmed death sentences. Edimmu was the **ghost** of the dead, and **Galla** was a ferocious demon who followed **Inanna** after she was released from **Aralu**, to make sure she provided a substitute. (Porter, 24–26)

V

Vaitarani. In Hindu mythology, a swift river flowing through **Hell**, filled with blood and filth, which could only be crossed either by paying a fare to the ferryman whose job it was to transport souls across the river or by holding on to a cow's tail while the animal swam across. (Furlong, 151; Mew, 16–17)

Valhalla. In Norse mythology, the "Hall of the dead heroes." The name has been traced to the words valr, "battle corpses," and Holl, "hall." Valhalla was the Norse Paradise for heroes who died in battle. After death, their souls were guided by the **Valkyries** to a great hall presided over by **Odin**, where they fought all day and feasted all night in preparation for **Ragnarok**, the **Apocalypse**. (Taylor, 389–390)

Valkyries. In Norse mythology, the daughters of **Odin** who hovered over battlefields and chose the bravest of the slain warriors ("Einherjar") to take to **Valhalla**. Their name comes from Old Norse, Kjosa, meaning "to choose," and valr, meaning "corpses lying on the battlefield." (Foote and Wilson, 392; Lionarons, 292–293; Simek, 349; Taylor, 390–391)

Vampire. A special type of **revenant**, the vampire is an animated corpse whose body does not age after death. In general, vampires are dead people who do not remain in the ground. Instead, they return to the living and bring death to friends, relatives, and neighbors. Although the word comes from the Slavic vampir or upir, these revenants are found throughout the world, but because they closely resemble the European vampire they are called by that name. Versions of vampire myths are **archetypal** since they are found in cultures as distant from one another as India, the Philippines, and the Americas. Vampires are also found in mankind's earliest myths, although in some instances they are **demons** rather than dead humans. In Romania they are called strigoil; in Germany, nachzehrer and blutsauger; in Bulgaria, kruvnik; in Greece, vrykolakas; in Russia, oboroten; in the Balkans, vrykolakas; in Poland, montwiec. Vampires in the Caribbean include Jamaica's Ol' Higue, Grenada's Loogaroo, and Trinidad and Tobago's Soucouyant, all of whom are women. In Mexico and Puerto Rico, vampires are called chupacabra and mainly suck the blood of animals.

Contrary to the Hollywood image in which their bodies sometimes leave the grave, in folklore their bodies more typically remain in the grave while their souls leave and invade the dreams of the living and after draining their life energy return to the grave to reenergize the body. Also unlike their Hollywood depiction, vampires tend to act alone and do not deliberately create posterity, although new vampires are created by their predations.

Indications that a dead body is that of a vampire include holes or cracks in the earth above a grave, corpses that become exposed because the earth over their bodies has shifted, corpses that swelled before burial or after, exhumed bodies that still appear lifelike and may have ruddy complexions, bodies that are not in the same position in which they were placed when buried, bodies that appear not to have decomposed—instead, the eyes are open, fingernails, hair, and beard appear to be still growing, and new skin has formed under older skin (called "skin slippage")—an open mouth, drops of dried blood around the mouth, and absence of the characteristic odor associated with death. Vampires have enormous strength and cannot be destroyed by ordinary methods. Instead, destruction occurs through exposure to sunlight, decapitation, driving a stake through the heart, burning the entire body, or removing the heart and burning it.

The folklore surrounding the vampire is not simply about a fearsome revenant, says author Paul Barber, but rather how people in preindustrial cultures think about the dead and the undead and the changes that happen to the body after death. A common theme in vampire folklore, says Barber, is that the first vampire to appear in a community is a mean-spirited individual or an evildoer, such as a thief or witch, or is sometimes an alcoholic, or in Christian folklore, an unbeliever. Christian folklore associates their origins with being born on certain days, being born with teeth or a tail or with a caul (the amniotic membrane) around the head, especially if it is red (it is usually grey but becomes red from bleeding during or before birth), or being born with an extra nipple, an unusual birthmark, especially if it has a reddish color, or a bump on the lower spine, which was regarded as a tail (and therefore a spawn of the **Devil**). Oftentimes, these individuals die prematurely by suicide or murder and return from the dead to bring death, and their victims in turn become vampires. Vampires remain animated by sucking human or animal blood from the living who in turn become vampires. To prevent that from happening, the dead have to be buried properly, and if that fails to keep them from returning, they have to be killed a second time.

In eastern European folklore, the vampire's soul does not go to an **Afterworld** and is animated by its own evil, whereas in western European folklore, the vampire is animated by and serves the Devil.

In Hindu mythology, souls that have lived immoral lives or have been suicides are reincarnated as **Bhut** or Pret and at night animate dead bodies, which then attack and suck the blood of the living. In southern India, vampires called Yakshis are beautiful women who seduce and then eat their male victims. In the Philippines the Manananggal and in Malaysia the Penanggalan are female vampires who, like **Lilith**, prey on newborn children. Though not a vampire, the Indian goddess **Kali** also drinks blood and is depicted wearing a necklace of skulls. Kali's blood lust, however, was to prevent the demon Raktabija from coming back to life, which he could do by simply tasting a drop of blood. By lapping up any trace of blood, Kali kept him from reappearing. (Barber, 1–2, 8–9, 30–31; Taylor, 360–361, 391–395)

Vanth. In Etruscan mythology, a winged female messenger of death and **psychopomp** who lived in the Underworld. Vanth carried a key and a torch symbolizing her role as psychopomp who opened the gate to the Underworld and illuminated its inner passageways. She had snakes in her hair and around her arms and large arching wings that extended behind her, each with eyes on them representing all-seeing death from whose sight no one can hide. Her appearance heralded impending death. Oftentimes she was depicted on tombs along with **Charun**, the boatman who ferried souls across the underworld river. (Edlund-Berry, 357)

Vara. The realm of the dead in Persian mythology. (Ions, 121)

Veles. In Baltic mythology, a malevolent spirit of the dead. (Dixon-Kennedy, 300)

Velu-Mate (aka Kapu Mate). In Slavic and Baltic mythology, the ruler of Vinsaule, the gloomy Underworld of the dead. (Ann and Imel, 70; Leach, 608; Lurker, 1984)

Veterani. A river of boiling water in Buddhist **Hell** filled with sharp-edged razors. (Behm, 36; Brewer, 415; Cowell, 57, 124)

Vielona. In Slavic and Baltic mythology, the goddess of the dead. (Ann and Imel, 70; Leach et al., 487; Lurker, 1984)

Vila. In Slavic mythology, an evil female spirit who lures men to their death by inviting them to the graveyard where she kills them. (Mercatante, 96)

Voden. *See* Odin.

Vodyanoi (aka Topielec, Vodnik, Vodyanik). In Slavic mythology, an evil male spirit who attempted to drown people. The Vodyanoi usually had a human form and wore no clothes. He generally appeared naked and was shaggy, with a long beard and green hair, was bloated, and was covered with slime. He had long toes, paws in place of hands, horns, a tail, and fiercely glowing eyes. In some instances a Vodyanoi was half human and half fish. The Vodyanoi usually lived underwater and emerged only up to his waist. (Ivanits, 70–74)

Vucub Caquix. *See* Xibalba.

Vulture. In many myths, a symbol of death and a symbol of transformation associated with death. The vulture does not kill but waits for death to occur so that it can eat the body and thereby transmute it back into living flesh for rebirth.

At Catal Huyuk and other Neolithic sites in the seventh millennium B.C.E., there were two burials. First the body was left in the open to be stripped of its flesh by **birds** and then left outside the village. In the spring these bones were buried underneath the floor of the deceased's former home. Subsequently, the bones were placed in clay houses with vulture motifs over the front door. At Catal Huyuk, the vulture is a death goddess with human breasts and beaks protruding from her nipples, representing life coming from death. Another depiction from Catal Huyuk shows her with nine foot wings sweeping down on headless corpses and flying over piles of human skulls and bones. At Abydos, Egypt, the vulture goddesses, Nekhebet and Mut, are **Osiris**'s guardians and protect mummies in the **Afterworld**. (Macqueen, 226–239; Shepherd and Shepherd, 198)

W

Watchers. *See* Mastema.

Wip. *See* Anubis.

Wirwir. In Apayao Philippine mythology, **ghouls** with a special taste for human flesh that prompts them to feast on newly buried bodies. (Ramos, 66)

Woden. *See* Odin.

Wolf. In many myths, a symbol of death, likely because of its mournful howl and its feeding on corpses. Unlike the **jackal**, the wolf was once a positive symbol of death when humans were still nomadic and predatory. After they became agrarian, the wolf became symbolic of danger and death from outside forces. Wolves were especially prone to association with death because of their howling, which seemed like the cries of the anguished dead and the evil glow of their red eyes in the night. It is also common for these carrion eaters to be associated with death gods. The Egyptian god of the Underworld, **Anubis**, is a jackel- or **dog**-headed god. India's Shiva, the god of death, is called the Lord of the Dogs. In Norse mythology, **Hel** is the sister of **Fenrir**, the wolf. **Odin** himself had two wolves. Fenrir's counterparts in the Greek and Aztec Underworlds are **Cerberus** and Xolotl. The Greek and Etruscan rulers of the dead both wore wolf-skin caps. In native American myths, wolves are **psychopomps**. (Chevalier and Gheerbrant, 548; Shepherd and Shepherd, 183; Taylor, 395)

Wotan. *See* Odin.

Wou-Kan. *See* Avici.

Wraiths (aka Fetches, Fye, Swarths, Tasks). Apparitions of those about to die seen by their friends at a distance and even by the dying themselves, just before their deaths. (Brand, 705–706)

Wu Ch'ang. In Chinese mythology, a **psychopomp** sent by **Yen-Lo Wang** to bring the spirit of the dead to the Underworld. When the time came for someone to die, Wu Ch'ang came to the person's home, took his or her spirit, brought it to where the deceased's good and evil deeds were judged, and then led the spirit to the Underworld. (Brandon, *Judgment*, 227; Werner, 568)

Wuotan. *See* Odin.

Wyrd. In Germanic mythology, the goddess of death. (Baskin, 340)

X

Xibalba (aka Vucub Caquix). In the mythology of the Quiche Maya of Guatemala, the nine Underworlds ruled by the Twelve Lords, where those who had lived evil lives were punished for their wrong doings. The name literally means "fear" or "trembling with fear." At one time, the Lords of Xibalba had been venerated on Earth by the living who offered them human sacrifices. However, they were eventually duped into receiving substitute sacrifices and then further humiliated into accepting lesser offerings. When they were no longer worshipped by the living, they became rulers of the Underworld and punished the dead by humiliating and then torturing them.

The entrance to Xibalba was in Guatemala. Those who came to Xibalba had to descend a steep staircase and then cross a swift-running river filled with scorpions and thorny calabash trees, after which they had to cross a river filled with pus and blood. Next came a crossroads where travelers had to choose among four roads. If they chose the correct one, they came to the Xibalban council, where the new spirit was greeted by the seated Lords sitting next to their effigies to confuse the newcomers as to whom they were to address, and were invited to sit on a bench, which was actually a hot seat and meant to humiliate them. The judges then put them through a number of additional humiliating tests, and, depending on which ones they passed, they were then sent to one of Xibalba's deadly houses.

One of these houses was named Dark House because it was totally dark inside. Rattling or Cold House was frigid inside and filled with rattling sounds. Jaguar House contained hungry jaguars, Bat House was filled with shrieking **bats**, Razor House contained swords and razors that flew through the air, and Hot House was filled with fire. The final test occurred in the ball court where spirits had to play with a bladed ball. Those that survived the journey and did penance in one of the houses were finally allowed to enter **Heaven**, called Tlaloc. (Tedlock, 1ff)

Y

Yabme-Akka (aka Yambe-akka). In Lapp Finnish mythology, the goddess whose name means "The Old Woman of the Dead." Yambe-Akka ruled **Tuonela**, the Underworld. (Ann and Imel, 72; Guirand, 1968; Van Scott, *Heaven*, 270)

Yama. In Hindu mythology, the god of death and justice, called the "King of Death," "Great Black One," and **Mrityu** ("Death"). In Buddhist mythology he is the fifth king of **Hell** whom the deceased meet after death.

Yama and his sister Yami were the first humans. By virtue of being the first to die, Yama was made ruler and judge of the dead who followed. Before he became "King of Death," Yama went to live in a cave because he was told that if he spent fifty years in deep meditation he would reach enlightenment. On the night just before the fifty-year period would have ended, two thieves dragged a bull they had just stolen into his cave and cut off its head. When they became aware that Yama had seen what they had done, they came over to kill him. Despite begging to let him live just a few minutes longer so that the fifty-year period would be completed and he could reach enlightenment, the thieves killed him and cut off his head. As soon as they sliced it off, Yama assumed a ferocious form and put the bull's head on his own headless body and killed the two thieves, poured their blood into their skulls, and drank it.

Yama has dark green or black skin, glowing red eyes, and wears red robes. He has many eyes, arms, and legs and when he ventures out from his palace he rides a black buffalo and is accompanied by two ferocious **Hell Hounds**, each of which had four eyes, and an **owl**, the symbol of death. Carrying a club in one of his hands, he bashes the heads of sinners, and using a noose that he carries in the other hand, he pulls their souls from their bodies.

After the soul has left is body, if it has not been virtuous and therefore not achieved nirvana, it comes to **Vaitarani**, a river bordering the land of the dead and has to be ferried across by a boatman who has to be paid with something left with the deceased's body. The soul is then dragged, scourged, burned, and brought to Yama's palace, where it stands before the lord of death and **Chitragupta**, his assistant, who reads the account of the soul's life. Based on that account, Yama sentences the souls of those who were mainly virtuous to rebirth wherein they are given another chance to attain virtue; the wicked are banished to **Naraka**, the Netherworld, where they are punished in one of its many Hells. After enduring punishment, it will be reborn as a stone, **bird**, animal, or human, depending on its sins and if it lives virtuously in that life, it will be reborn in the next, until finally achieving nirvana, or recycling into another life. (Cotterell, 177; Mackenzie, 39–42; Taylor, 401–403; Teiser, 445)

Yan Luo (aka Yan Luo Wang, Yen-Lo-Wang). In Chinese mythology, Yan Luo Wang is one of the Ten Kings of the **Afterworld**. Yan Luo kept a log containing everyone's deeds while they were alive. When it was time for someone to die, Yan Luo sent his emissaries, Niu-t'ou the Ox-head and Ma-mien the Horse-face, with a death warrant, to the home of those whose time had come. The emissaries showed the warrant to the Men Shen spirits who guarded the door. If they found it to be properly issued, they let them in. The emissaries then show the warrant to the spirit about to depart and then escorted it to Yan Lo and his tribunal of **Ten Kings of Hell** and they decided its fate in the Underworld depending on the balance of good and bad deeds recorded in Yan Luo's register. Yan Luo was regarded as too lenient by the Jade Emperor who removed him as head of the Ten Kings and put him in charge of the Fifth Hell of Boiling instead. (Brandon, *Judgment*, 227; Cotterell and Storm, 488; Craze, 80–81; Werner, 568)

Yeahuiztli. *See* Mictecacihuatl.

Yehudiah. *See* Angel of Death.

Yehudiam. *See* Angel of Death.

Yemma Dai. *See* Emma-O.

Yemma Dai O. *See* Emma-O.

Yen-Lo-Wang. *See* Yan Luo.

Yesdo. In Jewish folklore, the angel summoned by Moses to kill the Egyptian firstborn. (Dow, 84)

Yetzer-Hara. *See* Angel of Death.

Tribunal. Paul Carus. *The History of the Devil.* Chicago: Open Court Publishing Co., 1900.

Yima. In Zoroastrian Persian mythology, the ruler of the dead. (Baskin, 345)

Yinepu. *See* Anubis.

Yomi. In Japanese Shinto mythology, the Underworld, ruled by Izanami-no-Mikoto. The entrance to Yomi was sealed off by her husband **Izanagi** when he fled from it and blocked its entrance with a massive boulder. (Aston, 300–301; Cotterell and Storm, 489)

Yum Cimil (aka Ah Puch, Ah Puchah, Au Puch, Cum Hau, Eopuco, God A, Hun Ahau, Tzontemoc). In current Guatamalan Mayan mythology, a knife-carrying god of death who prowls the homes of the sick searching for victims. (Cotterell, 56)

Z

Zhiva. In Russian Slavic mythology, the goddess of the dead. (Dixon-Kennedy, 234)

Zhouti. *See* Thoth.

Zombie. In Haitian voodoo folklore, a **revenant** human corpse raised from the dead, with no will of its own, but able to move and act as if alive. In Haitian folklore, zombies are brought back to life by sorcerers, called **bokors**, through voodoo rites that enable them to take possession of someone's soul and replace it with a **loa**. (Mercatante, 177–178)

Zo'tzi-Ha. In Aztec mythology, the "Bat House," one of the five regions of the Underworld where **Camazotz**, the "death **bat**" brought death to any that entered it. (Thomas, 225)

REFERENCES

Abel, Ernest L. 2006. *Intoxication in Mythology. A Worldwide Dictionary of Gods, Rites, Intoxicants and Places.* Jefferson, NC: McFarland.
Abercromby, John. 1898. *The Pre- and Proto-historic Finns Both Eastern and Western with the Magic Songs of the West Finns.* London: David Nutt.
Adkins, Lesley, and Roy A. Adkins. 1996. *Dictionary of Roman Religion.* New York: Facts on File.
Alighieri, Dante. 1977. *The Divine Comedy.* New York: Norton.
Andersen, Johannes C. 1928. *Myths and Legends of the Polynesians.* New York: Farrar and Rinehart.
Ann, M., and D. M. Imel. 1993. *Goddesses in World Mythology.* New York: Oxford University Press.
Assmann, Jan. *Death and Salvation in Ancient Egypt.* Ithaca, NY: Cornell University Press, 2005.
Aston, W. G. 1899. *Folklore.* 10:294–324.
Auger, Emily E. 2004. *The Way of Inuit Art: Aesthetics and History in and beyond the Arctic.* Jefferson, NC: McFarland.
Ausubel, Nathan. 1951. *A Treasury of Jewish Folklore.* New York: Crown.
Balderas, Ximena Chavez. 2005. "Afterlife: Mesoamerican Concepts." In: Lindsay Jones, ed. *Encyclopedia of Religion.* Farmington Hills, MI: Thomson Gale, 149–152.
Ball, C. J. "Azazel (Lev. Xvi.8, 10, 26). 1890." *Hebraica.* 7:77–79.
Barber, Paul. 1988. *Vampires, Burial, and Death.* New Haven, CT: Yale University Press.
Barolini, Teodolinda. 2000. "Hell." In: Richard Lansing, ed. *The Dante Encyclopedia.* New York: Garland Publishing, 473–477.
Barton, Roy Franklin. 1956. *The Mythology of the Ifugaos.* Philadelphia, PA: American Folklore Society.
Baskin, Wade. 1972. *Dictionary of Satanism.* New York: Philosophical Library.
Batchelor, John. 1894. "Items of Ainu Folk-lore." *Journal of American Folklore.* 7:15–44.
Beckman, Tad. 1998. "Maidu and Other Origin Stories from Central California," http://www4.hmc.edu:8001/humanities/beckman/western/maidu.htm.
Behm, Allan J. 1971. "The Eschatology of the Jatakas." *Numen,* 18:30–44.
Bell, Robert E. 1991. *Women of Classical Mythology: A Biographical Dictionary.* Santa Barbara, CA: ABC-CLIO.
Benedict, Laura Watson. 1913. "Bagabo Myths." *Journal of American Folklore,* 99:13–63.
Berens, E. M. n.d. "A Hand-book of Mythology." *The Myths and Legends of Ancient Greece and Rome.* New York: Effingham Maynard.
Berg, William. 1974. "Hecate: Greek or 'Anatolian'?" *Numen,* 21:128–140.
Bishop, J. G. 1975. "The Hero's Descent to the Underworld." In: H. R. Ellis Davidson, ed. *The Journey to the Underworld.* 109–129. Totowa, NJ: Rowman and Littlefield.

Black, Jeremy, and Anthony Green. 1997. *Gods, Demons and Symbols of Ancient Mesopotamia.* Austin: University of Texas Press.

Blacker, Carmen. 1975. "Other World Journeys in Japan." In: H. R. Ellis Davidson, ed. *The Journey to the Other World.* Totowa, NJ: Rowman and Littlefield, 42–72.

Bonnefoy, Yves. 1991. *Mythologies.* Chicago: University of Chicago Press.

Bonnefoy, Yves. 1992. *Greek and Egyptian Mythologies.* Chicago: University of Chicago Press.

Bonnerjea, Biren. 1927. *A Dictionary of Superstitions and Mythology.* London: Folk Press.

Bonser, Wolfrid. 1928. "The Mythology of the Kalevala, with Notes on Bear-Worship among the Finns." *Folklore,* 39:344–358.

Bottero, Jean. 2001. *Religion in Ancient Mesopotamia.* Chicago: University of Chicago Press.

Brand, John. 1913. *Observations on Popular Antiquities Chiefly Illustrating the Origin of Our Vulgar Customs, Ceremonies and Superstitions.* London: Chatto and Windus.

Brandon, S. G. F. "The Personification of Death in Some Ancient Religions." *The John Rylands Library Bulletin, 1960–1961,* 43:317–343.

Brandon, S. G. F. 1967. "The Judgment of the Dead." *An Historical and Comparative Study of the Idea of a Post-Mortem Judgment in the Major Religions.* London: Weidenfeld and Nicolson.

Brewer, E. Cobham. 1901. *A Dictionary of Miracles, Imitative, Realistic, and Dogmatic.* London: Chatto and Windus.

Brockington, John. 1993. "Kali." In: Roy Willis, ed. *World Mythology.* New York: Henry Holt, 83.

Brockington, Mary. 2001. "Indian Ogres: Tradition Versus Artistry." In: Hilda Ellis Davidson and Anna Chaudhri, eds. *Supernatural Enemies.* Durham, NC: Carolina Academic Press, 49–60.

Brook, Timothy, Jerome Bourgon, and Gregory Blue. 2008. *Death by a Thousand Cuts.* Cambridge, MA: Harvard University Press.

Budge, E. A. Wallis. 1905. *The Book of Gates.* London: Kegan, Paul, Trench, Truber.

Budge, E. A. Wallis. 1977. *The Book of the Dead.* Secaucus, NJ: University Books.

Burstein, S. R. 1928. "The Harrowing of Hell." *Folklore,* 39:112–133.

Burton, Dan, and David Grandy. 2004. *Magic, Mystery, and Science.* Bloomington: Indiana University Press.

Caciola, Nancy. 1996. "Wraiths, Revenants and Ritual in Medieval Culture." *Past and Present,* 152:3–45.

Campbell, Joseph. 1968. *The Hero with a Thousand Faces.* Princeton, NJ: Princeton University Press.

Carlyon, R. 1982. *A Guide to the Gods.* New York: Quill.

Carrasco, D., ed. 2001. *The Oxford Encyclopedia of Mesoamerican Cultures: The Civilizations of Mexico and Central America.* New York: Oxford University Press.

Caso, Alfonso. 1958. *The Aztecs: People of the Sun.* Norman: University of Oklahoma Press.

Catholic Encyclopedia. 1907. New York: Appleton Company.

Chadwick, N. K. 1946. "Norse Ghosts: A Study in the Draugr and the Haugbui." *Folklore,* 57:50–65.

Chevalier, Jean, and Alain Gheerbrant. 1996. *A Dictionary of Symbols.* London: Penguin.

Clark, Raymond J. 1977. "Misenus and the Cumaean Landfall: Originality in Vergil's Use of Topography and Tradition." *Transactions of the American Philological Association,* 107:63–71.

Coe, Michael D. 1975. "Death and the Ancient Maya." In: Elizabeth A. Benson, ed. *Death and the Afterlife in Pre-Columbian America,* Washington, DC: Dumbarton Oaks Research Library and Collection, 87–104.

Cornish, Alison. 2000. "Furies." In: Richard Lansing, ed. *The Dante Encyclopedia.* 428–429. New York: Garland Publishing.

Cotterell, Arthur. 1992. *Myths and Legends.* London: Marshall Publishing.

Cotterell, Arthur, and Rachel Storm. 2004. "The Ultimate Encyclopedia of Mythology." *An A–Z Guide to the Myths and Legends of the Ancient World.* London: Hermes House.

Coulter, C. R., and P. Turner. 2000. *The Encyclopedia of Ancient Deities.* Jefferson, NC: MacFarland.

Courlander, Harold. 1944. "Gods of the Haitian Mountains." *Journal of Negro History,* 29:339–372.

Cowan, James. 1987. *Legends of the Maiori. New Zealand Electronic Texts Center,* retrieved from www.nzetc.org/tm/scholarly/metadata-tei-Pom01Lege.html, accessed January 28, 2008.

Cowell, E. B. 2006. *The Jataka or Stories of the Buddha's Former Births.* Whitefish, MT: Kessinger Publications.

Craig, Robert D. 1989. *Dictionary of Polynesian Mythology.* Westport, CT: Greenwood Press.

Craze, Richard. 1996. "Hell." *An Illustrated History of the Netherworld.* Berkeley, CA: Conari Press.

Crisafulli, Chuck, and Kyra Thompson. 2005. *Go to Hell. A Heated History of the Underworld.* New York: Simon Spotlight Entertainment.

Davidson, Gustav. 1967. *A Dictionary of Angels Including Fallen Angels.* New York: Free Press.

Davidson, Hilda Ellis. 2007. "Ancient Europe." In: John R. Hinnells, ed. *A Handbook of Ancient Religions.* Cambridge: Cambridge University Press, 364–417.

Davidson, H. R. Ellis. 1968. *The Road to Hel: A Study of the Conception of the Dead in Old Norse Literature.* Westport, CT: Greenwood Press.

Davidson, H. R. Ellis. 1988. *Myths and Symbols in Pagan Europe.* Syracuse, NY: Syracuse University Press.

Davis, Stephen T. 1989. "The Resurrection of the Dead." In: Stephen T. Davis, ed. *Death and Afterlife.* London: Macmillan Press, 119–144.

Del Chiaro, Mario, O. 1970. "Two Unusual Vases of the Etruscan Torcop Group: One with Head of Eita (Hades)." *American Journal of Archaeology,* 74:292–294.

Demetrio, Francisco R. 1991. *Encyclopedia of Philippine Folk Beliefs and Customs.* Cagayan de Oro City, Philippines: Xavier University.

Dennis, Geoffrey W. 2007. *The Encyclopedia of Jewish Myth, Magic and Mysticism.* Woodbury, MN: Llewellyn.

Dennis, George. 1848. "The Cities and Cemeteries of Etruria." London: John Murray.

Dexter, Miriam R. 1990. *Whence the Goddesses: A Source Book.* New York: Pergamon.

Dixon-Kennedy, M. 1998. *Encyclopedia of Russian and Slavic Myth and Legend.* Santa Barbara, CA: ABC-CLIO.

Dow, Anthony S. 2004. *The Facts on File Encyclopedia of World Mythology and Legend.* New York: Facts on File.

Dutta, Parul. 1959. *The Tangsas of the Namchik and Tirap Valleys.* Shillong, India: Northeastern Frontier Agency.

Edlund-Berry, Ingrid E. M. 1990. "Review of Todesdamonen und Totengotter im Vorhellenistischen Etrurien." *American Journal of Archaeology*, 94:356–357.
Eliade, Mircea. 1958. *Patterns in Comparative Religion*. Cleveland, OH: Meridian.
Eliade, Mircea. 1964. *Shamanism: Archaic Techniques of Ecstasy*. Princeton, NJ: Princeton University Press.
Eliade, Mircea. 1982. *A History of Religious Ideas*. Chicago: University of Chicago Press.
Eliade, Mircea. 1987. *Gods, Goddess, and Myths of Creation: A Thematic Source Book of the History of Religions. Part 1*. New York: Harper & Row.
Eliade, Mircea. 1987. *Encyclopedia of Religion*. New York: Macmillan.
Ellwood, Robert S., and Gregory D. Alles. 2007. *The Encyclopedia of World Religions*. New York: Facts on File.
Evans, Dyfeld Lloyd. *Ankou, The Breton Personification of Death*. Retrieved April 3, 2008 from /www.celtnet.org.uk/gods_a/ankou.html.
Evans-Wentz, W. Y. 1911. *The Fairy-Faith in Celtic Countries*. London: H. Froude.
Fagles, Robert. 1996. *The Odyssey*. New York: Viking Press.
Finnestad, R. Bjerr. 1978. "The Meaning and Purpose of Opening the Mouth in Mortuary Contexts." *Numen*, 25:118–134.
Foote, Peter, and David M. Wilson. 1971. *The Viking Achievement*. London: Sidgwick and Jackson.
Foster, Benjamin R. 2007. "Mesopotamia." In: John R. Hinnells, ed. *A Handbook of Ancient Religions*. Cambridge: Cambridge University Press, 161–213.
FrenchEntree.com. *Breton Mythology and Folklore*. Retrieved April 3, 2008 from www.frenchentree.com/france-brittany-culture-traditions/DisplayArticle.asp?ID=11292.
Furlong, J. G. R. 1964. "Faiths of Man." *Encyclopedia of Religions*. 1906. Repr. New Hyde Park, NY: University Books.
Gardner, John, and John Maier. 1984. *Gilgamesh*. New York: Vintage Books.
Garry, Jane, and Hasan El-Shamy, eds. 2005. *Archetypes and Motifs in Folklore and Literature, a Handbook*. Armonk, NY: E. Sharpe.
Gaster, M. 1893. "Hebrew Visions of Hell and Paradise." *Journal of the Royal Asiatic Society*, 571–611.
Gill, W. Wyatt. 1877. "On the Origin of the South Sea Islanders, and on Some Traditions of the Hervey Islands." *Journal of the Anthropological Institute of Great Britain and Ireland*, 6:2–5.
Goodall, Jane. 1968. *The Chimpanzees of Bombe: Patterns of Behavior*. Cambridge, MA: Belknap Press.
Gorer, Geoffrey. 1938. *Himalayan Village*. London: Michael Joseph.
Graulich, Michael. 1997. *Myths of Ancient Mexico*. Norman: University of Oklahoma Press.
Graves, Robert, and Raphael Patai. 1964. *Hebrew Myths: The Book of Genesis*. New York: McGraw-Hill.
Grimal, Pierre. 1996. *The Dictionary of Classical Mythology*. Oxford: Blackwell.
Grimble, Arthur. 1921. "From Birth to Death in the Gilbert Islands." *Journal of the Royal Anthropological Institute of Great Britain and Ireland*, 51:25–54.
Grimm, Jacob. 1966. *Teutonic Mythology*. New York: Dover.
Guirand, Felix, ed. 1968. *New Larousse Encyclopedia of Mythology*. New York: Putnam.
Harris, Stephen L., and Gloria Platzner. 2001. *Classical Mythology: Images and Insights*. Mountain View, CA: Mayfield Publishing Company.

Harrison, Charles. 1892. "Religion and Family among the Haidas (Queen Charolotte Islands)." *Journal of the Anthropological Institute of Great Britain and Ireland,* 21:14–29.
Harrison, Jane E. 1901. "Review: Hutchinson's Aeacus, a Judge of the Under-world." *Classical Review,* 15:475–476.
Hart, George. 2005. *Routledge Dictionary of Egyptian Gods and Goddesses.* New York: Routledge.
Hastings, James. 1908–1926. *Encyclopedia of Religion and Ethics.* New York: C. Scribner's Sons.
Heidel, A. 1965. *The Gilgamesh Epic and Old Testament Parallels.* Chicago: University of Chicago Press.
Henry, Teuira. 1928. *Ancient Tahiti.* Honolulu, HI: Bernice P. Bishop Museum.
Herbert, Jean. 1967. *Shinto.* New York: Stein and Day.
Herskovits, Melville. 1938. *Dahomey: An Ancient West African Kingdom.* New York: J. J. Austin.
Himmelfarb, Martha. 1983. *Tours of Hell. An Apocalyptic Form in Jewish and Christian Literature.* Philadelphia: University of Pennsylvania Press.
Hornblower, Simon, and Anthony Spawforth, eds. 1996. *The Oxford Classical Dictionary.* New York: Oxford University Press.
Hornung, Erik. 1999. *The Ancient Egyptian Books of the Afterlife.* Ithica, NY: Cornell University Press.
Howard, Clarke, ed. *Virgil's Aeneid.* University Park: Pennsylvania State University Press, 1989.
Howey, M. O. 1972. *The Cults of the Dog.* Essex, UK: C. U. Daniel.
Hubbs, J. 1988. *Mother Russia: The Feminine Myth in Russian Culture.* Bloomington: Indiana University Press.
Iannucci, Amilcare A. 2000. "Harrowing of Hell." In: Richard Lansing, ed. *The Dante Encyclopedia.* New York: Garland Publishing, 470–471.
Idowu, E. Bolasi. 1962. *God in Yoruba Belief.* London: Longmans.
Innes, Brian. 1999. *Death and the Afterlife.* New York: St. Martin's Press.
Ions, Veronica. 1997. *History of Mythology.* London: Chancelor Press.
Ivanits, Linda J. 1989. *Russian Folk Belief.* Armonk, NY: M. E. Sharpe.
Jobes, Gertrude. 1962. *Dictionary of Mythology, Folklore and Symbols.* New York: Scarecrow.
Joly, Henri L. 1962. *Legend in Japanese Art.* Rutland, VT: Charles E. Tittle.
Jones, Linday, ed. 2005. *Encyclopedia of Religion.* Farmington Hills, MI: Thomson Gale.
Jung, Leo. 1974. *Fallen Angels in Jewish, Christian and Mohammedan Literature.* New York: Ktav Publishing House.
Katz, Dina. 2003. *The Image of the Netherworld in the Sumerian Sources.* Bethesda, MD: CDL Press.
Kawasaki, Ken, and Visakha Kawasaki. *Jataka Tales of the Buddha. Cetiya-Jataka.* Retrieved April 2, 2008 from www. eng.buddhapia.com_Service_ContentView/ETC _CONTENT_2.ASP?pk=0001185862&sub_pk;=&clss_cd;=000218184.
Kinsley, David. 1975. "Freedom from Death in the Worship of Kali." *Numen,* 22:183–207.
Kohler, Kaumann, and Louis Ginzberg. 1912. "Asmodeus." In: *Jewish Encyclopedia.* New York: Funk & Wagnalls.
Krappe, A. H. 1938. "Who Was the Green Knight?" *Speculum,* 13:206–215.
Lang, Andrew. *Myth, Ritual and Religion.* New York: Longmans, Green, and Co., 1913.

Law, Bimala Charan. 1925. *Heaven and Hell in Buddhist Perspective.* Calcutta, India: Thacker, Spink.

Leach, Maria. 1950. *Dictionary of Folklore, Mythology and Legend.* New York: Funk & Wagnalls.

Leach, Marjorie, Michael Owen Jones, and Frances Cattermole-Tally. 1992. *Guide to the Gods.* Santa Barbara, CA: ABC-CLIO.

Lenormant, Francois. 1999. *Chaldean Magic. Its Origin and Development. 1877. Repr.* Boston: Weiser Books.

Leon-Portilla, Miguel, and Earl Shorris. 2001. *In the Language of Kings.* New York: Norton.

Lionarons, J. T. 2005. "Dsir, Valkyries, Volur, and Norns: The Weise Frauen of the Deutsche Mythologie." In: Tom Shippley, ed. *The Shadow-Walkers: Jacob Grimm's Mythology of the Monstrous.* Turnhout, Belgium: Brepols, 271–297.

Lorton, Erik. 1999. *The Ancient Egyptian Books of the Afterlife.* Ithaca, NY: Cornell University Press.

Lowie, R. H. 1908. "Review." *Journal of American Folklore,* 21:250–254.

Luckert, Karl W. 1971. "The Geographization of Death in Melanesia." *Numen,* 18:141–160.

Lujan, Leonardo L. 2001. "Death Deities." In: D. Carrasco, ed. *The Oxford Encyclopedia of Mesoamerican Cultures: The Civilizations of Mexico and Central America.* New York: Oxford University Press, 319–320.

Lurker, Manfred. 1984. *Gods and Goddesses, Devils and Demons.* New York: Routledge & Kegan Paul.

Lyons, A. P. 1921. "Animistic and Other Spiritualist Beliefs on the Bina Tribe, West Papua." *Journal of the Royal Anthropological Institute of Great Britain and Ireland,* 51:428–437.

MacCulloch, John A. 1930. *The Mythology of All Races.* Boston: Marshall Jones.

Mack, Carol K., and Dinah Mack. 1998. *A Field Guide to Demons, Fairies, Fallen Angels, and Other Subversive Spirits.* New York: Arcade Publishing.

Mackenzie, Donald A. 1916. *Indian Myth and Legend.* London: Gresham Pub.

Macqueen, J. G. 1978. "Secondary Burial at Catal Huyuk." *Numen,* 25:226–239.

Matsunaga, Daigan, and Alicia Matsunaga. 1972. *The Buddhist Concept of Hell.* New York: Philosophical Library.

McIlwraith, Thomas Forsyth. 1948. *The Bella Coola Indians.* Toronto, Canada: University of Toronto Press.

McKillop, James. 1998. *A Dictionary of Celtic Mythology.* New York: Oxford University Press.

Meek, C. K. 1931. *A Sudanese Kingdom. An Ethnological Study of the Junkan-Speaking Peoples of Nigeria.* London: Kegan Paul Trench Treubner.

Mercatante, Anthony S. 1996. *Good and Evil in Myth and Legend.* New York: Barnes & Noble.

Metraux, Alfred. 1972. *Voodoo in Haiti.* New York: Schocken Books.

Metzger, Bruce M., and Michael D. Coogan, eds. 1993. *The Oxford Companion to the Bible.* New York: Oxford University Press.

Mew, James. 1903. *Traditional Aspects of Hell (Ancient and Modern).* London: S. Sonnenschein.

Mirrison, J. S. 1955. "Parmenides and Er." *The Journal of Hellenic Studies,* 75:59–68.

Monaghan, P. 1998. *The New Book of Goddesses and Heroines.* St. Paul, MN: Llewellyn Press.

Musa, Mark. 1995. *Dante's Inferno.* Bloomington: Indiana University Press.

Natale Conti. 2006. *Mythologiae: 1583.* Translated and Annotated by John Mulryan and Steven Brown. Tempe: Arizona Center for Medieval and Renaissance Studies.
Nebesky-Wojkowitz, René. 1977. "Oracles and Demons of Tibet." *The Cult and Iconography of the Tibetan Protective Deities.* New York: Gordon Press.
Nelson, Kai. 1989. "The Faces of Immortality." In: Stephen T. Davis, ed. *Death and Afterlife.* London: Macmillan Press, 1–30.
Nikaya, Majjhima. 1995. *The Middle Discourses of the Buddha.* Boston: Wisdom Publications.
Paine, Lauran. 1972. *The Hierarchy of Hell.* New York: Hippocrene Books.
Patai, Raphael. 1967. *The Hebrew Goddess.* Philadelphia: Ktav Publishing House.
Patrides, C. A. 1964. "Renaissance and Modern Views on Hell." *Harvard Theological Review,* 57:217–236.
Pausanias. 1971. *Description of Greece.* Penguin.
Pelgras, Christian. 2005. "Bugis Religion." In: Lindsay Jones, ed. *Encyclopedia of Religion.* Detroit, MI: MacMillan Reference, 1316–1318.
Piyatissa, Kurunegoda. 1994. *Buddhist Tales for Young and Old.* Retrieved February 7, 2008 from www.buddhanet.net/bt1_intro.htm.
Porter, J. R. 2001. "Supernatural Enemies in Ancient Mesopotamia." In: Hilda Ellis Davidson and Anna Chaudhri, eds. *Supernatural Enemies.* Durham, NC: Carolina Academic Press, 19–30.
Powell, Barry B. 2001. *Classical Myth.* Upper Saddle River, NJ: Prentice Hall.
Prabhu, Joseph. 1989. "The Idea of Reincarnation. In: Stephen T. Davis, ed. *Death and Afterlife.* London: Macmillan Press, 65–80.
Price, Simon, and Emily Kearns. 2003. *The Oxford Dictionary of Classical Myth and Religion.* Oxford: Oxford University Press.
Prince, J. D. 1910. "A Hymn to the Goddess Kir-gi-lu." *Journal of the American Oriental Society,* 30:325–335.
Raats, Pieter Jan. 1970. "A Structural Study of Bagabo Myths and Rites." *Asian Folklore Studies,* 29:1–131.
Radford, E., and M. A. Radford. 1949. *Encyclopedia of Superstitions.* New York: Philosophical Library.
Ramos, Maximo D. 1971. *Creatures of Philippine Lower Mythology.* Philippines: University of the Philippines Press.
Read, Kay A., and Jason J. Gonzalez. 2000. *Handbook of Mesoamerican Mythology.* Santa Barbara, CA: ABC-CLIO.
Redfield, B. G. 1931. *Gods: A Dictionary of the Deities of All Lands, Including Supernatural Beings, Mythical Heroes and Kings, Sacred Books of Principal Religions.* New York: G. P. Putnam's Sons.
Rose, Carol. 2000. *Giants, Monsters, Dragons. An Encyclopedia of Folklore, Legend, and Myth.* Santa Barbara, CA: ABC-CLIO.
Ruck, Carl A. P., Blaise D. Staples, and Clark Heinrich. 2001. *The Apples of Apollo: Pagan and Christian Mysteries of the Eucharist.* Durham, NC: Carolina Academic Press.
Russell, D. S. 1963. *The Method and Message of Jewish Apocalyptic.* Philadelphia: Westminster Press.
Sagaster, Klaus. 2005. "Erlik." In: Lindsay Jones, ed. *Encyclopedia of Religion.* Detroit, MI: MacMillan Reference, 2831–2832.
Savill, Sheilah. 1977. *Pears Encyclopedia of Myths and Legends: Northern Europe, Southern and Central Africa.* London: Pelham.

Savill, Sheilah. 1978. *Pears Encyclopedia of Myths and Legend: Oceania and Australia.* London: Pelham.
Schacter, Zalman M. 2007. *Life in the Hereafter. Judaism and Reincarnation.* Retrieved November 15, 2007 from www.elevated.fsnet.co.uk.
Schoolbraid, G. M. 1975. *The Oral Epic of Siberia and Central Asia.* Bloomington: Indiana University Press.
Schwartz, Howard. 2004. "Tree of Souls." *The Mythology of Judaism.* New York: Oxford University Press.
Seigneuret, Jean Charles. 1988. *Dictionary of Literary Themes and Motifs.* Westport, CT: Greenwood Press.
Shearman, Susan Lee, and John Briggs Curtis. 1969. "Divine-Human Conflicts in the Old Testament." *Journal of Near Eastern Studies,* 28:231–242.
Shepherd, Rowena, and Rupert Shepherd. 2002. *1000 Symbols.* New York: Thames & Hudson.
Siiger, Halfdan. 1967. *The Lepchas; Culture and Religion of a Himalayan People.* Copenhagen: National Museum of Denmark.
Simcha, Paull Raphael. 1994. *Jewish Views of the Afterlife.* Northvale, NJ: Jason Aronson.
Simek, Rudolf. 1993. *Dictionary of Northern Mythology.* Rochester, NY: D. S. Brewer.
Skeat, Walter William. 1965. *Malay Magic: An Introduction to the Folklore and Popular Religion of the Malay Peninsular.* London: Cass.
Smirnov, Yuri. 1989. "Intentional Human Burial: Middle Paleolithic (Last Glaciation) Beginnings." *Journal of World Prehistory,* 3:199–233.
Spence, Lewis. 1917. *Legends and Romances of Brittany.* New York: Frederick Stone.
Squire, Charles. 2001. *Celtic Myth and Legend.* New York: Career Books.
Stair, John B. 1896. "Jottings on the Mythology and Spirit-lore of Old Samoa." *Journal of the Polynesian Society,* 5:33–57.
Taylor, R. P. 2000. *Death and the Afterlife. A Cultural Encyclopedia.* Santa Barbara, CA: ABC-CLIO.
Tedlock, Dennis. 1996. *Popol Vuh: The Definitive Edition of the Mayan Book of the Dawn of Life and the Glories of Gods and Kings.* New York: Touchstone Books.
Teiser, Stephen F. 1988. "Having Once Died and Returned to Life: Representations of Hell in Medieval China." *Harvard Journal of Asiatic Studies,* 48:433–464.
Thomas, Cyrus. 1897. "Day Symbols of the Maya Year." *Bureau of American Ethnology,* 16:199–266.
Turner, Alice K. 1993. *The History of Hell.* New York: Harcourt Brace.
Ullendorff, Edward. 1961. "The 'Death of Moses' in the Literature of the Falashas." *Bulletin of the School of Oriental and African Studies,* 24:419–443.
Urdang, Lawrence, and Frederick G. Ruffner. 1982. *Allusions—Cultural, Literary, Biblical and Historical: A Thematic Dictionary.* Detroit, MI: Gale Research.
Valiente, Doreen. 1973. *An ABC of Witchcraft Past and Present.* New York: St. Martin's Press.
Van Baaren, Th. P. 2005. "Afterlife: Geographies of Death." In Lindsay Jones, ed. *Encyclopedia of Religion.* Farmington Hills, MI: Thomson Gale, 136–139.
Van der Toorn, Karel, Bob Becking, and Pieter W. Van der Horst. 1999. *Dictionary of Deities and Demons in the Bible.* Grand Rapids, MI: William B. Eerdmans.
Van Scott, Miriam. 1998. *Encyclopedia of Hell.* New York: St. Martin's Press.
Van Scott, Miriam. 1999. *Encyclopedia of Heaven.* New York: St. Martin's Press.

Verdun, Kathleen. 2000. "Limbo." In: Richard Lansing, ed. *The Dante Encyclopedia.* New York: Garland Publishing, 571–572.

Von Franz, Marie-Louise. 1998. *On Dreams and Death.* Chicago: Open Court.

Walsh, William S. 1915. *Heroes and Heroines of Fiction.* Philadelphia: J. P. Lippincott.

Wardle, H. Newell. 1900. "The Sedna Cycle: A Study in Myth Evolution." *American Anthropologist: New Series,* 2:568–580.

Werner, E. T. C. 1932. *Dictionary of Chinese Mythology.* Shanghai, China: Kelly and Walsh.

Westwood, Jennifer. 2001. "Friend or Foe? Norfolk Traditions of Shuck." In: Hilda Ellis Davidson and Anna Chaudhri, eds. *Supernatural Enemies.* Durham, NC: Carolina Academic Press, 101–116.

Weyer, Johann. 1991. *De Praestgiis Daemonum (1583).* Binghamton, NY: Medieval & Renaissance Texts & Studies.

Whitecotton, Joseph W. 1977. *The Zapotec: Princes, Priests and Peasants.* Norman: University of Oklahoma Press.

Wilbert, Johannes. 2004. "The Order of Dark Shamans among the Warao." In: Neil Whitehead and Robin Wright, eds. *In Darkness and Secrecy. The Anthropology of Assault Sorcery and Witchcraft in Amazonia.* Durham, NC: Duke University Press, 21–50.

Wilkinson, Richard H. 2003. *The Complete Gods and Goddesses of Ancient Egypt.* London: Thames & Hudson.

Williamson, Robert W. 1933. *Religious and Cosmic Beliefs of Central Polynesia.* Cambridge: Cambridge University Press.

Woods, Barbara Allen. 1959. *The Devil in Dog Form.* Berkeley: University of California Press.

Wright, Rosemary Muir. 2001. "Picturing the Antichrist." In: Hilda Ellis Davidson and Anna Chaudhri, eds. *Supernatural Enemies.* Durham, NC: Carolina Academic Press, 3–18.

Wyatt, Nicolas. 2007. "Religion in Ancient Ugarit." In: John R. Hinnells, ed. *A Handbook of Ancient Religions.* Cambridge: Cambridge University Press, 105–160.

INDEX

A. *See* God A
Aai, 1
Aakheru, 1
Aalu. *See* Aaru
Aapep. *See* Apep
Aaru, 1, 22
Aati, 1
Aat-Shefsheft, 1
Aau, 1
Ab, 1
Abaasy, 1–2, 136
Abaddon/Abadon/ Abbadon, 2
Abbaton, 2
Abere, 2
Ab-esh-imy-duat/Ab-sha-am-tuat, 2
Abeth. *See* Tepi
Abokas, 2
Ab-she, 2
Ab-ta, 2
Abtu, 2
Abuhene, 2, 100. *See also* Miana
Abydos. *See* Abtu
Abyss, 2–3, 35, 95
Abyss, Angel of the. *See* Abaddon
Acheron, xlix, 3, 27, 41, 43, 76, 108, 128
Acherusian, Lake, 3
Achilles, xlii, 49, 128
Achren. *See* Annwn
Acolnahuacatl. *See* Mictlantecuhtli
Adam and Eve, xxxviii, 29, 54, 86
Adapa, xxxvii–xxxviii
Adiri, 3
Adliparmiut. *See* Adlivun
Adlivun, 3–4, 19, 123
Adonis, 113
Adriel. *See* Angel of Death

Aeacus, 4, 76
Aeneas, xlii, 4, 28, 50, 52, 77, 127
Aeneid, 3, 4, 50, 103, 128
Aericura, 4, 55
Aetna, Mt., 4, 135
Af, 4, 53, 69. *See also* Angel of Death; Angels of Destruction
Afterlife, 4–7, 20, 22, 51, 89, 126
Afterworld, 7–8, 13, 33, 37, 122, 124
Afu, 8
Agaman nibo, 8
Agares/Agreas, 8
Ahalgana, 8
Ahalmez/Ahaltocob, 8–9
Aharman. *See* Ahriman
Ahemait, 9
Ah Puch/Ah Puchah, 9, 72, 89, 146
Ahriman, 9–10, 19, 29, 57, 58
Ahura, 9
Ahura Mazda, 9–10, 29
Aiakos. *See* Aeacus
Aiaru, 10
Aides. *See* Hades
Aidoneus. *See* Hades
Aigamuxa, 10
Aipaloovik, 11
Aita. *See* Eita
Aitat-iaiit, 11, 129
Akaanga, 11
Akar. *See* Aker
Akaranga, 11
Aken, 11
Akentaukhakheru, 11
Akenti, 11
Aker/Akeru/Akerui, 11
Akert, 11
Akh. *See* Ba

Akha-en-maat, 11
Akhanarit, 11
Akhekhi, 12
Akhlut, 12
Aki, 12
Akriu, 12
Aksi, 12
Aku Ashe Ki, 12
Akwa, 12
Ala, 12
Al Aaraaf, 12
Alan, 12
Alastor, 12, 76
Ale. *See* Ala
Alecto, 13, 67
Al-Haris. *See* Iblis
Alinda, 13
Al Jassaca, 13
Alkonost, 13
Alla. *See* Ala
Allat, 13, 24
Allatu. *See* Ereshkigal
Allu, 13
Almount, 13. *See also* Yama
Als, 13
Ama, 13
Amam. *See* Ammut
Am-aua, 13
Ambrim, 13
Ament/Amenet/Amentet/ Amenthes/Amenti/ Ament-ra, 13
Amermait. *See* Ammut
A Mik Ka Ta Bo, 13–14
Amit/Am-mit. *See* Ammut
Ammon, 14, 41
Ammut, 14, 21, 30, 32, 59
Am-Netu-F, 14
Amonet. *See* Ament
Amor, liii
Ampongo, 14
Amset/Amseth, 14
Amunet. *See* Ament

Ana. *See* Ala
An-Af, 14
Anaon, 14–15
Anautalik. *See* Anguta
Andjety/Anedjti, 15
Ane. *See* Ala
Anezti. *See* Andjety
Angel of Death, 10, 15–19, 53, 69, 86, 123
Angel of Hell. *See* Abaddon
Angel of Justice, xlvi
Angel of the Abyss. *See* Abaddon
Angel of the Bottomless Pit. *See* Abaddon
Angels of Destruction, 4, 19, 51, 60, 69
Angromainyus, 19
Anguta, 3, 19, 123
Anhefta, 19
An-her/Anhur, 19
An-hetep-f, 19
Ani. *See* Ala
Animus, xl
Ank. *See* Ba
Ankh, 21–22, 59. *See also* Anubis
Ankhemfentu, 19
Ankou, 19–20
Annunnake. *See* Anunnaki
Annwn/Annwfn/Annwfyn, 20, 82
Anpu. *See* Anubis
An-rutf, 20
Antichrist, 20–21, 23, 26, 34
Anu, xxxvii–xxxviii, 21
Anubis, 21–22, 32, 59, 82, 106, 111, 141
Anunnaki/Anunna/Anunnake, 22, 25, 63, 87, 136
Anup. *See* Anubis
Anupu. *See* Anubis
Anwyl. *See* Annwn
Aornus, 22–23
Apacara, 28
Apep/Apepi, 23, 34, 125
Apocalypse/Apocalypticism, 23, 34, 95, 120, 137. *See also* Armageddon; Frashart; Ragnarok
Apocalypse of Paul, 23, 52, 80. *See also* Hell

Apocalypse of Peter, 23–24, 52, 80. *See also* Hell
Apocatastasis, xlvii, 23–24
Apollo, xlix, 110, 127, 133,
Apollyon/Apollion/Apollyon/Appolyon, 2, 24. *See also* Abaddon; Angel of Death
Apophis, 37, 38. *See also* Apep
Apostle's Creed, 51
Apu. *See* Shemti
Aqebi, 24
Aralu/Arali, xliv, l, 6–7, 24–25, 49, 87–88, 106. *See also* Ereshkigal
Arawn. *See* Annwn
Archetype, 25, 95, 120, 137
Arecurius, 25
Ares, xxxi, liii
Arfi-em-Khet, 25
Ariel, 26, 69
Ari-em-ab-f, 26
Arit, 26
Armageddon, 26. *See also* Apocalypse
Arnquagssaq. *See* Sedna
Arot Moon, 26
Artume. *See* Eita
Asaase Aberewa, 26
Asar. *See* Osiris
Ases, 26
Aset. *See* Isis
Ashebu, 26
Asmodeus/Ashmadia/Asmodai, 26–27
Asphodel Fields, 27
Asrafil, 27
Assessors, 27, 59
Astes, 27
Asto Vidatu/Asto-Bioatu, 27
Aswang, 27, 70
Ataecina/Ataegina, 27
Atai, 28
Atala, 28
Atar, 29
Athanasian Creed, xlvii
Atmu. *See* Tem
Atu, 28
Aufhocker. *See* Hell Hound
Au Puch. *See* Ah Puch
Avaiki, xlv, 28, 102
Avatar, 20, 28, 34, 96, 126

Avernus, 7, 28, 75
Avici, 28–29, 105
Avimadye, 29
Azael. *See* Azazel
Azagon La Croix. *See* Baron La Croix
Azazel, 29, 47, 57. *See also* Devil
Azazil. *See* Azazel; Iblis
Azeman, 29
Azeto, 29
Azhi Dahaka, 29
Azrael. *See* Angel of Death
Azriel. *See* Angels of Destruction
Aztec, xliv, xlvii

Ba, 21, 31–32, 38, 109
Baal, 30, 103
Baalberith, 30
Baalith. *See* Belial
Baalpeor. *See* Belphegor
Baalzebub. *See* Beelzebub
Baba Yaga, 30
Babi, 30
Bacalou, 30
Bael, 31
Baka, 31
Bakaowa Ud Haitan, 32
Bakbakwakanooksiwae, 32
Bakru, 32
Balam/Balan, 32
Balbal, 32, 70
Balberith. *See* Baalberith
Baldur, 108
Baloma, 32
Balor, 32
Bamoo, 32
Banshee, 20, 32–33, 37
Bardo, 33, 81
Bardo Thodol, 33
Barguest. *See* Hell Hound
Baron Cimeteire, 33
Baron La Croix, 33
Baron Samedi, 8, 33–34, 98
Bartholomew, Gospel of, 51
Basad, 34
Basilisk, 34
Bata, 34–35
Bata Kala, 34–35
Bats, 34, 40, 102, 114, 143, 147
Beal. *See* Baalberith
Bean Sidhe. *See* Banshee

Beelzebub/Baazebul/
  Beelzeboul/Belzaboul/
  Belzebud, 35, 98
Behemoth, 35, 95
Bekhkhi, 35
Belet Seri, 35
Belial/Beliar/Beliel/Belit-Ili,
  35. *See also* Devil
Belphegor/Beelphegor, 35
Beltis-Allat. *See* Allatu;
  Ereshkigal
Benen, 36
ben Levi, Rabbi Joshua, 16,
  51, 69
Berberoca, 36
Berith. *See* Baalberith
Berserkers, 108
Bezelao. *See* Coqui Bexelao
Bhut, 36, 139
Big Brigitte. *See* Madam
  Brigette
Bilibo, 36
Binobaan, 36
Birds, 5, 13, 31, 32, 36–37,
  111
Bistolfi, Leonard, 15
Bitu. *See* Aralu
Black Angus. *See* Hell
  Hound
Black Dog of Bungay, 127
Black Horse, 37
Black Rock, 37
Black Shuck, 83
Blake, William, xlviii, 48, 57,
  64, 78, 119
Boats, 11, 22, 37, 59, 123
Bocor/Bokor, 37, 147
Bodach Glas, 37
Book of Deuteronomy, 6
Book of Gates, 37–38
Book of Going Forth by Day.
  See Book of the Dead
Book of Kings, lii, 5
Book of Revelation, liii, 2, 20,
  35, 46, 120
Book of the Dead, 22, 37, 38,
  59, 133
Book of the Netherworld. *See*
  Book of Gates
Book of the Pylons. *See* Book
  of Gates
Book of Tobit, lii, 26
Bope, 38
Boroka, 39

Bottomless Pit, Angel of the.
  See Abaddon
Bozaloshtsh, 39
Bralgu, 39
Bran, 37, 39
Bridge, 7, 39, 42, 90, 127–28
Brothers, 9–10
Bull of Vultures, 15
Bungay, 83
Bunyip, 39
Buryat, xli
Buso, 39, 70

Caim. *See* Caym
Calag, 40, 70
Camazotz, 40, 84, 114, 147
Campell, Joseph, xxxiv
Cannibal-at-the-North-End-
  of-the-World, 32
Canopic jars, 14
Caoineag. *See* Banshee
Casanaan, 40
Catal Huyuk, lii–liii
Cave of the Dead, 40
Cavern Deities, 40
Caym/Caim, 40
Cemetery, 85
Cer, 40
Cerberus, l, 3, 40–41, 50, 76–
  77, 82, 134
Cernunnous, 41
Chalmecacihuatl. *See*
  Mictecacihuatl
Chalmecatl. *See*
  Mictlantecuhtli
Charon, 3, 25, 27, 41, 76, 77,
  81
Charun, 41, 61, 125, 139
Chawthang, 41
Chemosh, 41
Cherti. *See* Aken
Chiconahuapan River. *See*
  Chignahuapan
Chicunauhmictlan. *See*
  Mictlan
Chignahuapan, 41, 101
Ch'in-Kuang, 42, 56
Chin-ni, 42
Chitragupta, 42, 144
Chthonian, 42
Chuan lun, 42
Ch'u Chiang, 42
Chuma, 42
Chup Tripeme, 42

Cihuacoatl. *See* Coatlicue
Cinvat Bridge, xlvi, 39, 42,
  45, 82, 119
Cizin, 42–43, 102
Coatlicue, 43
Cockatrice. *See* Basilisk
Cocytus, 43, 76
Coffin Texts, xlv, 43
Congo Savanne, 43
Contrapasso, 43
Coqui Bexelao, 43
Corpse bird, 111
Corpse light, 43–44
Coyote, xxxvii, 44
Cro-Magnons, xxxiv
Cumae, xlix, 77, 127
Cum Hau. *See* Ah Puch;
  Mictlan
Cumiechucuaro, 136
Cupay. *See* Supai
Cupid, 49
Cu Sith, 83
Cwn Annwn. *See* Hell
  Hound
Cwn Cyrff. *See* Hell Hound
Cwn Wybr. *See* Hell Hound

Daemon. *See* Demon
Daena, xlv–xlvi, 45
Dagan, 45
Daimon. *See* Demon
Dakul Banua. *See*
  Gimokodan
Dalum, 45
Danag, 45
Danaides, 131
Dance Macabre, 45
Dante, 3, 41, 43, 45, 50, 52, 81.
  See also Afterlife; Hell
Dante's *Inferno*. *See* Descent
  to the Underworld
Darvands, 9
De, 45
Dead, Book of the, 22, 37, 38,
  59, 133
Dead, Hall of the, 137
Dead, Lord of the, 42
Dead Sea Scrolls, 35, 58
Death, Angel of. *See* Angel
  of Death
Death personified, 2, 34, 45–
  46, 112
Debawon, 47
Demonology, 2, 19, 30, 48

Demon/Daemon/Daimon/devil, 47–48; and the Afterlife, 5; Aztec, 40, 101; Buddhist, 105; and devils, 53–54; Djinns, 57; Egyptian, 132; Etruscan, 41; Eurynomos, 65; Fomorii, 32; German, 40; Hindu, 91, 118; Lamastu, 94; Melanesian, 117; Mesopotamian, 136; Philippine, 40; Shaftiel, 125; Slavic, 102, 121; Tartarauchus, 130; in the Underworld, 37, 76; vampires as, 137–39; voodoo, 69. *See also* Devil
Descent to the Underworld, 6, 48–53
Destroyer/Destroying Angel, lii, 53
Destruction, Angel of. *See* Angels of Destruction
Deut, 53
Deuteronomy, Book of, 6
Devi. *See* Kali
Devil, 53–55; and the Afterlife, 5; and Baalberith, 30; Basilisk as, 34; Beelzebub as, 35; and birds, 36–37; Hell Hounds as, 126; Mayan, 42–43. *See also* Demon; Iblis; Satan
Dgen. *See* Djinn
Dharma-Raja, 55
Dhouti. *See* Thoth
Dionysus, 49, 110
Dis/Dis Pater, 53, 55, 67, 109
Ditheism, 55
Dives. *See* Dis
Di Yu, 55–56
Djahannam. *See* Jahannam
Djata, 57
Djinn, 57, 86, 96,
Dogs, xlvi, 40, 68, 129. *See also* Garm; Hell Hound
Domah, 57
Donn, 57
Dozakh, 57–58
Dragons, 20, 58, 125
Drauga. *See* Ahriman
Draugr, 58

Drythelm. *See* Descent to the Underworld
Dschin. *See* Djinn
Dualism, 53, 58–59
Duat, lii, 59; and the Afterlife/Afterworld, 7, 36; boats in, 22, 37; entrance to, 11, 133; second chamber, 122, 132; third chamber, 124; and serpents, 124–25, 126; fourth chamber, 106, 125, 131; fifth chamber, 132; sixth chamber, 98, 106, 125, 126; seventh chamber, 83, 93, 106, 113, 126; eighth chamber, 36, 83, 125; ninth chamber, 23, 34, 126, 132; tenth chamber, 92, 106, 125; eleventh chamber, 28, 100, 126; twelfth chamber, 112, 119, 123
Duma(h), 18, 53, 60, 69
Dumuzi, 63–65, 68, 87
Dunawall, 60
Dybbuk, 6, 60

Ea, xxxvii–xxxviii
Eblis. *See* Iblis
Ebwa, 61, 70
Eita, 61
Ek Chuah, 61
Ekur. *See* Aralu
Elberith. *See* Baalberith
Eleusinian Mysteries, 61
Elysian Fields, l, 1, 27, 76, 101, 124
Elysium, 4, 76
Emma-O/Emma Daiou, 50–51, 61–62, 90, 100, 109
Em Pet. *See* Anubis
Empusae, 62, 76
Enama O. *See* Emma-O
Enkidu, xliii, 6, 25, 71. *See also* Gilgamesh
Ennunki. *See* Anunnaki
Enuerkhata, 62
Eopuco. *See* Ah Puch; Mictlan
Er, xlvii
Erebus, 62
Ereshkigal, 62–65; and Allat, 13; and Anunnaki, 22; and Arulu, 24, 49; and Belet

Seri, 35; and good and evil, 10; Ianna's visit to Aralu, 87; and Nergal, 106
Erinyes. *See* Furies
Erlik Khan, 65, 82
Ermen-Ta, 65
Eros, liii
Eschatology, 7, 43, 58, 65, 108
Etemmu. *See* Gidim
Eumenides, 65, 66. *See also* Furies
Eurynomos, 65
Eve. *See* Adam and Eve
Eye of Horus, 22

Faraony. *See* Rusalka
Fates, xlvii, 66, 120. *See also* Moirae
Faustus, 54
Feather of Truth, xlv, 1, 21, 22, 30, 32, 38. *See also* Ammut
Fenrir/Fenrisulfr/Fenriswulf, 66, 79, 118, 141
Fetches. *See* Wraiths
Field of Reeds, xlv, 37, 66–67
Fomorii, 32
Forso, 67
Frashart, 29, 67. *See also* Apocalypse
Freyja, 67
Furies, 13, 55, 67, 76, 125
Fye. *See* Wraiths

Gabriel, 51. *See also* Angel of Death
Ga-Gorib, 68
Galla/Gallu, 68, 136
Galley Trot, 126
Ganzir. *See* Aralu
Garm, l, 66, 68, 82, 107
Gates, Book of, 37–38
Gaume/Gauna/Gaunab/Gawa/Gawama, 68
Gede, 33, 68
Gede L'Oraille, 69
Gede Mazaka, 69
Gede Miveou, 69
Gede Nansou, 69
Gede Nimbo/Gede Nibo. 69*See also* Baron Samedi
Gede Zeclai, 69

Gehenna, 2, 4, 51, 60, 69–70, 126. *See also* Abaddon
Gehinnom, li, 53, 69. *See also* Gehenna
Genie. *See* Djinn
Ghede. *See* Gede
Ghosts, 47, 67, 70
Ghouls, 39, 70, 141
Gidim, 70
Gilgamesh, xliii–xliv, 6, 70–71
Giltine, 71
Gimokodan/Gimokudan, 71–72
Ginn. *See* Djinn
Goats, 29
God A, 72. *See also* Ah Puch
God F, 72
God L, 72
Going Forth by Day, Book of. *See* Book of the Dead
Goodall, Jane, xxxiii
Gorgons, 72, 77
Gospel of Bartholomew, 51
Gospel of Nicodemus, liii, 51
Gotterdammerung, 72
Grann Brigitte. *See* Madam Brigette
Grim Reaper, 46, 72–73
Gryphes, 73
Gshed-Ma, 73
Gu, liii
Guede. *See* Gede
Gundestrup cauldron, 41
Gwynn/Gwynn Ap Nuud, 73, 82

Hades, 74–77; as Afterworld, 7; Asphodel Fields, 27; Cerberus, 40; compared to Hell, 77, 80; compared to Sheol, 126; demons in, 65; descent to the Underworld, 49; Erebus as, 62; judges in, 4; and the Lethe, 95; and Odysseus, 108–9; and Persephone, 112; river crossings, 43; Tartarus, 130. *See also* Dis
Hahgwehdaetgah, 77
Hall of Judgment, xlv, 21, 32, 38, 59. *See also* Duat
Hall of the dead heroes, 137
Hall of Two Truths, 14, 30. *See also* Duat

Hallowe'en, 77, 122
Hamlet, 4–5
Harbonah. *See* Angels of Destruction
Harpies, 77–78
Harrowing of Hell, 78
Hazazel. *See* Azazel
Heaven, 78, 113. *See also* Afterlife
Hecate, 78–79, 82
Hel, 50, 66, 79, 107, 118, 141
Hell, 79–81; and the Apocalypse, 23; Aztec, 101; and Bael, 31; and Balam, 32; bridges to, 39; Buddhist, 104–5, 119, 136, 139; Chinese, 42; Christian, 130; compared to Hades, 77; compared to Sheol, 126; descent into, 50–52; and eternal punishment, 8; Gehenna, 69–70; harrowing of, 78; Iblis as Shaytan, 86; Infurin, 88; Islamic, 121, 127; Japanese, 90; Jewish legends, 19; and the Leviathan, 95; Persian, 119; Polynesian, 113; Purgatory, 115–16; Tibetan, 73. *See also* Abyss; Afterlife; Angels of Destruction; Avici; Di Yu
Hell, Angel of. *See* Abaddon
Hell Hound, 66, 73, 81–83, 122, 126, 144. *See also* Cerberus
Hellmouth, 14
Hemah, 53. *See also* Angel of Death
Heptti, 83
Heques, 83
Heracles/Hercules, 3, 40–41, 41, 50, 133
Hermes, 75, 83, 115
Hermod, 50
Hetgawauge, 83
Hetgwaulana, 83
Hiiaka, 50
Hiiela. *See* Toonela
Hine-Nui-Po, 51, 83–84, 113
Hinnom, li
Hoebo. *See* Miana
Hokhoku. *See* Bakbakwakanooksiwae

Homer, xlii, l, 49
Horus, 14, 22, 88, 110
"Hound of the Baskervilles, The," 83
Hound of the Baskervilles, The, 126
House of the Lie, xlvi, 9
Hrodvitnir. *See* Fenrir
Humbaba, 71
Hun Ahau. *See* Ah Puch
Hun Came, 84
Hutriel, 69, 84
Hypnos, 84–85, 132

Iblis, 19, 29, 55, 57, 86. *See also* Angel of Death; Azazel
Iboll. *See* Bilibo
Ibu, 86
Icu/Iku, 86–87
Illapa, 87
Iment. *See* Ament
Imentet/Imentit. *See* Ament
Impu/Impw. *See* Anubis
Imset. *See* Amset
Inanna, lxiii, 6, 49, 63–65, 87–88, 136
Infierno, 88
Infurin, 88
Inlabbuut, 88
Inpu/Inpw. *See* Anubis
Intercession, 8, 88
Ireland, xlix, 41, 77, 97
Irkalla. *See* Aralu
Ishtar, 10, 65, 87–88
Isis, 21, 59, 88, 106, 110
Ixcuina. *See* Tlazolteotl
Ixion, 131
Ixpuztec, 89. *See also* Mictlantecuhtli
Izanagi/Izanami-no-kami/ Izanami-no-Mikoto, 50, 89, 146
'Izra'il. *See* Angel of Death

Jabmeaimo/Jabeakka, 90, 121
Jackals, 90, 141
Jahannam, 39, 90
Jambeakka. *See* Jabmeaimo
Jami-Ajmo-Ollmaj. *See* Jabmeaimo
Jann. *See* Djinn
Java, 90
Jigokou, 61, 90

John Paul II, Pope, li
Jinn. *See* Djinn
Jnun. *See* Djinn
Judgment, Hall of, xl, 21, 32, 38, 59. *See also* Duat
Justice, Angel of. *See* Angel of Justice

Ka. *See* Ba
Kabunyan, 91
Kafziel. *See* Angel of Death
Kagbuoan. *See* Gimokodan
Kakurezator, 91
Kali, 91–92, 139
Kalki, 23
Kallofalling, 92
Kalma, 92
Kama, liii
Kami, 92
Kanaloa, 92
Kapu Mate. *See* Velu-Mate
Kasyrgan. *See* Erlik Khan
Katoylla. *See* Illapa
Kayong, 92
Kefi, 92
Kemuel. *See* Angels of Destruction
Keres, 76, 92, 132
Ker-neter. *See* Ament
Kezef. *See* Angel of Death
Khent. *See* Anubis
Khenti-Amenti. *See* Aker
Khenti-Heh-F, 93
Khert Neter, 93. *See also* Ament; Duat
Kherty. *See* Aken
Kigal. *See* Aralu
Kilut. *See* Gimokodan
Kindo, 13
Kings, Book of, lii, 5
Kiyabusan. *See* Basad
Kludde, 83
Kokytos, 93
Kolazonta. *See* Angels of Destruction
Kotluwalawa, 93
Kuga, 93
Kukulcan. *See* Quetzalcoatl
Kumao, 93
Kumawing. *See* Kayong
Kur. *See* Aralu
Kurita, 93
Kurnugia. *See* Aralu
Kushiel, 93

Kutu. *See* Aralu
Ku-Zimu, 93

Labartu, 47, 94
Lahatiel, 69. 94
Lake Acherusia, 3, 43
Lamastu, 94, 96, 111
Lamia, 76, 94
Laru. *See* Aaru
Larvae. *See* Lemures
Lei Kung, 94
Lemures, 94–95
Lemuria, 94–95, 95, 99, 112
Le Nu'u-o-Nonoq. *See* Sal-Le-Fe'e
Lethe, xlvii, xlix, 76, 95
Leviathan, 2, 20, 35, 95. *See also* Angel of Death
Lha-Mo, 95
Libanza, 95
Libitina, 95–96
Lilith, 26, 94, 96, 139
Lilitu, 47
Lilu. *See* Lilith
Limbo, 52, 78, 81, 96
Llorona, 97
Loa, 97, 147. *See also* Bacalou
Loew, Rabbi, 17
Loki, 50, 66
Loogaroo, 137
Lord of the dead, 42. *See also* Yama
Lough Derg, 97
Luba, xxxix
Lucifer, xlix, 54, 97. *See also* Devil
Luz, 16

Maa-Ab, 98
Ma'at, 59
Madam Brigette/ Mademoiselle Brigitte, 98
Mafuike. *See* Mahiuki
Mahatala, 98
Mahiuki, 98
Mairya, 98
Majky. *See* Rusalka
Makatiel, 98
Maknyam-Moong, 98
Mak Nyom Mung, 98
Malach ha Mavet. *See* Angel of Death
Mammon, 98
Mana. *See* Tuoni

Manala. *See* Tuonela
Manduyapit, 86, 98
Manes, xl, 99
Mangindusa. *See* Basad
Mania, 99
Mansemat. *See* Mastema
Mantus, 99
Manze Britgit. *See* Madam Brigette
Mara, 99
Mashit. *See* Angel of Death; Angels of Destruction
Maskim, 99
Mastema, 53, 99
Maui, 51, 83–84
Mavet. *See* Angel of Death
Mavky. *See* Rusalka
Maya. *See* Mara
Mebuyan, 71–72, 99–100
Medusa, 30, 134
Meifu, 100
Melton Shock, 127
Mephistopheles, 54, 100
Meslamtaea. *See* Nergal
Mestha. *See* Amset
Metatron. *See* Angel of Death
Metes, 100
Metnal. *See* Mitnal
Miana, 100
Micapetlacoli. *See* Mictecacihuatl
Mictanteot, 100
Mictecacihuatl, 100–101
Mictlan, 79, 101
Mictlantecuhtli, 72, 101–2, 111, 117
Minos, 4, 52, 76, 81, 102
Miquiztli, 117
Miru, xlv, 28, 102
Misikthang, 102
Mithra/Mithras, xlvi, liii, 10
Mitnal, 102. *See also* Mictlan
Mogol. *See* Kayong
Moirae, 102, 132, 133. *See also* Fates
Moloch, li, 69, 102
Moon, 3
Mora, 102
Morana, 102
Morgan le Fay/Morrigan Le Fay/Mórríghan/ Morrígu/Mór-Ríogain, 37, 102

Mormo, 102–3
Mors, liii, 103, 132
Morta, 102, 103
Moses, 16–17, 51
Mot, 103
Mournful Fields, 103
Mouth, Opening of the, 22, 31, 109
Moy, 103
Mrityu, 103, 144
Mt. Aetna, 4, 135
Mumification, 21, 109
Munkar, xlvi, 103, 128
Murdad, 9
Mystery Religions, 103
Myth, xxxiii–xxxiv

Naarutf. *See* An-rutf
Naenia, 104
Nafs, xli
Nakaa, 104
Nakineiu/Nakk, 104
Nakir, xlvi
Namtar, 47, 104
Naraka, 104–5, 145
Nastasija. *See* Rusalka
Naves-Mate. *See* Rusalka
Navi. *See* Rusalka
Navki. *See* Rusalka
Ndengei, 105
Neanderthals, xxxiii–xxxiv
Nebt-Aha, 106
Nebthet. *See* Nephthys
Nebt-S-Tchefau, 106
Necromancy, 6
Nedu, 25
Nefhilim. *See* Raphael
Neha-Hra, 106
Nehalennia, 106
Nejky. *See* Rusalka
Nekromanteion, 7
Nekyomanteion, xlix, 106
Nemi, 106
Nephesh, xl, xli
Nephthys, 21, 59, 106, 111
Nergal, 24, 41, 47, 62–63, 88, 106
Nerrivik. *See* Sedna
Nesoxochi, 106
Neter-khertet. *See* Duat; Khert Neter
Netherworld. *See* Afterworld
Netherworld, Book of the. *See* Book of Gates

Neti, 25, 63, 87, 106
Nextepehua. *See* Mictlantecuhtli
Nga, 106
Nicodemus, Gospel of, liii, 51
Niflheim, 68, 79, 107
Ningiszida, 107
Nirrti, 107. *See also* Naraka
Norns, 79, 107
Novjaci. *See* Rusalka
Nuer, xxxix
Nuliajuk. *See* Sedna
Nya, 107

Obaddon. *See* Abaddon
Ochren. *See* Annwn
Odin, 37, 50, 66, 79, 82, 108, 118, 137
Odysseus, xlix, l, 49, 108–9
Odyssey, l, 49, 108–9
Ogiwu, 109
Old Scarf, 127
Olodumare/Olurun, 86, 109
Oni, 109
Opening of the Mouth, 22, 31, 109
Orcus, 73, 109
Origins of death, xxxvi–xl
Orpheus, xlix, 41, 49, 109–10, 113
Orphism, 103, 110
Osiris, xlv, lii–liii, 110–11; and Anubis, 21; and Book of the Dead, 38; good and evil, 10; and Isis, 88; as judge, 32, 59; and mummification, 109; and Nephthys, 106; and Seker, 124; and vultures, 140
Otherworld. *See* Afterworld
Owl, 96, 111, 144

Paddengngeng, 112
Pai, 112
Paimon, 112
Pale horse, 46, 112
Pandora, xxxviii
Parcae. *See* Moirae
Parentalia, 99, 112
Patroclus, xlii
Patzcuaro, 112
Paul, Apocalypse of, 23, 52, 80. *See also* Hell
Paut. *See* Aat-Shefsheft

Pazuzu, 47
Persephone, l, 112–13; and Aeneas, 127; and Eleusinian Mysteries, 61; and the Furies, 67; and Hecate, 78; and Orpheus, 49, 109; as wife of Hades, 74
Pestit, 113
Peter, Apocalypse of, 23–24, 52, 80. *See also* Hell
Phersipnei, 61, 113
Phlegethon, 76, 128, 131
Pinga, 3, 113
Plato, xlvii, 78
Pluto, 43, 113. *See also* Dis; Hades
Pluton. *See* Hades
Po, 113–14, 134
Poena Sensus, 114
Pokna-Moshiri, 114
Pope John Paul II, li
Popol Vuh, 114–15
Prometheus, xxxviii
Proserpina. *See* Persephone
Psyche, xl, 75
Psychopomps, 115; and Afterlife/Afterworld, 7, 22; Aztec, 117; Charun, 125; as Death's assistants, 46; Hell Hounds as, 82–83; Madam Brigette, 98; Pinga, 113; Raphael, 119; Sibyl, xlix–l, 77, 127, 130–31; Sisiburanen, 128; Thoth, 133; Vanth, 139; Wolves as, 141
Ptah-Seker. *See* Seker
Pulotu, 115
Puna'auia, 113, 115
Pu-o-roo-i-te-Po. *See* Po
Purgatory, 77, 115–16
Pusiel/Puruel, 69, 116
Pylons, Book of the. *See* Book of Gates
Pyramid Texts, xlv, 43, 59, 116

Qomoqua, 117
Quasavara, 117
Quetzalcoatl, 117
Quidlivum, 3

Rabisu, 47

166   INDEX

Ragnarok, 66, 68, 72, 107, 108, 118, 137. *See also* Apocalypse
Rahab. *See* Angel of Death
Rai, 13
Raksasas, 118
Rangda, 118
Rao-Ngkasimmpo, 118–19
Raphael, 26, 119
Rashnu, xlvi, 119
Rati-Mai-Mbulu/Ratu-Mbati-Ndua, 119
Raven Hell, 119
Ravens, 36–37, 119
Re, 1, 2, 22, 23, 38
Red Lady of Paviland, xxxiv
Reincarnation. *See* Resurrection
Reinga, 119
Reri, 119
Reshef, 47, 119
Resurrection, 8, 119–20
Revelation, Book of, liii, 2, 20, 35, 46, 120
Revelation of John, 23
Revelation of Moses, 51
Revenant, 114, 120, 137, 147
Rhadamanthus, 4, 76, 120, 131
R.I.P., xlii
Rodjenice/Rojenice, 120
Rogziel, 120
Rot, 121
Rota, 90, 121
Rozdenici, 121
Ru'ach, xl
Ruh, xl
Ruman, 121
Rusalka, 121

Saa-Set, 122
Sabala, 82, 122, 129
Sacharis/Sakaaris. *See* Seker
Saima, 122
Sal-Le-Fe'e, 122
Salmael/Salmail/Samil/Sam(m) Ael. *See* Angel of Death
Sama. *See* Sabala
Sama Bolowa, 122
Saman, 122
Sammael. *See* Devil
Sana. *See* Sedna

Sariel. *See* Angel of Death
Satan, liii; Abbadon as, 2; and Angromainyus, 19; as Antichrist, 20, 23; and the Apocalypse, 20–21, 23; Belial as, 35; Cernunnous as, 41; defeat by Jesus, 51, 115; Donn as, 57; and dragons, 58; and evil inclinations, 10; and Lilith, 96; Lucifer as, 54; and Mephistopheles, 100; as ruler of Gehenna, 69; Supai as, 128–29. *See also* Abaddon; Angel of Death; Devil
Satanil. *See* Angel of Death
Sauriel, 123
Scarab, 22
Scythe, 46, 72, 123
Sebad Banua. *See* Gimokodan
Sebi, 123
Sedna, 3, 19, 123–24
Segben, 70, 124
Seger. *See* Seker
Sehet. *See* Anubis
Seir. *See* Angel of Death
Sekehem. *See* Anubis
Seker, 124
Sekhabesnefunen, 124
Sekhet-Aanru, 124
Serpents, 14, 58, 103, 124–25
Set Amentet, 125
Seta-Ta, 125
Setech/Setekh/Setesh. *See* Set
Set-Em-Maat-F, 125
Setesuyara, 35
Seth, 22
Set-Hra, 125
Sethu. *See* Set
Set/Sethu, lii, 10, 88, 106, 110, 125
Shaftiel, 69, 125
Shalu. *See* Aralu
Shaman, xlii, 4, 48, 115, 125–26
Shapsh, 126
Shaytan, *See* Devil
Shemti, 23, 126
Sheol, xlvi, l, 7, 18, 80, 126, 136. *See also* Abaddon
Shepi, 126

Shesshes, 126
Sheta-Ab, 126
Shetau, 126
Shinje, 55
Shirat. *See* Bridge
Shoftiel. *See* Shaftiel
Shu Feather. *See* Anubis; *See* Feather of Truth
Shulman. Erlik Khan
Sibyl, xlix–l, 40, 50, 77, 127, 130–31
Sidne. *See* Sedna
Simkiel. *See* Af; Angels of Destruction
Sin Eater, 127
Sirat, 127–28
Sirens, 104, 128
Sir'ing, 128
Sisiburanen, 128
Sisyphus, 105, 131, 133
Sloth, 36
Smrtnice/Smert, 102, 128
Snakes, 24, 29, 30, 40, 67, 72
Sokar/Sokaris. *See* Seker
Solare. *See* Seker
Solomon, 7, 25
Soucouyant, 40, 137
Sowril. *See* Sauriel
St. Augustine, li
St. Chrysostom, li
Stinking Place, 128
Styx, xxxiv, xlix, 3, 43, 76, 128
Sumer, xliii, xliv, liii, 96
Supai/Supay, 128–29
Suriel/Suriyel/Suryal. *See* Angel of Death
Sutech/Sutekh. *See* Set
Swarths. *See* Wraiths
Sxaiawax, 129
Syama, 82, 129

Ta'aroa, 130
Ta-Awi, 130
Tahouti. *See* Thoth
Tan. *See* Ament
Tantalus, 131
Tarabusao, 130
Tartaruchus, 130
Tartarus, xlvii, l, 4, 7, 8, 27, 76, 130–31
Tasks. *See* Wraiths
Ta-Tchesert, 131

Tauru, 9
Tchetbi, 131
Techa. *See* Thoth
Tein Pijopatch, 132
Teka-Hra, 132
Tekmi, 132
Tem, 132
Ten Kings of Hell, 56, 132, 133, 145
Tepi, 132
Tep-Tu-F. *See* Anubis
Thanatos, liii, 46, 74, 132–33
Thoth, 22, 59, 111, 133
Thout. *See* Thoth
Tibetan Book of the Dead. *See* Bardo Thodol
Tin Tin, 40
Tityus, 131
Ti Yu, 42, 133
Tlacolteotl. *See* Tlazolteotl
Tlaelquani. *See* Tlazolteotl
Tlalchitonatiuh. *See* Mictecacihuatl
Tlazolteotl, 134
Tobit, Book of, lii, 26
Toonela, 134
Tooni. *See* Toonela
Topielec. *See* Vodyanoi
Tours of Hell. *See* Descent to the Underworld
Trickster, 44
Trivia, 134
Truth, Feather of. xlv, 1, 21, 22, 30, 32, 38 *See also* Ammut
Tuat. *See* Duat
Tuchulcha, 134
Tuonela, 134, 144
Tuonetar, 134
Tuoni, 134
Tu-ta-horoa, 113, 130, 134
Two Truths, Hall of, 14, 30. *See also* Duat
Typhon/Typhoeus, 4, 40, 125, 134–35. *See also* Set
Tzitzimine, 101, 135

Tzontemoc. *See* Mictlantecuhtli

Uganda, xxxix
Uggae, lii, 136
Uhcumo, 136
Ulu Toyo'n, 1, 136
Umm-S-Subyan, 136
Underworld. *See* Afterworld
Uriel, 136
Ussada, 136
Utnapishtim, xliii–xliv, 71
Uttuku, 22, 136

Vaitarani, 137, 144
Valhalla, li, 107, 108, 137
Valkyries, 108, 137
Vampires, xxxv, xli, 34, 45, 94, 111, 120, 137–39
Vanth, 139
Vara, 139
Veles, 139
Velu-Mate, 139
Venerable Bede, 52
Veterani, 139
Vielona, 139
Vila, 139
Virgil, 4, 50, 81, 103, 125
Vishnu, 23, 28
Vision of Tundal, The, 52
Voden. *See* Odin
Vodyanoi/Vodnik/Vodyanik. *See* Rusalka
Volcanoes, xlix, 13
Voodoo, 8, 29, 33, 69, 147
Vucub Came, 84
Vucub Caquix. *See* Xibalba
Vultures, lii, 65, 131, 140
Vultures, Bull of, 15

Watchers. *See* Mastema
Weyer, Johann, 48
Wip. *See* Anubis
Wirwir, 70, 141
Woden. *See* Odin
Wolfbane, 41

Wolves, 12, 66, 118, 141
Wotan. *See* Odin
Wraiths, 141
Wu Ch'ang, 141–42
Wuotan. *See* Odin
Wyrd, 142

Xibalba, 79, 84, 102, 114, 143
Xipe, 72

Yaaru. *See* Aaru
Yabme-Akka, 144
Yakut, 1, 136
Yama, liii, 33, 42, 73, 111, 144–45. *See also* Almout
Yan Luo/Yan Luo Wang, 145
Yeahuiztli. *See* Mictecacihuatl
Yehudiah/Yehudiam. *See* Angel of Death
Yemma Dai. *See* Emma-O
Yemma Dai O. *See* Emma-O
Yemma Ten. *See* Emma-O
Yen-Lo-Wang. *See* Yan Luo
Yesdo, 145
Yetzer-Hara. *See* Angel of Death
Yima, xlvi, 146
Yinepu. *See* Anubis
Yomi/Yomi No Kuni, 89, 146
Yudhishthira, 82
Yum Cimil, 146. *See also* Ah Puch

Za'afiel. *See* Angel of Death; Angels of Destruction
Zaire, xxxix
Zairica, 9
Zeus, xxxviii, 4, 49, 74, 94, 131
Zhiva, 147
Zhouti. *See* Thoth
Zombies, 34, 147
Zo'tzi-Ha, 147

About the Author

ERNEST L. ABEL is Professor of Obstetrics and Gynecology and Psychology at Wayne State University in Detroit, Michigan. He has a special interest in the sociology of death and psychological influences on longevity. He is a member of the Association for Gravestone Studies and has published widely on these topics. The author of more than 40 books and 200 publications, he was named Distinguished Faculty Fellow by Wayne State University's Board of Governors in 1989.